MW01274164

i

Intro

Winning at the game of cribbage - is it skill, or is it luck? In cribbage, the statistical advantage goes to the player who understands and applies sound strategy, and one of the first opportunities to apply strategy is at the discard.

Every Cribbage player, whether beginner or expert, is confronted on each deal with the question of which two cards to discard to the crib. It is a question often answered using general rules of thumb learned through experience playing the game. For example, tossing cards that keep a run intact in your hand: wise. Throwing fives (or cards adding up to five) to your opponent's crib hand: not wise. Sometimes, depending on the hand, the right choice may be obvious. Other times, the right choice may prove to be difficult.

Analyzing and understanding discarding decisions is an essential skill. There are numerous facets to the game of Cribbage, and although several areas of the game are governed by the intangibles of judgment - and luck - discarding is one area where logic (via mathematics) can be applied. In fact, rules of thumb such as the above examples are easily explainable, by virtue of being grounded in both math and probability.

Known for its mathematical strategy, another card game which mirrors Cribbage in this regard is Poker. In Poker, an "out" refers to any unseen card that, if drawn, will improve a player's hand. The same principle applies to Cribbage. We can easily understand how tossing a five to an opponent's crib should typically be avoided, based on the outs: the number of face cards (which count as 10) that could likely be cut and lead to a 15 (worth two points). Then again, there are instances where tossing a five to your opponent can be a wise choice; for example, in a 5-6-7-7-8-9 scenario, as the advantages of keeping 6-7-7-8 mathematically outweigh the risk of tossing 5-9. Sometimes tossing two fives[10] can be a wise choice too, as surprising as it may seem.

Dig a bit deeper into the math and more of these rules begin to emerge. In fact, using simple math, odds and probability, each possible discard option in any given six-card hand can be evaluated for its advantages and disadvantages. Taken one step further, every discard option for *every* possible hand can be evaluated.

That is the essence of this book.

With nearly 400 pages of information, this book contains a complete list of every possible non-suited six-card Cribbage hand – in order – and the best (mathematical) discard option for each hand, for both dealer and opponent. Look up any six-card hand and quickly discover which two cards represent the best toss.

In a game where every point matters, knowing and executing this best discard option could, over the course of a game, add a few extra points in your favor. These extra points – even a single point – could ultimately prove to be the difference needed to reach the 121-point mark before your opponent does.

Use this handbook in-game to help remove the guesswork for those tough hands, as a learning tool if you're just starting out as a Cribbage player, or a guide to consult after the hand is played out (or post-game) to see how your discarding instincts align with the math.

Even if this book changes the way you approach discarding, perhaps through increasing your understanding of unwise choices rather than trying to learn every possible wise choice, adding that bit of knowledge to your arsenal could ultimately be the advantage needed to put more wins in your favor.

Why 18,395 hands?

Taking suit into account, there are over 20 million possible six-card hands[1] in Cribbage. While suited cards may lead to a flush – and points – Cribbage rules dictate that a six-card hand must (at a minimum) contain four cards of the same suit to score flush points. Getting dealt a six-card hand containing at least four cards of the same suit is, when calculating the probability, significantly less likely[2] than getting dealt a hand which does not contain four cards of the same suit.

Removing flush possibilities from consideration, the number of possible six-card hands decreases from 20 million to just over 18 million. Since these remaining 18 million hands are those which contain a three-card flush or less, flush points could not be scored from these hands. And therefore, if flush points cannot be scored, it logically follows that suit would be a non-factor in these hands and consequently, can be removed entirely from consideration.

Disregarding suit completely and looking solely at card rank, these 18 million hands distill down to 18,395 possible[5] hands. These 18,395 unsuited hands therefore effectively represent nearly 90% of all possible six-card hands, as shown:

Figure 1: Number of possible Cribbage hands

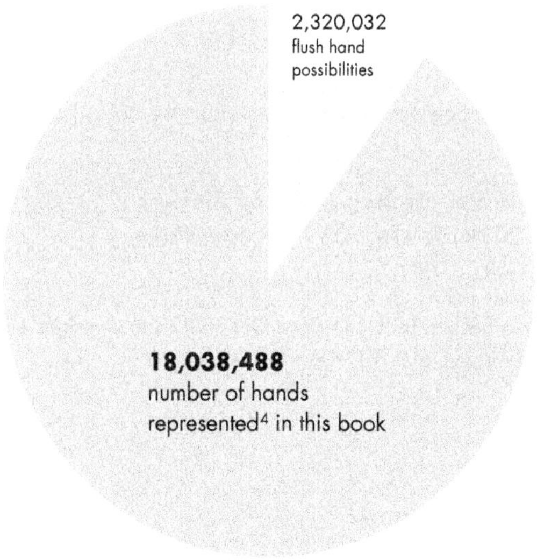

2,320,032
flush hand
possibilities

18,038,488
number of hands
represented[4] in this book

How to use this book

All 18,395 hands are presented in order from A-A-A-A-2-2 to Q-Q-K-K-K-K for ease of look-up.

For each hand, the recommended (mathematically best) discard option is included for both dealer and pone (the non-dealer player in a two-player game):

| | | Discard these cards to your crib | | Discard these cards to your opponent's crib | |

HAND No.	SIX-CARD HAND	DISCARD (DEALER)	EXPECTED AVG. (DEALER)	DISCARD (PONE)	EXPECTED AVG. (PONE)
01192	A-A-4-5-Q-Q	5-Q	15.07	A-Q	2.66

The average combined value of your hand and crib after the cut

The average value of your hand minus the (opponent's) crib after the cut

Symbol legend

The following symbols can be found throughout the book; (refer to Appendix for descriptions):

★   Top 25 Hands – Dealer (by Expected Average)
💣   Bottom 25 Hands – Pone (by Expected Average)
◈   Tossing 5-5 – Pone
❖   Split Runs – Pone
⊕   "Worth a Second Look": Discard Option #2's to Consider – Dealer
✧   Sixes, Sevens, Eights & Nines – Dealer & Pone

What is meant by "best" discard option?

Simply, it is the option which produces the highest *Expected Average*: the combined scoring potential of hand and crib. In other words, it is the option that will, on average, reward you with the most points. The Expected Average is the single most important number to consider in discarding.

For every six-card hand that is dealt, there are 15 possible discard options. Consider the following hand:

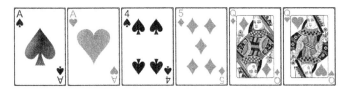

For this hand, the 15 possible discard options are:

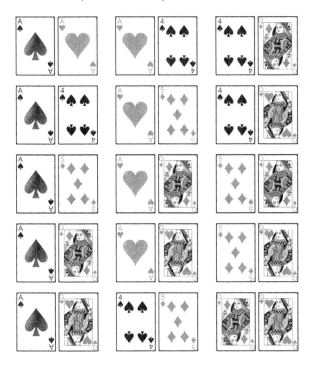

Given the 46 possible cards that could be cut (the 52 cards in the deck minus the six in the hand), one of the above 15 possibilities will produce the highest net score between the hand and the crib hand. This net score is the Expected Average.

For the dealer, the Expected Average is the average combined value of the hand and crib after the cut.

For the pone, the Expected Average is the average value of the hand *minus* the crib (since the dealer has the crib) after the cut.

In both cases, the higher the Expected Average value, the better.

Calculating Expected Average

Using this example, which of the 15 discard possibilities represents the best choice (i.e. will result in the highest Expected Average)?

First, of these 15 discard possibilities, only 8 are unique: A-A, A-4, A-5, A-Q, 4-5, 4-Q, 5-Q and Q-Q. With a few different options available, the A-4 toss can be evaluated first.

A-5-Q-Q is worth six points before the cut, but what could it be worth *after* the cut? The cut (starter) could be any one of 46 different cards (the 52 cards in the deck minus the six dealt to your hand). For each rank, beginning with A and proceeding through K, note the number of possible starters of each rank (the card frequency) and the number of points the hand would be worth with that starter. Multiply the two figures together for each rank.

Thus, for aces, multiply 2 (the number of aces that can be cut) by 8 (the value of A-5-Q-Q with an A starter), getting 16. Likewise, for 5's, multiply 3 (the number of 5's that can be cut, since you have one in your hand) by 12 (the value of A-5-Q-Q with a 5 starter), which equals 36.

Add the thirteen products together, and then divide the total by 46. This is the Average Hand: what your hand will be worth, on average, after the cut[6]. In this case it is $\frac{330}{46}$ or 7.70 points:

Keep: A-5-Q-Q   **Toss:** A-4

Starter	Card Frequency	x	Hand Value	=	Points
A	2	x	8	=	16
2	4	x	6	=	24
3	4	x	6	=	24
4	3	x	10	=	30
5	3	x	12	=	36
6	4	x	6	=	24
7	4	x	6	=	24
8	4	x	6	=	24
9	4	x	8	=	32
10	4	x	8	=	32
J	4	x	8	=	32
Q	2	x	12	=	24
K	4	x	8	=	32
Total					**330**
Avg.	**330**	÷	**46**	=	**7.70**

Looking at a 5-Q discard and performing the same calculations, the average hand is worth 8.43 points:

Keep: A-A-4-Q   **Toss:** 5-Q

Starter	Card Frequency	x	Hand Value	=	Points
A	2	x	12	=	24
2	4	x	6	=	24
3	4	x	8	=	32
4	3	x	12	=	36
5	3	x	8	=	24
6	4	x	6	=	24
7	4	x	6	=	24
8	4	x	6	=	24
9	4	x	8	=	32
10	4	x	10	=	40
J	4	x	10	=	40
Q	2	x	12	=	24
K	4	x	10	=	40
Total					**388**
Avg.	**388**	÷	**46**	=	**8.43**

The next step is to factor in the expected value of the crib based on the A-4 discard. This value can be found by consulting discard tables[8]. These tables, based on data collected by Craig Hessel, De Lynn Colvert, George Rasmussen and Michael Schell, show the average number of points a crib will be worth when a particular two-card combination is discarded.

Calculating the average hand for the eight unique discard combinations for A-A-4-5-Q-Q, identifying the discard values for each, and adding these values together results in the following:

As Dealer

Keep	Toss	Avg. Hand	Average crib				Expected Average			
			H	C	R	S	H	C	R	S
4-5-Q-Q	A-A	8.17	5.26	5.40	5.51	5.38	13.43	13.57	13.68	13.55
A-5-Q-Q	A-4	7.70	5.45	5.40	5.41	5.43	13.15	13.10	13.11	13.13
A-4-Q-Q	A-5	7.70	5.48	5.50	5.38	5.45	13.18	13.20	13.08	13.15
A-4-5-Q	A-Q	7.00	3.39	3.40	3.50	3.42	10.39	10.40	10.50	10.42
A-A-Q-Q	4-5	5.48	6.54	6.40	6.53	6.48	12.02	11.88	12.01	11.96
A-A-5-Q	4-Q	6.09	3.63	3.50	3.63	3.59	9.72	9.59	9.72	9.68
A-A-4-Q	**5-Q**	**8.43**	**6.71**	**6.60**	**6.59**	**6.63**	**15.14**	**15.03**	**15.02**	**15.06**
A-A-4-5	Q-Q	6.04	4.66	4.80	4.93	4.79	10.70	10.84	10.97	10.83

As these calculations reveal, the discard choice (as dealer) that results in the highest Expected Average, is 5-Q. The next highest value is tossing A-A, which on average results in approximately 1.5 fewer points than discarding 5-Q. The 5-Q toss is the best option.

Now, analyzing discards as pone. This is typically a more difficult proposition than discarding to as dealer, since two contradictory goals must be balanced: maximizing hand value while minimizing the value of the dealer's crib.

The same calculations are utilized as those for dealer; however, this time the average crib value is *subtracted* from the average hand value rather than added:

As Pone

Keep	Toss	Avg. Hand	Average crib				Expected Average			
			H	C	R	S	H	C	R	S
4-5-Q-Q	A-A	8.17	6.07	6.20	5.59	6.02	2.10	1.97	2.58	2.15
A-5-Q-Q	A-4	7.70	5.74	5.70	5.61	5.72	1.96	2.00	2.09	1.98
A-4-Q-Q	A-5	7.70	6.06	6.00	5.81	6.01	1.64	1.70	1.89	1.69
A-4-5-Q	**A-Q**	**7.00**	**4.41**	**4.40**	**4.23**	**4.33**	**2.59**	**2.60**	**2.77**	**2.67**
A-A-Q-Q	4-5	5.48	7.46	7.20	6.43	7.26	-1.98	-1.72	-0.95	-1.78
A-A-5-Q	4-Q	6.09	4.49	4.40	4.50	4.46	1.60	1.69	1.59	1.63
A-A-4-Q	5-Q	8.43	7.42	7.30	7.10	7.34	1.01	1.13	1.33	1.09
A-A-4-5	Q-Q	6.04	5.89	5.80	5.36	5.79	0.15	0.24	0.68	0.25

What is important to note here is that while the 5-Q discard is the best choice as dealer, the best discard choice as pone is A-Q. Even though holding A-4-5-Q as pone results in less in-hand points on average, the A-Q toss has a lower average (opponent) crib hand value and thus results in the highest Expected Average, making it the best discard choice in a pone situation.

Also interesting is the possibility for certain Expected Averages to be negative, such as the case of tossing 4-5. In this case, tossing 4-5 should probably never be considered; however, certain hands will produce a negative Expected Average regardless of which two cards are discarded. A negative Expected Average means that after the cut, the dealer's crib will likely be worth more than the pone's hand.

***

By calculating average hand values, and using these values in conjunction with discard data collected by champion Cribbage players, Expected Averages can be computed for all discard options. These Expected Averages can then be used to uncover the mathematically best discard option for each of the 18,395 unsuited six-card hands, for both dealer and pone.

All options are presented here in this easy-to-use handbook. By using the information contained herein[7], you will be adding knowledge to your Cribbage arsenal and setting yourself on a path to an advantage over your opponent.

-AM

August 2016

To those who inspired it;
and to caffeine

HAND No.	SIX-CARD HAND	DISCARD (DEALER)	EXPECTED AVG. (DEALER)	DISCARD (PONE)	EXPECTED AVG. (PONE)
00001	A-A-A-A-2-2	2-2	17.73	2-2	5.65
00002	A-A-A-A-2-3	2-3	19.00	A-A	5.16
00003	A-A-A-A-2-4	2-4	16.52	2-4	6.68
00004	A-A-A-A-2-5	2-5	17.46	2-5	5.96
00005	A-A-A-A-2-6	2-6	15.94	2-6	7.03
00006	A-A-A-A-2-7	2-7	15.80	2-7	7.03
00007	A-A-A-A-2-8	2-8	15.67	2-8	7.06
00008	A-A-A-A-2-9	2-9	15.74	2-9	7.28
00009	A-A-A-A-2-10	2-10	15.57	2-10	7.41
00010	A-A-A-A-2-J	2-J	15.87	2-J	7.22
00011	A-A-A-A-2-K	2-K	15.54	2-K	7.54
00012	A-A-A-A-2-Q	2-Q	15.62	2-Q	7.44
00013	A-A-A-A-3-3	3-3	17.96	3-3	5.41
00014	A-A-A-A-3-4	3-4	16.91	3-4	6.08
00015	A-A-A-A-3-5	3-5	17.96	3-5	5.24
00016	A-A-A-A-3-6	3-6	15.82	3-6	7.13
00017	A-A-A-A-3-7	3-7	15.57	3-7	7.00
00018	A-A-A-A-3-8	3-8	15.95	3-8	6.92
00019	A-A-A-A-3-9	3-9	15.81	3-9	7.08
00020	A-A-A-A-3-10	3-10	15.57	3-10	7.37
00021	A-A-A-A-3-J	3-J	15.91	3-J	7.14
00022	A-A-A-A-3-K	3-K	15.68	3-K	7.53
00023	A-A-A-A-3-Q	3-Q	15.59	3-Q	7.41
00024	A-A-A-A-4-4	4-4	17.63	4-4	5.57
00025	A-A-A-A-4-5	4-5	18.49	4-5	4.91
00026	A-A-A-A-4-6	4-6	15.87	4-6	6.71
00027	A-A-A-A-4-7	4-7	15.72	4-7	7.10
00028	A-A-A-A-4-8	4-8	15.81	4-8	7.05
00029	A-A-A-A-4-9	4-9	15.73	4-9	7.33
00030	A-A-A-A-4-10	4-10	15.60	4-10	7.46
00031	A-A-A-A-4-J	4-J	15.89	4-J	7.13
00032	A-A-A-A-4-K	4-K	15.60	4-K	7.64
00033	A-A-A-A-4-Q	4-Q	15.59	4-Q	7.54
00034	A-A-A-A-5-5 ◈	5-5	20.81	5-5	2.71
00035	A-A-A-A-5-6	5-6	18.65	5-6	4.65
00036	A-A-A-A-5-7	5-7	18.02	5-7	4.99
00037	A-A-A-A-5-8	5-8	17.48	5-8	5.69
00038	A-A-A-A-5-9	5-9	17.43	5-9	5.87
00039	A-A-A-A-5-10	5-10	18.66	5-10	4.63
00040	A-A-A-A-5-J	5-J	19.01	5-J	4.19
00041	A-A-A-A-5-K	5-K	18.67	5-K	4.78
00042	A-A-A-A-5-Q	5-Q	18.63	5-Q	4.71
00043	A-A-A-A-6-6	6-6	17.77	6-6	5.11
00044	A-A-A-A-6-7	6-7	16.97	6-7	5.59
00045	A-A-A-A-6-8	6-8	16.62	6-8	6.13
00046	A-A-A-A-6-9	6-9	17.14	6-9	5.73
00047	A-A-A-A-6-10	6-10	15.18	6-10	7.69
00048	A-A-A-A-6-J	6-J	15.42	6-J	7.45
00049	A-A-A-A-6-K	6-K	15.14	6-K	7.86
00050	A-A-A-A-6-Q	6-Q	15.29	6-Q	7.79

HAND No.	SIX-CARD HAND	DISCARD (DEALER)	EXPECTED AVG. (DEALER)	DISCARD (PONE)	EXPECTED AVG. (PONE)
00051	A-A-A-A-7-7	7-7	17.92	7-7	4.90
00052	A-A-A-A-7-8	7-8	18.54	7-8	4.51
00053	A-A-A-A-7-9	7-9	16.04	7-9	6.75
00054	A-A-A-A-7-10	7-10	15.26	7-10	7.70
00055	A-A-A-A-7-J	7-J	15.57	7-J	7.30
00056	A-A-A-A-7-K	7-K	15.29	7-K	7.73
00057	A-A-A-A-7-Q	7-Q	15.25	7-Q	7.68
00058	A-A-A-A-8-8	8-8	17.44	8-8	4.98
00059	A-A-A-A-8-9	8-9	16.71	8-9	6.15
00060	A-A-A-A-8-10	8-10	15.80	8-10	6.85
00061	A-A-A-A-8-J	8-J	15.56	8-J	7.40
00062	A-A-A-A-8-K	8-K	15.15	8-K	7.79
00063	A-A-A-A-8-Q	8-Q	15.19	8-Q	7.68
00064	A-A-A-A-9-9	9-9	17.17	9-9	5.59
00065	A-A-A-A-9-10	9-10	16.29	9-10	6.59
00066	A-A-A-A-9-J	9-J	15.97	9-J	7.05
00067	A-A-A-A-9-K	9-K	15.07	9-K	7.98
00068	A-A-A-A-9-Q	9-Q	14.99	9-Q	7.88
00069	A-A-A-A-10-10	10-10	16.75	10-10	5.91
00070	A-A-A-A-10-J	10-J	16.63	10-J	6.36
00071	A-A-A-A-10-K	10-K	14.84	10-K	8.12
00072	A-A-A-A-10-Q	10-Q	15.31	10-Q	7.40
00073	A-A-A-A-J-J	J-J	17.32	J-J	5.72
00074	A-A-A-A-J-K	J-K	15.96	J-K	7.25
00075	A-A-A-A-J-Q	J-Q	16.81	J-Q	6.53
00076	A-A-A-A-K-K	K-K	16.58	K-K	6.36
00077	A-A-A-A-Q-K	Q-K	15.46	Q-K	7.51
00078	A-A-A-A-Q-Q	Q-Q	16.80	Q-Q	6.29
00079	A-A-A-2-2-2	A-A	14.78	A-A	3.42
00080	A-A-A-2-2-3	A-A	17.34	A-2	6.03
00081	A-A-A-2-2-4	2-2	14.77	2-2	2.69
00082	A-A-A-2-2-5	2-2	13.90	2-2	1.82
00083	A-A-A-2-2-6	2-2	13.34	2-6	2.72
00084	A-A-A-2-2-7	2-2	13.25	2-7	2.72
00085	A-A-A-2-2-8	2-2	13.38	2-8	2.75
00086	A-A-A-2-2-9	2-2	13.38	2-9	2.97
00087	A-A-A-2-2-10	2-2	13.29	2-10	3.06
00088	A-A-A-2-2-J	2-2	13.53	2-J	2.87
00089	A-A-A-2-2-K	2-2	13.29	2-K	3.19
00090	A-A-A-2-2-Q	2-2	13.29	2-Q	3.09
00091	A-A-A-2-3-3	A-A	17.00	A-3	6.03
00092	A-A-A-2-3-4	A-4	16.66	A-4	5.54
00093	A-A-A-2-3-5	A-5	16.74	A-5	5.31
00094	A-A-A-2-3-6	A-6	15.14	A-6	6.36
00095	A-A-A-2-3-7	A-7	15.14	A-7	6.40
00096	A-A-A-2-3-8	A-8	15.01	A-8	6.39
00097	A-A-A-2-3-9 ♦	2-3	14.61	A-9	6.66
00098	A-A-A-2-3-10	A-10	14.62	A-10	6.73
00099	A-A-A-2-3-J	A-J	14.84	A-J	6.51
00100	A-A-A-2-3-K	A-K	14.59	A-K	6.88

HAND No.	SIX-CARD HAND	DISCARD (DEALER)	EXPECTED AVG. (DEALER)	DISCARD (PONE)	EXPECTED AVG. (PONE)
00101	A-A-A-2-3-Q	A-Q	14.62	A-Q	6.85
00102	A-A-A-2-4-4	2-4	13.52	2-4	3.68
00103	A-A-A-2-4-5	2-5	14.50	2-5	3.00
00104	A-A-A-2-4-6	2-6	12.98	2-6	4.07
00105	A-A-A-2-4-7	2-7	12.84	2-7	4.07
00106	A-A-A-2-4-8	2-8	12.67	2-8	4.06
00107	A-A-A-2-4-9	2-9	12.65	2-9	4.19
00108	A-A-A-2-4-10	A-2	12.69	2-10	4.32
00109	A-A-A-2-4-J	A-2	12.93	2-J	4.13
00110	A-A-A-2-4-K	A-2	12.69	2-K	4.46
00111	A-A-A-2-4-Q	A-2	12.69	2-Q	4.35
00112	A-A-A-2-5-5	5-5	16.54	A-2	2.23
00113	A-A-A-2-5-6	5-6	14.39	2-6	3.20
00114	A-A-A-2-5-7	5-7	13.75	2-7	3.16
00115	A-A-A-2-5-8	5-8	13.22	2-8	3.10
00116	A-A-A-2-5-9	5-9	13.17	2-9	3.32
00117	A-A-A-2-5-10	5-10	14.36	2-10	3.54
00118	A-A-A-2-5-J	5-J	14.70	2-J	3.35
00119	A-A-A-2-5-K	5-K	14.37	2-K	3.67
00120	A-A-A-2-5-Q	5-Q	14.33	2-Q	3.57
00121	A-A-A-2-6-6	6-6	13.50	2-6	2.55
00122	A-A-A-2-6-7	6-7	12.70	2-7	2.51
00123	A-A-A-2-6-8	6-8	12.35	A-2	2.79
00124	A-A-A-2-6-9	6-9	12.88	2-9	2.84
00125	A-A-A-2-6-10	2-6	11.55	6-10	3.39
00126	A-A-A-2-6-J	2-6	11.79	6-J	3.14
00127	A-A-A-2-6-K	2-6	11.55	6-K	3.55
00128	A-A-A-2-6-Q	2-6	11.55	6-Q	3.48
00129	A-A-A-2-7-7 ♣	7-7	13.66	A-2	4.27
00130	A-A-A-2-7-8	7-8	14.28	2-7	2.64
00131	A-A-A-2-7-9	7-9	11.78	2-9	2.80
00132	A-A-A-2-7-10	2-7	11.41	7-10	3.39
00133	A-A-A-2-7-J	2-7	11.65	7-J	3.00
00134	A-A-A-2-7-K	2-7	11.41	7-K	3.42
00135	A-A-A-2-7-Q	2-7	11.41	7-Q	3.37
00136	A-A-A-2-8-8	8-8	13.18	2-8	2.67
00137	A-A-A-2-8-9	8-9	12.45	2-9	2.93
00138	A-A-A-2-8-10	8-10	11.49	2-10	3.06
00139	A-A-A-2-8-J	2-J	11.52	8-J	3.09
00140	A-A-A-2-8-K	2-8	11.27	8-K	3.48
00141	A-A-A-2-8-Q	2-8	11.27	8-Q	3.37
00142	A-A-A-2-9-9	9-9	12.90	2-9	2.89
00143	A-A-A-2-9-10	9-10	11.99	2-10	3.06
00144	A-A-A-2-9-J	9-J	11.66	2-9	3.13
00145	A-A-A-2-9-K	2-9	11.35	9-K	3.67
00146	A-A-A-2-9-Q	2-9	11.35	9-Q	3.58
00147	A-A-A-2-10-10	10-10	12.40	2-10	2.97
00148	A-A-A-2-10-J	10-J	12.28	2-10	3.26
00149	A-A-A-2-10-K	2-10	11.18	10-K	3.77
00150	A-A-A-2-10-Q	2-Q	11.22	10-Q	3.05

HAND No.	SIX-CARD HAND	DISCARD (DEALER)	EXPECTED AVG. (DEALER)	DISCARD (PONE)	EXPECTED AVG. (PONE)
00151	A-A-A-2-J-J	J-J	12.97	2-J	3.02
00152	A-A-A-2-J-K	J-K	11.61	2-K	3.39
00153	A-A-A-2-J-Q	J-Q	12.46	2-Q	3.29
00154	A-A-A-2-K-K	K-K	12.23	2-K	3.11
00155	A-A-A-2-Q-K	2-Q	11.22	Q-K	3.16
00156	A-A-A-2-Q-Q	Q-Q	12.45	2-Q	3.01
00157	A-A-A-3-3-3	3-3	15.17	3-3	2.62
00158	A-A-A-3-3-4	3-3	15.00	3-4	3.34
00159	A-A-A-3-3-5	3-5	15.22	3-5	2.50
00160	A-A-A-3-3-6	3-3	13.56	3-6	4.39
00161	A-A-A-3-3-7	3-3	13.48	3-7	4.26
00162	A-A-A-3-3-8	3-3	13.61	3-8	4.18
00163	A-A-A-3-3-9	3-3	13.52	3-9	4.30
00164	A-A-A-3-3-10	3-3	13.35	3-10	4.50
00165	A-A-A-3-3-J	3-3	13.59	3-J	4.27
00166	A-A-A-3-3-K	3-3	13.35	3-K	4.66
00167	A-A-A-3-3-Q	3-3	13.35	3-Q	4.54
00168	A-A-A-3-4-4	4-4	14.93	3-4	3.08
00169	A-A-A-3-4-5	4-5	15.79	3-5	2.28
00170	A-A-A-3-4-6	4-6	13.17	3-6	4.17
00171	A-A-A-3-4-7	4-7	13.02	4-7	4.41
00172	A-A-A-3-4-8	4-8	13.11	4-8	4.35
00173	A-A-A-3-4-9	4-9	12.99	4-9	4.59
00174	A-A-A-3-4-10	A-3	12.95	4-10	4.63
00175	A-A-A-3-4-J	A-3	13.19	4-J	4.30
00176	A-A-A-3-4-K	A-3	12.95	4-K	4.81
00177	A-A-A-3-4-Q	A-3	12.95	4-Q	4.71
00178	A-A-A-3-5-5	5-5	18.11	A-3	2.19
00179	A-A-A-3-5-6	5-6	15.95	3-6	3.30
00180	A-A-A-3-5-7	5-7	15.32	3-7	3.13
00181	A-A-A-3-5-8	5-8	14.79	5-8	2.99
00182	A-A-A-3-5-9	5-9	14.69	5-9	3.13
00183	A-A-A-3-5-10	5-10	15.83	3-10	3.50
00184	A-A-A-3-5-J	5-J	16.18	3-J	3.27
00185	A-A-A-3-5-K	5-K	15.85	3-K	3.66
00186	A-A-A-3-5-Q	5-Q	15.81	3-Q	3.54
00187	A-A-A-3-6-6	6-6	15.07	3-6	2.65
00188	A-A-A-3-6-7	6-7	14.27	6-7	2.89
00189	A-A-A-3-6-8	6-8	13.92	6-8	3.44
00190	A-A-A-3-6-9	6-9	14.40	6-9	2.99
00191	A-A-A-3-6-10	6-10	12.36	6-10	4.86
00192	A-A-A-3-6-J	6-J	12.59	6-J	4.62
00193	A-A-A-3-6-K	6-K	12.32	6-K	5.03
00194	A-A-A-3-6-Q	6-Q	12.46	6-Q	4.96
00195	A-A-A-3-7-7	7-7	15.22	A-3	4.27
00196	A-A-A-3-7-8	7-8	15.84	3-7	2.60
00197	A-A-A-3-7-9	7-9	13.30	7-9	4.01
00198	A-A-A-3-7-10	7-10	12.43	7-10	4.87
00199	A-A-A-3-7-J	7-J	12.75	7-J	4.47
00200	A-A-A-3-7-K	7-K	12.46	7-K	4.90

HAND No.	SIX-CARD HAND	DISCARD (DEALER)	EXPECTED AVG. (DEALER)	DISCARD (PONE)	EXPECTED AVG. (PONE)
00201	A-A-A-3-7-Q	7-Q	12.42	7-Q	4.85
00202	A-A-A-3-8-8	8-8	14.75	3-8	2.53
00203	A-A-A-3-8-9	8-9	13.97	8-9	3.41
00204	A-A-A-3-8-10	8-10	12.97	8-10	4.02
00205	A-A-A-3-8-J	8-J	12.73	8-J	4.57
00206	A-A-A-3-8-K	8-K	12.32	8-K	4.96
00207	A-A-A-3-8-Q	8-Q	12.36	8-Q	4.85
00208	A-A-A-3-9-9	9-9	14.38	9-9	2.80
00209	A-A-A-3-9-10	9-10	13.42	9-10	3.72
00210	A-A-A-3-9-J	9-J	13.10	9-J	4.18
00211	A-A-A-3-9-K	9-K	12.20	9-K	5.11
00212	A-A-A-3-9-Q	9-Q	12.12	9-Q	5.01
00213	A-A-A-3-10-10	10-10	13.80	10-10	2.95
00214	A-A-A-3-10-J	10-J	13.67	10-J	3.40
00215	A-A-A-3-10-K	10-K	11.88	10-K	5.16
00216	A-A-A-3-10-Q	10-Q	12.35	10-Q	4.44
00217	A-A-A-3-J-J	J-J	14.36	3-J	2.86
00218	A-A-A-3-J-K	J-K	13.01	J-K	4.30
00219	A-A-A-3-J-Q	J-Q	13.85	J-Q	3.58
00220	A-A-A-3-K-K	K-K	13.62	K-K	3.40
00221	A-A-A-3-Q-K	Q-K	12.50	Q-K	4.55
00222	A-A-A-3-Q-Q	Q-Q	13.84	Q-Q	3.33
00223	A-A-A-4-4-4	A-A	15.04	A-A	3.68
00224	A-A-A-4-4-5	4-5	15.49	A-5	2.07
00225	A-A-A-4-4-6	4-4	13.24	4-6	3.71
00226	A-A-A-4-4-7	4-4	13.15	4-7	4.10
00227	A-A-A-4-4-8	4-4	13.20	4-8	4.01
00228	A-A-A-4-4-9	4-4	13.02	4-9	4.19
00229	A-A-A-4-4-10	A-4	13.77	4-10	4.33
00230	A-A-A-4-4-J	A-4	14.01	4-J	4.00
00231	A-A-A-4-4-K	A-4	13.77	4-K	4.51
00232	A-A-A-4-4-Q	A-4	13.77	4-Q	4.41
00233	A-A-A-4-5-5	5-5	17.85	A-A	2.64
00234	A-A-A-4-5-6	5-6	15.69	A-A	2.96
00235	A-A-A-4-5-7	5-7	15.06	4-7	3.23
00236	A-A-A-4-5-8	5-8	14.48	4-8	3.09
00237	A A-A-4-5-9	5-9	14.35	4-9	3.37
00238	A-A-A-4-5-10	5-10	15.57	4-10	3.59
00239	A-A-A-4-5-J	5-J	15.92	4-J	3.26
00240	A-A-A-4-5-K	5-K	15.59	4-K	3.77
00241	A-A-A-4-5-Q	5-Q	15.55	4-Q	3.67
00242	A-A-A-4-6-6	6-6	14.81	4-6	2.23
00243	A-A-A-4-6-7	6-7	14.01	6-7	2.63
00244	A-A-A-4-6-8	6-8	13.62	6-8	3.13
00245	A-A-A-4-6-9	6-9	14.05	4-9	2.89
00246	A-A-A-4-6-10	A-6	12.34	6-10	4.60
00247	A-A-A-4-6-J	A-6	12.57	6-J	4.36
00248	A-A-A-4-6-K	A-6	12.34	6-K	4.77
00249	A-A-A-4-6-Q	A-6	12.34	6-Q	4.70
00250	A-A-A-4-7-7	7-7	14.96	A-4	3.65

HAND No.	SIX-CARD HAND	DISCARD (DEALER)	EXPECTED AVG. (DEALER)	DISCARD (PONE)	EXPECTED AVG. (PONE)
00251	A-A-A-4-7-8	7-8	15.54	4-7	2.67
00252	A-A-A-4-7-9	7-9	12.95	7-9	3.66
00253	A-A-A-4-7-10	A-7	12.34	7-10	4.61
00254	A-A-A-4-7-J	A-7	12.57	7-J	4.21
00255	A-A-A-4-7-K	A-7	12.34	7-K	4.64
00256	A-A-A-4-7-Q	A-7	12.34	7-Q	4.59
00257	A-A-A-4-8-8	8-8	14.40	4-8	2.62
00258	A-A-A-4-8-9	8-9	13.58	8-9	3.02
00259	A-A-A-4-8-10	8-10	12.66	8-10	3.72
00260	A-A-A-4-8-J	A-8	12.48	8-J	4.26
00261	A-A-A-4-8-K	A-8	12.25	8-K	4.65
00262	A-A-A-4-8-Q	A-8	12.25	8-Q	4.55
00263	A-A-A-4-9-9	9-9	13.95	4-9	2.80
00264	A-A-A-4-9-10	9-10	13.07	A-9	3.90
00265	A-A-A-4-9-J	9-J	12.75	A-9	4.14
00266	A-A-A-4-9-K	9-K	11.85	9-K	4.76
00267	A-A-A-4-9-Q	A-9	11.84	9-Q	4.67
00268	A-A-A-4-10-10	10-10	13.54	A-10	3.88
00269	A-A-A-4-10-J	10-J	13.41	A-10	4.16
00270	A-A-A-4-10-K	A-10	11.82	10-K	4.90
00271	A-A-A-4-10-Q	10-Q	12.09	10-Q	4.18
00272	A-A-A-4-J-J	J-J	14.10	A-J	3.90
00273	A-A-A-4-J-K	J-K	12.75	A-K	4.31
00274	A-A-A-4-J-Q	J-Q	13.59	A-Q	4.29
00275	A-A-A-4-K-K	K-K	13.36	A-K	4.03
00276	A-A-A-4-Q-K	Q-K	12.24	Q-K	4.29
00277	A-A-A-4-Q-Q	Q-Q	13.58	A-Q	4.00
00278	A-A-A-5-5-5 ♣	5-5	16.89	A-A	5.46
00279	A-A-A-5-5-6	5-5	16.41	A-6	2.38
00280	A-A-A-5-5-7	5-5	16.24	A-7	2.42
00281	A-A-A-5-5-8	5-5	16.20	A-8	2.36
00282	A-A-A-5-5-9	5-5	16.20	A-A	2.64
00283	A-A-A-5-5-10	5-5	16.37	A-10	2.75
00284	A-A-A-5-5-J	5-5	16.61	A-A	2.79
00285	A-A-A-5-5-K	5-5	16.37	A-K	2.90
00286	A-A-A-5-5-Q	5-5	16.37	A-Q	2.87
00287	A-A-A-5-6-6	5-6	14.17	6-6	1.29
00288	A-A-A-5-6-7	5-6	14.00	6-7	1.72
00289	A-A-A-5-6-8	5-6	14.04	6-8	2.18
00290	A-A-A-5-6-9	5-6	14.13	A-6	3.16
00291	A-A-A-5-6-10	5-10	14.27	6-10	3.82
00292	A-A-A-5-6-J	5-J	14.62	6-J	3.58
00293	A-A-A-5-6-K	5-K	14.28	6-K	3.99
00294	A-A-A-5-6-Q	5-6	14.26	6-Q	3.92
00295	A-A-A-5-7-7	A-5	14.80	A-5	3.38
00296	A-A-A-5-7-8	7-8	14.54	A-7	1.50
00297	A-A-A-5-7-9	5-7	13.54	A-7	3.24
00298	A-A-A-5-7-10	5-10	14.14	7-10	3.78
00299	A-A-A-5-7-J	5-J	14.49	7-J	3.39
00300	A-A-A-5-7-K	5-K	14.15	7-K	3.81

HAND No.	SIX-CARD HAND	DISCARD (DEALER)	EXPECTED AVG. (DEALER)	DISCARD (PONE)	EXPECTED AVG. (PONE)
00301	A-A-A-5-7-Q	5-Q	14.11	7-Q	3.76
00302	A-A-A-5-8-8	8-8	13.36	A-8	1.50
00303	A-A-A-5-8-9	5-8	13.00	A-8	3.23
00304	A-A-A-5-8-10	5-10	14.18	8-10	2.85
00305	A-A-A-5-8-J	5-J	14.53	8-J	3.40
00306	A-A-A-5-8-K	5-K	14.19	8-K	3.79
00307	A-A-A-5-8-Q	5-Q	14.15	8-Q	3.68
00308	A-A-A-5-9-9	A-A	13.21	A-9	3.46
00309	A-A-A-5-9-10	5-10	14.18	A-10	3.62
00310	A-A-A-5-9-J	5-J	14.53	A-J	3.40
00311	A-A-A-5-9-K	5-K	14.19	9-K	3.98
00312	A-A-A-5-9-Q	5-Q	14.15	9-Q	3.88
00313	A-A-A-5-10-10	5-10	14.23	10-10	1.99
00314	A-A-A-5-10-J	5-J	14.62	10-J	2.44
00315	A-A-A-5-10-K	5-K	14.28	10-K	4.21
00316	A-A-A-5-10-Q	5-10	14.27	10-Q	3.49
00317	A-A-A-5-J-J	5-J	14.81	A-A	2.25
00318	A-A-A-5-J-K	5-J	14.62	J-K	3.34
00319	A-A-A-5-J-Q	5-J	14.62	J-Q	2.62
00320	A-A-A-5-K-K	5-K	14.24	K-K	2.45
00321	A-A-A-5-Q-K	5-K	14.28	Q-K	3.59
00322	A-A-A-5-Q-Q	5-Q	14.20	Q-Q	2.38
00323	A-A-A-6-6-6	A-A	13.65	A-A	2.29
00324	A-A-A-6-6-7	6-6	13.03	A-6	1.33
00325	A-A-A-6-6-8	A-A	13.56	A-6	2.81
00326	A-A-A-6-6-9	6-6	13.33	A-A	1.60
00327	A-A-A-6-6-10	6-6	13.42	6-10	3.21
00328	A-A-A-6-6-J	6-6	13.66	6-J	2.97
00329	A-A-A-6-6-K	6-6	13.42	6-K	3.38
00330	A-A-A-6-6-Q	6-6	13.42	6-Q	3.31
00331	A-A-A-6-7-7	7-7	13.27	A-6	4.33
00332	A-A-A-6-7-8	A-A	14.67	A-A	3.31
00333	A-A-A-6-7-9	6-7	12.57	7-9	2.18
00334	A-A-A-6-7-10	6-7	12.62	7-10	3.17
00335	A-A-A-6-7-J	6-7	12.86	6-J	2.84
00336	A-A-A-6-7-K	6-7	12.62	6-K	3.25
00337	A-A-A-6-7-Q	6-7	12.62	6-Q	3.18
00338	A-A-A-6-8-8	A-A	13.21	A-8	2.89
00339	A-A-A-6-8-9	6-9	12.66	A-9	3.29
00340	A-A-A-6-8-10	6-8	12.27	A-10	3.40
00341	A-A-A-6-8-J	6-8	12.51	A-J	3.18
00342	A-A-A-6-8-K	6-8	12.27	A-K	3.55
00343	A-A-A-6-8-Q	6-8	12.27	A-Q	3.52
00344	A-A-A-6-9-9	6-9	12.70	6-9	1.30
00345	A-A-A-6-9-10	6-9	12.79	6-10	3.30
00346	A-A-A-6-9-J	6-9	13.03	6-J	3.06
00347	A-A-A-6-9-K	6-9	12.79	9-K	3.54
00348	A-A-A-6-9-Q	6-9	12.79	9-Q	3.45
00349	A-A-A-6-10-10	10-10	12.36	6-10	3.30
00350	A-A-A-6-10-J	10-J	12.24	6-10	3.58

HAND No.	SIX-CARD HAND	DISCARD (DEALER)	EXPECTED AVG. (DEALER)	DISCARD (PONE)	EXPECTED AVG. (PONE)
00351	A-A-A-6-10-K	6-10	10.83	10-K	3.73
00352	A-A-A-6-10-Q	6-Q	10.94	6-Q	3.44
00353	A-A-A-6-J-J	J-J	12.93	6-J	3.30
00354	A-A-A-6-J-K	J-K	11.57	6-K	3.75
00355	A-A-A-6-J-Q	J-Q	12.42	6-Q	3.68
00356	A-A-A-6-K-K	K-K	12.18	6-K	3.47
00357	A-A-A-6-Q-K	Q-K	11.07	6-K	3.51
00358	A-A-A-6-Q-Q	Q-Q	12.40	6-Q	3.40
00359	A-A-A-7-7-7	A-A	18.34	A-A	6.99
00360	A-A-A-7-7-8	A-A	15.52	A-8	4.41
00361	A-A-A-7-7-9	7-7	13.57	A-9	4.81
00362	A-A-A-7-7-10	7-7	13.57	A-10	4.88
00363	A-A-A-7-7-J	7-7	13.81	A-J	4.66
00364	A-A-A-7-7-K	7-7	13.57	A-K	5.03
00365	A-A-A-7-7-Q	7-7	13.57	A-Q	5.00
00366	A-A-A-7-8-8	7-8	14.10	A-A	2.25
00367	A-A-A-7-8-9	7-8	14.19	7-9	2.35
00368	A-A-A-7-8-10	7-8	14.19	7-10	3.30
00369	A-A-A-7-8-J	7-8	14.43	7-J	2.91
00370	A-A-A-7-8-K	7-8	14.19	7-K	3.33
00371	A-A-A-7-8-Q	7-8	14.19	7-Q	3.28
00372	A-A-A-7-9-9	9-9	12.69	7-9	2.35
00373	A-A-A-7-9-10	9-10	11.81	7-10	3.35
00374	A-A-A-7-9-J	7-9	11.93	7-J	2.95
00375	A-A-A-7-9-K	7-9	11.69	9-K	3.50
00376	A-A-A-7-9-Q	7-9	11.69	9-Q	3.40
00377	A-A-A-7-10-10	10-10	12.27	7-10	3.30
00378	A-A-A-7-10-J	10-J	12.15	7-10	3.59
00379	A-A-A-7-10-K	7-K	10.94	10-K	3.64
00380	A-A-A-7-10-Q	7-10	10.91	7-10	3.35
00381	A-A-A-7-J-J	J-J	12.84	7-J	3.15
00382	A-A-A-7-J-K	J-K	11.48	7-K	3.62
00383	A-A-A-7-J-Q	J-Q	12.33	7-Q	3.57
00384	A-A-A-7-K-K	K-K	12.10	7-K	3.33
00385	A-A-A-7-Q-K	Q-K	10.98	7-K	3.38
00386	A-A-A-7-Q-Q	Q-Q	12.32	7-Q	3.28
00387	A-A-A-8-8-8	8-8	13.01	A-A	1.25
00388	A-A-A-8-8-9	8-8	13.09	8-9	1.76
00389	A-A-A-8-8-10	8-8	13.09	8-10	2.46
00390	A-A-A-8-8-J	8-8	13.33	8-J	3.00
00391	A-A-A-8-8-K	8-8	13.09	8-K	3.39
00392	A-A-A-8-8-Q	8-8	13.09	8-Q	3.29
00393	A-A-A-8-9-9	9-9	12.82	8-9	1.76
00394	A-A-A-8-9-10	8-9	12.36	8-10	2.50
00395	A-A-A-8-9-J	8-9	12.60	8-J	3.05
00396	A-A-A-8-9-K	8-9	12.36	9-K	3.63
00397	A-A-A-8-9-Q	8-9	12.36	9-Q	3.53
00398	A-A-A-8-10-10	10-10	12.40	8-10	2.46
00399	A-A-A-8-10-J	10-J	12.28	8-J	3.05
00400	A-A-A-8-10-K	8-10	11.45	10-K	3.77

HAND No.	SIX-CARD HAND	DISCARD (DEALER)	EXPECTED AVG. (DEALER)	DISCARD (PONE)	EXPECTED AVG. (PONE)
00401	A-A-A-8-10-Q	8-10	11.45	8-Q	3.33
00402	A-A-A-8-J-J	J-J	12.97	8-J	3.24
00403	A-A-A-8-J-K	J-K	11.61	8-K	3.68
00404	A-A-A-8-J-Q	J-Q	12.46	8-Q	3.57
00405	A-A-A-8-K-K	K-K	12.23	8-K	3.39
00406	A-A-A-8-Q-K	Q-K	11.11	8-K	3.44
00407	A-A-A-8-Q-Q	Q-Q	12.45	8-Q	3.29
00408	A-A-A-9-9-9	9-9	12.73	A-A	1.25
00409	A-A-A-9-9-10	9-9	12.82	9-10	2.20
00410	A-A-A-9-9-J	9-9	13.06	9-J	2.66
00411	A-A-A-9-9-K	9-9	12.82	9-K	3.58
00412	A-A-A-9-9-Q	9-9	12.82	9-Q	3.49
00413	A-A-A-9-10-10	10-10	12.40	9-10	2.20
00414	A-A-A-9-10-J ♣	10-J	12.28	9-J	2.70
00415	A-A-A-9-10-K	9-10	11.94	10-K	3.77
00416	A-A-A-9-10-Q	9-10	11.94	9-Q	3.53
00417	A-A-A-9-J-J	J-J	12.97	9-J	2.90
00418	A-A-A-9-J-K	9-J	11.62	9-K	3.87
00419	A-A-A-9-J-Q	J-Q	12.46	9-Q	3.77
00420	A-A-A-9-K-K	K-K	12.23	9-K	3.58
00421	A-A-A-9-Q-K	Q-K	11.11	9-K	3.63
00422	A-A-A-9-Q-Q	Q-Q	12.45	9-Q	3.49
00423	A-A-A-10-10-10	A-A	12.60	10-10	1.47
00424	A-A-A-10-10-J	10-10	12.64	10-J	1.96
00425	A-A-A-10-10-K	10-10	12.40	10-K	3.73
00426	A-A-A-10-10-Q	10-10	12.40	10-Q	3.01
00427	A-A-A-10-J-J	J-J	12.97	10-J	2.20
00428	A-A-A-10-J-K	10-J	12.28	10-K	4.01
00429	A-A-A-10-J-Q	J-Q	12.46	10-Q	3.29
00430	A-A-A-10-K-K	K-K	12.23	10-K	3.73
00431	A-A-A-10-Q-K	Q-K	11.11	10-K	3.77
00432	A-A-A-10-Q-Q	Q-Q	12.45	10-Q	3.01
00433	A-A-A-J-J-J	A-A	13.32	A-A	1.96
00434	A-A-A-J-J-K	J-J	12.97	J-K	3.10
00435	A-A-A-J-J-Q	J-J	12.97	J-Q	2.38
00436	A-A-A-J-K-K	K-K	12.47	J-K	2.86
00437	A-A-A-J-Q-K	J-Q	12.46	Q-K	3.40
00438	A-A-A-J-Q-Q	Q-Q	12.69	Q-Q	2.18
00439	A-A-A-K-K-K	A-A	12.60	K-K	1.93
00440	A-A-A-Q-K-K	K-K	12.23	Q-K	3.12
00441	A-A-A-Q-Q-K	Q-Q	12.45	Q-K	3.12
00442	A-A-A-Q-Q-Q	A-A	12.60	Q-Q	1.86
00443	A-A-2-2-2-2	A-A	18.26	A-A	6.90
00444	A-A-2-2-2-3	2-2	16.81	A-2	6.90
00445	A-A-2-2-2-4	A-4	14.86	A-4	3.74
00446	A-A-2-2-2-5	A-5	14.89	A-5	3.46
00447	A-A-2-2-2-6	A-6	13.29	A-6	4.51
00448	A-A-2-2-2-7	A-7	13.29	A-7	4.55
00449	A-A-2-2-2-8	A-8	13.16	A-8	4.54
00450	A-A-2-2-2-9	A-A	14.60	A-9	4.85

HAND No.	SIX-CARD HAND	DISCARD (DEALER)	EXPECTED AVG. (DEALER)	DISCARD (PONE)	EXPECTED AVG. (PONE)
00451	A-A-2-2-2-10	A-A	12.78	A-10	4.83
00452	A-A-2-2-2-J	A-A	13.02	A-J	4.62
00453	A-A-2-2-2-K	A-A	12.78	A-K	4.99
00454	A-A-2-2-2-Q	A-A	12.78	A-Q	4.96
00455	A-A-2-2-3-3	2-3	18.09	A-3	6.88
00456	A-A-2-2-3-4	A-A	17.74	A-4	6.39
00457	A-A-2-2-3-5	A-5	17.58	A-5	6.16
00458	A-A-2-2-3-6	A-6	15.99	A-6	7.20
00459	A-A-2-2-3-7	A-7	15.94	A-7	7.20
00460	A-A-2-2-3-8	A-8	15.85	A-8	7.23
00461	A-A-2-2-3-9	A-9	15.45	A-9	7.51
00462	A-A-2-2-3-10	A-10	15.43	A-10	7.53
00463	A-A-2-2-3-J	A-J	15.64	A-J	7.32
00464	A-A-2-2-3-K	A-K	15.40	A-K	7.68
00465	A-A-2-2-3-Q	A-Q	15.43	A-Q	7.66
00466	A-A-2-2-4-4	2-2	13.90	2-2	1.82
00467	A-A-2-2-4-5	4-5	13.44	2-2	-0.05
00468	A-A-2-2-4-6	2-2	11.29	4-6	1.66
00469	A-A-2-2-4-7	A-A	11.78	4-7	2.06
00470	A-A-2-2-4-8 ⊕	2-2	10.86	4-8	2.01
00471	A-A-2-2-4-9	A-A	13.39	4-9	2.24
00472	A-A-2-2-4-10	2-2	14.34	4-10	2.33
00473	A-A-2-2-4-J	2-2	14.58	2-2	2.50
00474	A-A-2-2-4-K	2-2	14.34	4-K	2.51
00475	A-A-2-2-4-Q	2-2	14.34	4-Q	2.41
00476	A-A-2-2-5-5	5-5	15.76	A-A	1.33
00477	A-A-2-2-5-6	5-6	13.60	A-A	1.16
00478	A-A-2-2-5-7	5-7	12.97	A-7	0.50
00479	A-A-2-2-5-8	A-A	13.65	A-A	2.29
00480	A-A-2-2-5-9	2-2	13.99	2-2	1.91
00481	A-A-2-2-5-10	5-10	13.53	A-10	0.92
00482	A-A-2-2-5-J	5-J	13.88	A-5	0.75
00483	A-A-2-2-5-K	5-K	13.54	A-K	1.07
00484	A-A-2-2-5-Q	5-Q	13.50	A-Q	1.05
00485	A-A-2-2-6-6	6-6	12.72	A-2	1.10
00486	A-A-2-2-6-7	A-A	13.65	A-A	2.29
00487	A-A-2-2-6-8	2-2	13.73	2-2	1.65
00488	A-A-2-2-6-9	6-9	12.05	6-9	0.65
00489	A-A-2-2-6-10	A-6	10.38	6-10	2.56
00490	A-A-2-2-6-J	A-6	10.62	6-J	2.32
00491	A-A-2-2-6-K	A-6	10.38	6-K	2.73
00492	A-A-2-2-6-Q	A-6	10.38	6-Q	2.66
00493	A-A-2-2-7-7	2-2	15.21	2-2	3.13
00494	A-A-2-2-7-8	7-8	13.49	A-A	0.29
00495	A-A-2-2-7-9	7-9	10.95	7-9	1.66
00496	A-A-2-2-7-10	A-7	10.38	7-10	2.56
00497	A-A-2-2-7-J	A-7	10.62	7-J	2.17
00498	A-A-2-2-7-K	A-7	10.38	7-K	2.59
00499	A-A-2-2-7-Q	A-7	10.38	7-Q	2.54
00500	A-A-2-2-8-8	8-8	12.40	A-8	0.02

HAND No.	SIX-CARD HAND	DISCARD (DEALER)	EXPECTED AVG. (DEALER)	DISCARD (PONE)	EXPECTED AVG. (PONE)
00501	A-A-2-2-8-9	8-9	11.62	8-9	1.07
00502	A-A-2-2-8-10	8-10	10.66	8-10	1.72
00503	A-A-2-2-8-J	A-8	10.53	8-J	2.26
00504	A-A-2-2-8-K	A-8	10.29	8-K	2.65
00505	A-A-2-2-8-Q	A-8	10.29	8-Q	2.55
00506	A-A-2-2-9-9	9-9	12.03	9-9	0.46
00507	A-A-2-2-9-10	9-10	11.12	A-9	1.98
00508	A-A-2-2-9-J	9-J	10.79	A-9	2.22
00509	A-A-2-2-9-K	A-9	9.93	9-K	2.80
00510	A-A-2-2-9-Q	A-9	9.93	9-Q	2.71
00511	A-A-2-2-10-10	10-10	11.54	A-10	1.96
00512	A-A-2-2-10-J	10-J	11.41	A-10	2.25
00513	A-A-2-2-10-K	A-10	9.90	10-K	2.90
00514	A-A-2-2-10-Q	10-Q	10.09	10-Q	2.18
00515	A-A-2-2-J-J	J-J	12.10	A-J	1.99
00516	A-A-2-2-J-K	J-K	10.75	A-K	2.40
00517	A-A-2-2-J-Q	J-Q	11.59	A-Q	2.37
00518	A-A-2-2-K-K ⊕	2-2	11.47	A-K	2.12
00519	A-A-2-2-Q-K	Q-K	10.24	Q-K	2.29
00520	A-A-2-2-Q-Q	Q-Q	11.58	A-Q	2.09
00521	A-A-2-3-3-3	3-3	17.04	A-3	6.56
00522	A-A-2-3-3-4	A-A	17.87	A-A	6.51
00523	A-A-2-3-3-5	A-5	17.24	A-5	5.81
00524	A-A-2-3-3-6	A-6	15.60	A-6	6.81
00525	A-A-2-3-3-7	A-7	15.60	A-7	6.85
00526	A-A-2-3-3-8	A-8	15.51	A-8	6.89
00527	A-A-2-3-3-9	A-9	15.06	A-9	7.11
00528	A-A-2-3-3-10	A-10	15.12	A-10	7.23
00529	A-A-2-3-3-J	A-J	15.34	A-J	7.01
00530	A-A-2-3-3-K	A-K	15.09	A-K	7.38
00531	A-A-2-3-3-Q	A-Q	15.12	A-Q	7.35
00532	A-A-2-3-4-4	A-A	17.30	A-A	5.94
00533	A-A-2-3-4-5	4-5	17.88	4-5	4.30
00534	A-A-2-3-4-6	4-6	15.26	4-6	6.10
00535	A-A-2-3-4-7	4-7	15.11	4-7	6.49
00536	A-A-2-3-4-8	4-8	15.16	4-8	6.40
00537	A A-2-3-4-9	4-9	15.04	4-9	6.63
00538	A-A-2-3-4-10	2-3	15.57	4-10	6.76
00539	A-A-2-3-4-J	2-3	15.81	4-J	6.43
00540	A-A-2-3-4-K	2-3	15.57	4-K	6.94
00541	A-A-2-3-4-Q	2-3	15.57	4-Q	6.84
00542	A-A-2-3-5-5	5-5	20.24	A-A	2.60
00543	A-A-2-3-5-6	5-6	18.08	5-6	4.08
00544	A-A-2-3-5-7	5-7	17.45	5-7	4.42
00545	A-A-2-3-5-8	5-8	16.87	5-8	5.08
00546	A-A-2-3-5-9	5-9	16.78	5-9	5.22
00547	A-A-2-3-5-10	5-10	18.01	5-10	3.98
00548	A-A-2-3-5-J	5-J	18.36	5-J	3.54
00549	A-A-2-3-5-K	5-K	18.02	5-K	4.13
00550	A-A-2-3-5-Q	5-Q	17.98	5-Q	4.06

HAND No.	SIX-CARD HAND	DISCARD (DEALER)	EXPECTED AVG. (DEALER)	DISCARD (PONE)	EXPECTED AVG. (PONE)
00551	A-A-2-3-6-6	6-6	17.20	6-6	4.55
00552	A-A-2-3-6-7	6-7	16.40	6-7	5.02
00553	A-A-2-3-6-8	6-8	16.01	6-8	5.52
00554	A-A-2-3-6-9	6-9	16.49	6-9	5.08
00555	A-A-2-3-6-10	6-10	14.53	6-10	7.04
00556	A-A-2-3-6-J	6-J	14.76	6-J	6.80
00557	A-A-2-3-6-K	6-K	14.49	6-K	7.21
00558	A-A-2-3-6-Q	6-Q	14.63	6-Q	7.14
00559	A-A-2-3-7-7	7-7	17.35	7-7	4.33
00560	A-A-2-3-7-8	7-8	17.93	7-8	3.90
00561	A-A-2-3-7-9	7-9	15.39	7-9	6.09
00562	A-A-2-3-7-10	7-10	14.60	7-10	7.04
00563	A-A-2-3-7-J	7-J	14.92	7-J	6.65
00564	A-A-2-3-7-K	7-K	14.63	7-K	7.07
00565	A-A-2-3-7-Q	7-Q	14.60	7-Q	7.02
00566	A-A-2-3-8-8	8-8	16.79	8-8	4.33
00567	A-A-2-3-8-9	8-9	16.01	8-9	5.46
00568	A-A-2-3-8-10	8-10	15.10	8-10	6.15
00569	A-A-2-3-8-J	8-J	14.86	8-J	6.70
00570	A-A-2-3-8-K	8-K	14.45	8-K	7.09
00571	A-A-2-3-8-Q	8-Q	14.49	8-Q	6.98
00572	A-A-2-3-9-9	9-9	16.43	9-9	4.85
00573	A-A-2-3-9-10	9-10	15.55	9-10	5.85
00574	A-A-2-3-9-J	9-J	15.23	9-J	6.31
00575	A-A-2-3-9-K	9-K	14.33	9-K	7.24
00576	A-A-2-3-9-Q	9-Q	14.25	9-Q	7.14
00577	A-A-2-3-10-10	10-10	16.01	10-10	5.17
00578	A-A-2-3-10-J	10-J	15.89	10-J	5.62
00579	A-A-2-3-10-K	10-K	14.10	10-K	7.38
00580	A-A-2-3-10-Q	10-Q	14.57	10-Q	6.66
00581	A-A-2-3-J-J	J-J	16.58	J-J	4.98
00582	A-A-2-3-J-K	J-K	15.22	J-K	6.51
00583	A-A-2-3-J-Q	J-Q	16.07	J-Q	5.79
00584	A-A-2-3-K-K	K-K	15.84	K-K	5.62
00585	A-A-2-3-Q-K	Q-K	14.72	Q-K	6.77
00586	A-A-2-3-Q-Q	Q-Q	16.06	Q-Q	5.55
00587	A-A-2-4-4-4	A-A	14.26	A-2	4.57
00588	A-A-2-4-4-5	2-5	13.59	2-5	2.09
00589	A-A-2-4-4-6	2-6	12.02	2-6	3.11
00590	A-A-2-4-4-7	2-7	11.93	2-7	3.16
00591	A-A-2-4-4-8	2-8	11.84	2-8	3.23
00592	A-A-2-4-4-9	A-A	13.47	2-9	3.36
00593	A-A-2-4-4-10	2-4	13.00	2-10	3.41
00594	A-A-2-4-4-J	2-4	13.23	A-2	3.64
00595	A-A-2-4-4-K	2-4	13.00	2-K	3.54
00596	A-A-2-4-4-Q	2-4	13.00	2-Q	3.44
00597	A-A-2-4-5-5	5-5	14.20	A-2	3.62
00598	A-A-2-4-5-6	A-A	13.97	A-2	3.90
00599	A-A-2-4-5-7	5-7	11.36	2-7	1.33
00600	A-A-2-4-5-8	2-4	11.08	2-8	1.32

HAND No.	SIX-CARD HAND	DISCARD (DEALER)	EXPECTED AVG. (DEALER)	DISCARD (PONE)	EXPECTED AVG. (PONE)
00601	A-A-2-4-5-9	2-4	12.73	2-4	2.90
00602	A-A-2-4-5-10	2-5	14.02	2-5	2.52
00603	A-A-2-4-5-J	2-5	14.26	2-5	2.76
00604	A-A-2-4-5-K	2-5	14.02	2-5	2.52
00605	A-A-2-4-5-Q	2-5	14.02	2-5	2.52
00606	A-A-2-4-6-6	A-4	11.69	2-4	0.94
00607	A-A-2-4-6-7	2-4	11.00	2-4	1.16
00608	A-A-2-4-6-8	2-4	12.52	2-4	2.68
00609	A-A-2-4-6-9	A-A	11.60	2-6	1.90
00610	A-A-2-4-6-10	2-6	12.55	2-6	3.64
00611	A-A-2-4-6-J	2-6	12.79	2-6	3.88
00612	A-A-2-4-6-K	2-6	12.55	2-6	3.64
00613	A-A-2-4-6-Q	2-6	12.55	2-6	3.64
00614	A-A-2-4-7-7	2-4	14.00	2-4	4.16
00615	A-A-2-4-7-8	7-8	11.80	2-4	0.85
00616	A-A-2-4-7-9	2-7	10.71	2-7	1.94
00617	A-A-2-4-7-10	2-7	12.41	2-7	3.64
00618	A-A-2-4-7-J	2-7	12.65	2-7	3.88
00619	A-A-2-4-7-K	2-7	12.41	2-7	3.64
00620	A-A-2-4-7-Q	2-7	12.41	2-7	3.64
00621	A-A-2-4-8-8	8-8	10.66	2-4	0.42
00622	A-A-2-4-8-9	2-8	10.58	2-8	1.97
00623	A-A-2-4-8-10	2-8	12.27	2-8	3.67
00624	A-A-2-4-8-J	2-8	12.51	2-8	3.91
00625	A-A-2-4-8-K	2-8	12.27	2-8	3.67
00626	A-A-2-4-8-Q	2-8	12.27	2-8	3.67
00627	A-A-2-4-9-9	A-A	13.04	2-9	2.10
00628	A-A-2-4-9-10	2-9	12.30	2-9	3.84
00629	A-A-2-4-9-J	2-9	12.54	2-9	4.08
00630	A-A-2-4-9-K	2-9	12.30	2-9	3.84
00631	A-A-2-4-9-Q	2-9	12.30	2-9	3.84
00632	A-A-2-4-10-10	2-10	12.05	2-10	3.89
00633	A-A-2-4-10-J	2-J	12.39	2-10	4.17
00634	A-A-2-4-10-K	2-10	12.09	2-K	4.06
00635	A-A-2-4-10-Q	2-Q	12.14	2-Q	3.96
00636	A-A-2-4-J-J	2-J	12.59	2-J	3.93
00637	A-A-2-4-J-K	2-J	12.39	2-K	4.30
00638	A-A-2-4-J-Q	2-J	12.39	2-Q	4.20
00639	A-A-2-4-K-K	2-K	12.01	2-K	4.02
00640	A-A-2-4-Q-K	2-Q	12.14	2-K	4.06
00641	A-A-2-4-Q-Q	2-Q	12.09	2-Q	3.92
00642	A-A-2-5-5-5	A-A	16.91	A-2	6.40
00643	A-A-2-5-5-6	5-5	12.98	2-6	2.42
00644	A-A-2-5-5-7	5-5	12.89	2-7	2.42
00645	A-A-2-5-5-8	A-A	14.26	A-A	2.90
00646	A-A-2-5-5-9	2-5	13.59	A-2	3.66
00647	A-A-2-5-5-10	A-A	14.00	A-2	3.49
00648	A-A-2-5-5-J	A-A	14.24	A-2	3.73
00649	A-A-2-5-5-K	A-A	14.00	A-2	3.49
00650	A-A-2-5-5-Q	A-A	14.00	A-2	3.49

HAND No.	SIX-CARD HAND	DISCARD (DEALER)	EXPECTED AVG. (DEALER)	DISCARD (PONE)	EXPECTED AVG. (PONE)
00651	A-A-2-5-6-6	2-5	11.72	A-2	0.92
00652	A-A-2-5-6-7	A-A	13.84	A-A	2.49
00653	A-A-2-5-6-8	2-5	13.41	2-5	1.91
00654	A-A-2-5-6-9	2-6	12.15	2-6	3.24
00655	A-A-2-5-6-10	5-10	10.88	2-6	1.29
00656	A-A-2-5-6-J	5-J	11.22	2-6	1.53
00657	A-A-2-5-6-K	5-K	10.89	2-6	1.29
00658	A-A-2-5-6-Q	5-Q	10.85	2-6	1.29
00659	A-A-2-5-7-7	2-5	14.94	2-5	3.44
00660	A-A-2-5-7-8	A-A	12.30	2-7	1.55
00661	A-A-2-5-7-9	2-7	12.06	2-7	3.29
00662	A-A-2-5-7-10	5-10	10.83	2-7	1.29
00663	A-A-2-5-7-J	5-J	11.18	2-7	1.53
00664	A-A-2-5-7-K	5-K	10.85	2-7	1.29
00665	A-A-2-5-7-Q	5-Q	10.81	2-7	1.29
00666	A-A-2-5-8-8	A-A	13.47	A-A	2.12
00667	A-A-2-5-8-9	2-8	11.88	2-8	3.27
00668	A-A-2-5-8-10	A-A	11.69	2-10	1.93
00669	A-A-2-5-8-J	A-A	11.67	2-J	1.74
00670	A-A-2-5-8-K	A-A	11.43	2-K	2.06
00671	A-A-2-5-8-Q	A-A	11.43	2-Q	1.96
00672	A-A-2-5-9-9	A-2	12.17	2-9	3.41
00673	A-A-2-5-9-10	2-10	11.78	2-10	3.62
00674	A-A-2-5-9-J	2-J	12.09	2-J	3.43
00675	A-A-2-5-9-K	2-K	11.75	2-K	3.76
00676	A-A-2-5-9-Q	2-Q	11.83	2-Q	3.66
00677	A-A-2-5-10-10	A-A	13.21	A-2	2.71
00678	A-A-2-5-10-J	A-A	12.06	2-10	1.86
00679	A-A-2-5-10-K	A-A	11.30	2-K	1.76
00680	A-A-2-5-10-Q	A-A	11.56	2-Q	1.66
00681	A-A-2-5-J-J	A-A	13.69	A-2	3.18
00682	A-A-2-5-J-K	A-A	11.80	2-K	2.00
00683	A-A-2-5-J-Q	A-A	12.06	2-Q	1.90
00684	A-A-2-5-K-K	A-A	13.21	A-2	2.71
00685	A-A-2-5-Q-K	A-A	11.56	2-K	1.76
00686	A-A-2-5-Q-Q	A-A	13.21	A-2	2.71
00687	A-A-2-6-6-6	A-A	13.47	A-2	3.10
00688	A-A-2-6-6-7	A-A	14.26	A-A	2.90
00689	A-A-2-6-6-8	A-2	12.48	A-2	3.18
00690	A-A-2-6-6-9	A-A	12.95	A-2	2.49
00691	A-A-2-6-6-10	6-6	9.94	A-10	1.79
00692	A-A-2-6-6-J ✦	6-6	10.18	A-J	1.58
00693	A-A-2-6-6-K	6-6	9.94	A-K	1.94
00694	A-A-2-6-6-Q	6-6	9.94	A-Q	1.92
00695	A-A-2-6-7-7	A-A	14.08	2-6	4.42
00696	A-A-2-6-7-8	A-A	14.76	A-2	4.29
00697	A-A-2-6-7-9	A-A	11.52	2-9	1.71
00698	A-A-2-6-7-10	2-10	10.05	2-10	1.89
00699	A-A-2-6-7-J	2-J	10.35	2-J	1.70
00700	A-A-2-6-7-K	2-K	10.01	2-K	2.02

HAND No.	SIX-CARD HAND	DISCARD (DEALER)	EXPECTED AVG. (DEALER)	DISCARD (PONE)	EXPECTED AVG. (PONE)
00701	A-A-2-6-7-Q	2-Q	10.09	2-Q	1.92
00702	A-A-2-6-8-8	A-2	12.17	2-8	2.93
00703	A-A-2-6-8-9	2-9	11.69	2-9	3.23
00704	A-A-2-6-8-10	2-10	11.57	2-10	3.41
00705	A-A-2-6-8-J	2-J	11.87	2-J	3.22
00706	A-A-2-6-8-K	2-K	11.54	2-K	3.54
00707	A-A-2-6-8-Q	2-Q	11.62	2-Q	3.44
00708	A-A-2-6-9-9	A-A	12.69	A-2	2.18
00709	A-A-2-6-9-10	A-A	9.39	2-10	1.15
00710	A-A-2-6-9-J	2-J	9.61	2-J	0.96
00711	A-A-2-6-9-K	6-9	9.31	2-K	1.28
00712	A-A-2-6-9-Q	2-Q	9.35	2-Q	1.18
00713	A-A-2-6-10-10	2-6	9.68	2-6	0.77
00714	A-A-2-6-10-J	10-J	8.89	6-10	0.10
00715	A-A-2-6-10-K	2-6	7.76	10-K	0.38
00716	A-A-2-6-10-Q	2-6	8.02	6-Q	-0.04
00717	A-A-2-6-J-J	2-6	10.15	2-6	1.24
00718	A-A-2-6-J-K	2-6	8.26	6-K	0.27
00719	A-A-2-6-J-Q	J-Q	9.07	6-Q	0.20
00720	A-A-2-6-K-K	2-6	9.68	2-6	0.77
00721	A-A-2-6-Q-K	2-6	8.02	6-K	0.03
00722	A-A-2-6-Q-Q	2-6	9.68	2-6	0.77
00723	A-A-2-7-7-7	A-2	17.35	A-2	8.05
00724	A-A-2-7-7-8	A-2	14.43	A-2	5.14
00725	A-A-2-7-7-9	2-9	13.22	2-9	4.76
00726	A-A-2-7-7-10	2-10	13.05	2-10	4.89
00727	A-A-2-7-7-J	2-J	13.35	2-J	4.70
00728	A-A-2-7-7-K	2-K	13.01	2-K	5.02
00729	A-A-2-7-7-Q	2-Q	13.09	2-Q	4.92
00730	A-A-2-7-8-8	A-A	13.74	A-2	3.18
00731	A-A-2-7-8-9	A-A	12.63	A-2	2.07
00732	A-A-2-7-8-10	7-8	10.71	2-10	1.58
00733	A-A-2-7-8-J	7-8	10.95	2-J	1.39
00734	A-A-2-7-8-K	7-8	10.71	2-K	1.72
00735	A-A-2-7-8-Q	7-8	10.71	2-Q	1.61
00736	A-A-2-7-9-9	2-7	9.54	2-7	0.77
00737	A-A-2-7-9-10	9-10	8.55	7-10	0.00
00738	A-A-2-7-9-J	7-9	8.45	7-J	-0.40
00739	A-A-2-7-9-K	7-9	8.21	9-K	0.24
00740	A-A-2-7-9-Q	7-9	8.21	9-Q	0.14
00741	A-A-2-7-10-10	2-7	9.54	2-7	0.77
00742	A-A-2-7-10-J	10-J	8.89	7-10	0.11
00743	A-A-2-7-10-K	2-7	7.63	10-K	0.38
00744	A-A-2-7-10-Q	2-7	7.89	7-10	-0.13
00745	A-A-2-7-J-J	2-7	10.02	2-7	1.24
00746	A-A-2-7-J-K	J-K	8.22	7-K	0.14
00747	A-A-2-7-J-Q	J-Q	9.07	7-Q	0.09
00748	A-A-2-7-K-K	2-7	9.54	2-7	0.77
00749	A-A-2-7-Q-K	2-7	7.89	7-K	-0.10
00750	A-A-2-7-Q-Q	2-7	9.54	2-7	0.77

HAND No.	SIX-CARD HAND	DISCARD (DEALER)	EXPECTED AVG. (DEALER)	DISCARD (PONE)	EXPECTED AVG. (PONE)
00751	A-A-2-8-8-8	A-A	12.69	A-2	2.18
00752	A-A-2-8-8-9	A-A	9.91	2-9	1.02
00753	A-A-2-8-8-10	8-8	9.62	2-10	1.15
00754	A-A-2-8-8-J	8-8	9.86	2-J	0.96
00755	A-A-2-8-8-K	8-8	9.62	2-K	1.28
00756	A-A-2-8-8-Q	8-8	9.62	2-Q	1.18
00757	A-A-2-8-9-9	A-A	9.91	2-8	0.80
00758	A-A-2-8-9-10	A-A	10.71	A-2	0.21
00759	A-A-2-8-9-J	8-9	9.12	8-J	-0.30
00760	A-A-2-8-9-K	8-9	8.88	9-K	0.32
00761	A-A-2-8-9-Q	8-9	8.88	9-Q	0.23
00762	A-A-2-8-10-10	2-8	9.40	2-8	0.80
00763	A-A-2-8-10-J	10-J	8.98	2-8	-0.36
00764	A-A-2-8-10-K	8-10	7.97	10-K	0.47
00765	A-A-2-8-10-Q	8-10	7.97	8-Q	-0.15
00766	A-A-2-8-J-J	2-8	9.88	2-8	1.27
00767	A-A-2-8-J-K	J-K	8.31	8-K	0.20
00768	A-A-2-8-J-Q	J-Q	9.16	8-Q	0.09
00769	A-A-2-8-K-K	2-8	9.40	2-8	0.80
00770	A-A-2-8-Q-K	Q-K	7.81	8-K	-0.04
00771	A-A-2-8-Q-Q	2-8	9.40	2-8	0.80
00772	A-A-2-9-9-9	A-A	12.69	A-2	2.18
00773	A-A-2-9-9-10	A-A	9.91	2-10	1.15
00774	A-A-2-9-9-J	A-A	9.63	2-J	0.96
00775	A-A-2-9-9-K	9-9	9.34	2-K	1.28
00776	A-A-2-9-9-Q	2-Q	9.35	2-Q	1.18
00777	A-A-2-9-10-10	A-A	9.91	2-9	1.02
00778	A-A-2-9-10-J	A-A	10.95	A-2	0.44
00779	A-A-2-9-10-K	9-10	8.46	10-K	0.42
00780	A-A-2-9-10-Q	9-10	8.46	9-Q	0.06
00781	A-A-2-9-J-J	2-9	9.95	2-9	1.49
00782	A-A-2-9-J-K	J-K	8.27	9-K	0.39
00783	A-A-2-9-J-Q	J-Q	9.11	9-Q	0.30
00784	A-A-2-9-K-K	2-9	9.48	2-9	1.02
00785	A-A-2-9-Q-K	2-9	7.82	9-K	0.15
00786	A-A-2-9-Q-Q	2-9	9.48	2-9	1.02
00787	A-A-2-10-10-10	A-A	12.69	A-2	2.18
00788	A-A-2-10-10-J	A-A	10.15	2-J	0.96
00789	A-A-2-10-10-K	2-K	9.27	2-K	1.28
00790	A-A-2-10-10-Q	A-A	9.39	2-Q	1.18
00791	A-A-2-10-J-J	A-A	10.39	2-10	1.62
00792	A-A-2-10-J-K	10-J	8.80	10-K	0.53
00793	A-A-2-10-J-Q	A-A	10.95	A-2	0.44
00794	A-A-2-10-K-K	2-10	9.31	2-10	1.15
00795	A-A-2-10-Q-K	2-10	7.65	10-K	0.29
00796	A-A-2-10-Q-Q	A-A	9.39	2-10	1.15
00797	A-A-2-J-J-J	A-A	13.41	A-2	2.90
00798	A-A-2-J-J-K	A-A	9.87	2-K	1.76
00799	A-A-2-J-J-Q	A-A	10.39	2-Q	1.66
00800	A-A-2-J-K-K	A-A	9.63	2-J	0.96

HAND No.	SIX-CARD HAND	DISCARD (DEALER)	EXPECTED AVG. (DEALER)	DISCARD (PONE)	EXPECTED AVG. (PONE)
00801	A-A-2-J-Q-K	A-A	10.87	A-2	0.36
00802	A-A-2-J-Q-Q	A-A	10.15	2-J	0.96
00803	A-A-2-K-K-K	A-A	12.69	A-2	2.18
00804	A-A-2-Q-K-K	A-A	9.39	2-Q	1.18
00805	A-A-2-Q-Q-K	A-A	9.39	2-K	1.28
00806	A-A-2-Q-Q-Q	A-A	12.69	A-2	2.18
00807	A-A-3-3-3-3	A-A	19.13	A-A	7.77
00808	A-A-3-3-3-4	A-A	15.13	A-A	3.77
00809	A-A-3-3-3-5	A-A	14.95	A-A	3.60
00810	A-A-3-3-3-6	A-A	15.00	A-A	3.64
00811	A-A-3-3-3-7	A-A	13.56	A-7	3.50
00812	A-A-3-3-3-8	A-A	13.30	A-8	3.41
00813	A-A-3-3-3-9	A-A	18.52	A-A	7.16
00814	A-A-3-3-3-10	A-A	13.04	A-10	3.92
00815	A-A-3-3-3-J	A-A	13.28	A-J	3.71
00816	A-A-3-3-3-K	A-A	13.04	A-K	4.07
00817	A-A-3-3-3-Q	A-A	13.04	A-Q	4.05
00818	A-A-3-3-4-4	3-3	14.13	A-A	2.12
00819	A-A-3-3-4-5	A-A	19.26	A-A	7.90
00820	A-A-3-3-4-6 ⊕	3-3	11.43	4-6	2.19
00821	A-A-3-3-4-7	4-7	11.15	4-7	2.54
00822	A-A-3-3-4-8	A-A	14.08	A-A	2.73
00823	A-A-3-3-4-9	3-3	12.91	4-9	2.76
00824	A-A-3-3-4-10	3-3	14.48	4-10	2.85
00825	A-A-3-3-4-J	3-3	14.72	4-J	2.52
00826	A-A-3-3-4-K	3-3	14.48	4-K	3.03
00827	A-A-3-3-4-Q	3-3	14.48	4-Q	2.93
00828	A-A-3-3-5-5	5-5	16.28	A-A	2.46
00829	A-A-3-3-5-6	5-6	14.13	3-6	0.78
00830	A-A-3-3-5-7	A-A	14.60	A-A	3.25
00831	A-A-3-3-5-8	5-8	12.87	5-8	1.08
00832	A-A-3-3-5-9	3-3	14.22	3-3	1.67
00833	A-A-3-3-5-10	5-10	14.05	A-10	1.10
00834	A-A-3-3-5-J	5-J	14.40	A-A	1.05
00835	A-A-3-3-5-K	5-K	14.06	A-K	1.25
00836	A-A-3-3-5-Q	5-Q	14.02	A-Q	1.22
00837	A-A-3-3-6-6	A-A	14.87	A-A	3.51
00838	A-A-3-3-6-7 ⊕	3-3	12.48	6-7	1.02
00839	A-A-3-3-6-8	3-3	13.96	6-8	1.52
00840	A-A-3-3-6-9	A-A	12.74	A-A	1.38
00841	A-A-3-3-6-10	6-10	10.57	6-10	3.08
00842	A-A-3-3-6-J	6-J	10.81	6-J	2.84
00843	A-A-3-3-6-K	6-K	10.53	6-K	3.25
00844	A-A-3-3-6-Q	6-Q	10.68	6-Q	3.18
00845	A-A-3-3-7-7	3-3	15.43	3-3	2.89
00846	A-A-3-3-7-8	7-8	13.89	A-7	1.24
00847	A-A-3-3-7-9	7-9	11.43	7-9	2.14
00848	A-A-3-3-7-10	7-10	10.60	7-10	3.04
00849	A-A-3-3-7-J	7-J	10.92	7-J	2.65
00850	A-A-3-3-7-K	7-K	10.63	7-K	3.07

HAND No.	SIX-CARD HAND	DISCARD (DEALER)	EXPECTED AVG. (DEALER)	DISCARD (PONE)	EXPECTED AVG. (PONE)
00851	A-A-3-3-7-Q	7-Q	10.60	7-Q	3.02
00852	A-A-3-3-8-8	8-8	12.75	A-8	1.23
00853	A-A-3-3-8-9	8-9	12.06	A-9	1.59
00854	A-A-3-3-8-10	8-10	11.10	8-10	2.15
00855	A-A-3-3-8-J	8-J	10.86	8-J	2.70
00856	A-A-3-3-8-K	3-8	10.47	8-K	3.09
00857	A-A-3-3-8-Q	8-Q	10.49	8-Q	2.98
00858	A-A-3-3-9-9	A-A	14.52	A-A	3.16
00859	A-A-3-3-9-10	9-10	11.64	9-10	1.94
00860	A-A-3-3-9-J ⊕	A-A	11.32	9-J	2.40
00861	A-A-3-3-9-K	A-A	10.82	9-K	3.32
00862	A-A-3-3-9-Q	A-A	10.82	9-Q	3.23
00863	A-A-3-3-10-10	10-10	12.06	3-10	1.81
00864	A-A-3-3-10-J	10-J	11.93	3-10	2.09
00865	A-A-3-3-10-K	3-K	10.16	10-K	3.42
00866	A-A-3-3-10-Q	10-Q	10.61	10-Q	2.70
00867	A-A-3-3-J-J	J-J	12.62	3-J	1.81
00868	A-A-3-3-J-K	J-K	11.27	J-K	2.56
00869	A-A-3-3-J-Q	J-Q	12.11	3-Q	2.13
00870	A-A-3-3-K-K	K-K	11.88	3-K	1.96
00871	A-A-3-3-Q-K	Q-K	10.76	Q-K	2.81
00872	A-A-3-3-Q-Q	Q-Q	12.10	3-Q	1.84
00873	A-A-3-4-4-4	A-A	16.52	A-A	5.16
00874	A-A-3-4-4-5	A-A	17.34	A-A	5.99
00875	A-A-3-4-4-6	A-3	12.09	3-6	3.21
00876	A-A-3-4-4-7	A-A	12.13	3-7	3.13
00877	A-A-3-4-4-8	A-A	13.91	3-8	3.09
00878	A-A-3-4-4-9	3-9	11.89	3-9	3.17
00879	A-A-3-4-4-10	3-4	13.34	A-3	3.40
00880	A-A-3-4-4-J	3-4	13.58	A-3	3.64
00881	A-A-3-4-4-K	3-4	13.34	3-K	3.53
00882	A-A-3-4-4-Q	3-4	13.34	3-Q	3.41
00883	A-A-3-4-5-5	A-A	17.95	A-A	6.60
00884	A-A-3-4-5-6	A-A	15.26	A-A	3.90
00885	A-A-3-4-5-7	A-A	13.71	A-A	2.36
00886	A-A-3-4-5-8	A-A	13.58	A-8	2.30
00887	A-A-3-4-5-9	3-4	13.12	A-9	2.61
00888	A-A-3-4-5-10	3-5	14.48	A-10	2.64
00889	A-A-3-4-5-J	3-5	14.72	A-J	2.42
00890	A-A-3-4-5-K	3-5	14.48	A-K	2.79
00891	A-A-3-4-5-Q	3-5	14.48	A-Q	2.76
00892	A-A-3-4-6-6	A-A	12.30	A-A	0.94
00893	A-A-3-4-6-7	3-4	11.43	3-4	0.60
00894	A-A-3-4-6-8	3-4	12.91	3-4	2.08
00895	A-A-3-4-6-9	6-9	11.40	3-6	2.04
00896	A-A-3-4-6-10	3-6	12.39	3-6	3.69
00897	A-A-3-4-6-J	3-6	12.62	3-6	3.93
00898	A-A-3-4-6-K	3-6	12.39	3-6	3.69
00899	A-A-3-4-6-Q	3-6	12.39	3-6	3.69
00900	A-A-3-4-7-7	3-4	14.38	3-4	3.55

HAND No.	SIX-CARD HAND	DISCARD (DEALER)	EXPECTED AVG. (DEALER)	DISCARD (PONE)	EXPECTED AVG. (PONE)
00901	A-A-3-4-7-8	7-8	12.75	A-A	0.64
00902	A-A-3-4-7-9	3-7	10.53	3-7	1.95
00903	A-A-3-4-7-10	3-7	12.14	3-7	3.56
00904	A-A-3-4-7-J	3-7	12.37	3-7	3.80
00905	A-A-3-4-7-K	3-7	12.14	3-7	3.56
00906	A-A-3-4-7-Q	3-7	12.14	3-7	3.56
00907	A-A-3-4-8-8	A-A	13.30	A-A	1.94
00908	A-A-3-4-8-9	8-9	10.97	3-8	1.87
00909	A-A-3-4-8-10	3-8	12.51	3-8	3.48
00910	A-A-3-4-8-J	3-8	12.75	3-8	3.72
00911	A-A-3-4-8-K	3-8	12.51	3-8	3.48
00912	A-A-3-4-8-Q	3-8	12.51	3-8	3.48
00913	A-A-3-4-9-9	9-9	11.43	3-9	1.95
00914	A-A-3-4-9-10	3-9	12.33	3-9	3.60
00915	A-A-3-4-9-J	3-9	12.57	3-9	3.84
00916	A-A-3-4-9-K	3-9	12.33	3-9	3.60
00917	A-A-3-4-9-Q	3-9	12.33	3-9	3.60
00918	A-A-3-4-10-10	A-3	12.30	3-10	3.81
00919	A-A-3-4-10-J	3-J	12.39	3-10	4.09
00920	A-A-3-4-10-K	3-K	12.16	3-K	4.00
00921	A-A-3-4-10-Q	3-Q	12.07	3-Q	3.89
00922	A-A-3-4-J-J	A-3	12.78	3-J	3.81
00923	A-A-3-4-J-K	3-K	12.40	3-K	4.24
00924	A-A-3-4-J-Q	3-J	12.39	3-Q	4.13
00925	A-A-3-4-K-K	A-3	12.30	3-K	3.96
00926	A-A-3-4-Q-K	3-K	12.16	3-K	4.00
00927	A-A-3-4-Q-Q	A-3	12.30	3-Q	3.84
00928	A-A-3-5-5-5	A-A	17.69	A-3	6.40
00929	A-A-3-5-5-6	5-5	13.63	3-6	2.47
00930	A-A-3-5-5-7	A-A	15.30	A-A	3.94
00931	A-A-3-5-5-8	5-5	13.67	3-8	2.18
00932	A-A-3-5-5-9	3-5	14.09	A-3	3.66
00933	A-A-3-5-5-10	5-5	15.33	A-3	3.49
00934	A-A-3-5-5-J	5-5	15.57	A-3	3.73
00935	A-A-3-5-5-K	5-5	15.33	A-3	3.49
00936	A-A-3-5-5-Q	5 5	15.33	A-3	3.49
00937	A-A-3-5-6-6	A-A	13.08	A-A	1.73
00938	A-A-3-5-6-7	A-A	13.76	A-A	2.40
00939	A-A-3-5-6-8	3-5	13.92	3-6	1.65
00940	A-A-3-5-6-9	3-6	12.04	3-6	3.34
00941	A-A-3-5-6-10	5-6	13.21	3-6	1.34
00942	A-A-3-5-6-J	5-6	13.45	3-6	1.58
00943	A-A-3-5-6-K	5-6	13.21	6-K	1.47
00944	A-A-3-5-6-Q	5-6	13.21	6-Q	1.40
00945	A-A-3-5-7-7	3-5	15.44	A-A	2.99
00946	A-A-3-5-7-8	A-A	12.47	3-7	1.56
00947	A-A-3-5-7-9	3-7	11.83	3-7	3.26
00948	A-A-3-5-7-10	5-7	12.58	7-10	1.35
00949	A-A-3-5-7-J	5-7	12.82	3-7	1.45
00950	A-A-3-5-7-K	5-7	12.58	7-K	1.38

HAND No.	SIX-CARD HAND	DISCARD (DEALER)	EXPECTED AVG. (DEALER)	DISCARD (PONE)	EXPECTED AVG. (PONE)
00951	A-A-3-5-7-Q	5-7	12.58	7-Q	1.33
00952	A-A-3-5-8-8	3-5	11.61	3-8	1.44
00953	A-A-3-5-8-9	3-8	12.16	3-8	3.13
00954	A-A-3-5-8-10	5-8	12.05	3-10	1.94
00955	A-A-3-5-8-J	5-8	12.29	3-J	1.71
00956	A-A-3-5-8-K	5-8	12.05	3-K	2.09
00957	A-A-3-5-8-Q	5-8	12.05	3-Q	1.98
00958	A-A-3-5-9-9	A-3	12.48	3-9	3.21
00959	A-A-3-5-9-10	5-9	12.00	3-10	3.59
00960	A-A-3-5-9-J ⊕	5-9	12.24	3-J	3.36
00961	A-A-3-5-9-K ⊕	5-9	12.00	3-K	3.74
00962	A-A-3-5-9-Q	5-9	12.00	3-Q	3.63
00963	A-A-3-5-10-10	A-A	13.47	A-3	2.71
00964	A-A-3-5-10-J	5-J	13.53	3-10	1.79
00965	A-A-3-5-10-K	5-K	13.19	10-K	1.73
00966	A-A-3-5-10-Q	5-10	13.18	3-Q	1.58
00967	A-A-3-5-J-J	A-A	13.95	A-3	3.19
00968	A-A-3-5-J-K	5-J	13.53	3-K	1.94
00969	A-A-3-5-J-Q	5-J	13.53	3-Q	1.82
00970	A-A-3-5-K-K	A-A	13.47	A-3	2.71
00971	A-A-3-5-Q-K	5-K	13.19	3-K	1.70
00972	A-A-3-5-Q-Q	A-A	13.47	A-3	2.71
00973	A-A-3-6-6-6	A-A	18.69	A-A	7.33
00974	A-A-3-6-6-7	A-A	12.21	3-6	1.56
00975	A-A-3-6-6-8	A-3	12.78	A-3	3.19
00976	A-A-3-6-6-9	A-A	14.60	A-A	3.25
00977	A-A-3-6-6-10	6-6	12.37	A-10	1.70
00978	A-A-3-6-6-J	6-6	12.61	A-J	1.49
00979	A-A-3-6-6-K	6-6	12.37	A-K	1.86
00980	A-A-3-6-6-Q	6-6	12.37	A-Q	1.83
00981	A-A-3-6-7-7	3-6	13.21	3-6	4.52
00982	A-A-3-6-7-8	A-3	13.93	A-3	4.34
00983	A-A-3-6-7-9	3-9	10.29	3-9	1.56
00984	A-A-3-6-7-10	6-7	11.57	3-10	1.89
00985	A-A-3-6-7-J	6-7	11.81	3-J	1.66
00986	A-A-3-6-7-K	6-7	11.57	3-K	2.05
00987	A-A-3-6-7-Q	6-7	11.57	3-Q	1.93
00988	A-A-3-6-8-8	A-3	12.48	A-3	2.88
00989	A-A-3-6-8-9	3-9	11.76	3-9	3.04
00990	A-A-3-6-8-10	3-10	11.57	3-10	3.37
00991	A-A-3-6-8-J	3-J	11.91	3-J	3.14
00992	A-A-3-6-8-K	3-K	11.68	3-K	3.53
00993	A-A-3-6-8-Q	3-Q	11.59	3-Q	3.41
00994	A-A-3-6-9-9	A-A	12.56	A-3	2.19
00995	A-A-3-6-9-10	6-9	11.75	3-10	1.11
00996	A-A-3-6-9-J	6-9	11.99	3-J	0.88
00997	A-A-3-6-9-K	6-9	11.75	3-K	1.26
00998	A-A-3-6-9-Q	6-9	11.75	3-Q	1.15
00999	A-A-3-6-10-10	6-10	9.70	6-10	2.21
01000	A-A-3-6-10-J	6-10	9.99	6-10	2.49

HAND No.	SIX-CARD HAND	DISCARD (DEALER)	EXPECTED AVG. (DEALER)	DISCARD (PONE)	EXPECTED AVG. (PONE)
01001	A-A-3-6-10-K	6-10	9.75	6-K	2.42
01002	A-A-3-6-10-Q	6-Q	9.85	6-Q	2.35
01003	A-A-3-6-J-J	J-J	10.23	6-J	2.21
01004	A-A-3-6-J-K	6-J	9.98	6-K	2.66
01005	A-A-3-6-J-Q	6-Q	10.09	6-Q	2.59
01006	A-A-3-6-K-K	6-K	9.66	6-K	2.38
01007	A-A-3-6-Q-K	6-Q	9.85	6-K	2.42
01008	A-A-3-6-Q-Q	6-Q	9.81	6-Q	2.31
01009	A-A-3-7-7-7	A-3	17.65	A-3	8.06
01010	A-A-3-7-7-8	A-3	14.74	A-3	5.14
01011	A-A-3-7-7-9	3-9	13.29	3-9	4.56
01012	A-A-3-7-7-10	3-10	13.05	3-10	4.85
01013	A-A-3-7-7-J	3-J	13.39	3-J	4.62
01014	A-A-3-7-7-K	3-K	13.16	3-K	5.00
01015	A-A-3-7-7-Q	3-Q	13.07	3-Q	4.89
01016	A-A-3-7-8-8	A-A	13.74	A-3	3.19
01017	A-A-3-7-8-9	A-A	12.58	A-3	2.08
01018	A-A-3-7-8-10	7-8	13.15	3-10	1.55
01019	A-A-3-7-8-J	7-8	13.39	3-J	1.31
01020	A-A-3-7-8-K	7-8	13.15	3-K	1.70
01021	A-A-3-7-8-Q	7-8	13.15	3-Q	1.58
01022	A-A-3-7-9-9	9-9	10.08	3-7	0.73
01023	A-A-3-7-9-10	7-9	10.65	7-9	1.35
01024	A-A-3-7-9-J	7-9	10.89	7-9	1.59
01025	A-A-3-7-9-K	7-9	10.65	7-9	1.35
01026	A-A-3-7-9-Q	7-9	10.65	7-9	1.35
01027	A-A-3-7-10-10	7-10	9.78	7-10	2.22
01028	A-A-3-7-10-J	7-J	10.14	7-10	2.50
01029	A-A-3-7-10-K	7-K	9.85	7-K	2.29
01030	A-A-3-7-10-Q	7-10	9.82	7-10	2.26
01031	A-A-3-7-J-J	7-J	10.33	7-J	2.06
01032	A-A-3-7-J-K	7-J	10.14	7-K	2.53
01033	A-A-3-7-J-Q	7-J	10.14	7-Q	2.48
01034	A-A-3-7-K-K	7-K	9.81	7-K	2.25
01035	A-A-3-7-Q-K	7-K	9.85	7-K	2.29
01036	A-A-3-7-Q-Q	7-Q	9.77	7-Q	2.20
01037	A-A-3-8-8-8	A-A	12.69	A-3	2.19
01038	A-A-3-8-8-9	8-8	10.36	3-9	0.82
01039	A-A-3-8-8-10	8-8	12.05	3-10	1.11
01040	A-A-3-8-8-J	8-8	12.29	3-J	0.88
01041	A-A-3-8-8-K	8-8	12.05	3-K	1.26
01042	A-A-3-8-8-Q	8-8	12.05	3-Q	1.15
01043	A-A-3-8-9-9	9-9	10.12	3-8	0.66
01044	A-A-3-8-9-10	8-9	11.32	8-9	0.76
01045	A-A-3-8-9-J	8-9	11.56	8-9	1.00
01046	A-A-3-8-9-K	8-9	11.32	9-K	0.89
01047	A-A-3-8-9-Q	8-9	11.32	9-Q	0.80
01048	A-A-3-8-10-10	8-10	10.32	8-10	1.37
01049	A-A-3-8-10-J	8-10	10.60	8-J	1.96
01050	A-A-3-8-10-K	8-10	10.36	8-K	2.35

HAND No.	SIX-CARD HAND	DISCARD (DEALER)	EXPECTED AVG. (DEALER)	DISCARD (PONE)	EXPECTED AVG. (PONE)
01051	A-A-3-8-10-Q	8-10	10.36	8-Q	2.24
01052	A-A-3-8-J-J	8-J	10.32	8-J	2.16
01053	A-A-3-8-J-K	8-J	10.13	8-K	2.59
01054	A-A-3-8-J-Q	8-J	10.13	8-Q	2.48
01055	A-A-3-8-K-K	8-K	9.67	8-K	2.31
01056	A-A-3-8-Q-K	8-Q	9.75	8-K	2.35
01057	A-A-3-8-Q-Q	8-Q	9.71	8-Q	2.20
01058	A-A-3-9-9-9	A-A	12.56	A-3	2.19
01059	A-A-3-9-9-10	9-9	11.77	3-10	1.11
01060	A-A-3-9-9-J	9-9	12.01	3-J	0.88
01061	A-A-3-9-9-K	9-9	11.77	3-K	1.26
01062	A-A-3-9-9-Q	9-9	11.77	3-Q	1.15
01063	A-A-3-9-10-10	9-10	10.81	9-10	1.11
01064	A-A-3-9-10-J	9-10	11.09	9-J	1.62
01065	A-A-3-9-10-K	9-10	10.86	9-K	2.54
01066	A-A-3-9-10-Q	9-10	10.86	9-Q	2.45
01067	A-A-3-9-J-J	9-J	10.73	9-J	1.81
01068	A-A-3-9-J-K	9-J	10.53	9-K	2.78
01069	A-A-3-9-J-Q	9-J	10.53	9-Q	2.69
01070	A-A-3-9-K-K	9-K	9.59	9-K	2.50
01071	A-A-3-9-Q-K	9-K	9.64	9-K	2.54
01072	A-A-3-9-Q-Q	Q-Q	9.62	9-Q	2.40
01073	A-A-3-10-10-10	A-A	12.69	A-3	2.19
01074	A-A-3-10-10-J	10-10	11.51	10-J	0.83
01075	A-A-3-10-10-K	10-10	11.27	10-K	2.60
01076	A-A-3-10-10-Q	10-10	11.27	10-Q	1.88
01077	A-A-3-10-J-J	J-J	11.84	3-10	1.50
01078	A-A-3-10-J-K	10-J	11.15	10-K	2.88
01079	A-A-3-10-J-Q	J-Q	11.33	10-Q	2.16
01080	A-A-3-10-K-K	K-K	11.10	10-K	2.60
01081	A-A-3-10-Q-K	Q-K	9.98	10-K	2.64
01082	A-A-3-10-Q-Q	Q-Q	11.32	10-Q	1.88
01083	A-A-3-J-J-J	A-A	13.41	A-3	2.90
01084	A-A-3-J-J-K	J-J	11.84	J-K	1.97
01085	A-A-3-J-J-Q	J-J	11.84	3-Q	1.54
01086	A-A-3-J-K-K	K-K	11.34	J-K	1.73
01087	A-A-3-J-Q-K	J-Q	11.33	Q-K	2.27
01088	A-A-3-J-Q-Q	Q-Q	11.56	Q-Q	1.05
01089	A-A-3-K-K-K	A-A	12.69	A-3	2.19
01090	A-A-3-Q-K-K	K-K	11.10	Q-K	1.99
01091	A-A-3-Q-Q-K	Q-Q	11.32	Q-K	1.99
01092	A-A-3-Q-Q-Q	A-A	12.69	A-3	2.19
01093	A-A-4-4-4-4	A-A	19.13	A-A	7.77
01094	A-A-4-4-4-5	A-A	15.65	A-A	4.29
01095	A-A-4-4-4-6	A-A	14.08	A-6	4.64
01096	A-A-4-4-4-7	A-A	18.52	A-A	7.16
01097	A-A-4-4-4-8	A-8	13.46	A-8	4.84
01098	A-A-4-4-4-9	A-9	13.10	A-9	5.16
01099	A-A-4-4-4-10	4-4	13.98	A-10	5.10
01100	A-A-4-4-4-J	4-4	14.22	A-J	4.88

HAND No.	SIX-CARD HAND	DISCARD (DEALER)	EXPECTED AVG. (DEALER)	DISCARD (PONE)	EXPECTED AVG. (PONE)
01101	A-A-4-4-4-K	4-4	13.98	A-K	5.25
01102	A-A-4-4-4-Q	4-4	13.98	A-Q	5.22
01103	A-A-4-4-5-5	5-5	16.89	A-A	3.33
01104	A-A-4-4-5-6	A-A	21.00	A-A	9.64
01105	A-A-4-4-5-7	5-7	14.10	A-7	1.98
01106	A-A-4-4-5-8	5-8	13.61	A-8	2.06
01107	A-A-4-4-5-9	4-4	13.80	A-9	2.33
01108	A-A-4-4-5-10	4-5	14.92	A-5	2.46
01109	A-A-4-4-5-J	4-5	15.16	A-5	2.70
01110	A-A-4-4-5-K	4-5	14.92	A-K	2.47
01111	A-A-4-4-5-Q	4-5	14.92	A-5	2.46
01112	A-A-4-4-6-6	6-6	13.77	A-6	2.55
01113	A-A-4-4-6-7	6-7	13.01	A-7	2.63
01114	A-A-4-4-6-8	4-4	13.63	A-8	2.67
01115	A-A-4-4-6-9	6-9	13.14	A-9	2.98
01116	A-A-4-4-6-10	4-6	12.35	6-10	3.60
01117	A-A-4-4-6-J	4-6	12.58	A-6	3.75
01118	A-A-4-4-6-K	4-6	12.35	6-K	3.77
01119	A-A-4-4-6-Q	4-6	12.35	6-Q	3.70
01120	A-A-4-4-7-7	4-4	15.11	A-A	3.25
01121	A-A-4-4-7-8	7-8	14.67	A-8	2.02
01122	A-A-4-4-7-9	7-9	12.08	7-9	2.79
01123	A-A-4-4-7-10	A-7	12.29	7-10	3.65
01124	A-A-4-4-7-J	A-7	12.53	4-7	3.82
01125	A-A-4-4-7-K	A-7	12.29	7-K	3.68
01126	A-A-4-4-7-Q	A-7	12.29	7-Q	3.63
01127	A-A-4-4-8-8	8-8	13.62	8-8	1.15
01128	A-A-4-4-8-9	8-9	12.79	8-9	2.24
01129	A-A-4-4-8-10	4-8	12.29	A-8	3.63
01130	A-A-4-4-8-J	4-8	12.53	A-8	3.86
01131	A-A-4-4-8-K	4-8	12.29	8-K	3.79
01132	A-A-4-4-8-Q	4-8	12.29	8-Q	3.68
01133	A-A-4-4-9-9	9-9	13.17	4-9	2.11
01134	A-A-4-4-9-10	9-10	12.20	A-9	3.94
01135	A-A-4-4-9-J	4-9	12.41	A-9	4.18
01136	A-A-4-4-9-K	4-9	12.17	A-9	3.94
01137	A-A-4-4-9-Q	4-9	12.17	A-9	3.94
01138	A-A-4-4-10-10	A-4	13.08	A-10	3.88
01139	A-A-4-4-10-J	10-J	12.45	A-10	4.16
01140	A-A-4-4-10-K	4-10	11.99	A-K	4.07
01141	A-A-4-4-10-Q	4-10	11.99	A-Q	4.05
01142	A-A-4-4-J-J	A-4	13.56	A-J	3.90
01143	A-A-4-4-J-K	4-J	12.28	A-K	4.31
01144	A-A-4-4-J-Q	J-Q	12.64	A-Q	4.29
01145	A-A-4-4-K-K	A-4	13.08	A-K	4.03
01146	A-A-4-4-Q-K	4-K	11.99	A-K	4.07
01147	A-A-4-4-Q-Q	A-4	13.08	A-Q	4.00
01148	A-A-4-5-5-5	A-A	18.21	A-A	6.86
01149	A-A-4-5-5-6	A-A	21.43	A-A	10.07
01150	A-A-4-5-5-7	5-5	14.07	A-7	3.81

23

HAND No.	SIX-CARD HAND	DISCARD (DEALER)	EXPECTED AVG. (DEALER)	DISCARD (PONE)	EXPECTED AVG. (PONE)
01151	A-A-4-5-5-8	5-5	14.02	A-8	3.84
01152	A-A-4-5-5-9	5-5	15.59	A-9	4.07
01153	A-A-4-5-5-10	5-5	17.33	A-10	4.10
01154	A-A-4-5-5-J	5-5	17.57	A-J	3.88
01155	A-A-4-5-5-K	5-5	17.33	A-K	4.25
01156	A-A-4-5-5-Q	5-5	17.33	A-Q	4.22
01157	A-A-4-5-6-6	A-A	20.91	A-A	9.55
01158	A-A-4-5-6-7	A-A	15.04	A-7	4.07
01159	A-A-4-5-6-8	4-5	14.44	A-8	4.08
01160	A-A-4-5-6-9	A-A	15.28	A-9	4.35
01161	A-A-4-5-6-10 ✦	5-6	15.21	A-10	4.42
01162	A-A-4-5-6-J ✦	5-6	15.45	A-J	4.21
01163	A-A-4-5-6-K ✦	5-6	15.21	A-K	4.57
01164	A-A-4-5-6-Q ✦	5-6	15.21	A-Q	4.55
01165	A-A-4-5-7-7	4-5	15.97	4-5	2.39
01166	A-A-4-5-7-8	7-8	12.80	4-7	1.67
01167	A-A-4-5-7-9	5-7	12.88	4-7	3.32
01168	A-A-4-5-7-10	5-7	14.58	A-7	2.24
01169	A-A-4-5-7-J	5-7	14.82	A-7	2.48
01170	A-A-4-5-7-K	5-7	14.58	A-7	2.24
01171	A-A-4-5-7-Q	5-7	14.58	A-7	2.24
01172	A-A-4-5-8-8	4-5	12.14	4-8	1.57
01173	A-A-4-5-8-9	5-8	12.35	4-8	3.22
01174	A-A-4-5-8-10	5-8	14.05	A-8	2.28
01175	A-A-4-5-8-J	5-8	14.29	A-8	2.52
01176	A-A-4-5-8-K	5-8	14.05	A-8	2.28
01177	A-A-4-5-8-Q	5-8	14.05	A-8	2.28
01178	A-A-4-5-9-9	A-4	13.38	4-9	3.41
01179	A-A-4-5-9-10	5-9	13.95	4-10	3.63
01180	A-A-4-5-9-J	5-9	14.19	4-J	3.30
01181	A-A-4-5-9-K	5-9	13.95	4-K	3.81
01182	A-A-4-5-9-Q	5-9	13.95	4-Q	3.71
01183	A-A-4-5-10-10	5-10	15.09	A-10	2.53
01184	A-A-4-5-10-J	5-J	15.49	A-10	2.81
01185	A-A-4-5-10-K	5-K	15.15	A-K	2.73
01186	A-A-4-5-10-Q	5-10	15.14	A-Q	2.70
01187	A-A-4-5-J-J	5-J	15.68	A-A	2.68
01188	A-A-4-5-J-K	5-J	15.49	A-K	2.97
01189	A-A-4-5-J-Q	5-J	15.49	A-Q	2.94
01190	A-A-4-5-K-K	5-K	15.11	A-K	2.68
01191	A-A-4-5-Q-K	5-K	15.15	A-K	2.73
01192	A-A-4-5-Q-Q	5-Q	15.07	A-Q	2.66
01193	A-A-4-6-6-6	A-A	14.00	A-A	2.64
01194	A-A-4-6-6-7	6-6	10.94	4-7	1.36
01195	A-A-4-6-6-8	A-4	13.73	A-4	2.61
01196	A-A-4-6-6-9	A-A	13.39	A-A	2.03
01197	A-A-4-6-6-10	6-6	14.37	4-10	1.81
01198	A-A-4-6-6-J	6-6	14.61	6-6	1.96
01199	A-A-4-6-6-K	6-6	14.37	4-K	1.99
01200	A-A-4-6-6-Q	6-6	14.37	4-Q	1.89

HAND No.	SIX-CARD HAND	DISCARD (DEALER)	EXPECTED AVG. (DEALER)	DISCARD (PONE)	EXPECTED AVG. (PONE)
01201	A-A-4-6-7-7	4-6	13.26	4-6	4.10
01202	A-A-4-6-7-8	A-4	14.84	A-4	3.72
01203	A-A-4-6-7-9	6-7	11.88	4-9	1.80
01204	A-A-4-6-7-10	6-7	13.57	6-7	2.20
01205	A-A-4-6-7-J	6-7	13.81	6-7	2.44
01206	A-A-4-6-7-K	6-7	13.57	6-7	2.20
01207	A-A-4-6-7-Q	6-7	13.57	6-7	2.20
01208	A-A-4-6-8-8	A-4	13.38	4-8	2.92
01209	A-A-4-6-8-9	4-9	11.69	4-9	3.28
01210	A-A-4-6-8-10	6-8	13.22	4-10	3.46
01211	A-A-4-6-8-J	6-8	13.46	4-J	3.13
01212	A-A-4-6-8-K	6-8	13.22	4-K	3.64
01213	A-A-4-6-8-Q	6-8	13.22	4-Q	3.54
01214	A-A-4-6-9-9	A-A	12.95	A-A	1.60
01215	A-A-4-6-9-10	6-9	13.70	6-10	2.52
01216	A-A-4-6-9-J	6-9	13.94	6-9	2.54
01217	A-A-4-6-9-K	6-9	13.70	6-K	2.68
01218	A-A-4-6-9-Q	6-9	13.70	6-Q	2.61
01219	A-A-4-6-10-10	6-10	11.66	6-10	4.17
01220	A-A-4-6-10-J	6-10	11.94	6-10	4.45
01221	A-A-4-6-10-K	6-10	11.70	6-K	4.38
01222	A-A-4-6-10-Q	6-Q	11.81	6-Q	4.31
01223	A-A-4-6-J-J	6-J	12.13	6-J	4.16
01224	A-A-4-6-J-K	6-J	11.94	6-K	4.62
01225	A-A-4-6-J-Q	6-Q	12.05	6-Q	4.55
01226	A-A-4-6-K-K	A-6	11.64	6-K	4.34
01227	A-A-4-6-Q-K	6-Q	11.81	6-K	4.38
01228	A-A-4-6-Q-Q	6-Q	11.76	6-Q	4.27
01229	A-A-4-7-7-7	A-4	18.56	A-4	7.44
01230	A-A-4-7-7-8	A-4	15.64	A-4	4.52
01231	A-A-4-7-7-9	4-9	13.21	4-9	4.80
01232	A-A-4-7-7-10	7-7	14.53	4-10	4.94
01233	A-A-4-7-7-J	7-7	14.77	4-J	4.61
01234	A-A-4-7-7-K	7-7	14.53	4-K	5.12
01235	A-A-4-7-7-Q	7-7	14.53	4-Q	5.02
01236	A-A-4-7-8-8	A-A	13.69	A-4	2.57
01237	A-A-4-7-8-9	7-8	13.49	A-4	1.46
01238	A-A-4-7-8-10	7-8	15.15	4-10	1.63
01239	A-A-4-7-8-J	7-8	15.39	7-8	1.35
01240	A-A-4-7-8-K	7-8	15.15	4-K	1.81
01241	A-A-4-7-8-Q	7-8	15.15	4-Q	1.71
01242	A-A-4-7-9-9	7-9	10.91	7-9	1.61
01243	A-A-4-7-9-10	7-9	12.61	7-9	3.31
01244	A-A-4-7-9-J	7-9	12.84	7-9	3.55
01245	A-A-4-7-9-K	7-9	12.61	7-9	3.31
01246	A-A-4-7-9-Q	7-9	12.61	7-9	3.31
01247	A-A-4-7-10-10	7-10	11.73	7-10	4.17
01248	A-A-4-7-10-J	7-J	12.09	7-10	4.46
01249	A-A-4-7-10-K	7-K	11.81	7-K	4.25
01250	A-A-4-7-10-Q	7-10	11.78	7-10	4.22

HAND No.	SIX-CARD HAND	DISCARD (DEALER)	EXPECTED AVG. (DEALER)	DISCARD (PONE)	EXPECTED AVG. (PONE)
01251	A-A-4-7-J-J	7-J	12.29	7-J	4.02
01252	A-A-4-7-J-K	7-J	12.09	7-K	4.49
01253	A-A-4-7-J-Q	7-J	12.09	7-Q	4.44
01254	A-A-4-7-K-K	7-K	11.76	7-K	4.20
01255	A-A-4-7-Q-K	7-K	11.81	7-K	4.25
01256	A-A-4-7-Q-Q	7-Q	11.73	7-Q	4.15
01257	A-A-4-8-8-8	A-A	12.69	A-4	1.57
01258	A-A-4-8-8-9	8-8	12.40	4-9	1.06
01259	A-A-4-8-8-10	8-8	14.05	8-8	1.59
01260	A-A-4-8-8-J	8-8	14.29	8-8	1.83
01261	A-A-4-8-8-K	8-8	14.05	8-8	1.59
01262	A-A-4-8-8-Q	8-8	14.05	8-8	1.59
01263	A-A-4-8-9-9	8-9	11.58	8-9	1.02
01264	A-A-4-8-9-10	8-9	13.27	8-9	2.72
01265	A-A-4-8-9-J	8-9	13.51	8-9	2.96
01266	A-A-4-8-9-K	8-9	13.27	8-9	2.72
01267	A-A-4-8-9-Q	8-9	13.27	8-9	2.72
01268	A-A-4-8-10-10	8-10	12.27	8-10	3.33
01269	A-A-4-8-10-J	8-10	12.56	8-J	3.92
01270	A-A-4-8-10-K	8-10	12.32	8-K	4.31
01271	A-A-4-8-10-Q	8-10	12.32	8-Q	4.20
01272	A-A-4-8-J-J	8-J	12.28	8-J	4.11
01273	A-A-4-8-J-K	8-J	12.08	8-K	4.55
01274	A-A-4-8-J-Q	8-J	12.08	8-Q	4.44
01275	A-A-4-8-K-K	8-K	11.63	8-K	4.26
01276	A-A-4-8-Q-K	8-Q	11.71	8-K	4.31
01277	A-A-4-8-Q-Q	8-Q	11.66	8-Q	4.16
01278	A-A-4-9-9-9	A-A	12.69	A-4	1.57
01279	A-A-4-9-9-10	9-9	13.69	9-9	2.11
01280	A-A-4-9-9-J	9-9	13.93	9-9	2.35
01281	A-A-4-9-9-K	9-9	13.69	9-K	2.76
01282	A-A-4-9-9-Q	9-9	13.69	9-Q	2.67
01283	A-A-4-9-10-10	9-10	12.72	A-9	3.25
01284	A-A-4-9-10-J	9-10	13.01	9-J	3.53
01285	A-A-4-9-10-K	9-10	12.77	9-K	4.45
01286	A-A-4-9-10-Q	9-10	12.77	9-Q	4.36
01287	A-A-4-9-J-J	9-J	12.64	9-J	3.72
01288	A-A-4-9-J-K	9-J	12.44	9-K	4.69
01289	A-A-4-9-J-Q	9-J	12.44	9-Q	4.60
01290	A-A-4-9-K-K	9-K	11.50	9-K	4.41
01291	A-A-4-9-Q-K	9-K	11.55	9-K	4.45
01292	A-A-4-9-Q-Q	Q-Q	11.58	9-Q	4.32
01293	A-A-4-10-10-10	10-10	13.10	A-10	3.18
01294	A-A-4-10-10-J	10-10	13.43	A-J	3.05
01295	A-A-4-10-10-K	10-10	13.19	10-K	4.51
01296	A-A-4-10-10-Q	10-10	13.19	10-Q	3.79
01297	A-A-4-10-J-J	J-J	13.75	A-10	3.75
01298	A-A-4-10-J-K	10-J	13.06	10-K	4.79
01299	A-A-4-10-J-Q	J-Q	13.24	10-Q	4.07
01300	A-A-4-10-K-K	K-K	13.01	10-K	4.51

HAND No.	SIX-CARD HAND	DISCARD (DEALER)	EXPECTED AVG. (DEALER)	DISCARD (PONE)	EXPECTED AVG. (PONE)
01301	A-A-4-10-Q-K	Q-K	11.89	10-K	4.55
01302	A-A-4-10-Q-Q	Q-Q	13.23	10-Q	3.79
01303	A-A-4-J-J-J	J-J	13.91	A-J	3.45
01304	A-A-4-J-J-K	J-J	13.75	A-K	3.90
01305	A-A-4-J-J-Q	J-J	13.75	A-Q	3.87
01306	A-A-4-J-K-K	K-K	13.25	J-K	3.64
01307	A-A-4-J-Q-K	J-Q	13.24	Q-K	4.18
01308	A-A-4-J-Q-Q	Q-Q	13.47	A-J	3.05
01309	A-A-4-K-K-K	K-K	12.92	A-K	3.33
01310	A-A-4-Q-K-K	K-K	13.01	Q-K	3.90
01311	A-A-4-Q-Q-K	Q-Q	13.23	Q-K	3.90
01312	A-A-4-Q-Q-Q	Q-Q	13.14	A-Q	3.31
01313	A-A-5-5-5-5 ★	A-A	28.17	A-A	16.81
01314	A-A-5-5-5-6	A-A	18.13	A-A	6.77
01315	A-A-5-5-5-7	A-A	17.34	A-7	6.59
01316	A-A-5-5-5-8	A-A	16.56	A-8	6.63
01317	A-A-5-5-5-9	5-5	16.81	A-9	6.81
01318	A-A-5-5-5-10	A-A	21.78	A-A	10.42
01319	A-A-5-5-5-J	A-A	22.02	A-A	10.66
01320	A-A-5-5-5-K	A-A	21.78	A-A	10.42
01321	A-A-5-5-5-Q	A-A	21.78	A-A	10.42
01322	A-A-5-5-6-6	5-5	15.15	A-A	3.16
01323	A-A-5-5-6-7	A-A	17.78	A-A	6.42
01324	A-A-5-5-6-8	5-5	16.72	A-8	1.58
01325	A-A-5-5-6-9	5-6	14.73	A-6	3.77
01326	A-A-5-5-6-10	A-A	14.87	A-6	3.64
01327	A-A-5-5-6-J	A-A	15.10	A-6	3.88
01328	A-A-5-5-6-K	A-A	14.87	A-6	3.64
01329	A-A-5-5-6-Q	A-A	14.87	A-6	3.64
01330	A-A-5-5-7-7	5-5	18.28	A-A	2.03
01331	A-A-5-5-7-8	5-5	14.89	A-A	1.86
01332	A-A-5-5-7-9	5-7	14.15	A-7	3.85
01333	A-A-5-5-7-10	A-A	14.34	A-7	3.68
01334	A-A-5-5-7-J	A-A	14.58	A-7	3.92
01335	A-A-5-5-7-K	A-A	14.34	A-7	3.68
01336	A-A-5-5-7-Q	A-A	14.34	A-7	3.60
01337	A-A-5-5-8-8	5-5	14.37	A-A	0.90
01338	A-A-5-5-8-9	5-8	13.57	A-8	3.89
01339	A-A-5-5-8-10	A-A	14.08	A-8	3.71
01340	A-A-5-5-8-J	A-A	14.06	A-8	3.95
01341	A-A-5-5-8-K	A-A	13.82	A-8	3.71
01342	A-A-5-5-8-Q	A-A	13.82	A-8	3.71
01343	A-A-5-5-9-9	5-5	14.20	A-9	4.07
01344	A-A-5-5-9-10	5-10	14.75	A-10	4.18
01345	A-A-5-5-9-J	5-J	15.09	A-9	4.18
01346	A-A-5-5-9-K	5-K	14.76	A-K	4.33
01347	A-A-5-5-9-Q	5-Q	14.72	A-Q	4.31
01348	A-A-5-5-10-10	A-A	19.21	A-A	7.86
01349	A-A-5-5-10-J	A-A	18.06	A-A	6.70
01350	A-A-5-5-10-K	A-A	17.30	A-A	5.94

HAND No.	SIX-CARD HAND	DISCARD (DEALER)	EXPECTED AVG. (DEALER)	DISCARD (PONE)	EXPECTED AVG. (PONE)
01351	A-A-5-5-10-Q	A-A	17.56	A-A	6.20
01352	A-A-5-5-J-J	A-A	19.69	A-A	8.33
01353	A-A-5-5-J-K	A-A	17.80	A-A	6.44
01354	A-A-5-5-J-Q	A-A	18.06	A-A	6.70
01355	A-A-5-5-K-K	A-A	19.21	A-A	7.86
01356	A-A-5-5-Q-K	A-A	17.56	A-A	6.20
01357	A-A-5-5-Q-Q	A-A	19.21	A-A	7.86
01358	A-A-5-6-6-6	A-A	15.47	A-A	4.12
01359	A-A-5-6-6-7	A-A	17.34	A-A	5.99
01360	A-A-5-6-6-8	5-6	14.47	A-5	2.33
01361	A-A-5-6-6-9	A-A	14.52	A-A	3.16
01362	A-A-5-6-6-10	5-10	13.01	A-10	1.53
01363	A-A-5-6-6-J	5-J	13.36	A-A	1.40
01364	A-A-5-6-6-K	5-K	13.02	A-K	1.68
01365	A-A-5-6-6-Q	5-Q	12.98	A-Q	1.66
01366	A-A-5-6-7-7	A-A	17.26	A-A	5.90
01367	A-A-5-6-7-8	A-A	15.04	A-A	3.68
01368	A-A-5-6-7-9	A-A	13.50	A-A	2.14
01369	A-A-5-6-7-10	A-A	13.32	A-10	2.20
01370	A-A-5-6-7-J	A-A	13.56	A-A	2.20
01371	A-A-5-6-7-K	A-A	13.32	A-K	2.36
01372	A-A-5-6-7-Q	A-A	13.32	A-Q	2.33
01373	A-A-5-6-8-8	A-5	13.41	A-5	1.99
01374	A-A-5-6-8-9	5-9	13.35	6-8	2.31
01375	A-A-5-6-8-10	5-10	14.62	6-10	2.17
01376	A-A-5-6-8-J	5-J	14.96	6-J	1.93
01377	A-A-5-6-8-K	5-K	14.63	6-K	2.34
01378	A-A-5-6-8-Q	5-Q	14.59	6-Q	2.27
01379	A-A-5-6-9-9	A-A	13.74	A-6	2.94
01380	A-A-5-6-9-10 ♣	5-10	12.31	6-10	3.86
01381	A-A-5-6-9-J	5-J	12.66	6-J	3.62
01382	A-A-5-6-9-K	5-K	12.32	6-K	4.03
01383	A-A-5-6-9-Q	5-Q	12.28	6-Q	3.96
01384	A-A-5-6-10-10	A-A	13.56	A-6	2.86
01385	A-A-5-6-10-J	A-A	12.41	6-10	2.15
01386	A-A-5-6-10-K	A-A	11.65	6-K	2.07
01387	A-A-5-6-10-Q	A-A	11.91	6-Q	2.00
01388	A-A-5-6-J-J	A-A	14.04	A-6	3.33
01389	A-A-5-6-J-K	A-A	12.15	6-K	2.31
01390	A-A-5-6-J-Q	A-A	12.41	6-Q	2.24
01391	A-A-5-6-K-K	A-A	13.56	A-6	2.86
01392	A-A-5-6-Q-K	A-A	11.91	6-K	2.07
01393	A-A-5-6-Q-Q	A-A	13.56	A-6	2.86
01394	A-A-5-7-7-7	A-5	18.58	A-5	7.16
01395	A-A-5-7-7-8	A-5	15.67	A-5	4.25
01396	A-A-5-7-7-9	5-9	14.91	5-9	3.35
01397	A-A-5-7-7-10	5-10	16.14	A-10	2.57
01398	A-A-5-7-7-J	5-J	16.49	A-J	2.36
01399	A-A-5-7-7-K	5-K	16.15	A-K	2.73
01400	A-A-5-7-7-Q	5-Q	16.11	A-Q	2.70

HAND No.	SIX-CARD HAND	DISCARD (DEALER)	EXPECTED AVG. (DEALER)	DISCARD (PONE)	EXPECTED AVG. (PONE)
01401	A-A-5-7-8-8	A-A	14.60	A-A	3.25
01402	A-A-5-7-8-9	7-8	14.75	A-A	1.96
01403	A-A-5-7-8-10 ✠	5-10	12.79	7-10	2.22
01404	A-A-5-7-8-J	5-J	13.14	7-J	1.82
01405	A-A-5-7-8-K ✠	5-K	12.80	7-K	2.25
01406	A-A-5-7-8-Q ✠	5-Q	12.76	7-Q	2.20
01407	A-A-5-7-9-9	7-9	12.17	A-7	3.07
01408	A-A-5-7-9-10	7-10	11.47	7-10	3.91
01409	A-A-5-7-9-J	7-J	11.79	7-J	3.52
01410	A-A-5-7-9-K	7-K	11.50	7-K	3.94
01411	A-A-5-7-9-Q	7-Q	11.46	7-Q	3.89
01412	A-A-5-7-10-10	A-A	13.30	A-7	2.90
01413	A-A-5-7-10-J	A-A	12.15	7-10	2.15
01414	A-A-5-7-10-K	A-A	11.39	7-K	1.94
01415	A-A-5-7-10-Q	A-A	11.65	7-10	1.91
01416	A-A-5-7-J-J	A-A	13.78	A-7	3.37
01417	A-A-5-7-J-K	A-A	11.89	7-K	2.18
01418	A-A-5-7-J-Q	A-A	12.15	7-Q	2.13
01419	A-A-5-7-K-K	A-A	13.30	A-7	2.90
01420	A-A-5-7-Q-K	A-A	11.65	7-K	1.94
01421	A-A-5-7-Q-Q	A-A	13.30	A-7	2.90
01422	A-A-5-8-8-8	A-A	13.39	A-A	2.03
01423	A-A-5-8-8-9	8-8	13.62	8-8	1.15
01424	A-A-5-8-8-10	5-10	12.31	8-10	1.33
01425	A-A-5-8-8-J	5-J	12.66	8-J	1.87
01426	A-A-5-8-8-K	5-K	12.32	8-K	2.26
01427	A-A-5-8-8-Q	5-Q	12.28	8-Q	2.16
01428	A-A-5-8-9-9	8-9	12.79	A-8	3.10
01429	A-A-5-8-9-10	A-A	13.06	8-10	3.02
01430	A-A-5-8-9-J	8-J	11.73	8-J	3.57
01431	A-A-5-8-9-K	8-K	11.32	8-K	3.96
01432	A-A-5-8-9-Q	8-Q	11.36	8-Q	3.85
01433	A-A-5-8-10-10	A-A	13.56	A-8	2.93
01434	A-A-5-8-10-J	A-A	11.97	A-8	1.78
01435	A-A-5-8-10-K	A-A	11.39	10-K	2.64
01436	A-A-5-8-10-Q	A-A	11.65	10-Q	1.92
01437	A-A-5-8-J-J	A-A	13.52	A-8	3.41
01438	A-A-5-8-J-K	A-A	11.63	8-K	2.20
01439	A-A-5-8-J-Q	A-A	11.89	8-Q	2.09
01440	A-A-5-8-K-K	A-A	13.04	A-8	2.93
01441	A-A-5-8-Q-K	A-A	11.39	Q-K	2.03
01442	A-A-5-8-Q-Q	A-A	13.04	A-8	2.93
01443	A-A-5-9-9-9	9-9	13.17	A-9	3.29
01444	A-A-5-9-9-10	9-10	12.38	A-10	3.44
01445	A-A-5-9-9-J	5-J	12.57	A-J	3.23
01446	A-A-5-9-9-K	5-K	12.24	9-K	4.06
01447	A-A-5-9-9-Q	5-Q	12.20	9-Q	3.97
01448	A-A-5-9-10-10	A-A	14.00	A-9	3.20
01449	A-A-5-9-10-J	A-A	15.04	A-A	3.68
01450	A-A-5-9-10-K	A-A	11.56	10-K	4.29

HAND No.	SIX-CARD HAND	DISCARD (DEALER)	EXPECTED AVG. (DEALER)	DISCARD (PONE)	EXPECTED AVG. (PONE)
01451	A-A-5-9-10-Q	A-A	11.65	10-Q	3.57
01452	A-A-5-9-J-J	A-A	13.95	A-9	3.68
01453	A-A-5-9-J-K	J-K	12.14	J-K	3.43
01454	A-A-5-9-J-Q	J-Q	12.98	J-Q	2.71
01455	A-A-5-9-K-K	A-A	12.95	A-9	3.20
01456	A-A-5-9-Q-K	Q-K	11.63	Q-K	3.68
01457	A-A-5-9-Q-Q	Q-Q	12.97	A-9	3.20
01458	A-A-5-10-10-10	A-A	18.60	A-A	7.25
01459	A-A-5-10-10-J	A-A	16.06	A-A	4.70
01460	A-A-5-10-10-K	A-A	14.78	A-K	3.42
01461	A-A-5-10-10-Q	A-A	15.30	A-A	3.94
01462	A-A-5-10-J-J	A-A	16.30	A-A	4.94
01463	A-A-5-10-J-K	A-A	13.71	10-K	2.53
01464	A-A-5-10-J-Q	A-A	16.87	A-A	5.51
01465	A-A-5-10-K-K	A-A	14.78	A-A	3.42
01466	A-A-5-10-Q-K	A-A	13.21	10-K	2.29
01467	A-A-5-10-Q-Q	A-A	15.30	A-A	3.94
01468	A-A-5-J-J-J	A-A	19.32	A-A	7.96
01469	A-A-5-J-J-K	A-A	15.78	A-A	4.42
01470	A-A-5-J-J-Q	A-A	16.30	A-A	4.94
01471	A-A-5-J-K-K	A-A	15.54	A-A	4.18
01472	A-A-5-J-Q-K	A-A	16.78	A-A	5.42
01473	A-A-5-J-Q-Q	A-A	16.06	A-A	4.70
01474	A-A-5-K-K-K	A-A	18.60	A-A	7.25
01475	A-A-5-Q-K-K	A-A	15.30	A-A	3.94
01476	A-A-5-Q-Q-K	A-A	15.30	A-A	3.94
01477	A-A-5-Q-Q-Q	A-A	18.60	A-A	7.25
01478	A-A-6-6-6-6	A-A	19.13	A-A	7.77
01479	A-A-6-6-6-7	A-A	14.95	A-A	3.60
01480	A-A-6-6-6-8	A-A	13.91	A-8	3.32
01481	A-A-6-6-6-9	A-A	18.60	A-A	7.25
01482	A-A-6-6-6-10	A-A	12.87	A-10	3.83
01483	A-A-6-6-6-J	A-A	13.10	A-J	3.62
01484	A-A-6-6-6-K	A-A	12.87	A-K	3.99
01485	A-A-6-6-6-Q	A-A	12.87	A-Q	3.96
01486	A-A-6-6-7-7	6-6	15.07	6-6	2.42
01487	A-A-6-6-7-8	A-A	18.39	A-A	7.03
01488	A-A-6-6-7-9	A-A	14.08	A-A	2.73
01489	A-A-6-6-7-10	A-A	10.08	6-10	2.12
01490	A-A-6-6-7-J	A-A	10.32	6-J	1.88
01491	A-A-6-6-7-K	A-A	10.08	6-K	2.29
01492	A-A-6-6-7-Q	A-A	10.08	6-Q	2.22
01493	A-A-6-6-8-8	6-8	12.35	A-8	3.32
01494	A-A-6-6-8-9	A-A	13.65	A-9	3.68
01495	A-A-6-6-8-10	A-10	11.73	A-10	3.83
01496	A-A-6-6-8-J	A-J	11.95	A-J	3.62
01497	A-A-6-6-8-K	A-K	11.70	A-K	3.99
01498	A-A-6-6-8-Q	A-Q	11.73	A-Q	3.96
01499	A-A-6-6-9-9	A-A	18.26	A-A	6.90
01500	A-A-6-6-9-10	A-A	13.04	A-10	3.14

HAND No.	SIX-CARD HAND	DISCARD (DEALER)	EXPECTED AVG. (DEALER)	DISCARD (PONE)	EXPECTED AVG. (PONE)
01501	A-A-6-6-9-J	A-A	13.02	A-J	2.92
01502	A-A-6-6-9-K	A-A	12.52	A-K	3.29
01503	A-A-6-6-9-Q	A-A	12.52	A-Q	3.26
01504	A-A-6-6-10-10	6-6	11.50	10-10	0.25
01505	A-A-6-6-10-J	10-J	10.98	10-J	0.70
01506	A-A-6-6-10-K	6-6	9.59	10-K	2.47
01507	A-A-6-6-10-Q	6-6	9.85	10-Q	1.75
01508	A-A-6-6-J-J	6-6	11.98	J-J	0.07
01509	A-A-6-6-J-K	J-K	10.31	J-K	1.60
01510	A-A-6-6-J-Q	J-Q	11.16	J-Q	0.88
01511	A-A-6-6-K-K	6-6	11.50	K-K	0.71
01512	A-A-6-6-Q-K	6-6	9.85	Q-K	1.86
01513	A-A-6-6-Q-Q	6-6	11.50	Q-Q	0.64
01514	A-A-6-7-7-7	A-6	16.99	A-6	8.20
01515	A-A-6-7-7-8	A-A	20.13	A-A	8.77
01516	A-A-6-7-7-9	6-9	14.53	6-9	3.12
01517	A-A-6-7-7-10	6-10	12.57	6-10	5.08
01518	A-A-6-7-7-J	6-J	12.81	6-J	4.84
01519	A-A-6-7-7-K	6-K	12.53	6-K	5.25
01520	A-A-6-7-7-Q	6-Q	12.68	6-Q	5.18
01521	A-A-6-7-8-8	A-A	19.95	A-A	8.60
01522	A-A-6-7-8-9	A-A	15.91	A-9	4.81
01523	A-A-6-7-8-10	A-10	12.84	A-10	4.94
01524	A-A-6-7-8-J	A-J	13.06	A-J	4.73
01525	A-A-6-7-8-K	A-K	12.81	A-K	5.10
01526	A-A-6-7-8-Q	A-Q	12.84	A-Q	5.07
01527	A-A-6-7-9-9	A-A	13.47	A-7	2.37
01528	A-A-6-7-9-10	9-10	10.77	7-10	1.39
01529	A-A-6-7-9-J	9-J	10.44	9-J	1.53
01530	A-A-6-7-9-K	9-K	9.55	9-K	2.45
01531	A-A-6-7-9-Q	9-Q	9.47	9-Q	2.36
01532	A-A-6-7-10-10	10-10	11.27	10-10	0.43
01533	A-A-6-7-10-J	10-J	11.15	10-J	0.88
01534	A-A-6-7-10-K	10-K	9.36	10-K	2.64
01535	A-A-6-7-10-Q	10-Q	9.83	10-Q	1.92
01536	A-A-6-7-J-J	J-J	11.84	J-J	0.24
0153/	A-A-6-7-J-K	J-K	10.48	J-K	1.77
01538	A-A-6-7-J-Q	J-Q	11.33	J-Q	1.05
01539	A-A-6-7-K-K	K-K	11.10	K-K	0.88
01540	A-A-6-7-Q-K	Q-K	9.98	Q-K	2.03
01541	A-A-6-7-Q-Q	Q-Q	11.32	Q-Q	0.81
01542	A-A-6-8-8-8	A-A	13.39	A-8	2.97
01543	A-A-6-8-8-9	8-9	12.53	A-9	3.38
01544	A-A-6-8-8-10	8-10	11.66	A-10	3.49
01545	A-A-6-8-8-J	A-J	11.60	A-J	3.27
01546	A-A-6-8-8-K	A-K	11.35	8-K	3.65
01547	A-A-6-8-8-Q	A-Q	11.38	A-Q	3.61
01548	A-A-6-8-9-9	A-A	13.65	A-8	2.36
01549	A-A-6-8-9-10	A-A	12.45	9-10	2.54
01550	A-A-6-8-9-J	9-J	11.92	9-J	3.01

HAND No.	SIX-CARD HAND	DISCARD (DEALER)	EXPECTED AVG. (DEALER)	DISCARD (PONE)	EXPECTED AVG. (PONE)
01551	A-A-6-8-9-K	9-K	11.03	9-K	3.93
01552	A-A-6-8-9-Q	9-Q	10.94	9-Q	3.84
01553	A-A-6-8-10-10	10-10	12.75	10-10	1.91
01554	A-A-6-8-10-J	10-J	12.63	10-J	2.36
01555	A-A-6-8-10-K	10-K	10.84	10-K	4.12
01556	A-A-6-8-10-Q	10-Q	11.31	10-Q	3.40
01557	A-A-6-8-J-J	J-J	13.32	J-J	1.72
01558	A-A-6-8-J-K	J-K	11.96	J-K	3.25
01559	A-A-6-8-J-Q	J-Q	12.81	J-Q	2.53
01560	A-A-6-8-K-K	K-K	12.58	K-K	2.36
01561	A-A-6-8-Q-K	Q-K	11.46	Q-K	3.51
01562	A-A-6-8-Q-Q	Q-Q	12.80	Q-Q	2.29
01563	A-A-6-9-9-9	A-A	18.08	A-A	6.73
01564	A-A-6-9-9-10	A-A	13.39	A-10	2.79
01565	A-A-6-9-9-J	A-A	13.10	A-J	2.58
01566	A-A-6-9-9-K	A-A	12.34	A-K	2.94
01567	A-A-6-9-9-Q	A-A	12.34	A-Q	2.92
01568	A-A-6-9-10-10	A-A	11.47	A-A	0.12
01569	A-A-6-9-10-J	A-A	12.52	A-A	1.16
01570	A-A-6-9-10-K	A-A	9.04	10-K	1.86
01571	A-A-6-9-10-Q	6-9	9.22	10-Q	1.14
01572	A-A-6-9-J-J ♣	A-A	11.43	A-A	0.07
01573	A-A-6-9-J-K	J-K	9.70	J-K	0.99
01574	A-A-6-9-J-Q	J-Q	10.55	J-Q	0.27
01575	A-A-6-9-K-K	6-9	10.88	K-K	0.10
01576	A-A-6-9-Q-K	6-9	9.22	Q-K	1.25
01577	A-A-6-9-Q-Q	6-9	10.88	Q-Q	0.03
01578	A-A-6-10-10-10	A-A	12.34	A-6	2.33
01579	A-A-6-10-10-J	A-A	9.80	6-J	1.19
01580	A-A-6-10-10-K	6-K	8.88	6-K	1.60
01581	A-A-6-10-10-Q	A-A	9.04	6-Q	1.53
01582	A-A-6-10-J-J	A-A	10.04	6-10	1.91
01583	A-A-6-10-J-K	10-J	8.45	6-K	0.44
01584	A-A-6-10-J-Q	A-A	10.60	A-6	0.59
01585	A-A-6-10-K-K	6-10	8.92	6-10	1.43
01586	A-A-6-10-Q-K	Q-K	7.29	10-K	-0.05
01587	A-A-6-10-Q-Q	A-A	9.04	6-10	1.43
01588	A-A-6-J-J-J	A-A	13.06	A-6	3.05
01589	A-A-6-J-J-K	A-A	9.52	6-K	2.07
01590	A-A-6-J-J-Q	A-A	10.04	6-Q	2.00
01591	A-A-6-J-K-K	A-A	9.28	6-J	1.19
01592	A-A-6-J-Q-K	A-A	10.52	A-6	0.51
01593	A-A-6-J-Q-Q	A-A	9.80	6-J	1.19
01594	A-A-6-K-K-K	A-A	12.34	A-6	2.33
01595	A-A-6-Q-K-K	A-A	9.04	6-Q	1.53
01596	A-A-6-Q-Q-K	A-A	9.04	6-K	1.60
01597	A-A-6-Q-Q-Q	A-A	12.34	A-6	2.33
01598	A-A-7-7-7-7	A-A	18.60	A-7	7.98
01599	A-A-7-7-7-8	A-A	19.91	A-A	8.55
01600	A-A-7-7-7-9	A-9	16.54	A-9	8.59

HAND No.	SIX-CARD HAND	DISCARD (DEALER)	EXPECTED AVG. (DEALER)	DISCARD (PONE)	EXPECTED AVG. (PONE)
01601	A-A-7-7-7-10	A-10	16.56	A-10	8.66
01602	A-A-7-7-7-J	A-J	16.77	A-J	8.45
01603	A-A-7-7-7-K	A-K	16.53	A-K	8.81
01604	A-A-7-7-7-Q	A-Q	16.56	A-Q	8.79
01605	A-A-7-7-8-8	A-A	20.26	A-A	8.90
01606	A-A-7-7-8-9	A-A	19.69	A-A	8.33
01607	A-A-7-7-8-10	A-A	13.65	A-10	5.75
01608	A-A-7-7-8-J	A-J	13.86	A-J	5.53
01609	A-A-7-7-8-K	A-K	13.61	A-K	5.90
01610	A-A-7-7-8-Q	A-Q	13.64	A-Q	5.87
01611	A-A-7-7-9-9	9-9	14.64	9-9	3.07
01612	A-A-7-7-9-10	9-10	13.77	9-10	4.07
01613	A-A-7-7-9-J	9-J	13.44	9-J	4.53
01614	A-A-7-7-9-K	9-K	12.55	9-K	5.45
01615	A-A-7-7-9-Q	9-Q	12.47	9-Q	5.36
01616	A-A-7-7-10-10	10-10	14.23	10-10	3.38
01617	A-A-7-7-10-J	10-J	14.11	10-J	3.83
01618	A-A-7-7-10-K	10-K	12.31	10-K	5.60
01619	A-A-7-7-10-Q	10-Q	12.79	10-Q	4.88
01620	A-A-7-7-J-J	J-J	14.80	J-J	3.20
01621	A-A-7-7-J-K	J-K	13.44	J-K	4.73
01622	A-A-7-7-J-Q	J-Q	14.29	J-Q	4.01
01623	A-A-7-7-K-K	K-K	14.05	K-K	3.84
01624	A-A-7-7-Q-K	Q-K	12.94	Q-K	4.99
01625	A-A-7-7-Q-Q	Q-Q	14.27	Q-Q	3.77
01626	A-A-7-8-8-8	A-A	19.65	A-A	8.29
01627	A-A-7-8-8-9	A-A	19.60	A-A	8.25
01628	A-A-7-8-8-10	A-A	13.56	A-10	3.79
01629	A-A-7-8-8-J	A-A	13.63	A-J	3.58
01630	A-A-7-8-8-K	A-A	13.39	A-K	3.94
01631	A-A-7-8-8-Q	A-A	13.39	A-Q	3.92
01632	A-A-7-8-9-9	A-A	17.69	A-A	6.33
01633	A-A-7-8-9-10	A-A	13.74	A-10	2.66
01634	A-A-7-8-9-J	A-A	12.60	A-J	2.47
01635	A-A-7-8-9-K	A-A	12.28	A-K	2.83
01636	A-A-7-8-9-Q	A-A	12.28	A-Q	2.81
01637	A-A-7-8-10-10	7-8	12.28	10-10	0.08
01638	A-A-7-8-10-J	7-8	11.12	10-J	0.53
01639	A-A-7-8-10-K	7-8	10.36	10-K	2.29
01640	A-A-7-8-10-Q	7-8	10.62	10-Q	1.57
01641	A-A-7-8-J-J	7-8	12.75	A-A	0.07
01642	A-A-7-8-J-K	7-8	10.86	J-K	1.43
01643	A-A-7-8-J-Q	7-8	11.12	J-Q	0.71
01644	A-A-7-8-K-K	7-8	12.28	K-K	0.53
01645	A-A-7-8-Q-K	7-8	10.62	Q-K	1.68
01646	A-A-7-8-Q-Q	7-8	12.28	Q-Q	0.46
01647	A-A-7-9-9-9	A-A	13.13	A-7	2.37
01648	A-A-7-9-9-10	A-A	9.74	7-10	1.43
01649	A-A-7-9-9-J	A-A	9.80	7-J	1.04
01650	A-A-7-9-9-K	A-A	9.04	7-K	1.46

HAND No.	SIX-CARD HAND	DISCARD (DEALER)	EXPECTED AVG. (DEALER)	DISCARD (PONE)	EXPECTED AVG. (PONE)
01651	A-A-7-9-9-Q	A-A	9.04	7-Q	1.41
01652	A-A-7-9-10-10	7-9	9.78	7-9	0.48
01653	A-A-7-9-10-J	A-A	10.69	A-7	0.63
01654	A-A-7-9-10-K	9-10	8.03	10-K	0.12
01655	A-A-7-9-10-Q	7-9	8.13	7-Q	0.02
01656	A-A-7-9-J-J	7-9	10.26	7-9	0.96
01657	A-A-7-9-J-K	7-9	8.37	7-K	0.05
01658	A-A-7-9-J-Q	J-Q	8.81	7-Q	0.00
01659	A-A-7-9-K-K	7-9	9.78	7-9	0.48
01660	A-A-7-9-Q-K	7-9	8.13	9-K	-0.29
01661	A-A-7-9-Q-Q	7-9	9.78	7-9	0.48
01662	A-A-7-10-10-10	A-A	12.34	A-7	2.37
01663	A-A-7-10-10-J	A-A	9.80	7-J	1.04
01664	A-A-7-10-10-K	7-K	9.02	7-K	1.46
01665	A-A-7-10-10-Q	A-A	9.04	7-Q	1.41
01666	A-A-7-10-J-J	A-A	10.04	7-10	1.91
01667	A-A-7-10-J-K	10-J	8.37	7-K	0.31
01668	A-A-7-10-J-Q	A-A	10.60	A-7	0.63
01669	A-A-7-10-K-K	7-10	8.99	7-10	1.43
01670	A-A-7-10-Q-K	7-K	7.37	10-K	-0.14
01671	A-A-7-10-Q-Q	A-A	9.04	7-10	1.43
01672	A-A-7-J-J-J	A-A	13.06	A-7	3.09
01673	A-A-7-J-J-K	A-A	9.52	7-K	1.94
01674	A-A-7-J-J-Q	A-A	10.04	7-Q	1.89
01675	A-A-7-J-K-K	7-J	9.31	7-J	1.04
01676	A-A-7-J-Q-K	A-A	10.52	A-7	0.55
01677	A-A-7-J-Q-Q	A-A	9.80	7-J	1.04
01678	A-A-7-K-K-K	A-A	12.34	A-7	2.37
01679	A-A-7-Q-K-K	A-A	9.04	7-Q	1.41
01680	A-A-7-Q-Q-K	A-A	9.04	7-K	1.46
01681	A-A-7-Q-Q-Q	A-A	12.34	A-7	2.37
01682	A-A-8-8-8-8	A-A	18.08	A-A	6.73
01683	A-A-8-8-8-9	A-A	13.91	A-9	2.72
01684	A-A-8-8-8-10	A-A	13.13	A-10	2.79
01685	A-A-8-8-8-J	A-A	12.58	A-J	2.58
01686	A-A-8-8-8-K	A-A	12.34	A-K	2.94
01687	A-A-8-8-8-Q	A-A	12.34	A-Q	2.92
01688	A-A-8-8-9-9	A-A	12.52	A-A	1.16
01689	A-A-8-8-9-10	A-A	15.78	A-A	4.42
01690	A-A-8-8-9-J	A-A	9.97	9-J	0.79
01691	A-A-8-8-9-K	A-A	9.56	9-K	1.71
01692	A-A-8-8-9-Q	A-A	9.56	9-Q	1.62
01693	A-A-8-8-10-10	A-A	11.47	A-A	0.12
01694	A-A-8-8-10-J	10-J	10.37	10-J	0.09
01695	A-A-8-8-10-K	8-8	9.27	10-K	1.86
01696	A-A-8-8-10-Q	8-8	9.53	10-Q	1.14
01697	A-A-8-8-J-J	8-8	11.66	A-A	-0.45
01698	A-A-8-8-J-K	8-8	9.77	J-K	0.99
01699	A-A-8-8-J-Q	J-Q	10.55	J-Q	0.27
01700	A-A-8-8-K-K	8-8	11.18	K-K	0.10

HAND No.	SIX-CARD HAND	DISCARD (DEALER)	EXPECTED AVG. (DEALER)	DISCARD (PONE)	EXPECTED AVG. (PONE)
01701	A-A-8-8-Q-K	8-8	9.53	Q-K	1.25
01702	A-A-8-8-Q-Q	8-8	11.18	Q-Q	0.03
01703	A-A-8-9-9-9	A-A	13.91	A-A	2.55
01704	A-A-8-9-9-10	A-A	15.78	A-A	4.42
01705	A-A-8-9-9-J	A-A	9.97	8-J	1.13
01706	A-A-8-9-9-K	A-A	9.56	8-K	1.52
01707	A-A-8-9-9-Q	A-A	9.56	8-Q	1.42
01708	A-A-8-9-10-10	A-A	15.78	A-A	4.42
01709	A-A-8-9-10-J	A-A	12.06	A-A	0.70
01710	A-A-8-9-10-K	A-A	10.37	A-K	0.97
01711	A-A-8-9-10-Q	A-A	10.45	A-Q	0.94
01712	A-A-8-9-J-J	8-9	10.92	8-9	0.37
01713	A-A-8-9-J-K	8-9	9.03	8-K	0.11
01714	A-A-8-9-J-Q	8-9	9.29	8-Q	0.00
01715	A-A-8-9-K-K	8-9	10.45	8-9	-0.11
01716	A-A-8-9-Q-K	8-9	8.79	Q-K	-0.14
01717	A-A-8-9-Q-Q	8-9	10.45	8-9	-0.11
01718	A-A-8-10-10-10	A-A	13.13	A-8	2.41
01719	A-A-8-10-10-J	A-A	9.97	8-J	1.13
01720	A-A-8-10-10-K	A-A	9.04	8-K	1.52
01721	A-A-8-10-10-Q	A-A	9.56	8-Q	1.42
01722	A-A-8-10-J-J	A-A	10.21	8-10	1.06
01723	A-A-8-10-J-K	10-J	8.45	8-K	0.37
01724	A-A-8-10-J-Q	A-A	10.69	A-8	0.67
01725	A-A-8-10-K-K	8-10	9.53	8-10	0.59
01726	A-A-8-10-Q-K	8-10	7.88	10-K	-0.05
01727	A-A-8-10-Q-Q	8-10	9.53	8-10	0.59
01728	A-A-8-J-J-J	A-A	13.06	A-8	3.13
01729	A-A-8-J-J-K	A-A	9.52	8-K	2.00
01730	A-A-8-J-J-Q	A-A	10.04	8-Q	1.89
01731	A-A-8-J-K-K	8-J	9.30	8-J	1.13
01732	A-A-8-J-Q-K	A-A	10.52	A-8	0.58
01733	A-A-8-J-Q-Q	A-A	9.80	8-J	1.13
01734	A-A-8-K-K-K	A-A	12.34	A-8	2.41
01735	A-A-8-Q-K-K	A-A	9.04	8-Q	1.42
01736	A-A-8-Q-Q-K	A-A	9.04	8-K	1.52
01737	A-A-8-Q-Q-Q	A-A	12.34	A-8	2.41
01738	A-A-9-9-9-9	A-A	18.08	A-A	6.73
01739	A-A-9-9-9-10	A-A	13.91	A-10	2.79
01740	A-A-9-9-9-J	A-A	13.37	A-J	2.58
01741	A-A-9-9-9-K	A-A	12.34	A-K	2.94
01742	A-A-9-9-9-Q	A-A	12.34	A-Q	2.92
01743	A-A-9-9-10-10	A-A	12.52	A-A	1.16
01744	A-A-9-9-10-J	A-A	16.02	A-A	4.66
01745	A-A-9-9-10-K	A-A	9.56	10-K	1.86
01746	A-A-9-9-10-Q	A-A	9.74	10-Q	1.14
01747	A-A-9-9-J-J	A-A	11.95	A-A	0.60
01748	A-A-9-9-J-K	J-K	9.70	J-K	0.99
01749	A-A-9-9-J-Q	J-Q	10.55	J-Q	0.27
01750	A-A-9-9-K-K	9-9	10.90	K-K	0.10

HAND No.	SIX-CARD HAND	DISCARD (DEALER)	EXPECTED AVG. (DEALER)	DISCARD (PONE)	EXPECTED AVG. (PONE)
01751	A-A-9-9-Q-K	9-9	9.25	Q-K	1.25
01752	A-A-9-9-Q-Q	9-9	10.90	Q-Q	0.03
01753	A-A-9-10-10-10	A-A	13.91	A-9	2.72
01754	A-A-9-10-10-J	A-A	16.02	A-A	4.66
01755	A-A-9-10-10-K	A-A	9.56	9-K	1.71
01756	A-A-9-10-10-Q	A-A	9.74	9-Q	1.62
01757	A-A-9-10-J-J	A-A	16.26	A-A	4.90
01758	A-A-9-10-J-K	A-A	10.69	A-K	1.20
01759	A-A-9-10-J-Q	A-A	12.06	A-Q	1.16
01760	A-A-9-10-K-K	9-10	10.03	9-10	0.33
01761	A-A-9-10-Q-K	9-10	8.38	9-K	0.06
01762	A-A-9-10-Q-Q	9-10	10.03	9-10	0.33
01763	A-A-9-J-J-J	A-A	13.84	A-9	3.44
01764	A-A-9-J-J-K	A-A	10.04	9-K	2.19
01765	A-A-9-J-J-Q	A-A	10.21	9-Q	2.10
01766	A-A-9-J-K-K	9-J	9.70	9-J	0.79
01767	A-A-9-J-Q-K	A-A	10.60	A-9	0.90
01768	A-A-9-J-Q-Q	A-A	9.97	9-J	0.79
01769	A-A-9-K-K-K	A-A	12.34	A-9	2.72
01770	A-A-9-Q-K-K	A-A	9.04	9-Q	1.62
01771	A-A-9-Q-Q-K	A-A	9.04	9-K	1.71
01772	A-A-9-Q-Q-Q	A-A	12.34	A-9	2.72
01773	A-A-10-10-10-10	A-A	18.08	A-A	6.73
01774	A-A-10-10-10-J	A-A	14.15	A-A	2.79
01775	A-A-10-10-10-K	A-A	12.34	A-K	2.94
01776	A-A-10-10-10-Q	A-A	13.13	A-Q	2.92
01777	A-A-10-10-J-J	A-A	13.00	A-A	1.64
01778	A-A-10-10-J-K	A-A	9.97	J-K	0.99
01779	A-A-10-10-J-Q	A-A	16.02	A-A	4.66
01780	A-A-10-10-K-K	10-10	10.49	K-K	0.10
01781	A-A-10-10-Q-K	A-A	9.21	Q-K	1.25
01782	A-A-10-10-Q-Q	A-A	11.47	A-A	0.12
01783	A-A-10-J-J-J	A-A	14.63	A-10	3.51
01784	A-A-10-J-J-K	A-A	10.21	10-K	2.34
01785	A-A-10-J-J-Q	A-A	16.26	A-A	4.90
01786	A-A-10-J-K-K	10-J	10.37	10-K	0.40
01787	A-A-10-J-Q-K	A-A	11.97	A-K	1.18
01788	A-A-10-J-Q-Q	A-A	16.02	A-A	4.66
01789	A-A-10-K-K-K	A-A	12.34	A-10	2.79
01790	A-A-10-Q-K-K	A-A	9.21	10-Q	1.14
01791	A-A-10-Q-Q-K	A-A	9.21	10-K	1.86
01792	A-A-10-Q-Q-Q	A-A	13.13	A-10	2.79
01793	A-A-J-J-J-J	A-A	19.04	A-A	7.68
01794	A-A-J-J-J-K	A-A	13.84	A-K	3.66
01795	A-A-J-J-J-Q	A-A	14.63	A-Q	3.63
01796	A-A-J-J-K-K	A-A	11.95	A-A	0.60
01797	A-A-J-J-Q-K	A-A	16.08	A-A	4.73
01798	A-A-J-J-Q-Q	A-A	13.00	A-A	1.64
01799	A-A-J-K-K-K	A-A	13.37	A-J	2.58
01800	A-A-J-Q-K-K	A-A	15.84	A-A	4.49

HAND No.	SIX-CARD HAND	DISCARD (DEALER)	EXPECTED AVG. (DEALER)	DISCARD (PONE)	EXPECTED AVG. (PONE)
01801	A-A-J-Q-Q-K	A-A	15.84	A-A	4.49
01802	A-A-J-Q-Q-Q	A-A	14.15	A-A	2.79
01803	A-A-K-K-K-K	A-A	18.08	A-A	6.73
01804	A-A-Q-K-K-K	A-A	13.13	A-Q	2.92
01805	A-A-Q-Q-K-K	A-A	11.47	A-A	0.12
01806	A-A-Q-Q-Q-K	A-A	13.13	A-K	2.94
01807	A-A-Q-Q-Q-Q	A-A	18.08	A-A	6.73
01808	A-2-2-2-2-3	2-2	17.73	A-3	7.79
01809	A-2-2-2-2-4	A-4	18.29	A-4	7.17
01810	A-2-2-2-2-5	A-5	18.32	A-5	6.90
01811	A-2-2-2-2-6	A-6	16.73	A-6	7.94
01812	A-2-2-2-2-7	A-7	16.68	A-7	7.94
01813	A-2-2-2-2-8	A-8	16.64	A-8	8.02
01814	A-2-2-2-2-9	A-9	16.10	A-9	8.16
01815	A-2-2-2-2-10	A-10	16.29	A-10	8.40
01816	A-2-2-2-2-J	A-J	16.51	A-J	8.18
01817	A-2-2-2-2-K	A-K	16.27	A-K	8.55
01818	A-2-2-2-2-Q	A-Q	16.30	A-Q	8.52
01819	A-2-2-2-3-3	2-3	18.98	A-3	5.47
01820	A-2-2-2-3-4	2-4	16.63	A-2	7.16
01821	A-2-2-2-3-5	2-5	17.61	2-5	6.11
01822	A-2-2-2-3-6	2-6	16.09	2-6	7.18
01823	A-2-2-2-3-7	2-7	15.91	2-7	7.14
01824	A-2-2-2-3-8	2-8	15.77	2-8	7.17
01825	A-2-2-2-3-9	2-9	15.80	2-9	7.34
01826	A-2-2-2-3-10	2-10	15.59	2-10	7.43
01827	A-2-2-2-3-J	2-J	15.89	2-J	7.24
01828	A-2-2-2-3-K	2-K	15.56	2-K	7.56
01829	A-2-2-2-3-Q	2-Q	15.64	2-Q	7.46
01830	A-2-2-2-4-4	4-4	15.11	4-4	3.05
01831	A-2-2-2-4-5	4-5	15.97	A-4	2.61
01832	A-2-2-2-4-6	4-6	13.35	4-6	4.19
01833	A-2-2-2-4-7	4-7	13.20	4-7	4.58
01834	A-2-2-2-4-8	4-8	13.24	4-8	4.48
01835	A-2-2-2-4-9	A-4	14.51	4-9	4.76
01836	A-2-2-2-4-10	4-10	12.95	4-10	4.01
01837	A-2-2-2-4-J	4-J	13.24	4-J	4.48
01838	A-2-2-2-4-K	A-4	12.95	4-K	4.99
01839	A-2-2-2-4-Q	A-4	12.95	4-Q	4.89
01840	A-2-2-2-5-5	5-5	18.28	A-5	2.33
01841	A-2-2-2-5-6	5-6	16.13	A-6	3.29
01842	A-2-2-2-5-7	5-7	15.49	A-7	3.46
01843	A-2-2-2-5-8	5-8	14.92	A-8	3.36
01844	A-2-2-2-5-9	5-9	14.87	A-9	3.77
01845	A-2-2-2-5-10	5-10	16.01	A-10	3.83
01846	A-2-2-2-5-J	5-J	16.36	A-J	3.62
01847	A-2-2-2-5-K	5-K	16.02	A-K	3.99
01848	A-2-2-2-5-Q	5-Q	15.98	A-Q	3.96
01849	A-2-2-2-6-6	6-6	15.24	A-6	2.86
01850	A-2-2-2-6-7	6-7	14.44	6-7	3.07

HAND No.	SIX-CARD HAND	DISCARD (DEALER)	EXPECTED AVG. (DEALER)	DISCARD (PONE)	EXPECTED AVG. (PONE)
01851	A-2-2-2-6-8	6-8	14.05	6-8	3.57
01852	A-2-2-2-6-9	6-9	14.57	A-6	4.25
01853	A-2-2-2-6-10	6-10	12.53	6-10	5.04
01854	A-2-2-2-6-J	6-J	12.76	6-J	4.80
01855	A-2-2-2-6-K	6-K	12.49	6-K	5.21
01856	A-2-2-2-6-Q	6-Q	12.63	6-Q	5.14
01857	A-2-2-2-7-7	7-7	15.40	A-7	2.76
01858	A-2-2-2-7-8	7-8	15.97	A-7	2.85
01859	A-2-2-2-7-9	7-9	13.47	A-7	4.33
01860	A-2-2-2-7-10	7-10	12.60	7-10	5.04
01861	A-2-2-2-7-J	7-J	12.92	7-J	4.65
01862	A-2-2-2-7-K	7-K	12.63	7-K	5.07
01863	A-2-2-2-7-Q	7-Q	12.60	7-Q	5.02
01864	A-2-2-2-8-8	8-8	14.83	A-8	2.89
01865	A-2-2-2-8-9	8-9	14.10	A-8	4.36
01866	A-2-2-2-8-10	8-10	13.10	8-10	4.15
01867	A-2-2-2-8-J	8-J	12.86	8-J	4.70
01868	A-2-2-2-8-K	8-K	12.45	8-K	5.09
01869	A-2-2-2-8-Q	8-Q	12.49	8-Q	4.98
01870	A-2-2-2-9-9	9-9	14.56	A-9	4.59
01871	A-2-2-2-9-10	9-10	13.59	A-10	4.75
01872	A-2-2-2-9-J	9-J	13.27	A-J	4.53
01873	A-2-2-2-9-K	A-K	12.61	9-K	5.28
01874	A-2-2-2-9-Q	A-Q	12.64	9-Q	5.19
01875	A-2-2-2-10-10	10-10	13.97	10-10	3.12
01876	A-2-2-2-10-J	10-J	13.84	10-J	3.57
01877	A-2-2-2-10-K	10-K	12.05	10-K	5.34
01878	A-2-2-2-10-Q	10-Q	12.53	10-Q	4.62
01879	A-2-2-2-J-J	J-J	14.54	A-J	3.03
01880	A-2-2-2-J-K	J-K	13.18	J-K	4.47
01881	A-2-2-2-J-Q	J-Q	14.03	J-Q	3.75
01882	A-2-2-2-K-K	K-K	13.79	K-K	3.58
01883	A-2-2-2-Q-K	Q-K	12.68	Q-K	4.72
01884	A-2-2-2-Q-Q	Q-Q	14.01	Q-Q	3.51
01885	A-2-2-3-3-3	2-3	18.63	A-2	5.99
01886	A-2-2-3-3-4	3-4	16.99	A-2	7.27
01887	A-2-2-3-3-5	3-5	18.09	2-5	5.74
01888	A-2-2-3-3-6	3-6	15.95	3-6	7.26
01889	A-2-2-3-3-7	3-7	15.66	3-7	7.08
01890	A-2-2-3-3-8	3-8	16.03	3-8	7.00
01891	A-2-2-3-3-9	3-9	15.85	3-9	7.13
01892	A-2-2-3-3-10	3-10	15.57	3-10	7.37
01893	A-2-2-3-3-J	3-J	15.91	3-J	7.14
01894	A-2-2-3-3-K	3-K	15.68	3-K	7.53
01895	A-2-2-3-3-Q	3-Q	15.59	3-Q	7.41
01896	A-2-2-3-4-4	4-4	17.85	A-2	6.66
01897	A-2-2-3-4-5	4-5	18.75	A-5	6.38
01898	A-2-2-3-4-6	A-6	16.16	A-6	7.38
01899	A-2-2-3-4-7	A-7	16.21	A-7	7.46
01900	A-2-2-3-4-8	A-8	16.07	A-8	7.45

HAND No.	SIX-CARD HAND	DISCARD (DEALER)	EXPECTED AVG. (DEALER)	DISCARD (PONE)	EXPECTED AVG. (PONE)
01901	A-2-2-3-4-9	4-9	15.91	A-9	7.77
01902	A-2-2-3-4-10	4-10	15.73	A-10	7.83
01903	A-2-2-3-4-J	4-J	16.02	A-J	7.62
01904	A-2-2-3-4-K	4-K	15.73	A-K	7.99
01905	A-2-2-3-4-Q	A-Q	15.73	A-Q	7.96
01906	A-2-2-3-5-5	5-5	21.11	A-2	3.47
01907	A-2-2-3-5-6	5-6	18.95	5-6	4.95
01908	A-2-2-3-5-7	5-7	18.28	5-7	5.25
01909	A-2-2-3-5-8	5-8	17.74	5-8	5.95
01910	A-2-2-3-5-9	5-9	17.65	5-9	6.08
01911	A-2-2-3-5-10	5-10	18.83	5-10	4.80
01912	A-2-2-3-5-J	5-J	19.18	5-J	4.36
01913	A-2-2-3-5-K	5-K	18.85	5-K	4.95
01914	A-2-2-3-5-Q	5-Q	18.81	5-Q	4.88
01915	A-2-2-3-6-6	6-6	18.07	6-6	5.42
01916	A-2-2-3-6-7	6-7	17.23	6-7	5.85
01917	A-2-2-3-6-8	6-8	16.88	6-8	6.39
01918	A-2-2-3-6-9	6-9	17.35	6-9	5.95
01919	A-2-2-3-6-10	6-10	15.36	6-10	7.86
01920	A-2-2-3-6-J	6-J	15.59	6-J	7.62
01921	A-2-2-3-6-K	6-K	15.32	6-K	8.03
01922	A-2-2-3-6-Q	6-Q	15.46	6-Q	7.96
01923	A-2-2-3-7-7	7-7	18.13	7-7	5.11
01924	A-2-2-3-7-8	7-8	18.75	7-8	4.72
01925	A-2-2-3-7-9	7-9	16.21	7-9	6.92
01926	A-2-2-3-7-10	7-10	15.39	7-10	7.83
01927	A-2-2-3-7-J	7-J	15.70	7-J	7.43
01928	A-2-2-3-7-K	7-K	15.42	7-K	7.86
01929	A-2-2-3-7-Q	7-Q	15.38	7-Q	7.81
01930	A-2-2-3-8-8	8-8	17.66	8-8	5.19
01931	A-2-2-3-8-9	8-9	16.88	8-9	6.33
01932	A-2-2-3-8-10	8-10	15.93	8-10	6.98
01933	A-2-2-3-8-J	8-J	15.69	8-J	7.53
01934	A-2-2-3-8-K	8-K	15.28	8-K	7.92
01935	A-2-2-3-8-Q	8-Q	15.32	8-Q	7.81
01936	A-2-2-3-9-9	9-9	17.30	9-9	5.72
01937	A-2-2-3-9-10	9-10	16.38	9-10	6.67
01938	A-2-2-3-9-J	9-J	16.05	9-J	7.14
01939	A-2-2-3-9-K	9-K	15.16	9-K	8.06
01940	A-2-2-3-9-Q	9-Q	15.07	9-Q	7.97
01941	A-2-2-3-10-10	10-10	16.80	10-10	5.95
01942	A-2-2-3-10-J	10-J	16.67	10-J	6.40
01943	A-2-2-3-10-K	10-K	14.88	10-K	8.16
01944	A-2-2-3-10-Q	10-Q	15.35	10-Q	7.44
01945	A-2-2-3-J-J	J-J	17.36	J-J	5.76
01946	A-2-2-3-J-K	J-K	16.01	J-K	7.30
01947	A-2-2-3-J-Q	J-Q	16.85	J-Q	6.58
01948	A-2-2-3-K-K	K-K	16.62	K-K	6.40
01949	A-2-2-3-Q-K	Q-K	15.50	Q-K	7.55
01950	A-2-2-3-Q-Q	Q-Q	16.84	Q-Q	6.33

HAND No.	SIX-CARD HAND	DISCARD (DEALER)	EXPECTED AVG. (DEALER)	DISCARD (PONE)	EXPECTED AVG. (PONE)
01951	A-2-2-4-4-4	2-2	15.38	A-2	3.79
01952	A-2-2-4-4-5	2-2	12.64	A-2	2.66
01953	A-2-2-4-4-6	2-2	13.38	A-6	2.20
01954	A-2-2-4-4-7	2-2	12.68	A-7	2.11
01955	A-2-2-4-4-8	A-8	10.90	A-8	2.28
01956	A-2-2-4-4-9	A-4	13.29	A-2	2.88
01957	A-2-2-4-4-10	2-2	14.34	A-10	2.66
01958	A-2-2-4-4-J	2-2	14.58	2-2	2.50
01959	A-2-2-4-4-K	2-2	14.34	A-K	2.81
01960	A-2-2-4-4-Q	2-2	14.34	A-Q	2.79
01961	A-2-2-4-5-5	2-2	14.51	2-2	2.43
01962	A-2-2-4-5-6	2-2	14.75	A-2	3.42
01963	A-2-2-4-5-7	A-5	11.84	A-7	0.72
01964	A-2-2-4-5-8	A-4	13.69	A-4	2.57
01965	A-2-2-4-5-9	A-5	13.45	A-5	2.03
01966	A-2-2-4-5-10 ♣	4-5	13.01	A-10	1.14
01967	A-2-2-4-5-J ♣	4-5	13.25	2-2	1.11
01968	A-2-2-4-5-K ♣	4-5	13.01	A-K	1.29
01969	A-2-2-4-5-Q ♣	4-5	13.01	A-Q	1.26
01970	A-2-2-4-6-6	A-4	11.60	2-4	0.94
01971	A-2-2-4-6-7	A-4	13.64	A-4	2.52
01972	A-2-2-4-6-8	2-2	10.77	A-8	0.23
01973	A-2-2-4-6-9	A-6	11.81	A-6	3.03
01974	A-2-2-4-6-10	4-6	10.43	4-6	1.27
01975	A-2-2-4-6-J	4-6	10.67	4-6	1.51
01976	A-2-2-4-6-K	4-6	10.43	6-K	1.29
01977	A-2-2-4-6-Q	4-6	10.43	4-6	1.27
01978	A-2-2-4-7-7	2-2	12.12	A-7	1.42
01979	A-2-2-4-7-8	7-8	11.97	A-8	1.50
01980	A-2-2-4-7-9	A-7	11.81	A-7	3.07
01981	A-2-2-4-7-10	4-7	10.28	A-10	1.92
01982	A-2-2-4-7-J	4-7	10.52	4-7	1.91
01983	A-2-2-4-7-K	4-7	10.28	A-K	2.07
01984	A-2-2-4-7-Q	4-7	10.28	A-Q	2.05
01985	A-2-2-4-8-8	A-4	11.16	A-4	0.04
01986	A-2-2-4-8-9	A-8	11.77	A-8	3.15
01987	A-2-2-4-8-10	4-8	10.38	4-8	1.62
01988	A-2-2-4-8-J	4-8	10.61	4-8	1.85
01989	A-2-2-4-8-K	4-8	10.38	4-8	1.62
01990	A-2-2-4-8-Q	4-8	10.38	4-8	1.62
01991	A-2-2-4-9-9	A-2	11.74	A-9	3.33
01992	A-2-2-4-9-10	A-10	11.43	A-10	3.53
01993	A-2-2-4-9-J	A-J	11.64	A-J	3.32
01994	A-2-2-4-9-K	A-K	11.40	A-K	3.68
01995	A-2-2-4-9-Q	A-Q	11.43	A-Q	3.66
01996	A-2-2-4-10-10	2-2	13.64	4-10	1.94
01997	A-2-2-4-10-J	2-2	12.49	4-10	2.22
01998	A-2-2-4-10-K	2-2	11.73	4-K	2.16
01999	A-2-2-4-10-Q	2-2	11.99	4-Q	2.06
02000	A-2-2-4-J-J	2-2	14.12	2-2	2.04

HAND No.	SIX-CARD HAND	DISCARD (DEALER)	EXPECTED AVG. (DEALER)	DISCARD (PONE)	EXPECTED AVG. (PONE)
02001	A-2-2-4-J-K	2-2	12.23	4-K	2.40
02002	A-2-2-4-J-Q	2-2	12.49	4-Q	2.30
02003	A-2-2-4-K-K	2-2	13.64	4-K	2.12
02004	A-2-2-4-Q-K	2-2	11.99	4-K	2.16
02005	A-2-2-4-Q-Q	2-2	13.64	4-Q	2.02
02006	A-2-2-5-5-5	2-2	17.25	A-2	6.40
02007	A-2-2-5-5-6	5-5	13.67	A-6	2.33
02008	A-2-2-5-5-7	5-5	13.63	A-7	2.46
02009	A-2-2-5-5-8	5-5	13.59	A-2	3.66
02010	A-2-2-5-5-9	2-2	14.60	A-9	2.81
02011	A-2-2-5-5-10	5-5	15.33	A-2	3.49
02012	A-2-2-5-5-J	5-5	15.57	A-2	3.73
02013	A-2-2-5-5-K	5-5	15.33	A-2	3.49
02014	A-2-2-5-5-Q	5-5	15.33	A-2	3.49
02015	A-2-2-5-6-6	2-2	11.73	A-6	2.12
02016	A-2-2-5-6-7	A-5	13.60	A-2	3.29
02017	A-2-2-5-6-8	A-6	12.07	A-6	3.29
02018	A-2-2-5-6-9	2-2	12.64	A-9	2.55
02019	A-2-2-5-6-10	5-6	13.21	A-10	2.62
02020	A-2-2-5-6-J	5-6	13.45	A-J	2.40
02021	A-2-2-5-6-K	5-6	13.21	A-K	2.77
02022	A-2-2-5-6-Q	5-6	13.21	A-Q	2.74
02023	A-2-2-5-7-7	2-2	12.73	2-2	0.65
02024	A-2-2-5-7-8	A-7	12.07	A-7	3.33
02025	A-2-2-5-7-9	5-7	10.88	A-9	0.51
02026	A-2-2-5-7-10	5-7	12.58	A-7	1.33
02027	A-2-2-5-7-J	5-7	12.82	A-7	1.57
02028	A-2-2-5-7-K	5-7	12.58	A-7	1.33
02029	A-2-2-5-7-Q	5-7	12.58	A-7	1.33
02030	A-2-2-5-8-8	A-2	12.17	A-8	3.28
02031	A-2-2-5-8-9	A-9	11.67	A-9	3.72
02032	A-2-2-5-8-10	5-8	12.05	A-10	3.75
02033	A-2-2-5-8-J	5-8	12.29	A-J	3.53
02034	A-2-2-5-8-K	5-8	12.05	A-K	3.90
02035	A-2-2-5-8-Q	5-8	12.05	A-Q	3.87
02036	A-2-2-5-9-9	2-2	13.81	2-2	1.74
02037	A-2-2-5-9-10	2-2	12.29	A-9	1.68
02038	A-2-2-5-9-J ÷	2-2	12.27	A-9	1.92
02039	A-2-2-5-9-K	5-9	12.00	A-9	1.68
02040	A-2-2-5-9-Q	5-9	12.00	A-9	1.68
02041	A-2-2-5-10-10	2-2	13.55	A-2	2.71
02042	A-2-2-5-10-J	5-J	13.53	A-10	1.94
02043	A-2-2-5-10-K	5-K	13.19	A-K	1.86
02044	A-2-2-5-10-Q	5-10	13.18	A-Q	1.83
02045	A-2-2-5-J-J	2-2	14.03	A-2	3.18
02046	A-2-2-5-J-K	5-J	13.53	A-K	2.10
02047	A-2-2-5-J-Q	5-J	13.53	A-Q	2.07
02048	A-2-2-5-K-K	2-2	13.55	A-2	2.71
02049	A-2-2-5-Q-K	5-K	13.19	A-K	1.86
02050	A-2-2-5-Q-Q	2-2	13.55	A-2	2.71

HAND No.	SIX-CARD HAND	DISCARD (DEALER)	EXPECTED AVG. (DEALER)	DISCARD (PONE)	EXPECTED AVG. (PONE)
02051	A-2-2-6-6-6	2-2	13.81	A-2	3.10
02052	A-2-2-6-6-7	A-2	13.00	A-2	3.71
02053	A-2-2-6-6-8	2-2	14.08	2-2	2.00
02054	A-2-2-6-6-9	2-2	13.29	A-2	2.49
02055	A-2-2-6-6-10	6-6	12.37	A-10	1.70
02056	A-2-2-6-6-J	6-6	12.61	A-J	1.49
02057	A-2-2-6-6-K	6-6	12.37	A-K	1.86
02058	A-2-2-6-6-Q	6-6	12.37	A-Q	1.83
02059	A-2-2-6-7-7	A-2	12.82	A-2	3.53
02060	A-2-2-6-7-8	2-2	15.18	A-2	4.25
02061	A-2-2-6-7-9	A-9	11.62	A-9	3.68
02062	A-2-2-6-7-10	A-10	11.69	A-10	3.79
02063	A-2-2-6-7-J	A-J	11.90	A-J	3.58
02064	A-2-2-6-7-K	A-K	11.66	A-K	3.94
02065	A-2-2-6-7-Q	A-Q	11.69	A-Q	3.92
02066	A-2-2-6-8-8	2-2	13.81	2-2	1.74
02067	A-2-2-6-8-9	2-2	11.86	A-8	0.80
02068	A-2-2-6-8-10	6-8	11.22	6-8	0.74
02069	A-2-2-6-8-J	6-8	11.46	6-8	0.98
02070	A-2-2-6-8-K	6-8	11.22	6-8	0.74
02071	A-2-2-6-8-Q	6-8	11.22	6-8	0.74
02072	A-2-2-6-9-9	2-2	13.03	A-2	2.18
02073	A-2-2-6-9-10	6-9	11.75	A-10	1.18
02074	A-2-2-6-9-J	6-9	11.99	A-J	0.97
02075	A-2-2-6-9-K	6-9	11.75	A-K	1.33
02076	A-2-2-6-9-Q	6-9	11.75	A-Q	1.31
02077	A-2-2-6-10-10	6-10	9.70	6-10	2.21
02078	A-2-2-6-10-J	6-10	9.99	6-10	2.49
02079	A-2-2-6-10-K	6-10	9.75	6-K	2.42
02080	A-2-2-6-10-Q	6-Q	9.85	6-Q	2.35
02081	A-2-2-6-J-J	J-J	10.19	6-J	2.21
02082	A-2-2-6-J-K	6-J	9.98	6-K	2.66
02083	A-2-2-6-J-Q	6-Q	10.09	6-Q	2.59
02084	A-2-2-6-K-K	6-K	9.66	6-K	2.38
02085	A-2-2-6-Q-K	6-Q	9.85	6-K	2.42
02086	A-2-2-6-Q-Q	6-Q	9.81	6-Q	2.31
02087	A-2-2-7-7-7	2-2	19.03	2-2	6.95
02088	A-2-2-7-7-8	2-2	16.03	2-2	3.95
02089	A-2-2-7-7-9	2-2	11.68	A-9	1.33
02090	A-2-2-7-7-10	7-7	12.53	2-10	1.41
02091	A-2-2-7-7-J	7-7	12.77	2-J	1.22
02092	A-2-2-7-7-K	7-7	12.53	A-K	1.55
02093	A-2-2-7-7-Q	7-7	12.53	A-Q	1.52
02094	A-2-2-7-8-8	2-2	14.03	A-2	3.23
02095	A-2-2-7-8-9	2-2	12.92	A-2	2.12
02096	A-2-2-7-8-10	7-8	13.15	A-10	1.79
02097	A-2-2-7-8-J	7-8	13.39	A-J	1.58
02098	A-2-2-7-8-K	7-8	13.15	A-K	1.94
02099	A-2-2-7-8-Q	7-8	13.15	A-Q	1.92
02100	A-2-2-7-9-9	9-9	10.17	A-7	0.68

HAND No.	SIX-CARD HAND	DISCARD (DEALER)	EXPECTED AVG. (DEALER)	DISCARD (PONE)	EXPECTED AVG. (PONE)
02101	A-2-2-7-9-10	7-9	10.65	7-9	1.35
02102	A-2-2-7-9-J	7-9	10.89	7-9	1.59
02103	A-2-2-7-9-K	7-9	10.65	7-9	1.35
02104	A-2-2-7-9-Q	7-9	10.65	7-9	1.35
02105	A-2-2-7-10-10	7-10	9.78	7-10	2.22
02106	A-2-2-7-10-J	7-J	10.14	7-10	2.50
02107	A-2-2-7-10-K	7-K	9.85	7-K	2.29
02108	A-2-2-7-10-Q	7-10	9.82	7-10	2.26
02109	A-2-2-7-J-J	7-J	10.33	7-J	2.06
02110	A-2-2-7-J-K	7-J	10.14	7-K	2.53
02111	A-2-2-7-J-Q	7-J	10.14	7-Q	2.48
02112	A-2-2-7-K-K	7-K	9.81	7-K	2.25
02113	A-2-2-7-Q-K	7-K	9.85	7-K	2.29
02114	A-2-2-7-Q-Q	7-Q	9.77	7-Q	2.20
02115	A-2-2-8-8-8	2-2	13.03	A-2	2.18
02116	A-2-2-8-8-9	8-8	10.36	A-9	1.20
02117	A-2-2-8-8-10	8-8	12.05	A-10	1.27
02118	A-2-2-8-8-J	8-8	12.29	A-J	1.05
02119	A-2-2-8-8-K	8-8	12.05	A-K	1.42
02120	A-2-2-8-8-Q	8-8	12.05	A-Q	1.39
02121	A-2-2-8-9-9 ♣	2-2	10.25	A-8	0.71
02122	A-2-2-8-9-10	8-9	11.32	8-9	0.76
02123	A-2-2-8-9-J	8-9	11.56	8-9	1.00
02124	A-2-2-8-9-K	8-9	11.32	9-K	0.89
02125	A-2-2-8-9-Q	8-9	11.32	9-Q	0.80
02126	A-2-2-8-10-10	8-10	10.32	8-10	1.37
02127	A-2-2-8-10-J	8-10	10.60	8-J	1.96
02128	A-2-2-8-10-K	8-10	10.36	8-K	2.35
02129	A-2-2-8-10-Q	8-10	10.36	8-Q	2.24
02130	A-2-2-8-J-J	8-J	10.32	8-J	2.16
02131	A-2-2-8-J-K	8-J	10.13	8-K	2.59
02132	A-2-2-8-J-Q	8-J	10.13	8-Q	2.48
02133	A-2-2-8-K-K	8-K	9.67	8-K	2.31
02134	A-2-2-8-Q-K	8-Q	9.75	8-K	2.35
02135	A-2-2-8-Q-Q	8-Q	9.71	8-Q	2.20
02136	A-2-2-9-9-9	2-2	13.03	A-2	2.18
02137	A-2-2-9-9-10	9-9	11.77	A-10	1.10
02138	A-2-2-9-9-J	9-9	12.01	A-J	0.88
02139	A-2-2-9-9-K	9-9	11.77	A-K	1.25
02140	A-2-2-9-9-Q	9-9	11.77	A-Q	1.22
02141	A-2-2-9-10-10	9-10	10.81	A-9	1.11
02142	A-2-2-9-10-J	2-2	11.29	9-J	1.62
02143	A-2-2-9-10-K	9-10	10.86	9-K	2.54
02144	A-2-2-9-10-Q	9-10	10.86	9-Q	2.45
02145	A-2-2-9-J-J	9-J	10.73	9-J	1.81
02146	A-2-2-9-J-K	9-J	10.53	9-K	2.78
02147	A-2-2-9-J-Q	9-J	10.53	9-Q	2.69
02148	A-2-2-9-K-K	9-K	9.59	9-K	2.50
02149	A-2-2-9-Q-K	9-K	9.64	9-K	2.54
02150	A-2-2-9-Q-Q	Q-Q	9.62	9-Q	2.40

HAND No.	SIX-CARD HAND	DISCARD (DEALER)	EXPECTED AVG. (DEALER)	DISCARD (PONE)	EXPECTED AVG. (PONE)
02151	A-2-2-10-10-10	2-2	13.03	A-2	2.18
02152	A-2-2-10-10-J	10-10	11.51	A-J	0.97
02153	A-2-2-10-10-K	10-10	11.27	10-K	2.60
02154	A-2-2-10-10-Q	10-10	11.27	10-Q	1.88
02155	A-2-2-10-J-J	J-J	11.84	A-10	1.66
02156	A-2-2-10-J-K	10-J	11.15	10-K	2.88
02157	A-2-2-10-J-Q	J-Q	11.33	10-Q	2.16
02158	A-2-2-10-K-K	K-K	11.10	10-K	2.60
02159	A-2-2-10-Q-K	Q-K	9.98	10-K	2.64
02160	A-2-2-10-Q-Q	Q-Q	11.32	10-Q	1.88
02161	A-2-2-J-J-J	2-2	13.75	A-2	2.90
02162	A-2-2-J-J-K	J-J	11.84	J-K	1.97
02163	A-2-2-J-J-Q	J-J	11.84	A-Q	1.79
02164	A-2-2-J-K-K	K-K	11.34	J-K	1.73
02165	A-2-2-J-Q-K	J-Q	11.33	Q-K	2.27
02166	A-2-2-J-Q-Q	Q-Q	11.56	Q-Q	1.05
02167	A-2-2-K-K-K	2-2	13.03	A-2	2.18
02168	A-2-2-Q-K-K	K-K	11.10	Q-K	1.99
02169	A-2-2-Q-Q-K	Q-Q	11.32	Q-K	1.99
02170	A-2-2-Q-Q-Q	2-2	13.03	A-2	2.18
02171	A-2-3-3-3-3	A-2	17.95	A-2	8.66
02172	A-2-3-3-3-4	A-3	16.85	A-3	7.25
02173	A-2-3-3-3-5	3-5	17.77	A-5	5.14
02174	A-2-3-3-3-6	3-6	15.58	3-6	6.89
02175	A-2-3-3-3-7	3-7	15.33	3-7	6.76
02176	A-2-3-3-3-8	3-8	15.71	3-8	6.68
02177	A-2-3-3-3-9	A-2	17.35	A-2	8.05
02178	A-2-3-3-3-10	3-10	15.29	3-10	7.09
02179	A-2-3-3-3-J	3-J	15.63	3-J	6.86
02180	A-2-3-3-3-K	3-K	15.40	3-K	7.24
02181	A-2-3-3-3-Q	3-Q	15.31	3-Q	7.13
02182	A-2-3-3-4-4	A-4	17.77	A-3	6.71
02183	A-2-3-3-4-5	4-5	18.40	A-2	8.75
02184	A-2-3-3-4-6	A-6	16.29	A-6	7.51
02185	A-2-3-3-4-7	A-7	16.34	A-7	7.59
02186	A-2-3-3-4-8	A-8	16.20	A-8	7.58
02187	A-2-3-3-4-9	A-9	15.84	A-9	7.90
02188	A-2-3-3-4-10	A-10	15.86	A-10	7.96
02189	A-2-3-3-4-J	A-J	16.08	A-J	7.75
02190	A-2-3-3-4-K	A-K	15.83	A-K	8.12
02191	A-2-3-3-4-Q	A-Q	15.86	A-Q	8.09
02192	A-2-3-3-5-5	5-5	20.76	A-3	3.47
02193	A-2-3-3-5-6	5-6	18.56	5-6	4.56
02194	A-2-3-3-5-7	5-7	17.93	5-7	4.90
02195	A-2-3-3-5-8	5-8	17.40	5-8	5.60
02196	A-2-3-3-5-9	5-9	17.26	5-9	5.69
02197	A-2-3-3-5-10	5-10	18.53	5-10	4.50
02198	A-2-3-3-5-J	5-J	18.88	5-J	4.06
02199	A-2-3-3-5-K	5-K	18.54	5-K	4.65
02200	A-2-3-3-5-Q	5-Q	18.50	5-Q	4.58

HAND No.	SIX-CARD HAND	DISCARD (DEALER)	EXPECTED AVG. (DEALER)	DISCARD (PONE)	EXPECTED AVG. (PONE)
02201	A-2-3-3-6-6	6-6	17.63	6-6	4.98
02202	A-2-3-3-6-7	6-7	16.83	6-7	5.46
02203	A-2-3-3-6-8	6-8	16.48	6-8	6.00
02204	A-2-3-3-6-9	6-9	16.92	6-9	5.52
02205	A-2-3-3-6-10	6-10	15.01	6-10	7.52
02206	A-2-3-3-6-J	6-J	15.24	6-J	7.27
02207	A-2-3-3-6-K	6-K	14.97	6-K	7.68
02208	A-2-3-3-6-Q	6-Q	15.11	6-Q	7.61
02209	A-2-3-3-7-7	7-7	17.79	7-7	4.76
02210	A-2-3-3-7-8	7-8	18.41	7-8	4.37
02211	A-2-3-3-7-9	7-9	15.82	7-9	6.53
02212	A-2-3-3-7-10	7-10	15.08	7-10	7.52
02213	A-2-3-3-7-J	7-J	15.40	7-J	7.13
02214	A-2-3-3-7-K	7-K	15.11	7-K	7.55
02215	A-2-3-3-7-Q	7-Q	15.07	7-Q	7.50
02216	A-2-3-3-8-8	8-8	17.31	8-8	4.85
02217	A-2-3-3-8-9	8-9	16.49	8-9	5.94
02218	A-2-3-3-8-10	8-10	15.62	8-10	6.67
02219	A-2-3-3-8-J	8-J	15.39	8-J	7.22
02220	A-2-3-3-8-K	8-K	14.98	8-K	7.61
02221	A-2-3-3-8-Q	8-Q	15.01	8-Q	7.50
02222	A-2-3-3-9-9	9-9	16.86	9-9	5.28
02223	A-2-3-3-9-10	9-10	16.03	9-10	6.33
02224	A-2-3-3-9-J	9-J	15.70	9-J	6.79
02225	A-2-3-3-9-K	9-K	14.81	9-K	7.71
02226	A-2-3-3-9-Q	9-Q	14.73	9-Q	7.62
02227	A-2-3-3-10-10	10-10	16.54	10-10	5.69
02228	A-2-3-3-10-J	10-J	16.41	10-J	6.14
02229	A-2-3-3-10-K	10-K	14.62	10-K	7.90
02230	A-2-3-3-10-Q	10-Q	15.09	10-Q	7.18
02231	A-2-3-3-J-J	J-J	17.10	J-J	5.50
02232	A-2-3-3-J-K	J-K	15.75	J-K	7.04
02233	A-2-3-3-J-Q	J-Q	16.59	J-Q	6.32
02234	A-2-3-3-K-K	K-K	16.36	K-K	6.14
02235	A-2-3-3-Q-K	Q-K	15.24	Q-K	7.29
02236	A-2-3-3-Q-Q	Q-Q	16.58	Q-Q	6.07
02237	A-2-3-4-4-4	A-4	17.19	A-4	6.07
02238	A-2-3-4-4-5	A-5	17.32	A-2	6.79
02239	A-2-3-4-4-6	A-6	15.73	A-6	6.94
02240	A-2-3-4-4-7	A-7	15.77	A-7	7.03
02241	A-2-3-4-4-8	A-8	15.64	A-8	7.02
02242	A-2-3-4-4-9	A-9	15.27	A-9	7.33
02243	A-2-3-4-4-10	2-3	15.61	A-10	7.44
02244	A-2-3-4-4-J	2-3	15.85	A-J	7.23
02245	A-2-3-4-4-K	2-3	15.61	A-K	7.60
02246	A-2-3-4-4-Q	2-3	15.61	A-Q	7.57
02247	A-2-3-4-5-5	5-5	16.94	A-2	7.44
02248	A-2-3-4-5-6	2-3	15.96	A-2	4.77
02249	A-2-3-4-5-7	5-7	14.17	A-7	3.74
02250	A-2-3-4-5-8	A-5	13.69	A-8	3.73

HAND No.	SIX CARD HAND	DISCARD (DEALER)	EXPECTED AVG. (DEALER)	DISCARD (PONE)	EXPECTED AVG. (PONE)
02251	A-2-3-4-5-9	4-5	14.44	A-9	4.09
02252	A-2-3-4-5-10	5-10	14.77	A-10	4.12
02253	A-2-3-4-5-J	5-J	15.12	A-J	3.90
02254	A-2-3-4-5-K	5-K	14.78	A-K	4.27
02255	A-2-3-4-5-Q	5-Q	14.74	A-Q	4.24
02256	A-2-3-4-6-6	6-6	13.94	A-6	3.51
02257	A-2-3-4-6-7	6-7	13.14	A-7	3.63
02258	A-2-3-4-6-8	6-8	12.75	A-8	3.67
02259	A-2-3-4-6-9	6-9	13.27	A-9	3.94
02260	A-2-3-4-6-10	A-10	11.95	A-10	4.05
02261	A-2-3-4-6-J	A-J	12.16	A-J	3.84
02262	A-2-3-4-6-K	A-K	11.92	A-K	4.20
02263	A-2-3-4-6-Q	A-Q	11.95	A-Q	4.18
02264	A-2-3-4-7-7	7-7	14.09	A-7	1.59
02265	A-2-3-4-7-8	7-8	14.67	A-7	3.37
02266	A-2-3-4-7-9	7-9	12.17	A-7	3.24
02267	A-2-3-4-7-10	A-7	11.86	7-10	3.83
02268	A-2-3-4-7-J	A-7	12.10	7-J	3.43
02269	A-2-3-4-7-K	A-7	11.86	7-K	3.86
02270	A-2-3-4-7-Q	A-7	11.86	7-Q	3.81
02271	A-2-3-4-8-8	8-8	13.53	A-8	3.36
02272	A-2-3-4-8-9	8-9	12.79	A-9	3.72
02273	A-2-3-4-8-10	8-10	11.88	A-10	3.79
02274	A-2-3-4-8-J	A-8	11.96	A-J	3.58
02275	A-2-3-4-8-K	A-8	11.72	A-K	3.94
02276	A-2-3-4-8-Q	A-8	11.72	A-Q	3.92
02277	A-2-3-4-9-9	9-9	13.25	A-9	3.51
02278	A-2-3-4-9-10	9-10	12.38	A-10	3.62
02279	A-2-3-4-9-J	9-J	12.05	A-9	3.66
02280	A-2-3-4-9-K	4-K	11.55	9-K	4.06
02281	A-2-3-4-9-Q	4-Q	11.54	9-Q	3.97
02282	A-2-3-4-10-10	2-3	14.92	A-10	3.44
02283	A-2-3-4-10-J	2-3	13.76	A-10	3.73
02284	A-2-3-4-10-K	2-3	13.00	10-K	4.21
02285	A-2-3-4-10-Q	2-3	13.26	A-Q	3.61
02286	A-2-3-4-J-J	2-3	15.39	A-J	3.47
02287	A-2-3-4-J-K	2-3	13.50	A-K	3.88
02288	A-2-3-4-J-Q	2-3	13.76	A-Q	3.85
02289	A-2-3-4-K-K	2-3	14.92	A-K	3.60
02290	A-2-3-4-Q-K	2-3	13.26	A-K	3.64
02291	A-2-3-4-Q-Q	2-3	14.92	A-Q	3.57
02292	A-2-3-5-5-5	2-3	18.52	A-2	7.10
02293	A-2-3-5-5-6	5-5	15.04	A-6	3.70
02294	A-2-3-5-5-7	5-5	14.96	A-2	4.79
02295	A-2-3-5-5-8	5-5	15.04	A-3	3.75
02296	A-2-3-5-5-9	5-5	16.78	A-9	4.09
02297	A-2-3-5-5-10	5-5	16.61	A-10	4.03
02298	A-2-3-5-5-J	5-5	16.85	A-2	4.21
02299	A-2-3-5-5-K	5-5	16.61	A-K	4.18
02300	A-2-3-5-5-Q	5-5	16.61	A-Q	4.16

HAND No.	SIX-CARD HAND	DISCARD (DEALER)	EXPECTED AVG. (DEALER)	DISCARD (PONE)	EXPECTED AVG. (PONE)
02301	A-2-3-5-6-6 ♣	2-3	12.92	A-2	2.71
02302	A-2-3-5-6-7 ♣	2-3	13.63	A-3	3.38
02303	A-2-3-5-6-8	5-6	12.89	6-8	1.07
02304	A-2-3-5-6-9	5-6	14.63	2-9	0.73
02305	A-2-3-5-6-10	5-6	14.50	6-10	2.58
02306	A-2-3-5-6-J	5-6	14.73	A-6	2.55
02307	A-2-3-5-6-K	5-6	14.50	6-K	2.75
02308	A-2-3-5-6-Q	5-6	14.50	6-Q	2.68
02309	A-2-3-5-7-7	2-3	14.00	A-2	3.92
02310	A-2-3-5-7-8	7-8	13.43	A-2	1.97
02311	A-2-3-5-7-9	5-7	14.04	7-9	1.59
02312	A-2-3-5-7-10	5-7	13.86	7-10	2.54
02313	A-2-3-5-7-J	5-7	14.10	A-7	2.55
02314	A-2-3-5-7-K	5-7	13.86	7-K	2.57
02315	A-2-3-5-7-Q	5-7	13.86	7-Q	2.52
02316	A-2-3-5-8-8	A-3	12.61	A-3	3.01
02317	A-2-3-5-8-9	5-8	13.50	5-8	1.71
02318	A-2-3-5-8-10	5-8	13.33	A-8	2.34
02319	A-2-3-5-8-J	5-8	13.57	A-8	2.58
02320	A-2-3-5-8-K	5-8	13.33	8-K	2.68
02321	A-2-3-5-8-Q	5-8	13.33	8-Q	2.57
02322	A-2-3-5-9-9	2-3	15.09	5-9	1.80
02323	A-2-3-5-9-10	5-10	14.64	A-9	2.70
02324	A-2-3-5-9-J	5-J	14.99	A-9	2.94
02325	A-2-3-5-9-K	5-K	14.65	9-K	2.82
02326	A-2-3-5-9-Q	5-Q	14.61	9-Q	2.73
02327	A-2-3-5-10-10	2-3	14.83	A-2	2.92
02328	A-2-3-5-10-J	5-J	14.81	A-10	2.92
02329	A-2-3-5-10-K	5-K	14.48	10-K	2.97
02330	A-2-3-5-10-Q	5-10	14.46	A-Q	2.81
02331	A-2-3-5-J-J	2-3	15.31	A-2	3.40
02332	A-2-3-5-J-K	5-J	14.81	A-K	3.07
02333	A-2-3-5-J-Q	5-J	14.81	A-Q	3.05
02334	A-2-3-5-K-K	2-3	14.83	A-2	2.92
02335	A-2-3-5-Q-K	5-K	14.48	A-K	2.83
02336	A-2-3-5-Q-Q	2-3	14.83	A-2	2.92
02337	A-2-3-6-6-6	A-2	17.52	A-2	8.23
02338	A-2-3-6-6-7	A-3	13.39	A-3	3.79
02339	A-2-3-6-6-8	2-3	15.35	A-8	2.21
02340	A-2-3-6-6-9	2-3	14.57	A-2	4.14
02341	A-2-3-6-6-10	6-6	13.66	A-10	2.55
02342	A-2-3-6-6-J	6-6	13.90	A-J	2.34
02343	A-2-3-6-6-K	6-6	13.66	A-K	2.70
02344	A-2-3-6-6-Q	6-6	13.66	A-Q	2.68
02345	A-2-3-6-7-7	2-3	14.00	A-3	3.66
02346	A-2-3-6-7-8 ♣	2-3	16.50	A-3	4.34
02347	A-2-3-6-7-9	6-7	12.99	6-7	1.61
02348	A-2-3-6-7-10	6-7	12.86	7-10	1.93
02349	A-2-3-6-7-J	6-7	13.10	6-7	1.72
02350	A-2-3-6-7-K	6-7	12.86	6-K	2.10

HAND No.	SIX-CARD HAND	DISCARD (DEALER)	EXPECTED AVG. (DEALER)	DISCARD (PONE)	EXPECTED AVG. (PONE)
02351	A-2-3-6-7-Q	6-7	12.86	6-Q	2.03
02352	A-2-3-6-8-8	2-3	15.09	2-3	0.71
02353	A-2-3-6-8-9	2-3	13.13	6-8	2.15
02354	A-2-3-6-8-10	6-8	12.51	6-8	2.02
02355	A-2-3-6-8-J	6-8	12.75	6-8	2.26
02356	A-2-3-6-8-K	6-8	12.51	6-K	2.10
02357	A-2-3-6-8-Q	6-8	12.51	6-Q	2.03
02358	A-2-3-6-9-9	2-3	14.31	A-3	2.23
02359	A-2-3-6-9-10	6-9	12.99	6-10	3.67
02360	A-2-3-6-9-J	6-9	13.22	6-J	3.43
02361	A-2-3-6-9-K	6-9	12.99	6-K	3.84
02362	A-2-3-6-9-Q	6-9	12.99	6-Q	3.77
02363	A-2-3-6-10-10	A-6	12.23	6-10	3.49
02364	A-2-3-6-10-J	6-10	11.27	6-10	3.78
02365	A-2-3-6-10-K	6-10	11.03	6-K	3.71
02366	A-2-3-6-10-Q	6-Q	11.13	6-Q	3.64
02367	A-2-3-6-J-J	A-6	12.71	A-6	3.92
02368	A-2-3-6-J-K	6-J	11.26	6-K	3.94
02369	A-2-3-6-J-Q	6-Q	11.37	6-Q	3.87
02370	A-2-3-6-K-K	A-6	12.23	6-K	3.66
02371	A-2-3-6-Q-K	6-Q	11.13	6-K	3.71
02372	A-2-3-6-Q-Q	A-6	12.23	6-Q	3.59
02373	A-2-3-7-7-7	2-3	20.31	2-3	5.93
02374	A-2-3-7-7-8	2-3	17.31	A-3	3.40
02375	A-2-3-7-7-9	7-7	13.98	2-9	1.26
02376	A-2-3-7-7-10	7-7	13.81	7-10	1.89
02377	A-2-3-7-7-J	7-7	14.05	7-J	1.50
02378	A-2-3-7-7-K	7-7	13.81	7-K	1.92
02379	A-2-3-7-7-Q	7-7	13.81	7-Q	1.87
02380	A-2-3-7-8-8	2-3	15.31	A-3	3.27
02381	A-2-3-7-8-9 ♣	7-8	14.60	A-3	2.16
02382	A-2-3-7-8-10	7-8	14.43	7-10	1.93
02383	A-2-3-7-8-J	7-8	14.67	8-J	1.63
02384	A-2-3-7-8-K	7-8	14.43	8-K	2.02
02385	A-2-3-7-8-Q	7-8	14.43	8-Q	1.92
02386	A-2-3-7-9-9	7-9	12.02	7-9	2.72
02387	A-2-3-7-9-10	7-9	11.89	7-10	3.72
02388	A-2-3-7-9-J	7-9	12.13	7-J	3.32
02389	A-2-3-7-9-K	7-9	11.89	7-K	3.75
02390	A-2-3-7-9-Q	7-9	11.89	7-Q	3.70
02391	A-2-3-7-10-10	A-7	12.23	7-10	3.50
02392	A-2-3-7-10-J	7-J	11.42	7-10	3.78
02393	A-2-3-7-10-K	7-K	11.13	7-K	3.57
02394	A-2-3-7-10-Q	7-10	11.10	7-10	3.54
02395	A-2-3-7-J-J	A-7	12.71	A-7	3.96
02396	A-2-3-7-J-K	7-J	11.42	7-K	3.81
02397	A-2-3-7-J-Q	7-J	11.42	7-Q	3.76
02398	A-2-3-7-K-K	A-7	12.23	7-K	3.53
02399	A-2-3-7-Q-K	7-K	11.13	7-K	3.57
02400	A-2-3-7-Q-Q	A-7	12.23	A-7	3.48

HAND No.	SIX-CARD HAND	DISCARD (DEALER)	EXPECTED AVG. (DEALER)	DISCARD (PONE)	EXPECTED AVG. (PONE)
02401	A-2-3-8-8-8	2-3	14.31	A-3	2.23
02402	A-2-3-8-8-9	8-8	13.51	8-8	1.04
02403	A-2-3-8-8-10	8-8	13.33	8-10	1.09
02404	A-2-3-8-8-J	8-8	13.57	8-J	1.63
02405	A-2-3-8-8-K	8-8	13.33	8-K	2.02
02406	A-2-3-8-8-Q	8-8	13.33	8-Q	1.92
02407	A-2-3-8-9-9	8-9	12.69	8-9	2.13
02408	A-2-3-8-9-10 ❖	8-9	12.56	8-10	2.87
02409	A-2-3-8-9-J	8-9	12.79	8-J	3.42
02410	A-2-3-8-9-K	8-9	12.56	8-K	3.81
02411	A-2-3-8-9-Q	8-9	12.56	8-Q	3.70
02412	A-2-3-8-10-10	A-8	12.14	A-8	3.52
02413	A-2-3-8-10-J	8-10	11.88	8-J	3.24
02414	A-2-3-8-10-K	8-10	11.64	8-K	3.63
02415	A-2-3-8-10-Q	8-10	11.64	8-Q	3.53
02416	A-2-3-8-J-J	A-8	12.62	A-8	4.00
02417	A-2-3-8-J-K	8-J	11.41	8-K	3.87
02418	A-2-3-8-J-Q	8-J	11.41	8-Q	3.76
02419	A-2-3-8-K-K	A-8	12.14	8-K	3.59
02420	A-2-3-8-Q-K	8-Q	11.03	8-K	3.63
02421	A-2-3-8-Q-Q	A-8	12.14	A-8	3.52
02422	A-2-3-9-9-9	2-3	14.31	A-3	2.23
02423	A-2-3-9-9-10	9-9	12.97	9-10	2.52
02424	A-2-3-9-9-J	9-9	13.21	9-J	2.98
02425	A-2-3-9-9-K	9-9	12.97	9-K	3.91
02426	A-2-3-9-9-Q	9-9	12.97	9-Q	3.82
02427	A-2-3-9-10-10	10-10	12.73	A-9	3.83
02428	A-2-3-9-10-J ❖	10-J	12.61	9-J	2.85
02429	A-2-3-9-10-K	9-10	12.09	10-K	4.10
02430	A-2-3-9-10-Q	9-10	12.09	9-Q	3.69
02431	A-2-3-9-J-J	J-J	13.30	A-9	4.31
02432	A-2-3-9-J-K	J-K	11.94	9-K	4.02
02433	A-2-3-9-J-Q	J-Q	12.79	9-Q	3.93
02434	A-2-3-9-K-K	K-K	12.55	A-9	3.83
02435	A-2-3-9-Q-K	Q-K	11.44	9-K	3.78
02436	A-2-3-9-Q-Q	Q-Q	12.77	A-9	3.83
02437	A-2-3-10-10-10	2-3	14.31	A-10	3.77
02438	A-2-3-10-10-J	10-10	12.80	A-J	3.64
02439	A-2-3-10-10-K	10-10	12.56	A-K	4.01
02440	A-2-3-10-10-Q	10-10	12.56	A-Q	3.98
02441	A-2-3-10-J-J	J-J	13.12	A-10	4.33
02442	A-2-3-10-J-K	10-J	12.43	10-K	4.16
02443	A-2-3-10-J-Q ❖	J-Q	12.61	10-Q	3.44
02444	A-2-3-10-K-K	K-K	12.38	10-K	3.88
02445	A-2-3-10-Q-K	Q-K	11.26	10-K	3.92
02446	A-2-3-10-Q-Q	Q-Q	12.60	A-10	3.86
02447	A-2-3-J-J-J	2-3	15.02	A-J	4.03
02448	A-2-3-J-J-K	J-J	13.12	A-K	4.49
02449	A-2-3-J-J-Q	J-J	13.12	A-Q	4.46
02450	A-2-3-J-K-K	K-K	12.62	A-J	3.64

HAND No.	SIX-CARD HAND	DISCARD (DEALER)	EXPECTED AVG. (DEALER)	DISCARD (PONE)	EXPECTED AVG. (PONE)
02451	A-2-3-J-Q-K ❖	J-Q	12.61	Q-K	3.55
02452	A-2-3-J-Q-Q	Q-Q	12.84	A-J	3.64
02453	A-2-3-K-K-K	2-3	14.31	A-K	3.92
02454	A-2-3-Q-K-K	K-K	12.38	A-Q	3.98
02455	A-2-3-Q-Q-K	Q-Q	12.60	A-K	4.01
02456	A-2-3-Q-Q-Q	2-3	14.31	A-Q	3.89
02457	A-2-4-4-4-4	A-2	17.95	A-2	8.66
02458	A-2-4-4-4-5	2-5	15.15	A-2	5.05
02459	A-2-4-4-4-6	2-6	13.50	2-6	4.59
02460	A-2-4-4-4-7	A-2	17.35	A-2	8.05
02461	A-2-4-4-4-8	2-8	13.36	2-8	4.75
02462	A-2-4-4-4-9	2-9	13.43	2-9	4.97
02463	A-2-4-4-4-10	2-10	13.13	2-10	4.97
02464	A-2-4-4-4-J	2-J	13.44	2-J	4.78
02465	A-2-4-4-4-K	2-K	13.10	2-K	5.11
02466	A-2-4-4-4-Q	2-Q	13.18	2-Q	5.01
02467	A-2-4-4-5-5	5-5	14.54	A-2	4.23
02468	A-2-4-4-5-6	A-2	19.82	A-2	10.53
02469	A-2-4-4-5-7	2-5	12.41	A-7	2.90
02470	A-2-4-4-5-8	A-8	11.55	A-8	2.93
02471	A-2-4-4-5-9	A-5	13.50	A-9	3.20
02472	A-2-4-4-5-10	2-5	14.02	A-10	3.31
02473	A-2-4-4-5-J	2-5	14.26	A-J	3.10
02474	A-2-4-4-5-K	2-5	14.02	A-K	3.47
02475	A-2-4-4-5-Q	2-5	14.02	A-Q	3.44
02476	A-2-4-4-6-6	4-4	11.98	2-6	2.59
02477	A-2-4-4-6-7	2-7	11.41	2-7	2.64
02478	A-2-4-4-6-8	2-8	11.27	2-8	2.67
02479	A-2-4-4-6-9	A-6	11.90	A-6	3.12
02480	A-2-4-4-6-10	2-6	12.50	2-6	3.59
02481	A-2-4-4-6-J	2-6	12.74	2-6	3.83
02482	A-2-4-4-6-K	2-6	12.50	2-6	3.59
02483	A-2-4-4-6-Q	2-6	12.50	2-6	3.59
02484	A-2-4-4-7-7	A-2	13.48	A-2	4.18
02485	A-2-4-4-7-8	7-8	12.23	A-2	2.79
02486	A-2-4-4-7-9	A-7	11.90	A-7	3.16
02487	A-2-4-4-7-10	2-7	12.37	2-7	3.59
02488	A-2-4-4-7-J	2-7	12.60	2-7	3.83
02489	A-2-4-4-7-K	2-7	12.37	2-7	3.59
02490	A-2-4-4-7-Q	2-7	12.37	2-7	3.59
02491	A-2-4-4-8-8	8-8	11.09	A-2	0.49
02492	A-2-4-4-8-9	A-8	11.85	A-8	3.23
02493	A-2-4-4-8-10	2-8	12.27	2-8	3.67
02494	A-2-4-4-8-J	2-8	12.51	2-8	3.91
02495	A-2-4-4-8-K	2-8	12.27	2-8	3.67
02496	A-2-4-4-8-Q	2-8	12.27	2-8	3.67
02497	A-2-4-4-9-9	A-4	12.95	A-9	3.42
02498	A-2-4-4-9-10	2-9	12.35	2-9	3.89
02499	A-2-4-4-9-J	2-9	12.59	2-9	4.13
02500	A-2-4-4-9-K	2-9	12.35	2-9	3.89

HAND No.	SIX-CARD HAND	DISCARD (DEALER)	EXPECTED AVG. (DEALER)	DISCARD (PONE)	EXPECTED AVG. (PONE)
02501	A-2-4-4-9-Q	2-9	12.35	2-9	3.89
02502	A-2-4-4-10-10	2-4	12.30	2-10	3.89
02503	A-2-4-4-10-J	2-J	12.39	2-10	4.17
02504	A-2-4-4-10-K	2-10	12.09	2-K	4.06
02505	A-2-4-4-10-Q	2-Q	12.14	2-Q	3.96
02506	A-2-4-4-J-J	2-4	12.78	2-J	3.93
02507	A-2-4-4-J-K	2-J	12.39	2-K	4.30
02508	A-2-4-4-J-Q	2-J	12.39	2-Q	4.20
02509	A-2-4-4-K-K	2-4	12.30	2-K	4.02
02510	A-2-4-4-Q-K	2-Q	12.14	2-K	4.06
02511	A-2-4-4-Q-Q	2-4	12.30	2-Q	3.92
02512	A-2-4-5-5-5	A-2	17.17	A-2	7.88
02513	A-2-4-5-5-6	A-2	20.30	A-2	11.01
02514	A-2-4-5-5-7	2-7	12.58	2-7	3.81
02515	A-2-4-5-5-8	A-4	14.29	2-8	3.84
02516	A-2-4-5-5-9	5-5	13.50	2-9	3.97
02517	A-2-4-5-5-10	A-4	14.03	A-2	4.49
02518	A-2-4-5-5-J	A-4	14.27	A-2	4.73
02519	A-2-4-5-5-K	A-4	14.03	A-2	4.49
02520	A-2-4-5-5-Q	A-4	14.03	A-2	4.49
02521	A-2-4-5-6-6	A-2	19.74	A-2	10.44
02522	A-2-4-5-6-7	A-4	13.86	A-2	4.53
02523	A-2-4-5-6-8	2-8	12.64	2-8	4.04
02524	A-2-4-5-6-9	A-2	14.11	A-2	4.81
02525	A-2-4-5-6-10	A-2	13.98	A-2	4.68
02526	A-2-4-5-6-J	A-2	14.22	A-2	4.92
02527	A-2-4-5-6-K	A-2	13.98	A-2	4.68
02528	A-2-4-5-6-Q	A-2	13.98	A-2	4.68
02529	A-2-4-5-7-7	4-5	12.44	2-4	1.77
02530	A-2-4-5-7-8	A-4	12.38	A-4	1.26
02531	A-2-4-5-7-9	5-7	10.75	2-7	0.59
02532	A-2-4-5-7-10	2-7	11.02	2-7	2.24
02533	A-2-4-5-7-J	2-7	11.26	2-7	2.48
02534	A-2-4-5-7-K	2-7	11.02	2-7	2.24
02535	A-2-4-5-7-Q	2-7	11.02	2-7	2.24
02536	A-2-4-5-8-8	A-4	13.51	A-4	2.39
02537	A-2-4-5-8-9	5-9	10.30	2-8	0.62
02538	A-2-4-5-8-10	A-4	11.73	2-8	2.27
02539	A-2-4-5-8-J	5-J	11.88	2-8	2.51
02540	A-2-4-5-8-K ♣	5-K	11.54	2-8	2.27
02541	A-2-4-5-8-Q ♣	5-Q	11.50	2-8	2.27
02542	A-2-4-5-9-9	A-5	13.10	2-4	2.77
02543	A-2-4-5-9-10	5-10	11.36	2-9	2.45
02544	A-2-4-5-9-J	5-J	11.70	2-9	2.69
02545	A-2-4-5-9-K	5-K	11.37	2-9	2.45
02546	A-2-4-5-9-Q	5-Q	11.33	2-9	2.45
02547	A-2-4-5-10-10	2-5	13.28	A-2	3.18
02548	A-2-4-5-10-J	2-5	12.13	2-10	2.78
02549	A-2-4-5-10-K	2-5	11.37	2-K	2.67
02550	A-2-4-5-10-Q	2-5	11.63	2-Q	2.57

HAND No.	SIX-CARD HAND	DISCARD (DEALER)	EXPECTED AVG. (DEALER)	DISCARD (PONE)	EXPECTED AVG. (PONE)
02551	A-2-4-5-J-J	2-5	13.76	A-2	3.66
02552	A-2-4-5-J-K	2-5	11.87	2-K	2.91
02553	A-2-4-5-J-Q	2-5	12.13	2-Q	2.81
02554	A-2-4-5-K-K	2-5	13.28	A-2	3.18
02555	A-2-4-5-Q-K	2-5	11.63	2-K	2.67
02556	A-2-4-5-Q-Q	2-5	13.28	A-2	3.18
02557	A-2-4-6-6-6	A-4	13.64	A-2	3.53
02558	A-2-4-6-6-7	A-4	14.34	A-4	3.22
02559	A-2-4-6-6-8	2-4	12.91	2-4	3.07
02560	A-2-4-6-6-9	A-4	12.99	A-2	2.88
02561	A-2-4-6-6-10	6-6	10.37	4-10	1.81
02562	A-2-4-6-6-J	6-6	10.61	4-J	1.48
02563	A-2-4-6-6-K	6-6	10.37	4-K	1.99
02564	A-2-4-6-6-Q	6-6	10.37	4-Q	1.89
02565	A-2-4-6-7-7	A-4	14.16	A-4	3.04
02566	A-2-4-6-7-8	A-4	14.84	2-4	4.18
02567	A-2-4-6-7-9	A-4	11.51	A-7	1.29
02568	A-2-4-6-7-10	6-7	9.57	A-10	0.44
02569	A-2-4-6-7-J	6-7	9.81	A-J	0.23
02570	A-2-4-6-7-K	6-7	9.57	A-K	0.60
02571	A-2-4-6-7-Q	6-7	9.57	A-Q	0.57
02572	A-2-4-6-8-8	2-4	12.60	2-4	2.77
02573	A-2-4-6-8-9	2-4	10.65	A-8	1.36
02574	A-2-4-6-8-10	6-8	9.18	6-10	0.56
02575	A-2-4-6-8-J	6-8	9.42	6-J	0.32
02576	A-2-4-6-8-K	6-8	9.18	6-K	0.73
02577	A-2-4-6-8-Q	6-8	9.18	6-Q	0.66
02578	A-2-4-6-9-9	A-4	12.64	A-6	2.64
02579	A-2-4-6-9-10	6-9	9.70	A-10	1.75
02580	A-2-4-6-9-J	6-9	9.94	A-J	1.53
02581	A-2-4-6-9-K	6-9	9.70	A-K	1.90
02582	A-2-4-6-9-Q	6-9	9.70	A-Q	1.87
02583	A-2-4-6-10-10	2-6	11.85	2-6	2.94
02584	A-2-4-6-10-J	2-6	10.70	2-6	1.79
02585	A-2-4-6-10-K	2-6	9.94	2-6	1.03
02586	A-2-4-6-10-Q	2-6	10.20	2-6	1.29
02587	A-2-4-6-J-J	2-6	12.33	2-6	3.42
02588	A-2-4-6-J-K	2-6	10.44	2-6	1.53
02589	A-2-4-6-J-Q	2-6	10.70	2-6	1.79
02590	A-2-4-6-K-K	2-6	11.85	2-6	2.94
02591	A-2-4-6-Q-K	2-6	10.20	2-6	1.29
02592	A-2-4-6-Q-Q	2-6	11.85	2-6	2.94
02593	A-2-4-7-7-7	2-4	17.82	2-4	7.98
02594	A-2-4-7-7-8	2-4	14.82	2-4	4.98
02595	A-2-4-7-7-9	7-7	10.70	2-9	1.67
02596	A-2-4-7-7-10	7-7	10.53	2-10	1.76
02597	A-2-4-7-7-J	7-7	10.77	2-J	1.57
02598	A-2-4-7-7-K	7-7	10.53	2-K	1.89
02599	A-2-4-7-7-Q	7-7	10.53	2-Q	1.79
02600	A-2-4-7-8-8	A-4	13.77	A-2	3.23

HAND No.	SIX-CARD HAND	DISCARD (DEALER)	EXPECTED AVG. (DEALER)	DISCARD (PONE)	EXPECTED AVG. (PONE)
02601	A-2-4-7-8-9	A-4	12.62	A-2	2.07
02602	A-2-4-7-8-10	7-8	11.10	7-10	0.56
02603	A-2-4-7-8-J	7-8	11.34	7-J	0.17
02604	A-2-4-7-8-K	7-8	11.10	7-K	0.59
02605	A-2-4-7-8-Q	7-8	11.10	7-Q	0.54
02606	A-2-4-7-9-9	A-7	11.51	A-7	2.76
02607	A-2-4-7-9-10	7-9	8.61	7-10	0.43
02608	A-2-4-7-9-J	7-9	8.84	7-J	0.04
02609	A-2-4-7-9-K	7-9	8.61	7-K	0.46
02610	A-2-4-7-9-Q	7-9	8.61	7-Q	0.41
02611	A-2-4-7-10-10	2-7	11.71	2-7	2.94
02612	A-2-4-7-10-J	2-7	10.56	2-7	1.79
02613	A-2-4-7-10-K	2-7	9.80	2-7	1.03
02614	A-2-4-7-10-Q	2-7	10.06	2-7	1.29
02615	A-2-4-7-J-J	2-7	12.19	2-7	3.42
02616	A-2-4-7-J-K	2-7	10.30	2-7	1.53
02617	A-2-4-7-J-Q	2-7	10.56	2-7	1.79
02618	A-2-4-7-K-K	2-7	11.71	2-7	2.94
02619	A-2-4-7-Q-K	2-7	10.06	2-7	1.29
02620	A-2-4-7-Q-Q	2-7	11.71	2-7	2.94
02621	A-2-4-8-8-8	A-4	12.73	A-2	2.23
02622	A-2-4-8-8-9	8-8	10.14	2-9	-0.29
02623	A-2-4-8-8-10	8-8	9.96	2-10	-0.20
02624	A-2-4-8-8-J	8-8	10.20	8-J	0.22
02625	A-2-4-8-8-K	8-8	9.96	8-K	0.61
02626	A-2-4-8-8-Q	8-8	9.96	8-Q	0.50
02627	A-2-4-8-9-9	A-8	11.42	A-8	2.80
02628	A-2-4-8-9-10	A-4	10.71	A-2	0.16
02629	A-2-4-8-9-J	8-9	9.47	8-J	0.09
02630	A-2-4-8-9-K	8-9	9.23	9-K	0.84
02631	A-2-4-8-9-Q	8-9	9.23	9-Q	0.75
02632	A-2-4-8-10-10	2-8	11.58	2-8	2.97
02633	A-2-4-8-10-J	2-8	10.43	2-8	1.82
02634	A-2-4-8-10-K	2-8	9.67	2-8	1.06
02635	A-2-4-8-10-Q	2-8	9.93	2-8	1.32
02636	A-2-4-8-J-J	2-8	12.06	2-8	3.45
02637	A-2-4-8-J-K	2-8	10.17	2-8	1.56
02638	A-2-4-8-J-Q	2-8	10.43	2-8	1.82
02639	A-2-4-8-K-K	2-8	11.58	2-8	2.97
02640	A-2-4-8-Q-K	2-8	9.93	2-8	1.32
02641	A-2-4-8-Q-Q	2-8	11.58	2-8	2.97
02642	A-2-4-9-9-9	A-4	12.60	A-9	2.98
02643	A-2-4-9-9-10	A-10	11.08	A-10	3.18
02644	A-2-4-9-9-J	A-J	11.29	A-J	2.97
02645	A-2-4-9-9-K	A-K	11.05	A-K	3.33
02646	A-2-4-9-9-Q	A-Q	11.08	A-Q	3.31
02647	A-2-4-9-10-10	2-9	11.65	2-9	3.19
02648	A-2-4-9-10-J	A-4	10.95	2-9	1.97
02649	A-2-4-9-10-K	2-9	9.74	2-9	1.28
02650	A-2-4-9-10-Q	2-9	10.00	2-9	1.54

HAND No.	SIX-CARD HAND	DISCARD (DEALER)	EXPECTED AVG. (DEALER)	DISCARD (PONE)	EXPECTED AVG. (PONE)
02651	A-2-4-9-J-J	2-9	12.13	2-9	3.67
02652	A-2-4-9-J-K	2-9	10.24	2-9	1.78
02653	A-2-4-9-J-Q	2-9	10.50	2-9	2.04
02654	A-2-4-9-K-K	2-9	11.65	2-9	3.19
02655	A-2-4-9-Q-K	2-9	10.00	2-9	1.54
02656	A-2-4-9-Q-Q	2-9	11.65	2-9	3.19
02657	A-2-4-10-10-10	A-4	12.73	2-10	3.19
02658	A-2-4-10-10-J	2-J	11.74	2-J	3.09
02659	A-2-4-10-10-K	2-K	11.40	2-K	3.41
02660	A-2-4-10-10-Q	2-Q	11.48	2-Q	3.31
02661	A-2-4-10-J-J	2-10	11.92	2-10	3.76
02662	A-2-4-10-J-K	2-K	10.25	2-K	2.26
02663	A-2-4-10-J-Q	A-4	10.99	2-Q	2.09
02664	A-2-4-10-K-K	2-10	11.44	2-10	3.28
02665	A-2-4-10-Q-K	2-10	9.78	2-K	1.76
02666	A-2-4-10-Q-Q	2-10	11.44	2-10	3.28
02667	A-2-4-J-J-J	A-4	13.45	2-J	3.48
02668	A-2-4-J-J-K	2-K	11.88	2-K	3.89
02669	A-2-4-J-J-Q	2-Q	11.96	2-Q	3.79
02670	A-2-4-J-K-K	2-J	11.74	2-J	3.09
02671	A-2-4-J-Q-K	A-4	10.90	2-K	2.19
02672	A-2-4-J-Q-Q	2-J	11.74	2-J	3.09
02673	A-2-4-K-K-K	A-4	12.73	2-K	3.33
02674	A-2-4-Q-K-K	2-Q	11.48	2-Q	3.31
02675	A-2-4-Q-Q-K	2-K	11.40	2-K	3.41
02676	A-2-4-Q-Q-Q	A-4	12.73	2-Q	3.22
02677	A-2-5-5-5-5 ★	A-2	27.00	A-2	17.71
02678	A-2-5-5-5-6	A-2	16.95	A-2	7.66
02679	A-2-5-5-5-7	A-2	16.17	A-2	6.88
02680	A-2-5-5-5-8	A-2	15.26	2-8	6.58
02681	A-2-5-5-5-9	A-2	15.26	A-9	6.98
02682	A-2-5-5-5-10	A-2	20.61	A-2	11.31
02683	A-2-5-5-5-J	A-2	20.85	A-2	11.55
02684	A-2-5-5-5-K	A-2	20.61	A-2	11.31
02685	A-2-5-5-5-Q	A-2	20.61	A-2	11.31
02686	A-2-5-5-6-6	5-5	15.15	A-2	4.05
02687	A-2-5-5-6-7	A-2	16.56	A-2	7.27
02688	A-2-5-5-6-8	5-5	13.15	A-6	3.94
02689	A-2-5-5-6-9	2-6	12.76	2-6	3.85
02690	A-2-5-5-6-10	A-2	13.69	A-2	4.40
02691	A-2-5-5-6-J	A-2	13.93	A-2	4.64
02692	A-2-5-5-6-K	A-2	13.69	A-2	4.40
02693	A-2-5-5-6-Q	A-2	13.69	A-2	4.40
02694	A-2-5-5-7-7	5-5	14.67	A-2	2.97
02695	A-2-5-5-7-8	5-5	13.20	A-7	3.94
02696	A-2-5-5-7-9	2-7	12.67	2-7	3.90
02697	A-2-5-5-7-10	A-2	13.17	A-2	3.88
02698	A-2-5-5-7-J	A-2	13.41	A-2	4.12
02699	A-2-5-5-7-K	A-2	13.17	A-2	3.88
02700	A-2-5-5-7-Q	A-2	13.17	A-2	3.88

HAND No.	SIX-CARD HAND	DISCARD (DEALER)	EXPECTED AVG. (DEALER)	DISCARD (PONE)	EXPECTED AVG. (PONE)
02701	A-2-5-5-8-8	A-5	13.41	A-8	3.89
02702	A-2-5-5-8-9	2-8	12.53	A-9	4.33
02703	A-2-5-5-8-10	A-2	12.82	A-10	4.31
02704	A-2-5-5-8-J	A-2	12.80	A-J	4.10
02705	A-2-5-5-8-K	A-2	12.56	A-K	4.47
02706	A-2-5-5-8-Q	A-2	12.56	A-Q	4.44
02707	A-2-5-5-9-9	2-5	13.41	2-9	4.02
02708	A-2-5-5-9-10	A-2	13.08	2-10	4.19
02709	A-2-5-5-9-J	A-2	13.06	A-9	4.31
02710	A-2-5-5-9-K	A-2	12.56	2-K	4.33
02711	A-2-5-5-9-Q	A-2	12.56	2-Q	4.22
02712	A-2-5-5-10-10	A-2	18.04	A-2	8.75
02713	A-2-5-5-10-J	A-2	16.89	A-2	7.60
02714	A-2-5-5-10-K	A-2	16.13	A-2	6.84
02715	A-2-5-5-10-Q	A-2	16.39	A-2	7.10
02716	A-2-5-5-J-J	A-2	18.52	A-2	9.23
02717	A-2-5-5-J-K	A-2	16.63	A-2	7.34
02718	A-2-5-5-J-Q	A-2	16.89	A-2	7.60
02719	A-2-5-5-K-K	A-2	18.04	A-2	8.75
02720	A-2-5-5-Q-K	A-2	16.39	A-2	7.10
02721	A-2-5-5-Q-Q	A-2	18.04	A-2	8.75
02722	A-2-5-6-6-6	A-2	14.30	A-2	5.01
02723	A-2-5-6-6-7	A-2	16.08	A-2	6.79
02724	A-2-5-6-6-8	2-5	13.85	2-5	2.35
02725	A-2-5-6-6-9	A-2	13.39	A-2	4.10
02726	A-2-5-6-6-10	5-10	13.01	A-2	2.05
02727	A-2-5-6-6-J	5-J	13.36	A-2	2.29
02728	A-2-5-6-6-K	5-K	13.02	A-2	2.05
02729	A-2-5-6-6-Q	5-Q	12.98	A-2	2.05
02730	A-2-5-6-7-7	A-2	16.04	A-2	6.75
02731	A-2-5-6-7-8	2-5	14.94	A-2	4.53
02732	A-2-5-6-7-9	A-2	12.32	A-9	3.92
02733	A-2-5-6-7-10	A-2	12.11	A-10	3.99
02734	A-2-5-6-7-J	A-2	12.35	A-J	3.77
02735	A-2-5-6-7-K	A-2	12.11	A-K	4.14
02736	A-2-5-6-7-Q	A-2	12.11	A-Q	4.11
02737	A-2-5-6-8-8	2-5	13.54	A-6	3.16
02738	A-2-5-6-8-9	2-5	11.54	2-8	1.93
02739	A-2-5-6-8-10	5-10	11.05	A-6	1.38
02740	A-2-5-6-8-J	5-J	11.40	A-6	1.36
02741	A-2-5-6-8-K	5-K	11.06	A-6	1.12
02742	A-2-5-6-8-Q	5-Q	11.02	A-6	1.12
02743	A-2-5-6-9-9	A-5	12.76	A-2	3.36
02744	A-2-5-6-9-10	A-2	11.13	2-10	2.28
02745	A-2-5-6-9-J	A-2	11.11	2-J	2.09
02746	A-2-5-6-9-K ✦	5-K	10.67	2-K	2.41
02747	A-2-5-6-9-Q ✦	5-Q	10.63	2-Q	2.31
02748	A-2-5-6-10-10	A-2	12.39	A-2	3.10
02749	A-2-5-6-10-J	A-2	11.24	A-2	1.94
02750	A-2-5-6-10-K	A-2	10.48	A-2	1.18

HAND No.	SIX-CARD HAND	DISCARD (DEALER)	EXPECTED AVG. (DEALER)	DISCARD (PONE)	EXPECTED AVG. (PONE)
02751	A-2-5-6-10-Q	A-2	10.74	A-2	1.44
02752	A-2-5-6-J-J	A-2	12.87	A-2	3.57
02753	A-2-5-6-J-K	A-2	10.98	A-2	1.68
02754	A-2-5-6-J-Q	A-2	11.24	A-2	1.94
02755	A-2-5-6-K-K	A-2	12.39	A-2	3.10
02756	A-2-5-6-Q-K	A-2	10.74	A-2	1.44
02757	A-2-5-6-Q-Q	A-2	12.39	A-2	3.10
02758	A-2-5-7-7-7	2-5	18.76	2-5	7.26
02759	A-2-5-7-7-8	2-5	15.76	2-5	4.26
02760	A-2-5-7-7-9	5-9	11.39	2-9	2.32
02761	A-2-5-7-7-10	5-10	12.62	2-10	2.45
02762	A-2-5-7-7-J	5-J	12.96	2-J	2.26
02763	A-2-5-7-7-K	5-K	12.63	2-K	2.59
02764	A-2-5-7-7-Q	5-Q	12.59	2-Q	2.48
02765	A-2-5-7-8-8	2-5	13.76	A-2	4.05
02766	A-2-5-7-8-9	A-5	12.65	A-2	2.86
02767	A-2-5-7-8-10	5-10	11.14	A-10	2.44
02768	A-2-5-7-8-J	5-J	11.49	A-J	2.23
02769	A-2-5-7-8-K	5-K	11.15	A-K	2.60
02770	A-2-5-7-8-Q	5-Q	11.11	A-Q	2.57
02771	A-2-5-7-9-9	2-7	11.89	2-7	3.11
02772	A-2-5-7-9-10	2-7	10.37	2-7	1.59
02773	A-2-5-7-9-J	2-7	10.34	2-7	1.57
02774	A-2-5-7-9-K	2-7	9.84	9-K	1.15
02775	A-2-5-7-9-Q	2-7	9.84	2-7	1.07
02776	A-2-5-7-10-10	A-2	12.13	A-7	2.94
02777	A-2-5-7-10-J	A-2	10.98	A-7	1.79
02778	A-2-5-7-10-K	A-2	10.22	10-K	1.29
02779	A-2-5-7-10-Q	A-2	10.48	A-7	1.29
02780	A-2-5-7-J-J	A-2	12.61	A-7	3.42
02781	A-2-5-7-J-K	A-2	10.72	A-7	1.53
02782	A-2-5-7-J-Q	A-2	10.98	A-7	1.79
02783	A-2-5-7-K-K	A-2	12.13	A-7	2.94
02784	A-2-5-7-Q-K	A-2	10.48	A-7	1.29
02785	A-2-5-7-Q-Q	A-2	12.13	A-7	2.94
02786	A-2-5-8-8-8	2-5	12.76	A-8	3.10
02787	A-2-5-8-8-9	A-9	11.49	A-9	3.55
02788	A-2-5-8-8-10	A-10	11.47	A-10	3.57
02789	A-2-5-8-8-J	A-J	11.69	A-J	3.36
02790	A-2-5-8-8-K	A-K	11.44	A-K	3.73
02791	A-2-5-8-8-Q	A-Q	11.47	A-Q	3.70
02792	A-2-5-8-9-9	2-8	11.75	2-8	3.14
02793	A-2-5-8-9-10	A-2	11.89	A-2	2.60
02794	A-2-5-8-9-J	2-8	10.21	A-9	1.75
02795	A-2-5-8-9-K	2-8	9.71	A-9	1.51
02796	A-2-5-8-9-Q	2-8	9.71	A-9	1.51
02797	A-2-5-8-10-10	A-2	12.35	A-2	3.05
02798	A-2-5-8-10-J	A-2	10.76	A-8	1.78
02799	A-2-5-8-10-K	A-2	10.17	A-K	1.94
02800	A-2-5-8-10-Q	A-2	10.43	A-Q	1.92

HAND No.	SIX-CARD HAND	DISCARD (DEALER)	EXPECTED AVG. (DEALER)	DISCARD (PONE)	EXPECTED AVG. (PONE)
02801	A-2-5-8-J-J	A-2	12.30	A-8	3.41
02802	A-2-5-8-J-K	A-2	10.41	A-K	1.92
02803	A-2-5-8-J-Q	A-2	10.67	A-Q	1.89
02804	A-2-5-8-K-K	A-2	11.82	A-8	2.93
02805	A-2-5-8-Q-K	A-2	10.17	A-K	1.68
02806	A-2-5-8-Q-Q	A-2	11.82	A-8	2.93
02807	A-2-5-9-9-9	A-5	12.76	2-9	3.23
02808	A-2-5-9-9-10	2-10	11.61	2-10	3.45
02809	A-2-5-9-9-J	2-J	11.91	2-J	3.26
02810	A-2-5-9-9-K	2-K	11.58	2-K	3.59
02811	A-2-5-9-9-Q	2-Q	11.66	2-Q	3.48
02812	A-2-5-9-10-10	A-2	12.87	A-2	3.57
02813	A-2-5-9-10-J	A-2	13.91	A-2	4.62
02814	A-2-5-9-10-K	A-2	10.43	2-K	2.06
02815	A-2-5-9-10-Q	A-2	10.52	2-Q	1.96
02816	A-2-5-9-J-J	A-2	12.82	A-9	3.77
02817	A-2-5-9-J-K	A-2	10.67	2-K	2.04
02818	A-2-5-9-J-Q	A-2	10.76	A-9	2.14
02819	A-2-5-9-K-K	A-2	11.82	A-9	3.29
02820	A-2-5-9-Q-K	A-2	10.17	A-9	1.64
02821	A-2-5-9-Q-Q	A-2	11.82	A-9	3.29
02822	A-2-5-10-10-10	A-2	17.43	A-2	8.14
02823	A-2-5-10-10-J	A-2	14.89	A-2	5.60
02824	A-2-5-10-10-K	A-2	13.61	A-2	4.31
02825	A-2-5-10-10-Q	A-2	14.13	A-2	4.84
02826	A-2-5-10-J-J	A-2	15.13	A-2	5.84
02827	A-2-5-10-J-K	A-2	12.54	A-2	3.25
02828	A-2-5-10-J-Q	A-2	15.69	A-2	6.40
02829	A-2-5-10-K-K	A-2	13.61	A-2	4.31
02830	A-2-5-10-Q-K	A-2	12.04	A-2	2.75
02831	A-2-5-10-Q-Q	A-2	14.13	A-2	4.84
02832	A-2-5-J-J-J	A-2	18.15	A-2	8.86
02833	A-2-5-J-J-K	A-2	14.61	A-2	5.31
02834	A-2-5-J-J-Q	A-2	15.13	A-2	5.84
02835	A-2-5-J-K-K	A-2	14.37	A-2	5.07
02836	A-2-5-J-Q-K	A-2	15.61	A-2	6.31
02837	A-2-5-J-Q-Q	A-2	14.89	A-2	5.60
02838	A-2-5-K-K-K	A-2	17.43	A-2	8.14
02839	A-2-5-Q-K-K	A-2	14.13	A-2	4.84
02840	A-2-5-Q-Q-K	A-2	14.13	A-2	4.84
02841	A-2-5-Q-Q-Q	A-2	17.43	A-2	8.14
02842	A-2-6-6-6-6	A-2	17.95	A-2	8.66
02843	A-2-6-6-6-7	A-2	13.65	A-2	4.36
02844	A-2-6-6-6-8	A-2	12.87	A-2	3.57
02845	A-2-6-6-6-9	A-2	17.43	A-2	8.14
02846	A-2-6-6-6-10	2-10	11.78	A-10	3.75
02847	A-2-6-6-6-J	2-J	12.09	A-J	3.53
02848	A-2-6-6-6-K	2-K	11.75	A-K	3.90
02849	A-2-6-6-6-Q	2-Q	11.83	A-Q	3.87
02850	A-2-6-6-7-7	A-7	12.64	A-7	3.90

HAND No.	SIX-CARD HAND	DISCARD (DEALER)	EXPECTED AVG. (DEALER)	DISCARD (PONE)	EXPECTED AVG. (PONE)
02851	A-2-6-6-7-8	A-2	17.22	A-2	7.92
02852	A-2-6-6-7-9	A-2	12.82	A-9	4.29
02853	A-2-6-6-7-10	A-10	12.34	A-10	4.44
02854	A-2-6-6-7-J	A-J	12.56	A-J	4.23
02855	A-2-6-6-7-K	A-K	12.31	A-K	4.60
02856	A-2-6-6-7-Q	A-Q	12.34	A-Q	4.57
02857	A-2-6-6-8-8	2-8	11.93	2-8	3.32
02858	A-2-6-6-8-9	A-2	12.56	2-9	3.58
02859	A-2-6-6-8-10	2-10	11.96	2-10	3.80
02860	A-2-6-6-8-J	2-J	12.26	2-J	3.61
02861	A-2-6-6-8-K	2-K	11.93	2-K	3.93
02862	A-2-6-6-8-Q	2-Q	12.01	2-Q	3.83
02863	A-2-6-6-9-9	A-2	17.08	A-2	7.79
02864	A-2-6-6-9-10	A-2	11.87	A-10	3.14
02865	A-2-6-6-9-J	A-2	11.85	A-J	2.92
02866	A-2-6-6-9-K	A-2	11.35	A-K	3.29
02867	A-2-6-6-9-Q	A-2	11.35	A-Q	3.26
02868	A-2-6-6-10-10	10-10	11.10	10-10	0.25
02869	A-2-6-6-10-J	10-J	10.98	10-J	0.70
02870	A-2-6-6-10-K	10-K	9.18	10-K	2.47
02871	A-2-6-6-10-Q	10-Q	9.66	10-Q	1.75
02872	A-2-6-6-J-J	J-J	11.67	A-2	0.62
02873	A-2-6-6-J-K	J-K	10.31	J-K	1.60
02874	A-2-6-6-J-Q	J-Q	11.16	J-Q	0.88
02875	A-2-6-6-K-K	K-K	10.92	K-K	0.71
02876	A-2-6-6-Q-K	Q-K	9.81	Q-K	1.86
02877	A-2-6-6-Q-Q	Q-Q	11.14	Q-Q	0.64
02878	A-2-6-7-7-7	2-6	17.24	2-6	8.33
02879	A-2-6-7-7-8	A-2	18.95	A-2	9.66
02880	A-2-6-7-7-9	A-9	12.10	A-9	4.16
02881	A-2-6-7-7-10	A-10	12.16	A-10	4.27
02882	A-2-6-7-7-J	A-J	12.38	A-J	4.05
02883	A-2-6-7-7-K	A-K	12.14	A-K	4.42
02884	A-2-6-7-7-Q	A-Q	12.17	A-Q	4.39
02885	A-2-6-7-8-8	A-2	18.82	A-2	9.53
02886	A-2-6-7-8-9	A-2	14.74	A-2	5.44
02887	A-2-6-7-8-10	2-10	13.07	A-10	4.94
02888	A-2-6-7-8-J	2-J	13.37	A-J	4.73
02889	A-2-6-7-8-K	2-K	13.04	A-K	5.10
02890	A-2-6-7-8-Q	2-Q	13.12	A-Q	5.07
02891	A-2-6-7-9-9	A-2	12.26	A-2	2.97
02892	A-2-6-7-9-10	A-10	9.56	A-10	1.66
02893	A-2-6-7-9-J	A-J	9.77	A-J	1.45
02894	A-2-6-7-9-K	A-K	9.53	A-K	1.81
02895	A-2-6-7-9-Q	A-Q	9.56	A-Q	1.79
02896	A-2-6-7-10-10	10-10	9.54	A-10	-0.38
02897	A-2-6-7-10-J	10-J	9.41	A-10	-0.10
02898	A-2-6-7-10-K	10-K	7.62	10-K	0.90
02899	A-2-6-7-10-Q	10-Q	8.09	10-Q	0.18
02900	A-2-6-7-J-J	J-J	10.10	A-J	-0.36

HAND No.	SIX-CARD HAND	DISCARD (DEALER)	EXPECTED AVG. (DEALER)	DISCARD (PONE)	EXPECTED AVG. (PONE)
02901	A-2-6-7-J-K	J-K	8.75	A-K	0.05
02902	A-2-6-7-J-Q	J-Q	9.59	A-Q	0.02
02903	A-2-6-7-K-K	K-K	9.36	A-K	-0.23
02904	A-2-6-7-Q-K	Q-K	8.24	Q-K	0.29
02905	A-2-6-7-Q-Q	Q-Q	9.58	A-Q	-0.26
02906	A-2-6-8-8-8	A-2	12.35	A-2	3.05
02907	A-2-6-8-8-9	2-9	11.78	2-9	3.32
02908	A-2-6-8-8-10	2-10	11.65	2-10	3.49
02909	A-2-6-8-8-J	2-J	11.96	2-J	3.30
02910	A-2-6-8-8-K	2-K	11.62	2-K	3.63
02911	A-2-6-8-8-Q	2-Q	11.70	2-Q	3.53
02912	A-2-6-8-9-9	A-2	12.52	A-2	3.23
02913	A-2-6-8-9-10	A-2	11.32	A-2	2.03
02914	A-2-6-8-9-J	2-J	10.00	2-J	1.35
02915	A-2-6-8-9-K	2-K	9.67	2-K	1.67
02916	A-2-6-8-9-Q	2-Q	9.75	2-Q	1.57
02917	A-2-6-8-10-10	10-10	9.19	2-10	-0.51
02918	A-2-6-8-10-J	10-J	9.06	2-10	-0.48
02919	A-2-6-8-10-K	2-K	7.67	10-K	0.55
02920	A-2-6-8-10-Q	2-Q	7.75	10-Q	-0.17
02921	A-2-6-8-J-J	J-J	9.75	2-J	-0.72
02922	A-2-6-8-J-K	J-K	8.40	J-K	-0.31
02923	A-2-6-8-J-Q	J-Q	9.24	2-Q	-0.45
02924	A-2-6-8-K-K	K-K	9.01	2-K	-0.63
02925	A-2-6-8-Q-K	Q-K	7.89	Q-K	-0.06
02926	A-2-6-8-Q-Q	Q-Q	9.23	2-Q	-0.73
02927	A-2-6-9-9-9	A-2	16.91	A-2	7.62
02928	A-2-6-9-9-10	A-2	12.22	A-2	2.92
02929	A-2-6-9-9-J	A-2	11.93	A-2	2.64
02930	A-2-6-9-9-K	A-2	11.17	A-K	2.99
02931	A-2-6-9-9-Q	A-2	11.17	A-Q	2.96
02932	A-2-6-9-10-10	A-2	10.30	A-2	1.01
02933	A-2-6-9-10-J	A-2	11.35	A-2	2.05
02934	A-2-6-9-10-K	A-2	7.87	10-K	0.16
02935	A-2-6-9-10-Q	A-2	7.95	A-Q	-0.35
02936	A-2-6-9-J-J	A-2	10.26	A-2	0.97
02937	A-2-6-9-J-K	A-2	8.11	A-K	-0.34
02938	A-2-6-9-J-Q	J-Q	8.85	A-Q	-0.37
02939	A-2-6-9-K-K	A-2	9.26	A-2	-0.03
02940	A-2-6-9-Q-K	A-2	7.61	Q-K	-0.45
02941	A-2-6-9-Q-Q	A-2	9.26	A-2	-0.03
02942	A-2-6-10-10-10	2-6	11.24	A-6	2.38
02943	A-2-6-10-10-J	2-6	8.70	A-6	-0.17
02944	A-2-6-10-10-K	2-6	7.42	6-K	-0.14
02945	A-2-6-10-10-Q	2-6	7.94	6-Q	-0.21
02946	A-2-6-10-J-J	2-6	8.94	6-10	0.17
02947	A-2-6-10-J-K	10-J	6.71	6-K	-1.29
02948	A-2-6-10-J-Q	2-6	9.50	A-6	0.64
02949	A-2-6-10-K-K	2-6	7.42	6-10	-0.31
02950	A-2-6-10-Q-K ♠	2-6	5.85	10-K	-1.79

HAND No.	SIX-CARD HAND	DISCARD (DEALER)	EXPECTED AVG. (DEALER)	DISCARD (PONE)	EXPECTED AVG. (PONE)
02951	A-2-6-10-Q-Q	2-6	7.94	6-10	-0.31
02952	A-2-6-J-J-J	2-6	11.96	A-6	3.09
02953	A-2-6-J-J-K	2-6	8.42	6-K	0.34
02954	A-2-6-J-J-Q	2-6	8.94	6-Q	0.27
02955	A-2-6-J-K-K	2-6	8.18	6-J	-0.55
02956	A-2-6-J-Q-K	2-6	9.42	A-6	0.55
02957	A-2-6-J-Q-Q	2-6	8.70	A-6	-0.17
02958	A-2-6-K-K-K	2-6	11.24	A-6	2.38
02959	A-2-6-Q-K-K	2-6	7.94	6-Q	-0.21
02960	A-2-6-Q-Q-K	2-6	7.94	6-K	-0.14
02961	A-2-6-Q-Q-Q	2-6	11.24	A-6	2.38
02962	A-2-7-7-7-7	A-2	17.69	A-2	8.40
02963	A-2-7-7-7-8	A-2	18.87	A-2	9.57
02964	A-2-7-7-7-9	2-9	17.04	2-9	8.58
02965	A-2-7-7-7-10	2-10	16.87	2-10	8.71
02966	A-2-7-7-7-J	2-J	17.17	2-J	8.52
02967	A-2-7-7-7-K	2-K	16.84	2-K	8.85
02968	A-2-7-7-7-Q	2-Q	16.92	2-Q	8.74
02969	A-2-7-7-8-8	A-2	19.13	A-2	9.84
02970	A-2-7-7-8-9	A-2	18.56	A-2	9.27
02971	A-2-7-7-8-10	2-10	13.87	2-10	5.71
02972	A-2-7-7-8-J	2-J	14.17	2-J	5.52
02973	A-2-7-7-8-K	2-K	13.84	2-K	5.85
02974	A-2-7-7-8-Q	2-Q	13.92	2-Q	5.74
02975	A-2-7-7-9-9	9-9	11.21	2-9	1.19
02976	A-2-7-7-9-10	9-10	10.33	2-10	1.36
02977	A-2-7-7-9-J	9-J	10.01	2-J	1.17
02978	A-2-7-7-9-K	2-K	9.49	9-K	2.02
02979	A-2-7-7-9-Q	2-Q	9.57	9-Q	1.93
02980	A-2-7-7-10-10	10-10	10.80	2-10	0.80
02981	A-2-7-7-10-J	10-J	10.67	2-10	1.08
02982	A-2-7-7-10-K	2-10	9.00	10-K	2.16
02983	A-2-7-7-10-Q	10-Q	9.35	10-Q	1.44
02984	A-2-7-7-J-J	J-J	11.36	2-J	0.85
02985	A-2-7-7-J-K	J-K	10.01	J-K	1.30
02986	A-2-7-7-J-Q	J-Q	10.85	2-Q	1.11
02987	A-2-7-7-K-K	K-K	10.62	2-K	0.93
02988	A-2-7-7-Q-K	Q-K	9.50	Q-K	1.55
02989	A-2-7-7-Q-Q	Q-Q	10.84	2-Q	0.83
02990	A-2-7-8-8-8	A-2	18.48	A-2	9.18
02991	A-2-7-8-8-9	A-2	18.43	A-2	9.14
02992	A-2-7-8-8-10	A-2	12.39	A-10	3.88
02993	A-2-7-8-8-J	A-2	12.45	A-J	3.66
02994	A-2-7-8-8-K	A-2	12.22	A-K	4.03
02995	A-2-7-8-8-Q	A-2	12.22	A-Q	4.00
02996	A-2-7-8-9-9	A-2	16.52	A-2	7.23
02997	A-2-7-8-9-10	A-2	12.56	A-2	3.27
02998	A-2-7-8-9-J	A-2	11.43	A-J	2.55
02999	A-2-7-8-9-K	A-2	11.11	A-K	2.92
03000	A-2-7-8-9-Q	A-2	11.11	A-Q	2.89

HAND No.	SIX-CARD HAND	DISCARD (DEALER)	EXPECTED AVG. (DEALER)	DISCARD (PONE)	EXPECTED AVG. (PONE)
03001	A-2-7-8-10-10	7-8	10.54	A-2	0.92
03002	A-2-7-8-10-J	7-8	9.39	A-10	-0.23
03003	A-2-7-8-10-K	7-8	8.62	10-K	0.69
03004	A-2-7-8-10-Q	7-8	8.89	10-Q	-0.03
03005	A-2-7-8-J-J	7-8	11.02	A-2	0.97
03006	A-2-7-8-J-K	7-8	9.12	A-K	-0.08
03007	A-2-7-8-J-Q	7-8	9.39	A-Q	-0.11
03008	A-2-7-8-K-K	7-8	10.54	A-2	0.49
03009	A-2-7-8-Q-K	7-8	8.89	Q-K	0.07
03010	A-2-7-8-Q-Q	7-8	10.54	A-2	0.49
03011	A-2-7-9-9-9	A-2	11.95	A-2	2.66
03012	A-2-7-9-9-10	A-2	8.56	7-10	-0.22
03013	A-2-7-9-9-J	A-2	8.63	7-J	-0.61
03014	A-2-7-9-9-K	A-2	7.87	7-K	-0.19
03015	A-2-7-9-9-Q	A-2	7.87	7-Q	-0.24
03016	A-2-7-9-10-10	A-2	8.56	A-7	-0.37
03017	A-2-7-9-10-J	A-2	9.52	A-7	0.68
03018	A-2-7-9-10-K	9-10	6.38	10-K	-1.49
03019	A-2-7-9-10-Q	7-9	6.39	7-Q	-1.67
03020	A-2-7-9-J-J	A-2	8.61	A-7	-0.41
03021	A-2-7-9-J-K	7-9	6.63	7-K	-1.64
03022	A-2-7-9-J-Q	J-Q	7.20	7-Q	-1.69
03023	A-2-7-9-K-K	7-9	8.04	A-9	-1.06
03024	A-2-7-9-Q-K ♠	7-9	6.39	9-K	-1.94
03025	A-2-7-9-Q-Q	7-9	8.04	A-9	-1.06
03026	A-2-7-10-10-10	A-2	11.17	A-7	2.42
03027	A-2-7-10-10-J	A-2	8.63	A-7	-0.13
03028	A-2-7-10-10-K	A-2	7.35	7-K	-0.28
03029	A-2-7-10-10-Q	A-2	7.87	7-Q	-0.33
03030	A-2-7-10-J-J	A-2	8.87	7-10	0.17
03031	A-2-7-10-J-K	10-J	6.71	7-K	-1.43
03032	A-2-7-10-J-Q	A-2	9.43	A-7	0.68
03033	A-2-7-10-K-K	A-2	7.35	7-10	-0.31
03034	A-2-7-10-Q-K ♠	A-2	5.78	10-K	-1.79
03035	A-2-7-10-Q-Q	A-2	7.87	7-10	-0.31
03036	A-2-7-J-J-J	A-2	11.89	A-7	3.13
03037	A-2-7-J-J-K	A-2	8.35	7-K	0.20
03038	A-2-7-J-J-Q	A-2	8.87	7-Q	0.15
03039	A-2-7-J-K-K	A-2	8.11	A-7	-0.65
03040	A-2-7-J-Q-K	A-2	9.35	A-7	0.59
03041	A-2-7-J-Q-Q	A-2	8.63	A-7	-0.13
03042	A-2-7-K-K-K	A-2	11.17	A-7	2.42
03043	A-2-7-Q-K-K	A-2	7.87	7-Q	-0.33
03044	A-2-7-Q-Q-K	A-2	7.87	7-K	-0.28
03045	A-2-7-Q-Q-Q	A-2	11.17	A-7	2.42
03046	A-2-8-8-8-8	A-2	16.91	A-2	7.62
03047	A-2-8-8-8-9	A-2	12.74	A-2	3.44
03048	A-2-8-8-8-10	A-2	11.95	A-10	2.83
03049	A-2-8-8-8-J	A-2	11.41	A-J	2.62
03050	A-2-8-8-8-K	A-2	11.17	A-K	2.99

HAND No.	SIX-CARD HAND	DISCARD (DEALER)	EXPECTED AVG. (DEALER)	DISCARD (PONE)	EXPECTED AVG. (PONE)
03051	A-2-8-8-8-Q	A-2	11.17	A-Q	2.96
03052	A-2-8-8-9-9	A-2	11.35	A-2	2.05
03053	A-2-8-8-9-10	A-2	14.61	A-2	5.31
03054	A-2-8-8-9-J	A-2	8.80	A-J	-0.16
03055	A-2-8-8-9-K	A-2	8.39	A-K	0.20
03056	A-2-8-8-9-Q	A-2	8.39	A-Q	0.18
03057	A-2-8-8-10-10	A-2	10.30	A-2	1.01
03058	A-2-8-8-10-J	10-J	8.71	A-J	-0.69
03059	A-2-8-8-10-K	A-2	7.87	10-K	0.21
03060	A-2-8-8-10-Q	A-2	8.13	A-Q	-0.35
03061	A-2-8-8-J-J	8-8	9.92	A-2	0.44
03062	A-2-8-8-J-K	J-K	8.05	A-K	-0.60
03063	A-2-8-8-J-Q	J-Q	8.90	A-Q	-0.63
03064	A-2-8-8-K-K	8-8	9.44	A-2	-0.03
03065	A-2-8-8-Q-K	8-8	7.79	Q-K	-0.41
03066	A-2-8-8-Q-Q	8-8	9.44	A-2	-0.03
03067	A-2-8-9-9-9	A-2	12.74	A-2	3.44
03068	A-2-8-9-9-10	A-2	14.61	A-2	5.31
03069	A-2-8-9-9-J	A-2	8.80	A-J	-0.16
03070	A-2-8-9-9-K	A-2	8.39	A-K	0.20
03071	A-2-8-9-9-Q	A-2	8.39	A-Q	0.18
03072	A-2-8-9-10-10	A-2	14.61	A-2	5.31
03073	A-2-8-9-10-J	A-2	10.89	A-2	1.60
03074	A-2-8-9-10-K	A-2	9.19	A-K	1.01
03075	A-2-8-9-10-Q	A-2	9.28	A-Q	0.98
03076	A-2-8-9-J-J	8-9	9.19	A-8	-0.37
03077	A-2-8-9-J-K	8-9	7.29	8-K	-1.58
03078	A-2-8-9-J-Q	8-9	7.56	8-Q	-1.69
03079	A-2-8-9-K-K	8-9	8.71	A-9	-1.06
03080	A-2-8-9-Q-K ♠	8-9	7.06	Q-K	-1.80
03081	A-2-8-9-Q-Q	8-9	8.71	A-9	-1.06
03082	A-2-8-10-10-10	A-2	11.95	A-2	2.66
03083	A-2-8-10-10-J	A-2	8.80	A-8	-0.09
03084	A-2-8-10-10-K	A-2	7.87	8-K	-0.22
03085	A-2-8-10-10-Q	A-2	8.39	8-Q	-0.32
03086	A-2-8-10-J-J	A-2	9.04	A-8	0.15
03087	A-2-8-10-J-K	10-J	6.76	8-K	-1.37
03088	A-2-8-10-J-Q	A-2	9.52	A-8	0.71
03089	A-2-8-10-K-K	8-10	7.80	A-10	-0.99
03090	A-2-8-10-Q-K ♠	8-10	6.14	10-K	-1.75
03091	A-2-8-10-Q-Q	A-2	8.13	A-8	-0.85
03092	A-2-8-J-J-J	A-2	11.89	A-8	3.17
03093	A-2-8-J-J-K	A-2	8.35	8-K	0.26
03094	A-2-8-J-J-Q	A-2	8.87	8-Q	0.16
03095	A-2-8-J-K-K	A-2	8.11	8-J	-0.61
03096	A-2-8-J-Q-K	A-2	9.35	A-8	0.63
03097	A-2-8-J-Q-Q	A-2	8.63	A-8	-0.09
03098	A-2-8-K-K-K	A-2	11.17	A-8	2.45
03099	A-2-8-Q-K-K	A-2	7.87	8-Q	-0.32
03100	A-2-8-Q-Q-K	A-2	7.87	8-K	-0.22

HAND No.	SIX-CARD HAND	DISCARD (DEALER)	EXPECTED AVG. (DEALER)	DISCARD (PONE)	EXPECTED AVG. (PONE)
03101	A-2-8-Q-Q-Q	A-2	11.17	A-8	2.45
03102	A-2-9-9-9-9	A-2	16.91	A-2	7.62
03103	A-2-9-9-9-10	A-2	12.74	A-2	3.44
03104	A-2-9-9-9-J	A-2	12.19	A-2	2.90
03105	A-2-9-9-9-K	A-2	11.17	A-K	2.99
03106	A-2-9-9-9-Q	A-2	11.17	A-Q	2.96
03107	A-2-9-9-10-10	A-2	11.35	A-2	2.05
03108	A-2-9-9-10-J	A-2	14.85	A-2	5.55
03109	A-2-9-9-10-K	A-2	8.39	10-K	0.21
03110	A-2-9-9-10-Q	A-2	8.56	A-Q	0.18
03111	A-2-9-9-J-J	A-2	10.78	A-2	1.49
03112	A-2-9-9-J-K	A-2	8.37	A-K	-0.08
03113	A-2-9-9-J-Q	J-Q	8.90	A-Q	-0.11
03114	A-2-9-9-K-K	A-2	9.26	A-2	-0.03
03115	A-2-9-9-Q-K	A-2	7.61	Q-K	-0.41
03116	A-2-9-9-Q-Q	A-2	9.26	A-2	-0.03
03117	A-2-9-10-10-10	A-2	12.74	A-2	3.44
03118	A-2-9-10-10-J	A-2	14.85	A-2	5.55
03119	A-2-9-10-10-K	A-2	8.39	A-K	0.20
03120	A-2-9-10-10-Q	A-2	8.56	A-Q	0.18
03121	A-2-9-10-J-J	A-2	15.08	A-2	5.79
03122	A-2-9-10-J-K	A-2	9.52	A-K	1.25
03123	A-2-9-10-J-Q	A-2	10.89	A-2	1.60
03124	A-2-9-10-K-K	9-10	8.29	A-10	-0.99
03125	A-2-9-10-Q-K	9-10	6.64	9-K	-1.68
03126	A-2-9-10-Q-Q	A-2	8.30	A-9	-0.54
03127	A-2-9-J-J-J	A-2	12.67	A-9	3.48
03128	A-2-9-J-J-K	A-2	8.87	9-K	0.45
03129	A-2-9-J-J-Q	A-2	9.04	A-9	0.46
03130	A-2-9-J-K-K	A-2	8.37	A-9	-0.30
03131	A-2-9-J-Q-K	A-2	9.43	A-9	0.94
03132	A-2-9-J-Q-Q	A-2	8.80	A-9	0.22
03133	A-2-9-K-K-K	A-2	11.17	A-9	2.77
03134	A-2-9-Q-K-K	A-2	7.87	9-Q	-0.12
03135	A-2-9-Q-Q-K	A-2	7.87	9-K	-0.02
03136	A-2-9-Q-Q-Q	A-2	11.17	A-9	2.77
03137	A-2-10-10-10-10	A-2	16.91	A-2	7.62
03138	A-2-10-10-10-J	A-2	12.98	A-2	3.68
03139	A-2-10-10-10-K	A-2	11.17	A-K	2.99
03140	A-2-10-10-10-Q	A-2	11.95	A-Q	2.96
03141	A-2-10-10-J-J	A-2	11.82	A-2	2.53
03142	A-2-10-10-J-K	A-2	8.80	A-K	0.44
03143	A-2-10-10-J-Q	A-2	14.85	A-2	5.55
03144	A-2-10-10-K-K	A-2	9.26	A-2	-0.03
03145	A-2-10-10-Q-K	A-2	8.04	A-K	-0.32
03146	A-2-10-10-Q-Q	A-2	10.30	A-2	1.01
03147	A-2-10-J-J-J	A-2	13.45	A-2	4.16
03148	A-2-10-J-J-K	A-2	9.04	A-K	0.68
03149	A-2-10-J-J-Q	A-2	15.08	A-2	5.79
03150	A-2-10-J-K-K	10-J	8.63	A-10	-0.23

HAND No.	SIX-CARD HAND	DISCARD (DEALER)	EXPECTED AVG. (DEALER)	DISCARD (PONE)	EXPECTED AVG. (PONE)
03151	A-2-10-J-Q-K	A-2	10.80	A-2	1.51
03152	A-2-10-J-Q-Q	A-2	14.85	A-2	5.55
03153	A-2-10-K-K-K	A-2	11.17	A-10	2.83
03154	A-2-10-Q-K-K	A-2	8.04	A-10	-0.47
03155	A-2-10-Q-Q-K	A-2	8.04	10-K	0.12
03156	A-2-10-Q-Q-Q	A-2	11.95	A-10	2.83
03157	A-2-J-J-J-J	A-2	17.87	A-2	8.57
03158	A-2-J-J-J-K	A-2	12.67	A-K	3.70
03159	A-2-J-J-J-Q	A-2	13.45	A-2	4.16
03160	A-2-J-J-K-K	A-2	10.78	A-2	1.49
03161	A-2-J-J-Q-K	A-2	14.91	A-2	5.62
03162	A-2-J-J-Q-Q	A-2	11.82	A-2	2.53
03163	A-2-J-K-K-K	A-2	12.19	A-2	2.90
03164	A-2-J-Q-K-K	A-2	14.67	A-2	5.38
03165	A-2-J-Q-Q-K	A-2	14.67	A-2	5.38
03166	A-2-J-Q-Q-Q	A-2	12.98	A-2	3.68
03167	A-2-K-K-K-K	A-2	16.91	A-2	7.62
03168	A-2-Q-K-K-K	A-2	11.95	A-Q	2.96
03169	A-2-Q-Q-K-K	A-2	10.30	A-2	1.01
03170	A-2-Q-Q-Q-K	A-2	11.95	A-K	2.99
03171	A-2-Q-Q-Q-Q	A-2	16.91	A-2	7.62
03172	A-3-3-3-3-4	A-4	19.16	A-4	8.04
03173	A-3-3-3-3-5	A-5	19.19	A-5	7.77
03174	A-3-3-3-3-6	A-6	17.42	A-6	8.64
03175	A-3-3-3-3-7	A-7	17.60	A-7	8.85
03176	A-3-3-3-3-8	A-8	17.51	A-8	8.89
03177	A-3-3-3-3-9	A-3	17.39	A-9	8.94
03178	A-3-3-3-3-10	A-10	17.16	A-10	9.27
03179	A-3-3-3-3-J	A-J	17.38	A-J	9.05
03180	A-3-3-3-3-K	A-K	17.14	A-K	9.42
03181	A-3-3-3-3-Q	A-Q	17.17	A-Q	9.39
03182	A-3-3-3-4-4	A-4	15.12	A-4	4.00
03183	A-3-3-3-4-5	A-3	18.15	A-3	8.56
03184	A-3-3-3-4-6	A-4	15.03	A-6	4.77
03185	A-3-3-3-4-7	A-4	13.60	A-7	4.85
03186	A-3-3-3-4-8	A-8	13.38	A-8	4.76
03187	A-3-3-3-4-9	A-4	18.56	A-4	7.44
03188	A-3-3-3-4-10	A-10	13.16	A-10	5.27
03189	A-3-3-3-4-J	A-J	13.38	A-J	5.05
03190	A-3-3-3-4-K	A-K	13.14	A-K	5.42
03191	A-3-3-3-4-Q	A-Q	13.17	A-Q	5.39
03192	A-3-3-3-5-5	5-5	17.15	A-5	3.60
03193	A-3-3-3-5-6	A-5	15.06	A-6	4.64
03194	A-3-3-3-5-7	5-7	14.41	A-7	4.59
03195	A-3-3-3-5-8	5-8	13.74	A-8	4.76
03196	A-3-3-3-5-9	A-5	18.58	A-5	7.16
03197	A-3-3-3-5-10	5-10	15.05	A-10	5.10
03198	A-3-3-3-5-J	5-J	15.40	A-J	4.88
03199	A-3-3-3-5-K	5-K	15.06	A-K	5.25
03200	A-3-3-3-5-Q	5-Q	15.02	A-Q	5.22

HAND No.	SIX-CARD HAND	DISCARD (DEALER)	EXPECTED AVG. (DEALER)	DISCARD (PONE)	EXPECTED AVG. (PONE)
03201	A-3-3-3-6-6	6-6	14.11	A-6	4.46
03202	A-3-3-3-6-7	A-7	13.47	A-7	4.72
03203	A-3-3-3-6-8	A-8	13.38	A-8	4.76
03204	A-3-3-3-6-9	A-6	16.90	A-6	8.12
03205	A-3-3-3-6-10	A-10	13.03	A-10	5.14
03206	A-3-3-3-6-J	A-J	13.25	A-J	4.92
03207	A-3-3-3-6-K	A-K	13.01	A-K	5.29
03208	A-3-3-3-6-Q	A-Q	13.04	A-Q	5.26
03209	A-3-3-3-7-7	7-7	14.35	A-7	3.24
03210	A-3-3-3-7-8	7-8	14.84	A-8	3.28
03211	A-3-3-3-7-9	A-7	16.99	A-7	8.24
03212	A-3-3-3-7-10	7-10	11.69	7-10	4.13
03213	A-3-3-3-7-J	7-J	12.01	7-J	3.73
03214	A-3-3-3-7-K	7-K	11.72	7-K	4.16
03215	A-3-3-3-7-Q	7-Q	11.68	7-Q	4.11
03216	A-3-3-3-8-8	8-8	13.62	A-8	3.15
03217	A-3-3-3-8-9	A-8	16.90	A-8	8.28
03218	A-3-3-3-8-10	8-10	12.10	A-10	3.57
03219	A-3-3-3-8-J	8-J	11.86	8-J	3.70
03220	A-3-3-3-8-K	8-K	11.45	8-K	4.09
03221	A-3-3-3-8-Q	8-Q	11.49	8-Q	3.98
03222	A-3-3-3-9-9	A-9	16.36	A-9	8.42
03223	A-3-3-3-9-10	A-10	16.56	A-10	8.66
03224	A-3-3-3-9-J	A-J	16.77	A-J	8.45
03225	A-3-3-3-9-K	A-K	16.53	A-K	8.81
03226	A-3-3-3-9-Q	A-Q	16.56	A-Q	8.79
03227	A-3-3-3-10-10	10-10	13.19	A-10	3.14
03228	A-3-3-3-10-J	10-J	13.06	A-10	3.42
03229	A-3-3-3-10-K	10-K	11.27	10-K	4.55
03230	A-3-3-3-10-Q	10-Q	11.74	10-Q	3.83
03231	A-3-3-3-J-J	J-J	13.75	A-J	3.16
03232	A-3-3-3-J-K	J-K	12.40	J-K	3.69
03233	A-3-3-3-J-Q	J-Q	13.24	A-Q	3.55
03234	A-3-3-3-K-K	K-K	13.01	A-K	3.29
03235	A-3-3-3-Q-K	Q-K	11.89	Q-K	3.94
03236	A-3-3-3-Q-Q	Q-Q	13.23	A-Q	3.26
03237	A-3-3-4-4-4	3-3	15.61	A-3	5.97
03238	A-3-3-4-4-5	A-4	19.08	A-4	7.96
03239	A-3-3-4-4-6	3-3	13.61	A-6	3.20
03240	A-3-3-4-4-7	3-3	12.74	A-7	3.20
03241	A-3-3-4-4-8	A-4	14.03	A-3	3.32
03242	A-3-3-4-4-9	A-4	12.03	A-9	3.55
03243	A-3-3-4-4-10	3-3	14.56	A-10	3.66
03244	A-3-3-4-4-J	3-3	14.80	A-J	3.45
03245	A-3-3-4-4-K	3-3	14.56	A-K	3.81
03246	A-3-3-4-4-Q	3-3	14.56	A-Q	3.79
03247	A-3-3-4-5-5	A-5	19.10	A-5	7.68
03248	A-3-3-4-5-6	A-6	17.64	A-6	8.86
03249	A-3-3-4-5-7	A-7	17.64	A-7	8.90
03250	A-3-3-4-5-8	A-8	17.55	A-8	8.93

HAND No.	SIX-CARD HAND	DISCARD (DEALER)	EXPECTED AVG. (DEALER)	DISCARD (PONE)	EXPECTED AVG. (PONE)
03251	A-3-3-4-5-9	A-9	17.23	A-9	9.29
03252	A-3-3-4-5-10	A-10	17.25	A-10	9.36
03253	A-3-3-4-5-J	A-J	17.47	A-J	9.14
03254	A-3-3-4-5-K	A-K	17.22	A-K	9.51
03255	A-3-3-4-5-Q	A-Q	17.25	A-Q	9.48
03256	A-3-3-4-6-6	A-4	14.90	A-4	3.78
03257	A-3-3-4-6-7	6-7	10.57	A-7	0.50
03258	A-3-3-4-6-8	A-6	12.60	A-6	3.81
03259	A-3-3-4-6-9	A-4	12.77	A-6	1.68
03260	A-3-3-4-6-10	3-3	10.48	6-10	1.34
03261	A-3-3-4-6-J	3-3	10.72	6-J	1.10
03262	A-3-3-4-6-K	3-3	10.48	6-K	1.51
03263	A-3-3-4-6-Q	3-3	10.48	6-Q	1.44
03264	A-3-3-4-7-7	3-3	12.17	A-4	0.35
03265	A-3-3-4-7-8	A-7	12.55	A-7	3.81
03266	A-3-3-4-7-9	A-4	11.29	A-7	1.76
03267	A-3-3-4-7-10	3-3	10.09	7-10	1.26
03268	A-3-3-4-7-J	3-3	10.32	7-J	0.87
03269	A-3-3-4-7-K	3-3	10.09	7-K	1.29
03270	A-3-3-4-7-Q	3-3	10.09	7-Q	1.24
03271	A-3-3-4-8-8	A-8	12.38	A-8	3.76
03272	A-3-3-4-8-9	A-9	12.10	A-9	4.16
03273	A-3-3-4-8-10	A-10	12.16	A-10	4.27
03274	A-3-3-4-8-J	A-J	12.38	A-J	4.05
03275	A-3-3-4-8-K	A-K	12.14	A-K	4.42
03276	A-3-3-4-8-Q	A-Q	12.17	A-Q	4.39
03277	A-3-3-4-9-9	A-4	14.56	A-4	3.44
03278	A-3-3-4-9-10	A-4	11.38	A-10	2.18
03279	A-3-3-4-9-J	A-4	11.36	A-J	1.97
03280	A-3-3-4-9-K	A-4	10.86	A-K	2.33
03281	A-3-3-4-9-Q	A-4	10.86	A-Q	2.31
03282	A-3-3-4-10-10	3-3	13.87	3-3	1.32
03283	A-3-3-4-10-J	3-3	12.72	A-10	0.60
03284	A-3-3-4-10-K	3-3	11.96	10-K	1.73
03285	A-3-3-4-10-Q	3-3	12.22	10-Q	1.01
03286	A-3-3-4-J-J	3-3	14.35	3-3	1.80
03287	A-3-3-4-J-K	3-3	12.46	J-K	0.86
03288	A-3-3-4-J-Q	3-3	12.72	A-Q	0.72
03289	A-3-3-4-K-K	3-3	13.87	3-3	1.32
03290	A-3-3-4-Q-K	3-3	12.22	Q-K	1.12
03291	A-3-3-4-Q-Q	3-3	13.87	3-3	1.32
03292	A-3-3-5-5-5	3-3	17.48	A-3	7.19
03293	A-3-3-5-5-6	5-5	13.15	A-6	3.51
03294	A-3-3-5-5-7	A-5	14.54	A-3	4.71
03295	A-3-3-5-5-8	5-5	15.07	A-8	3.58
03296	A-3-3-5-5-9 ♣	5-5	14.85	A-9	3.85
03297	A-3-3-5-5-10	3-3	14.56	A-3	4.01
03298	A-3-3-5-5-J	3-3	14.80	A-3	4.25
03299	A-3-3-5-5-K	3-3	14.56	A-K	4.03
03300	A-3-3-5-5-Q	3-3	14.56	A-3	4.01

HAND No.	SIX-CARD HAND	DISCARD (DEALER)	EXPECTED AVG. (DEALER)	DISCARD (PONE)	EXPECTED AVG. (PONE)
03301	A-3-3-5-6-6	A-5	14.93	A-5	3.51
03302	A-3-3-5-6-7	A-6	13.01	A-6	4.22
03303	A-3-3-5-6-8	5-6	12.86	A-8	0.89
03304	A-3-3-5-6-9	A-5	12.80	A-6	1.81
03305	A-3-3-5-6-10	5-10	11.09	A-6	1.86
03306	A-3-3-5-6-J	5-J	11.44	A-6	2.09
03307	A-3-3-5-6-K	5-K	11.11	A-6	1.86
03308	A-3-3-5-6-Q	5-Q	11.07	A-6	1.86
03309	A-3-3-5-7-7	A-3	13.39	A-7	4.20
03310	A-3-3-5-7-8	A-8	12.94	A-8	4.32
03311	A-3-3-5-7-9	A-9	12.58	A-9	4.64
03312	A-3-3-5-7-10	A-10	12.60	A-10	4.70
03313	A-3-3-5-7-J	A-J	12.82	A-J	4.49
03314	A-3-3-5-7-K	A-K	12.57	A-K	4.86
03315	A-3-3-5-7-Q	A-Q	12.60	A-Q	4.83
03316	A-3-3-5-8-8	5-8	11.66	A-8	0.28
03317	A-3-3-5-8-9	5-9	11.65	A-8	1.93
03318	A-3-3-5-8-10	5-10	12.92	A-8	1.93
03319	A-3-3-5-8-J	5-J	13.27	A-8	2.17
03320	A-3-3-5-8-K	5-K	12.93	A-8	1.93
03321	A-3-3-5-8-Q	5-Q	12.89	A-8	1.93
03322	A-3-3-5-9-9	A-5	14.58	A-5	3.16
03323	A-3-3-5-9-10	5-10	12.75	A-10	2.27
03324	A-3-3-5-9-J	5-J	13.09	A-9	2.44
03325	A-3-3-5-9-K	5-K	12.76	A-K	2.42
03326	A-3-3-5-9-Q	5-Q	12.72	A-Q	2.39
03327	A-3-3-5-10-10	3-3	13.78	A-3	2.97
03328	A-3-3-5-10-J	3-3	12.63	A-10	2.51
03329	A-3-3-5-10-K	3-3	11.87	A-K	2.42
03330	A-3-3-5-10-Q	3-3	12.13	A-Q	2.39
03331	A-3-3-5-J-J	3-3	14.26	A-3	3.45
03332	A-3-3-5-J-K	3-3	12.37	A-K	2.66
03333	A-3-3-5-J-Q	3-3	12.63	A-Q	2.63
03334	A-3-3-5-K-K	3-3	13.78	A-3	2.97
03335	A-3-3-5-Q-K	3-3	12.13	A-K	2.42
03336	A-3-3-5-Q-Q	3-3	13.78	A-3	2.97
03337	A-3-3-6-6-6	A-3	17.65	A-3	8.06
03338	A-3-3-6-6-7	A-7	13.34	A-7	4.59
03339	A-3-3-6-6-8	3-3	14.30	A-8	4.63
03340	A-3-3-6-6-9	A-3	13.61	A-9	4.81
03341	A-3-3-6-6-10	A-10	12.90	A-10	5.01
03342	A-3-3-6-6-J	A-J	13.12	A-J	4.79
03343	A-3-3-6-6-K	A-K	12.88	A-K	5.16
03344	A-3-3-6-6-Q	A-Q	12.91	A-Q	5.13
03345	A-3-3-6-7-7	3-3	13.04	3-6	1.13
03346	A-3-3-6-7-8	3-3	15.50	3-3	2.95
03347	A-3-3-6-7-9	A-7	11.21	A-7	2.46
03348	A-3-3-6-7-10	6-7	9.23	6-10	0.30
03349	A-3-3-6-7-J	6-7	9.47	6-J	0.06
03350	A-3-3-6-7-K	6-7	9.23	6-K	0.47

HAND No.	SIX-CARD HAND	DISCARD (DEALER)	EXPECTED AVG. (DEALER)	DISCARD (PONE)	EXPECTED AVG. (PONE)
03351	A-3-3-6-7-Q	6-7	9.23	6-Q	0.40
03352	A-3-3-6-8-8	3-3	14.04	3-3	1.49
03353	A-3-3-6-8-9	3-3	12.09	A-8	2.50
03354	A-3-3-6-8-10	3-3	10.09	6-10	1.91
03355	A-3-3-6-8-J	3-3	10.06	6-J	1.66
03356	A-3-3-6-8-K	3-3	9.82	6-K	2.07
03357	A-3-3-6-8-Q	3-3	9.82	6-Q	2.00
03358	A-3-3-6-9-9	3-3	13.26	A-6	4.12
03359	A-3-3-6-9-10	A-10	10.77	A-10	2.88
03360	A-3-3-6-9-J	A-J	10.99	A-J	2.66
03361	A-3-3-6-9-K	A-K	10.75	A-K	3.03
03362	A-3-3-6-9-Q	A-Q	10.78	A-Q	3.00
03363	A-3-3-6-10-10	3-3	9.43	A-6	0.64
03364	A-3-3-6-10-J	10-J	9.15	6-10	0.19
03365	A-3-3-6-10-K	3-3	7.52	10-K	0.64
03366	A-3-3-6-10-Q	10-Q	7.83	6-Q	0.05
03367	A-3-3-6-J-J	3-3	9.91	A-6	1.12
03368	A-3-3-6-J-K	J-K	8.48	6-K	0.36
03369	A-3-3-6-J-Q	J-Q	9.33	6-Q	0.29
03370	A-3-3-6-K-K	3-3	9.43	A-6	0.64
03371	A-3-3-6-Q-K	Q-K	7.98	6-K	0.12
03372	A-3-3-6-Q-Q	3-3	9.43	A-6	0.64
03373	A-3-3-7-7-7	3-3	19.26	3-3	6.71
03374	A-3-3-7-7-8	3-3	16.26	3-3	3.71
03375	A-3-3-7-7-9	7-7	12.05	A-9	1.46
03376	A-3-3-7-7-10	3-3	11.39	A-10	1.57
03377	A-3-3-7-7-J	3-3	11.63	A-J	1.36
03378	A-3-3-7-7-K	3-3	11.39	A-K	1.73
03379	A-3-3-7-7-Q	3-3	11.39	A-Q	1.70
03380	A-3-3-7-8-8	3-3	14.26	A-3	3.23
03381	A-3-3-7-8-9	3-3	13.15	A-3	2.03
03382	A-3-3-7-8-10	7-8	10.75	A-10	1.92
03383	A-3-3-7-8-J	7-8	10.99	A-J	1.71
03384	A-3-3-7-8-K	7-8	10.75	A-K	2.07
03385	A-3-3-7-8-Q	7-8	10.75	A-Q	2.05
03386	A-3-3-7-9-9	A-7	12.99	A-7	4.24
03387	A-3-3-7-9-10	A-7	9.81	7-10	1.83
03388	A-3-3-7-9-J	A-7	9.79	7-J	1.43
03389	A-3-3-7-9-K	7-K	9.42	7-K	1.86
03390	A-3-3-7-9-Q	7-Q	9.38	7-Q	1.81
03391	A-3-3-7-10-10	A-7	9.42	A-7	0.68
03392	A-3-3-7-10-J	10-J	9.24	7-10	0.20
03393	A-3-3-7-10-K	7-K	7.55	10-K	0.73
03394	A-3-3-7-10-Q	10-Q	7.92	10-Q	0.01
03395	A-3-3-7-J-J	J-J	9.93	A-7	1.16
03396	A-3-3-7-J-K	J-K	8.57	7-K	0.23
03397	A-3-3-7-J-Q	J-Q	9.42	7-Q	0.18
03398	A-3-3-7-K-K	A-7	9.42	A-7	0.68
03399	A-3-3-7-Q-K	Q-K	8.07	Q-K	0.12
03400	A-3-3-7-Q-Q	A-7	9.42	A-7	0.68

HAND No.	SIX-CARD HAND	DISCARD (DEALER)	EXPECTED AVG. (DEALER)	DISCARD (PONE)	EXPECTED AVG. (PONE)
03401	A-3-3-8-8-8	3-3	13.26	A-3	2.19
03402	A-3-3-8-8-9	8-8	11.49	A-9	1.25
03403	A-3-3-8-8-10	8-10	9.97	A-10	1.36
03404	A-3-3-8-8-J	8-8	9.86	8-J	1.57
03405	A-3-3-8-8-K	8-8	9.62	8-K	1.96
03406	A-3-3-8-8-Q	8-8	9.62	8-Q	1.85
03407	A-3-3-8-9-9	A-8	12.90	A-8	4.28
03408	A-3-3-8-9-10	3-3	11.28	A-10	1.55
03409	A-3-3-8-9-J	9-J	10.18	8-J	1.48
03410	A-3-3-8-9-K	A-K	9.48	9-K	2.19
03411	A-3-3-8-9-Q	A-Q	9.51	9-Q	2.10
03412	A-3-3-8-10-10	10-10	11.01	A-8	0.71
03413	A-3-3-8-10-J	10-J	10.89	10-J	0.62
03414	A-3-3-8-10-K	10-K	9.10	10-K	2.38
03415	A-3-3-8-10-Q	10-Q	9.57	10-Q	1.66
03416	A-3-3-8-J-J	J-J	11.58	A-8	1.19
03417	A-3-3-8-J-K	J-K	10.22	J-K	1.51
03418	A-3-3-8-J-Q	J-Q	11.07	J-Q	0.79
03419	A-3-3-8-K-K	K-K	10.84	A-8	0.71
03420	A-3-3-8-Q-K	Q-K	9.72	Q-K	1.77
03421	A-3-3-8-Q-Q	Q-Q	11.06	A-8	0.71
03422	A-3-3-9-9-9	3-3	13.26	A-9	4.46
03423	A-3-3-9-9-10	A-10	12.56	A-10	4.66
03424	A-3-3-9-9-J	A-J	12.77	A-J	4.45
03425	A-3-3-9-9-K	A-K	12.53	A-K	4.81
03426	A-3-3-9-9-Q	A-Q	12.56	A-Q	4.79
03427	A-3-3-9-10-10	10-10	10.88	A-10	1.44
03428	A-3-3-9-10-J	3-3	11.52	A-10	1.40
03429	A-3-3-9-10-K	A-K	9.35	10-K	2.25
03430	A-3-3-9-10-Q	10-Q	9.44	A-Q	1.61
03431	A-3-3-9-J-J	J-J	11.45	A-9	1.46
03432	A-3-3-9-J-K	J-K	10.09	A-K	1.62
03433	A-3-3-9-J-Q	J-Q	10.94	A-Q	1.59
03434	A-3-3-9-K-K	K-K	10.71	A-K	1.07
03435	A-3-3-9-Q-K	Q-K	9.59	Q-K	1.64
03436	A-3-3-9-Q-Q	Q-Q	10.93	A-Q	1.05
03437	A-3-3-10-10-10	3-3	13.26	A-3	2.19
03438	A-3-3-10-10-J	3-3	10.72	A-J	0.88
03439	A-3-3-10-10-K	3-3	9.43	A-K	1.25
03440	A-3-3-10-10-Q	3-3	9.96	A-Q	1.22
03441	A-3-3-10-J-J	3-3	10.96	A-10	1.57
03442	A-3-3-10-J-K	10-J	8.89	10-K	0.62
03443	A-3-3-10-J-Q	3-3	11.52	A-3	0.45
03444	A-3-3-10-K-K	3-3	9.43	A-10	1.10
03445	A-3-3-10-Q-K	3-3	7.87	10-K	0.38
03446	A-3-3-10-Q-Q	3-3	9.96	A-10	1.10
03447	A-3-3-J-J-J	3-3	13.98	A-3	2.90
03448	A-3-3-J-J-K	3-3	10.43	A-K	1.73
03449	A-3-3-J-J-Q	3-3	10.96	A-Q	1.70
03450	A-3-3-J-K-K	3-3	10.19	A-J	0.88

HAND No.	SIX-CARD HAND	DISCARD (DEALER)	EXPECTED AVG. (DEALER)	DISCARD (PONE)	EXPECTED AVG. (PONE)
03451	A-3-3-J-Q-K	3-3	11.43	A-3	0.36
03452	A-3-3-J-Q-Q	3-3	10.72	A-J	0.88
03453	A-3-3-K-K-K	3-3	13.26	A-3	2.19
03454	A-3-3-Q-K-K	3-3	9.96	A-Q	1.22
03455	A-3-3-Q-Q-K	3-3	9.96	A-K	1.25
03456	A-3-3-Q-Q-Q	3-3	13.26	A-3	2.19
03457	A-3-4-4-4-4	A-3	18.09	A-3	8.49
03458	A-3-4-4-4-5	A-4	17.19	A-4	6.07
03459	A-3-4-4-4-6	A-6	14.99	A-6	6.20
03460	A-3-4-4-4-7	A-3	17.61	A-3	8.01
03461	A-3-4-4-4-8	A-8	14.77	A-8	6.15
03462	A-3-4-4-4-9	A-9	14.54	A-9	6.59
03463	A-3-4-4-4-10	A-10	14.56	A-10	6.66
03464	A-3-4-4-4-J	A-J	14.77	A-J	6.45
03465	A-3-4-4-4-K	A-K	14.53	A-K	6.81
03466	A-3-4-4-4-Q	A-Q	14.56	A-Q	6.79
03467	A-3-4-4-5-5	A-4	17.86	A-4	6.74
03468	A-3-4-4-5-6	A-3	20.13	A-3	10.53
03469	A-3-4-4-5-7	A-7	15.73	A-7	6.98
03470	A-3-4-4-5-8	A-8	15.64	A-8	7.02
03471	A-3-4-4-5-9	A-9	15.36	A-9	7.42
03472	A-3-4-4-5-10	A-10	15.34	A-10	7.44
03473	A-3-4-4-5-J	A-J	15.56	A-J	7.23
03474	A-3-4-4-5-K	A-K	15.31	A-K	7.60
03475	A-3-4-4-5-Q	A-Q	15.34	A-Q	7.57
03476	A-3-4-4-6-6	A-4	12.29	3-6	2.69
03477	A-3-4-4-6-7	A-3	11.22	3-7	2.60
03478	A-3-4-4-6-8	A-6	12.38	A-6	3.59
03479	A-3-4-4-6-9	3-9	11.42	3-9	2.69
03480	A-3-4-4-6-10	3-6	12.39	3-6	3.69
03481	A-3-4-4-6-J	3-6	12.62	3-6	3.93
03482	A-3-4-4-6-K	3-6	12.39	3-6	3.69
03483	A-3-4-4-6-Q	3-6	12.39	3-6	3.69
03484	A-3-4-4-7-7	A-3	13.78	A-3	4.19
03485	A-3-4-4-7-8	7-8	12.62	A-7	3.55
03486	A-3-4-4-7-9	3-9	10.68	A-9	2.29
03487	A-3-4-4-7-10	3-7	12.14	3-7	3.56
03488	A-3-4-4-7-J	3-7	12.37	3-7	3.80
03489	A-3-4-4-7-K	3-7	12.14	3-7	3.56
03490	A-3-4-4-7-Q	3-7	12.14	3-7	3.56
03491	A-3-4-4-8-8	A-4	13.21	A-8	3.54
03492	A-3-4-4-8-9	A-9	11.93	A-9	3.98
03493	A-3-4-4-8-10	3-8	12.56	A-10	4.05
03494	A-3-4-4-8-J	3-8	12.80	A-J	3.84
03495	A-3-4-4-8-K	3-8	12.56	A-K	4.20
03496	A-3-4-4-8-Q	3-8	12.56	A-Q	4.18
03497	A-3-4-4-9-9	9-9	11.47	A-3	0.49
03498	A-3-4-4-9-10	3-9	12.42	3-9	3.69
03499	A-3-4-4-9-J	3-9	12.66	3-9	3.93
03500	A-3-4-4-9-K	3-9	12.42	3-9	3.69

HAND No.	SIX-CARD HAND	DISCARD (DEALER)	EXPECTED AVG. (DEALER)	DISCARD (PONE)	EXPECTED AVG. (PONE)
03501	A-3-4-4-9-Q	3-9	12.42	3-9	3.69
03502	A-3-4-4-10-10	3-4	12.69	3-10	3.85
03503	A-3-4-4-10-J	3-J	12.43	3-10	4.13
03504	A-3-4-4-10-K	3-K	12.20	3-K	4.05
03505	A-3-4-4-10-Q	3-Q	12.11	3-Q	3.93
03506	A-3-4-4-J-J	3-4	13.17	3-J	3.86
03507	A-3-4-4-J-K	3-K	12.44	3-K	4.29
03508	A-3-4-4-J-Q	3-J	12.43	3-Q	4.17
03509	A-3-4-4-K-K	3-4	12.69	3-K	4.00
03510	A-3-4-4-Q-K	3-K	12.20	3-K	4.05
03511	A-3-4-4-Q-Q	3-4	12.69	3-Q	3.89
03512	A-3-4-5-5-5	A-5	17.87	A-3	7.69
03513	A-3-4-5-5-6	A-3	20.56	A-3	10.97
03514	A-3-4-5-5-7	A-7	16.38	A-7	7.63
03515	A-3-4-5-5-8	A-8	16.33	A-8	7.71
03516	A-3-4-5-5-9	A-9	16.01	A-9	8.07
03517	A-3-4-5-5-10	A-10	15.95	A-10	8.05
03518	A-3-4-5-5-J	A-J	16.16	A-J	7.84
03519	A-3-4-5-5-K	A-K	15.92	A-K	8.20
03520	A-3-4-5-5-Q	A-Q	15.95	A-Q	8.18
03521	A-3-4-5-6-6	A-3	19.95	A-3	10.36
03522	A-3-4-5-6-7	A-3	14.11	A-7	4.96
03523	A-3-4-5-6-8	A-8	13.64	A-8	5.02
03524	A-3-4-5-6-9	A-3	14.43	A-9	5.33
03525	A-3-4-5-6-10	A-3	14.26	A-10	5.40
03526	A-3-4-5-6-J	A-3	14.50	A-J	5.18
03527	A-3-4-5-6-K	A-3	14.26	A-K	5.55
03528	A-3-4-5-6-Q	A-3	14.26	A-Q	5.52
03529	A-3-4-5-7-7	A-4	14.36	A-7	3.40
03530	A-3-4-5-7-8	7-8	13.65	A-8	3.43
03531	A-3-4-5-7-9	A-9	11.77	A-9	3.83
03532	A-3-4-5-7-10	A-4	11.93	A-10	3.86
03533	A-3-4-5-7-J	A-4	12.16	A-J	3.64
03534	A-3-4-5-7-K	A-4	11.93	A-K	4.01
03535	A-3-4-5-7-Q	A-4	11.93	A-Q	3.98
03536	A-3-4-5-8-8	A-5	13.30	A-8	3.26
03537	A-3-4-5-8-9	8-9	11.86	A-9	3.66
03538	A-3-4-5-8-10	A-8	11.75	A-10	3.68
03539	A-3-4-5-8-J	A-8	11.98	A-J	3.47
03540	A-3-4-5-8-K	A-8	11.75	A-K	3.83
03541	A-3-4-5-8-Q	A-8	11.75	A-Q	3.81
03542	A-3-4-5-9-9	3-4	12.99	3-4	2.16
03543	A-3-4-5-9-10	A-9	11.43	A-9	3.48
03544	A-3-4-5-9-J	A-9	11.67	A-9	3.72
03545	A-3-4-5-9-K	A-9	11.43	A-9	3.48
03546	A-3-4-5-9-Q	A-9	11.43	A-9	3.48
03547	A-3-4-5-10-10	3-5	13.79	A-10	3.46
03548	A-3-4-5-10-J	3-5	12.64	A-10	3.75
03549	A-3-4-5-10-K	3-5	11.88	A-K	3.66
03550	A-3-4-5-10-Q	3-5	12.14	A-Q	3.63

HAND No.	SIX-CARD HAND	DISCARD (DEALER)	EXPECTED AVG. (DEALER)	DISCARD (PONE)	EXPECTED AVG. (PONE)
03551	A-3-4-5-J-J	3-5	14.27	A-3	3.60
03552	A-3-4-5-J-K	3-5	12.38	A-K	3.90
03553	A-3-4-5-J-Q	3-5	12.64	A-Q	3.87
03554	A-3-4-5-K-K	3-5	13.79	A-K	3.62
03555	A-3-4-5-Q-K	3-5	12.14	A-K	3.66
03556	A-3-4-5-Q-Q	3-5	13.79	A-Q	3.59
03557	A-3-4-6-6-6	A-4	18.73	A-4	7.61
03558	A-3-4-6-6-7	A-4	12.25	A-7	2.03
03559	A-3-4-6-6-8	3-4	13.30	3-4	2.47
03560	A-3-4-6-6-9	A-4	14.64	A-4	3.52
03561	A-3-4-6-6-10	A-4	10.86	A-10	2.44
03562	A-3-4-6-6-J	A-4	11.10	A-J	2.23
03563	A-3-4-6-6-K	A-4	10.86	A-K	2.60
03564	A-3-4-6-6-Q	A-4	10.86	A-Q	2.57
03565	A-3-4-6-7-7	3-4	11.99	3-6	1.43
03566	A-3-4-6-7-8	3-4	14.45	3-4	3.62
03567	A-3-4-6-7-9	6-9	10.27	3-7	-0.31
03568	A-3-4-6-7-10	6-7	9.79	6-10	0.78
03569	A-3-4-6-7-J	6-7	10.03	6-J	0.53
03570	A-3-4-6-7-K	6-7	9.79	6-K	0.94
03571	A-3-4-6-7-Q	6-7	9.79	6-Q	0.87
03572	A-3-4-6-8-8	3-4	12.99	A-6	2.99
03573	A-3-4-6-8-9	3-4	11.04	3-4	0.21
03574	A-3-4-6-8-10	6-8	9.44	6-10	0.65
03575	A-3-4-6-8-J	6-8	9.68	6-J	0.40
03576	A-3-4-6-8-K	6-8	9.44	6-K	0.81
03577	A-3-4-6-8-Q	6-8	9.44	6-Q	0.74
03578	A-3-4-6-9-9	A-4	12.60	A-3	2.49
03579	A-3-4-6-9-10	6-9	10.01	3-10	0.02
03580	A-3-4-6-9-J	6-9	10.25	3-6	-0.16
03581	A-3-4-6-9-K	6-9	10.01	3-K	0.18
03582	A-3-4-6-9-Q	6-9	10.01	3-Q	0.06
03583	A-3-4-6-10-10	3-6	11.73	3-6	3.04
03584	A-3-4-6-10-J	3-6	10.58	3-6	1.89
03585	A-3-4-6-10-K	3-6	9.82	3-6	1.13
03586	A-3-4-6-10-Q	3-6	10.08	3-6	1.39
03587	A-3-4-6-J-J	3-6	12.21	3-6	3.52
03588	A-3-4-6-J-K	3-6	10.32	3-6	1.63
03589	A-3-4-6-J-Q	3-6	10.58	3-6	1.89
03590	A-3-4-6-K-K	3-6	11.73	3-6	3.04
03591	A-3-4-6-Q-K	3-6	10.08	3-6	1.39
03592	A-3-4-6-Q-Q	3-6	11.73	3-6	3.04
03593	A-3-4-7-7-7	3-4	18.21	3-4	7.38
03594	A-3-4-7-7-8	3-4	15.21	3-4	4.38
03595	A-3-4-7-7-9	3-4	10.86	3-9	1.39
03596	A-3-4-7-7-10	7-7	10.70	3-10	1.63
03597	A-3-4-7-7-J	7-7	10.94	3-J	1.40
03598	A-3-4-7-7-K	7-7	10.70	3-K	1.79
03599	A-3-4-7-7-Q	7-7	10.70	3-Q	1.67
03600	A-3-4-7-8-8	A-4	13.69	A-3	3.14

HAND No.	SIX-CARD HAND	DISCARD (DEALER)	EXPECTED AVG. (DEALER)	DISCARD (PONE)	EXPECTED AVG. (PONE)
03601	A-3-4-7-8-9	A-4	12.58	A-3	2.08
03602	A-3-4-7-8-10	7-8	11.32	A-10	2.18
03603	A-3-4-7-8-J	7-8	11.56	A-J	1.97
03604	A-3-4-7-8-K	7-8	11.32	A-K	2.33
03605	A-3-4-7-8-Q	7-8	11.32	A-Q	2.31
03606	A-3-4-7-9-9	9-9	10.30	3-7	-0.57
03607	A-3-4-7-9-10	9-10	9.38	3-7	-0.22
03608	A-3-4-7-9-J	7-9	9.11	9-J	0.14
03609	A-3-4-7-9-K	7-9	8.87	9-K	1.06
03610	A-3-4-7-9-Q	7-9	8.87	9-Q	0.97
03611	A-3-4-7-10-10	3-7	11.48	3-7	2.91
03612	A-3-4-7-10-J	3-7	10.33	3-7	1.76
03613	A-3-4-7-10-K	3-7	9.57	10-K	1.16
03614	A-3-4-7-10-Q	3-7	9.83	3-7	1.26
03615	A-3-4-7-J-J	3-7	11.96	3-7	3.39
03616	A-3-4-7-J-K	3-7	10.07	3-7	1.50
03617	A-3-4-7-J-Q	3-7	10.33	3-7	1.76
03618	A-3-4-7-K-K	3-7	11.48	3-7	2.91
03619	A-3-4-7-Q-K	3-7	9.83	3-7	1.26
03620	A-3-4-7-Q-Q	3-7	11.48	3-7	2.91
03621	A-3-4-8-8-8	A-4	12.60	A-8	2.93
03622	A-3-4-8-8-9	A-9	11.32	A-9	3.38
03623	A-3-4-8-8-10	A-10	11.34	A-10	3.44
03624	A-3-4-8-8-J	A-J	11.56	A-J	3.23
03625	A-3-4-8-8-K	A-K	11.31	A-K	3.60
03626	A-3-4-8-8-Q	A-Q	11.34	A-Q	3.57
03627	A-3-4-8-9-9	9-9	10.21	A-9	0.03
03628	A-3-4-8-9-10	A-4	10.66	A-3	0.16
03629	A-3-4-8-9-J	8-9	9.77	9-J	0.05
03630	A-3-4-8-9-K	8-9	9.53	9-K	0.98
03631	A-3-4-8-9-Q	8-9	9.53	9-Q	0.88
03632	A-3-4-8-10-10	3-8	11.86	3-8	2.83
03633	A-3-4-8-10-J	3-8	10.71	3-8	1.68
03634	A-3-4-8-10-K	3-8	9.95	10-K	1.08
03635	A-3-4-8-10-Q	3-8	10.21	3-8	1.18
03636	A-3-4-8-J-J	3-8	12.34	3-8	3.31
03637	A-3-4-8-J-K	3-8	10.45	3-8	1.42
03638	A-3-4-8-J-Q	3-8	10.71	3-8	1.68
03639	A-3-4-8-K-K	3-8	11.86	3-8	2.83
03640	A-3-4-8-Q-K	3-8	10.21	3-8	1.18
03641	A-3-4-8-Q-Q	3-8	11.86	3-8	2.83
03642	A-3-4-9-9-9	A-4	12.60	A-3	2.23
03643	A-3-4-9-9-10	9-9	10.03	3-9	-0.18
03644	A-3-4-9-9-J	9-9	10.27	3-9	-0.20
03645	A-3-4-9-9-K	9-9	10.03	3-K	-0.08
03646	A-3-4-9-9-Q	9-9	10.03	3-Q	-0.20
03647	A-3-4-9-10-10	3-9	11.72	3-9	3.00
03648	A-3-4-9-10-J	A-4	10.95	3-9	1.78
03649	A-3-4-9-10-K	3-9	9.81	3-9	1.08
03650	A-3-4-9-10-Q	3-9	10.07	3-9	1.34

HAND No.	SIX-CARD HAND	DISCARD (DEALER)	EXPECTED AVG. (DEALER)	DISCARD (PONE)	EXPECTED AVG. (PONE)
03651	A-3-4-9-J-J	3-9	12.20	3-9	3.47
03652	A-3-4-9-J-K	3-9	10.31	3-9	1.58
03653	A-3-4-9-J-Q	3-9	10.57	3-9	1.84
03654	A-3-4-9-K-K	3-9	11.72	3-9	3.00
03655	A-3-4-9-Q-K	3-9	10.07	3-9	1.34
03656	A-3-4-9-Q-Q	3-9	11.72	3-9	3.00
03657	A-3-4-10-10-10	A-4	12.73	3-10	3.16
03658	A-3-4-10-10-J	3-J	11.78	3-J	3.01
03659	A-3-4-10-10-K	3-K	11.55	3-K	3.39
03660	A-3-4-10-10-Q	3-Q	11.46	3-Q	3.28
03661	A-3-4-10-J-J	3-10	11.92	3-10	3.72
03662	A-3-4-10-J-K	3-K	10.40	3-K	2.24
03663	A-3-4-10-J-Q	A-4	10.99	3-Q	2.06
03664	A-3-4-10-K-K	3-10	11.44	3-10	3.24
03665	A-3-4-10-Q-K	3-K	9.90	3-K	1.74
03666	A-3-4-10-Q-Q	3-10	11.44	3-10	3.24
03667	A-3-4-J-J-J	A-4	13.45	3-J	3.40
03668	A-3-4-J-J-K	3-K	12.03	3-K	3.87
03669	A-3-4-J-J-Q	3-Q	11.94	3-Q	3.76
03670	A-3-4-J-K-K	3-J	11.78	3-J	3.01
03671	A-3-4-J-Q-K	A-4	10.90	3-K	2.18
03672	A-3-4-J-Q-Q	3-J	11.78	3-J	3.01
03673	A-3-4-K-K-K	A-4	12.73	3-K	3.31
03674	A-3-4-Q-K-K	3-Q	11.46	3-Q	3.28
03675	A-3-4-Q-Q-K	3-K	11.55	3-K	3.39
03676	A-3-4-Q-Q-Q	A-4	12.73	3-Q	3.19
03677	A-3-5-5-5-5 ★	A-3	27.30	A-3	17.71
03678	A-3-5-5-5-6	A-3	17.26	A-3	7.66
03679	A-3-5-5-5-7	A-3	16.35	A-7	7.29
03680	A-3-5-5-5-8	A-8	16.07	A-8	7.45
03681	A-3-5-5-5-9	A-9	15.71	A-9	7.77
03682	A-3-5-5-5-10	A-3	20.91	A-3	11.32
03683	A-3-5-5-5-J	A-3	21.15	A-3	11.56
03684	A-3-5-5-5-K	A-3	20.91	A-3	11.32
03685	A-3-5-5-5-Q	A-3	20.91	A-3	11.32
03686	A-3-5-5-6-6	5-5	14.85	A-3	4.01
03687	A-3-5-5-6-7	A-3	16.82	A-3	7.23
03688	A-3-5-5-6-8	5-5	13.11	A-8	1.71
03689	A-3-5-5-6-9	3-5	12.75	3-6	3.95
03690	A-3-5-5-6-10	A-3	14.00	A-3	4.40
03691	A-3-5-5-6-J	A-3	14.24	A-3	4.64
03692	A-3-5-5-6-K	A-3	14.00	A-3	4.40
03693	A-3-5-5-6-Q	A-3	14.00	A-3	4.40
03694	A-3-5-5-7-7	5-5	14.67	A-7	4.90
03695	A-3-5-5-7-8	A-8	13.64	A-8	5.02
03696	A-3-5-5-7-9	A-9	13.32	A-9	5.38
03697	A-3-5-5-7-10	A-3	13.39	A-10	5.36
03698	A-3-5-5-7-J	A-3	13.63	A-J	5.14
03699	A-3-5-5-7-K	A-3	13.39	A-K	5.51
03700	A-3-5-5-7-Q	A-3	13.39	A-Q	5.48

HAND No.	SIX-CARD HAND	DISCARD (DEALER)	EXPECTED AVG. (DEALER)	DISCARD (PONE)	EXPECTED AVG. (PONE)
03701	A-3-5-5-8-8	5-5	12.81	A-3	1.79
03702	A-3-5-5-8-9	3-8	12.82	3-8	3.79
03703	A-3-5-5-8-10	A-3	13.22	A-8	4.28
03704	A-3-5-5-8-J	A-3	13.19	A-8	4.52
03705	A-3-5-5-8-K	A-3	12.95	A-8	4.28
03706	A-3-5-5-8-Q	A-3	12.95	A-8	4.28
03707	A-3-5-5-9-9	3-5	13.92	3-9	3.82
03708	A-3-5-5-9-10	A-3	13.39	A-9	4.59
03709	A-3-5-5-9-J	A-3	13.37	A-9	4.83
03710	A-3-5-5-9-K	A-3	12.87	A-9	4.59
03711	A-3-5-5-9-Q	A-3	12.87	A-9	4.59
03712	A-3-5-5-10-10	A-3	18.35	A-3	8.75
03713	A-3-5-5-10-J	A-3	17.19	A-3	7.60
03714	A-3-5-5-10-K	A-3	16.43	A-3	6.84
03715	A-3-5-5-10-Q	A-3	16.69	A-3	7.10
03716	A-3-5-5-J-J	A-3	18.82	A-3	9.23
03717	A-3-5-5-J-K	A-3	16.93	A-3	7.34
03718	A-3-5-5-J-Q	A-3	17.19	A-3	7.60
03719	A-3-5-5-K-K	A-3	18.35	A-3	8.75
03720	A-3-5-5-Q-K	A-3	16.69	A-3	7.10
03721	A-3-5-5-Q-Q	A-3	18.35	A-3	8.75
03722	A-3-5-6-6-6	A-5	18.76	A-5	7.33
03723	A-3-5-6-6-7	A-3	16.39	A-3	6.79
03724	A-3-5-6-6-8	3-5	14.35	A-8	2.93
03725	A-3-5-6-6-9	A-5	14.67	A-3	4.06
03726	A-3-5-6-6-10	5-10	12.79	A-10	3.27
03727	A-3-5-6-6-J	5-J	13.14	A-J	3.05
03728	A-3-5-6-6-K	5-K	12.80	A-K	3.42
03729	A-3-5-6-6-Q	5-Q	12.76	A-Q	3.39
03730	A-3-5-6-7-7	A-3	16.35	A-3	6.75
03731	A-3-5-6-7-8	3-5	15.48	A-3	4.58
03732	A-3-5-6-7-9	A-3	12.63	A-9	3.83
03733	A-3-5-6-7-10	A-3	12.41	A-10	3.90
03734	A-3-5-6-7-J	A-3	12.65	A-J	3.68
03735	A-3-5-6-7-K	A-3	12.41	A-K	4.05
03736	A-3-5-6-7-Q	A-3	12.41	A-Q	4.02
03737	A-3-5-6-8-8	3-5	14.05	3-5	1.32
03738	A-3-5-6-8-9	3-5	12.05	3-8	1.74
03739	A-3-5-6-8-10	5-10	11.01	3-10	0.68
03740	A-3-5-6-8-J	5-J	11.36	8-J	0.92
03741	A-3-5-6-8-K	5-K	11.02	8-K	1.31
03742	A-3-5-6-8-Q	5-Q	10.98	8-Q	1.20
03743	A-3-5-6-9-9	3-5	13.18	A-3	3.36
03744	A-3-5-6-9-10	A-3	11.43	3-10	2.20
03745	A-3-5-6-9-J	A-3	11.41	3-J	1.97
03746	A-3-5-6-9-K	A-3	10.91	3-K	2.35
03747	A-3-5-6-9-Q	A-3	10.91	3-Q	2.24
03748	A-3-5-6-10-10	A-3	12.69	A-6	3.16
03749	A-3-5-6-10-J	A-3	11.54	A-6	2.01
03750	A-3-5-6-10-K	A-3	10.78	10-K	1.64

HAND No.	SIX-CARD HAND	DISCARD (DEALER)	EXPECTED AVG. (DEALER)	DISCARD (PONE)	EXPECTED AVG. (PONE)
03751	A-3-5-6-10-Q	A-3	11.04	A-6	1.51
03752	A-3-5-6-J-J	A-3	13.17	A-6	3.64
03753	A-3-5-6-J-K	A-3	11.28	A-6	1.75
03754	A-3-5-6-J-Q	A-3	11.54	A-6	2.01
03755	A-3-5-6-K-K	A-3	12.69	A-6	3.16
03756	A-3-5-6-Q-K	A-3	11.04	A-6	1.51
03757	A-3-5-6-Q-Q	A-3	12.69	A-6	3.16
03758	A-3-5-7-7-7	3-5	19.27	3-5	6.54
03759	A-3-5-7-7-8	3-5	16.27	A-3	4.19
03760	A-3-5-7-7-9	A-9	12.41	A-9	4.46
03761	A-3-5-7-7-10	5-10	12.62	A-10	4.49
03762	A-3-5-7-7-J	5-J	12.96	A-J	4.27
03763	A-3-5-7-7-K	5-K	12.63	A-K	4.64
03764	A-3-5-7-7-Q	5-Q	12.59	A-Q	4.61
03765	A-3-5-7-8-8	3-5	14.27	A-3	4.10
03766	A-3-5-7-8-9	3-5	13.11	A-3	2.86
03767	A-3-5-7-8-10	7-8	11.32	A-10	2.57
03768	A-3-5-7-8-J	7-8	11.56	A-J	2.36
03769	A-3-5-7-8-K	7-8	11.32	A-K	2.73
03770	A-3-5-7-8-Q	7-8	11.32	A-Q	2.70
03771	A-3-5-7-9-9	3-7	11.66	3-7	3.08
03772	A-3-5-7-9-10	3-7	10.14	A-9	2.03
03773	A-3-5-7-9-J	A-9	10.21	A-9	2.27
03774	A-3-5-7-9-K	A-9	9.97	A-9	2.03
03775	A-3-5-7-9-Q	A-9	9.97	A-9	2.03
03776	A-3-5-7-10-10	A-3	12.39	A-7	3.16
03777	A-3-5-7-10-J	A-3	11.24	A-10	2.29
03778	A-3-5-7-10-K	A-3	10.48	A-K	2.20
03779	A-3-5-7-10-Q	A-3	10.74	A-Q	2.18
03780	A-3-5-7-J-J	A-3	12.87	A-7	3.63
03781	A-3-5-7-J-K	A-3	10.98	A-K	2.44
03782	A-3-5-7-J-Q	A-3	11.24	A-Q	2.42
03783	A-3-5-7-K-K	A-3	12.39	A-7	3.16
03784	A-3-5-7-Q-K	A-3	10.74	A-K	2.20
03785	A-3-5-7-Q-Q	A-3	12.39	A-7	3.16
03786	A-3-5-8-8-8	3-5	13.27	A-3	2.93
03787	A-3-5-8-8-9 ♣	3-5	10.44	A-3	0.10
03788	A-3-5-8-8-10	A-3	10.95	A-3	1.36
03789	A-3-5-8-8-J	5-J	11.01	A-3	1.08
03790	A-3-5-8-8-K	5-K	10.67	A-3	0.84
03791	A-3-5-8-8-Q	5-Q	10.63	A-3	0.84
03792	A-3-5-8-9-9	3-8	12.03	3-8	3.00
03793	A-3-5-8-9-10	A-3	12.24	A-3	2.64
03794	A-3-5-8-9-J	3-8	10.49	3-8	1.46
03795	A-3-5-8-9-K	3-8	9.99	3-8	0.96
03796	A-3-5-8-9-Q	3-8	9.99	3-8	0.96
03797	A-3-5-8-10-10	A-3	12.69	A-8	3.23
03798	A-3-5-8-10-J	A-3	11.11	A-8	2.08
03799	A-3-5-8-10-K	A-3	10.52	A-8	1.32
03800	A-3-5-8-10-Q	A-3	10.78	A-8	1.58

HAND No.	SIX-CARD HAND	DISCARD (DEALER)	EXPECTED AVG. (DEALER)	DISCARD (PONE)	EXPECTED AVG. (PONE)
03801	A-3-5-8-J-J	A-3	12.65	A-8	3.71
03802	A-3-5-8-J-K	A-3	10.76	A-8	1.82
03803	A-3-5-8-J-Q	A-3	11.02	A-8	2.08
03804	A-3-5-8-K-K	A-3	12.17	A-8	3.23
03805	A-3-5-8-Q-K	A-3	10.52	A-8	1.58
03806	A-3-5-8-Q-Q	A-3	12.17	A-8	3.23
03807	A-3-5-9-9-9	3-5	13.14	3-9	3.04
03808	A-3-5-9-9-10	3-10	11.62	3-10	3.42
03809	A-3-5-9-9-J	3-J	11.96	3-J	3.18
03810	A-3-5-9-9-K	3-K	11.72	3-K	3.57
03811	A-3-5-9-9-Q	3-Q	11.63	3-Q	3.45
03812	A-3-5-9-10-10	A-3	13.17	A-3	3.58
03813	A-3-5-9-10-J	A-3	14.22	A-3	4.62
03814	A-3-5-9-10-K	A-3	10.74	3-K	2.05
03815	A-3-5-9-10-Q	A-3	10.82	3-Q	1.93
03816	A-3-5-9-J-J	A-3	13.13	A-9	4.03
03817	A-3-5-9-J-K	A-3	10.98	A-9	2.14
03818	A-3-5-9-J-Q	A-3	11.06	A-9	2.40
03819	A-3-5-9-K-K	A-3	12.13	A-9	3.55
03820	A-3-5-9-Q-K	A-3	10.48	A-9	1.90
03821	A-3-5-9-Q-Q	A-3	12.13	A-9	3.55
03822	A-3-5-10-10-10	A-3	17.74	A-3	8.14
03823	A-3-5-10-10-J	A-3	15.19	A-3	5.60
03824	A-3-5-10-10-K	A-3	13.91	A-3	4.32
03825	A-3-5-10-10-Q	A-3	14.43	A-3	4.84
03826	A-3-5-10-J-J	A-3	15.43	A-3	5.84
03827	A-3-5-10-J-K	A-3	12.85	A-3	3.25
03828	A-3-5-10-J-Q	A-3	16.00	A-3	6.40
03829	A-3-5-10-K-K	A-3	13.91	A-3	4.32
03830	A-3-5-10-Q-K	A-3	12.35	A-3	2.75
03831	A-3-5-10-Q-Q	A-3	14.43	A-3	4.84
03832	A-3-5-J-J-J	A-3	18.45	A-3	8.86
03833	A-3-5-J-J-K	A-3	14.91	A-3	5.32
03834	A-3-5-J-J-Q	A-3	15.43	A-3	5.84
03835	A-3-5-J-K-K	A-3	14.67	A-3	5.08
03836	A-3-5-J-Q-K	A-3	15.91	A-3	6.32
03837	A-3-5-J-Q-Q	A-3	15.19	A-3	5.60
03838	A-3-5-K-K-K	A-3	17.74	A-3	8.14
03839	A-3-5-Q-K-K	A-3	14.43	A-3	4.84
03840	A-3-5-Q-Q-K	A-3	14.43	A-3	4.84
03841	A-3-5-Q-Q-Q	A-3	17.74	A-3	8.14
03842	A-3-6-6-6-6	A-3	18.00	A-3	8.40
03843	A-3-6-6-6-7	A-7	17.16	A-7	8.42
03844	A-3-6-6-6-8	A-8	17.07	A-8	8.45
03845	A-3-6-6-6-9	A-3	17.61	A-9	8.64
03846	A-3-6-6-6-10	A-10	16.73	A-10	8.83
03847	A-3-6-6-6-J	A-J	16.95	A-J	8.62
03848	A-3-6-6-6-K	A-K	16.70	A-K	8.99
03849	A-3-6-6-6-Q	A-Q	16.73	A-Q	8.96
03850	A-3-6-6-7-7	A-3	12.61	A-3	3.01

HAND No.	SIX-CARD HAND	DISCARD (DEALER)	EXPECTED AVG. (DEALER)	DISCARD (PONE)	EXPECTED AVG. (PONE)
03851	A-3-6-6-7-8	A-3	17.56	A-3	7.97
03852	A-3-6-6-7-9	A-3	13.17	A-7	4.33
03853	A-3-6-6-7-10	A-10	10.25	A-10	2.36
03854	A-3-6-6-7-J	A-J	10.47	A-J	2.14
03855	A-3-6-6-7-K	A-K	10.22	A-K	2.51
03856	A-3-6-6-7-Q	A-Q	10.25	A-Q	2.48
03857	A-3-6-6-8-8	3-8	12.21	3-8	3.18
03858	A-3-6-6-8-9	A-8	12.98	A-8	4.36
03859	A-3-6-6-8-10	3-10	11.96	3-10	3.76
03860	A-3-6-6-8-J	3-J	12.30	3-J	3.53
03861	A-3-6-6-8-K	3-K	12.07	3-K	3.92
03862	A-3-6-6-8-Q	3-Q	11.98	3-Q	3.80
03863	A-3-6-6-9-9	A-3	17.35	A-3	7.75
03864	A-3-6-6-9-10	A-10	12.64	A-10	4.75
03865	A-3-6-6-9-J	A-J	12.86	A-J	4.53
03866	A-3-6-6-9-K	A-K	12.61	A-K	4.90
03867	A-3-6-6-9-Q	A-Q	12.64	A-Q	4.87
03868	A-3-6-6-10-10	10-10	10.97	A-10	0.92
03869	A-3-6-6-10-J	10-J	10.84	A-10	1.20
03870	A-3-6-6-10-K	10-K	9.05	10-K	2.34
03871	A-3-6-6-10-Q	10-Q	9.53	10-Q	1.62
03872	A-3-6-6-J-J	J-J	11.54	A-J	0.95
03873	A-3-6-6-J-K	J-K	10.18	J-K	1.47
03874	A-3-6-6-J-Q	J-Q	11.03	A-Q	1.33
03875	A-3-6-6-K-K	K-K	10.79	A-K	1.07
03876	A-3-6-6-Q-K	Q-K	9.68	Q-K	1.72
03877	A-3-6-6-Q-Q	Q-Q	11.01	A-Q	1.05
03878	A-3-6-7-7-7	3-6	17.12	3-6	8.43
03879	A-3-6-7-7-8	A-3	19.35	A-3	9.75
03880	A-3-6-7-7-9	A-3	11.26	3-9	2.13
03881	A-3-6-7-7-10	3-10	10.66	3-10	2.46
03882	A-3-6-7-7-J	3-J	11.00	3-J	2.23
03883	A-3-6-7-7-K	3-K	10.77	3-K	2.61
03884	A-3-6-7-7-Q	3-Q	10.68	3-Q	2.50
03885	A-3-6-7-8-8	A-3	19.17	A-3	9.58
03886	A-3-6-7-8-9	A-3	15.09	A-3	5.49
03887	A-3-6-7-8-10	3-10	13.12	3-10	4.92
03888	A-3-6-7-8-J	3-J	13.46	3-J	4.68
03889	A-3-6-7-8-K	3-K	13.22	3-K	5.07
03890	A-3-6-7-8-Q	3-Q	13.13	3-Q	4.95
03891	A-3-6-7-9-9	A-3	12.61	A-3	3.01
03892	A-3-6-7-9-10	A-3	8.78	3-10	-0.28
03893	A-3-6-7-9-J	A-3	8.93	A-J	-0.51
03894	A-3-6-7-9-K	A-3	8.43	3-K	-0.13
03895	A-3-6-7-9-Q	A-3	8.43	A-Q	-0.17
03896	A-3-6-7-10-10	6-7	8.97	A-3	-1.25
03897	A-3-6-7-10-J	6-7	7.81	7-10	-1.98
03898	A-3-6-7-10-K	6-7	7.05	10-K	-0.97
03899	A-3-6-7-10-Q	6-7	7.31	10-Q	-1.69
03900	A-3-6-7-J-J	6-7	9.44	A-3	-0.77

HAND No.	SIX-CARD HAND	DISCARD (DEALER)	EXPECTED AVG. (DEALER)	DISCARD (PONE)	EXPECTED AVG. (PONE)
03901	A-3-6-7-J-K ♠	6-7	7.55	6-K	-1.82
03902	A-3-6-7-J-Q ♠	6-7	7.81	6-Q	-1.89
03903	A-3-6-7-K-K	6-7	8.97	A-3	-1.25
03904	A-3-6-7-Q-K	6-7	7.31	Q-K	-1.58
03905	A-3-6-7-Q-Q	6-7	8.97	A-3	-1.25
03906	A-3-6-8-8-8	A-3	12.65	A-3	3.06
03907	A-3-6-8-8-9	3-9	11.85	3-9	3.13
03908	A-3-6-8-8-10	3-10	11.66	3-10	3.46
03909	A-3-6-8-8-J	3-J	12.00	3-J	3.23
03910	A-3-6-8-8-K	3-K	11.77	3-K	3.61
03911	A-3-6-8-8-Q	3-Q	11.68	3-Q	3.50
03912	A-3-6-8-9-9	A-3	12.82	A-3	3.23
03913	A-3-6-8-9-10	A-3	11.63	A-3	2.03
03914	A-3-6-8-9-J	3-J	10.04	3-J	1.27
03915	A-3-6-8-9-K	3-K	9.81	3-K	1.66
03916	A-3-6-8-9-Q	3-Q	9.72	3-Q	1.54
03917	A-3-6-8-10-10	10-10	9.14	3-10	-0.54
03918	A-3-6-8-10-J	10-J	9.02	3-10	-0.52
03919	A-3-6-8-10-K	3-K	7.81	10-K	0.51
03920	A-3-6-8-10-Q	3-Q	7.72	10-Q	-0.21
03921	A-3-6-8-J-J	J-J	9.71	3-J	-0.79
03922	A-3-6-8-J-K	J-K	8.35	J-K	-0.36
03923	A-3-6-8-J-Q	J-Q	9.20	3-Q	-0.48
03924	A-3-6-8-K-K	K-K	8.97	3-K	-0.65
03925	A-3-6-8-Q-K	Q-K	7.85	Q-K	-0.10
03926	A-3-6-8-Q-Q	Q-Q	9.19	3-Q	-0.76
03927	A-3-6-9-9-9	A-3	17.22	A-3	7.62
03928	A-3-6-9-9-10	A-3	12.52	A-3	2.93
03929	A-3-6-9-9-J	A-3	12.24	A-3	2.64
03930	A-3-6-9-9-K	A-3	11.48	A-K	2.86
03931	A-3-6-9-9-Q	A-3	11.48	A-Q	2.83
03932	A-3-6-9-10-10	A-3	10.61	A-3	1.01
03933	A-3-6-9-10-J	A-3	11.65	A-3	2.06
03934	A-3-6-9-10-K	A-3	8.17	10-K	0.12
03935	A-3-6-9-10-Q	A-3	8.26	A-Q	-0.43
03936	A-3-6-9-J-J	A-3	10.56	A-3	0.97
03937	A-3-6-9-J-K	A-3	8.41	A-K	-0.43
03938	A-3-6-9-J-Q	J-Q	8.81	A-Q	-0.45
03939	A-3-6-9-K-K	A-3	9.56	A-3	-0.03
03940	A-3-6-9-Q-K	A-3	7.91	Q-K	-0.49
03941	A-3-6-9-Q-Q	A-3	9.56	A-3	-0.03
03942	A-3-6-10-10-10	A-3	11.48	3-6	2.43
03943	A-3-6-10-10-J	A-3	8.93	3-6	-0.11
03944	A-3-6-10-10-K	A-3	7.65	6-K	-0.14
03945	A-3-6-10-10-Q	A-3	8.17	6-Q	-0.21
03946	A-3-6-10-J-J	A-3	9.17	6-10	0.17
03947	A-3-6-10-J-K	10-J	6.71	6-K	-1.29
03948	A-3-6-10-J-Q	A-3	9.74	3-6	0.69
03949	A-3-6-10-K-K	A-3	7.65	6-10	-0.31
03950	A-3-6-10-Q-K ♠	A-3	6.09	10-K	-1.79

HAND No.	SIX-CARD HAND	DISCARD (DEALER)	EXPECTED AVG. (DEALER)	DISCARD (PONE)	EXPECTED AVG. (PONE)
03951	A-3-6-10-Q-Q	A-3	8.17	6-10	-0.31
03952	A-3-6-J-J-J	A-3	12.19	3-6	3.15
03953	A-3-6-J-J-K	A-3	8.65	6-K	0.34
03954	A-3-6-J-J-Q	A-3	9.17	6-Q	0.27
03955	A-3-6-J-K-K	A-3	8.41	6-J	-0.55
03956	A-3-6-J-Q-K	A-3	9.65	3-6	0.60
03957	A-3-6-J-Q-Q	A-3	8.93	3-6	-0.11
03958	A-3-6-K-K-K	A-3	11.48	3-6	2.43
03959	A-3-6-Q-K-K	A-3	8.17	6-Q	-0.21
03960	A-3-6-Q-Q-K	A-3	8.17	6-K	-0.14
03961	A-3-6-Q-Q-Q	A-3	11.48	3-6	2.43
03962	A-3-7-7-7-7	A-3	18.00	A-3	8.40
03963	A-3-7-7-7-8	A-3	19.17	A-3	9.58
03964	A-3-7-7-7-9	3-9	17.11	3-9	8.39
03965	A-3-7-7-7-10	3-10	16.88	3-10	8.68
03966	A-3-7-7-7-J	3-J	17.22	3-J	8.44
03967	A-3-7-7-7-K	3-K	16.98	3-K	8.83
03968	A-3-7-7-7-Q	3-Q	16.89	3-Q	8.71
03969	A-3-7-7-8-8	A-3	19.43	A-3	9.84
03970	A-3-7-7-8-9	A-3	18.87	A-3	9.27
03971	A-3-7-7-8-10	3-10	13.88	3-10	5.68
03972	A-3-7-7-8-J	3-J	14.22	3-J	5.44
03973	A-3-7-7-8-K	3-K	13.98	3-K	5.83
03974	A-3-7-7-8-Q	3-Q	13.89	3-Q	5.71
03975	A-3-7-7-9-9	9-9	11.21	A-3	1.14
03976	A-3-7-7-9-10	9-10	10.33	3-10	1.33
03977	A-3-7-7-9-J	9-J	10.01	3-J	1.10
03978	A-3-7-7-9-K	3-K	9.64	9-K	2.02
03979	A-3-7-7-9-Q	3-Q	9.55	9-Q	1.93
03980	A-3-7-7-10-10	10-10	10.80	3-10	0.76
03981	A-3-7-7-10-J	10-J	10.67	3-10	1.05
03982	A-3-7-7-10-K	3-K	9.11	10-K	2.16
03983	A-3-7-7-10-Q	10-Q	9.35	10-Q	1.44
03984	A-3-7-7-J-J	J-J	11.36	3-J	0.77
03985	A-3-7-7-J-K	J-K	10.01	J-K	1.30
03986	A-3-7-7-J-Q	J-Q	10.85	3-Q	1.08
03987	A-3-7-7-K-K	K-K	10.62	3-K	0.92
03988	A-3-7-7-Q-K	Q-K	9.50	Q-K	1.55
03989	A-3-7-7-Q-Q	Q-Q	10.84	3-Q	0.80
03990	A-3-7-8-8-8	A-3	18.78	A-3	9.19
03991	A-3-7-8-8-9	A-3	18.74	A-3	9.14
03992	A-3-7-8-8-10	A-3	12.69	A-10	3.88
03993	A-3-7-8-8-J	A-3	12.76	A-J	3.66
03994	A-3-7-8-8-K	A-3	12.52	A-K	4.03
03995	A-3-7-8-8-Q	A-3	12.52	A-Q	4.00
03996	A-3-7-8-9-9	A-3	16.82	A-3	7.23
03997	A-3-7-8-9-10	A-3	12.87	A-3	3.27
03998	A-3-7-8-9-J	A-3	11.74	A-J	2.51
03999	A-3-7-8-9-K	A-3	11.41	A-K	2.88
04000	A-3-7-8-9-Q	A-3	11.41	A-Q	2.85

HAND No.	SIX-CARD HAND	DISCARD (DEALER)	EXPECTED AVG. (DEALER)	DISCARD (PONE)	EXPECTED AVG. (PONE)
04001	A-3-7-8-10-10♣	7-8	10.54	A-3	0.93
04002	A-3-7-8-10-J	7-8	9.39	A-10	-0.23
04003	A-3-7-8-10-K	7-8	8.62	10-K	0.64
04004	A-3-7-8-10-Q	7-8	8.89	10-Q	-0.08
04005	A-3-7-8-J-J	7-8	11.02	A-3	0.97
04006	A-3-7-8-J-K	7-8	9.12	A-K	-0.08
04007	A-3-7-8-J-Q	7-8	9.39	A-Q	-0.11
04008	A-3-7-8-K-K	7-8	10.54	A-3	0.49
04009	A-3-7-8-Q-K	7-8	8.89	Q-K	0.03
04010	A-3-7-8-Q-Q	7-8	10.54	A-3	0.49
04011	A-3-7-9-9-9	A-3	12.26	A-3	2.66
04012	A-3-7-9-9-10	A-3	8.87	7-10	-0.31
04013	A-3-7-9-9-J	A-3	8.93	A-3	-0.66
04014	A-3-7-9-9-K	A-3	8.17	7-K	-0.28
04015	A-3-7-9-9-Q	A-3	8.17	7-Q	-0.33
04016	A-3-7-9-10-10	A-3	8.87	A-7	-0.41
04017	A-3-7-9-10-J	A-3	9.82	A-7	0.63
04018	A-3-7-9-10-K	9-10	6.38	10-K	-1.53
04019	A-3-7-9-10-Q ♠	A-3	6.43	7-Q	-1.72
04020	A-3-7-9-J-J	A-3	8.91	A-7	-0.45
04021	A-3-7-9-J-K	A-3	6.76	7-K	-1.69
04022	A-3-7-9-J-Q ♠	J-Q	7.16	7-Q	-1.74
04023	A-3-7-9-K-K	7-9	8.04	A-9	-1.06
04024	A-3-7-9-Q-K ♠	7-9	6.39	9-K	-1.94
04025	A-3-7-9-Q-Q	7-9	8.04	A-9	-1.06
04026	A-3-7-10-10-10	A-3	11.48	A-7	2.42
04027	A-3-7-10-10-J	A-3	8.93	A-7	-0.13
04028	A-3-7-10-10-K	A-3	7.65	7-K	-0.28
04029	A-3-7-10-10-Q	A-3	8.17	7-Q	-0.33
04030	A-3-7-10-J-J	A-3	9.17	7-10	0.17
04031	A-3-7-10-J-K	10-J	6.71	7-K	-1.43
04032	A-3-7-10-J-Q	A-3	9.74	A-7	0.68
04033	A-3-7-10-K-K	A-3	7.65	7-10	-0.31
04034	A-3-7-10-Q-K ♠	A-3	6.09	10-K	-1.79
04035	A-3-7-10-Q-Q	A-3	8.17	7-10	-0.31
04036	A-3-7-J-J-J	A-3	12.19	A-7	3.13
04037	A-3-7-J-J-K	A-3	8.65	7-K	0.20
04038	A-3-7-J-J-Q	A-3	9.17	7-Q	0.15
04039	A-3-7-J-K-K	A-3	8.41	A-7	-0.65
04040	A-3-7-J-Q-K	A-3	9.65	A-7	0.59
04041	A-3-7-J-Q-Q	A-3	8.93	A-7	-0.13
04042	A-3-7-K-K-K	A-3	11.48	A-7	2.42
04043	A-3-7-Q-K-K	A-3	8.17	7-Q	-0.33
04044	A-3-7-Q-Q-K	A-3	8.17	7-K	-0.28
04045	A-3-7-Q-Q-Q	A-3	11.48	A-7	2.42
04046	A-3-8-8-8-8	A-3	17.22	A-3	7.62
04047	A-3-8-8-8-9	A-3	13.04	A-3	3.45
04048	A-3-8-8-8-10	A-3	12.26	A-10	2.83
04049	A-3-8-8-8-J	A-3	11.72	A-J	2.62
04050	A-3-8-8-8-K	A-3	11.48	A-K	2.99

HAND No.	SIX-CARD HAND	DISCARD (DEALER)	EXPECTED AVG. (DEALER)	DISCARD (PONE)	EXPECTED AVG. (PONE)
04051	A-3-8-8-8-Q	A-3	11.48	A-Q	2.96
04052	A-3-8-8-9-9	A-3	11.65	A-3	2.06
04053	A-3-8-8-9-10	A-3	14.91	A-3	5.32
04054	A-3-8-8-9-J	A-3	9.11	A-J	-0.21
04055	A-3-8-8-9-K	A-3	8.69	A-K	0.16
04056	A-3-8-8-9-Q	A-3	8.69	A-Q	0.13
04057	A-3-8-8-10-10	A-3	10.61	A-3	1.01
04058	A-3-8-8-10-J	A-3	8.85	A-J	-0.69
04059	A-3-8-8-10-K	A-3	8.17	10-K	0.12
04060	A-3-8-8-10-Q	A-3	8.43	A-Q	-0.35
04061	A-3-8-8-J-J	A-3	10.04	A-3	0.45
04062	A-3-8-8-J-K	A-3	8.15	A-K	-0.60
04063	A-3-8-8-J-Q	J-Q	8.81	A-Q	-0.63
04064	A-3-8-8-K-K	A-3	9.56	A-3	-0.03
04065	A-3-8-8-Q-K	A-3	7.91	Q-K	-0.49
04066	A-3-8-8-Q-Q	A-3	9.56	A-3	-0.03
04067	A-3-8-9-9-9	A-3	13.04	A-3	3.45
04068	A-3-8-9-9-10	A-3	14.91	A-3	5.32
04069	A-3-8-9-9-J	A-3	9.11	A-J	-0.25
04070	A-3-8-9-9-K	A-3	8.69	A-K	0.12
04071	A-3-8-9-9-Q	A-3	8.69	A-Q	0.09
04072	A-3-8-9-10-10	A-3	14.91	A-3	5.32
04073	A-3-8-9-10-J	A-3	11.19	A-3	1.60
04074	A-3-8-9-10-K	A-3	9.50	A-K	0.97
04075	A-3-8-9-10-Q	A-3	9.59	A-Q	0.94
04076	A-3-8-9-J-J	8-9	9.19	A-8	-0.42
04077	A-3-8-9-J-K	8-9	7.29	8-K	-1.63
04078	A-3-8-9-J-Q ♠	8-9	7.56	8-Q	-1.74
04079	A-3-8-9-K-K	8-9	8.71	A-9	-1.06
04080	A-3-8-9-Q-K ♠	8-9	7.06	Q-K	-1.88
04081	A-3-8-9-Q-Q	8-9	8.71	A-9	-1.06
04082	A-3-8-10-10-10	A-3	12.26	A-3	2.66
04083	A-3-8-10-10-J	A-3	9.11	A-8	-0.09
04084	A-3-8-10-10-K	A-3	8.17	8-K	-0.22
04085	A-3-8-10-10-Q	A-3	8.69	8-Q	-0.32
04086	A-3-8-10-J-J	A-3	9.35	A-8	0.15
04087	A-3-8-10-J-K	10-J	6.71	8-K	-1.37
04088	A-3-8-10-J-Q	A-3	9.82	A-8	0.71
04089	A-3-8-10-K-K	A-3	7.91	A-10	-0.99
04090	A-3-8-10-Q-K ♠	A-3	6.35	10-K	-1.79
04091	A-3-8-10-Q-Q	A-3	8.43	A-8	-0.85
04092	A-3-8-J-J-J	A-3	12.19	A-8	3.17
04093	A-3-8-J-J-K	A-3	8.65	8-K	0.26
04094	A-3-8-J-J-Q	A-3	9.17	8-Q	0.16
04095	A-3-8-J-K-K	A-3	8.41	8-J	-0.61
04096	A-3-8-J-Q-K	A-3	9.65	A-8	0.63
04097	A-3-8-J-Q-Q	A-3	8.93	A-8	-0.09
04098	A-3-8-K-K-K	A-3	11.48	A-8	2.45
04099	A-3-8-Q-K-K	A-3	8.17	8-Q	-0.32
04100	A-3-8-Q-Q-K	A-3	8.17	8-K	-0.22

HAND No.	SIX-CARD HAND	DISCARD (DEALER)	EXPECTED AVG. (DEALER)	DISCARD (PONE)	EXPECTED AVG. (PONE)
04101	A-3-8-Q-Q-Q	A-3	11.48	A-8	2.45
04102	A-3-9-9-9-9	A-3	17.22	A-3	7.62
04103	A-3-9-9-9-10	A-3	13.04	A-3	3.45
04104	A-3-9-9-9-J	A-3	12.50	A-3	2.90
04105	A-3-9-9-9-K	A-3	11.48	A-K	2.86
04106	A-3-9-9-9-Q	A-3	11.48	A-Q	2.83
04107	A-3-9-9-10-10	A-3	11.65	A-3	2.06
04108	A-3-9-9-10-J	A-3	15.15	A-3	5.56
04109	A-3-9-9-10-K	A-3	8.69	10-K	0.12
04110	A-3-9-9-10-Q	A-3	8.87	A-Q	0.09
04111	A-3-9-9-J-J	A-3	11.09	A-3	1.49
04112	A-3-9-9-J-K	A-3	8.67	A-K	-0.17
04113	A-3-9-9-J-Q	A-3	8.85	A-Q	-0.19
04114	A-3-9-9-K-K	A-3	9.56	A-3	-0.03
04115	A-3-9-9-Q-K	A-3	7.91	Q-K	-0.49
04116	A-3-9-9-Q-Q	A-3	9.56	A-3	-0.03
04117	A-3-9-10-10-10	A-3	13.04	A-3	3.45
04118	A-3-9-10-10-J	A-3	15.15	A-3	5.56
04119	A-3-9-10-10-K	A-3	8.69	A-K	0.16
04120	A-3-9-10-10-Q	A-3	8.87	A-Q	0.13
04121	A-3-9-10-J-J	A-3	15.39	A-3	5.79
04122	A-3-9-10-J-K	A-3	9.82	A-K	1.20
04123	A-3-9-10-J-Q	A-3	11.19	A-3	1.60
04124	A-3-9-10-K-K	9-10	8.29	A-10	-1.04
04125	A-3-9-10-Q-K	9-10	6.64	9-K	-1.68
04126	A-3-9-10-Q-Q	A-3	8.61	A-9	-0.54
04127	A-3-9-J-J-J	A-3	12.98	A-9	3.48
04128	A-3-9-J-J-K	A-3	9.17	9-K	0.45
04129	A-3-9-J-J-Q	A-3	9.35	A-9	0.46
04130	A-3-9-J-K-K	A-3	8.67	A-9	-0.30
04131	A-3-9-J-Q-K	A-3	9.74	A-9	0.94
04132	A-3-9-J-Q-Q	A-3	9.11	A-9	0.22
04133	A-3-9-K-K-K	A-3	11.48	A-9	2.77
04134	A-3-9-Q-K-K	A-3	8.17	9-Q	-0.12
04135	A-3-9-Q-K-K	A-3	8.17	9-K	-0.02
04136	A-3-9-Q-Q-Q	A-3	11.48	A-9	2.77
04137	A-3-10-10 10-10	A-3	17.22	A-3	7.62
04138	A-3-10-10-10-J	A-3	13.28	A-3	3.69
04139	A-3-10-10-10-K	A-3	11.48	A-K	2.99
04140	A-3-10-10-10-Q	A-3	12.26	A-Q	2.96
04141	A-3-10-10-J-J	A-3	12.13	A-3	2.53
04142	A-3-10-10-J-K	A-3	9.11	A-K	0.44
04143	A-3-10-10-J-Q	A-3	15.15	A-3	5.56
04144	A-3-10-10-K-K	A-3	9.56	A-3	-0.03
04145	A-3-10-10-Q-K	A-3	8.35	A-K	-0.32
04146	A-3-10-10-Q-Q	A-3	10.61	A-3	1.01
04147	A-3-10-J-J-J	A-3	13.76	A-3	4.16
04148	A-3-10-J-J-K	A-3	9.35	A-K	0.68
04149	A-3-10-J-J-Q	A-3	15.39	A-3	5.79
04150	A-3-10-J-K-K	A-3	8.85	A-10	-0.23

HAND No.	SIX-CARD HAND	DISCARD (DEALER)	EXPECTED AVG. (DEALER)	DISCARD (PONE)	EXPECTED AVG. (PONE)
04151	A-3-10-J-Q-K	A-3	11.11	A-3	1.51
04152	A-3-10-J-Q-Q	A-3	15.15	A-3	5.56
04153	A-3-10-K-K-K	A-3	11.48	A-10	2.83
04154	A-3-10-Q-K-K	A-3	8.35	A-10	-0.47
04155	A-3-10-Q-Q-K	A-3	8.35	10-K	0.12
04156	A-3-10-Q-Q-Q	A-3	12.26	A-10	2.83
04157	A-3-J-J-J-J	A-3	18.17	A-3	8.58
04158	A-3-J-J-J-K	A-3	12.98	A-K	3.70
04159	A-3-J-J-J-Q	A-3	13.76	A-3	4.16
04160	A-3-J-J-K-K	A-3	11.09	A-3	1.49
04161	A-3-J-J-Q-K	A-3	15.22	A-3	5.62
04162	A-3-J-J-Q-Q	A-3	12.13	A-3	2.53
04163	A-3-J-K-K-K	A-3	12.50	A-3	2.90
04164	A-3-J-Q-K-K	A-3	14.98	A-3	5.38
04165	A-3-J-Q-Q-K	A-3	14.98	A-3	5.38
04166	A-3-J-Q-Q-Q	A-3	13.28	A-3	3.69
04167	A-3-K-K-K-K	A-3	17.22	A-3	7.62
04168	A-3-Q-K-K-K	A-3	12.26	A-Q	2.96
04169	A-3-Q-Q-K-K	A-3	10.61	A-3	1.01
04170	A-3-Q-Q-Q-K	A-3	12.26	A-K	2.99
04171	A-3-Q-Q-Q-Q	A-3	17.22	A-3	7.62
04172	A-4-4-4-4-5	A-5	19.19	A-5	7.77
04173	A-4-4-4-4-6	A-6	17.60	A-6	8.81
04174	A-4-4-4-4-7	A-4	18.29	A-7	8.59
04175	A-4-4-4-4-8	A-8	17.51	A-8	8.89
04176	A-4-4-4-4-9	A-9	17.14	A-9	9.20
04177	A-4-4-4-4-10	A-10	17.16	A-10	9.27
04178	A-4-4-4-4-J	A-J	17.38	A-J	9.05
04179	A-4-4-4-4-K	A-K	17.14	A-K	9.42
04180	A-4-4-4-4-Q	A-Q	17.17	A-Q	9.39
04181	A-4-4-4-5-5	5-5	18.54	A-5	4.25
04182	A-4-4-4-5-6	A-4	20.88	A-4	9.76
04183	A-4-4-4-5-7	A-5	18.58	A-5	7.16
04184	A-4-4-4-5-8	5-8	15.22	A-8	5.41
04185	A-4-4-4-5-9	5-9	15.17	A-9	5.72
04186	A-4-4-4-5-10	5-10	16.27	A-10	5.75
04187	A-4-4-4-5-J	5-J	16.62	A-J	5.53
04188	A-4-4-4-5-K	5-K	16.28	A-K	5.90
04189	A-4-4-4-5-Q	5-Q	16.24	A-Q	5.87
04190	A-4-4-4-6-6	6-6	15.24	A-6	3.86
04191	A-4-4-4-6-7	A-6	16.99	A-6	8.20
04192	A-4-4-4-6-8	6-8	14.22	A-8	3.97
04193	A-4-4-4-6-9	6-9	14.75	A-9	4.25
04194	A-4-4-4-6-10	6-10	12.66	6-10	5.17
04195	A-4-4-4-6-J	6-J	12.89	6-J	4.93
04196	A-4-4-4-6-K	6-K	12.62	6-K	5.34
04197	A-4-4-4-6-Q	6-Q	12.76	6-Q	5.27
04198	A-4-4-4-7-7	A-7	16.81	A-7	8.07
04199	A-4-4-4-7-8	A-8	16.85	A-8	8.23
04200	A-4-4-4-7-9	A-9	16.54	A-9	8.59

HAND No.	SIX-CARD HAND	DISCARD (DEALER)	EXPECTED AVG. (DEALER)	DISCARD (PONE)	EXPECTED AVG. (PONE)
04201	A-4-4-4-7-10	A-10	16.56	A-10	8.66
04202	A-4-4-4-7-J	A-J	16.77	A-J	8.45
04203	A-4-4-4-7-K	A-K	16.53	A-K	8.81
04204	A-4-4-4-7-Q	A-Q	16.56	A-Q	8.79
04205	A-4-4-4-8-8	8-8	15.18	A-8	2.76
04206	A-4-4-4-8-9	8-9	14.45	8-9	3.89
04207	A-4-4-4-8-10	8-10	13.40	8-10	4.46
04208	A-4-4-4-8-J	8-J	13.17	8-J	5.00
04209	A-4-4-4-8-K	8-K	12.76	8-K	5.39
04210	A-4-4-4-8-Q	8-Q	12.79	8-Q	5.29
04211	A-4-4-4-9-9	9-9	14.90	9-9	3.33
04212	A-4-4-4-9-10	9-10	13.90	9-10	4.20
04213	A-4-4-4-9-J	9-J	13.57	9-J	4.66
04214	A-4-4-4-9-K	9-K	12.68	9-K	5.58
04215	A-4-4-4-9-Q	9-Q	12.60	9-Q	5.49
04216	A-4-4-4-10-10	10-10	14.23	4-10	3.81
04217	A-4-4-4-10-J	10-J	14.11	4-10	4.09
04218	A-4-4-4-10-K	10-K	12.31	10-K	5.60
04219	A-4-4-4-10-Q	10-Q	12.79	10-Q	4.88
04220	A-4-4-4-J-J	J-J	14.80	4-J	3.71
04221	A-4-4-4-J-K	J-K	13.44	J-K	4.73
04222	A-4-4-4-J-Q	J-Q	14.29	4-Q	4.17
04223	A-4-4-4-K-K	K-K	14.05	4-K	3.99
04224	A-4-4-4-Q-K	Q-K	12.94	Q-K	4.99
04225	A-4-4-4-Q-Q	Q-Q	14.27	4-Q	3.89
04226	A-4-4-5-5-5	A-4	18.34	A-4	7.22
04227	A-4-4-5-5-6	A-4	21.25	A-4	10.13
04228	A-4-4-5-5-7	5-5	15.76	A-7	4.46
04229	A-4-4-5-5-8	5-5	14.02	A-8	4.54
04230	A-4-4-5-5-9	4-4	14.41	A-9	4.85
04231	A-4-4-5-5-10	5-5	17.33	A-10	4.83
04232	A-4-4-5-5-J	5-5	17.57	A-J	4.62
04233	A-4-4-5-5-K	5-5	17.33	A-K	4.99
04234	A-4-4-5-5-Q	5-5	17.33	A-Q	4.96
04235	A-4-4-5-6-6	A-4	20.69	A-6	10.46
04236	A-4-4-5-6-7	A-7	19.42	A-7	10.68
04237	A-4-4-5-6-8	A-8	19.42	A-8	10.80
04238	A-4-4-5-6-9	A-9	19.01	A-9	11.07
04239	A-4-4-5-6-10	A-10	19.03	A-10	11.14
04240	A-4-4-5-6-J	A-J	19.25	A-J	10.92
04241	A-4-4-5-6-K	A-K	19.01	A-K	11.29
04242	A-4-4-5-6-Q	A-Q	19.04	A-Q	11.26
04243	A-4-4-5-7-7	A-5	14.71	A-5	3.29
04244	A-4-4-5-7-8	7-8	13.49	A-8	2.63
04245	A-4-4-5-7-9	5-9	12.39	A-9	2.98
04246	A-4-4-5-7-10	5-7	14.54	A-10	3.01
04247	A-4-4-5-7-J	5-7	14.78	A-J	2.79
04248	A-4-4-5-7-K	5-7	14.54	A-K	3.16
04249	A-4-4-5-7-Q	5-7	14.54	A-Q	3.13
04250	A-4-4-5-8-8	8-8	12.44	A-8	0.67

HAND No.	SIX-CARD HAND	DISCARD (DEALER)	EXPECTED AVG. (DEALER)	DISCARD (PONE)	EXPECTED AVG. (PONE)
04251	A-4-4-5-8-9	8-9	11.66	8-9	1.11
04252	A-4-4-5-8-10	5-8	14.05	A-8	2.36
04253	A-4-4-5-8-J	5-8	14.29	A-8	2.60
04254	A-4-4-5-8-K	5-8	14.05	8-K	2.65
04255	A-4-4-5-8-Q	5-8	14.05	8-Q	2.55
04256	A-4-4-5-9-9	4-4	13.72	4-4	1.66
04257	A-4-4-5-9-10	5-9	14.00	A-9	2.68
04258	A-4-4-5-9-J	5-9	14.24	A-9	2.92
04259	A-4-4-5-9-K	5-9	14.00	9-K	2.80
04260	A-4-4-5-9-Q	5-9	14.00	9-Q	2.71
04261	A-4-4-5-10-10	5-10	15.09	A-10	2.66
04262	A-4-4-5-10-J	5-J	15.49	A-10	2.94
04263	A-4-4-5-10-K	5-K	15.15	10-K	2.86
04264	A-4-4-5-10-Q	5-10	15.14	A-Q	2.83
04265	A-4-4-5-J-J	5-J	15.68	A-4	3.00
04266	A-4-4-5-J-K	5-J	15.49	A-K	3.10
04267	A-4-4-5-J-Q	5-J	15.49	A-Q	3.07
04268	A-4-4-5-K-K	5-K	15.11	A-K	2.81
04269	A-4-4-5-Q-K	5-K	15.15	A-K	2.86
04270	A-4-4-5-Q-Q	5-Q	15.07	A-Q	2.79
04271	A-4-4-6-6-6	A-4	13.99	A-4	2.87
04272	A-4-4-6-6-7	6-6	12.63	A-7	2.11
04273	A-4-4-6-6-8	4-4	14.06	A-8	2.19
04274	A-4-4-6-6-9	A-4	13.38	A-9	2.42
04275	A-4-4-6-6-10	6-6	14.29	6-10	3.17
04276	A-4-4-6-6-J	6-6	14.53	6-J	2.93
04277	A-4-4-6-6-K	6-6	14.29	6-K	3.34
04278	A-4-4-6-6-Q	6-6	14.29	6-Q	3.27
04279	A-4-4-6-7-7	7-7	13.48	A-6	4.33
04280	A-4-4-6-7-8	4-4	15.17	4-4	3.11
04281	A-4-4-6-7-9	6-9	12.05	7-9	2.31
04282	A-4-4-6-7-10	6-7	13.49	7-10	3.22
04283	A-4-4-6-7-J	6-7	13.73	7-J	2.82
04284	A-4-4-6-7-K	6-7	13.49	7-K	3.25
04285	A-4-4-6-7-Q	6-7	13.49	7-Q	3.20
04286	A-4-4-6-8-8	4-4	13.72	4-4	1.66
04287	A-4-4-6-8-9	8-9	12.27	8-9	1.72
04288	A-4-4-6-8-10	6-8	13.18	6-8	2.70
04289	A-4-4-6-8-J	6-8	13.42	6-8	2.94
04290	A-4-4-6-8-K	6-8	13.18	8-K	3.31
04291	A-4-4-6-8-Q	6-8	13.18	8-Q	3.20
04292	A-4-4-6-9-9	A-4	12.95	A-4	1.83
04293	A-4-4-6-9-10	6-9	13.70	6-9	2.30
04294	A-4-4-6-9-J	6-9	13.94	9-J	2.57
04295	A-4-4-6-9-K	6-9	13.70	9-K	3.50
04296	A-4-4-6-9-Q	6-9	13.70	9-Q	3.40
04297	A-4-4-6-10-10	10-10	12.23	6-10	4.12
04298	A-4-4-6-10-J	10-J	12.11	6-10	4.41
04299	A-4-4-6-10-K	6-10	11.66	6-K	4.34
04300	A-4-4-6-10-Q	6-Q	11.76	6-Q	4.27

HAND No.	SIX-CARD HAND	DISCARD (DEALER)	EXPECTED AVG. (DEALER)	DISCARD (PONE)	EXPECTED AVG. (PONE)
04301	A-4-4-6-J-J	J-J	12.80	6-J	4.12
04302	A-4-4-6-J-K	6-J	11.89	6-K	4.57
04303	A-4-4-6-J-Q	J-Q	12.29	6-Q	4.50
04304	A-4-4-6-K-K	K-K	12.05	6-K	4.29
04305	A-4-4-6-Q-K	6-Q	11.76	6-K	4.34
04306	A-4-4-6-Q-Q	Q-Q	12.27	6-Q	4.22
04307	A-4-4-7-7-7	4-4	18.93	4-4	6.87
04308	A-4-4-7-7-8	4-4	15.93	A-8	4.32
04309	A-4-4-7-7-9	A-9	12.67	A-9	4.72
04310	A-4-4-7-7-10	7-7	14.44	A-10	4.79
04311	A-4-4-7-7-J	7-7	14.68	A-J	4.58
04312	A-4-4-7-7-K	7-7	14.44	A-K	4.94
04313	A-4-4-7-7-Q	7-7	14.44	A-Q	4.92
04314	A-4-4-7-8-8	4-4	13.93	A-8	2.93
04315	A-4-4-7-8-9	4-4	12.83	A-9	3.27
04316	A-4-4-7-8-10	7-8	15.10	A-10	3.40
04317	A-4-4-7-8-J	7-8	15.34	A-J	3.18
04318	A-4-4-7-8-K	7-8	15.10	A-K	3.55
04319	A-4-4-7-8-Q	7-8	15.10	A-Q	3.52
04320	A-4-4-7-9-9	9-9	12.12	A-9	1.11
04321	A-4-4-7-9-10	7-9	12.61	7-9	3.31
04322	A-4-4-7-9-J	7-9	12.84	7-9	3.55
04323	A-4-4-7-9-K	7-9	12.61	7-9	3.31
04324	A-4-4-7-9-Q	7-9	12.61	7-9	3.31
04325	A-4-4-7-10-10	7-10	11.69	7-10	4.13
04326	A-4-4-7-10-J	7-J	12.05	7-10	4.41
04327	A-4-4-7-10-K	7-K	11.76	7-K	4.20
04328	A-4-4-7-10-Q	7-10	11.73	7-10	4.17
04329	A-4-4-7-J-J	7-J	12.25	7-J	3.97
04330	A-4-4-7-J-K	7-J	12.05	7-K	4.44
04331	A-4-4-7-J-Q	7-J	12.05	7-Q	4.39
04332	A-4-4-7-K-K	7-K	11.72	7-K	4.16
04333	A-4-4-7-Q-K	7-K	11.76	7-K	4.20
04334	A-4-4-7-Q-Q	7-Q	11.68	7-Q	4.11
04335	A-4-4-8-8-8	4-4	12.93	A-4	1.57
04336	A-4-4-8-8-9	8-8	10.57	A-9	1.03
04337	A-4-4-8-8-10	8-8	14.05	8-8	1.59
04338	A-4-4-8-8-J	8-8	14.29	8-8	1.83
04339	A-4-4-8-8-K	8-8	14.05	8-8	1.59
04340	A-4-4-8-8-Q	8-8	14.05	8-8	1.59
04341	A-4-4-8-9-9	9-9	10.38	A-8	0.71
04342	A-4-4-8-9-10	8-9	13.32	8-9	2.76
04343	A-4-4-8-9-J	8-9	13.56	8-9	3.00
04344	A-4-4-8-9-K	8-9	13.32	8-9	2.76
04345	A-4-4-8-9-Q	8-9	13.32	8-9	2.76
04346	A-4-4-8-10-10	8-10	12.27	8-10	3.33
04347	A-4-4-8-10-J	8-10	12.56	8-J	3.92
04348	A-4-4-8-10-K	8-10	12.32	8-K	4.31
04349	A-4-4-8-10-Q	8-10	12.32	8-Q	4.20
04350	A-4-4-8-J-J	8-J	12.28	8-J	4.11

HAND No.	SIX-CARD HAND	DISCARD (DEALER)	EXPECTED AVG. (DEALER)	DISCARD (PONE)	EXPECTED AVG. (PONE)
04351	A-4-4-8-J-K	8-J	12.08	8-K	4.55
04352	A-4-4-8-J-Q	8-J	12.08	8-Q	4.44
04353	A-4-4-8-K-K	8-K	11.63	8-K	4.26
04354	A-4-4-8-Q-K	8-Q	11.71	8-K	4.31
04355	A-4-4-8-Q-Q	8-Q	11.66	8-Q	4.16
04356	A-4-4-9-9-9	4-4	12.93	A-4	1.57
04357	A-4-4-9-9-10	9-9	13.77	9-9	2.20
04358	A-4-4-9-9-J	9-9	14.01	9-9	2.44
04359	A-4-4-9-9-K	9-9	13.77	9-9	2.20
04360	A-4-4-9-9-Q	9-9	13.77	9-9	2.20
04361	A-4-4-9-10-10	9-10	12.77	4-9	3.11
04362	A-4-4-9-10-J	9-10	13.05	9-J	3.57
04363	A-4-4-9-10-K	9-10	12.81	9-K	4.50
04364	A-4-4-9-10-Q	9-10	12.81	9-Q	4.40
04365	A-4-4-9-J-J	9-J	12.68	9-J	3.77
04366	A-4-4-9-J-K	9-J	12.49	9-K	4.74
04367	A-4-4-9-J-Q	9-J	12.49	9-Q	4.64
04368	A-4-4-9-K-K	9-K	11.55	9-K	4.45
04369	A-4-4-9-Q-K	9-K	11.59	9-K	4.50
04370	A-4-4-9-Q-Q	4-9	11.52	9-Q	4.36
04371	A-4-4-10-10-10	10-10	13.10	4-10	3.11
04372	A-4-4-10-10-J	10-10	13.43	4-J	2.87
04373	A-4-4-10-10-K	10-10	13.19	10-K	4.51
04374	A-4-4-10-10-Q	10-10	13.19	10-Q	3.79
04375	A-4-4-10-J-J	J-J	13.75	4-10	3.68
04376	A-4-4-10-J-K	10-J	13.06	10-K	4.79
04377	A-4-4-10-J-Q	J-Q	13.24	10-Q	4.07
04378	A-4-4-10-K-K	K-K	13.01	10-K	4.51
04379	A-4-4-10-Q-K	Q-K	11.89	10-K	4.55
04380	A-4-4-10-Q-Q	Q-Q	13.23	10-Q	3.79
04381	A-4-4-J-J-J	J-J	13.91	4-J	3.26
04382	A-4-4-J-J-K	J-J	13.75	J-K	3.88
04383	A-4-4-J-J-Q	J-J	13.75	4-Q	3.75
04384	A-4-4-J-K-K	K-K	13.25	J-K	3.64
04385	A-4-4-J-Q-K	J-Q	13.24	Q-K	4.18
04386	A-4-4-J-Q-Q	Q-Q	13.47	Q-Q	2.96
04387	A-4-4-K-K-K	K-K	12.92	4-K	3.29
04388	A-4-4-Q-K-K	K-K	13.01	Q-K	3.90
04389	A-4-4-Q-Q-K	Q-Q	13.23	Q-K	3.90
04390	A-4-4-Q-Q-Q	Q-Q	13.14	4-Q	3.19
04391	A-4-5-5-5-5 ★	A-4	28.21	A-4	17.09
04392	A-4-5-5-5-6	A-5	21.30	A-5	9.88
04393	A-4-5-5-5-7	A-4	17.38	A-7	8.07
04394	A-4-5-5-5-8	A-8	16.72	A-8	8.10
04395	A-4-5-5-5-9	A-4	16.47	A-9	8.42
04396	A-4-5-5-5-10	A-4	21.82	A-4	10.70
04397	A-4-5-5-5-J	A-4	22.06	A-4	10.94
04398	A-4-5-5-5-K	A-4	21.82	A-4	10.70
04399	A-4-5-5-5-Q	A-4	21.82	A-4	10.70
04400	A-4-5-5-6-6	A-5	20.71	A-6	10.90

HAND No.	SIX-CARD HAND	DISCARD (DEALER)	EXPECTED AVG. (DEALER)	DISCARD (PONE)	EXPECTED AVG. (PONE)
04401	A-4-5-5-6-7	A-7	19.90	A-7	11.16
04402	A-4-5-5-6-8	A-8	19.85	A-8	11.23
04403	A-4-5-5-6-9	A-9	19.45	A-9	11.51
04404	A-4-5-5-6-10	A-10	19.43	A-10	11.53
04405	A-4-5-5-6-J	A-J	19.64	A-J	11.32
04406	A-4-5-5-6-K	A-K	19.40	A-K	11.68
04407	A-4-5-5-6-Q	A-Q	19.43	A-Q	11.66
04408	A-4-5-5-7-7	5-5	15.20	A-4	2.35
04409	A-4-5-5-7-8	7-8	15.32	A-4	2.13
04410	A-4-5-5-7-9	7-9	12.74	4-7	3.93
04411	A-4-5-5-7-10	A-4	14.38	A-7	4.68
04412	A-4-5-5-7-J	A-4	14.62	A-7	4.92
04413	A-4-5-5-7-K	A-4	14.38	A-7	4.68
04414	A-4-5-5-7-Q	A-4	14.38	A-7	4.68
04415	A-4-5-5-8-8	8-8	14.23	8-8	1.76
04416	A-4-5-5-8-9	8-9	13.40	4-8	3.88
04417	A-4-5-5-8-10	A-4	14.12	A-8	4.71
04418	A-4-5-5-8-J	A-4	14.10	A-8	4.95
04419	A-4-5-5-8-K	A-4	13.86	A-8	4.71
04420	A-4-5-5-8-Q	A-4	13.86	A-8	4.71
04421	A-4-5-5-9-9	4-5	14.44	4-9	4.02
04422	A-4-5-5-9-10	A-4	14.29	A-9	5.03
04423	A-4-5-5-9-J	A-4	14.27	A-9	5.27
04424	A-4-5-5-9-K	A-4	13.77	A-9	5.03
04425	A-4-5-5-9-Q	A-4	13.77	A-9	5.03
04426	A-4-5-5-10-10	A-4	19.25	A-4	8.13
04427	A-4-5-5-10-J	A-4	18.10	A-4	6.98
04428	A-4-5-5-10-K	A-4	17.34	A-4	6.22
04429	A-4-5-5-10-Q	A-4	17.60	A-4	6.48
04430	A-4-5-5-J-J	A-4	19.73	A-4	8.61
04431	A-4-5-5-J-K	A-4	17.84	A-4	6.72
04432	A-4-5-5-J-Q	A-4	18.10	A-4	6.98
04433	A-4-5-5-K-K	A-4	19.25	A-4	8.13
04434	A-4-5-5-Q-K	A-4	17.60	A-4	6.48
04435	A-4-5-5-Q-Q	A-4	19.25	A-4	8.13
04436	A-4-5-6-6-6	A-6	19.18	A-6	10.40
04437	A-4-5-6-6-7	A-7	19.34	A-7	10.59
04438	A-4-5-6-6-8	A-8	19.29	A-8	10.67
04439	A-4-5-6-6-9	A-9	18.84	A-9	10.90
04440	A-4-5-6-6-10	A-10	18.90	A-10	11.01
04441	A-4-5-6-6-J	A-J	19.12	A-J	10.79
04442	A-4-5-6-6-K	A-K	18.88	A-K	11.16
04443	A-4-5-6-6-Q	A-Q	18.91	A-Q	11.13
04444	A-4-5-6-7-7	A-4	17.25	A-4	6.13
04445	A-4-5-6-7-8	4-5	16.01	A-8	4.73
04446	A-4-5-6-7-9	A-7	13.77	A-9	5.07
04447	A-4-5-6-7-10	A-7	13.60	A-10	5.14
04448	A-4-5-6-7-J	A-7	13.84	A-7	5.09
04449	A-4-5-6-7-K	A-7	13.60	A-K	5.29
04450	A-4-5-6-7-Q	A-7	13.60	A-Q	5.26

HAND No.	SIX-CARD HAND	DISCARD (DEALER)	EXPECTED AVG. (DEALER)	DISCARD (PONE)	EXPECTED AVG. (PONE)
04451	A-4-5-6-8-8	4-5	14.57	A-8	3.39
04452	A-4-5-6-8-9	A-8	13.70	A-8	5.08
04453	A-4-5-6-8-10	A-8	13.53	A-8	4.91
04454	A-4-5-6-8-J	A-8	13.77	A-8	5.15
04455	A-4-5-6-8-K	A-8	13.53	A-8	4.91
04456	A-4-5-6-8-Q	A-8	13.53	A-8	4.91
04457	A-4-5-6-9-9	9-9	14.01	A-9	5.31
04458	A-4-5-6-9-10	A-10	13.32	A-10	5.42
04459	A-4-5-6-9-J	A-J	13.53	A-9	5.42
04460	A-4-5-6-9-K	A-K	13.29	A-K	5.57
04461	A-4-5-6-9-Q	A-Q	13.32	A-Q	5.55
04462	A-4-5-6-10-10	5-6	14.47	A-10	5.20
04463	A-4-5-6-10-J ♣	10-J	13.48	A-10	5.49
04464	A-4-5-6-10-K	A-10	13.14	A-K	5.40
04465	A-4-5-6-10-Q	A-Q	13.14	A-Q	5.37
04466	A-4-5-6-J-J	5-6	14.95	A-J	5.23
04467	A-4-5-6-J-K	A-J	13.36	A-K	5.64
04468	A-4-5-6-J-Q	J-Q	13.66	A-Q	5.61
04469	A-4-5-6-K-K	5-6	14.47	A-K	5.36
04470	A-4-5-6-Q-K	A-Q	13.14	A-K	5.40
04471	A-4-5-6-Q-Q	5-6	14.47	A-Q	5.33
04472	A-4-5-7-7-7	4-5	19.79	4-5	6.21
04473	A-4-5-7-7-8	4-5	16.79	A-4	3.65
04474	A-4-5-7-7-9	4-5	12.40	4-9	2.46
04475	A-4-5-7-7-10	7-7	13.13	4-10	2.59
04476	A-4-5-7-7-J	7-7	13.37	4-J	2.26
04477	A-4-5-7-7-K	7-7	13.13	4-K	2.77
04478	A-4-5-7-7-Q	7-7	13.13	4-Q	2.67
04479	A-4-5-7-8-8	4-5	14.79	A-4	3.52
04480	A-4-5-7-8-9	4-5	13.64	A-4	2.28
04481	A-4-5-7-8-10	7-8	13.75	A-4	0.91
04482	A-4-5-7-8-J	7-8	13.99	A-4	1.07
04483	A-4-5-7-8-K	7-8	13.75	A-K	0.90
04484	A-4-5-7-8-Q	7-8	13.75	A-Q	0.87
04485	A-4-5-7-9-9	4-7	11.80	4-7	3.19
04486	A-4-5-7-9-10	7-9	11.21	7-9	1.92
04487	A-4-5-7-9-J	7-9	11.45	7-9	2.16
04488	A-4-5-7-9-K	7-9	11.21	7-9	1.92
04489	A-4-5-7-9-Q	7-9	11.21	7-9	1.92
04490	A-4-5-7-10-10	5-7	13.84	A-7	3.37
04491	A-4-5-7-10-J	5-7	12.69	7-10	3.06
04492	A-4-5-7-10-K	5-7	11.93	7-K	2.86
04493	A-4-5-7-10-Q	5-7	12.19	7-10	2.83
04494	A-4-5-7-J-J	5-7	14.32	A-7	3.85
04495	A-4-5-7-J-K	5-7	12.43	7-K	3.09
04496	A-4-5-7-J-Q	5-7	12.69	7-Q	3.04
04497	A-4-5-7-K-K	5-7	13.84	A-7	3.37
04498	A-4-5-7-Q-K	5-7	12.19	7-K	2.86
04499	A-4-5-7-Q-Q	5-7	13.84	A-7	3.37
04500	A-4-5-8-8-8	4-5	13.79	A-4	2.31

HAND No.	SIX-CARD HAND	DISCARD (DEALER)	EXPECTED AVG. (DEALER)	DISCARD (PONE)	EXPECTED AVG. (PONE)
04501	A-4-5-8-8-9	8-8	11.05	A-9	0.33
04502	A-4-5-8-8-10	8-8	12.66	A-4	0.74
04503	A-4-5-8-8-J	8-8	12.90	A-4	0.46
04504	A-4-5-8-8-K	8-8	12.66	A-K	0.51
04505	A-4-5-8-8-Q	8-8	12.66	A-Q	0.48
04506	A-4-5-8-9-9	4-8	11.90	4-8	3.14
04507	A-4-5-8-9-10	A-4	13.14	A-4	2.02
04508	A-4-5-8-9-J	8-9	12.12	8-9	1.57
04509	A-4-5-8-9-K	8-9	11.88	8-9	1.33
04510	A-4-5-8-9-Q	8-9	11.88	8-9	1.33
04511	A-4-5-8-10-10	A-4	13.60	A-8	3.41
04512	A-4-5-8-10-J	5-8	12.16	8-J	2.53
04513	A-4-5-8-10-K	A-4	11.43	8-K	2.92
04514	A-4-5-8-10-Q	A-4	11.69	8-Q	2.81
04515	A-4-5-8-J-J	5-8	13.79	A-8	3.89
04516	A-4-5-8-J-K	5-8	11.90	8-K	3.15
04517	A-4-5-8-J-Q	5-8	12.16	8-Q	3.05
04518	A-4-5-8-K-K	5-8	13.31	A-8	3.41
04519	A-4-5-8-Q-K	5-8	11.66	8-K	2.92
04520	A-4-5-8-Q-Q	5-8	13.31	A-8	3.41
04521	A-4-5-9-9-9	4-5	13.66	4-9	3.28
04522	A-4-5-9-9-10	9-9	12.30	4-10	3.50
04523	A-4-5-9-9-J	9-9	12.53	4-J	3.17
04524	A-4-5-9-9-K	9-9	12.30	4-K	3.68
04525	A-4-5-9-9-Q	9-9	12.30	4-Q	3.58
04526	A-4-5-9-10-10	A-4	14.08	A-9	3.72
04527	A-4-5-9-10-J	A-4	15.12	A-4	4.00
04528	A-4-5-9-10-K	A-4	11.64	9-K	3.06
04529	A-4-5-9-10-Q	A-4	11.73	9-Q	2.97
04530	A-4-5-9-J-J	A-4	14.03	A-9	4.20
04531	A-4-5-9-J-K	A-4	11.88	9-K	3.30
04532	A-4-5-9-J-Q	5-9	12.11	9-Q	3.21
04533	A-4-5-9-K-K	5-9	13.26	A-9	3.72
04534	A-4-5-9-Q-K	5-9	11.61	9-K	3.06
04535	A-4-5-9-Q-Q	5-9	13.26	A-9	3.72
04536	A-4-5-10-10-10	A-4	18.64	A-4	7.52
04537	A-4-5-10-10-J	A-4	16.10	A-4	4.98
04538	A-4-5-10-10-K	A-4	14.82	A-K	3.90
04539	A-4-5-10-10-Q	A-4	15.34	A-4	4.22
04540	A-4-5-10-J-J	A-4	16.34	A-4	5.22
04541	A-4-5-10-J-K	A-4	13.75	10-K	3.40
04542	A-4-5-10-J-Q	A-4	16.90	A-4	5.78
04543	A-4-5-10-K-K	A-4	14.82	A-10	3.75
04544	A-4-5-10-Q-K	A-4	13.25	10-K	3.16
04545	A-4-5-10-Q-Q	A-4	15.34	A-4	4.22
04546	A-4-5-J-J-J	A-4	19.36	A-4	8.24
04547	A-4-5-J-J-K	A-4	15.82	A-4	4.70
04548	A-4-5-J-J-Q	A-4	16.34	A-4	5.22
04549	A-4-5-J-K-K	A-4	15.58	A-4	4.46
04550	A-4-5-J-Q-K	A-4	16.82	A-4	5.70

HAND No.	SIX-CARD HAND	DISCARD (DEALER)	EXPECTED AVG. (DEALER)	DISCARD (PONE)	EXPECTED AVG. (PONE)
04551	A-4-5-J-Q-Q	A-4	16.10	A-4	4.98
04552	A-4-5-K-K-K	A-4	18.64	A-4	7.52
04553	A-4-5-Q-K-K	A-4	15.34	A-4	4.22
04554	A-4-5-Q-Q-K	A-4	15.34	A-4	4.22
04555	A-4-5-Q-Q-Q	A-4	18.64	A-4	7.52
04556	A-4-6-6-6-6	A-4	19.16	A-4	8.04
04557	A-4-6-6-6-7	A-4	14.99	A-4	3.87
04558	A-4-6-6-6-8	A-4	14.08	A-8	3.76
04559	A-4-6-6-6-9	A-4	18.64	A-4	7.52
04560	A-4-6-6-6-10	A-4	12.90	A-10	4.14
04561	A-4-6-6-6-J	A-4	13.14	A-J	3.92
04562	A-4-6-6-6-K	A-4	12.90	A-K	4.29
04563	A-4-6-6-6-Q	A-4	12.90	A-Q	4.26
04564	A-4-6-6-7-7	A-4	13.56	A-4	2.44
04565	A-4-6-6-7-8	A-4	18.51	A-4	7.39
04566	A-4-6-6-7-9	A-4	14.12	A-7	3.11
04567	A-4-6-6-7-10	A-4	10.12	7-10	0.96
04568	A-4-6-6-7-J	A-4	10.36	4-J	0.56
04569	A-4-6-6-7-K	A-4	10.12	4-K	1.07
04570	A-4-6-6-7-Q	A-4	10.12	4-Q	0.97
04571	A-4-6-6-8-8	A-4	12.21	4-8	3.35
04572	A-4-6-6-8-9	A-4	13.77	4-9	3.67
04573	A-4-6-6-8-10	4-10	12.04	4-10	3.89
04574	A-4-6-6-8-J	4-J	12.32	4-J	3.56
04575	A-4-6-6-8-K	4-K	12.03	4-K	4.07
04576	A-4-6-6-8-Q	4-Q	12.02	4-Q	3.97
04577	A-4-6-6-9-9	A-4	18.29	A-4	7.17
04578	A-4-6-6-9-10	A-4	13.08	A-10	3.53
04579	A-4-6-6-9-J	A-4	13.06	A-J	3.32
04580	A-4-6-6-9-K	A-4	12.56	A-K	3.68
04581	A-4-6-6-9-Q	A-4	12.56	A-Q	3.66
04582	A-4-6-6-10-10	6-6	13.68	6-6	1.03
04583	A-4-6-6-10-J	6-6	12.53	6-10	0.36
04584	A-4-6-6-10-K	6-6	11.77	10-K	1.34
04585	A-4-6-6-10-Q	6-6	12.03	10-Q	0.62
04586	A-4-6-6-J-J	6-6	14.16	6-6	1.50
04587	A-4-6-6-J-K	6-6	12.27	6-K	0.53
04588	A-4-6-6-J-Q	6-6	12.53	6-Q	0.46
04589	A-4-6-6-K-K	6-6	13.68	6-6	1.03
04590	A-4-6-6-Q-K	6-6	12.03	Q-K	0.72
04591	A-4-6-6-Q-Q	6-6	13.68	6-6	1.03
04592	A-4-6-7-7-7	4-6	17.17	4-6	8.01
04593	A-4-6-7-7-8	A-4	20.25	A-4	9.13
04594	A-4-6-7-7-9	A-4	12.16	4-9	2.37
04595	A-4-6-7-7-10	4-10	10.69	4-10	2.55
04596	A-4-6-7-7-J	4-J	10.97	4-J	2.21
04597	A-4-6-7-7-K	4-K	10.68	4-K	2.72
04598	A-4-6-7-7-Q	4-Q	10.67	4-Q	2.62
04599	A-4-6-7-8-8	A-4	20.08	A-4	8.96
04600	A-4-6-7-8-9	A-4	15.99	A-4	4.87

HAND No.	SIX-CARD HAND	DISCARD (DEALER)	EXPECTED AVG. (DEALER)	DISCARD (PONE)	EXPECTED AVG. (PONE)
04601	A-4-6-7-8-10	4-10	13.15	4-10	5.00
04602	A-4-6-7-8-J	4-J	13.43	4-J	4.67
04603	A-4-6-7-8-K	4-K	13.14	4-K	5.18
04604	A-4-6-7-8-Q	4-Q	13.13	4-Q	5.08
04605	A-4-6-7-9-9	A-4	13.51	A-7	2.68
04606	A-4-6-7-9-10	6-7	9.70	7-10	0.35
04607	A-4-6-7-9-J	A-4	9.84	7-J	-0.05
04608	A-4-6-7-9-K	6-9	9.35	7-K	0.38
04609	A-4-6-7-9-Q	6-9	9.35	7-Q	0.33
04610	A-4-6-7-10-10	6-7	12.88	6-7	1.50
04611	A-4-6-7-10-J	6-7	11.73	7-10	0.41
04612	A-4-6-7-10-K	6-7	10.97	7-K	0.20
04613	A-4-6-7-10-Q	6-7	11.23	7-10	0.17
04614	A-4-6-7-J-J	6-7	13.36	6-7	1.98
04615	A-4-6-7-J-K	6-7	11.47	7-K	0.44
04616	A-4-6-7-J-Q	6-7	11.73	7-Q	0.39
04617	A-4-6-7-K-K	6-7	12.88	6-7	1.50
04618	A-4-6-7-Q-K	6-7	11.23	7-K	0.20
04619	A-4-6-7-Q-Q	6-7	12.88	6-7	1.50
04620	A-4-6-8-8-8	A-4	13.56	4-8	3.01
04621	A-4-6-8-8-9	A-4	11.95	4-9	3.37
04622	A-4-6-8-8-10	4-10	11.69	4-10	3.55
04623	A-4-6-8-8-J	4-J	11.97	4-J	3.21
04624	A-4-6-8-8-K	4-K	11.68	4-K	3.72
04625	A-4-6-8-8-Q	4-Q	11.67	4-Q	3.62
04626	A-4-6-8-9-9	A-4	13.73	A-8	2.71
04627	A-4-6-8-9-10	A-4	12.53	4-10	1.53
04628	A-4-6-8-9-J	4-J	10.02	4-J	1.26
04629	A-4-6-8-9-K	4-K	9.73	4-K	1.77
04630	A-4-6-8-9-Q	4-Q	9.72	4-Q	1.67
04631	A-4-6-8-10-10	6-8	12.53	6-8	2.05
04632	A-4-6-8-10-J	6-8	11.38	6-8	0.89
04633	A-4-6-8-10-K	6-8	10.62	10-K	1.16
04634	A-4-6-8-10-Q	6-8	10.88	10-Q	0.44
04635	A-4-6-8-J-J	6-8	13.01	6-8	2.52
04636	A-4-6-8-J-K	6-8	11.12	6-8	0.63
04637	A-4-6-8-J-Q	6-8	11.38	6-8	0.89
04638	A-4-6-8-K-K	6-8	12.53	6-8	2.05
04639	A-4-6-8-Q-K	6-8	10.88	Q-K	0.55
04640	A-4-6-8-Q-Q	6-8	12.53	6-8	2.05
04641	A-4-6-9-9-9	A-4	18.12	A-4	7.00
04642	A-4-6-9-9-10	A-4	13.43	A-10	3.10
04643	A-4-6-9-9-J	A-4	13.14	A-J	2.88
04644	A-4-6-9-9-K	A-4	12.38	A-K	3.25
04645	A-4-6-9-9-Q	A-4	12.38	A-Q	3.22
04646	A-4-6-9-10-10	6-9	13.05	6-9	1.65
04647	A-4-6-9-10-J	A-4	12.56	A-4	1.44
04648	A-4-6-9-10-K	6-9	11.14	10-K	0.73
04649	A-4-6-9-10-Q	6-9	11.40	6-Q	0.48
04650	A-4-6-9-J-J	6-9	13.53	6-9	2.12

HAND No.	SIX-CARD HAND	DISCARD (DEALER)	EXPECTED AVG. (DEALER)	DISCARD (PONE)	EXPECTED AVG. (PONE)
04651	A-4-6-9-J-K	6-9	11.64	9-K	0.65
04652	A-4-6-9-J-Q	6-9	11.90	9-Q	0.56
04653	A-4-6-9-K-K	6-9	13.05	6-9	1.65
04654	A-4-6-9-Q-K	6-9	11.40	9-K	0.41
04655	A-4-6-9-Q-Q	6-9	13.05	6-9	1.65
04656	A-4-6-10-10-10	A-4	12.38	6-10	3.47
04657	A-4-6-10-10-J	6-J	11.28	6-J	3.32
04658	A-4-6-10-10-K	6-K	11.01	6-K	3.73
04659	A-4-6-10-10-Q	6-Q	11.15	6-Q	3.66
04660	A-4-6-10-J-J	6-10	11.53	6-10	4.04
04661	A-4-6-10-J-K	6-K	9.86	6-K	2.57
04662	A-4-6-10-J-Q	A-4	10.64	6-Q	2.44
04663	A-4-6-10-K-K	6-10	11.05	6-10	3.56
04664	A-4-6-10-Q-K	6-10	9.40	6-K	2.07
04665	A-4-6-10-Q-Q	6-10	11.05	6-10	3.56
04666	A-4-6-J-J-J	A-4	13.10	6-J	3.71
04667	A-4-6-J-J-K	6-K	11.49	6-K	4.21
04668	A-4-6-J-J-Q	6-Q	11.63	6-Q	4.14
04669	A-4-6-J-K-K	6-J	11.28	6-J	3.32
04670	A-4-6-J-Q-K	A-4	10.56	6-K	2.51
04671	A-4-6-J-Q-Q	6-J	11.28	6-J	3.32
04672	A-4-6-K-K-K	A-4	12.38	6-K	3.64
04673	A-4-6-Q-K-K	6-Q	11.15	6-Q	3.66
04674	A-4-6-Q-Q-K	6-K	11.01	6-K	3.73
04675	A-4-6-Q-Q-Q	A-4	12.38	6-Q	3.57
04676	A-4-7-7-7-7	A-4	18.90	4-7	8.15
04677	A-4-7-7-7-8	A-4	20.08	A-4	8.96
04678	A-4-7-7-7-9	4-9	17.04	4-9	8.63
04679	A-4-7-7-7-10	4-10	16.91	4-10	8.76
04680	A-4-7-7-7-J	4-J	17.19	4-J	8.43
04681	A-4-7-7-7-K	4-K	16.90	4-K	8.94
04682	A-4-7-7-7-Q	4-Q	16.89	4-Q	8.84
04683	A-4-7-7-8-8	A-4	20.34	A-4	9.22
04684	A-4-7-7-8-9	A-4	19.77	A-4	8.65
04685	A-4-7-7-8-10	4-10	13.91	4-10	5.76
04686	A-4-7-7-8-J	4-J	14.19	4-J	5.43
04687	A-4-7-7-8-K	4-K	13.90	4-K	5.94
04688	A-4-7-7-8-Q	4-Q	13.89	4-Q	5.84
04689	A-4-7-7-9-9 ⊕	A-4	11.64	4-9	1.24
04690	A-4-7-7-9-10 ⊕	7-7	10.70	4-10	1.42
04691	A-4-7-7-9-J	7-7	10.68	9-J	1.40
04692	A-4-7-7-9-K	7-7	10.18	9-K	2.32
04693	A-4-7-7-9-Q	7-7	10.18	9-Q	2.23
04694	A-4-7-7-10-10	7-7	13.83	7-7	0.81
04695	A-4-7-7-10-J	7-7	12.68	4-10	1.09
04696	A-4-7-7-10-K	7-7	11.92	10-K	2.42
04697	A-4-7-7-10-Q	7-7	12.18	10-Q	1.70
04698	A-4-7-7-J-J	7-7	14.31	7-7	1.29
04699	A-4-7-7-J-K	7-7	12.42	J-K	1.56
04700	A-4-7-7-J-Q	7-7	12.68	4-Q	1.17

HAND No.	SIX-CARD HAND	DISCARD (DEALER)	EXPECTED AVG. (DEALER)	DISCARD (PONE)	EXPECTED AVG. (PONE)
04701	A-4-7-7-K-K	7-7	13.83	4-K	0.99
04702	A-4-7-7-Q-K	7-7	12.18	Q-K	1.81
04703	A-4-7-7-Q-Q	7-7	13.83	4-Q	0.89
04704	A-4-7-8-8-8	A-4	19.69	A-4	8.57
04705	A-4-7-8-8-9	A-4	19.64	A-4	8.52
04706	A-4-7-8-8-10	A-4	13.60	A-10	3.83
04707	A-4-7-8-8-J	A-4	13.66	A-J	3.62
04708	A-4-7-8-8-K	A-4	13.43	A-K	3.99
04709	A-4-7-8-8-Q	A-4	13.43	A-Q	3.96
04710	A-4-7-8-9-9	A-4	17.73	A-4	6.61
04711	A-4-7-8-9-10	A-4	13.77	A-10	2.70
04712	A-4-7-8-9-J	A-4	12.64	A-J	2.51
04713	A-4-7-8-9-K	A-4	12.32	A-K	2.88
04714	A-4-7-8-9-Q	A-4	12.32	A-Q	2.85
04715	A-4-7-8-10-10	7-8	14.45	7-8	0.42
04716	A-4-7-8-10-J	7-8	13.30	7-10	0.15
04717	A-4-7-8-10-K	7-8	12.54	10-K	0.99
04718	A-4-7-8-10-Q	7-8	12.80	10-Q	0.27
04719	A-4-7-8-J-J	7-8	14.93	7-8	0.90
04720	A-4-7-8-J-K	7-8	13.04	7-K	0.18
04721	A-4-7-8-J-Q	7-8	13.30	7-Q	0.13
04722	A-4-7-8-K-K	7-8	14.45	7-8	0.42
04723	A-4-7-8-Q-K	7-8	12.80	Q-K	0.38
04724	A-4-7-8-Q-Q	7-8	14.45	7-8	0.42
04725	A-4-7-9-9-9	A-4	13.16	A-7	2.42
04726	A-4-7-9-9-10	A-4	9.77	7-10	0.09
04727	A-4-7-9-9-J	A-4	9.84	7-J	-0.31
04728	A-4-7-9-9-K	9-9	9.38	7-K	0.12
04729	A-4-7-9-9-Q	9-9	9.38	7-Q	0.07
04730	A-4-7-9-10-10	7-9	11.95	7-9	2.66
04731	A-4-7-9-10-J	7-9	10.74	7-9	1.44
04732	A-4-7-9-10-K	7-9	10.04	7-9	0.75
04733	A-4-7-9-10-Q	7-9	10.30	7-9	1.01
04734	A-4-7-9-J-J	7-9	12.43	7-9	3.14
04735	A-4-7-9-J-K	7-9	10.54	7-9	1.25
04736	A-4-7-9-J-Q	7-9	10.80	7-9	1.51
04737	A-4-7-9-K-K	7-9	11.95	7-9	2.66
04738	A-4-7-9-Q-K	7-9	10.30	7-9	1.01
04739	A-4-7-9-Q-Q	7-9	11.95	7-9	2.66
04740	A-4-7-10-10-10	A-4	12.38	7-10	3.48
04741	A-4-7-10-10-J	7-J	11.44	7-J	3.17
04742	A-4-7-10-10-K	7-K	11.15	7-K	3.59
04743	A-4-7-10-10-Q	7-Q	11.12	7-Q	3.54
04744	A-4-7-10-J-J	7-10	11.60	7-10	4.04
04745	A-4-7-10-J-K	7-K	10.00	7-K	2.44
04746	A-4-7-10-J-Q	A-4	10.64	7-10	2.35
04747	A-4-7-10-K-K	7-10	11.12	7-10	3.56
04748	A-4-7-10-Q-K	7-K	9.50	7-K	1.94
04749	A-4-7-10-Q-Q	7-10	11.12	7-10	3.56
04750	A-4-7-J-J-J	A-4	13.10	7-J	3.56

HAND No.	SIX CARD HAND	DISCARD (DEALER)	EXPECTED AVG. (DEALER)	DISCARD (PONE)	EXPECTED AVG. (PONE)
04751	A-4-7-J-J-K	7-K	11.63	7-K	4.07
04752	A-4-7-J-J-Q	7-Q	11.60	7-Q	4.02
04753	A-4-7-J-K-K	7-J	11.44	7-J	3.17
04754	A-4-7-J-Q-K	A-4	10.56	7-K	2.38
04755	A-4-7-J-Q-Q	7-J	11.44	7-J	3.17
04756	A-4-7-K-K-K	A-4	12.38	7-K	3.51
04757	A-4-7-Q-K-K	7-Q	11.12	7-Q	3.54
04758	A-4-7-Q-Q-K	7-K	11.15	7-K	3.59
04759	A-4-7-Q-Q-Q	A-4	12.38	7-Q	3.46
04760	A-4-8-8-8-8	A-4	18.12	A-4	7.00
04761	A-4-8-8-8-9	A-4	13.95	A-4	2.83
04762	A-4-8-8-8-10	A-4	13.16	A-10	2.83
04763	A-4-8-8-8-J	A-4	12.62	A-J	2.62
04764	A-4-8-8-8-K	A-4	12.38	A-K	2.99
04765	A-4-8-8-8-Q	A-4	12.38	A-Q	2.96
04766	A-4-8-8-9-9	A-4	12.56	A-4	1.44
04767	A-4-8-8-9-10	A-4	15.82	A-4	4.70
04768	A-4-8-8-9-J	8-8	10.20	A-J	-0.16
04769	A-4-8-8-9-K	8-8	9.70	9-K	0.45
04770	A-4-8-8-9-Q	8-8	9.70	9-Q	0.36
04771	A-4-8-8-10-10	8-8	13.36	8-8	0.89
04772	A-4-8-8-10-J	8-8	12.20	8-J	-0.13
04773	A-4-8-8-10-K	8-8	11.44	10-K	0.55
04774	A-4-8-8-10-Q	8-8	11.70	8-Q	0.16
04775	A-4-8-8-J-J	8-8	13.83	8-8	1.37
04776	A-4-8-8-J-K	8-8	11.94	8-K	0.24
04777	A-4-8-8-J-Q	8-8	12.20	8-Q	0.13
04778	A-4-8-8-K-K	8-8	13.36	8-8	0.89
04779	A-4-8-8-Q-K	8-8	11.70	8-K	0.00
04780	A-4-8-8-Q-Q	8-8	13.36	8-8	0.89
04781	A-4-8-9-9-9	A-4	13.95	A-4	2.83
04782	A-4-8-9-9-10	A-4	15.82	A-4	4.70
04783	A-4-8-9-9-J	A-4	10.01	A-J	-0.16
04784	A-4-8-9-9-K	A-4	9.60	A-K	0.20
04785	A-4-8-9-9-Q	A-4	9.60	A-Q	0.18
04786	A-4-8-9-10-10	A-4	15.82	A-4	4.70
04787	A-4-8-9-10-J	A-4	12.10	A-4	0.98
04788	A-4-8-9-10-K	8-9	10.71	A-K	0.97
04789	A-4-8-9-10-Q	8-9	10.97	A-Q	0.94
04790	A-4-8-9-J-J	8-9	13.10	8-9	2.54
04791	A-4-8-9-J-K	8-9	11.21	8-9	0.65
04792	A-4-8-9-J-Q	8-9	11.47	8-9	0.91
04793	A-4-8-9-K-K	8-9	12.62	8-9	2.07
04794	A-4-8-9-Q-K	8-9	10.97	8-9	0.41
04795	A-4-8-9-Q-Q	8-9	12.62	8-9	2.07
04796	A-4-8-10-10-10	A-4	13.16	8-10	2.63
04797	A-4-8-10-10-J	8-J	11.43	8-J	3.26
04798	A-4-8-10-10-K	8-K	11.02	8-K	3.65
04799	A-4-8-10-10-Q	8-Q	11.05	8-Q	3.55
04800	A-4-8-10-J-J	8-10	12.14	8-10	3.20

HAND No.	SIX-CARD HAND	DISCARD (DEALER)	EXPECTED AVG. (DEALER)	DISCARD (PONE)	EXPECTED AVG. (PONE)
04801	A-4-8-10-J-K	8-10	10.25	8-K	2.50
04802	A-4-8-10-J-Q	A-4	10.73	8-Q	2.33
04803	A-4-8-10-K-K	8-10	11.66	8-10	2.72
04804	A-4-8-10-Q-K	8-10	10.01	8-K	2.00
04805	A-4-8-10-Q-Q	8-10	11.66	8-10	2.72
04806	A-4-8-J-J-J	A-4	13.10	8-J	3.66
04807	A-4-8-J-J-K	8-K	11.50	8-K	4.13
04808	A-4-8-J-J-Q	8-Q	11.53	8-Q	4.03
04809	A-4-8-J-K-K	8-J	11.43	8-J	3.26
04810	A-4-8-J-Q-K	A-4	10.56	8-K	2.44
04811	A-4-8-J-Q-Q	8-J	11.43	8-J	3.26
04812	A-4-8-K-K-K	A-4	12.38	8-K	3.57
04813	A-4-8-Q-K-K	8-Q	11.05	8-Q	3.55
04814	A-4-8-Q-Q-K	8-K	11.02	8-K	3.65
04815	A-4-8-Q-Q-Q	A-4	12.38	8-Q	3.46
04816	A-4-9-9-9-9	A-4	18.12	A-4	7.00
04817	A-4-9-9-9-10	A-4	13.95	A-10	2.83
04818	A-4-9-9-9-J	A-4	13.40	A-J	2.62
04819	A-4-9-9-9-K	A-4	12.38	A-K	2.99
04820	A-4-9-9-9-Q	A-4	12.38	A-Q	2.96
04821	A-4-9-9-10-10	9-9	13.08	9-9	1.50
04822	A-4-9-9-10-J	A-4	16.06	A-4	4.94
04823	A-4-9-9-10-K	9-9	11.17	9-K	0.67
04824	A-4-9-9-10-Q	9-9	11.43	9-Q	0.58
04825	A-4-9-9-J-J	9-9	13.56	9-9	1.98
04826	A-4-9-9-J-K	9-9	11.67	9-K	0.65
04827	A-4-9-9-J-Q	9-9	11.93	9-Q	0.56
04828	A-4-9-9-K-K	9-9	13.08	9-9	1.50
04829	A-4-9-9-Q-K	9-9	11.43	9-K	0.15
04830	A-4-9-9-Q-Q	9-9	13.08	9-9	1.50
04831	A-4-9-10-10-10	A-4	13.95	A-4	2.83
04832	A-4-9-10-10-J	A-4	16.06	A-4	4.94
04833	A-4-9-10-10-K	9-K	10.94	9-K	3.84
04834	A-4-9-10-10-Q	9-Q	10.86	9-Q	3.75
04835	A-4-9-10-J-J	A-4	16.29	A-4	5.17
04836	A-4-9-10-J-K	9-10	10.75	9-K	2.63
04837	A-4-9-10-J-Q	A-4	12.10	9-Q	2.47
04838	A-4-9-10-K-K	9-10	12.16	9-10	2.46
04839	A-4-9-10-Q-K	9-10	10.51	9-K	2.19
04840	A-4-9-10-Q-Q	9-10	12.16	9-10	2.46
04841	A-4-9-J-J-J	A-4	13.88	A-9	3.35
04842	A-4-9-J-J-K	9-K	11.42	9-K	4.32
04843	A-4-9-J-J-Q	9-Q	11.34	9-Q	4.23
04844	A-4-9-J-K-K	9-J	11.83	9-J	2.92
04845	A-4-9-J-Q-K	A-4	10.64	9-K	2.63
04846	A-4-9-J-Q-Q	9-J	11.83	9-J	2.92
04847	A-4-9-K-K-K	A-4	12.38	9-K	3.76
04848	A-4-9-Q-K-K	9-Q	10.86	9-Q	3.75
04849	A-4-9-Q-Q-K	9-K	10.94	9-K	3.84
04850	A-4-9-Q-Q-Q	A-4	12.38	9-Q	3.67

HAND No.	SIX-CARD HAND	DISCARD (DEALER)	EXPECTED AVG. (DEALER)	DISCARD (PONE)	EXPECTED AVG. (PONE)
04851	A-4-10-10-10-10	A-4	18.12	A-4	7.00
04852	A-4-10-10-10-J	A-4	14.19	A-4	3.07
04853	A-4-10-10-10-K	A-4	12.38	10-K	3.86
04854	A-4-10-10-10-Q	A-4	13.16	10-Q	3.14
04855	A-4-10-10-J-J ⊕	J-J	13.15	10-10	2.21
04856	A-4-10-10-J-K	J-K	11.79	J-K	3.08
04857	A-4-10-10-J-Q	A-4	16.06	A-4	4.94
04858	A-4-10-10-K-K	10-10	12.58	K-K	2.19
04859	A-4-10-10-Q-K	Q-K	11.29	Q-K	3.33
04860	A-4-10-10-Q-Q	Q-Q	12.62	Q-Q	2.12
04861	A-4-10-J-J-J	A-4	14.66	A-4	3.54
04862	A-4-10-J-J-K ⊕	J-J	11.23	10-K	4.42
04863	A-4-10-J-J-Q	A-4	16.29	A-4	5.17
04864	A-4-10-J-K-K	10-J	12.45	10-K	2.49
04865	A-4-10-J-Q-K	A-4	12.01	10-K	2.66
04866	A-4-10-J-Q-Q	A-4	16.06	A-4	4.94
04867	A-4-10-K-K-K	A-4	12.38	10-K	3.86
04868	A-4-10-Q-K-K	10-Q	11.14	10-Q	3.23
04869	A-4-10-Q-Q-K ⊕	Q-Q	10.71	10-K	3.95
04870	A-4-10-Q-Q-Q	A-4	13.16	10-Q	3.14
04871	A-4-J-J-J-J	A-4	19.08	A-4	7.96
04872	A-4-J-J-J-K	A-4	13.88	A-K	3.57
04873	A-4-J-J-J-Q	A-4	14.66	A-Q	3.55
04874	A-4-J-J-K-K	J-J	13.15	K-K	2.66
04875	A-4-J-J-Q-K	A-4	16.12	A-4	5.00
04876	A-4-J-J-Q-Q ⊕	J-J	13.15	Q-Q	2.59
04877	A-4-J-K-K-K	A-4	13.40	J-K	2.99
04878	A-4-J-Q-K-K	A-4	15.88	A-4	4.76
04879	A-4-J-Q-Q-K	A-4	15.88	A-4	4.76
04880	A-4-J-Q-Q-Q	A-4	14.19	A-4	3.07
04881	A-4-K-K-K-K	A-4	18.12	A-4	7.00
04882	A-4-Q-K-K-K	A-4	13.16	Q-K	3.25
04883	A-4-Q-Q-K-K	Q-Q	12.62	K-K	2.19
04884	A-4-Q-Q-Q-K	A-4	13.16	Q-K	3.25
04885	A-4-Q-Q-Q-Q	A-4	18.12	A-4	7.00
04886	A-5-5-5-5-6	A-6	26.64	A-6	17.86
04887	A-5-5-5-5-7	A-7	26.64	A-7	17.90
04888	A-5-5-5-5-8	A-8	26.55	A-8	17.93
04889	A-5-5-5-5-9	A-9	26.19	A-9	18.25
04890	A-5-5-5-5-10	A-10	26.03	A-10	18.14
04891	A-5-5-5-5-J	A-J	26.25	A-J	17.92
04892	A-5-5-5-5-K	A-K	26.01	A-K	18.29
04893	A-5-5-5-5-Q	A-Q	26.04	A-Q	18.26
04894	A-5-5-5-6-6	6-6	17.29	A-6	7.77
04895	A-5-5-5-6-7	A-5	17.65	A-7	7.66
04896	A-5-5-5-6-8	A-8	16.51	A-8	7.89
04897	A-5-5-5-6-9	6-9	16.53	A-9	8.16
04898	A-5-5-5-6-10	A-6	20.25	A-6	11.46
04899	A-5-5-5-6-J	A-6	20.49	A-6	11.70
04900	A-5-5-5-6-K	A-6	20.25	A-6	11.46

HAND No.	SIX-CARD HAND	DISCARD (DEALER)	EXPECTED AVG. (DEALER)	DISCARD (PONE)	EXPECTED AVG. (PONE)
04901	A-5-5-5-6-Q	A-6	20.25	A-6	11.46
04902	A-5-5-5-7-7	7-7	17.44	A-7	7.03
04903	A-5-5-5-7-8	7-8	18.06	A-8	7.06
04904	A-5-5-5-7-9	7-9	15.43	A-9	7.42
04905	A-5-5-5-7-10	A-7	20.25	A-7	11.50
04906	A-5-5-5-7-J	A-7	20.49	A-7	11.74
04907	A-5-5-5-7-K	A-7	20.25	A-7	11.50
04908	A-5-5-5-7-Q	A-7	20.25	A-7	11.50
04909	A-5-5-5-8-8	8-8	16.96	A-8	6.28
04910	A-5-5-5-8-9	8-9	16.10	A-9	6.64
04911	A-5-5-5-8-10	A-8	20.16	A-8	11.54
04912	A-5-5-5-8-J	A-8	20.40	A-8	11.78
04913	A-5-5-5-8-K	A-8	20.16	A-8	11.54
04914	A-5-5-5-8-Q	A-8	20.16	A-8	11.54
04915	A-5-5-5-9-9	5-5	16.63	A-9	6.46
04916	A-5-5-5-9-10	A-9	19.80	A-9	11.85
04917	A-5-5-5-9-J	A-9	20.04	A-9	12.09
04918	A-5-5-5-9-K	A-9	19.80	A-9	11.85
04919	A-5-5-5-9-Q	A-9	19.80	A-9	11.85
04920	A-5-5-5-10-10	A-10	19.64	A-10	11.75
04921	A-5-5-5-10-J	A-10	19.93	A-10	12.03
04922	A-5-5-5-10-K	A-10	19.69	A-K	11.94
04923	A-5-5-5-10-Q	A-Q	19.69	A-Q	11.92
04924	A-5-5-5-J-J	A-J	20.10	A-J	11.77
04925	A-5-5-5-J-K	A-J	19.90	A-K	12.18
04926	A-5-5-5-J-Q	A-Q	19.93	A-Q	12.16
04927	A-5-5-5-K-K	A-K	19.61	A-K	11.90
04928	A-5-5-5-Q-K	A-Q	19.69	A-K	11.94
04929	A-5-5-5-Q-Q	A-Q	19.64	A-Q	11.87
04930	A-5-5-6-6-6	5-5	17.15	A-6	4.12
04931	A-5-5-6-6-7	A-5	17.24	A-6	7.29
04932	A-5-5-6-6-8	5-5	17.24	A-8	4.28
04933	A-5-5-6-6-9	5-5	16.37	A-9	4.51
04934	A-5-5-6-6-10	6-6	14.37	A-10	4.57
04935	A-5-5-6-6-J	6-6	14.61	A-6	4.75
04936	A-5-5-6-6-K	6-6	14.37	A-K	4 73
04937	A-5-5-6-6-Q	6 Q	14.37	A-Q	4.70
04938	A-5-5-6-7-7	A-5	17.19	A-7	7.33
04939	A-5-5-6-7-8	5-5	18.31	A-8	7.45
04940	A-5-5-6-7-9	A-9	15.75	A-9	7.81
04941	A-5-5-6-7-10	A-10	15.73	A-10	7.83
04942	A-5-5-6-7-J	A-J	15.95	A-J	7.62
04943	A-5-5-6-7-K	A-K	15.70	A-K	7.99
04944	A-5-5-6-7-Q	A-Q	15.73	A-Q	7.96
04945	A-5-5-6-8-8	5-5	16.89	A-6	1.94
04946	A-5-5-6-8-9	5-5	14.85	A-8	2.97
04947	A-5-5-6-8-10	A-8	13.25	A-8	4.63
04948	A-5-5-6-8-J	A-8	13.48	A-8	4.86
04949	A-5-5-6-8-K	A-8	13.25	A-8	4.63
04950	A-5-5-6-8-Q	A-8	13.25	A-8	4.63

HAND No.	SIX-CARD HAND	DISCARD (DEALER)	EXPECTED AVG. (DEALER)	DISCARD (PONE)	EXPECTED AVG. (PONE)
04951	A-5-5-6-9-9	5-5	15.94	A-9	3.20
04952	A-5-5-6-9-10	6-9	13.66	A-9	4.90
04953	A-5-5-6-9-J	6-9	13.90	A-9	5.14
04954	A-5-5-6-9-K	6-9	13.66	A-9	4.90
04955	A-5-5-6-9-Q	6-9	13.66	A-9	4.90
04956	A-5-5-6-10-10	A-6	17.68	A-6	8.90
04957	A-5-5-6-10-J	A-6	16.53	A-6	7.75
04958	A-5-5-6-10-K	A-6	15.77	A-6	6.99
04959	A-5-5-6-10-Q	A-6	16.03	A-6	7.25
04960	A-5-5-6-J-J	A-6	18.16	A-6	9.38
04961	A-5-5-6-J-K	A-6	16.27	A-6	7.49
04962	A-5-5-6-J-Q	A-6	16.53	A-6	7.75
04963	A-5-5-6-K-K	A-6	17.68	A-6	8.90
04964	A-5-5-6-Q-K	A-6	16.03	A-6	7.25
04965	A-5-5-6-Q-Q	A-6	17.68	A-6	8.90
04966	A-5-5-7-7-7 ◈	5-5	22.11	5-5	4.02
04967	A-5-5-7-7-8	5-5	19.11	A-5	3.33
04968	A-5-5-7-7-9	7-7	14.79	A-9	3.51
04969	A-5-5-7-7-10	7-7	14.53	A-7	4.03
04970	A-5-5-7-7-J	7-7	14.77	A-7	4.26
04971	A-5-5-7-7-K	7-7	14.53	A-7	4.03
04972	A-5-5-7-7-Q	7-7	14.53	A-7	4.03
04973	A-5-5-7-8-8	5-5	17.11	A-5	3.20
04974	A-5-5-7-8-9	5-5	15.91	A-9	3.22
04975	A-5-5-7-8-10	7-8	15.15	A-8	4.06
04976	A-5-5-7-8-J	7-8	15.39	A-8	4.30
04977	A-5-5-7-8-K	7-8	15.15	A-8	4.06
04978	A-5-5-7-8-Q	7-8	15.15	A-8	4.06
04979	A-5-5-7-9-9	5-7	13.97	7-9	3.48
04980	A-5-5-7-9-10	A-7	12.73	7-10	4.48
04981	A-5-5-7-9-J	7-9	12.80	A-9	4.66
04982	A-5-5-7-9-K	7-9	12.56	7-K	4.51
04983	A-5-5-7-9-Q	7-9	12.56	7-Q	4.46
04984	A-5-5-7-10-10	A-7	17.68	A-7	8.94
04985	A-5-5-7-10-J	A-7	16.53	A-7	7.79
04986	A-5-5-7-10-K	A-7	15.77	A-7	7.03
04987	A-5-5-7-10-Q	A-7	16.03	A-7	7.29
04988	A-5-5-7-J-J	A-7	18.16	A-7	9.42
04989	A-5-5-7-J-K	A-7	16.27	A-7	7.53
04990	A-5-5-7-J-Q	A-7	16.53	A-7	7.79
04991	A-5-5-7-K-K	A-7	17.68	A-7	8.94
04992	A-5-5-7-Q-K	A-7	16.03	A-7	7.29
04993	A-5-5-7-Q-Q	A-7	17.68	A-7	8.94
04994	A-5-5-8-8-8 ◈	5-5	16.11	A-5	1.99
04995	A-5-5-8-8-9	8-8	14.31	A-9	2.33
04996	A-5-5-8-8-10	8-8	14.05	A-8	3.80
04997	A-5-5-8-8-J	8-8	14.29	A-8	3.78
04998	A-5-5-8-8-K	8-8	14.05	A-8	3.54
04999	A-5-5-8-8-Q	8-8	14.05	A-8	3.54
05000	A-5-5-8-9-9	8-9	13.45	8-9	2.89

HAND No.	SIX-CARD HAND	DISCARD (DEALER)	EXPECTED AVG. (DEALER)	DISCARD (PONE)	EXPECTED AVG. (PONE)
05001	A-5-5-8-9-10	5-5	13.96	A-9	4.09
05002	A-5-5-8-9-J	8-9	13.47	8-J	4.18
05003	A-5-5-8-9-K	8-9	13.23	8-K	4.57
05004	A-5-5-8-9-Q	8-9	13.23	8-Q	4.46
05005	A-5-5-8-10-10	A-8	17.59	A-8	8.97
05006	A-5-5-8-10-J	A-8	16.44	A-8	7.82
05007	A-5-5-8-10-K	A-8	15.68	A-8	7.06
05008	A-5-5-8-10-Q	A-8	15.94	A-8	7.32
05009	A-5-5-8-J-J	A-8	18.07	A-8	9.45
05010	A-5-5-8-J-K	A-8	16.18	A-8	7.56
05011	A-5-5-8-J-Q	A-8	16.44	A-8	7.82
05012	A-5-5-8-K-K	A-8	17.59	A-8	8.97
05013	A-5-5-8-Q-K	A-8	15.94	A-8	7.32
05014	A-5-5-8-Q-Q	A-8	17.59	A-8	8.97
05015	A-5-5-9-9-9	5-5	15.85	9-9	2.20
05016	A-5-5-9-9-10	5-10	14.57	A-9	4.29
05017	A-5-5-9-9-J	5-J	14.92	A-9	4.27
05018	A-5-5-9-9-K	5-K	14.59	9-K	4.63
05019	A-5-5-9-9-Q	5-Q	14.55	9-Q	4.53
05020	A-5-5-9-10-10	A-9	17.23	A-9	9.29
05021	A-5-5-9-10-J	A-9	16.01	A-9	8.07
05022	A-5-5-9-10-K	A-9	15.32	A-9	7.38
05023	A-5-5-9-10-Q	A-9	15.58	A-9	7.64
05024	A-5-5-9-J-J	A-9	17.71	A-9	9.77
05025	A-5-5-9-J-K	A-9	15.82	A-9	7.88
05026	A-5-5-9-J-Q	A-9	16.08	A-9	8.14
05027	A-5-5-9-K-K	A-9	17.23	A-9	9.29
05028	A-5-5-9-Q-K	A-9	15.58	A-9	7.64
05029	A-5-5-9-Q-Q	A-9	17.23	A-9	9.29
05030	A-5-5-10-10-10	A-5	18.50	A-10	9.18
05031	A-5-5-10-10-J	A-J	17.38	A-J	9.05
05032	A-5-5-10-10-K	A-K	17.14	A-K	9.42
05033	A-5-5-10-10-Q	A-Q	17.17	A-Q	9.39
05034	A-5-5-10-J-J	A-10	17.64	A-10	9.75
05035	A-5-5-10-J-K	A-K	15.98	A-K	8.27
05036	A-5-5-10-J-Q	A-5	16.76	A-Q	0.18
05037	A-5-5-10-K-K	A-10	17.16	A-10	9.27
05038	A-5-5-10-Q-K	A-10	15.51	A-K	7.77
05039	A-5-5-10-Q-Q	A-10	17.16	A-10	9.27
05040	A-5-5-J-J-J	A-5	19.21	A-J	9.45
05041	A-5-5-J-J-K	A-K	17.61	A-K	9.90
05042	A-5-5-J-J-Q	A-Q	17.64	A-Q	9.87
05043	A-5-5-J-K-K	A-J	17.38	A-J	9.05
05044	A-5-5-J-Q-K	A-5	16.67	A-K	8.20
05045	A-5-5-J-Q-Q	A-J	17.38	A-J	9.05
05046	A-5-5-K-K-K	A-5	18.50	A-K	9.33
05047	A-5-5-Q-K-K	A-Q	17.17	A-Q	9.39
05048	A-5-5-Q-Q-K	A-K	17.14	A-K	9.42
05049	A-5-5-Q-Q-Q	A-5	18.50	A-Q	9.31
05050	A-5-6-6-6-6	A-5	19.19	A-5	7.77

HAND No.	SIX-CARD HAND	DISCARD (DEALER)	EXPECTED AVG. (DEALER)	DISCARD (PONE)	EXPECTED AVG. (PONE)
05051	A-5-6-6-6-7	A-6	15.66	A-6	6.88
05052	A-5-6-6-6-8	5-6	14.95	A-8	5.23
05053	A-5-6-6-6-9	A-5	18.67	A-5	7.25
05054	A-5-6-6-6-10	5-10	15.01	A-10	5.57
05055	A-5-6-6-6-J	5-J	15.36	A-J	5.36
05056	A-5-6-6-6-K	5-K	15.02	A-K	5.73
05057	A-5-6-6-6-Q	5-Q	14.98	A-Q	5.70
05058	A-5-6-6-7-7	A-7	15.64	A-7	6.90
05059	A-5-6-6-7-8	A-5	18.50	A-5	7.07
05060	A-5-6-6-7-9	A-9	15.27	A-9	7.33
05061	A-5-6-6-7-10	A-10	15.34	A-10	7.44
05062	A-5-6-6-7-J	A-J	15.56	A-J	7.23
05063	A-5-6-6-7-K	A-K	15.31	A-K	7.60
05064	A-5-6-6-7-Q	A-Q	15.34	A-Q	7.57
05065	A-5-6-6-8-8	5-6	14.60	5-8	1.99
05066	A-5-6-6-8-9	A-5	13.80	A-8	4.32
05067	A-5-6-6-8-10	5-10	15.09	A-8	2.28
05068	A-5-6-6-8-J	5-J	15.44	A-8	2.52
05069	A-5-6-6-8-K	5-K	15.11	A-8	2.28
05070	A-5-6-6-8-Q	5-Q	15.07	A-8	2.28
05071	A-5-6-6-9-9	A-5	18.32	A-5	6.90
05072	A-5-6-6-9-10	5-10	14.27	A-10	4.66
05073	A-5-6-6-9-J	5-J	14.62	A-J	4.45
05074	A-5-6-6-9-K	5-K	14.28	A-K	4.81
05075	A-5-6-6-9-Q	5-Q	14.24	A-Q	4.79
05076	A-5-6-6-10-10	6-6	13.59	A-6	3.20
05077	A-5-6-6-10-J	6-6	12.44	A-10	2.86
05078	A-5-6-6-10-K	6-6	11.68	A-K	2.77
05079	A-5-6-6-10-Q	6-6	11.94	A-Q	2.74
05080	A-5-6-6-J-J	6-6	14.07	A-6	3.68
05081	A-5-6-6-J-K	6-6	12.18	A-K	3.01
05082	A-5-6-6-J-Q	6-6	12.44	A-Q	2.98
05083	A-5-6-6-K-K	6-6	13.59	A-6	3.20
05084	A-5-6-6-Q-K	6-6	11.94	A-K	2.77
05085	A-5-6-6-Q-Q	6-6	13.59	A-6	3.20
05086	A-5-6-7-7-7	5-6	19.95	A-7	6.87
05087	A-5-6-7-7-8	A-5	20.24	A-5	8.81
05088	A-5-6-7-7-9	A-9	15.27	A-9	7.33
05089	A-5-6-7-7-10	A-10	15.29	A-10	7.40
05090	A-5-6-7-7-J	A-J	15.51	A-J	7.18
05091	A-5-6-7-7-K	A-K	15.27	A-K	7.55
05092	A-5-6-7-7-Q	A-Q	15.30	A-Q	7.52
05093	A-5-6-7-8-8	A-5	20.06	A-5	8.64
05094	A-5-6-7-8-9	A-5	16.00	A-9	5.09
05095	A-5-6-7-8-10	5-10	16.18	A-10	5.18
05096	A-5-6-7-8-J	5-J	16.53	A-J	4.97
05097	A-5-6-7-8-K	5-K	16.19	A-K	5.33
05098	A-5-6-7-8-Q	5-Q	16.15	A-Q	5.31
05099	A-5-6-7-9-9	A-5	13.47	A-9	3.53
05100	A-5-6-7-9-10	A-10	11.53	A-10	3.64

HAND No.	SIX-CARD HAND	DISCARD (DEALER)	EXPECTED AVG. (DEALER)	DISCARD (PONE)	EXPECTED AVG. (PONE)
05101	A-5-6-7-9-J	A-J	11.75	A-9	3.59
05102	A-5-6-7-9-K	A-K	11.51	A-K	3.79
05103	A-5-6-7-9-Q	A-Q	11.54	A-Q	3.76
05104	A-5-6-7-10-10	6-7	12.79	A-10	3.38
05105	A-5-6-7-10-J ⊕	6-7	11.64	A-10	3.66
05106	A-5-6-7-10-K	A-10	11.32	A-K	3.57
05107	A-5-6-7-10-Q	A-Q	11.32	A-Q	3.55
05108	A-5-6-7-J-J	6-7	13.27	A-7	3.70
05109	A-5-6-7-J-K	A-J	11.53	A-K	3.81
05110	A-5-6-7-J-Q ⊕	6-7	11.64	A-Q	3.79
05111	A-5-6-7-K-K	6-7	12.79	A-K	3.53
05112	A-5-6-7-Q-K	A-Q	11.32	A-K	3.57
05113	A-5-6-7-Q-Q	6-7	12.79	A-Q	3.50
05114	A-5-6-8-8-8	5-6	13.82	A-6	3.07
05115	A-5-6-8-8-9	5-9	13.48	5-9	1.91
05116	A-5-6-8-8-10	5-10	14.75	A-6	1.51
05117	A-5-6-8-8-J	5-J	15.09	A-6	1.22
05118	A-5-6-8-8-K	5-K	14.76	8-K	1.05
05119	A-5-6-8-8-Q	5-Q	14.72	A-Q	1.00
05120	A-5-6-8-9-9	A-5	13.76	A-8	3.58
05121	A-5-6-8-9-10	5-10	12.68	A-6	2.75
05122	A-5-6-8-9-J	5-J	13.09	8-J	2.22
05123	A-5-6-8-9-K	5-K	12.76	8-K	2.61
05124	A-5-6-8-9-Q	5-Q	12.72	8-Q	2.50
05125	A-5-6-8-10-10	6-8	12.44	A-8	3.32
05126	A-5-6-8-10-J	6-8	11.29	A-8	2.17
05127	A-5-6-8-10-K	5-K	10.76	10-K	1.42
05128	A-5-6-8-10-Q	6-8	10.79	A-8	1.67
05129	A-5-6-8-J-J	6-8	12.92	A-8	3.80
05130	A-5-6-8-J-K	6-8	11.03	A-8	1.91
05131	A-5-6-8-J-Q	6-8	11.29	A-8	2.17
05132	A-5-6-8-K-K	6-8	12.44	A-8	3.32
05133	A-5-6-8-Q-K	6-8	10.79	A-8	1.67
05134	A-5-6-8-Q-Q	6-8	12.44	A-8	3.32
05135	A-5-6-9-9-9	A-5	18.15	A-5	6.73
05136	A-5-6-9-9-10	5-10	13.88	A-10	3.92
05137	A-5-6-9-9-J	5-J	14.22	A-J	3.71
05138	A-5-6-9-9-K	5-K	13.89	A-K	4.07
05139	A-5-6-9-9-Q	5-Q	13.85	A-Q	4.05
05140	A-5-6-9-10-10	6-9	12.92	A-6	3.68
05141	A-5-6-9-10-J	A-6	13.51	A-6	4.72
05142	A-5-6-9-10-K	6-9	11.01	10-K	2.95
05143	A-5-6-9-10-Q	6-9	11.27	A-Q	2.52
05144	A-5-6-9-J-J	6-9	13.40	A-9	4.07
05145	A-5-6-9-J-K	6-9	11.51	A-K	2.53
05146	A-5-6-9-J-Q	6-9	11.77	A-Q	2.50
05147	A-5-6-9-K-K	6-9	12.92	A-9	3.59
05148	A-5-6-9-Q-K	6-9	11.27	Q-K	2.33
05149	A-5-6-9-Q-Q	6-9	12.92	A-9	3.59
05150	A-5-6-10-10-10	A-6	17.07	A-6	8.29

HAND No.	SIX-CARD HAND	DISCARD (DEALER)	EXPECTED AVG. (DEALER)	DISCARD (PONE)	EXPECTED AVG. (PONE)
05151	A-5-6-10-10-J	A-6	14.53	A-6	5.75
05152	A-5-6-10-10-K	A-6	13.25	A-6	4.46
05153	A-5-6-10-10-Q	A-6	13.77	A-6	4.99
05154	A-5-6-10-J-J	A-6	14.77	A-6	5.99
05155	A-5-6-10-J-K	A-6	12.18	A-6	3.40
05156	A-5-6-10-J-Q	A-6	15.34	A-6	6.55
05157	A-5-6-10-K-K	A-6	13.25	A-6	4.46
05158	A-5-6-10-Q-K	A-6	11.68	A-6	2.90
05159	A-5-6-10-Q-Q	A-6	13.77	A-6	4.99
05160	A-5-6-J-J-J	A-6	17.79	A-6	9.01
05161	A-5-6-J-J-K	A-6	14.25	A-6	5.46
05162	A-5-6-J-J-Q	A-6	14.77	A-6	5.99
05163	A-5-6-J-K-K	A-6	14.01	A-6	5.22
05164	A-5-6-J-Q-K	A-6	15.25	A-6	6.46
05165	A-5-6-J-Q-Q	A-6	14.53	A-6	5.75
05166	A-5-6-K-K-K	A-6	17.07	A-6	8.29
05167	A-5-6-Q-K-K	A-6	13.77	A-6	4.99
05168	A-5-6-Q-Q-K	A-6	13.77	A-6	4.99
05169	A-5-6-Q-Q-Q	A-6	17.07	A-6	8.29
05170	A-5-7-7-7-7	5-7	19.06	A-5	7.51
05171	A-5-7-7-7-8	A-5	20.10	A-5	8.68
05172	A-5-7-7-7-9	5-9	18.74	5-9	7.17
05173	A-5-7-7-7-10	5-10	19.96	5-10	5.93
05174	A-5-7-7-7-J	5-J	20.31	5-J	5.49
05175	A-5-7-7-7-K	5-K	19.98	5-K	6.08
05176	A-5-7-7-7-Q	5-Q	19.94	5-Q	6.01
05177	A-5-7-7-8-8	A-5	20.37	A-5	8.94
05178	A-5-7-7-8-9	A-5	19.80	A-5	8.38
05179	A-5-7-7-8-10	5-10	16.96	A-10	4.83
05180	A-5-7-7-8-J	5-J	17.31	A-J	4.62
05181	A-5-7-7-8-K	5-K	16.98	A-K	4.99
05182	A-5-7-7-8-Q	5-Q	16.94	A-Q	4.96
05183	A-5-7-7-9-9	7-7	14.00	7-7	0.98
05184	A-5-7-7-9-10 ♣	5-10	12.57	A-9	2.03
05185	A-5-7-7-9-J	5-J	12.92	A-9	2.27
05186	A-5-7-7-9-K	5-K	12.59	9-K	3.06
05187	A-5-7-7-9-Q	5-Q	12.55	9-Q	2.97
05188	A-5-7-7-10-10	7-7	13.74	A-7	2.98
05189	A-5-7-7-10-J	7-7	12.59	A-10	2.29
05190	A-5-7-7-10-K	5-K	12.06	10-K	3.21
05191	A-5-7-7-10-Q	7-7	12.09	10-Q	2.49
05192	A-5-7-7-J-J	7-7	14.22	A-7	3.46
05193	A-5-7-7-J-K ♣	5-J	12.40	A-K	2.44
05194	A-5-7-7-J-Q	7-7	12.59	A-Q	2.42
05195	A-5-7-7-K-K	7-7	13.74	A-7	2.98
05196	A-5-7-7-Q-K	7-7	12.09	Q-K	2.59
05197	A-5-7-7-Q-Q	7-7	13.74	A-7	2.98
05198	A-5-7-8-8-8	A-5	19.71	A-5	8.29
05199	A-5-7-8-8-9	A-5	19.67	A-5	8.25
05200	A-5-7-8-8-10	5-10	14.96	A-10	4.70

HAND No.	SIX-CARD HAND	DISCARD (DEALER)	EXPECTED AVG. (DEALER)	DISCARD (PONE)	EXPECTED AVG. (PONE)
05201	A-5-7-8-8-J	5-J	15.31	A-J	4.49
05202	A-5-7-8-8-K	5-K	14.98	A-K	4.86
05203	A-5-7-8-8-Q	5-Q	14.94	A-Q	4.83
05204	A-5-7-8-9-9	A-5	17.76	A-5	6.33
05205	A-5-7-8-9-10	5-10	13.79	A-10	3.44
05206	A-5-7-8-9-J	5-J	14.16	A-J	3.25
05207	A-5-7-8-9-K	5-K	13.82	A-K	3.62
05208	A-5-7-8-9-Q	5-Q	13.78	A-Q	3.59
05209	A-5-7-8-10-10	7-8	14.36	A-7	3.24
05210	A-5-7-8-10-J	7-8	13.21	A-10	2.25
05211	A-5-7-8-10-K	7-8	12.45	A-K	2.25
05212	A-5-7-8-10-Q	7-8	12.71	A-Q	2.22
05213	A-5-7-8-J-J	7-8	14.84	A-8	3.50
05214	A-5-7-8-J-K	7-8	12.95	A-K	2.40
05215	A-5-7-8-J-Q	7-8	13.21	A-Q	2.37
05216	A-5-7-8-K-K	7-8	14.36	A-8	3.02
05217	A-5-7-8-Q-K	7-8	12.71	A-K	2.16
05218	A-5-7-8-Q-Q	7-8	14.36	A-8	3.02
05219	A-5-7-9-9-9	A-5	13.19	A-7	2.98
05220	A-5-7-9-9-10	7-10	11.30	7-10	3.74
05221	A-5-7-9-9-J	7-J	11.62	7-J	3.34
05222	A-5-7-9-9-K	7-K	11.33	7-K	3.77
05223	A-5-7-9-9-Q	7-Q	11.29	7-Q	3.72
05224	A-5-7-9-10-10	A-7	12.51	A-7	3.76
05225	A-5-7-9-10-J	A-7	13.55	A-7	4.81
05226	A-5-7-9-10-K	A-7	10.07	7-K	2.25
05227	A-5-7-9-10-Q	7-9	10.17	7-Q	2.20
05228	A-5-7-9-J-J	A-7	12.47	A-9	3.85
05229	A-5-7-9-J-K	7-9	10.41	7-K	2.23
05230	A-5-7-9-J-Q	7-9	10.67	A-9	2.22
05231	A-5-7-9-K-K	7-9	11.82	A-9	3.38
05232	A-5-7-9-Q-K	7-9	10.17	7-K	1.73
05233	A-5-7-9-Q-Q	7-9	11.82	A-9	3.38
05234	A-5-7-10-10-10	A-7	17.07	A-7	8.33
05235	A-5-7-10-10-J	A-7	14.53	A-7	5.79
05236	A-5-7-10-10-K	A-7	13.25	A-7	4.50
05237	A-5-7-10-10-Q	A-7	13.77	A-7	5.03
05238	A-5-7-10-J-J	A-7	14.77	A-7	6.03
05239	A-5-7-10-J-K	A-7	12.18	A-7	3.44
05240	A-5-7-10-J-Q	A-7	15.34	A-7	6.59
05241	A-5-7-10-K-K	A-7	13.25	A-7	4.50
05242	A-5-7-10-Q-K	A-7	11.68	A-7	2.94
05243	A-5-7-10-Q-Q	A-7	13.77	A-7	5.03
05244	A-5-7-J-J-J	A-7	17.79	A-7	9.05
05245	A-5-7-J-J-K	A-7	14.25	A-7	5.50
05246	A-5-7-J-J-Q	A-7	14.77	A-7	6.03
05247	A-5-7-J-K-K	A-7	14.01	A-7	5.26
05248	A-5-7-J-Q-K	A-7	15.25	A-7	6.50
05249	A-5-7-J-Q-Q	A-7	14.53	A-7	5.79
05250	A-5-7-K-K-K	A-7	17.07	A-7	8.33

HAND No.	SIX-CARD HAND	DISCARD (DEALER)	EXPECTED AVG. (DEALER)	DISCARD (PONE)	EXPECTED AVG. (PONE)
05251	A-5-7-Q-K-K	A-7	13.77	A-7	5.03
05252	A-5-7-Q-Q-K	A-7	13.77	A-7	5.03
05253	A-5-7-Q-Q-Q	A-7	17.07	A-7	8.33
05254	A-5-8-8-8-8	A-5	18.15	A-5	6.73
05255	A-5-8-8-8-9	A-5	13.97	A-9	3.46
05256	A-5-8-8-8-10	5-10	13.96	A-10	3.49
05257	A-5-8-8-8-J	5-J	14.31	A-J	3.27
05258	A-5-8-8-8-K	5-K	13.98	A-K	3.64
05259	A-5-8-8-8-Q	5-Q	13.94	A-Q	3.61
05260	A-5-8-8-9-9	8-8	13.53	A-5	1.16
05261	A-5-8-8-9-10	A-5	15.80	A-5	4.38
05262	A-5-8-8-9-J	8-8	11.99	A-9	1.61
05263	A-5-8-8-9-K	8-8	11.49	A-9	1.38
05264	A-5-8-8-9-Q	8-8	11.49	A-9	1.38
05265	A-5-8-8-10-10	8-8	13.27	A-8	3.28
05266	A-5-8-8-10-J	8-8	12.12	A-J	1.71
05267	A-5-8-8-10-K	8-8	11.36	A-K	2.07
05268	A-5-8-8-10-Q	8-8	11.62	A-Q	2.05
05269	A-5-8-8-J-J	8-8	13.75	A-8	3.23
05270	A-5-8-8-J-K	8-8	11.86	A-K	1.79
05271	A-5-8-8-J-Q	8-8	12.12	A-Q	1.76
05272	A-5-8-8-K-K	8-8	13.27	A-8	2.76
05273	A-5-8-8-Q-K	8-8	11.62	A-K	1.55
05274	A-5-8-8-Q-Q	8-8	13.27	A-8	2.76
05275	A-5-8-9-9-9	A-5	13.97	A-8	3.02
05276	A-5-8-9-9-10	A-5	15.80	A-5	4.38
05277	A-5-8-9-9-J	8-J	11.60	8-J	3.44
05278	A-5-8-9-9-K	8-K	11.19	8-K	3.83
05279	A-5-8-9-9-Q	8-Q	11.23	8-Q	3.72
05280	A-5-8-9-10-10	A-5	15.76	A-5	4.33
05281	A-5-8-9-10-J	A-8	13.44	A-8	4.82
05282	A-5-8-9-10-K	5-K	11.91	A-K	3.36
05283	A-5-8-9-10-Q	5-Q	11.87	A-Q	3.33
05284	A-5-8-9-J-J	8-9	12.97	A-8	3.76
05285	A-5-8-9-J-K	8-9	11.08	8-K	2.29
05286	A-5-8-9-J-Q	8-9	11.34	8-Q	2.18
05287	A-5-8-9-K-K	8-9	12.49	A-9	3.11
05288	A-5-8-9-Q-K	8-9	10.84	8-K	1.79
05289	A-5-8-9-Q-Q	8-9	12.49	A-9	3.11
05290	A-5-8-10-10-10	A-8	16.98	A-8	8.36
05291	A-5-8-10-10-J	A-8	14.44	A-8	5.82
05292	A-5-8-10-10-K	A-8	13.16	A-8	4.54
05293	A-5-8-10-10-Q	A-8	13.68	A-8	5.06
05294	A-5-8-10-J-J	A-8	14.68	A-8	6.06
05295	A-5-8-10-J-K	A-8	12.09	A-8	3.47
05296	A-5-8-10-J-Q	A-8	15.25	A-8	6.63
05297	A-5-8-10-K-K	A-8	13.16	A-8	4.54
05298	A-5-8-10-Q-K	A-8	11.59	A-8	2.97
05299	A-5-8-10-Q-Q	A-8	13.68	A-8	5.06
05300	A-5-8-J-J-J	A-8	17.70	A-8	9.08

HAND No.	SIX-CARD HAND	DISCARD (DEALER)	EXPECTED AVG. (DEALER)	DISCARD (PONE)	EXPECTED AVG. (PONE)
05301	A-5-8-J-J-K	A-8	14.16	A-8	5.54
05302	A-5-8-J-J-Q	A-8	14.68	A-8	6.06
05303	A-5-8-J-K-K	A-8	13.92	A-8	5.30
05304	A-5-8-J-Q-K	A-8	15.16	A-8	6.54
05305	A-5-8-J-Q-Q	A-8	14.44	A-8	5.82
05306	A-5-8-K-K-K	A-8	16.98	A-8	8.36
05307	A-5-8-Q-K-K	A-8	13.68	A-8	5.06
05308	A-5-8-Q-Q-K	A-8	13.68	A-8	5.06
05309	A-5-8-Q-Q-Q	A-8	16.98	A-8	8.36
05310	A-5-9-9-9-9	A-5	18.15	A-5	6.73
05311	A-5-9-9-9-10	A-5	13.93	A-10	3.36
05312	A-5-9-9-9-J	5-J	14.18	A-J	3.14
05313	A-5-9-9-9-K	5-K	13.85	9-K	3.89
05314	A-5-9-9-9-Q	5-Q	13.81	9-Q	3.80
05315	A-5-9-9-10-10	9-9	12.90	A-9	4.07
05316	A-5-9-9-10-J	A-5	16.00	A-9	5.05
05317	A-5-9-9-10-K ♣	5-K	11.06	10-K	4.12
05318	A-5-9-9-10-Q	10-Q	11.31	10-Q	3.40
05319	A-5-9-9-J-J	9-9	13.38	A-9	4.03
05320	A-5-9-9-J-K	J-K	11.96	J-K	3.25
05321	A-5-9-9-J-Q	J-Q	12.81	J-Q	2.53
05322	A-5-9-9-K-K	9-9	12.90	A-9	3.03
05323	A-5-9-9-Q-K	Q-K	11.46	Q-K	3.51
05324	A-5-9-9-Q-Q ♣	9-9	12.90	A-9	3.03
05325	A-5-9-10-10-10	A-9	16.62	A-9	8.68
05326	A-5-9-10-10-J	A-5	15.95	A-9	6.01
05327	A-5-9-10-10-K	A-9	12.80	A-9	4.85
05328	A-5-9-10-10-Q	A-9	13.32	A-9	5.38
05329	A-5-9-10-J-J	A-5	16.19	A-9	6.25
05330	A-5-9-10-J-K	A-K	13.05	A-K	5.33
05331	A-5-9-10-J-Q	A-9	14.86	A-9	6.92
05332	A-5-9-10-K-K	A-9	12.80	A-9	4.85
05333	A-5-9-10-Q-K	A-9	11.23	A-9	3.29
05334	A-5-9-10-Q-Q	A-9	13.32	A-9	5.38
05335	A-5-9-J-J-J	A-9	17.34	A-9	9.40
05336	A-5-9-J-J-K	A-9	13.80	A-9	5.05
05337	A-5-9-J-J-Q	A-9	14.32	A-9	6.38
05338	A-5-9-J-K-K	A-9	13.56	A-9	5.61
05339	A-5-9-J-Q-K	A-9	14.80	A-9	6.85
05340	A-5-9-J-Q-Q	A-9	14.08	A-9	6.14
05341	A-5-9-K-K-K	A-9	16.62	A-9	8.68
05342	A-5-9-Q-K-K	A-9	13.32	A-9	5.38
05343	A-5-9-Q-Q-K	A-9	13.32	A-9	5.38
05344	A-5-9-Q-Q-Q	A-9	16.62	A-9	8.68
05345	A-5-10-10-10-10	A-5	17.97	A-10	8.57
05346	A-5-10-10-10-J	A-J	16.82	A-J	8.49
05347	A-5-10-10-10-K	A-K	16.57	A-K	8.86
05348	A-5-10-10-10-Q	A-Q	16.60	A-Q	8.83
05349	A-5-10-10-J-J	A-10	14.25	A-10	6.36
05350	A-5-10-10-J-K	A-K	14.03	A-K	6.31

HAND No.	SIX-CARD HAND	DISCARD (DEALER)	EXPECTED AVG. (DEALER)	DISCARD (PONE)	EXPECTED AVG. (PONE)
05351	A-5-10-10-J-Q	A-5	15.91	A-10	6.86
05352	A-5-10-10-K-K	A-10	12.73	A-K	4.99
05353	A-5-10-10-Q-K	A-K	13.27	A-K	5.55
05354	A-5-10-10-Q-Q	A-Q	13.25	A-Q	5.48
05355	A-5-10-J-J-J	A-10	17.32	A-10	9.42
05356	A-5-10-J-J-K	A-K	14.27	A-K	6.55
05357	A-5-10-J-J-Q	A-5	16.15	A-J	6.64
05358	A-5-10-J-K-K	A-10	13.53	A-10	5.64
05359	A-5-10-J-Q-K	A-K	14.81	A-K	7.10
05360	A-5-10-J-Q-Q	A-5	15.91	A-Q	6.98
05361	A-5-10-K-K-K	A-10	16.60	A-10	8.70
05362	A-5-10-Q-K-K	A-10	13.29	A-10	5.40
05363	A-5-10-Q-Q-K	A-10	13.29	A-K	5.55
05364	A-5-10-Q-Q-Q	A-10	16.60	A-10	8.70
05365	A-5-J-J-J-J	A-5	18.93	A-J	9.08
05366	A-5-J-J-J-K	A-K	17.29	A-K	9.57
05367	A-5-J-J-J-Q	A-Q	17.32	A-Q	9.55
05368	A-5-J-J-K-K	A-J	13.71	A-K	5.99
05369	A-5-J-J-Q-K	A-5	15.97	A-J	6.55
05370	A-5-J-J-Q-Q	A-Q	14.25	A-Q	6.48
05371	A-5-J-K-K-K	A-J	16.82	A-J	8.49
05372	A-5-J-Q-K-K	A-5	15.74	A-K	6.92
05373	A-5-J-Q-Q-K	A-5	15.74	A-Q	6.89
05374	A-5-J-Q-Q-Q	A-J	16.82	A-J	8.49
05375	A-5-K-K-K-K	A-5	17.97	A-K	8.73
05376	A-5-Q-K-K-K	A-Q	16.60	A-Q	8.83
05377	A-5-Q-Q-K-K	A-Q	13.25	A-K	5.51
05378	A-5-Q-Q-Q-K	A-K	16.57	A-K	8.86
05379	A-5-Q-Q-Q-Q	A-5	17.97	A-Q	8.70
05380	A-6-6-6-6-7	A-7	17.60	A-7	8.85
05381	A-6-6-6-6-8	A-8	17.51	A-8	8.89
05382	A-6-6-6-6-9	A-9	16.97	A-9	9.03
05383	A-6-6-6-6-10	A-10	17.16	A-10	9.27
05384	A-6-6-6-6-J	A-J	17.38	A-J	9.05
05385	A-6-6-6-6-K	A-K	17.14	A-K	9.42
05386	A-6-6-6-6-Q	A-Q	17.17	A-Q	9.39
05387	A-6-6-6-7-7	7-7	14.27	A-7	4.63
05388	A-6-6-6-7-8	A-6	16.79	A-6	8.01
05389	A-6-6-6-7-9	A-7	17.07	A-7	8.33
05390	A-6-6-6-7-10	A-10	12.99	A-10	5.10
05391	A-6-6-6-7-J	A-J	13.21	A-J	4.88
05392	A-6-6-6-7-K	A-K	12.96	A-K	5.25
05393	A-6-6-6-7-Q	A-Q	12.99	A-Q	5.22
05394	A-6-6-6-8-8 ⊕	6-6	13.59	A-8	3.76
05395	A-6-6-6-8-9	A-8	16.98	A-8	8.36
05396	A-6-6-6-8-10	A-10	12.08	A-10	4.18
05397	A-6-6-6-8-J	A-J	12.29	A-J	3.97
05398	A-6-6-6-8-K	A-K	12.05	A-K	4.33
05399	A-6-6-6-8-Q	A-Q	12.08	A-Q	4.31
05400	A-6-6-6-9-9	A-6	16.55	A-9	8.51

HAND No.	SIX-CARD HAND	DISCARD (DEALER)	EXPECTED AVG. (DEALER)	DISCARD (PONE)	EXPECTED AVG. (PONE)
05401	A-6-6-6-9-10	A-10	16.64	A-10	8.75
05402	A-6-6-6-9-J	A-J	16.86	A-J	8.53
05403	A-6-6-6-9-K	A-K	16.61	A-K	8.90
05404	A-6-6-6-9-Q	A-Q	16.64	A-Q	8.87
05405	A-6-6-6-10-10	10-10	13.10	A-10	2.96
05406	A-6-6-6-10-J	10-J	12.98	A-10	3.25
05407	A-6-6-6-10-K	10-K	11.18	10-K	4.47
05408	A-6-6-6-10-Q	10-Q	11.66	10-Q	3.75
05409	A-6-6-6-J-J	J-J	13.67	A-J	2.99
05410	A-6-6-6-J-K	J-K	12.31	J-K	3.60
05411	A-6-6-6-J-Q	J-Q	13.16	A-Q	3.37
05412	A-6-6-6-K-K	K-K	12.92	A-K	3.12
05413	A-6-6-6-Q-K	Q-K	11.81	Q-K	3.86
05414	A-6-6-6-Q-Q	Q-Q	13.14	A-Q	3.09
05415	A-6-6-7-7-7	6-6	19.07	6-6	6.42
05416	A-6-6-7-7-8	A-6	18.51	A-6	9.72
05417	A-6-6-7-7-9	7-7	13.57	A-7	3.76
05418	A-6-6-7-7-10	A-10	11.56	A-10	3.66
05419	A-6-6-7-7-J	A-J	11.77	A-J	3.45
05420	A-6-6-7-7-K	A-K	11.53	A-K	3.81
05421	A-6-6-7-7-Q	A-Q	11.56	A-Q	3.79
05422	A-6-6-7-8-8	A-6	18.34	A-6	9.55
05423	A-6-6-7-8-9	A-9	16.36	A-9	8.42
05424	A-6-6-7-8-10	A-10	16.51	A-10	8.62
05425	A-6-6-7-8-J	A-J	16.73	A-J	8.40
05426	A-6-6-7-8-K	A-K	16.48	A-K	8.77
05427	A-6-6-7-8-Q	A-Q	16.51	A-Q	8.74
05428	A-6-6-7-9-9	A-7	16.73	A-7	7.98
05429	A-6-6-7-9-10	A-10	12.12	A-10	4.23
05430	A-6-6-7-9-J	A-J	12.34	A-J	4.01
05431	A-6-6-7-9-K	A-K	12.09	A-K	4.38
05432	A-6-6-7-9-Q	A-Q	12.12	A-Q	4.35
05433	A-6-6-7-10-10	10-10	10.19	A-7	0.33
05434	A-6-6-7-10-J	10-J	10.06	A-10	0.46
05435	A-6-6-7-10-K	10-K	8.27	10-K	1.55
05436	A-6-6-7-10-Q	10-Q	8.74	10-Q	0.83
05437	A-6-6-7-J-J	J-J	10.75	A-7	0.81
05438	A-6-6-7-J-K	J-K	9.40	J-K	0.69
05439	A-6-6-7-J-Q	J-Q	10.24	A-Q	0.59
05440	A-6-6-7-K-K	K-K	10.01	A-K	0.33
05441	A-6-6-7-Q-K	Q-K	8.89	Q-K	0.94
05442	A-6-6-7-Q-Q	Q-Q	10.23	A-7	0.33
05443	A-6-6-8-8-8	8-8	13.62	A-6	3.16
05444	A-6-6-8-8-9	6-9	13.05	A-8	3.45
05445	A-6-6-8-8-10	8-10	12.10	6-10	3.65
05446	A-6-6-8-8-J	8-J	11.86	8-J	3.70
05447	A-6-6-8-8-K	8-K	11.45	8-K	4.09
05448	A-6-6-8-8-Q	8-Q	11.49	8-Q	3.98
05449	A-6-6-8-9-9	A-8	16.64	A-8	8.02
05450	A-6-6-8-9-10	9-10	12.64	A-10	3.81

HAND No.	SIX-CARD HAND	DISCARD (DEALER)	EXPECTED AVG. (DEALER)	DISCARD (PONE)	EXPECTED AVG. (PONE)
05451	A-6-6-8-9-J	9-J	12.31	A-J	3.66
05452	A-6-6-8-9-K	A-K	11.75	9-K	4.32
05453	A-6-6-8-9-Q	A-Q	11.78	9-Q	4.23
05454	A-6-6-8-10-10	10-10	13.19	10-10	2.34
05455	A-6-6-8-10-J	10-J	13.06	10-J	2.79
05456	A-6-6-8-10-K	10-K	11.27	10-K	4.55
05457	A-6-6-8-10-Q	10-Q	11.74	10-Q	3.83
05458	A-6-6-8-J-J	J-J	13.75	J-J	2.15
05459	A-6-6-8-J-K	J-K	12.40	J-K	3.69
05460	A-6-6-8-J-Q	J-Q	13.24	J-Q	2.97
05461	A-6-6-8-K-K	K-K	13.01	K-K	2.79
05462	A-6-6-8-Q-K	Q-K	11.89	Q-K	3.94
05463	A-6-6-8-Q-Q	Q-Q	13.23	Q-Q	2.72
05464	A-6-6-9-9-9	A-6	16.38	A-9	8.16
05465	A-6-6-9-9-10	A-10	16.29	A-10	8.40
05466	A-6-6-9-9-J	A-J	16.51	A-J	8.18
05467	A-6-6-9-9-K	A-K	16.27	A-K	8.55
05468	A-6-6-9-9-Q	A-Q	16.30	A-Q	8.52
05469	A-6-6-9-10-10	10-10	12.40	A-10	3.14
05470	A-6-6-9-10-J	10-J	12.28	A-10	3.10
05471	A-6-6-9-10-K	A-K	11.05	10-K	3.77
05472	A-6-6-9-10-Q	A-Q	11.08	A-Q	3.31
05473	A-6-6-9-J-J	J-J	12.97	A-J	2.90
05474	A-6-6-9-J-K	J-K	11.61	A-K	3.31
05475	A-6-6-9-J-Q	J-Q	12.46	A-Q	3.29
05476	A-6-6-9-K-K	K-K	12.23	A-K	2.77
05477	A-6-6-9-Q-K	Q-K	11.11	Q-K	3.16
05478	A-6-6-9-Q-Q	Q-Q	12.45	A-Q	2.74
05479	A-6-6-10-10-10	6-6	13.07	A-6	1.99
05480	A-6-6-10-10-J	6-6	10.53	A-J	0.53
05481	A-6-6-10-10-K	6-6	9.24	A-K	0.90
05482	A-6-6-10-10-Q	6-6	9.77	A-Q	0.87
05483	A-6-6-10-J-J	6-6	10.77	A-10	1.23
05484	A-6-6-10-J-K	10-J	8.45	10-K	0.19
05485	A-6-6-10-J-Q	6-6	11.33	A-6	0.25
05486	A-6-6-10-K-K	6-6	9.24	A-10	0.75
05487	A-6-6-10-Q-K	6-6	7.68	10-K	-0.05
05488	A-6-6-10-Q-Q	6-6	9.77	A-10	0.75
05489	A-6-6-J-J-J	6-6	13.79	A-6	2.70
05490	A-6-6-J-J-K	6-6	10.24	A-K	1.38
05491	A-6-6-J-J-Q	6-6	10.77	A-Q	1.35
05492	A-6-6-J-K-K	6-6	10.00	A-J	0.53
05493	A-6-6-J-Q-K	6-6	11.24	A-6	0.16
05494	A-6-6-J-Q-Q	6-6	10.53	A-J	0.53
05495	A-6-6-K-K-K	6-6	13.07	A-6	1.99
05496	A-6-6-Q-K-K	6-6	9.77	A-Q	0.87
05497	A-6-6-Q-Q-K	6-6	9.77	A-K	0.90
05498	A-6-6-Q-Q-Q	6-6	13.07	A-6	1.99
05499	A-6-7-7-7-7	6-7	18.01	A-6	8.55
05500	A-6-7-7-7-8	A-7	18.49	A-7	9.74

HAND No.	SIX-CARD HAND	DISCARD (DEALER)	EXPECTED AVG. (DEALER)	DISCARD (PONE)	EXPECTED AVG. (PONE)
05501	A-6-7-7-7-9	6-9	18.44	6-9	7.04
05502	A-6-7-7-7-10	6-10	16.49	6-10	8.99
05503	A-6-7-7-7-J	6-J	16.72	6-J	8.75
05504	A-6-7-7-7-K	6-K	16.45	6-K	9.16
05505	A-6-7-7-7-Q	6-Q	16.59	6-Q	9.09
05506	A-6-7-7-8-8	A-6	18.51	A-6	9.72
05507	A-6-7-7-8-9	A-9	18.14	A-9	10.20
05508	A-6-7-7-8-10	A-10	18.25	A-10	10.36
05509	A-6-7-7-8-J	A-J	18.47	A-J	10.14
05510	A-6-7-7-8-K	A-K	18.22	A-K	10.51
05511	A-6-7-7-8-Q	A-Q	18.25	A-Q	10.48
05512	A-6-7-7-9-9	7-7	13.22	A-7	3.16
05513	A-6-7-7-9-10	9-10	11.33	A-10	2.27
05514	A-6-7-7-9-J	9-J	11.01	9-J	2.09
05515	A-6-7-7-9-K	6-9	10.57	9-K	3.02
05516	A-6-7-7-9-Q	6-9	10.57	9-Q	2.93
05517	A-6-7-7-10-10	10-10	11.84	6-10	1.08
05518	A-6-7-7-10-J	10-J	11.71	10-J	1.44
05519	A-6-7-7-10-K	10-K	9.92	10-K	3.21
05520	A-6-7-7-10-Q	10-Q	10.40	10-Q	2.49
05521	A-6-7-7-J-J	J-J	12.41	6-J	1.08
05522	A-6-7-7-J-K	J-K	11.05	J-K	2.34
05523	A-6-7-7-J-Q	J-Q	11.90	J-Q	1.62
05524	A-6-7-7-K-K	K-K	11.66	K-K	1.45
05525	A-6-7-7-Q-K	Q-K	10.55	Q-K	2.59
05526	A-6-7-7-Q-Q	Q-Q	11.88	Q-Q	1.38
05527	A-6-7-8-8-8	A-8	18.22	A-8	9.60
05528	A-6-7-8-8-9	A-6	17.99	A-9	10.03
05529	A-6-7-8-8-10	A-10	18.08	A-10	10.18
05530	A-6-7-8-8-J	A-J	18.29	A-J	9.97
05531	A-6-7-8-8-K	A-K	18.05	A-K	10.33
05532	A-6-7-8-8-Q	A-Q	18.08	A-Q	10.31
05533	A-6-7-8-9-9	A-6	16.03	A-6	7.25
05534	A-6-7-8-9-10	A-10	13.97	A-10	6.07
05535	A-6-7-8-9-J	A-J	14.21	A-J	5.88
05536	A-6-7-8-9-K	A-K	13.96	A-K	6.25
05537	A-6-7-8-9-Q	A-Q	13.99	A-Q	6.22
05538	A-6-7-8-10-10	10-10	14.30	10-10	3.45
05539	A-6-7-8-10-J	10-J	14.17	10-J	3.90
05540	A-6-7-8-10-K	10-K	12.38	10-K	5.66
05541	A-6-7-8-10-Q	10-Q	12.85	10-Q	4.94
05542	A-6-7-8-J-J	J-J	14.86	J-J	3.26
05543	A-6-7-8-J-K	J-K	13.51	J-K	4.80
05544	A-6-7-8-J-Q	J-Q	14.35	J-Q	4.08
05545	A-6-7-8-K-K	K-K	14.12	K-K	3.90
05546	A-6-7-8-Q-K	Q-K	13.00	Q-K	5.05
05547	A-6-7-8-Q-Q	Q-Q	14.34	Q-Q	3.83
05548	A-6-7-9-9-9	A-7	16.55	A-7	7.81
05549	A-6-7-9-9-10	A-7	11.86	A-10	3.62
05550	A-6-7-9-9-J	A-J	11.73	A-J	3.40

HAND No.	SIX-CARD HAND	DISCARD (DEALER)	EXPECTED AVG. (DEALER)	DISCARD (PONE)	EXPECTED AVG. (PONE)
05551	A-6-7-9-9-K	A-K	11.48	A-K	3.77
05552	A-6-7-9-9-Q	A-Q	11.51	A-Q	3.74
05553	A-6-7-9-10-10	A-7	9.94	A-7	1.20
05554	A-6-7-9-10-J	A-7	10.99	A-7	2.24
05555	A-6-7-9-10-K	A-K	7.66	10-K	0.47
05556	A-6-7-9-10-Q	A-Q	7.69	A-Q	-0.08
05557	A-6-7-9-J-J	A-7	9.90	A-7	1.16
05558	A-6-7-9-J-K	J-K	8.31	A-K	0.10
05559	A-6-7-9-J-Q	J-Q	9.16	A-Q	0.07
05560	A-6-7-9-K-K	K-K	8.92	A-7	0.16
05561	A-6-7-9-Q-K	Q-K	7.81	Q-K	-0.14
05562	A-6-7-9-Q-Q	Q-Q	9.14	A-7	0.16
05563	A-6-7-10-10-10	6-7	12.27	A-7	2.07
05564	A-6-7-10-10-J	6-7	9.73	A-7	-0.47
05565	A-6-7-10-10-K	6-7	8.44	A-K	-0.49
05566	A-6-7-10-10-Q	6-7	8.97	A-Q	-0.52
05567	A-6-7-10-J-J	6-7	9.97	A-10	-0.17
05568	A-6-7-10-J-K	6-7	7.38	10-K	-1.29
05569	A-6-7-10-J-Q	6-7	10.53	A-7	0.33
05570	A-6-7-10-K-K	6-7	8.44	A-10	-0.64
05571	A-6-7-10-Q-K	6-7	6.88	10-K	-1.53
05572	A-6-7-10-Q-Q	6-7	8.97	A-10	-0.64
05573	A-6-7-J-J-J	6-7	12.99	A-7	2.79
05574	A-6-7-J-J-K	6-7	9.44	A-K	-0.01
05575	A-6-7-J-J-Q	6-7	9.97	A-Q	-0.04
05576	A-6-7-J-K-K	6-7	9.20	A-J	-0.86
05577	A-6-7-J-Q-K	6-7	10.44	A-7	0.24
05578	A-6-7-J-Q-Q	6-7	9.73	A-7	-0.47
05579	A-6-7-K-K-K	6-7	12.27	A-7	2.07
05580	A-6-7-Q-K-K	6-7	8.97	A-Q	-0.52
05581	A-6-7-Q-Q-K	6-7	8.97	A-K	-0.49
05582	A-6-7-Q-Q-Q	6-7	12.27	A-7	2.07
05583	A-6-8-8-8-8	A-6	16.55	A-6	7.77
05584	A-6-8-8-8-9	8-9	12.62	A-6	3.55
05585	A-6-8-8-8-10	8-10	11.75	A-10	3.66
05586	A-6-8-8-8-J	A-J	11.77	A-J	3.45
05587	A-6-8-8-8-K	A-K	11.53	A-K	3.81
05588	A-6-8-8-8-Q	A-Q	11.56	A-Q	3.79
05589	A-6-8-8-9-9	9-9	13.17	A-8	3.41
05590	A-6-8-8-9-10	A-6	14.21	A-6	5.42
05591	A-6-8-8-9-J	9-J	12.01	9-J	3.09
05592	A-6-8-8-9-K	9-K	11.11	9-K	4.02
05593	A-6-8-8-9-Q	9-Q	11.03	9-Q	3.93
05594	A-6-8-8-10-10	10-10	12.84	10-10	1.99
05595	A-6-8-8-10-J	10-J	12.71	10-J	2.44
05596	A-6-8-8-10-K	10-K	10.92	10-K	4.21
05597	A-6-8-8-10-Q	10-Q	11.40	10-Q	3.49
05598	A-6-8-8-J-J	J-J	13.41	J-J	1.81
05599	A-6-8-8-J-K	J-K	12.05	J-K	3.34
05600	A-6-8-8-J-Q	J-Q	12.90	J-Q	2.62

HAND No.	SIX-CARD HAND	DISCARD (DEALER)	EXPECTED AVG. (DEALER)	DISCARD (PONE)	EXPECTED AVG. (PONE)
05601	A-6-8-8-K-K	K-K	12.66	K-K	2.45
05602	A-6-8-8-Q-K	Q-K	11.55	Q-K	3.59
05603	A-6-8-8-Q-Q	Q-Q	12.88	Q-Q	2.38
05604	A-6-8-9-9-9	A-8	16.46	A-8	7.84
05605	A-6-8-9-9-10	A-6	14.16	A-6	5.38
05606	A-6-8-9-9-J	A-J	11.95	A-J	3.62
05607	A-6-8-9-9-K	A-K	11.70	A-K	3.99
05608	A-6-8-9-9-Q	A-Q	11.73	A-Q	3.96
05609	A-6-8-9-10-10	A-6	14.21	A-6	5.42
05610	A-6-8-9-10-J	A-8	10.88	A-J	2.40
05611	A-6-8-9-10-K	A-K	10.51	A-K	2.79
05612	A-6-8-9-10-Q	A-Q	10.54	A-Q	2.76
05613	A-6-8-9-J-J	J-J	11.45	A-8	1.19
05614	A-6-8-9-J-K	J-K	10.09	J-K	1.38
05615	A-6-8-9-J-Q	J-Q	10.94	J-Q	0.66
05616	A-6-8-9-K-K	K-K	10.71	K-K	0.49
05617	A-6-8-9-Q-K	Q-K	9.59	Q-K	1.64
05618	A-6-8-9-Q-Q	Q-Q	10.93	Q-Q	0.42
05619	A-6-8-10-10-10	6-8	11.92	A-6	2.81
05620	A-6-8-10-10-J	6-8	9.38	A-6	-0.34
05621	A-6-8-10-10-K	10-10	8.62	10-K	0.21
05622	A-6-8-10-10-Q	10-10	8.62	6-Q	-0.26
05623	A-6-8-10-J-J	6-8	9.62	A-6	-0.10
05624	A-6-8-10-J-K	10-J	8.50	10-K	0.23
05625	A-6-8-10-J-Q	6-8	10.18	A-6	0.38
05626	A-6-8-10-K-K	K-K	8.71	10-K	-0.05
05627	A-6-8-10-Q-K	Q-K	7.59	10-K	-0.01
05628	A-6-8-10-Q-Q	Q-Q	8.93	10-Q	-0.77
05629	A-6-8-J-J-J	6-8	12.64	A-8	2.82
05630	A-6-8-J-J-K	J-J	9.19	6-K	-0.23
05631	A-6-8-J-J-Q	6-8	9.62	A-8	-0.20
05632	A-6-8-J-K-K	6-8	8.85	J-K	-0.92
05633	A-6-8-J-Q-K	6-8	10.09	A-8	0.28
05634	A-6-8-J-Q-Q	6-8	9.38	A-8	-0.44
05635	A-6-8-K-K-K	6-8	11.92	A-8	2.10
05636	A-6-8-Q-K-K	6-8	8.62	Q-K	-0.67
05637	A-6-8-Q-Q-K	Q-Q	8.66	Q-K	-0.67
05638	A-6-8-Q-Q-Q	6-8	11.92	A-8	2.10
05639	A-6-9-9-9-9	A-6	16.38	A-9	7.98
05640	A-6-9-9-9-10	A-10	16.12	A-10	8.23
05641	A-6-9-9-9-J	A-J	16.34	A-J	8.01
05642	A-6-9-9-9-K	A-K	16.09	A-K	8.38
05643	A-6-9-9-9-Q	A-Q	16.12	A-Q	8.35
05644	A-6-9-9-10-10	10-10	12.06	A-10	3.49
05645	A-6-9-9-10-J	A-6	14.40	A-6	5.62
05646	A-6-9-9-10-K	A-K	11.40	A-K	3.68
05647	A-6-9-9-10-Q	A-Q	11.43	A-Q	3.66
05648	A-6-9-9-J-J	J-J	12.62	A-J	2.99
05649	A-6-9-9-J-K	J-K	11.27	A-K	3.40
05650	A-6-9-9-J-Q	J-Q	12.11	A-Q	3.37

HAND No.	SIX-CARD HAND	DISCARD (DEALER)	EXPECTED AVG. (DEALER)	DISCARD (PONE)	EXPECTED AVG. (PONE)
05651	A-6-9-9-K-K	K-K	11.88	A-K	2.60
05652	A-6-9-9-Q-K	Q-K	10.76	Q-K	2.81
05653	A-6-9-9-Q-Q	Q-Q	12.10	A-Q	2.57
05654	A-6-9-10-10-10	6-9	12.44	A-6	3.55
05655	A-6-9-10-10-J	A-6	14.44	A-6	5.66
05656	A-6-9-10-10-K	A-K	9.48	A-K	1.77
05657	A-6-9-10-10-Q	A-Q	9.51	A-Q	1.74
05658	A-6-9-10-J-J	A-6	14.68	A-6	5.90
05659	A-6-9-10-J-K	A-K	10.53	A-K	2.81
05660	A-6-9-10-J-Q	6-9	10.68	A-Q	2.76
05661	A-6-9-10-K-K	6-9	8.62	A-10	0.57
05662	A-6-9-10-Q-K	Q-K	7.46	10-K	-0.40
05663	A-6-9-10-Q-Q	6-9	9.14	A-10	0.57
05664	A-6-9-J-J-J	6-9	13.16	A-6	3.49
05665	A-6-9-J-J-K	6-9	9.62	A-K	1.73
05666	A-6-9-J-J-Q	6-9	10.14	A-Q	1.70
05667	A-6-9-J-K-K	6-9	9.38	A-J	0.36
05668	A-6-9-J-Q-K	6-9	10.62	A-9	0.55
05669	A-6-9-J-Q-Q	6-9	9.90	A-J	0.36
05670	A-6-9-K-K-K	6-9	12.44	A-9	2.38
05671	A-6-9-Q-K-K	6-9	9.14	A-Q	0.70
05672	A-6-9-Q-Q-K	6-9	9.14	A-K	0.73
05673	A-6-9-Q-Q-Q	6-9	12.44	A-9	2.38
05674	A-6-10-10-10-10	A-6	16.55	A-6	7.77
05675	A-6-10-10-10-J	A-6	12.62	A-6	3.83
05676	A-6-10-10-10-K	A-6	10.81	6-K	3.16
05677	A-6-10-10-10-Q	A-6	11.60	6-Q	3.09
05678	A-6-10-10-J-J	A-6	11.47	A-6	2.68
05679	A-6-10-10-J-K	A-6	8.44	6-K	0.62
05680	A-6-10-10-J-Q	A-6	14.49	A-6	5.70
05681	A-6-10-10-K-K	A-6	8.90	A-6	0.12
05682	A-6-10-10-Q-K	A-6	7.68	6-K	-0.14
05683	A-6-10-10-Q-Q	A-6	9.94	A-6	1.16
05684	A-6-10-J-J-J	A-6	13.10	A-6	4.31
05685	A-6-10-J-J-K	A-6	8.68	6-K	0.86
05686	A-6-10-J-J-Q	A-6	14.73	A-6	5.94
05687	A-6-10-J-K-K	A-6	8.18	6-10	-0.07
05688	A-6-10-J-Q-K	A-6	10.44	A-6	1.66
05689	A-6-10-J-Q-Q	A-6	14.49	A-6	5.70
05690	A-6-10-K-K-K	A-6	10.81	6-10	2.99
05691	A-6-10-Q-K-K	A-6	7.68	6-10	-0.31
05692	A-6-10-Q-Q-K	A-6	7.68	6-K	-0.14
05693	A-6-10-Q-Q-Q	A-6	11.60	6-10	2.99
05694	A-6-J-J-J-J	A-6	17.51	A-6	8.72
05695	A-6-J-J-J-K	A-6	12.31	6-K	3.88
05696	A-6-J-J-J-Q	A-6	13.10	A-6	4.31
05697	A-6-J-J-K-K	A-6	10.42	A-6	1.64
05698	A-6-J-J-Q-K	A-6	14.55	A-6	5.77
05699	A-6-J-J-Q-Q	A-6	11.47	A-6	2.68
05700	A-6-J-K-K-K	A-6	11.84	A-6	3.05

HAND No.	SIX-CARD HAND	DISCARD (DEALER)	EXPECTED AVG. (DEALER)	DISCARD (PONE)	EXPECTED AVG. (PONE)
05701	A-6-J-Q-K-K	A-6	14.31	A-6	5.53
05702	A-6-J-Q-Q-K	A-6	14.31	A-6	5.53
05703	A-6-J-Q-Q-Q	A-6	12.62	A-6	3.83
05704	A-6-K-K-K-K	A-6	16.55	A-6	7.77
05705	A-6-Q-K-K-K	A-6	11.60	6-Q	3.09
05706	A-6-Q-Q-K-K	A-6	9.94	A-6	1.16
05707	A-6-Q-Q-Q-K	A-6	11.60	6-K	3.16
05708	A-6-Q-Q-Q-Q	A-6	16.55	A-6	7.77
05709	A-7-7-7-7-8	7-8	19.45	A-7	9.59
05710	A-7-7-7-7-9	7-9	17.08	A-9	8.94
05711	A-7-7-7-7-10	A-10	16.90	A-10	9.01
05712	A-7-7-7-7-J	A-J	17.12	A-J	8.79
05713	A-7-7-7-7-K	A-K	16.88	A-K	9.16
05714	A-7-7-7-7-Q	A-Q	16.91	A-Q	9.13
05715	A-7-7-7-8-8	A-7	18.60	A-7	9.85
05716	A-7-7-7-8-9	A-7	18.01	A-9	9.92
05717	A-7-7-7-8-10	A-10	18.08	A-10	10.18
05718	A-7-7-7-8-J	A-J	18.29	A-J	9.97
05719	A-7-7-7-8-K	A-K	18.05	A-K	10.33
05720	A-7-7-7-8-Q	A-Q	18.08	A-Q	10.31
05721	A-7-7-7-9-9	9-9	18.47	9-9	6.89
05722	A-7-7-7-9-10	9-10	17.59	9-10	7.89
05723	A-7-7-7-9-J	9-J	17.27	9-J	8.35
05724	A-7-7-7-9-K	9-K	16.37	9-K	9.28
05725	A-7-7-7-9-Q	9-Q	16.29	9-Q	9.19
05726	A-7-7-7-10-10	10-10	18.06	10-10	7.21
05727	A-7-7-7-10-J	10-J	17.93	10-J	7.66
05728	A-7-7-7-10-K	10-K	16.14	10-K	9.42
05729	A-7-7-7-10-Q	10-Q	16.61	10-Q	8.70
05730	A-7-7-7-J-J	J-J	18.62	J-J	7.02
05731	A-7-7-7-J-K	J-K	17.27	J-K	8.56
05732	A-7-7-7-J-Q	J-Q	18.11	J-Q	7.84
05733	A-7-7-7-K-K	K-K	17.88	K-K	7.66
05734	A-7-7-7-Q-K	Q-K	16.76	Q-K	8.81
05735	A-7-7-7-Q-Q	Q-Q	18.10	Q-Q	7.59
05736	A-7-7-8-8-8	A-8	18.51	A-8	9.89
05737	A-7-7-8-8-9	A-9	18.06	A-9	10.11
05738	A-7-7-8-8-10	A-10	18.34	A-10	10.44
05739	A-7-7-8-8-J	A-J	18.56	A-J	10.23
05740	A-7-7-8-8-K	A-K	18.31	A-K	10.60
05741	A-7-7-8-8-Q	A-Q	18.34	A-Q	10.57
05742	A-7-7-8-9-9	A-9	17.58	A-9	9.64
05743	A-7-7-8-9-10	A-10	17.73	A-10	9.83
05744	A-7-7-8-9-J	A-J	17.99	A-J	9.66
05745	A-7-7-8-9-K	A-K	17.75	A-K	10.03
05746	A-7-7-8-9-Q	A-Q	17.78	A-Q	10.00
05747	A-7-7-8-10-10	10-10	15.06	10-10	4.21
05748	A-7-7-8-10-J	10-J	14.93	10-J	4.66
05749	A-7-7-8-10-K	10-K	13.14	10-K	6.42
05750	A-7-7-8-10-Q	10-Q	13.61	10-Q	5.70

HAND No.	SIX-CARD HAND	DISCARD (DEALER)	EXPECTED AVG. (DEALER)	DISCARD (PONE)	EXPECTED AVG. (PONE)
05751	A-7-7-8-J-J	J-J	15.62	J-J	4.02
05752	A-7-7-8-J-K	J-K	14.27	J-K	5.56
05753	A-7-7-8-J-Q	J-Q	15.11	J-Q	4.84
05754	A-7-7-8-K-K	K-K	14.88	K-K	4.66
05755	A-7-7-8-Q-K	Q-K	13.76	Q-K	5.81
05756	A-7-7-8-Q-Q	Q-Q	15.10	Q-Q	4.59
05757	A-7-7-9-9-9	7-7	13.22	A-7	2.81
05758	A-7-7-9-9-10	9-9	10.60	A-10	1.75
05759	A-7-7-9-9-J	9-9	10.84	A-J	1.53
05760	A-7-7-9-9-K	9-9	10.60	A-K	1.90
05761	A-7-7-9-9-Q	9-9	10.60	A-Q	1.87
05762	A-7-7-9-10-10	10-10	10.71	A-9	0.64
05763	A-7-7-9-10-J	7-7	11.48	9-J	0.48
05764	A-7-7-9-10-K	9-10	9.72	10-K	2.08
05765	A-7-7-9-10-Q	9-10	9.72	10-Q	1.36
05766	A-7-7-9-J-J	J-J	11.28	A-9	1.11
05767	A-7-7-9-J-K	J-K	9.92	9-K	1.65
05768	A-7-7-9-J-Q	J-Q	10.77	9-Q	1.56
05769	A-7-7-9-K-K	K-K	10.53	9-K	1.37
05770	A-7-7-9-Q-K	Q-K	9.42	Q-K	1.46
05771	A-7-7-9-Q-Q	Q-Q	10.75	9-Q	1.27
05772	A-7-7-10-10-10	7-7	13.22	A-7	2.03
05773	A-7-7-10-10-J	7-7	10.68	A-J	0.49
05774	A-7-7-10-10-K	10-10	10.19	10-K	1.51
05775	A-7-7-10-10-Q	10-10	10.19	A-Q	0.83
05776	A-7-7-10-J-J	7-7	10.92	A-10	1.18
05777	A-7-7-10-J-K	10-J	10.06	10-K	1.79
05778	A-7-7-10-J-Q	7-7	11.48	10-Q	1.07
05779	A-7-7-10-K-K	K-K	10.01	10-K	1.51
05780	A-7-7-10-Q-K	Q-K	8.89	10-K	1.55
05781	A-7-7-10-Q-Q	Q-Q	10.23	10-Q	0.79
05782	A-7-7-J-J-J	7-7	13.94	A-7	2.74
05783	A-7-7-J-J-K	J-J	10.75	A-K	1.33
05784	A-7-7-J-J-Q	7-7	10.92	A-Q	1.31
05785	A-7-7-J-K-K	K-K	10.25	J-K	0.64
05786	A-7-7-J-Q-K	7-7	11.40	Q-K	1.18
05787	A-7-7-J-Q-Q	7-7	10.68	A-J	0.49
05788	A-7-7-K-K-K	7-7	13.22	A-7	2.03
05789	A-7-7-Q-K-K	K-K	10.01	Q-K	0.90
05790	A-7-7-Q-Q-K	Q-Q	10.23	Q-K	0.90
05791	A-7-7-Q-Q-Q	7-7	13.22	A-7	2.03
05792	A-7-8-8-8-8	A-8	17.85	A-8	9.23
05793	A-7-8-8-8-9	A-8	17.79	A-9	9.53
05794	A-7-8-8-8-10	A-10	17.69	A-10	9.79
05795	A-7-8-8-8-J	A-J	17.90	A-J	9.58
05796	A-7-8-8-8-K	A-K	17.66	A-K	9.94
05797	A-7-8-8-8-Q	A-Q	17.69	A-Q	9.92
05798	A-7-8-8-9-9	A-9	17.45	A-9	9.51
05799	A-7-8-8-9-10	A-10	17.60	A-10	9.70
05800	A-7-8-8-9-J	A-J	17.86	A-J	9.53

HAND No.	SIX-CARD HAND	DISCARD (DEALER)	EXPECTED AVG. (DEALER)	DISCARD (PONE)	EXPECTED AVG. (PONE)
05801	A-7-8-8-9-K	A-K	17.61	A-K	9.90
05802	A-7-8-8-9-Q	A-Q	17.64	A-Q	9.87
05803	A-7-8-8-10-10	10-10	13.06	A-10	3.66
05804	A-7-8-8-10-J	10-J	12.93	A-10	3.77
05805	A-7-8-8-10-K	A-K	11.57	10-K	4.42
05806	A-7-8-8-10-Q	10-Q	11.61	A-Q	3.83
05807	A-7-8-8-J-J	J-J	13.62	A-J	3.51
05808	A-7-8-8-J-K	J-K	12.27	A-K	3.92
05809	A-7-8-8-J-Q	J-Q	13.11	A-Q	3.89
05810	A-7-8-8-K-K	K-K	12.88	A-K	3.64
05811	A-7-8-8-Q-K	Q-K	11.76	Q-K	3.81
05812	A-7-8-8-Q-Q	Q-Q	13.10	A-Q	3.61
05813	A-7-8-9-9-9	A-9	15.56	A-9	7.61
05814	A-7-8-9-9-10	A-10	15.69	A-10	7.79
05815	A-7-8-9-9-J	A-J	15.95	A-J	7.62
05816	A-7-8-9-9-K	A-K	15.70	A-K	7.99
05817	A-7-8-9-9-Q	A-Q	15.73	A-Q	7.96
05818	A-7-8-9-10-10	A-7	14.16	A-7	5.42
05819	A-7-8-9-10-J ♣	7-8	12.08	A-J	3.64
05820	A-7-8-9-10-K	A-K	11.75	A-K	4.03
05821	A-7-8-9-10-Q	A-Q	11.78	A-Q	4.00
05822	A-7-8-9-J-J	J-J	12.52	A-J	2.49
05823	A-7-8-9-J-K	J-K	11.16	A-K	2.90
05824	A-7-8-9-J-Q	J-Q	12.01	A-Q	2.87
05825	A-7-8-9-K-K	K-K	11.77	A-K	2.53
05826	A-7-8-9-Q-K	Q-K	10.66	Q-K	2.70
05827	A-7-8-9-Q-Q	Q-Q	11.99	A-Q	2.50
05828	A-7-8-10-10-10	7-8	13.84	A-7	2.81
05829	A-7-8-10-10-J	7-8	11.30	A-J	1.32
05830	A-7-8-10-10-K	7-8	10.02	A-K	1.68
05831	A-7-8-10-10-Q	7-8	10.54	A-Q	1.66
05832	A-7-8-10-J-J	7-8	11.54	A-10	1.57
05833	A-7-8-10-J-K	7-8	8.95	10-K	0.32
05834	A-7-8-10-J-Q	7-8	12.10	A-7	0.37
05835	A-7-8-10-K-K	7-8	10.02	A-10	1.10
05836	A-7-8-10-Q-K	7-8	8.45	10-K	0.08
05837	A-7-8-10-Q-Q	7-8	10.54	A-10	1.10
05838	A-7-8-J-J-J	7-8	14.56	A-8	2.78
05839	A-7-8-J-J-K	7-8	11.02	A-K	1.73
05840	A-7-8-J-J-Q	7-8	11.54	A-Q	1.70
05841	A-7-8-J-K-K	7-8	10.78	A-J	0.88
05842	A-7-8-J-Q-K	7-8	12.02	A-8	0.23
05843	A-7-8-J-Q-Q	7-8	11.30	A-J	0.88
05844	A-7-8-K-K-K	7-8	13.84	A-8	2.06
05845	A-7-8-Q-K-K	7-8	10.54	A-Q	1.22
05846	A-7-8-Q-Q-K	7-8	10.54	A-K	1.25
05847	A-7-8-Q-Q-Q	7-8	13.84	A-8	2.06
05848	A-7-9-9-9-9	A-7	16.55	A-7	7.81
05849	A-7-9-9-9-10	A-7	12.38	A-7	3.63
05850	A-7-9-9-9-J	A-7	11.84	A-7	3.09

HAND No.	SIX-CARD HAND	DISCARD (DEALER)	EXPECTED AVG. (DEALER)	DISCARD (PONE)	EXPECTED AVG. (PONE)
05851	A-7-9-9-9-K	A-K	11.14	A-K	3.42
05852	A-7-9-9-9-Q	A-Q	11.17	A-Q	3.39
05853	A-7-9-9-10-10	A-7	10.99	A-7	2.24
05854	A-7-9-9-10-J	A-7	14.49	A-7	5.74
05855	A-7-9-9-10-K	A-7	8.03	7-K	0.25
05856	A-7-9-9-10-Q	A-7	8.21	7-Q	0.20
05857	A-7-9-9-J-J	A-7	10.42	A-7	1.60
05858	A-7-9-9-J-K	A-7	8.01	A-K	0.10
05859	A-7-9-9-J-Q	J-Q	8.77	A-Q	0.07
05860	A-7-9-9-K-K	A-7	8.90	A-7	0.16
05861	A-7-9-9-Q-K	Q-K	7.42	Q-K	-0.54
05862	A-7-9-9-Q-Q	A-7	8.90	A-7	0.16
05863	A-7-9-10-10-10	A-7	12.38	A-7	3.63
05864	A-7-9-10-10-J	A-7	14.49	A-7	5.74
05865	A-7-9-10-10-K	A-7	8.03	7-K	0.25
05866	A-7-9-10-10-Q	A-7	8.21	7-Q	0.20
05867	A-7-9-10-J-J	A-7	14.73	A-7	5.98
05868	A-7-9-10-J-K	A-7	9.16	7-K	1.29
05869	A-7-9-10-J-Q	A-7	10.53	A-7	1.79
05870	A-7-9-10-K-K	9-10	7.72	7-10	-0.83
05871	A-7-9-10-Q-K ♠	9-10	6.07	10-K	-2.10
05872	A-7-9-10-Q-Q	7-9	8.04	A-7	-0.80
05873	A-7-9-J-J-J	A-7	12.31	A-7	3.57
05874	A-7-9-J-J-K	7-9	8.52	7-K	0.20
05875	A-7-9-J-J-Q	7-9	9.04	7-Q	0.15
05876	A-7-9-J-K-K	7-9	8.28	A-9	-0.65
05877	A-7-9-J-Q-K	7-9	9.52	A-9	0.59
05878	A-7-9-J-Q-Q	7-9	8.80	A-9	-0.12
05879	A-7-9-K-K-K	7-9	11.34	A-9	2.42
05880	A-7-9-Q-K-K	7-9	8.04	9-Q	-0.68
05881	A-7-9-Q-Q-K	7-9	8.04	9-K	-0.59
05882	A-7-9-Q-Q-Q	7-9	11.34	A-9	2.42
05883	A-7-10-10-10-10	A-7	16.55	A-7	7.81
05884	A-7-10-10-10-J	A-7	12.62	A-7	3.87
05885	A-7-10-10-10-K	A-7	10.81	7-K	3.03
05886	A-7-10-10-10-Q	A-7	11.60	7-Q	2.98
05887	A-7-10-10-J-J	A-7	11.47	A-7	2.72
05888	A-7-10-10-J-K	A-7	8.44	7-K	0.49
05889	A-7-10-10-J-Q	A-7	14.49	A-7	5.74
05890	A-7-10-10-K-K	A-7	8.90	A-7	0.16
05891	A-7-10-10-Q-K	A-7	7.68	7-K	-0.28
05892	A-7-10-10-Q-Q	A-7	9.94	A-7	1.20
05893	A-7-10-J-J-J	A-7	13.10	A-7	4.35
05894	A-7-10-J-J-K	A-7	8.68	7-K	0.73
05895	A-7-10-J-J-Q	A-7	14.73	A-7	5.98
05896	A-7-10-J-K-K	A-7	8.18	7-10	-0.07
05897	A-7-10-J-Q-K	A-7	10.44	A-7	1.70
05898	A-7-10-J-Q-Q	A-7	14.49	A-7	5.74
05899	A-7-10-K-K-K	A-7	10.81	7-10	3.00
05900	A-7-10-Q-K-K	A-7	7.68	7-10	-0.31

HAND No.	SIX-CARD HAND	DISCARD (DEALER)	EXPECTED AVG. (DEALER)	DISCARD (PONE)	EXPECTED AVG. (PONE)
05901	A-7-10-Q-Q-K	A-7	7.68	7-K	-0.28
05902	A-7-10-Q-Q-Q	A-7	11.60	7-10	3.00
05903	A-7-J-J-J-J	A-7	17.51	A-7	8.76
05904	A-7-J-J-J-K	A-7	12.31	7-K	3.75
05905	A-7-J-J-J-Q	A-7	13.10	A-7	4.35
05906	A-7-J-J-K-K	A-7	10.42	A-7	1.68
05907	A-7-J-J-Q-K	A-7	14.55	A-7	5.81
05908	A-7-J-J-Q-Q	A-7	11.47	A-7	2.72
05909	A-7-J-K-K-K	A-7	11.84	A-7	3.09
05910	A-7-J-Q-K-K	A-7	14.31	A-7	5.57
05911	A-7-J-Q-Q-K	A-7	14.31	A-7	5.57
05912	A-7-J-Q-Q-Q	A-7	12.62	A-7	3.87
05913	A-7-K-K-K-K	A-7	16.55	A-7	7.81
05914	A-7-Q-K-K-K	A-7	11.60	7-Q	2.98
05915	A-7-Q-Q-K-K	A-7	9.94	A-7	1.20
05916	A-7-Q-Q-Q-K	A-7	11.60	7-K	3.03
05917	A-7-Q-Q-Q-Q	A-7	16.55	A-7	7.81
05918	A-8-8-8-8-9	A-9	16.10	A-9	8.16
05919	A-8-8-8-8-10	A-10	16.12	A-10	8.23
05920	A-8-8-8-8-J	A-J	16.34	A-J	8.01
05921	A-8-8-8-8-K	A-K	16.09	A-K	8.38
05922	A-8-8-8-8-Q	A-Q	16.12	A-Q	8.35
05923	A-8-8-8-9-9	9-9	12.47	A-9	3.94
05924	A-8-8-8-9-10	A-8	14.01	A-8	5.39
05925	A-8-8-8-9-J	A-J	12.16	A-J	3.84
05926	A-8-8-8-9-K	A-K	11.92	A-K	4.20
05927	A-8-8-8-9-Q	A-Q	11.95	A-Q	4.18
05928	A-8-8-8-10-10	10-10	12.06	A-10	3.23
05929	A-8-8-8-10-J	10-J	11.93	A-J	3.05
05930	A-8-8-8-10-K	A-K	11.14	10-K	3.42
05931	A-8-8-8-10-Q	A-Q	11.17	A-Q	3.39
05932	A-8-8-8-J-J	J-J	12.62	A-J	2.47
05933	A-8-8-8-J-K	J-K	11.27	A-K	2.88
05934	A-8-8-8-J-Q	J-Q	12.11	A-Q	2.85
05935	A-8-8-8-K-K	K-K	11.88	A-K	2.60
05936	A-8-8-8-Q-K	Q-K	10.76	Q-K	2.81
05937	A 0-0-8-Q-Q	Q-Q	12.10	A-Q	2.57
05938	A-8-8-9-9-9	8-8	12.75	A-8	3.63
05939	A-8-8-9-9-10	A-8	13.98	A-9	5.68
05940	A-8-8-9-9-J	A-J	10.77	A-J	2.45
05941	A-8-8-9-9-K	A-K	10.53	A-K	2.81
05942	A-8-8-9-9-Q	A-Q	10.56	A-Q	2.79
05943	A-8-8-9-10-10	A-8	13.98	A-10	5.75
05944	A-8-8-9-10-J	A-J	13.99	A-J	5.66
05945	A-8-8-9-10-K	A-K	13.79	A-K	6.07
05946	A-8-8-9-10-Q	A-Q	13.82	A-Q	6.05
05947	A-8-8-9-J-J	8-8	9.92	A-9	0.98
05948	A-8-8-9-J-K	J-K	8.48	A-K	0.27
05949	A-8-8-9-J-Q	J-Q	9.33	A-Q	0.24
05950	A-8-8-9-K-K	K-K	9.10	A-9	0.51

119

HAND No.	SIX-CARD HAND	DISCARD (DEALER)	EXPECTED AVG. (DEALER)	DISCARD (PONE)	EXPECTED AVG. (PONE)
05951	A-8-8-9-Q-K	Q-K	7.98	Q-K	0.03
05952	A-8-8-9-Q-Q	Q-Q	9.32	A-9	0.51
05953	A-8-8-10-10-10	8-8	12.75	A-8	2.84
05954	A-8-8-10-10-J	8-8	10.20	A-J	1.40
05955	A-8-8-10-10-K	A-K	9.48	A-K	1.77
05956	A-8-8-10-10-Q	A-Q	9.51	A-Q	1.74
05957	A-8-8-10-J-J	8-8	10.44	A 10	1.05
05958	A-8-8-10-J-K	10-J	8.11	A-K	0.01
05959	A-8-8-10-J-Q	8-8	11.01	A-8	0.41
05960	A-8-8-10-K-K	8-8	8.92	A-10	0.57
05961	A-8-8-10-Q-K	Q-K	7.46	10-K	-0.40
05962	A-8-8-10-Q-Q	8-8	9.44	A-10	0.57
05963	A-8-8-J-J-J	8-8	13.46	A-8	2.78
05964	A-8-8-J-J-K	8-8	9.92	A-K	1.20
05965	A-8-8-J-J-Q	8-8	10.44	A-Q	1.18
05966	A-8-8-J-K-K	8-8	9.68	A-J	0.36
05967	A-8-8-J-Q-K	8-8	10.92	A-8	0.23
05968	A-8-8-J-Q-Q	8-8	10.20	A-J	0.36
05969	A-8-8-K-K-K	8-8	12.75	A-8	2.06
05970	A-8-8-Q-K-K	8-8	9.44	A-Q	0.70
05971	A-8-8-Q-Q-K	8-8	9.44	A-K	0.73
05972	A-8-8-Q-Q-Q	8-8	12.75	A-8	2.06
05973	A-8-9-9-9-9	A-8	16.46	A-8	7.84
05974	A-8-9-9-9-10	A-9	13.64	A-9	5.70
05975	A-8-9-9-9-J	A-J	12.16	A-J	3.84
05976	A-8-9-9-9-K	A-K	11.92	A-K	4.20
05977	A-8-9-9-9-Q	A-Q	11.95	A-Q	4.18
05978	A-8-9-9-10-10	A-10	13.64	A-10	5.75
05979	A-8-9-9-10-J	A-8	14.35	A-8	5.73
05980	A-8-9-9-10-K	A-K	13.79	A-K	6.07
05981	A-8-9-9-10-Q	A-Q	13.82	A-Q	6.05
05982	A-8-9-9-J-J	A-8	10.33	A-8	1.71
05983	A-8-9-9-J-K	J-K	8.48	A-K	0.27
05984	A-8-9-9-J-Q	J-Q	9.33	A-Q	0.24
05985	A-8-9-9-K-K	K-K	9.10	A-8	0.19
05986	A-8-9-9-Q-K	Q-K	7.98	Q-K	0.03
05987	A-8-9-9-Q-Q	Q-Q	9.32	A-8	0.19
05988	A-8-9-10-10-10	A-10	13.66	A-10	5.77
05989	A-8-9-10-10-J	A-8	14.35	A-8	5.73
05990	A-8-9-10-10-K	A-K	13.79	A-K	6.07
05991	A-8-9-10-10-Q	A-Q	13.82	A-Q	6.05
05992	A-8-9-10-J-J	A-8	14.59	A-8	5.97
05993	A-8-9-10-J-K	A-K	10.07	A-K	2.36
05994	A-8-9-10-J-Q	A-8	10.42	A-Q	2.31
05995	A-8-9-10-K-K	K-K	9.90	A-K	0.62
05996	A-8-9-10-Q-K	Q-K	8.79	Q-K	0.83
05997	A-8-9-10-Q-Q	Q-Q	10.12	A-Q	0.68
05998	A-8-9-J-J-J	8-9	12.73	A-8	3.60
05999	A-8-9-J-J-K	8-9	9.19	8-K	0.26
06000	A-8-9-J-J-Q	8-9	9.71	A-Q	0.22

HAND No.	SIX-CARD HAND	DISCARD (DEALER)	EXPECTED AVG. (DEALER)	DISCARD (PONE)	EXPECTED AVG. (PONE)
06001	A-8-9-J-K-K	8-9	8.95	A-9	-0.65
06002	A-8-9-J-Q-K	8-9	10.19	A-9	0.59
06003	A-8-9-J-Q-Q	8-9	9.47	A-9	-0.12
06004	A-8-9-K-K-K	8-9	12.01	A-9	2.42
06005	A-8-9-Q-K-K	8-9	8.71	9-Q	-0.64
06006	A-8-9-Q-Q-K	8-9	8.71	9-K	-0.55
06007	A-8-9-Q-Q-Q	8-9	12.01	A-9	2.42
06008	A-8-10-10-10-10	A-8	16.46	A-8	7.84
06009	A-8-10-10-10-J	A-8	12.53	A-8	3.91
06010	A-8-10-10-10-K	A-K	11.14	A-K	3.42
06011	A-8-10-10-10-Q	A-8	11.51	A-Q	3.39
06012	A-8-10-10-J-J	A-8	11.38	A-8	2.76
06013	A-8-10-10-J-K	A-8	8.35	8-K	0.55
06014	A-8-10-10-J-Q	A-8	14.40	A-8	5.78
06015	A-8-10-10-K-K	A-8	8.81	A-8	0.19
06016	A-8-10-10-Q-K	A-8	7.59	A-K	-0.14
06017	A-8-10-10-Q-Q	A-8	9.85	A-8	1.23
06018	A-8-10-J-J-J	A-8	13.01	A-8	4.39
06019	A-8-10-J-J-K	A-8	8.59	8-K	0.79
06020	A-8-10-J-J-Q	A-8	14.64	A-8	6.02
06021	A-8-10-J-K-K	10-J	8.11	A-8	-0.53
06022	A-8-10-J-Q-K	A-8	10.35	A-8	1.73
06023	A-8-10-J-Q-Q	A-8	14.40	A-8	5.78
06024	A-8-10-K-K-K	8-10	11.10	A-10	2.49
06025	A-8-10-Q-K-K	8-10	7.80	A-10	-0.82
06026	A-8-10-Q-Q-K	8-10	7.80	8-K	-0.22
06027	A-8-10-Q-Q-Q	A-8	11.51	A-8	2.89
06028	A-8-J-J-J-J	A-8	17.42	A-8	8.80
06029	A-8-J-J-J-K	A-8	12.22	8-K	3.81
06030	A-8-J-J-J-Q	A-8	13.01	A-8	4.39
06031	A-8-J-J-K-K	A-8	10.33	A-8	1.71
06032	A-8-J-J-Q-K	A-8	14.46	A-8	5.84
06033	A-8-J-J-Q-Q	A-8	11.38	A-8	2.76
06034	A-8-J-K-K-K	A-8	11.75	A-8	3.13
06035	A-8-J-Q-K-K	A-8	14.22	A-8	5.60
06036	A-8-J-Q-Q-K	A-8	14.22	A-8	5.60
06037	A-8-J-Q-Q-Q	A-8	12.53	A-8	3.91
06038	A-8-K-K-K-K	A-8	16.46	A-8	7.84
06039	A-8-Q-K-K-K	A-8	11.51	8-Q	2.98
06040	A-8-Q-Q-K-K	A-8	9.85	A-8	1.23
06041	A-8-Q-Q-Q-K	A-8	11.51	8-K	3.09
06042	A-8-Q-Q-Q-Q	A-8	16.46	A-8	7.84
06043	A-9-9-9-9-10	A-10	16.12	A-10	8.23
06044	A-9-9-9-9-J	A-J	16.34	A-J	8.01
06045	A-9-9-9-9-K	A-K	16.09	A-K	8.38
06046	A-9-9-9-9-Q	A-Q	16.12	A-Q	8.35
06047	A-9-9-9-10-10	10-10	12.06	A-10	4.01
06048	A-9-9-9-10-J	A-9	13.88	A-9	5.94
06049	A-9-9-9-10-K	A-K	11.92	A-K	4.20
06050	A-9-9-9-10-Q	A-Q	11.95	A-Q	4.18

HAND No.	SIX-CARD HAND	DISCARD (DEALER)	EXPECTED AVG. (DEALER)	DISCARD (PONE)	EXPECTED AVG. (PONE)
06051	A-9-9-9-J-J	J-J	12.62	A-J	3.25
06052	A-9-9-9-J-K	A-K	11.38	A-K	3.66
06053	A-9-9-9-J-Q	J-Q	12.11	A-Q	3.63
06054	A-9-9-9-K-K	K-K	11.88	A-K	2.60
06055	A-9-9-9-Q-K	Q-K	10.76	Q-K	2.81
06056	A-9-9-9-Q-Q	Q-Q	12.10	A-Q	2.57
06057	A-9-9-10-10-10	9-9	12.47	A-9	3.94
06058	A-9-9-10-10-J	A-10	13.88	A-10	5.99
06059	A-9-9-10-10-K	A-K	10.53	A-K	2.81
06060	A-9-9-10-10-Q	A-Q	10.56	A-Q	2.79
06061	A-9-9-10-J-J	A-9	14.10	A-9	6.16
06062	A-9-9-10-J-K	A-K	14.03	A-K	6.31
06063	A-9-9-10-J-Q	A-Q	14.01	A-Q	6.24
06064	A-9-9-10-K-K	K-K	9.10	A-10	0.57
06065	A-9-9-10-Q-K	Q-K	7.98	A-K	0.03
06066	A-9-9-10-Q-Q	Q-Q	9.32	A-10	0.57
06067	A-9-9-J-J-J	9-9	13.19	A-9	3.88
06068	A-9-9-J-J-K	A-K	9.96	A-K	2.25
06069	A-9-9-J-J-Q	9-9	10.17	A-Q	2.22
06070	A-9-9-J-K-K	9-9	9.40	A-J	0.36
06071	A-9-9-J-Q-K	9-9	10.64	A-9	0.64
06072	A-9-9-J-Q-Q	9-9	9.93	A-J	0.36
06073	A-9-9-K-K-K	9-9	12.47	A-9	2.38
06074	A-9-9-Q-K-K	9-9	9.17	A-Q	0.70
06075	A-9-9-Q-Q-K	9-9	9.17	A-K	0.73
06076	A-9-9-Q-Q-Q	9-9	12.47	A-9	2.38
06077	A-9-10-10-10-10	A-9	16.10	A-9	8.16
06078	A-9-10-10-10-J	A-10	13.90	A-10	6.01
06079	A-9-10-10-10-K	A-K	11.92	A-K	4.20
06080	A-9-10-10-10-Q	A-Q	11.95	A-Q	4.18
06081	A-9-10-10-J-J	A-10	14.12	A-10	6.23
06082	A-9-10-10-J-K	A-K	14.03	A-K	6.31
06083	A-9-10-10-J-Q	A-Q	14.01	A-Q	6.24
06084	A-9-10-10-K-K	K-K	9.10	A-9	0.51
06085	A-9-10-10-Q-K	Q-K	7.98	A-K	0.03
06086	A-9-10-10-Q-Q	A-9	9.49	A-9	1.55
06087	A-9-10-J-J-J	A-J	14.36	A-J	6.03
06088	A-9-10-J-J-K	A-K	14.27	A-K	6.55
06089	A-9-10-J-J-Q	A-Q	14.25	A-Q	6.48
06090	A-9-10-J-K-K	K-K	10.14	A-K	0.94
06091	A-9-10-J-Q-K	A-K	10.05	A-K	2.33
06092	A-9-10-J-Q-Q	A-9	13.99	A-9	6.05
06093	A-9-10-K-K-K	9-10	11.59	A-10	2.49
06094	A-9-10-Q-K-K	9-10	8.29	9-Q	-0.64
06095	A-9-10-Q-Q-K	9-10	8.29	9-K	-0.02
06096	A-9-10-Q-Q-Q	9-10	11.59	A-9	3.20
06097	A-9-J-J-J-J	A-9	17.06	A-9	9.11
06098	A-9-J-J-J-K	A-9	11.86	A-K	4.14
06099	A-9-J-J-J-Q	A-9	12.64	A-9	4.70
06100	A-9-J-J-K-K	A-9	9.97	A-9	2.03

HAND No.	SIX-CARD HAND	DISCARD (DEALER)	EXPECTED AVG. (DEALER)	DISCARD (PONE)	EXPECTED AVG. (PONE)
06101	A-9-J-J-Q-K	A-9	14.10	A-9	6.16
06102	A-9-J-J-Q-Q	A-9	11.01	A-9	3.07
06103	A-9-J-K-K-K	A-9	11.38	A-9	3.44
06104	A-9-J-Q-K-K	A-9	13.86	A-9	5.92
06105	A-9-J-Q-Q-K	A-9	13.86	A-9	5.92
06106	A-9-J-Q-Q-Q	A-9	12.17	A-9	4.22
06107	A-9-K-K-K-K	A-9	16.10	A-9	8.16
06108	A-9-Q-K-K-K	A-9	11.14	A-9	3.20
06109	A-9-Q-Q-K-K	A-9	9.49	A-9	1.55
06110	A-9-Q-Q-Q-K	A-9	11.14	9-K	3.28
06111	A-9-Q-Q-Q-Q	A-9	16.10	A-9	8.16
06112	A-10-10-10-10-J	A-J	16.34	A-J	8.01
06113	A-10-10-10-10-K	A-K	16.09	A-K	8.38
06114	A-10-10-10-10-Q	A-Q	16.12	A-Q	8.35
06115	A-10-10-10-J-J	J-J	12.62	A-J	4.03
06116	A-10-10-10-J-K	A-K	12.16	A-K	4.44
06117	A-10-10-10-J-Q	A-10	13.90	A-10	6.01
06118	A-10-10-10-K-K	K-K	11.88	A-K	2.60
06119	A-10-10-10-Q-K	A-K	11.14	A-K	3.42
06120	A-10-10-10-Q-Q	Q-Q	12.10	A-Q	3.35
06121	A-10-10-J-J-J	10-10	12.77	A-10	4.73
06122	A-10-10-J-J-K	A-K	11.01	A-K	3.29
06123	A-10-10-J-J-Q	A-10	14.12	A-10	6.23
06124	A-10-10-J-K-K	K-K	9.34	A-J	0.36
06125	A-10-10-J-Q-K	A-K	13.98	A-K	6.27
06126	A-10-10-J-Q-Q	A-Q	13.88	A-Q	6.11
06127	A-10-10-K-K-K	10-10	12.06	A-10	2.44
06128	A-10-10-Q-K-K	10-10	8.75	A-Q	0.70
06129	A-10-10-Q-Q-K	A-K	9.48	A-K	1.77
06130	A-10-10-Q-Q-Q	10-10	12.06	A-10	3.23
06131	A-10-J-J-J-J	A-10	17.08	A-10	9.18
06132	A-10-J-J-J-K	A-K	12.64	A-K	4.92
06133	A-10-J-J-J-Q	A-J	14.36	A-J	6.03
06134	A-10-J-J-K-K	A-10	9.99	A-10	2.10
06135	A-10-J-J-Q-K	A-K	14.22	A-K	6.51
06136	A-10-J-J-Q-Q	A-Q	14.12	A-Q	6.35
06137	A-10-J-K-K-K	10-J	11.93	A-10	3.51
06138	A-10-J-Q-K-K	A-10	13.84	A-10	5.94
06139	A-10-J-Q-Q-K	A-K	13.98	A-K	6.27
06140	A-10-J-Q-Q-Q	A-Q	13.91	A-Q	6.13
06141	A-10-K-K-K-K	A-10	16.12	A-10	8.23
06142	A-10-Q-K-K-K	A-10	11.16	A-10	3.27
06143	A-10-Q-Q-K-K	A-10	9.51	A-10	1.62
06144	A-10-Q-Q-Q-K	A-10	11.16	10-K	3.42
06145	A-10-Q-Q-Q-Q	A-10	16.12	A-10	8.23
06146	A-J-J-J-J-K	A-K	17.05	A-K	9.33
06147	A-J-J-J-J-Q	A-Q	17.08	A-Q	9.31
06148	A-J-J-J-Q-K	A-J	14.19	A-J	5.86
06149	A-J-J-J-Q-Q	Q-Q	12.82	A-Q	4.85
06150	A-J-J-J-K-K	K-K	12.60	A-K	4.10

HAND No.	SIX-CARD HAND	DISCARD (DEALER)	EXPECTED AVG. (DEALER)	DISCARD (PONE)	EXPECTED AVG. (PONE)
06151	A-J-J-Q-K-K	A-J	13.93	A-K	6.20
06152	A-J-J-Q-Q-K	A-Q	13.95	A-Q	6.18
06153	A-J-J-Q-Q-Q	J-J	12.62	A-J	4.03
06154	A-J-J-K-K-K	J-J	12.62	A-J	3.25
06155	A-J-K-K-K-K	A-J	16.34	A-J	8.01
06156	A-J-Q-K-K-K	A-K	13.70	A-K	5.99
06157	A-J-Q-Q-K-K	A-Q	13.71	A-K	5.97
06158	A-J-Q-Q-Q-K	A-Q	13.73	A-Q	5.96
06159	A-J-Q-Q-Q-Q	A-J	16.34	A-J	8.01
06160	A-Q-K-K-K-K	A-Q	16.12	A-Q	8.35
06161	A-Q-Q-K-K-K	Q-Q	12.10	A-Q	3.35
06162	A-Q-Q-Q-K-K	K-K	11.88	A-K	3.38
06163	A-Q-Q-Q-Q-K	A-K	16.09	A-K	8.38
06164	2-2-2-2-3-3	3-3	18.82	3-3	6.28
06165	2-2-2-2-3-4 ✦	2-2	17.86	3-4	6.94
06166	2-2-2-2-3-5	3-5	18.83	3-5	6.11
06167	2-2-2-2-3-6	3-6	16.69	3-6	7.99
06168	2-2-2-2-3-7	3-7	16.40	3-7	7.82
06169	2-2-2-2-3-8	3-8	16.82	3-8	7.79
06170	2-2-2-2-3-9	3-9	16.50	3-9	7.78
06171	2-2-2-2-3-10	3-10	16.44	3-10	8.24
06172	2-2-2-2-3-J	3-J	16.78	3-J	8.01
06173	2-2-2-2-3-K	3-K	16.55	3-K	8.39
06174	2-2-2-2-3-Q	3-Q	16.46	3-Q	8.28
06175	2-2-2-2-4-4	4-4	18.50	4-4	6.44
06176	2-2-2-2-4-5	4-5	19.36	4-5	5.78
06177	2-2-2-2-4-6	4-6	16.74	4-6	7.58
06178	2-2-2-2-4-7	4-7	16.54	4-7	7.93
06179	2-2-2-2-4-8	4-8	16.68	4-8	7.92
06180	2-2-2-2-4-9	4-9	16.43	4-9	8.02
06181	2-2-2-2-4-10	4-10	16.47	4-10	8.33
06182	2-2-2-2-4-J	4-J	16.76	4-J	8.00
06183	2-2-2-2-4-K	4-K	16.46	4-K	8.51
06184	2-2-2-2-4-Q	4-Q	16.46	4-Q	8.41
06185	2-2-2-2-5-5 ◈	5-5	21.67	5-5	3.58
06186	2-2-2-2-5-6	5-6	19.52	5-6	5.52
06187	2-2-2-2-5-7	5-7	18.84	5-7	5.81
06188	2-2-2-2-5-8	5-8	18.35	5-8	6.56
06189	2-2-2-2-5-9	5-9	18.13	5-9	6.56
06190	2-2-2-2-5-10	5-10	19.53	5-10	5.50
06191	2-2-2-2-5-J	5-J	19.88	5-J	5.06
06192	2-2-2-2-5-K	5-K	19.54	5-K	5.65
06193	2-2-2-2-5-Q	5-Q	19.50	5-Q	5.58
06194	2-2-2-2-6-6	6-6	18.63	6-6	5.98
06195	2-2-2-2-6-7	6-7	17.79	6-7	6.42
06196	2-2-2-2-6-8	6-8	17.48	6-8	7.00
06197	2-2-2-2-6-9	6-9	17.83	6-9	6.43
06198	2-2-2-2-6-10	6-10	16.05	6-10	8.56
06199	2-2-2-2-6-J	6-J	16.28	6-J	8.32
06200	2-2-2-2-6-K	6-K	16.01	6-K	8.73

HAND No.	SIX-CARD HAND	DISCARD (DEALER)	EXPECTED AVG. (DEALER)	DISCARD (PONE)	EXPECTED AVG. (PONE)
06201	2-2-2-2-6-Q	6-Q	16.15	6-Q	8.66
06202	2-2-2-2-7-7	7-7	18.70	7-7	5.68
06203	2-2-2-2-7-8	7-8	19.36	7-8	5.33
06204	2-2-2-2-7-9	7-9	16.69	7-9	7.40
06205	2-2-2-2-7-10	7-10	16.08	7-10	8.52
06206	2-2-2-2-7-J	7-J	16.40	7-J	8.13
06207	2-2-2-2-7-K	7-K	16.11	7-K	8.55
06208	2-2-2-2-7-Q	7-Q	16.07	7-Q	8.50
06209	2-2-2-2-8-8	8-8	18.31	8-8	5.85
06210	2-2-2-2-8-9	8-9	17.40	8-9	6.85
06211	2-2-2-2-8-10	8-10	16.66	8-10	7.72
06212	2-2-2-2-8-J	8-J	16.43	8-J	8.26
06213	2-2-2-2-8-K	8-K	16.02	8-K	8.65
06214	2-2-2-2-8-Q	8-Q	16.05	8-Q	8.55
06215	2-2-2-2-9-9	9-9	17.69	9-9	6.11
06216	2-2-2-2-9-10	9-10	16.99	9-10	7.28
06217	2-2-2-2-9-J	9-J	16.66	9-J	7.75
06218	2-2-2-2-9-K	9-K	15.77	9-K	8.67
06219	2-2-2-2-9-Q	9-Q	15.68	9-Q	8.58
06220	2-2-2-2-10-10	10-10	17.62	10-10	6.77
06221	2-2-2-2-10-J	10-J	17.50	10-J	7.22
06222	2-2-2-2-10-K	10-K	15.70	10-K	8.99
06223	2-2-2-2-10-Q	10-Q	16.18	10-Q	8.27
06224	2-2-2-2-J-J	J-J	18.19	J-J	6.59
06225	2-2-2-2-J-K	J-K	16.83	J-K	8.12
06226	2-2-2-2-J-Q	J-Q	17.68	J-Q	7.40
06227	2-2-2-2-K-K	K-K	17.44	K-K	7.23
06228	2-2-2-2-Q-K	Q-K	16.33	Q-K	8.38
06229	2-2-2-2-Q-Q	Q-Q	17.66	Q-Q	7.16
06230	2-2-2-3-3-3	2-3	17.09	2-2	4.87
06231	2-2-2-3-3-4	2-3	19.11	2-2	5.87
06232	2-2-2-3-3-5	3-5	16.70	2-5	4.09
06233	2-2-2-3-3-6	3-6	14.52	3-6	5.82
06234	2-2-2-3-3-7	3-7	14.31	3-7	5.73
06235	2-2-2-3-3-8	2-3	14.74	3-8	5.53
06236	2-2-2-3-3-9	3-3	15.17	3-9	5.78
06237	2-2-2-3-3-10	2-3	16.39	3-10	5.98
06238	2-2-2-3-3-J	2-3	16.63	3-J	5.75
06239	2-2-2-3-3-K	2-3	16.39	3-K	6.13
06240	2-2-2-3-3-Q	2-3	16.39	3-Q	6.02
06241	2-2-2-3-4-4	2-2	17.29	2-4	6.75
06242	2-2-2-3-4-5	2-5	17.70	2-5	6.20
06243	2-2-2-3-4-6	2-6	16.13	2-6	7.22
06244	2-2-2-3-4-7	2-7	16.04	2-7	7.27
06245	2-2-2-3-4-8	2-8	15.86	2-8	7.25
06246	2-2-2-3-4-9	2-9	15.93	2-9	7.47
06247	2-2-2-3-4-10	2-10	15.76	2-10	7.60
06248	2-2-2-3-4-J	2-J	16.07	2-J	7.41
06249	2-2-2-3-4-K	2-K	15.73	2-K	7.74
06250	2-2-2-3-4-Q	2-Q	15.81	2-Q	7.64

HAND No.	SIX-CARD HAND	DISCARD (DEALER)	EXPECTED AVG. (DEALER)	DISCARD (PONE)	EXPECTED AVG. (PONE)
06251	2-2-2-3-5-5	5-5	19.59	2-2	2.17
06252	2-2-2-3-5-6	5-6	17.39	5-6	3.39
06253	2-2-2-3-5-7	5-7	16.80	5-7	3.77
06254	2-2-2-3-5-8	5-8	16.13	5-8	4.34
06255	2-2-2-3-5-9	5-9	16.17	5-9	4.61
06256	2-2-2-3-5-10	5-10	17.31	3-10	3.68
06257	2-2-2-3-5-J	5-J	17.66	2-5	3.67
06258	2-2-2-3-5-K	5-K	17.32	3-K	3.83
06259	2-2-2-3-5-Q	5-Q	17.28	3-Q	3.71
06260	2-2-2-3-6-6	6-6	16.46	6-6	3.81
06261	2-2-2-3-6-7	6-7	15.70	6-7	4.33
06262	2-2-2-3-6-8	6-8	15.22	6-8	4.74
06263	2-2-2-3-6-9	6-9	15.83	6-9	4.43
06264	2-2-2-3-6-10	6-10	13.79	6-10	6.30
06265	2-2-2-3-6-J	6-J	14.02	6-J	6.06
06266	2-2-2-3-6-K	6-K	13.75	6-K	6.47
06267	2-2-2-3-6-Q	6-Q	13.89	6-Q	6.40
06268	2-2-2-3-7-7	7-7	16.70	7-7	3.68
06269	2-2-2-3-7-8	7-8	17.19	7-8	3.16
06270	2-2-2-3-7-9	7-9	14.78	7-9	5.48
06271	2-2-2-3-7-10	7-10	13.91	7-10	6.35
06272	2-2-2-3-7-J	7-J	14.22	7-J	5.95
06273	2-2-2-3-7-K	7-K	13.94	7-K	6.38
06274	2-2-2-3-7-Q	7-Q	13.90	7-Q	6.33
06275	2-2-2-3-8-8	8-8	15.96	8-8	3.50
06276	2-2-2-3-8-9	8-9	15.32	8-9	4.76
06277	2-2-2-3-8-10	8-10	14.32	8-10	5.37
06278	2-2-2-3-8-J	8-J	14.08	8-J	5.92
06279	2-2-2-3-8-K	8-K	13.67	8-K	6.31
06280	2-2-2-3-8-Q	8-Q	13.71	8-Q	6.20
06281	2-2-2-3-9-9	9-9	15.86	9-9	4.28
06282	2-2-2-3-9-10	9-10	14.90	9-10	5.20
06283	2-2-2-3-9-J	9-J	14.57	9-J	5.66
06284	2-2-2-3-9-K	9-K	13.68	9-K	6.58
06285	2-2-2-3-9-Q	9-Q	13.60	9-Q	6.49
06286	2-2-2-3-10-10	10-10	15.27	2-10	4.80
06287	2-2-2-3-10-J	10-J	15.15	2-10	5.08
06288	2-2-2-3-10-K	10-K	13.36	10-K	6.64
06289	2-2-2-3-10-Q	10-Q	13.83	10-Q	5.92
06290	2-2-2-3-J-J	J-J	15.84	2-J	4.85
06291	2-2-2-3-J-K	J-K	14.48	J-K	5.77
06292	2-2-2-3-J-Q	J-Q	15.33	2-Q	5.11
06293	2-2-2-3-K-K	K-K	15.10	2-K	4.93
06294	2-2-2-3-Q-K	Q-K	13.98	Q-K	6.03
06295	2-2-2-3-Q-Q	Q-Q	15.32	2-Q	4.83
06296	2-2-2-4-4-4	2-2	14.60	2-2	2.52
06297	2-2-2-4-4-5	4-5	14.84	4-4	1.83
06298	2-2-2-4-4-6	4-4	13.46	4-6	3.10
06299	2-2-2-4-4-7	4-4	13.06	4-7	3.36
06300	2-2-2-4-4-8	4-4	13.46	4-8	3.44

HAND No.	SIX-CARD HAND	DISCARD (DEALER)	EXPECTED AVG. (DEALER)	DISCARD (PONE)	EXPECTED AVG. (PONE)
06301	2-2-2-4-4-9	4-4	14.59	4-9	3.54
06302	2-2-2-4-4-10	4-4	13.28	4-10	3.85
06303	2-2-2-4-4-J	4-4	13.52	4-J	3.52
06304	2-2-2-4-4-K	4-4	13.28	4-K	4.03
06305	2-2-2-4-4-Q	4-4	13.28	4-Q	3.93
06306	2-2-2-4-5-5	5-5	17.15	2-4	1.98
06307	2-2-2-4-5-6	5-6	15.04	4-6	2.88
06308	2-2-2-4-5-7	5-7	14.28	4-7	3.41
06309	2-2-2-4-5-8	4-5	14.18	4-8	3.22
06310	2-2-2-4-5-9	4-5	15.57	4-9	3.59
06311	2-2-2-4-5-10	5-10	15.05	4-10	3.72
06312	2-2-2-4-5-J	5-J	15.40	4-J	3.39
06313	2-2-2-4-5-K	5-K	15.06	4-K	3.90
06314	2-2-2-4-5-Q	5-Q	15.02	4-Q	3.80
06315	2-2-2-4-6-6	6-6	14.20	4-6	2.49
06316	2-2-2-4-6-7	6-7	13.27	4-7	2.80
06317	2-2-2-4-6-8	6-8	13.05	4-8	2.88
06318	2-2-2-4-6-9	6-9	13.40	4-6	3.75
06319	2-2-2-4-6-10	6-10	11.62	6-10	4.12
06320	2-2-2-4-6-J	6-J	11.85	6-J	3.88
06321	2-2-2-4-6-K	6-K	11.58	6-K	4.29
06322	2-2-2-4-6-Q	6-Q	11.72	6-Q	4.22
06323	2-2-2-4-7-7	7-7	14.09	4-7	2.62
06324	2-2-2-4-7-8	7-8	14.84	4-7	2.89
06325	2-2-2-4-7-9	4-7	12.80	4-7	4.19
06326	2-2-2-4-7-10	7-10	11.56	7-10	4.00
06327	2-2-2-4-7-J	7-J	11.88	7-J	3.60
06328	2-2-2-4-7-K	7-K	11.59	7-K	4.03
06329	2-2-2-4-7-Q	7-Q	11.55	7-Q	3.98
06330	2-2-2-4-8-8	8-8	13.88	4-8	2.83
06331	2-2-2-4-8-9	8-9	12.97	4-8	4.14
06332	2-2-2-4-8-10	8-10	12.23	4-10	3.29
06333	2-2-2-4-8-J	8-J	11.99	8-J	3.83
06334	2-2-2-4-8-K	8-K	11.58	8-K	4.22
06335	2-2-2-4-8-Q	8-Q	11.62	8-Q	4.11
06336	2-2-2-4-9-9	9-9	13.25	4-9	4.00
06337	2-2-2-4-9-10	4-10	12.69	4-10	4.55
06338	2-2-2-4-9-J	4-J	12.97	4-J	4.21
06339	2-2-2-4-9-K	4-K	12.68	4-K	4.72
06340	2-2-2-4-9-Q	4-Q	12.67	4-Q	4.62
06341	2-2-2-4-10-10	10-10	13.19	4-10	3.07
06342	2-2-2-4-10-J	10-J	13.06	4-10	3.35
06343	2-2-2-4-10-K	10-K	11.27	10-K	4.55
06344	2-2-2-4-10-Q	10-Q	11.74	10-Q	3.83
06345	2-2-2-4-J-J	J-J	13.75	4-J	2.98
06346	2-2-2-4-J-K	J-K	12.40	J-K	3.69
06347	2-2-2-4-J-Q	J-Q	13.24	4-Q	3.43
06348	2-2-2-4-K-K	K-K	13.01	4-K	3.25
06349	2-2-2-4-Q-K	Q-K	11.89	Q-K	3.94
06350	2-2-2-4-Q-Q	Q-Q	13.23	4-Q	3.15

HAND No.	SIX-CARD HAND	DISCARD (DEALER)	EXPECTED AVG. (DEALER)	DISCARD (PONE)	EXPECTED AVG. (PONE)
06351	2-2-2-5-5-5	2-2	17.16	2-2	5.08
06352	2-2-2-5-5-6	5-5	16.37	2-6	2.24
06353	2-2-2-5-5-7	5-5	16.50	2-7	2.33
06354	2-2-2-5-5-8	5-5	16.37	2-2	2.26
06355	2-2-2-5-5-9	5-5	18.02	2-9	2.58
06356	2-2-2-5-5-10	5-5	16.37	2-10	2.62
06357	2-2-2-5-5-J	5-5	16.61	2-J	2.43
06358	2-2-2-5-5-K	5-5	16.37	2-K	2.76
06359	2-2-2-5-5-Q	5-5	16.37	2-Q	2.66
06360	2-2-2-5-6-6	5-6	14.30	2-6	1.90
06361	2-2-2-5-6-7	5-6	14.21	2-5	1.98
06362	2-2-2-5-6-8	5-6	14.34	2-6	3.11
06363	2-2-2-5-6-9	5-6	15.82	2-9	2.19
06364	2-2-2-5-6-10	5-10	14.36	6-10	3.86
06365	2-2-2-5-6-J	5-J	14.70	6-J	3.62
06366	2-2-2-5-6-K	5-K	14.37	6-K	4.03
06367	2-2-2-5-6-Q	5-Q	14.33	6-Q	3.96
06368	2-2-2-5-7-7	7-7	14.27	7-7	1.24
06369	2-2-2-5-7-8	7-8	14.75	2-7	3.11
06370	2-2-2-5-7-9	5-7	15.23	7-9	3.05
06371	2-2-2-5-7-10	5-10	14.36	7-10	4.00
06372	2-2-2-5-7-J	5-J	14.70	7-J	3.60
06373	2-2-2-5-7-K	5-K	14.37	7-K	4.03
06374	2-2-2-5-7-Q	5-Q	14.33	7-Q	3.98
06375	2-2-2-5-8-8 ⌖	2-2	13.55	2-8	3.06
06376	2-2-2-5-8-9	5-8	14.70	2-9	3.41
06377	2-2-2-5-8-10	5-10	14.36	2-10	3.49
06378	2-2-2-5-8-J	5-J	14.70	8-J	3.57
06379	2-2-2-5-8-K	5-K	14.37	8-K	3.96
06380	2-2-2-5-8-Q	5-Q	14.33	8-Q	3.85
06381	2-2-2-5-9-9	5-9	14.56	5-9	3.00
06382	2-2-2-5-9-10	5-10	15.88	9-10	2.85
06383	2-2-2-5-9-J	5-J	16.22	9-J	3.31
06384	2-2-2-5-9-K	5-K	15.89	9-K	4.24
06385	2-2-2-5-9-Q	5-Q	15.85	9-Q	4.14
06386	2-2-2-5-10-10	5-10	14.23	10-10	2.17
06387	2-2-2-5-10-J	5-J	14.62	10-J	2.62
06388	2-2-2-5-10-K	5-K	14.28	10-K	4.38
06389	2-2-2-5-10-Q	5-10	14.27	10-Q	3.66
06390	2-2-2-5-J-J	5-J	14.81	J-J	1.98
06391	2-2-2-5-J-K	5-J	14.62	J-K	3.51
06392	2-2-2-5-J-Q	5-J	14.62	J-Q	2.79
06393	2-2-2-5-K-K	5-K	14.24	K-K	2.62
06394	2-2-2-5-Q-K	5-K	14.28	Q-K	3.77
06395	2-2-2-5-Q-Q	5-Q	14.20	Q-Q	2.55
06396	2-2-2-6-6-6	2-2	13.99	2-2	1.91
06397	2-2-2-6-6-7	2-2	14.42	2-6	3.03
06398	2-2-2-6-6-8	6-6	13.59	6-8	1.92
06399	2-2-2-6-6-9	6-6	14.90	6-6	2.24
06400	2-2-2-6-6-10	6-6	13.42	6-10	3.47

HAND No.	SIX-CARD HAND	DISCARD (DEALER)	EXPECTED AVG. (DEALER)	DISCARD (PONE)	EXPECTED AVG. (PONE)
06401	2-2-2-6-6-J	6-6	13.66	6-J	3.23
06402	2-2-2-6-6-K	6-6	13.42	6-K	3.64
06403	2-2-2-6-6-Q	6-6	13.42	6-Q	3.57
06404	2-2-2-6-7-7	2-2	14.25	2-7	3.03
06405	2-2-2-6-7-8	2-2	15.01	2-8	3.08
06406	2-2-2-6-7-9	6-7	14.14	2-9	3.36
06407	2-2-2-6-7-10	6-7	12.62	2-10	3.54
06408	2-2-2-6-7-J	6-7	12.86	2-J	3.35
06409	2-2-2-6-7-K	6-7	12.62	2-K	3.67
06410	2-2-2-6-7-Q	6-7	12.62	2-Q	3.57
06411	2-2-2-6-8-8	8-8	13.27	6-8	1.92
06412	2-2-2-6-8-9	6-8	13.79	6-8	3.31
06413	2-2-2-6-8-10	6-8	12.27	6-10	3.52
06414	2-2-2-6-8-J	6-8	12.51	6-J	3.27
06415	2-2-2-6-8-K	6-8	12.27	6-K	3.68
06416	2-2-2-6-8-Q	6-8	12.27	6-Q	3.61
06417	2-2-2-6-9-9	6-9	14.22	6-9	2.82
06418	2-2-2-6-9-10	6-9	12.75	6-10	4.86
06419	2-2-2-6-9-J	6-9	12.99	6-J	4.62
06420	2-2-2-6-9-K	6-9	12.75	6-K	5.03
06421	2-2-2-6-9-Q	6-9	12.75	6-Q	4.96
06422	2-2-2-6-10-10	10-10	12.58	6-10	3.30
06423	2-2-2-6-10-J	10-J	12.45	6-10	3.58
06424	2-2-2-6-10-K	6-10	10.83	10-K	3.95
06425	2-2-2-6-10-Q	10-Q	11.14	6-Q	3.44
06426	2-2-2-6-J-J	J-J	13.15	6-J	3.30
06427	2-2-2-6-J-K	J-K	11.79	6-K	3.75
06428	2-2-2-6-J-Q	J-Q	12.64	6-Q	3.68
06429	2-2-2-6-K-K	K-K	12.40	6-K	3.47
06430	2-2-2-6-Q-K	Q-K	11.29	6-K	3.51
06431	2-2-2-6-Q-Q	Q-Q	12.62	6-Q	3.40
06432	2-2-2-7-7-7 ♣	7-7	13.53	2-2	1.39
06433	2-2-2-7-7-8	2-2	14.16	2-2	2.08
06434	2-2-2-7-7-9	7-7	15.13	7-9	2.35
06435	2-2-2-7-7-10	7-7	13.57	7-10	3.35
06436	2-2-2-7-7-J	7-7	13.81	7-J	2.95
06437	2-2-2-7-7-K	7-7	13.57	7-K	3.38
06438	2-2-2-7-7-Q	7-7	13.57	7-Q	3.33
06439	2-2-2-7-8-8	7-8	14.28	2-2	1.91
06440	2-2-2-7-8-9	7-8	15.75	7-9	2.48
06441	2-2-2-7-8-10	7-8	14.19	7-10	3.48
06442	2-2-2-7-8-J	7-8	14.43	7-J	3.08
06443	2-2-2-7-8-K	7-8	14.19	7-K	3.51
06444	2-2-2-7-8-Q	7-8	14.19	7-Q	3.46
06445	2-2-2-7-9-9	7-9	13.17	7-9	3.88
06446	2-2-2-7-9-10	7-10	12.47	7-10	4.91
06447	2-2-2-7-9-J	7-J	12.79	7-J	4.52
06448	2-2-2-7-9-K	7-K	12.50	7-K	4.94
06449	2-2-2-7-9-Q	7-Q	12.46	7-Q	4.89
06450	2-2-2-7-10-10	10-10	12.45	7-10	3.30

HAND No.	SIX-CARD HAND	DISCARD (DEALER)	EXPECTED AVG. (DEALER)	DISCARD (PONE)	EXPECTED AVG. (PONE)
06451	2-2-2-7-10-J	10-J	12.32	7-10	3.59
06452	2-2-2-7-10-K	7-K	10.94	10-K	3.82
06453	2-2-2-7-10-Q	10-Q	11.01	7-10	3.35
06454	2-2-2-7-J-J	J-J	13.02	7-J	3.15
06455	2-2-2-7-J-K	J-K	11.66	7-K	3.62
06456	2-2-2-7-J-Q	J-Q	12.51	7-Q	3.57
06457	2-2-2-7-K-K	K-K	12.27	7-K	3.33
06458	2-2-2-7-Q-K	Q-K	11.16	7-K	3.38
06459	2-2-2-7-Q-Q	Q-Q	12.49	7-Q	3.28
06460	2-2-2-8-8-8	8-8	13.18	2-2	0.87
06461	2-2-2-8-8-9	8-8	14.66	8-8	2.19
06462	2-2-2-8-8-10	8-8	13.09	8-10	2.63
06463	2-2-2-8-8-J	8-8	13.33	8-J	3.18
06464	2-2-2-8-8-K	8-8	13.09	8-K	3.57
06465	2-2-2-8-8-Q	8-8	13.09	8-Q	3.46
06466	2-2-2-8-9-9	8-9	13.84	8-9	3.28
06467	2-2-2-8-9-10	8-10	13.01	8-10	4.06
06468	2-2-2-8-9-J	8-J	12.78	8-J	4.61
06469	2-2-2-8-9-K	8-K	12.37	8-K	5.00
06470	2-2-2-8-9-Q	8-Q	12.40	8-Q	4.89
06471	2-2-2-8-10-10	10-10	12.58	8-10	2.46
06472	2-2-2-8-10-J	10-J	12.45	8-J	3.05
06473	2-2-2-8-10-K	8-10	11.45	10-K	3.95
06474	2-2-2-8-10-Q	8-10	11.45	8-Q	3.33
06475	2-2-2-8-J-J	J-J	13.15	8-J	3.24
06476	2-2-2-8-J-K	J-K	11.79	8-K	3.68
06477	2-2-2-8-J-Q	J-Q	12.64	8-Q	3.57
06478	2-2-2-8-K-K	K-K	12.40	8-K	3.39
06479	2-2-2-8-Q-K	Q-K	11.29	8-K	3.44
06480	2-2-2-8-Q-Q	Q-Q	12.62	8-Q	3.29
06481	2-2-2-9-9-9	9-9	14.21	9-9	2.63
06482	2-2-2-9-9-10	9-10	13.42	9-10	3.72
06483	2-2-2-9-9-J	9-J	13.10	9-J	4.18
06484	2-2-2-9-9-K	9-9	12.73	9-K	5.11
06485	2-2-2-9-9-Q	9-9	12.73	9-Q	5.01
06486	2-2-2-9-10-10	10-10	13.97	10-10	3.12
06487	2-2-2-9-10-J	10-J	13.84	10-J	3.57
06488	2-2-2-9-10-K	10-K	12.05	10-K	5.34
06489	2-2-2-9-10-Q	10-Q	12.53	10-Q	4.62
06490	2-2-2-9-J-J	J-J	14.54	J-J	2.94
06491	2-2-2-9-J-K	J-K	13.18	J-K	4.47
06492	2-2-2-9-J-Q	J-Q	14.03	J-Q	3.75
06493	2-2-2-9-K-K	K-K	13.79	K-K	3.58
06494	2-2-2-9-Q-K	Q-K	12.68	Q-K	4.72
06495	2-2-2-9-Q-Q	Q-Q	14.01	Q-Q	3.51
06496	2-2-2-10-10-10	2-2	12.94	10-10	1.47
06497	2-2-2-10-10-J	10-10	12.64	10-J	1.96
06498	2-2-2-10-10-K	10-10	12.40	10-K	3.73
06499	2-2-2-10-10-Q	10-10	12.40	10-Q	3.01
06500	2-2-2-10-J-J	J-J	12.97	10-J	2.20

HAND No.	SIX-CARD HAND	DISCARD (DEALER)	EXPECTED AVG. (DEALER)	DISCARD (PONE)	EXPECTED AVG. (PONE)
06501	2-2-2-10-J-K	10-J	12.28	10-K	4.01
06502	2-2-2-10-J-Q	J-Q	12.46	10-Q	3.29
06503	2-2-2-10-K-K	K-K	12.23	10-K	3.73
06504	2-2-2-10-Q-K	Q-K	11.11	10-K	3.77
06505	2-2-2-10-Q-Q	Q-Q	12.45	10-Q	3.01
06506	2-2-2-J-J-J	2-2	13.66	2-2	1.58
06507	2-2-2-J-J-K	J-J	12.97	J-K	3.10
06508	2-2-2-J-J-Q	J-J	12.97	J-Q	2.38
06509	2-2-2-J-K-K	K-K	12.47	J-K	2.86
06510	2-2-2-J-Q-K	J-Q	12.46	Q-K	3.40
06511	2-2-2-J-Q-Q	Q-Q	12.69	Q-Q	2.18
06512	2-2-2-K-K-K	2-2	12.94	K-K	1.93
06513	2-2-2-Q-K-K	K-K	12.23	Q-K	3.12
06514	2-2-2-Q-Q-K	Q-Q	12.45	Q-K	3.12
06515	2-2-2-Q-Q-Q	2-2	12.94	Q-Q	1.86
06516	2-2-3-3-3-3	2-2	19.47	2-2	7.39
06517	2-2-3-3-3-4	2-3	19.20	2-4	5.70
06518	2-2-3-3-3-5	2-5	16.72	2-5	5.22
06519	2-2-3-3-3-6	2-2	15.34	2-6	6.24
06520	2-2-3-3-3-7	2-7	14.93	2-7	6.16
06521	2-2-3-3-3-8	2-8	14.93	2-8	6.32
06522	2-2-3-3-3-9	2-2	18.86	2-2	6.78
06523	2-2-3-3-3-10	2-3	16.39	2-10	6.54
06524	2-2-3-3-3-J	2-3	16.63	2-J	6.35
06525	2-2-3-3-3-K	2-3	16.39	2-K	6.67
06526	2-2-3-3-3-Q	2-3	16.39	2-Q	6.57
06527	2-2-3-3-4-4	2-3	18.61	2-4	6.90
06528	2-2-3-3-4-5	2-2	19.51	2-2	7.43
06529	2-2-3-3-4-6	2-6	16.24	2-6	7.33
06530	2-2-3-3-4-7	2-7	16.15	2-7	7.38
06531	2-2-3-3-4-8	3-8	16.12	2-8	7.36
06532	2-2-3-3-4-9	2-9	16.04	2-9	7.58
06533	2-2-3-3-4-10	2-10	15.87	2-10	7.71
06534	2-2-3-3-4-J	2-J	16.17	2-J	7.52
06535	2-2-3-3-4-K	3-K	15.85	2-K	7.85
06536	2-2-3-3-4-Q	2-Q	15.92	2-Q	7.74
06537	2-2-3-3-5-5	5-5	18.98	2-2	1.91
06538	2-2-3-3-5-6	5-6	16.86	5-6	2.87
06539	2-2-3-3-5-7	5-7	16.15	5-7	3.12
06540	2-2-3-3-5-8	5-8	15.61	5-8	3.82
06541	2-2-3-3-5-9	5-9	15.61	5-9	4.04
06542	2-2-3-3-5-10	5-10	16.70	2-5	3.44
06543	2-2-3-3-5-J	5-J	17.05	2-5	3.67
06544	2-2-3-3-5-K	5-K	16.72	2-5	3.44
06545	2-2-3-3-5-Q	5-Q	16.68	2-5	3.44
06546	2-2-3-3-6-6	6-6	16.03	6-6	3.37
06547	2-2-3-3-6-7	6-7	15.14	6-7	3.76
06548	2-2-3-3-6-8	6-8	14.79	6-8	4.31
06549	2-2-3-3-6-9	6-9	15.35	6-9	3.95
06550	2-2-3-3-6-10	2-6	13.46	6-10	5.78

HAND No.	SIX-CARD HAND	DISCARD (DEALER)	EXPECTED AVG. (DEALER)	DISCARD (PONE)	EXPECTED AVG. (PONE)
06551	2-2-3-3-6-J	2-6	13.70	6-J	5.53
06552	2-2-3-3-6-K	2-6	13.46	6-K	5.94
06553	2-2-3-3-6-Q	2-6	13.46	6-Q	5.87
06554	2-2-3-3-7-7	7-7	16.00	2-7	3.03
06555	2-2-3-3-7-8	7-8	16.62	2-8	3.10
06556	2-2-3-3-7-9	7-9	14.17	7-9	4.88
06557	2-2-3-3-7-10	2-7	13.28	7-10	5.70
06558	2-2-3-3-7-J	7-J	13.57	7-J	5.30
06559	2-2-3-3-7-K	7-K	13.29	7-K	5.73
06560	2-2-3-3-7-Q	2-7	13.28	7-Q	5.68
06561	2-2-3-3-8-8	8-8	15.53	8-8	3.06
06562	2-2-3-3-8-9	8-9	14.84	8-9	4.28
06563	2-2-3-3-8-10	8-10	13.80	8-10	4.85
06564	2-2-3-3-8-J	3-8	13.66	8-J	5.40
06565	2-2-3-3-8-K	3-8	13.43	8-K	5.79
06566	2-2-3-3-8-Q	3-8	13.43	8-Q	5.68
06567	2-2-3-3-9-9	9-9	15.34	9-9	3.76
06568	2-2-3-3-9-10	9-10	14.33	2-9	4.76
06569	2-2-3-3-9-J	9-J	14.01	9-J	5.09
06570	2-2-3-3-9-K	3-9	13.33	9-K	6.02
06571	2-2-3-3-9-Q	3-9	13.33	9-Q	5.93
06572	2-2-3-3-10-10	2-3	15.18	2-10	4.80
06573	2-2-3-3-10-J	10-J	14.54	2-10	5.08
06574	2-2-3-3-10-K	2-3	13.26	10-K	6.03
06575	2-2-3-3-10-Q	2-3	13.52	10-Q	5.31
06576	2-2-3-3-J-J	2-3	15.65	2-J	4.85
06577	2-2-3-3-J-K	J-K	13.88	2-K	5.22
06578	2-2-3-3-J-Q	J-Q	14.72	2-Q	5.11
06579	2-2-3-3-K-K	2-3	15.18	2-K	4.93
06580	2-2-3-3-Q-K	2-3	13.52	Q-K	5.42
06581	2-2-3-3-Q-Q	2-3	15.18	2-Q	4.83
06582	2-2-3-4-4-4	4-4	17.63	2-4	6.27
06583	2-2-3-4-4-5	4-5	18.66	2-5	5.65
06584	2-2-3-4-4-6	4-6	16.00	4-6	6.84
06585	2-2-3-4-4-7	4-7	15.89	4-7	7.28
06586	2-2-3-4-4-8	4-8	15.94	4-8	7.18
06587	2-2-3-4-4-9	4-9	15.86	4-9	7.46
06588	2-2-3-4-4-10	4-10	15.73	4-10	7.59
06589	2-2-3-4-4-J	4-J	16.02	4-J	7.26
06590	2-2-3-4-4-K	4-K	15.73	4-K	7.77
06591	2-2-3-4-4-Q	4-Q	15.72	4-Q	7.67
06592	2-2-3-4-5-5	5-5	21.15	2-2	6.13
06593	2-2-3-4-5-6	5-6	18.95	5-6	4.95
06594	2-2-3-4-5-7	5-7	18.36	5-7	5.33
06595	2-2-3-4-5-8	5-8	17.79	5-8	5.99
06596	2-2-3-4-5-9	5-9	17.74	5-9	6.17
06597	2-2-3-4-5-10	5-10	18.96	5-10	4.93
06598	2-2-3-4-5-J	5-J	19.31	5-J	4.49
06599	2-2-3-4-5-K	5-K	18.98	5-K	5.08
06600	2-2-3-4-5-Q	5-Q	18.94	5-Q	5.01

HAND No.	SIX-CARD HAND	DISCARD (DEALER)	EXPECTED AVG. (DEALER)	DISCARD (PONE)	EXPECTED AVG. (PONE)
06601	2-2-3-4-6-6	6-6	18.03	6-6	5.37
06602	2-2-3-4-6-7	6-7	17.27	6-7	5.89
06603	2-2-3-4-6-8	6-8	16.88	6-8	6.39
06604	2-2-3-4-6-9	6-9	17.40	6-9	5.99
06605	2-2-3-4-6-10	6-10	15.44	6-10	7.95
06606	2-2-3-4-6-J	6-J	15.68	6-J	7.71
06607	2-2-3-4-6-K	6-K	15.40	6-K	8.12
06608	2-2-3-4-6-Q	6-Q	15.55	6-Q	8.05
06609	2-2-3-4-7-7	7-7	18.27	7-7	5.24
06610	2-2-3-4-7-8	7-8	18.84	7-8	4.81
06611	2-2-3-4-7-9	7-9	16.34	7-9	7.05
06612	2-2-3-4-7-10	7-10	15.56	7-10	8.00
06613	2-2-3-4-7-J	7-J	15.88	7-J	7.60
06614	2-2-3-4-7-K	7-K	15.59	7-K	8.03
06615	2-2-3-4-7-Q	7-Q	15.55	7-Q	7.98
06616	2-2-3-4-8-8	8-8	17.70	8-8	5.24
06617	2-2-3-4-8-9	8-9	16.97	8-9	6.41
06618	2-2-3-4-8-10	8-10	16.06	8-10	7.11
06619	2-2-3-4-8-J	8-J	15.82	8-J	7.66
06620	2-2-3-4-8-K	8-K	15.41	8-K	8.05
06621	2-2-3-4-8-Q	8-Q	15.45	8-Q	7.94
06622	2-2-3-4-9-9	9-9	17.43	9-9	5.85
06623	2-2-3-4-9-10	9-10	16.55	9-10	6.85
06624	2-2-3-4-9-J	9-J	16.23	9-J	7.31
06625	2-2-3-4-9-K	9-K	15.33	9-K	8.24
06626	2-2-3-4-9-Q	9-Q	15.25	9-Q	8.14
06627	2-2-3-4-10-10	10-10	17.01	10-10	6.17
06628	2-2-3-4-10-J	10-J	16.89	10-J	6.62
06629	2-2-3-4-10-K	10-K	15.10	10-K	8.38
06630	2-2-3-4-10-Q	10-Q	15.57	10-Q	7.66
06631	2-2-3-4-J-J	J-J	17.58	J-J	5.98
06632	2-2-3-4-J-K	J-K	16.22	J-K	7.51
06633	2-2-3-4-J-Q	J-Q	17.07	J-Q	6.79
06634	2-2-3-4-K-K	K-K	16.84	K-K	6.62
06635	2-2-3-4-Q-K	Q-K	15.72	Q-K	7.77
06636	2-2-3-4-Q-Q	Q-Q	17.06	Q-Q	6.55
06637	2-2-3-5-5-5	2-3	18.35	2-2	5.69
06638	2-2-3-5-5-6	5-5	15.02	2-6	3.64
06639	2-2-3-5-5-7	2-2	15.55	2-7	3.55
06640	2-2-3-5-5-8	5-5	16.63	2-8	3.58
06641	2-2-3-5-5-9	5-5	14.94	2-9	3.89
06642	2-2-3-5-5-10	5-5	18.37	2-10	3.89
06643	2-2-3-5-5-J	5-5	18.61	2-J	3.70
06644	2-2-3-5-5-K	5-5	18.37	2-K	4.02
06645	2-2-3-5-5-Q	5-5	18.37	2-Q	3.92
06646	2-2-3-5-6-6	2-2	13.60	3-6	2.17
06647	2-2-3-5-6-7	2-3	15.37	2-2	2.02
06648	2-2-3-5-6-8	5-6	14.56	3-6	3.30
06649	2-2-3-5-6-9	5-6	12.73	3-9	2.17
06650	2-2-3-5-6-10	5-6	16.26	6-10	2.52

HAND No.	SIX-CARD HAND	DISCARD (DEALER)	EXPECTED AVG. (DEALER)	DISCARD (PONE)	EXPECTED AVG. (PONE)
06651	2-2-3-5-6-J	5-6	16.50	5-6	2.50
06652	2-2-3-5-6-K	5-6	16.26	6-K	2.68
06653	2-2-3-5-6-Q	5-6	16.26	6-Q	2.61
06654	2-2-3-5-7-7	2-2	14.77	2-2	2.69
06655	2-2-3-5-7-8	5-7	13.88	3-7	3.17
06656	2-2-3-5-7-9	5-7	12.15	7-9	1.70
06657	2-2-3-5-7-10	5-7	15.62	5-7	2.59
06658	2-2-3-5-7-J	5-7	15.86	5-7	2.83
06659	2-2-3-5-7-K	5-7	15.62	5-7	2.59
06660	2-2-3-5-7-Q	5-7	15.62	5-7	2.59
06661	2-2-3-5-8-8	2-3	14.96	3-8	3.00
06662	2-2-3-5-8-9	5-9	13.35	3-9	3.30
06663	2-2-3-5-8-10	5-8	15.05	3-10	3.55
06664	2-2-3-5-8-J	5-8	15.29	5-8	3.49
06665	2-2-3-5-8-K	5-8	15.05	3-K	3.70
06666	2-2-3-5-8-Q	5-8	15.05	3-Q	3.58
06667	2-2-3-5-9-9	9-9	12.17	9-9	0.59
06668	2-2-3-5-9-10	5-9	15.04	5-9	3.48
06669	2-2-3-5-9-J	5-9	15.28	5-9	3.72
06670	2-2-3-5-9-K	5-9	15.04	5-9	3.48
06671	2-2-3-5-9-Q	5-9	15.04	5-9	3.48
06672	2-2-3-5-10-10	5-10	16.14	2-10	2.49
06673	2-2-3-5-10-J	5-J	16.53	2-10	2.78
06674	2-2-3-5-10-K	5-K	16.19	10-K	2.86
06675	2-2-3-5-10-Q	5-10	16.18	2-Q	2.57
06676	2-2-3-5-J-J	5-J	16.72	2-5	2.65
06677	2-2-3-5-J-K	5-J	16.53	2-K	2.91
06678	2-2-3-5-J-Q	5-J	16.53	2-Q	2.81
06679	2-2-3-5-K-K	5-K	16.15	2-K	2.63
06680	2-2-3-5-Q-K	5-K	16.19	2-K	2.67
06681	2-2-3-5-Q-Q	5-Q	16.11	2-Q	2.53
06682	2-2-3-6-6-6	2-2	19.03	2-2	6.95
06683	2-2-3-6-6-7	2-3	15.79	3-6	3.26
06684	2-2-3-6-6-8	6-6	13.77	2-8	2.19
06685	2-2-3-6-6-9	2-2	14.94	2-2	2.87
06686	2-2-3-6-6-10	6-6	15.42	6-6	2.76
06687	2-2-3-6-6-J	6-6	15.66	6-6	3.00
06688	2-2-3-6-6-K	6-6	15.42	6-6	2.76
06689	2-2-3-6-6-Q	6-6	15.42	6-6	2.76
06690	2-2-3-6-7-7	2-3	15.65	3-7	3.13
06691	2-2-3-6-7-8	2-3	16.37	3-8	3.07
06692	2-2-3-6-7-9	2-3	13.05	3-9	3.30
06693	2-2-3-6-7-10	6-7	14.62	3-10	3.63
06694	2-2-3-6-7-J	6-7	14.86	6-7	3.48
06695	2-2-3-6-7-K	6-7	14.62	3-K	3.79
06696	2-2-3-6-7-Q	6-7	14.62	3-Q	3.67
06697	2-2-3-6-8-8	6-8	12.53	6-8	2.05
06698	2-2-3-6-8-9	6-9	13.14	6-9	1.73
06699	2-2-3-6-8-10	6-8	14.22	6-8	3.74
06700	2-2-3-6-8-J	6-8	14.46	6-8	3.98

HAND No.	SIX-CARD HAND	DISCARD (DEALER)	EXPECTED AVG. (DEALER)	DISCARD (PONE)	EXPECTED AVG. (PONE)
06701	2-2-3-6-8-K	6-8	14.22	6-K	3.77
06702	2-2-3-6-8-Q	6-8	14.22	6-8	3.74
06703	2-2-3-6-9-9	2-3	14.26	2-2	0.82
06704	2-2-3-6-9-10	6-9	14.79	6-9	3.38
06705	2-2-3-6-9-J	6-9	15.03	6-9	3.62
06706	2-2-3-6-9-K	6-9	14.79	6-9	3.38
06707	2-2-3-6-9-Q	6-9	14.79	6-9	3.38
06708	2-2-3-6-10-10	6-10	12.70	6-10	5.21
06709	2-2-3-6-10-J	6-10	12.99	6-10	5.49
06710	2-2-3-6-10-K	6-10	12.75	6-K	5.42
06711	2-2-3-6-10-Q	6-Q	12.85	6-Q	5.35
06712	2-2-3-6-J-J	6-J	13.18	6-J	5.21
06713	2-2-3-6-J-K	6-J	12.98	6-K	5.66
06714	2-2-3-6-J-Q	6-Q	13.09	6-Q	5.59
06715	2-2-3-6-K-K	6-K	12.66	6-K	5.38
06716	2-2-3-6-Q-K	6-Q	12.85	6-K	5.42
06717	2-2-3-6-Q-Q	6-Q	12.81	6-Q	5.31
06718	2-2-3-7-7-7	2-3	14.79	2-2	1.48
06719	2-2-3-7-7-8	2-3	15.48	2-2	2.17
06720	2-2-3-7-7-9	7-7	12.05	7-9	1.05
06721	2-2-3-7-7-10	7-7	15.57	7-7	2.55
06722	2-2-3-7-7-J	7-7	15.81	7-7	2.79
06723	2-2-3-7-7-K	7-7	15.57	7-7	2.55
06724	2-2-3-7-7-Q	7-7	15.57	7-7	2.55
06725	2-2-3-7-8-8	2-3	15.31	2-2	2.00
06726	2-2-3-7-8-9	2-3	14.20	7-9	2.70
06727	2-2-3-7-8-10	7-8	16.15	7-10	3.56
06728	2-2-3-7-8-J	7-8	16.39	7-J	3.17
06729	2-2-3-7-8-K	7-8	16.15	7-K	3.59
06730	2-2-3-7-8-Q	7-8	16.15	7-Q	3.54
06731	2-2-3-7-9-9	9-9	11.51	7-9	0.83
06732	2-2-3-7-9-10	7-9	13.69	7-9	4.40
06733	2-2-3-7-9-J	7-9	13.93	7-9	4.64
06734	2-2-3-7-9-K	7-9	13.69	7-9	4.40
06735	2-2-3-7-9-Q	7-9	13.69	7-9	4.40
06736	2-2-3-7-10-10	7-10	12.78	7-10	5.22
06737	2-2-3-7-10-J	7-J	13.14	7-10	5.50
06738	2-2-3-7-10-K	7-K	12.85	7-K	5.29
06739	2-2-3-7-10-Q	7-10	12.82	7-10	5.26
06740	2-2-3-7-J-J	7-J	13.33	7-J	5.06
06741	2-2-3-7-J-K	7-J	13.14	7-K	5.53
06742	2-2-3-7-J-Q	7-J	13.14	7-Q	5.48
06743	2-2-3-7-K-K	7-K	12.81	7-K	5.25
06744	2-2-3-7-Q-K	7-K	12.85	7-K	5.29
06745	2-2-3-7-Q-Q	7-Q	12.77	7-Q	5.20
06746	2-2-3-8-8-8	2-3	14.26	2-2	0.95
06747	2-2-3-8-8-9	8-9	12.62	8-9	2.07
06748	2-2-3-8-8-10	8-8	15.01	8-10	2.67
06749	2-2-3-8-8-J	8-8	15.25	8-J	3.22
06750	2-2-3-8-8-K	8-8	15.01	8-K	3.61

HAND No.	SIX-CARD HAND	DISCARD (DEALER)	EXPECTED AVG. (DEALER)	DISCARD (PONE)	EXPECTED AVG. (PONE)
06751	2-2-3-8-8-Q	8-8	15.01	8-Q	3.50
06752	2-2-3-8-9-9	9-9	13.17	9-9	1.59
06753	2-2-3-8-9-10	8-9	14.32	8-9	3.76
06754	2-2-3-8-9-J	8-9	14.56	8-9	4.00
06755	2-2-3-8-9-K	8-9	14.32	9-K	3.89
06756	2-2-3-8-9-Q	8-9	14.32	9-Q	3.80
06757	2-2-3-8-10-10	8-10	13.27	8-10	4.33
06758	2-2-3-8-10-J	8-10	13.56	8-J	4.92
06759	2-2-3-8-10-K	8-10	13.32	8-K	5.31
06760	2-2-3-8-10-Q	8-10	13.32	8-Q	5.20
06761	2-2-3-8-J-J	8-J	13.28	8-J	5.11
06762	2-2-3-8-J-K	8-J	13.08	8-K	5.55
06763	2-2-3-8-J-Q	8-J	13.08	8-Q	5.44
06764	2-2-3-8-K-K	8-K	12.63	8-K	5.26
06765	2-2-3-8-Q-K	8-Q	12.71	8-K	5.31
06766	2-2-3-8-Q-Q	8-Q	12.66	8-Q	5.16
06767	2-2-3-9-9-9	2-3	14.26	2-2	0.82
06768	2-2-3-9-9-10	9-9	14.82	9-9	3.24
06769	2-2-3-9-9-J	9-9	15.06	9-9	3.48
06770	2-2-3-9-9-K	9-9	14.82	9-9	3.24
06771	2-2-3-9-9-Q	9-9	14.82	9-9	3.24
06772	2-2-3-9-10-10	9-10	13.81	9-10	4.11
06773	2-2-3-9-10-J	9-10	14.09	9-J	4.62
06774	2-2-3-9-10-K	9-10	13.86	9-K	5.54
06775	2-2-3-9-10-Q	9-10	13.86	9-Q	5.45
06776	2-2-3-9-J-J	9-J	13.73	9-J	4.81
06777	2-2-3-9-J-K	9-J	13.53	9-K	5.78
06778	2-2-3-9-J-Q	9-J	13.53	9-Q	5.69
06779	2-2-3-9-K-K	9-K	12.59	9-K	5.50
06780	2-2-3-9-Q-K	9-K	12.64	9-K	5.54
06781	2-2-3-9-Q-Q	9-Q	12.51	9-Q	5.40
06782	2-2-3-10-10-10	10-10	14.14	2-10	3.58
06783	2-2-3-10-10-J	10-10	14.47	10-J	3.79
06784	2-2-3-10-10-K	10-10	14.23	10-K	5.55
06785	2-2-3-10-10-Q	10-10	14.23	10-Q	4.83
06786	2-2-3-10-J-J	J-J	14.80	2-10	4.15
06787	2-2-3-10-J-K	10-J	14.11	10-K	5.84
06788	2-2-3-10-J-Q	J-Q	14.29	10-Q	5.12
06789	2-2-3-10-K-K	K-K	14.05	10-K	5.55
06790	2-2-3-10-Q-K	Q-K	12.94	10-K	5.60
06791	2-2-3-10-Q-Q	Q-Q	14.27	10-Q	4.83
06792	2-2-3-J-J-J	J-J	14.95	2-J	3.87
06793	2-2-3-J-J-K	J-J	14.80	J-K	4.93
06794	2-2-3-J-J-Q	J-J	14.80	J-Q	4.21
06795	2-2-3-J-K-K	K-K	14.29	J-K	4.69
06796	2-2-3-J-Q-K	J-Q	14.29	Q-K	5.22
06797	2-2-3-J-Q-Q	Q-Q	14.51	Q-Q	4.01
06798	2-2-3-K-K-K	2-3	14.13	K-K	3.75
06799	2-2-3-Q-K-K	K-K	14.05	Q-K	4.94
06800	2-2-3-Q-Q-K	Q-Q	14.27	Q-K	4.94

HAND No.	SIX-CARD HAND	DISCARD (DEALER)	EXPECTED AVG. (DEALER)	DISCARD (PONE)	EXPECTED AVG. (PONE)
06801	2-2-3-Q-Q-Q	Q-Q	14.19	Q-Q	3.68
06802	2-2-4-4-4-4	2-2	19.47	2-2	7.39
06803	2-2-4-4-4-5	2-2	15.73	2-2	3.65
06804	2-2-4-4-4-6	2-2	14.68	2-6	3.94
06805	2-2-4-4-4-7	2-2	18.86	2-2	6.78
06806	2-2-4-4-4-8	2-2	13.38	2-8	3.97
06807	2-2-4-4-4-9	4-4	13.37	2-9	4.06
06808	2-2-4-4-4-10	2-2	13.38	2-10	4.32
06809	2-2-4-4-4-J	2-2	13.62	2-J	4.13
06810	2-2-4-4-4-K	2-2	13.38	2-K	4.46
06811	2-2-4-4-4-Q	2-2	13.38	2-Q	4.35
06812	2-2-4-4-5-5	5-5	15.76	2-2	2.95
06813	2-2-4-4-5-6	2-2	21.34	2-2	9.26
06814	2-2-4-4-5-7	2-2	13.16	2-7	2.72
06815	2-2-4-4-5-8	4-4	13.89	2-8	2.75
06816	2-2-4-4-5-9	4-5	14.36	2-9	2.93
06817	2-2-4-4-5-10	5-10	13.70	2-10	3.10
06818	2-2-4-4-5-J	5-J	14.05	2-J	2.91
06819	2-2-4-4-5-K	5-K	13.72	2-K	3.24
06820	2-2-4-4-5-Q	5-Q	13.68	2-Q	3.14
06821	2-2-4-4-6-6	6-6	12.90	2-2	0.78
06822	2-2-4-4-6-7	4-4	13.80	4-4	1.74
06823	2-2-4-4-6-8	6-8	11.75	6-8	1.26
06824	2-2-4-4-6-9	6-9	12.09	2-6	2.94
06825	2-2-4-4-6-10	6-10	10.31	6-10	2.82
06826	2-2-4-4-6-J	6-J	10.55	6-J	2.58
06827	2-2-4-4-6-K	6-K	10.27	6-K	2.99
06828	2-2-4-4-6-Q	6-Q	10.42	6-Q	2.92
06829	2-2-4-4-7-7	2-2	15.03	2-2	2.95
06830	2-2-4-4-7-8	2-2	13.60	2-2	1.52
06831	2-2-4-4-7-9	2-7	11.71	2-7	2.94
06832	2-2-4-4-7-10	2-2	11.16	7-10	2.70
06833	2-2-4-4-7-J	2-2	11.40	7-J	2.30
06834	2-2-4-4-7-K	2-2	11.16	7-K	2.73
06835	2-2-4-4-7-Q	2-2	11.16	7-Q	2.68
06836	2-2-4-4-8-8	8-8	12.57	8-8	0.11
06837	2 2 4 4-8-9	4-8	11.68	2-8	3.01
06838	2-2-4-4-8-10	8-10	10.93	8-10	1.98
06839	2-2-4-4-8-J	8-J	10.69	8-J	2.53
06840	2-2-4-4-8-K	8-K	10.28	8-K	2.92
06841	2-2-4-4-8-Q	8-Q	10.32	8-Q	2.81
06842	2-2-4-4-9-9 ✛	9-9	11.95	2-9	3.10
06843	2-2-4-4-9-10	2-10	11.52	2-10	3.36
06844	2-2-4-4-9-J	2-J	11.83	2-J	3.17
06845	2-2-4-4-9-K	2-K	11.49	4-K	3.51
06846	2-2-4-4-9-Q	2-Q	11.57	4-Q	3.41
06847	2-2-4-4-10-10	10-10	11.88	10-10	1.04
06848	2-2-4-4-10-J	10-J	11.76	10-J	1.49
06849	2-2-4-4-10-K	10-K	9.97	10-K	3.25
06850	2-2-4-4-10-Q	10-Q	10.44	10-Q	2.53

HAND No.	SIX-CARD HAND	DISCARD (DEALER)	EXPECTED AVG. (DEALER)	DISCARD (PONE)	EXPECTED AVG. (PONE)
06851	2-2-4-4-J-J	J-J	12.45	J-J	0.85
06852	2-2-4-4-J-K	J-K	11.09	J-K	2.38
06853	2-2-4-4-J-Q	J-Q	11.94	J-Q	1.66
06854	2-2-4-4-K-K	K-K	11.71	K-K	1.49
06855	2-2-4-4-Q-K	Q-K	10.59	Q-K	2.64
06856	2-2-4-4-Q-Q	Q-Q	11.93	Q-Q	1.42
06857	2-2-4-5-5-5	2-2	18.81	2-2	6.74
06858	2-2-4-5-5-6	2-2	21.86	2-2	9.78
06859	2-2-4-5-5-7	5-5	15.20	4-7	2.49
06860	2-2-4-5-5-8	4-5	14.62	2-4	3.42
06861	2-2-4-5-5-9	5-5	16.81	4-9	2.72
06862	2-2-4-5-5-10	2-2	15.38	2-2	3.30
06863	2-2-4-5-5-J	2-2	15.62	2-2	3.54
06864	2-2-4-5-5-K	2-2	15.38	2-2	3.30
06865	2-2-4-5-5-Q	2-2	15.38	2-2	3.30
06866	2-2-4-5-6-6	2-2	21.25	2-2	9.17
06867	2-2-4-5-6-7	2-2	15.29	2-7	3.46
06868	2-2-4-5-6-8	2-2	13.97	2-8	3.51
06869	2-2-4-5-6-9	2-2	15.62	2-9	3.69
06870	2-2-4-5-6-10	2-2	15.53	2-10	3.86
06871	2-2-4-5-6-J	2-2	15.77	2-2	3.69
06872	2-2-4-5-6-K	2-2	15.53	2-K	4.00
06873	2-2-4-5-6-Q	2-2	15.53	2-Q	3.90
06874	2-2-4-5-7-7	5-7	12.32	4-7	0.15
06875	2-2-4-5-7-8	4-5	12.62	4-7	3.32
06876	2-2-4-5-7-9	5-7	13.97	5-7	0.94
06877	2-2-4-5-7-10	5-10	13.05	4-7	1.36
06878	2-2-4-5-7-J	5-J	13.40	4-7	1.60
06879	2-2-4-5-7-K	5-K	13.06	4-7	1.36
06880	2-2-4-5-7-Q	5-Q	13.02	4-7	1.36
06881	2-2-4-5-8-8	2-4	12.47	4-8	3.18
06882	2-2-4-5-8-9	5-8	13.48	4-9	3.59
06883	2-2-4-5-8-10	4-10	11.82	4-10	3.68
06884	2-2-4-5-8-J	4-J	12.10	4-J	3.34
06885	2-2-4-5-8-K	4-K	11.81	4-K	3.85
06886	2-2-4-5-8-Q	4-Q	11.80	4-Q	3.75
06887	2-2-4-5-9-9	5-9	13.30	5-9	1.74
06888	2-2-4-5-9-10	5-10	14.66	4-9	1.59
06889	2-2-4-5-9-J	5-J	15.01	4-9	1.83
06890	2-2-4-5-9-K	5-K	14.67	4-9	1.59
06891	2-2-4-5-9-Q	5-Q	14.63	4-9	1.59
06892	2-2-4-5-10-10	2-2	14.08	2-4	2.46
06893	2-2-4-5-10-J	2-2	12.92	4-10	1.92
06894	2-2-4-5-10-K	2-2	12.16	4-K	1.85
06895	2-2-4-5-10-Q	2-2	12.42	4-Q	1.75
06896	2-2-4-5-J-J	2-2	14.55	2-4	2.94
06897	2-2-4-5-J-K	2-2	12.66	4-K	2.09
06898	2-2-4-5-J-Q	2-2	12.92	4-Q	1.99
06899	2-2-4-5-K-K	2-2	14.08	2-4	2.46
06900	2-2-4-5-Q-K	2-2	12.42	4-K	1.85

HAND No.	SIX-CARD HAND	DISCARD (DEALER)	EXPECTED AVG. (DEALER)	DISCARD (PONE)	EXPECTED AVG. (PONE)
06901	2-2-4-5-Q-Q	2-2	14.08	2-4	2.46
06902	2-2-4-6-6-6	2-2	14.34	2-4	2.98
06903	2-2-4-6-6-7	2-4	13.34	2-4	3.51
06904	2-2-4-6-6-8	2-2	10.77	4-8	1.31
06905	2-2-4-6-6-9	6-6	13.68	2-4	2.25
06906	2-2-4-6-6-10	6-6	10.11	4-10	1.72
06907	2-2-4-6-6-J	6-6	10.35	4-J	1.39
06908	2-2-4-6-6-K	6-6	10.11	4-K	1.90
06909	2-2-4-6-6-Q	6-6	10.11	4-Q	1.80
06910	2-2-4-6-7-7	2-4	13.17	2-4	3.33
06911	2-2-4-6-7-8	2-4	13.89	2-4	4.05
06912	2-2-4-6-7-9	6-7	12.88	4-9	3.50
06913	2-2-4-6-7-10	4-10	11.82	4-10	3.68
06914	2-2-4-6-7-J	4-J	12.10	4-J	3.34
06915	2-2-4-6-7-K	4-K	11.81	4-K	3.85
06916	2-2-4-6-7-Q	4-Q	11.80	4-Q	3.75
06917	2-2-4-6-8-8	8-8	10.57	4-6	0.45
06918	2-2-4-6-8-9	6-8	12.57	6-8	2.09
06919	2-2-4-6-8-10	6-8	8.96	6-10	0.39
06920	2-2-4-6-8-J	6-8	9.20	8-J	0.53
06921	2-2-4-6-8-K	6-8	8.96	8-K	0.92
06922	2-2-4-6-8-Q	6-8	8.96	8-Q	0.81
06923	2-2-4-6-9-9	2-2	13.12	2-6	2.46
06924	2-2-4-6-9-10	6-10	11.14	6-10	3.65
06925	2-2-4-6-9-J	6-J	11.37	6-J	3.40
06926	2-2-4-6-9-K	6-K	11.10	6-K	3.81
06927	2-2-4-6-9-Q	6-Q	11.24	6-Q	3.74
06928	2-2-4-6-10-10	10-10	9.88	4-6	0.45
06929	2-2-4-6-10-J	10-J	9.76	6-10	0.28
06930	2-2-4-6-10-K	10-K	7.97	10-K	1.25
06931	2-2-4-6-10-Q	10-Q	8.44	10-Q	0.53
06932	2-2-4-6-J-J	J-J	10.45	4-6	0.92
06933	2-2-4-6-J-K	J-K	9.09	6-K	0.44
06934	2-2-4-6-J-Q	J-Q	9.94	6-Q	0.37
06935	2-2-4-6-K-K	K-K	9.71	4-6	0.45
06936	2-2-4-6-Q-K	Q-K	8.59	Q-K	0.64
06937	2-2-4-6-Q-Q	Q-Q	9.93	4-6	0.45
06938	2-2-4-7-7-7	2-2	13.42	2-4	2.46
06939	2-2-4-7-7-8	2-2	14.16	2-4	3.16
06940	2-2-4-7-7-9	7-7	13.83	4-9	1.15
06941	2-2-4-7-7-10	7-7	10.18	7-10	2.00
06942	2-2-4-7-7-J	7-7	10.42	7-J	1.60
06943	2-2-4-7-7-K	7-7	10.18	7-K	2.03
06944	2-2-4-7-7-Q	7-7	10.18	7-Q	1.98
06945	2-2-4-7-8-8	2-2	14.03	2-4	2.98
06946	2-2-4-7-8-9	7-8	14.49	2-4	1.83
06947	2-2-4-7-8-10	7-8	10.84	4-10	1.68
06948	2-2-4-7-8-J	7-8	11.08	8-J	1.74
06949	2-2-4-7-8-K	7-8	10.84	8-K	2.13
06950	2-2-4-7-8-Q	7-8	10.84	8-Q	2.03

HAND No.	SIX-CARD HAND	DISCARD (DEALER)	EXPECTED AVG. (DEALER)	DISCARD (PONE)	EXPECTED AVG. (PONE)
06951	2-2-4-7-9-9	7-9	11.87	7-9	2.57
06952	2-2-4-7-9-10	7-10	11.21	7-10	3.65
06953	2-2-4-7-9-J	7-J	11.53	7-J	3.26
06954	2-2-4-7-9-K	7-K	11.24	7-K	3.68
06955	2-2-4-7-9-Q	7-Q	11.20	7-Q	3.63
06956	2-2-4-7-10-10	10-10	11.14	4-7	0.84
06957	2-2-4-7-10-J	10-J	11.02	10-J	0.75
06958	2-2-4-7-10-K	10-K	9.23	10-K	2.51
06959	2-2-4-7-10-Q	10-Q	9.70	10-Q	1.79
06960	2-2-4-7-J-J	J-J	11.71	4-7	1.32
06961	2-2-4-7-J-K	J-K	10.35	J-K	1.64
06962	2-2-4-7-J-Q	J-Q	11.20	J-Q	0.92
06963	2-2-4-7-K-K	K-K	10.97	4-7	0.84
06964	2-2-4-7-Q-K	Q-K	9.85	Q-K	1.90
06965	2-2-4-7-Q-Q	Q-Q	11.19	4-7	0.84
06966	2-2-4-8-8-8	2-2	13.03	2-4	1.94
06967	2-2-4-8-8-9	8-8	13.44	4-9	1.06
06968	2-2-4-8-8-10	8-8	9.79	4-10	1.20
06969	2-2-4-8-8-J	8-8	10.03	4-J	0.87
06970	2-2-4-8-8-K	8-8	9.79	4-K	1.38
06971	2-2-4-8-8-Q	8-8	9.79	4-Q	1.28
06972	2-2-4-8-9-9	8-9	12.58	2-8	2.58
06973	2-2-4-8-9-10	8-10	11.80	8-10	2.85
06974	2-2-4-8-9-J	8-J	11.56	8-J	3.40
06975	2-2-4-8-9-K	8-K	11.15	8-K	3.79
06976	2-2-4-8-9-Q	8-Q	11.19	8-Q	3.68
06977	2-2-4-8-10-10	2-2	9.73	4-8	0.79
06978	2-2-4-8-10-J	10-J	9.32	8-J	-0.26
06979	2-2-4-8-10-K	8-10	8.14	10-K	0.82
06980	2-2-4-8-10-Q	8-10	8.14	10-Q	0.10
06981	2-2-4-8-J-J	4-8	10.03	4-8	1.27
06982	2-2-4-8-J-K	J-K	8.66	8-K	0.37
06983	2-2-4-8-J-Q	J-Q	9.51	8-Q	0.26
06984	2-2-4-8-K-K	4-8	9.55	4-8	0.79
06985	2-2-4-8-Q-K	Q-K	8.16	Q-K	0.20
06986	2-2-4-8-Q-Q	4-8	9.55	4-8	0.79
06987	2-2-4-9-9-9	9-9	12.90	2-9	2.67
06988	2-2-4-9-9-10	9-10	12.16	2-10	2.93
06989	2-2-4-9-9-J	9-J	11.83	9-J	2.92
06990	2-2-4-9-9-K	2-K	11.06	9-K	3.84
06991	2-2-4-9-9-Q	2-Q	11.14	9-Q	3.75
06992	2-2-4-9-10-10	10-10	12.75	10-10	1.91
06993	2-2-4-9-10-J	10-J	12.63	10-J	2.36
06994	2-2-4-9-10-K	10-K	10.84	10-K	4.12
06995	2-2-4-9-10-Q	10-Q	11.31	10-Q	3.40
06996	2-2-4-9-J-J	J-J	13.32	J-J	1.72
06997	2-2-4-9-J-K	J-K	11.96	J-K	3.25
06998	2-2-4-9-J-Q	J-Q	12.81	J-Q	2.53
06999	2-2-4-9-K-K	K-K	12.58	K-K	2.36
07000	2-2-4-9-Q-K	Q-K	11.46	Q-K	3.51

HAND No.	SIX-CARD HAND	DISCARD (DEALER)	EXPECTED AVG. (DEALER)	DISCARD (PONE)	EXPECTED AVG. (PONE)
07001	2-2-4-9-Q-Q	Q-Q	12.80	Q-Q	2.29
07002	2-2-4-10-10-10	2-2	13.03	2-4	1.94
07003	2-2-4-10-10-J	2-2	10.49	4-J	0.87
07004	2-2-4-10-10-K	4-K	9.33	4-K	1.38
07005	2-2-4-10-10-Q	2-2	9.73	4-Q	1.28
07006	2-2-4-10-J-J	2-2	10.73	4-10	1.68
07007	2-2-4-10-J-K	10-J	8.98	10-K	0.71
07008	2-2-4-10-J-Q	2-2	11.29	2-4	0.20
07009	2-2-4-10-K-K	4-10	9.34	4-10	1.20
07010	2-2-4-10-Q-K	Q-K	7.81	10-K	0.47
07011	2-2-4-10-Q-Q	2-2	9.73	4-10	1.20
07012	2-2-4-J-J-J	2-2	13.75	2-4	2.66
07013	2-2-4-J-J-K	2-2	10.21	4-K	1.85
07014	2-2-4-J-J-Q	2-2	10.73	4-Q	1.75
07015	2-2-4-J-K-K	2-2	9.97	4-J	0.87
07016	2-2-4-J-Q-K	2-2	11.21	4-K	0.16
07017	2-2-4-J-Q-Q	2-2	10.49	4-J	0.87
07018	2-2-4-K-K-K	2-2	13.03	2-4	1.94
07019	2-2-4-Q-K-K	2-2	9.73	4-Q	1.28
07020	2-2-4-Q-Q-K	2-2	9.73	4-K	1.38
07021	2-2-4-Q-Q-Q	2-2	13.03	2-4	1.94
07022	2-2-5-5-5-5 ★	2-2	28.51	2-2	16.43
07023	2-2-5-5-5-6	2-2	18.47	2-6	6.51
07024	2-2-5-5-5-7	2-2	17.68	2-7	6.51
07025	2-2-5-5-5-8	5-5	16.81	2-8	6.41
07026	2-2-5-5-5-9	2-2	16.90	2-9	6.76
07027	2-2-5-5-5-10	2-2	22.12	2-2	10.04
07028	2-2-5-5-5-J	2-2	22.36	2-2	10.28
07029	2-2-5-5-5-K	2-2	22.12	2-2	10.04
07030	2-2-5-5-5-Q	2-2	22.12	2-2	10.04
07031	2-2-5-5-6-6 ⊕	5-5	14.89	2-2	2.78
07032	2-2-5-5-6-7	2-2	18.03	2-2	5.95
07033	2-2-5-5-6-8	5-6	14.73	2-6	3.77
07034	2-2-5-5-6-9	5-5	14.37	2-2	1.56
07035	2-2-5-5-6-10	2-2	15.21	2-6	3.59
07036	2-2-5-5-6-J	2-2	15.44	2-6	3.83
07037	2-2-5-5-6-K	2-2	15.21	2-6	3.59
07038	2-2-5-5-6-Q	2-2	15.21	2-6	3.59
07039	2-2-5-5-7-7	5-5	14.72	2-2	1.74
07040	2-2-5-5-7-8	5-5	14.89	2-7	3.72
07041	2-2-5-5-7-9	5-5	12.81	7-9	2.14
07042	2-2-5-5-7-10	2-2	14.68	2-7	3.59
07043	2-2-5-5-7-J	2-2	14.92	2-7	3.83
07044	2-2-5-5-7-K	2-2	14.68	2-7	3.59
07045	2-2-5-5-7-Q	2-2	14.68	2-7	3.59
07046	2-2-5-5-8-8	5-5	14.20	2-8	3.67
07047	2-2-5-5-8-9	5-9	13.56	2-9	4.02
07048	2-2-5-5-8-10	5-10	14.75	2-10	4.06
07049	2-2-5-5-8-J	5-J	15.09	2-J	3.87
07050	2-2-5-5-8-K	5-K	14.76	2-K	4.19

HAND No.	SIX-CARD HAND	DISCARD (DEALER)	EXPECTED AVG. (DEALER)	DISCARD (PONE)	EXPECTED AVG. (PONE)
07051	2-2-5-5-8-Q	5-Q	14.72	2-Q	4.09
07052	2-2-5-5-9-9	5-5	14.37	9-9	0.98
07053	2-2-5-5-9-10	2-2	14.68	2-9	3.84
07054	2-2-5-5-9-J	2-2	14.66	2-9	4.08
07055	2-2-5-5-9-K	2-2	14.16	2-9	3.84
07056	2-2-5-5-9-Q	2-2	14.16	2-9	3.84
07057	2-2-5-5-10-10	2-2	19.55	2-2	7.48
07058	2-2-5-5-10-J	2-2	18.40	2-2	6.32
07059	2-2-5-5-10-K	2-2	17.64	2-2	5.56
07060	2-2-5-5-10-Q	2-2	17.90	2-2	5.82
07061	2-2-5-5-J-J	2-2	20.03	2-2	7.95
07062	2-2-5-5-J-K	2-2	18.14	2-2	6.06
07063	2-2-5-5-J-Q	2-2	18.40	2-2	6.32
07064	2-2-5-5-K-K	2-2	19.55	2-2	7.48
07065	2-2-5-5-Q-K	2-2	17.90	2-2	5.82
07066	2-2-5-5-Q-Q	2-2	19.55	2-2	7.48
07067	2-2-5-6-6-6	2-2	15.81	2-2	3.74
07068	2-2-5-6-6-7	2-2	17.51	2-2	5.43
07069	2-2-5-6-6-8	6-6	13.94	6-6	1.29
07070	2-2-5-6-6-9	2-2	14.94	2-2	2.87
07071	2-2-5-6-6-10	2-2	12.86	6-10	2.69
07072	2-2-5-6-6-J ⊕	5-J	13.18	6-J	2.45
07073	2-2-5-6-6-K	2-2	12.86	6-K	2.86
07074	2-2-5-6-6-Q	2-2	12.86	6-Q	2.79
07075	2-2-5-6-7-7	2-2	17.51	2-2	5.43
07076	2-2-5-6-7-8	2-2	15.29	2-8	3.36
07077	2-2-5-6-7-9	2-2	13.84	2-9	3.65
07078	2-2-5-6-7-10	5-10	14.81	2-10	3.78
07079	2-2-5-6-7-J	5-J	15.16	2-J	3.59
07080	2-2-5-6-7-K	5-K	14.82	2-K	3.91
07081	2-2-5-6-7-Q	5-Q	14.78	2-Q	3.81
07082	2-2-5-6-8-8	6-8	12.70	2-6	2.98
07083	2-2-5-6-8-9	6-9	13.35	6-9	1.95
07084	2-2-5-6-8-10	6-10	11.36	6-10	3.86
07085	2-2-5-6-8-J	6-J	11.59	6-J	3.62
07086	2-2-5-6-8-K	6-K	11.32	6-K	4.03
07087	2-2-5-6-8-Q	6-Q	11.46	6-Q	3.96
07088	2-2-5-6-9-9	2-2	14.25	2-2	2.17
07089	2-2-5-6-9-10	2-2	12.68	9-10	1.63
07090	2-2-5-6-9-J	2-2	12.66	9-J	2.09
07091	2-2-5-6-9-K ⊕	5-K	12.28	9-K	3.02
07092	2-2-5-6-9-Q ⊕	5-Q	12.24	9-Q	2.93
07093	2-2-5-6-10-10	2-2	13.90	2-6	2.81
07094	2-2-5-6-10-J	2-2	12.75	6-10	2.10
07095	2-2-5-6-10-K	2-2	11.99	10-K	3.16
07096	2-2-5-6-10-Q	2-2	12.25	10-Q	2.44
07097	2-2-5-6-J-J	2-2	14.38	2-6	3.29
07098	2-2-5-6-J-K	2-2	12.49	J-K	2.30
07099	2-2-5-6-J-Q	2-2	12.75	6-Q	2.20
07100	2-2-5-6-K-K	2-2	13.90	2-6	2.81

HAND No.	SIX-CARD HAND	DISCARD (DEALER)	EXPECTED AVG. (DEALER)	DISCARD (PONE)	EXPECTED AVG. (PONE)
07101	2-2-5-6-Q-K	2-2	12.25	Q-K	2.55
07102	2-2-5-6-Q-Q	2-2	13.90	2-6	2.81
07103	2-2-5-7-7-7	2-2	15.03	2-2	2.95
07104	2-2-5-7-7-8	2-2	15.03	2-2	2.95
07105	2-2-5-7-7-9	5-9	11.35	2-9	0.63
07106	2-2-5-7-7-10	5-10	12.57	7-10	0.74
07107	2-2-5-7-7-J	5-J	12.92	2-J	0.52
07108	2-2-5-7-7-K	5-K	12.59	2-K	0.85
07109	2-2-5-7-7-Q	5-Q	12.55	2-Q	0.74
07110	2-2-5-7-8-8	2-2	14.77	2-7	2.90
07111	2-2-5-7-8-9	2-2	13.66	7-9	2.96
07112	2-2-5-7-8-10	5-10	12.83	7-10	3.87
07113	2-2-5-7-8-J	5-J	13.18	7-J	3.47
07114	2-2-5-7-8-K	5-K	12.85	7-K	3.90
07115	2-2-5-7-8-Q	5-Q	12.81	7-Q	3.85
07116	2-2-5-7-9-9	5-7	11.58	2-7	-0.67
07117	2-2-5-7-9-10 ⊕	5-10	10.66	7-9	1.01
07118	2-2-5-7-9-J	5-J	11.01	7-9	1.25
07119	2-2-5-7-9-K	5-K	10.67	9-K	1.06
07120	2-2-5-7-9-Q	5-Q	10.63	7-9	1.01
07121	2-2-5-7-10-10	2-2	13.64	2-7	2.81
07122	2-2-5-7-10-J	2-2	12.49	7-10	2.15
07123	2-2-5-7-10-K	2-2	11.73	7-K	1.94
07124	2-2-5-7-10-Q	2-2	11.99	7-10	1.91
07125	2-2-5-7-J-J	2-2	14.12	2-7	3.29
07126	2-2-5-7-J-K	2-2	12.23	7-K	2.18
07127	2-2-5-7-J-Q	2-2	12.49	7-Q	2.13
07128	2-2-5-7-K-K	2-2	13.64	2-7	2.81
07129	2-2-5-7-Q-K	2-2	11.99	7-K	1.94
07130	2-2-5-7-Q-Q	2-2	13.64	2-7	2.81
07131	2-2-5-8-8-8 ⊕	2-2	13.47	2-8	2.88
07132	2-2-5-8-8-9	8-9	12.84	2-9	3.23
07133	2-2-5-8-8-10	5-10	12.23	2-10	3.32
07134	2-2-5-8-8-J	5-J	12.57	8-J	3.48
07135	2-2-5-8-8-K	5-K	12.24	8-K	3.87
07136	2-2-5-8-8-Q	5-Q	12.20	8-Q	3.76
07137	2 2-5-8-9-9	9-9	13.43	9-9	1.85
07138	2-2-5-8-9-10	2-2	13.40	9-10	2.80
07139	2-2-5-8-9-J	9-J	12.18	9-J	3.27
07140	2-2-5-8-9-K	9-K	11.29	9-K	4.19
07141	2-2-5-8-9-Q	9-Q	11.20	9-Q	4.10
07142	2-2-5-8-10-10	2-2	13.81	2-8	2.80
07143	2-2-5-8-10-J	10-J	12.80	10-J	2.53
07144	2-2-5-8-10-K	2-2	11.64	10-K	4.29
07145	2-2-5-8-10-Q	2-2	11.90	10-Q	3.57
07146	2-2-5-8-J-J	2-2	13.77	2-8	3.27
07147	2-2-5-8-J-K	J-K	12.14	J-K	3.43
07148	2-2-5-8-J-Q	J-Q	12.98	J-Q	2.71
07149	2-2-5-8-K-K	2-2	13.29	2-8	2.80
07150	2-2-5-8-Q-K ⊕	2-2	11.64	Q-K	3.68

HAND No.	SIX–CARD HAND	DISCARD (DEALER)	EXPECTED AVG. (DEALER)	DISCARD (PONE)	EXPECTED AVG. (PONE)
07151	2-2-5-8-Q-Q	2-2	13.29	2-8	2.80
07152	2-2-5-9-9-9	2-2	13.73	2-2	1.65
07153	2-2-5-9-9-10	2-2	12.68	2-2	0.61
07154	2-2-5-9-9-J	5-J	12.57	2-2	0.32
07155	2-2-5-9-9-K	5-K	12.24	9-K	0.32
07156	2-2-5-9-9-Q	5-Q	12.20	9-Q	0.23
07157	2-2-5-9-10-10	2-2	14.42	2 9	3.06
07158	2-2-5-9-10-J	2-2	15.47	2-2	3.39
07159	2-2-5-9-10-K	2-2	11.99	9-K	2.19
07160	2-2-5-9-10-Q	2-2	12.08	9-Q	2.10
07161	2-2-5-9-J-J	2-2	14.38	2-9	3.54
07162	2-2-5-9-J-K	2-2	12.23	9-K	2.43
07163	2-2-5-9-J-Q	2-2	12.31	9-Q	2.34
07164	2-2-5-9-K-K	2-2	13.38	2-9	3.06
07165	2-2-5-9-Q-K	2-2	11.73	9-K	2.19
07166	2-2-5-9-Q-Q	2-2	13.38	2-9	3.06
07167	2-2-5-10-10-10	2-2	18.94	2-2	6.87
07168	2-2-5-10-10-J	2-2	16.40	2-2	4.32
07169	2-2-5-10-10-K	2-2	15.12	2-K	3.28
07170	2-2-5-10-10-Q	2-2	15.64	2-2	3.56
07171	2-2-5-10-J-J	2-2	16.64	2-2	4.56
07172	2-2-5-10-J-K	2-2	14.05	10-K	2.53
07173	2-2-5-10-J-Q	2-2	17.21	2-2	5.13
07174	2-2-5-10-K-K	2-2	15.12	2-10	3.15
07175	2-2-5-10-Q-K	2-2	13.55	10-K	2.29
07176	2-2-5-10-Q-Q	2-2	15.64	2-2	3.56
07177	2-2-5-J-J-J	2-2	19.66	2-2	7.58
07178	2-2-5-J-J-K	2-2	16.12	2-2	4.04
07179	2-2-5-J-J-Q	2-2	16.64	2-2	4.56
07180	2-2-5-J-K-K	2-2	15.88	2-2	3.80
07181	2-2-5-J-Q-K	2-2	17.12	2-2	5.04
07182	2-2-5-J-Q-Q	2-2	16.40	2-2	4.32
07183	2-2-5-K-K-K	2-2	18.94	2-2	6.87
07184	2-2-5-Q-K-K	2-2	15.64	2-2	3.56
07185	2-2-5-Q-Q-K	2-2	15.64	2-2	3.56
07186	2-2-5-Q-Q-Q	2-2	18.94	2-2	6.87
07187	2-2-6-6-6-6	2-2	19.47	2-2	7.39
07188	2-2-6-6-6-7	2-2	15.03	2-6	3.72
07189	2-2-6-6-6-8	2-2	14.51	2-8	3.36
07190	2-2-6-6-6-9	2-2	18.94	2-2	6.87
07191	2-2-6-6-6-10	2-2	13.21	2-10	3.71
07192	2-2-6-6-6-J	2-2	13.44	2-J	3.52
07193	2-2-6-6-6-K	2-2	13.21	2-K	3.85
07194	2-2-6-6-6-Q	2-2	13.21	2-Q	3.74
07195	2-2-6-6-7-7	2-2	13.55	2-7	3.72
07196	2-2-6-6-7-8	2-2	18.73	2-2	6.65
07197	2-2-6-6-7-9	2-2	14.25	2-9	4.02
07198	2-2-6-6-7-10	2-10	12.39	2-10	4.23
07199	2-2-6-6-7-J	2-J	12.70	2-J	4.04
07200	2-2-6-6-7-K	2-K	12.36	2-K	4.37

HAND No.	SIX-CARD HAND	DISCARD (DEALER)	EXPECTED AVG. (DEALER)	DISCARD (PONE)	EXPECTED AVG. (PONE)
07201	2-2-6-6-7-Q	2-Q	12.44	2-Q	4.27
07202	2-2-6-6-8-8	2-2	12.68	2-2	0.61
07203	2-2-6-6-8-9	2-2	14.16	2-8	2.67
07204	2-2-6-6-8-10 ♣	2-2	10.16	8-10	1.11
07205	2-2-6-6-8-J	2-2	10.14	8-J	1.66
07206	2-2-6-6-8-K	2-2	9.90	8-K	2.05
07207	2-2-6-6-8-Q	2-2	9.90	8-Q	1.94
07208	2-2-6-6-9-9	2-2	18.60	2-2	6.52
07209	2-2-6-6-9-10	2-2	13.38	2-10	3.02
07210	2-2-6-6-9-J	2-2	13.36	2-J	2.83
07211	2-2-6-6-9-K	2-2	12.86	2-K	3.15
07212	2-2-6-6-9-Q	2-2	12.86	2-Q	3.05
07213	2-2-6-6-10-10	6-6	11.50	10-10	0.17
07214	2-2-6-6-10-J	10-J	10.89	10-J	0.62
07215	2-2-6-6-10-K	6-6	9.59	10-K	2.38
07216	2-2-6-6-10-Q	6-6	9.85	10-Q	1.66
07217	2-2-6-6-J-J	6-6	11.98	J-J	-0.02
07218	2-2-6-6-J-K	J-K	10.22	J-K	1.51
07219	2-2-6-6-J-Q	J-Q	11.07	J-Q	0.79
07220	2-2-6-6-K-K	6-6	11.50	K-K	0.62
07221	2-2-6-6-Q-K	6-6	9.85	Q-K	1.77
07222	2-2-6-6-Q-Q	6-6	11.50	Q-Q	0.55
07223	2-2-6-7-7-7	2-2	15.03	2-7	3.55
07224	2-2-6-7-7-8	2-2	20.47	2-2	8.39
07225	2-2-6-7-7-9	2-9	12.35	2-9	3.89
07226	2-2-6-7-7-10	2-10	12.22	2-10	4.06
07227	2-2-6-7-7-J	2-J	12.52	2-J	3.87
07228	2-2-6-7-7-K	2-K	12.19	2-K	4.19
07229	2-2-6-7-7-Q	2-Q	12.27	2-Q	4.09
07230	2-2-6-7-8-8	2-2	20.38	2-2	8.30
07231	2-2-6-7-8-9	2-2	16.25	2-9	4.58
07232	2-2-6-7-8-10	2-2	12.97	2-10	4.78
07233	2-2-6-7-8-J	2-J	13.24	2-J	4.59
07234	2-2-6-7-8-K	2-K	12.90	2-K	4.91
07235	2-2-6-7-8-Q	2-Q	12.98	2-Q	4.81
07236	2-2-6-7-9-9	2-2	13.73	2-7	2.24
07237	2-2-6-7-9-10	9-10	12.51	9-10	2.80
07238	2-2-6-7-9-J	9-J	12.18	9-J	3.27
07239	2-2-6-7-9-K	9-K	11.29	9-K	4.19
07240	2-2-6-7-9-Q	9-Q	11.20	9-Q	4.10
07241	2-2-6-7-10-10	10-10	13.01	10-10	2.17
07242	2-2-6-7-10-J	10-J	12.89	10-J	2.62
07243	2-2-6-7-10-K	10-K	11.10	10-K	4.38
07244	2-2-6-7-10-Q	10-Q	11.57	10-Q	3.66
07245	2-2-6-7-J-J	J-J	13.58	J-J	1.98
07246	2-2-6-7-J-K	J-K	12.22	J-K	3.51
07247	2-2-6-7-J-Q	J-Q	13.07	J-Q	2.79
07248	2-2-6-7-K-K	K-K	12.84	K-K	2.62
07249	2-2-6-7-Q-K	Q-K	11.72	Q-K	3.77
07250	2-2-6-7-Q-Q	Q-Q	13.06	Q-Q	2.55

HAND No.	SIX-CARD HAND	DISCARD (DEALER)	EXPECTED AVG. (DEALER)	DISCARD (PONE)	EXPECTED AVG. (PONE)
07251	2-2-6-8-8-8	2-2	13.99	2-6	2.29
07252	2-2-6-8-8-9	2-2	12.34	2-2	0.26
07253	2-2-6-8-8-10	2-2	10.25	6-10	1.43
07254	2-2-6-8-8-J	2-2	9.97	6-J	1.19
07255	2-2-6-8-8-K	2-2	9.73	6-K	1.60
07256	2-2-6-8-8-Q	2-2	9.73	6-Q	1.53
07257	2-2-6-8-9-9	2-2	14.08	2-8	2.32
07258	2-2-6-8-9-10	2-2	12.88	2-2	0.80
07259	2-2-6-8-9-J	2-2	9.97	8-J	1.05
07260	2-2-6-8-9-K	2-2	9.64	8-K	1.44
07261	2-2-6-8-9-Q	2-2	9.64	8-Q	1.33
07262	2-2-6-8-10-10	6-8	10.35	6-8	-0.13
07263	2-2-6-8-10-J	6-8	9.20	6-10	-0.24
07264	2-2-6-8-10-K	6-8	8.44	10-K	0.38
07265	2-2-6-8-10-Q	6-8	8.70	6-Q	-0.13
07266	2-2-6-8-J-J	6-8	10.83	6-8	0.35
07267	2-2-6-8-J-K	6-8	8.94	6-K	-0.08
07268	2-2-6-8-J-Q	6-8	9.20	6-Q	-0.15
07269	2-2-6-8-K-K	6-8	10.35	6-8	-0.13
07270	2-2-6-8-Q-K	6-8	8.70	Q-K	-0.23
07271	2-2-6-8-Q-Q	6-8	10.35	6-8	-0.13
07272	2-2-6-9-9-9	2-2	18.42	2-2	6.35
07273	2-2-6-9-9-10	2-2	13.73	2-10	2.67
07274	2-2-6-9-9-J	2-2	13.44	2-J	2.48
07275	2-2-6-9-9-K	2-2	12.68	2-K	2.80
07276	2-2-6-9-9-Q	2-2	12.68	2-Q	2.70
07277	2-2-6-9-10-10	2-2	11.81	6-10	-0.14
07278	2-2-6-9-10-J	2-2	12.86	2-2	0.78
07279	2-2-6-9-10-K	2-2	9.38	10-K	1.77
07280	2-2-6-9-10-Q	2-2	9.47	10-Q	1.05
07281	2-2-6-9-J-J	2-2	11.77	6-9	-0.05
07282	2-2-6-9-J-K	2-2	9.62	J-K	0.90
07283	2-2-6-9-J-Q	J-Q	10.46	J-Q	0.18
07284	2-2-6-9-K-K	6-9	10.88	K-K	0.01
07285	2-2-6-9-Q-K	6-9	9.22	Q-K	1.16
07286	2-2-6-9-Q-Q	6-9	10.88	Q-Q	-0.06
07287	2-2-6-10-10-10	2-2	12.68	2-6	2.29
07288	2-2-6-10-10-J	2-2	10.14	6-J	1.19
07289	2-2-6-10-10-K	6-K	8.88	6-K	1.60
07290	2-2-6-10-10-Q	2-2	9.38	6-Q	1.53
07291	2-2-6-10-J-J	2-2	10.38	6-10	1.91
07292	2-2-6-10-J-K	10-J	8.45	6-K	0.44
07293	2-2-6-10-J-Q	2-2	10.94	2-6	0.55
07294	2-2-6-10-K-K	6-10	8.92	6-10	1.43
07295	2-2-6-10-Q-K	2-2	7.29	10-K	-0.05
07296	2-2-6-10-Q-Q	2-2	9.38	6-10	1.43
07297	2-2-6-J-J-J	2-2	13.40	2-6	3.01
07298	2-2-6-J-J-K	2-2	9.86	6-K	2.07
07299	2-2-6-J-J-Q	2-2	10.38	6-Q	2.00
07300	2-2-6-J-K-K	2-2	9.62	6-J	1.19

HAND No.	SIX-CARD HAND	DISCARD (DEALER)	EXPECTED AVG. (DEALER)	DISCARD (PONE)	EXPECTED AVG. (PONE)
07301	2-2-6-J-Q-K	2-2	10.86	2-6	0.46
07302	2-2-6-J-Q-Q	2-2	10.14	6-J	1.19
07303	2-2-6-K-K-K	2-2	12.68	2-6	2.29
07304	2-2-6-Q-K-K	2-2	9.38	6-Q	1.53
07305	2-2-6-Q-Q-K	2-2	9.38	6-K	1.60
07306	2-2-6-Q-Q-Q	2-2	12.68	2-6	2.29
07307	2-2-7-7-7-7	2-2	19.47	2-2	7.39
07308	2-2-7-7-7-8	2-2	20.51	2-2	8.43
07309	2-2-7-7-7-9	2-2	13.99	2-9	3.06
07310	2-2-7-7-7-10	2-2	13.21	2-10	3.19
07311	2-2-7-7-7-J	2-2	13.44	2-J	3.00
07312	2-2-7-7-7-K	2-2	13.21	2-K	3.33
07313	2-2-7-7-7-Q	2-2	13.21	2-Q	3.22
07314	2-2-7-7-8-8	2-2	20.68	2-2	8.61
07315	2-2-7-7-8-9	2-2	20.12	2-2	8.04
07316	2-2-7-7-8-10	2-2	14.08	2-10	3.89
07317	2-2-7-7-8-J	2-2	14.14	2-J	3.70
07318	2-2-7-7-8-K	2-2	13.90	2-K	4.02
07319	2-2-7-7-8-Q	2-2	13.90	2-Q	3.92
07320	2-2-7-7-9-9	2-2	11.99	2-2	-0.09
07321	2-2-7-7-9-10	9-10	10.20	9-10	0.50
07322	2-2-7-7-9-J ♣	7-7	10.16	9-J	0.96
07323	2-2-7-7-9-K	7-7	9.66	9-K	1.89
07324	2-2-7-7-9-Q	7-7	9.66	9-Q	1.80
07325	2-2-7-7-10-10	7-7	11.66	10-10	-0.18
07326	2-2-7-7-10-J	10-J	10.54	10-J	0.27
07327	2-2-7-7-10-K	7-7	9.74	10-K	2.03
07328	2-2-7-7-10-Q	7-7	10.00	10-Q	1.31
07329	2-2-7-7-J-J	7-7	12.13	J-J	-0.37
07330	2-2-7-7-J-K	7-7	10.24	J-K	1.17
07331	2-2-7-7-J-Q	J-Q	10.72	J-Q	0.45
07332	2-2-7-7-K-K	7-7	11.66	K-K	0.27
07333	2-2-7-7-Q-K	7-7	10.00	Q-K	1.42
07334	2-2-7-7-Q-Q	7-7	11.66	Q-Q	0.20
07335	2-2-7-8-8-8	2-2	19.99	2-2	7.91
07336	2-2-7-8-8-9	2-2	19.94	2-2	7.87
07337	2-2-7-8-8-10	2-2	13.90	2-10	3.71
07338	2-2-7-8-8-J	2-2	13.97	2-J	3.52
07339	2-2-7-8-8-K	2-2	13.73	2-K	3.85
07340	2-2-7-8-8-Q	2-2	13.73	2-Q	3.74
07341	2-2-7-8-9-9	2-2	18.03	2-2	5.95
07342	2-2-7-8-9-10	2-2	14.08	2-10	2.58
07343	2-2-7-8-9-J	2-2	12.94	2-J	2.41
07344	2-2-7-8-9-K	2-2	12.62	2-K	2.74
07345	2-2-7-8-9-Q	2-2	12.62	2-Q	2.64
07346	2-2-7-8-10-10	7-8	12.28	10-10	0.17
07347	2-2-7-8-10-J	7-8	11.12	10-J	0.62
07348	2-2-7-8-10-K	7-8	10.36	10-K	2.38
07349	2-2-7-8-10-Q	7-8	10.62	10-Q	1.66
07350	2-2-7-8-J-J	7-8	12.75	J-J	-0.02

HAND No.	SIX-CARD HAND	DISCARD (DEALER)	EXPECTED AVG. (DEALER)	DISCARD (PONE)	EXPECTED AVG. (PONE)
07351	2-2-7-8-J-K	7-8	10.86	J-K	1.51
07352	2-2-7-8-J-Q ♣	7-8	11.12	J-Q	0.79
07353	2-2-7-8-K-K	7-8	12.28	K-K	0.62
07354	2-2-7-8-Q-K	7-8	10.62	Q-K	1.77
07355	2-2-7-8-Q-Q	7-8	12.28	Q-Q	0.55
07356	2-2-7-9-9-9	2-2	13.47	2-7	2.29
07357	2-2-7-9-9-10	2-2	10.08	7-10	1.26
07358	2-2-7-9-9-J	2-2	10.14	7-J	0.87
07359	2-2-7-9-9-K	2-2	9.38	7-K	1.29
07360	2-2-7-9-9-Q	2-2	9.38	7-Q	1.24
07361	2-2-7-9-10-10	2-2	10.08	7-9	0.48
07362	2-2-7-9-10-J	2-2	11.03	2-7	0.55
07363	2-2-7-9-10-K	9-10	8.12	10-K	0.12
07364	2-2-7-9-10-Q	7-9	8.13	7-Q	-0.06
07365	2-2-7-9-J-J	7-9	10.26	7-9	0.96
07366	2-2-7-9-J-K	7-9	8.37	9-K	0.04
07367	2-2-7-9-J-Q	J-Q	8.81	9-Q	-0.05
07368	2-2-7-9-K-K	7-9	9.78	7-9	0.48
07369	2-2-7-9-Q-K	7-9	8.13	9-K	-0.20
07370	2-2-7-9-Q-Q	7-9	9.78	7-9	0.48
07371	2-2-7-10-10-10	2-2	12.68	2-7	2.29
07372	2-2-7-10-10-J	2-2	10.14	7-J	1.04
07373	2-2-7-10-10-K	7-K	9.02	7-K	1.46
07374	2-2-7-10-10-Q	2-2	9.38	7-Q	1.41
07375	2-2-7-10-J-J	2-2	10.38	7-10	1.91
07376	2-2-7-10-J-K	10-J	8.45	7-K	0.31
07377	2-2-7-10-J-Q	2-2	10.94	2-7	0.55
07378	2-2-7-10-K-K	7-10	8.99	7-10	1.43
07379	2-2-7-10-Q-K	7-K	7.37	10-K	-0.05
07380	2-2-7-10-Q-Q	2-2	9.38	7-10	1.43
07381	2-2-7-J-J-J	2-2	13.40	2-7	3.01
07382	2-2-7-J-J-K	2-2	9.86	7-K	1.94
07383	2-2-7-J-J-Q	2-2	10.38	7-Q	1.89
07384	2-2-7-J-K-K	2-2	9.62	7-J	1.04
07385	2-2-7-J-Q-K	2-2	10.86	2-7	0.46
07386	2-2-7-J-Q-Q	2-2	10.14	7-J	1.04
07387	2-2-7-K-K-K	2-2	12.68	2-7	2.29
07388	2-2-7-Q-K-K	2-2	9.38	7-Q	1.41
07389	2-2-7-Q-Q-K	2-2	9.38	7-K	1.46
07390	2-2-7-Q-Q-Q	2-2	12.68	2-7	2.29
07391	2-2-8-8-8-8	2-2	18.42	2-2	6.35
07392	2-2-8-8-8-9	2-2	14.25	2-9	2.54
07393	2-2-8-8-8-10	2-2	13.47	2-10	2.67
07394	2-2-8-8-8-J	2-2	12.92	2-J	2.48
07395	2-2-8-8-8-K	2-2	12.68	2-K	2.80
07396	2-2-8-8-8-Q	2-2	12.68	2-Q	2.70
07397	2-2-8-8-9-9	2-2	12.86	2-2	0.78
07398	2-2-8-8-9-10	2-2	16.12	2-2	4.04
07399	2-2-8-8-9-J	2-2	10.31	9-J	0.79
07400	2-2-8-8-9-K	2-2	9.90	9-K	1.71

HAND No.	SIX-CARD HAND	DISCARD (DEALER)	EXPECTED AVG. (DEALER)	DISCARD (PONE)	EXPECTED AVG. (PONE)
07401	2-2-8-8-9-Q	2-2	9.90	9-Q	1.62
07402	2-2-8-8-10-10	2-2	11.81	2-2	-0.26
07403	2-2-8-8-10-J	10-J	10.37	10-J	0.09
07404	2-2-8-8-10-K	2-2	9.38	10-K	1.86
07405	2-2-8-8-10-Q	2-2	9.64	10-Q	1.14
07406	2-2-8-8-J-J	8-8	11.66	J-J	-0.54
07407	2-2-8-8-J-K	8-8	9.77	J-K	0.99
07408	2-2-8-8-J-Q	J-Q	10.55	J-Q	0.27
07409	2-2-8-8-K-K	8-8	11.18	K-K	0.10
07410	2-2-8-8-Q-K	8-8	9.53	Q-K	1.25
07411	2-2-8-8-Q-Q	8-8	11.18	Q-Q	0.03
07412	2-2-8-9-9-9	2-2	14.25	2-8	2.32
07413	2-2-8-9-9-10	2-2	16.12	2-2	4.04
07414	2-2-8-9-9-J	2-2	10.31	8-J	0.96
07415	2-2-8-9-9-K	2-2	9.90	8-K	1.35
07416	2-2-8-9-9-Q	2-2	9.90	8-Q	1.24
07417	2-2-8-9-10-10	2-2	16.12	2-2	4.04
07418	2-2-8-9-10-J	2-2	12.40	2-8	0.56
07419	2-2-8-9-10-K	2-2	10.71	2-K	0.83
07420	2-2-8-9-10-Q	2-2	10.79	2-Q	0.72
07421	2-2-8-9-J-J	8-9	10.92	8-9	0.37
07422	2-2-8-9-J-K	8-9	9.03	9-K	0.04
07423	2-2-8-9-J-Q	8-9	9.29	9-Q	-0.05
07424	2-2-8-9-K-K	8-9	10.45	8-9	-0.11
07425	2-2-8-9-Q-K	8-9	8.79	9-K	-0.20
07426	2-2-8-9-Q-Q	8-9	10.45	8-9	-0.11
07427	2-2-8-10-10-10	2-2	13.47	2-8	2.32
07428	2-2-8-10-10-J	2-2	10.31	8-J	1.13
07429	2-2-8-10-10-K	2-2	9.38	8-K	1.52
07430	2-2-8-10-10-Q	2-2	9.90	8-Q	1.42
07431	2-2-8-10-J-J	2-2	10.55	8-10	1.06
07432	2-2-8-10-J-K	10-J	8.45	8-K	0.37
07433	2-2-8-10-J-Q	2-2	11.03	2-8	0.58
07434	2-2-8-10-K-K	8-10	9.53	8-10	0.59
07435	2-2-8-10-Q-K	8-10	7.88	10-K	-0.05
07436	2-2-8-10-Q-Q	2-2	9.64	8-10	0.59
07437	2-2-8-J-J-J	2-2	13.40	2-8	3.04
07438	2-2-8-J-J-K	2-2	9.86	8-K	2.00
07439	2-2-8-J-J-Q	2-2	10.38	8-Q	1.89
07440	2-2-8-J-K-K	2-2	9.62	8-J	1.13
07441	2-2-8-J-Q-K	2-2	10.86	2-8	0.49
07442	2-2-8-J-Q-Q	2-2	10.14	8-J	1.13
07443	2-2-8-K-K-K	2-2	12.68	2-8	2.32
07444	2-2-8-Q-K-K	2-2	9.38	8-Q	1.42
07445	2-2-8-Q-Q-K	2-2	9.38	8-K	1.52
07446	2-2-8-Q-Q-Q	2-2	12.68	2-8	2.32
07447	2-2-9-9-9-9	2-2	18.42	2-2	6.35
07448	2-2-9-9-9-10	2-2	14.25	2-10	2.67
07449	2-2-9-9-9-J	2-2	13.71	2-J	2.48
07450	2-2-9-9-9-K	2-2	12.68	2-K	2.80

149

HAND No.	SIX-CARD HAND	DISCARD (DEALER)	EXPECTED AVG. (DEALER)	DISCARD (PONE)	EXPECTED AVG. (PONE)
07451	2-2-9-9-9-Q	2-2	12.68	2-Q	2.70
07452	2-2-9-9-10-10	2-2	12.86	2-2	0.78
07453	2-2-9-9-10-J	2-2	16.36	2-2	4.28
07454	2-2-9-9-10-K	2-2	9.90	10-K	1.69
07455	2-2-9-9-10-Q	2-2	10.08	10-Q	0.97
07456	2-2-9-9-J-J	2-2	12.29	2-2	0.22
07457	2-2-9-9-J-K	2-2	9.88	J-K	0.82
07458	2-2-9-9-J-Q	J-Q	10.38	J-Q	0.10
07459	2-2-9-9-K-K	9-9	10.90	K-K	-0.07
07460	2-2-9-9-Q-K	9-9	9.25	Q-K	1.07
07461	2-2-9-9-Q-Q	9-9	10.90	Q-Q	-0.14
07462	2-2-9-10-10-10	2-2	14.25	2-9	2.54
07463	2-2-9-10-10-J	2-2	16.36	2-2	4.28
07464	2-2-9-10-10-K	2-2	9.90	9-K	1.71
07465	2-2-9-10-10-Q	2-2	10.08	9-Q	1.62
07466	2-2-9-10-J-J	2-2	16.60	2-2	4.52
07467	2-2-9-10-J-K	2-2	11.03	2-K	1.06
07468	2-2-9-10-J-Q	2-2	12.40	2-Q	0.94
07469	2-2-9-10-K-K	9-10	10.03	9-10	0.33
07470	2-2-9-10-Q-K	9-10	8.38	9-K	0.06
07471	2-2-9-10-Q-Q	9-10	10.03	9-10	0.33
07472	2-2-9-J-J-J	2-2	14.18	2-9	3.26
07473	2-2-9-J-J-K	2-2	10.38	9-K	2.19
07474	2-2-9-J-J-Q	2-2	10.55	9-Q	2.10
07475	2-2-9-J-K-K	2-2	9.88	9-J	0.79
07476	2-2-9-J-Q-K	2-2	10.94	2-9	0.71
07477	2-2-9-J-Q-Q	2-2	10.31	9-J	0.79
07478	2-2-9-K-K-K	2-2	12.68	2-9	2.54
07479	2-2-9-Q-K-K	2-2	9.38	9-Q	1.62
07480	2-2-9-Q-Q-K	2-2	9.38	9-K	1.71
07481	2-2-9-Q-Q-Q	2-2	12.68	2-9	2.54
07482	2-2-10-10-10-10	2-2	18.42	2-2	6.35
07483	2-2-10-10-10-J	2-2	14.49	2-J	2.48
07484	2-2-10-10-10-K	2-2	12.68	2-K	2.80
07485	2-2-10-10-10-Q	2-2	13.47	2-Q	2.70
07486	2-2-10-10-J-J	2-2	13.34	2-2	1.26
07487	2-2-10-10-J-K	2-2	10.31	J-K	0.99
07488	2-2-10-10-J-Q	2-2	16.36	2-2	4.28
07489	2-2-10-10-K-K	2-2	10.77	K-K	0.10
07490	2-2-10-10-Q-K	2-2	9.55	Q-K	1.25
07491	2-2-10-10-Q-Q	2-2	11.81	Q-Q	0.03
07492	2-2-10-J-J-J	2-2	14.97	2-10	3.39
07493	2-2-10-J-J-K	2-2	10.55	10-K	2.34
07494	2-2-10-J-J-Q	2-2	16.60	2-2	4.52
07495	2-2-10-J-K-K	10-J	10.37	10-K	0.40
07496	2-2-10-J-Q-K	2-2	12.31	2-K	1.04
07497	2-2-10-J-Q-Q	2-2	16.36	2-2	4.28
07498	2-2-10-K-K-K	2-2	12.68	2-10	2.67
07499	2-2-10-Q-K-K	2-2	9.55	10-Q	1.14
07500	2-2-10-Q-Q-K	2-2	9.55	10-K	1.86

HAND No.	SIX-CARD HAND	DISCARD (DEALER)	EXPECTED AVG. (DEALER)	DISCARD (PONE)	EXPECTED AVG. (PONE)
07501	2-2-10-Q-Q-Q	2-2	13.47	2-10	2.67
07502	2-2-J-J-J-J	2-2	19.38	2-2	7.30
07503	2-2-J-J-J-K	2-2	14.18	2-K	3.52
07504	2-2-J-J-J-Q	2-2	14.97	2-Q	3.42
07505	2-2-J-J-K-K	2-2	12.29	K-K	0.58
07506	2-2-J-J-Q-K	2-2	16.42	2-2	4.35
07507	2-2-J-J-Q-Q	2-2	13.34	2-2	1.26
07508	2-2-J-K-K-K	2-2	13.71	2-J	2.48
07509	2-2-J-Q-K-K	2-2	16.18	2-2	4.11
07510	2-2-J-Q-Q-K	2-2	16.18	2-2	4.11
07511	2-2-J-Q-Q-Q	2-2	14.49	2-J	2.48
07512	2-2-K-K-K-K	2-2	18.42	2-2	6.35
07513	2-2-Q-K-K-K	2-2	13.47	2-Q	2.70
07514	2-2-Q-Q-K-K	2-2	11.81	K-K	0.10
07515	2-2-Q-Q-Q-K	2-2	13.47	2-K	2.80
07516	2-2-Q-Q-Q-Q	2-2	18.42	2-2	6.35
07517	2-3-3-3-3-4	2-4	18.26	2-4	8.42
07518	2-3-3-3-3-5	2-5	19.20	2-5	7.70
07519	2-3-3-3-3-6	2-6	17.50	2-6	8.59
07520	2-3-3-3-3-7	2-7	17.54	2-7	8.77
07521	2-3-3-3-3-8	2-8	17.40	2-8	8.80
07522	2-3-3-3-3-9	2-3	19.87	2-9	8.76
07523	2-3-3-3-3-10	2-10	17.31	2-10	9.15
07524	2-3-3-3-3-J	2-J	17.61	2-J	8.96
07525	2-3-3-3-3-K	2-K	17.27	2-K	9.28
07526	2-3-3-3-3-Q	2-Q	17.35	2-Q	9.18
07527	2-3-3-3-4-4	3-3	17.61	3-4	6.27
07528	2-3-3-3-4-5	2-3	20.59	2-3	6.21
07529	2-3-3-3-4-6	3-6	16.10	3-6	7.41
07530	2-3-3-3-4-7	3-7	15.90	3-7	7.32
07531	2-3-3-3-4-8	3-8	16.23	3-8	7.20
07532	2-3-3-3-4-9	2-4	17.65	2-4	7.81
07533	2-3-3-3-4-10	3-10	15.86	3-10	7.66
07534	2-3-3-3-4-J	3-J	16.20	3-J	7.42
07535	2-3-3-3-4-K	3-K	15.96	3-K	7.81
07536	2-3-3-3-4-Q	3-Q	15.87	3-Q	7.69
07537	2-3-3-3-5-5	5-5	20.11	2-5	3.57
07538	2-3-3-3-5-6	5-6	17.91	2-6	4.64
07539	2-3-3-3-5-7	5-7	17.19	2-7	4.55
07540	2-3-3-3-5-8	5-8	16.79	5-8	4.99
07541	2-3-3-3-5-9	2-5	18.59	2-5	7.09
07542	2-3-3-3-5-10	5-10	17.83	2-10	5.02
07543	2-3-3-3-5-J	5-J	18.18	2-J	4.83
07544	2-3-3-3-5-K	5-K	17.85	2-K	5.15
07545	2-3-3-3-5-Q	5-Q	17.81	2-Q	5.05
07546	2-3-3-3-6-6	6-6	16.98	2-6	4.42
07547	2-3-3-3-6-7	6-7	16.10	6-7	4.72
07548	2-3-3-3-6-8	6-8	15.88	6-8	5.39
07549	2-3-3-3-6-9	2-6	16.98	2-6	8.07
07550	2-3-3-3-6-10	6-10	14.31	6-10	6.82

HAND No.	SIX-CARD HAND	DISCARD (DEALER)	EXPECTED AVG. (DEALER)	DISCARD (PONE)	EXPECTED AVG. (PONE)
07551	2-3-3-3-6-J	6-J	14.55	6-J	6.58
07552	2-3-3-3-6-K	6-K	14.27	6-K	6.99
07553	2-3-3-3-6-Q	6-Q	14.42	6-Q	6.92
07554	2-3-3-3-7-7	7-7	16.96	7-7	3.94
07555	2-3-3-3-7-8	7-8	17.71	7-8	3.68
07556	2-3-3-3-7-9	2-7	16.93	2-7	8.16
07557	2-3-3-3-7-10	7-10	14.30	7-10	6.74
07558	2-3-3-3-7-J	7-J	14.62	7-J	6.34
07559	2-3-3-3-7-K	7-K	14.33	7-K	6.77
07560	2-3-3-3-7-Q	7-Q	14.29	7-Q	6.72
07561	2-3-3-3-8-8	8-8	16.75	8-8	4.28
07562	2-3-3-3-8-9	2-8	16.80	2-8	8.19
07563	2-3-3-3-8-10	8-10	14.97	8-10	6.02
07564	2-3-3-3-8-J	8-J	14.73	8-J	6.57
07565	2-3-3-3-8-K	8-K	14.32	8-K	6.96
07566	2-3-3-3-8-Q	8-Q	14.36	8-Q	6.85
07567	2-3-3-3-9-9	2-9	16.69	2-9	8.23
07568	2-3-3-3-9-10	2-10	16.70	2-10	8.54
07569	2-3-3-3-9-J	2-J	17.00	2-J	8.35
07570	2-3-3-3-9-K	2-K	16.67	2-K	8.67
07571	2-3-3-3-9-Q	2-Q	16.75	2-Q	8.57
07572	2-3-3-3-10-10	10-10	15.80	10-10	4.95
07573	2-3-3-3-10-J	10-J	15.67	10-J	5.40
07574	2-3-3-3-10-K	10-K	13.88	10-K	7.16
07575	2-3-3-3-10-Q	10-Q	14.35	10-Q	6.44
07576	2-3-3-3-J-J	J-J	16.36	3-J	4.77
07577	2-3-3-3-J-K	J-K	15.01	J-K	6.30
07578	2-3-3-3-J-Q	J-Q	15.85	J-Q	5.58
07579	2-3-3-3-K-K	K-K	15.62	K-K	5.40
07580	2-3-3-3-Q-K	Q-K	14.50	Q-K	6.55
07581	2-3-3-3-Q-Q	Q-Q	15.84	Q-Q	5.33
07582	2-3-3-4-4-4 ✦	2-3	17.85	4-4	5.79
07583	2-3-3-4-4-5	4-5	18.79	2-4	8.29
07584	2-3-3-4-4-6	4-6	16.17	4-6	7.01
07585	2-3-3-4-4-7	4-7	16.07	4-7	7.45
07586	2-3-3-4-4-8	4-8	16.11	4-8	7.35
07587	2-3-3-4-4-9	4-9	16.04	4-9	7.63
07588	2-3-3-4-4-10	4-10	15.91	4-10	7.76
07589	2-3-3-4-4-J	4-J	16.19	4-J	7.43
07590	2-3-3-4-4-K	4-K	15.90	4-K	7.94
07591	2-3-3-4-4-Q	4-Q	15.89	4-Q	7.84
07592	2-3-3-4-5-5	5-5	21.20	2-5	7.57
07593	2-3-3-4-5-6	5-6	19.04	2-6	8.77
07594	2-3-3-4-5-7	5-7	18.45	2-7	8.77
07595	2-3-3-4-5-8	5-8	17.87	2-8	8.80
07596	2-3-3-4-5-9	5-9	17.82	2-9	9.06
07597	2-3-3-4-5-10	5-10	19.05	2-10	9.19
07598	2-3-3-4-5-J	5-J	19.40	2-J	9.00
07599	2-3-3-4-5-K	5-K	19.06	2-K	9.33
07600	2-3-3-4-5-Q	5-Q	19.02	2-Q	9.22

HAND No.	SIX-CARD HAND	DISCARD (DEALER)	EXPECTED AVG. (DEALER)	DISCARD (PONE)	EXPECTED AVG. (PONE)
07601	2-3-3-4-6-6	6-6	18.16	6-6	5.50
07602	2-3-3-4-6-7	6-7	17.40	6-7	6.02
07603	2-3-3-4-6-8	6-8	17.01	6-8	6.52
07604	2-3-3-4-6-9	6-9	17.53	6-9	6.12
07605	2-3-3-4-6-10	6-10	15.57	6-10	8.08
07606	2-3-3-4-6-J	6-J	15.81	6-J	7.84
07607	2-3-3-4-6-K	6-K	15.53	6-K	8.25
07608	2-3-3-4-6-Q	6-Q	15.68	6-Q	8.18
07609	2-3-3-4-7-7	7-7	18.40	7-7	5.37
07610	2-3-3-4-7-8	7-8	18.97	7-8	4.94
07611	2-3-3-4-7-9	7-9	16.47	7-9	7.18
07612	2-3-3-4-7-10	7-10	15.69	7-10	8.13
07613	2-3-3-4-7-J	7-J	16.01	7-J	7.73
07614	2-3-3-4-7-K	7-K	15.72	7-K	8.16
07615	2-3-3-4-7-Q	7-Q	15.68	7-Q	8.11
07616	2-3-3-4-8-8	8-8	17.83	8-8	5.37
07617	2-3-3-4-8-9	8-9	17.10	8-9	6.54
07618	2-3-3-4-8-10	8-10	16.19	8-10	7.24
07619	2-3-3-4-8-J	8-J	15.95	8-J	7.79
07620	2-3-3-4-8-K	8-K	15.54	8-K	8.18
07621	2-3-3-4-8-Q	8-Q	15.58	8-Q	8.07
07622	2-3-3-4-9-9	9-9	17.56	9-9	5.98
07623	2-3-3-4-9-10	9-10	16.68	9-10	6.98
07624	2-3-3-4-9-J	9-J	16.36	9-J	7.44
07625	2-3-3-4-9-K	9-K	15.46	9-K	8.37
07626	2-3-3-4-9-Q	9-Q	15.38	9-Q	8.27
07627	2-3-3-4-10-10	10-10	17.14	10-10	6.30
07628	2-3-3-4-10-J	10-J	17.02	10-J	6.75
07629	2-3-3-4-10-K	10-K	15.23	10-K	8.51
07630	2-3-3-4-10-Q	10-Q	15.70	10-Q	7.79
07631	2-3-3-4-J-J	J-J	17.71	J-J	6.11
07632	2-3-3-4-J-K	J-K	16.35	J-K	7.64
07633	2-3-3-4-J-Q	J-Q	17.20	J-Q	6.92
07634	2-3-3-4-K-K	K-K	16.97	K-K	6.75
07635	2-3-3-4-Q-K	Q-K	15.85	Q-K	7.90
07636	2-3-3-4-Q-Q	Q-Q	17.19	Q-Q	6.68
07637	2-3-3-5-5-5	2-3	19.13	2-3	4.76
07638	2-3-3-5-5-6	5-5	15.24	3-6	3.73
07639	2-3-3-5-5-7 ⊕	5-5	16.81	3-7	3.52
07640	2-3-3-5-5-8	5-5	15.07	3-8	3.44
07641	2-3-3-5-5-9	5-5	16.85	3-9	3.69
07642	2-3-3-5-5-10	5-5	18.37	3-10	3.85
07643	2-3-3-5-5-J	5-5	18.61	3-J	3.62
07644	2-3-3-5-5-K	5-5	18.37	3-K	4.00
07645	2-3-3-5-5-Q	5-5	18.37	3-Q	3.89
07646	2-3-3-5-6-6	2-5	14.94	2-5	3.44
07647	2-3-3-5-6-7	2-3	15.33	2-6	4.14
07648	2-3-3-5-6-8	5-6	12.95	6-8	1.26
07649	2-3-3-5-6-9	5-6	14.65	2-6	1.81
07650	2-3-3-5-6-10	5-6	16.26	6-10	2.73

153

HAND No.	SIX-CARD HAND	DISCARD (DEALER)	EXPECTED AVG. (DEALER)	DISCARD (PONE)	EXPECTED AVG. (PONE)
07651	2-3-3-5-6-J	5-6	16.50	3-6	2.58
07652	2-3-3-5-6-K	5-6	16.26	6-K	2.90
07653	2-3-3-5-6-Q	5-6	16.26	6-Q	2.83
07654	2-3-3-5-7-7	2-3	15.92	2-7	4.07
07655	2-3-3-5-7-8	2-3	13.96	2-8	4.19
07656	2-3-3-5-7-9	5-7	14.02	2-9	4.41
07657	2-3-3-5-7-10	5-7	15.50	2-10	4.54
07658	2-3-3-5-7-J	5-7	15.82	2-J	4.35
07659	2-3-3-5-7-K	5-7	15.58	2-K	4.67
07660	2-3-3-5-7-Q	5-7	15.58	2-Q	4.57
07661	2-3-3-5-8-8	3-3	14.04	3-3	1.49
07662	2-3-3-5-8-9	5-8	13.53	2-8	1.88
07663	2-3-3-5-8-10	5-8	15.09	5-8	3.30
07664	2-3-3-5-8-J	5-8	15.33	5-8	3.54
07665	2-3-3-5-8-K	5-8	15.09	5-8	3.30
07666	2-3-3-5-8-Q	5-8	15.09	5-8	3.30
07667	2-3-3-5-9-9	2-5	14.59	2-5	3.09
07668	2-3-3-5-9-10	5-9	15.00	5-9	3.43
07669	2-3-3-5-9-J	5-9	15.24	5-9	3.67
07670	2-3-3-5-9-K	5-9	15.00	5-9	3.43
07671	2-3-3-5-9-Q	5-9	15.00	5-9	3.43
07672	2-3-3-5-10-10	5-10	16.14	3-10	2.46
07673	2-3-3-5-10-J	5-J	16.53	3-10	2.74
07674	2-3-3-5-10-K	5-K	16.19	10-K	3.03
07675	2-3-3-5-10-Q	5-10	16.18	3-Q	2.54
07676	2-3-3-5-J-J	5-J	16.72	3-J	2.47
07677	2-3-3-5-J-K	5-J	16.53	3-K	2.89
07678	2-3-3-5-J-Q	5-J	16.53	3-Q	2.78
07679	2-3-3-5-K-K	5-K	16.15	3-K	2.61
07680	2-3-3-5-Q-K	5-K	16.19	3-K	2.66
07681	2-3-3-5-Q-Q	5-Q	16.11	3-Q	2.50
07682	2-3-3-6-6-6	2-3	20.13	2-3	5.76
07683	2-3-3-6-6-7	3-3	14.82	2-7	4.51
07684	2-3-3-6-6-8	2-3	13.22	2-8	4.54
07685	2-3-3-6-6-9	2-3	16.09	2-9	4.63
07686	2-3-3-6-6-10	6-6	15.42	2-10	4.89
07687	2-3-3-6-6-J	6-6	15.66	2-J	4.70
07688	2-3-3-6-6-K	6-6	15.42	2-K	5.02
07689	2-3-3-6-6-Q	6-6	15.42	2-Q	4.92
07690	2-3-3-6-7-7	3-3	14.74	3-3	2.19
07691	2-3-3-6-7-8	3-3	15.41	3-3	2.86
07692	2-3-3-6-7-9	6-9	13.22	2-7	2.38
07693	2-3-3-6-7-10	6-7	14.57	6-10	3.73
07694	2-3-3-6-7-J	6-7	14.81	6-J	3.49
07695	2-3-3-6-7-K	6-7	14.57	6-K	3.90
07696	2-3-3-6-7-Q	6-7	14.57	6-Q	3.83
07697	2-3-3-6-8-8	8-8	11.88	2-6	0.94
07698	2-3-3-6-8-9	6-8	12.62	2-8	2.41
07699	2-3-3-6-8-10	6-8	14.27	6-8	3.78
07700	2-3-3-6-8-J	6-8	14.51	6-8	4.02

HAND No.	SIX-CARD HAND	DISCARD (DEALER)	EXPECTED AVG. (DEALER)	DISCARD (PONE)	EXPECTED AVG. (PONE)
07701	2-3-3-6-8-K	6-8	14.27	6-8	3.78
07702	2-3-3-6-8-Q	6-8	14.27	6-8	3.78
07703	2-3-3-6-9-9	2-3	14.05	2-6	4.07
07704	2-3-3-6-9-10	6-9	14.75	6-10	3.60
07705	2-3-3-6-9-J	6-9	14.99	6-9	3.58
07706	2-3-3-6-9-K	6-9	14.75	6-K	3.77
07707	2-3-3-6-9-Q	6-9	14.75	6-Q	3.70
07708	2-3-3-6-10-10	6-10	12.70	6-10	5.21
07709	2-3-3-6-10-J	6-10	12.99	6-10	5.49
07710	2-3-3-6-10-K	6-10	12.75	6-K	5.42
07711	2-3-3-6-10-Q	6-Q	12.85	6-Q	5.35
07712	2-3-3-6-J-J	6-J	13.18	6-J	5.21
07713	2-3-3-6-J-K	6-J	12.98	6-K	5.66
07714	2-3-3-6-J-Q	6-Q	13.09	6-Q	5.59
07715	2-3-3-6-K-K	6-K	12.66	6-K	5.38
07716	2-3-3-6-Q-K	6-Q	12.85	6-K	5.42
07717	2-3-3-6-Q-Q	6-Q	12.81	6-Q	5.31
07718	2-3-3-7-7-7	2-3	14.79	3-3	1.23
07719	2-3-3-7-7-8	2-3	15.48	3-3	1.93
07720	2-3-3-7-7-9	7-7	13.87	7-9	2.79
07721	2-3-3-7-7-10	7-7	15.48	7-10	3.70
07722	2-3-3-7-7-J	7-7	15.72	7-J	3.30
07723	2-3-3-7-7-K	7-7	15.48	7-K	3.73
07724	2-3-3-7-7-Q	7-7	15.48	7-Q	3.68
07725	2-3-3-7-8-8	2-3	15.31	3-3	1.76
07726	2-3-3-7-8-9	7-8	14.54	8-9	2.24
07727	2-3-3-7-8-10	7-8	16.15	8-10	2.89
07728	2-3-3-7-8-J	7-8	16.39	8-J	3.44
07729	2-3-3-7-8-K	7-8	16.15	8-K	3.83
07730	2-3-3-7-8-Q	7-8	16.15	8-Q	3.72
07731	2-3-3-7-9-9	9-9	13.25	2-7	4.16
07732	2-3-3-7-9-10	7-9	13.61	7-9	4.31
07733	2-3-3-7-9-J	7-9	13.84	7-9	4.55
07734	2-3-3-7-9-K	7-9	13.61	7-9	4.31
07735	2-3-3-7-9-Q	7-9	13.61	7-9	4.31
07736	2-3-3-7-10-10	10-10	12.75	7-10	5.17
07737	2-3-3-7-10-J	7-J	13.09	7-10	5.46
07738	2-3-3-7-10-K	7-K	12.81	7-K	5.25
07739	2-3-3-7-10-Q	7-10	12.78	7-10	5.22
07740	2-3-3-7-J-J	J-J	13.32	7-J	5.02
07741	2-3-3-7-J-K	7-J	13.09	7-K	5.49
07742	2-3-3-7-J-Q	7-J	13.09	7-Q	5.44
07743	2-3-3-7-K-K	7-K	12.76	7-K	5.20
07744	2-3-3-7-Q-K	7-K	12.81	7-K	5.25
07745	2-3-3-7-Q-Q	Q-Q	12.80	7-Q	5.15
07746	2-3-3-8-8-8	2-3	14.26	2-8	0.88
07747	2-3-3-8-8-9	8-8	13.49	2-9	1.15
07748	2-3-3-8-8-10	8-8	15.09	8-8	2.63
07749	2-3-3-8-8-J	8-8	15.33	8-8	2.87
07750	2-3-3-8-8-K	8-8	15.09	8-8	2.63

HAND No.	SIX-CARD HAND	DISCARD (DEALER)	EXPECTED AVG. (DEALER)	DISCARD (PONE)	EXPECTED AVG. (PONE)
07751	2-3-3-8-8-Q	8-8	15.09	8-8	2.63
07752	2-3-3-8-9-9	2-8	12.80	2-8	4.19
07753	2-3-3-8-9-10	8-9	14.32	8-9	3.76
07754	2-3-3-8-9-J	8-9	14.56	8-9	4.00
07755	2-3-3-8-9-K	8-9	14.32	8-9	3.76
07756	2-3-3-8-9-Q	8-9	14.32	8-9	3.76
07757	2-3-3-8-10-10	8-10	13.32	8-10	4.37
07758	2-3-3-8-10-J	8-10	13.60	8-J	4.96
07759	2-3-3-8-10-K	8-10	13.36	8-K	5.35
07760	2-3-3-8-10-Q	8-10	13.36	8-Q	5.24
07761	2-3-3-8-J-J	8-J	13.32	8-J	5.16
07762	2-3-3-8-J-K	8-J	13.13	8-K	5.59
07763	2-3-3-8-J-Q	8-J	13.13	8-Q	5.48
07764	2-3-3-8-K-K	8-K	12.67	8-K	5.31
07765	2-3-3-8-Q-K	8-Q	12.75	8-K	5.35
07766	2-3-3-8-Q-Q	8-Q	12.71	8-Q	5.20
07767	2-3-3-9-9-9	2-3	14.00	2-9	4.28
07768	2-3-3-9-9-10	9-9	14.73	2-10	4.54
07769	2-3-3-9-9-J	9-9	14.97	2-J	4.35
07770	2-3-3-9-9-K	9-9	14.73	2-K	4.67
07771	2-3-3-9-9-Q	9-9	14.73	2-Q	4.57
07772	2-3-3-9-10-10	9-10	13.77	9-10	4.07
07773	2-3-3-9-10-J	9-10	14.05	9-J	4.57
07774	2-3-3-9-10-K	9-10	13.81	9-K	5.50
07775	2-3-3-9-10-Q	9-10	13.81	9-Q	5.40
07776	2-3-3-9-J-J	9-J	13.68	9-J	4.77
07777	2-3-3-9-J-K	9-J	13.49	9-K	5.74
07778	2-3-3-9-J-Q	9-J	13.49	9-Q	5.64
07779	2-3-3-9-K-K	9-K	12.55	9-K	5.45
07780	2-3-3-9-Q-K	9-K	12.59	9-K	5.50
07781	2-3-3-9-Q-Q	Q-Q	12.66	9-Q	5.36
07782	2-3-3-10-10-10	10-10	14.14	3-10	3.55
07783	2-3-3-10-10-J	10-10	14.47	10-J	3.79
07784	2-3-3-10-10-K	10-10	14.23	10-K	5.55
07785	2-3-3-10-10-Q	10-10	14.23	10-Q	4.83
07786	2-3-3-10-J-J	J-J	14.80	3-10	4.11
07787	2-3-3-10-J-K	10-J	14.11	10-K	5.84
07788	2-3-3-10-J-Q	J-Q	14.29	10-Q	5.12
07789	2-3-3-10-K-K	K-K	14.05	10-K	5.55
07790	2-3-3-10-Q-K	Q-K	12.94	10-K	5.60
07791	2-3-3-10-Q-Q	Q-Q	14.27	10-Q	4.83
07792	2-3-3-J-J-J	J-J	14.95	3-J	3.79
07793	2-3-3-J-J-K	J-J	14.80	J-K	4.93
07794	2-3-3-J-J-Q	J-J	14.80	J-Q	4.21
07795	2-3-3-J-K-K	K-K	14.29	J-K	4.69
07796	2-3-3-J-Q-K	J-Q	14.29	Q-K	5.22
07797	2-3-3-J-Q-Q	Q-Q	14.51	Q-Q	4.01
07798	2-3-3-K-K-K	2-3	14.13	K-K	3.75
07799	2-3-3-Q-K-K	K-K	14.05	Q-K	4.94
07800	2-3-3-Q-Q-K	Q-Q	14.27	Q-K	4.94

HAND No.	SIX-CARD HAND	DISCARD (DEALER)	EXPECTED AVG. (DEALER)	DISCARD (PONE)	EXPECTED AVG. (PONE)
07801	2-3-3-Q-Q-Q	Q-Q	14.19	Q-Q	3.68
07802	2-3-4-4-4-4	2-3	20.57	2-3	6.19
07803	2-3-4-4-4-5	4-5	18.20	2-4	6.35
07804	2-3-4-4-4-6	2-3	15.92	4-6	6.42
07805	2-3-4-4-4-7	2-3	20.09	4-7	6.86
07806	2-3-4-4-4-8	4-8	15.53	4-8	6.77
07807	2-3-4-4-4-9	4-9	15.45	4-9	7.04
07808	2-3-4-4-4-10	4-10	15.36	4-10	7.22
07809	2-3-4-4-4-J	4-J	15.65	4-J	6.89
07810	2-3-4-4-4-K	4-K	15.36	4-K	7.40
07811	2-3-4-4-4-Q	4-Q	15.35	4-Q	7.30
07812	2-3-4-4-5-5	5-5	20.63	2-4	7.07
07813	2-3-4-4-5-6	2-3	22.61	2-3	8.24
07814	2-3-4-4-5-7	5-7	17.88	2-7	6.81
07815	2-3-4-4-5-8	5-8	17.31	2-8	6.84
07816	2-3-4-4-5-9	5-9	17.26	2-9	7.15
07817	2-3-4-4-5-10	5-10	18.53	2-10	7.23
07818	2-3-4-4-5-J	5-J	18.88	2-J	7.04
07819	2-3-4-4-5-K	5-K	18.54	2-K	7.37
07820	2-3-4-4-5-Q	5-Q	18.50	2-Q	7.27
07821	2-3-4-4-6-6	6-6	17.59	6-6	4.94
07822	2-3-4-4-6-7	6-7	16.83	6-7	5.46
07823	2-3-4-4-6-8	6-8	16.44	6-8	5.96
07824	2-3-4-4-6-9	6-9	16.96	6-9	5.56
07825	2-3-4-4-6-10	6-10	15.05	6-10	7.56
07826	2-3-4-4-6-J	6-J	15.28	6-J	7.32
07827	2-3-4-4-6-K	6-K	15.01	6-K	7.73
07828	2-3-4-4-6-Q	6-Q	15.15	6-Q	7.66
07829	2-3-4-4-7-7	7-7	17.83	7-7	4.81
07830	2-3-4-4-7-8	7-8	18.41	7-8	4.37
07831	2-3-4-4-7-9	7-9	15.91	7-9	6.61
07832	2-3-4-4-7-10	7-10	15.17	7-10	7.61
07833	2-3-4-4-7-J	7-J	15.49	7-J	7.21
07834	2-3-4-4-7-K	7-K	15.20	7-K	7.64
07835	2-3-4-4-7-Q	7-Q	15.16	7-Q	7.59
07836	2-3-4-4-8-8	8-8	17.27	8-8	4.80
07837	2-3-4-4-8-9	8-9	16.53	8-9	5.98
07838	2-3-4-4-8-10	8-10	15.66	8-10	6.72
07839	2-3-4-4-8-J	8-J	15.43	8-J	7.26
07840	2-3-4-4-8-K	8-K	15.02	8-K	7.65
07841	2-3-4-4-8-Q	8-Q	15.05	8-Q	7.55
07842	2-3-4-4-9-9	9-9	16.99	9-9	5.41
07843	2-3-4-4-9-10	9-10	16.16	9-10	6.46
07844	2-3-4-4-9-J	9-J	15.83	9-J	6.92
07845	2-3-4-4-9-K	9-K	14.94	9-K	7.84
07846	2-3-4-4-9-Q	9-Q	14.86	9-Q	7.75
07847	2-3-4-4-10-10	10-10	16.67	10-10	5.82
07848	2-3-4-4-10-J	10-J	16.54	10-J	6.27
07849	2-3-4-4-10-K	10-K	14.75	10-K	8.03
07850	2-3-4-4-10-Q	10-Q	15.22	10-Q	7.31

HAND No.	SIX-CARD HAND	DISCARD (DEALER)	EXPECTED AVG. (DEALER)	DISCARD (PONE)	EXPECTED AVG. (PONE)
07851	2-3-4-4-J-J	J-J	17.23	J-J	5.63
07852	2-3-4-4-J-K	J-K	15.88	J-K	7.17
07853	2-3-4-4-J-Q	J-Q	16.72	J-Q	6.45
07854	2-3-4-4-K-K	K-K	16.49	K-K	6.27
07855	2-3-4-4-Q-K	Q-K	15.37	Q-K	7.42
07856	2-3-4-4-Q-Q	Q-Q	16.71	Q-Q	6.20
07857	2-3-4-5-5-5	2-3	19.89	2-4	6.66
07858	2-3-4-5-5-6	2-3	23.09	2-3	8.71
07859	2-3-4-5-5-7	2-7	16.28	2-7	7.51
07860	2-3-4-5-5-8	5-5	17.04	2-8	7.58
07861	2-3-4-5-5-9	5-5	16.96	2-9	7.84
07862	2-3-4-5-5-10	5-5	16.74	2-10	7.89
07863	2-3-4-5-5-J	5-5	16.98	2-J	7.70
07864	2-3-4-5-5-K	5-5	16.74	2-K	8.02
07865	2-3-4-5-5-Q	5-5	16.74	2-Q	7.92
07866	2-3-4-5-6-6	2-3	22.44	2-3	8.06
07867	2-3-4-5-6-7	2-3	16.55	2-7	4.85
07868	2-3-4-5-6-8	2-3	15.22	2-8	4.91
07869	2-3-4-5-6-9	2-3	16.92	2-9	5.13
07870	2-3-4-5-6-10	2-3	16.79	2-10	5.26
07871	2-3-4-5-6-J	2-3	17.02	2-J	5.07
07872	2-3-4-5-6-K	2-3	16.79	2-K	5.39
07873	2-3-4-5-6-Q	2-3	16.79	2-Q	5.29
07874	2-3-4-5-7-7	7-7	14.57	2-4	3.66
07875	2-3-4-5-7-8	7-8	15.15	2-8	3.36
07876	2-3-4-5-7-9	5-7	14.19	2-9	3.67
07877	2-3-4-5-7-10	5-7	14.02	7-10	4.30
07878	2-3-4-5-7-J	5-7	14.25	7-J	3.91
07879	2-3-4-5-7-K	5-7	14.02	7-K	4.33
07880	2-3-4-5-7-Q	5-7	14.02	7-Q	4.28
07881	2-3-4-5-8-8	8-8	14.01	2-8	3.10
07882	2-3-4-5-8-9	5-9	13.69	2-9	3.41
07883	2-3-4-5-8-10	5-10	14.92	2-10	3.49
07884	2-3-4-5-8-J	5-J	15.27	8-J	3.96
07885	2-3-4-5-8-K	5-K	14.93	8-K	4.35
07886	2-3-4-5-8-Q	5-Q	14.89	8-Q	4.24
07887	2-3-4-5-9-9	9-9	13.82	9-9	2.24
07888	2-3-4-5-9-10	5-10	14.79	2-9	3.28
07889	2-3-4-5-9-J	5-J	15.14	9-J	3.66
07890	2-3-4-5-9-K	5-K	14.80	9-K	4.58
07891	2-3-4-5-9-Q	5-Q	14.76	9-Q	4.49
07892	2-3-4-5-10-10	2-3	15.29	2-10	3.32
07893	2-3-4-5-10-J	5-J	14.96	2-10	3.60
07894	2-3-4-5-10-K	5-K	14.63	10-K	4.69
07895	2-3-4-5-10-Q	5-10	14.62	10-Q	3.97
07896	2-3-4-5-J-J	2-3	15.76	2-J	3.37
07897	2-3-4-5-J-K	5-J	14.96	J-K	3.82
07898	2-3-4-5-J-Q	5-J	14.96	2-Q	3.64
07899	2-3-4-5-K-K	2-3	15.29	2-K	3.46
07900	2-3-4-5-Q-K	5-K	14.63	Q-K	4.07

HAND No.	SIX-CARD HAND	DISCARD (DEALER)	EXPECTED AVG. (DEALER)	DISCARD (PONE)	EXPECTED AVG. (PONE)
07901	2-3-4-5-Q-Q	2-3	15.29	2-Q	3.35
07902	2-3-4-6-6-6	2-4	17.82	2-4	7.98
07903	2-3-4-6-6-7	3-4	13.82	3-4	2.99
07904	2-3-4-6-6-8	6-6	14.05	6-8	2.55
07905	2-3-4-6-6-9	2-3	14.92	2-4	3.90
07906	2-3-4-6-6-10	6-6	13.74	6-10	4.10
07907	2-3-4-6-6-J	6-6	13.98	6-J	3.86
07908	2-3-4-6-6-K	6-6	13.74	6-K	4.27
07909	2-3-4-6-6-Q	6-6	13.74	6-Q	4.20
07910	2-3-4-6-7-7	7-7	14.42	3-4	2.86
07911	2-3-4-6-7-8 ❖	7-8	15.04	3-4	3.53
07912	2-3-4-6-7-9	6-7	13.07	7-9	3.20
07913	2-3-4-6-7-10	6-7	12.99	7-10	4.20
07914	2-3-4-6-7-J	6-7	13.23	7-J	3.80
07915	2-3-4-6-7-K	6-7	12.99	7-K	4.23
07916	2-3-4-6-7-Q	6-7	12.99	7-Q	4.18
07917	2-3-4-6-8-8	8-8	13.94	2-6	2.88
07918	2-3-4-6-8-9	6-9	13.42	8-9	2.61
07919	2-3-4-6-8-10	6-8	12.59	6-10	3.97
07920	2-3-4-6-8-J	6-8	12.83	8-J	3.90
07921	2-3-4-6-8-K	6-8	12.59	8-K	4.29
07922	2-3-4-6-8-Q	6-8	12.59	8-Q	4.18
07923	2-3-4-6-9-9	2-3	14.48	3-6	2.63
07924	2-3-4-6-9-10	6-9	13.12	6-10	3.76
07925	2-3-4-6-9-J	6-9	13.35	6-J	3.51
07926	2-3-4-6-9-K	6-9	13.12	9-K	4.43
07927	2-3-4-6-9-Q	6-9	13.12	9-Q	4.34
07928	2-3-4-6-10-10	10-10	13.25	6-10	3.62
07929	2-3-4-6-10-J	10-J	13.13	6-10	3.91
07930	2-3-4-6-10-K	10-K	11.34	10-K	4.62
07931	2-3-4-6-10-Q	10-Q	11.81	10-Q	3.90
07932	2-3-4-6-J-J	J-J	13.82	6-J	3.62
07933	2-3-4-6-J-K	J-K	12.46	6-K	4.07
07934	2-3-4-6-J-Q	J-Q	13.31	6-Q	4.00
07935	2-3-4-6-K-K	K-K	13.08	6-K	3.79
07936	2-3-4-6-Q-K	Q-K	11.96	Q-K	4.01
07937	2-3-4-6-Q-Q	Q Q	13.30	6-Q	3.72
07938	2-3-4-7-7-7	2-3	14.70	2-4	2.51
07939	2-3-4-7-7-8	2-3	15.39	2-4	3.16
07940	2-3-4-7-7-9	7-7	14.11	7-9	1.25
07941	2-3-4-7-7-10	7-7	13.98	7-10	2.20
07942	2-3-4-7-7-J	7-7	14.22	7-J	1.80
07943	2-3-4-7-7-K	7-7	13.98	7-K	2.23
07944	2-3-4-7-7-Q	7-7	13.98	7-Q	2.18
07945	2-3-4-7-8-8	2-3	15.22	2-4	2.94
07946	2-3-4-7-8-9 ❖	7-8	14.69	7-9	3.03
07947	2-3-4-7-8-10	7-8	14.56	7-10	3.98
07948	2-3-4-7-8-J	7-8	14.80	7-J	3.58
07949	2-3-4-7-8-K	7-8	14.56	7-K	4.01
07950	2-3-4-7-8-Q	7-8	14.56	7-Q	3.96

HAND No.	SIX-CARD HAND	DISCARD (DEALER)	EXPECTED AVG. (DEALER)	DISCARD (PONE)	EXPECTED AVG. (PONE)
07951	2-3-4-7-9-9	7-9	12.15	7-9	2.85
07952	2-3-4-7-9-10	7-9	12.06	7-10	3.85
07953	2-3-4-7-9-J	7-9	12.30	7-J	3.45
07954	2-3-4-7-9-K	7-9	12.06	7-K	3.88
07955	2-3-4-7-9-Q	7-9	12.06	7-Q	3.83
07956	2-3-4-7-10-10	4-7	12.09	7-10	3.67
07957	2-3-4-7-10-J	7-J	11.59	7-10	3.96
07958	2-3-4-7-10-K	7-K	11.31	7-K	3.75
07959	2-3-4-7-10-Q	7-10	11.28	7-10	3.72
07960	2-3-4-7-J-J	4-7	12.57	4-7	3.95
07961	2-3-4-7-J-K	7-J	11.59	7-K	3.99
07962	2-3-4-7-J-Q	7-J	11.59	7-Q	3.94
07963	2-3-4-7-K-K	4-7	12.09	7-K	3.70
07964	2-3-4-7-Q-K	7-K	11.31	7-K	3.75
07965	2-3-4-7-Q-Q	4-7	12.09	7-Q	3.65
07966	2-3-4-8-8-8	2-3	14.18	2-8	2.77
07967	2-3-4-8-8-9	8-8	13.55	2-9	3.13
07968	2-3-4-8-8-10	8-8	13.42	2-10	3.26
07969	2-3-4-8-8-J	8-8	13.66	8-J	3.63
07970	2-3-4-8-8-K	8-8	13.42	8-K	4.02
07971	2-3-4-8-8-Q	8-8	13.42	8-Q	3.92
07972	2-3-4-8-9-9	9-9	13.45	3-8	2.50
07973	2-3-4-8-9-10 ❖	8-9	12.69	8-10	2.96
07974	2-3-4-8-9-J	8-9	12.92	8-J	3.50
07975	2-3-4-8-9-K	8-9	12.69	9-K	4.26
07976	2-3-4-8-9-Q	8-9	12.69	9-Q	4.17
07977	2-3-4-8-10-10	10-10	13.04	4-8	3.42
07978	2-3-4-8-10-J	10-J	12.91	8-J	3.37
07979	2-3-4-8-10-K	8-10	11.77	10-K	4.40
07980	2-3-4-8-10-Q	8-10	11.77	10-Q	3.68
07981	2-3-4-8-J-J	J-J	13.60	4-8	3.90
07982	2-3-4-8-J-K	J-K	12.25	8-K	4.00
07983	2-3-4-8-J-Q	J-Q	13.09	8-Q	3.89
07984	2-3-4-8-K-K	K-K	12.86	8-K	3.72
07985	2-3-4-8-Q-K	Q-K	11.74	Q-K	3.79
07986	2-3-4-8-Q-Q	Q-Q	13.08	8-Q	3.61
07987	2-3-4-9-9-9	2-3	14.18	3-9	2.54
07988	2-3-4-9-9-10	9-9	13.14	3-10	2.96
07989	2-3-4-9-9-J	9-9	13.38	9-J	3.12
07990	2-3-4-9-9-K	9-9	13.14	9-K	4.04
07991	2-3-4-9-9-Q	9-9	13.14	9-Q	3.95
07992	2-3-4-9-10-10	10-10	12.86	4-9	3.69
07993	2-3-4-9-10-J ❖	10-J	12.74	9-J	3.03
07994	2-3-4-9-10-K	9-10	12.27	10-K	4.23
07995	2-3-4-9-10-Q	9-10	12.27	9-Q	3.86
07996	2-3-4-9-J-J	J-J	13.43	4-9	4.17
07997	2-3-4-9-J-K	J-K	12.07	9-K	4.19
07998	2-3-4-9-J-Q	J-Q	12.92	9-Q	4.10
07999	2-3-4-9-K-K	K-K	12.68	9-K	3.91
08000	2-3-4-9-Q-K	Q-K	11.57	9-K	3.95

HAND No.	SIX-CARD HAND	DISCARD (DEALER)	EXPECTED AVG. (DEALER)	DISCARD (PONE)	EXPECTED AVG. (PONE)
08001	2-3-4-9-Q-Q	Q-Q	12.90	9-Q	3.82
08002	2-3-4-10-10-10	2-3	14.31	4-10	3.70
08003	2-3-4-10-10-J	10-10	12.97	4-J	3.45
08004	2-3-4-10-10-K	10-10	12.73	10-K	4.05
08005	2-3-4-10-10-Q	10-10	12.73	4-Q	3.86
08006	2-3-4-10-J-J	J-J	13.30	4-10	4.26
08007	2-3-4-10-J-K	10-J	12.61	10-K	4.34
08008	2-3-4-10-J-Q ❖	J-Q	12.79	10-Q	3.62
08009	2-3-4-10-K-K	K-K	12.55	10-K	4.05
08010	2-3-4-10-Q-K	Q-K	11.44	10-K	4.10
08011	2-3-4-10-Q-Q	Q-Q	12.77	4-10	3.79
08012	2-3-4-J-J-J	2-3	15.02	4-J	3.84
08013	2-3-4-J-J-K	J-J	13.30	4-K	4.44
08014	2-3-4-J-J-Q	J-J	13.30	4-Q	4.34
08015	2-3-4-J-K-K	K-K	12.79	4-J	3.45
08016	2-3-4-J-Q-K ❖	J-Q	12.79	Q-K	3.72
08017	2-3-4-J-Q-Q	Q-Q	13.01	4-J	3.45
08018	2-3-4-K-K-K	2-3	14.31	4-K	3.88
08019	2-3-4-Q-K-K	K-K	12.55	4-Q	3.86
08020	2-3-4-Q-Q-K	Q-Q	12.77	4-K	3.96
08021	2-3-4-Q-Q-Q	2-3	14.31	4-Q	3.78
08022	2-3-5-5-5-5 ★	2-3	29.79	2-3	15.41
08023	2-3-5-5-5-6	2-3	19.74	2-6	7.20
08024	2-3-5-5-5-7	2-3	18.83	2-7	7.07
08025	2-3-5-5-5-8	2-3	18.05	2-8	7.23
08026	2-3-5-5-5-9	2-3	18.18	2-9	7.45
08027	2-3-5-5-5-10	2-3	23.39	2-3	9.02
08028	2-3-5-5-5-J	2-3	23.63	2-3	9.26
08029	2-3-5-5-5-K	2-3	23.39	2-3	9.02
08030	2-3-5-5-5-Q	2-3	23.39	2-3	9.02
08031	2-3-5-5-6-6	2-3	16.09	6-6	1.81
08032	2-3-5-5-6-7	2-3	19.26	2-3	4.89
08033	2-3-5-5-6-8 ✢	2-3	13.26	3-6	3.95
08034	2-3-5-5-6-9	2-3	14.92	6-9	2.43
08035	2-3-5-5-6-10	2-3	16.48	6-10	4.26
08036	2-3-5-5-6-J	2-3	16.72	2-6	4.31
08037	2-3-5-5-6-K	2-3	16.48	6-K	4.42
08038	2-3-5-5-6-Q	2-3	16.48	6-Q	4.35
08039	2-3-5-5-7-7	2-3	14.92	2-7	4.77
08040	2-3-5-5-7-8	7-8	15.06	2-8	4.88
08041	2-3-5-5-7-9	2-9	13.61	2-9	5.15
08042	2-3-5-5-7-10	2-3	15.87	2-10	5.19
08043	2-3-5-5-7-J	2-3	16.11	2-J	5.00
08044	2-3-5-5-7-K	2-3	15.87	2-K	5.33
08045	2-3-5-5-7-Q	2-3	15.87	2-Q	5.22
08046	2-3-5-5-8-8	8-8	13.96	3-8	3.61
08047	2-3-5-5-8-9	8-9	13.32	3-9	3.91
08048	2-3-5-5-8-10	2-3	15.61	3-10	4.11
08049	2-3-5-5-8-J	2-3	15.59	2-8	4.34
08050	2-3-5-5-8-K	2-3	15.35	3-K	4.26

HAND No.	SIX-CARD HAND	DISCARD (DEALER)	EXPECTED AVG. (DEALER)	DISCARD (PONE)	EXPECTED AVG. (PONE)
08051	2-3-5-5-8-Q	2-3	15.35	8-Q	4.16
08052	2-3-5-5-9-9 ⊕	2-3	13.87	9-9	2.28
08053	2-3-5-5-9-10	2-3	15.96	2-9	4.32
08054	2-3-5-5-9-J	2-3	15.94	2-9	4.56
08055	2-3-5-5-9-K	2-3	15.44	9-K	4.54
08056	2-3-5-5-9-Q	2-3	15.44	9-Q	4.45
08057	2-3-5-5-10-10	2-3	20.83	2-3	6.45
08058	2-3-5-5-10-J	2-3	19.68	2-3	5.30
08059	2-3-5-5-10-K	2-3	18.92	10-K	4.55
08060	2-3-5-5-10-Q	2-3	19.18	2-3	4.80
08061	2-3-5-5-J-J	2-3	21.31	2-3	6.93
08062	2-3-5-5-J-K	2-3	19.42	2-3	5.04
08063	2-3-5-5-J-Q	2-3	19.68	2-3	5.30
08064	2-3-5-5-K-K	2-3	20.83	2-3	6.45
08065	2-3-5-5-Q-K	2-3	19.18	2-3	4.80
08066	2-3-5-5-Q-Q	2-3	20.83	2-3	6.45
08067	2-3-5-6-6-6	2-5	18.76	2-5	7.26
08068	2-3-5-6-6-7	2-3	18.79	2-3	4.41
08069	2-3-5-6-6-8	2-3	12.83	2-8	2.93
08070	2-3-5-6-6-9	2-3	16.18	2-5	3.17
08071	2-3-5-6-6-10	2-3	14.09	2-10	3.23
08072	2-3-5-6-6-J	2-3	14.33	2-J	3.04
08073	2-3-5-6-6-K	2-3	14.09	2-K	3.37
08074	2-3-5-6-6-Q	2-3	14.09	2-Q	3.27
08075	2-3-5-6-7-7	2-3	18.79	2-3	4.41
08076	2-3-5-6-7-8	2-3	16.61	2-8	3.41
08077	2-3-5-6-7-9	2-3	15.11	2-9	3.65
08078	2-3-5-6-7-10	2-3	14.85	3-10	3.83
08079	2-3-5-6-7-J	2-3	15.09	3-J	3.60
08080	2-3-5-6-7-K	2-3	14.85	3-K	3.98
08081	2-3-5-6-7-Q	2-3	14.85	3-Q	3.87
08082	2-3-5-6-8-8	2-3	12.39	3-6	3.21
08083	2-3-5-6-8-9	2-3	12.26	3-9	0.26
08084	2-3-5-6-8-10 ⊕	2-3	12.00	6-8	1.39
08085	2-3-5-6-8-J	6-8	12.12	6-8	1.63
08086	2-3-5-6-8-K	6-8	11.88	6-K	1.47
08087	2-3-5-6-8-Q	6-8	11.88	6-Q	1.40
08088	2-3-5-6-9-9	2-3	15.52	2-3	1.15
08089	2-3-5-6-9-10	2-3	13.96	6-9	1.04
08090	2-3-5-6-9-J	2-3	13.94	6-9	1.28
08091	2-3-5-6-9-K	2-3	13.44	6-9	1.04
08092	2-3-5-6-9-Q	2-3	13.44	6-9	1.04
08093	2-3-5-6-10-10	2-3	15.18	2-6	3.03
08094	2-3-5-6-10-J	2-3	14.02	6-10	3.15
08095	2-3-5-6-10-K	2-3	13.26	6-K	3.07
08096	2-3-5-6-10-Q	2-3	13.52	6-Q	3.00
08097	2-3-5-6-J-J	2-3	15.65	2-6	3.51
08098	2-3-5-6-J-K	2-3	13.76	6-K	3.31
08099	2-3-5-6-J-Q	2-3	14.02	6-Q	3.24
08100	2-3-5-6-K-K	2-3	15.18	6-K	3.03

HAND No.	SIX-CARD HAND	DISCARD (DEALER)	EXPECTED AVG. (DEALER)	DISCARD (PONE)	EXPECTED AVG. (PONE)
08101	2-3-5-6-Q-K	2-3	13.52	6-K	3.07
08102	2-3-5-6-Q-Q	2-3	15.18	2-6	3.03
08103	2-3-5-7-7-7	2-3	16.18	2-7	3.94
08104	2-3-5-7-7-8	2-3	16.26	2-8	4.01
08105	2-3-5-7-7-9	2-9	12.78	2-9	4.32
08106	2-3-5-7-7-10	2-3	13.52	2-10	4.41
08107	2-3-5-7-7-J	2-3	13.76	2-J	4.22
08108	2-3-5-7-7-K	2-3	13.52	2-K	4.54
08109	2-3-5-7-7-Q	2-3	13.52	2-Q	4.44
08110	2-3-5-7-8-8	2-3	16.09	3-7	3.00
08111	2-3-5-7-8-9	2-3	14.94	2-9	2.26
08112	2-3-5-7-8-10	7-8	13.75	2-10	2.41
08113	2-3-5-7-8-J	7-8	13.99	2-J	2.22
08114	2-3-5-7-8-K	7-8	13.75	2-K	2.54
08115	2-3-5-7-8-Q	7-8	13.75	2-Q	2.44
08116	2-3-5-7-9-9	2-3	11.92	2-9	0.28
08117	2-3-5-7-9-10	2-3	11.83	7-9	2.01
08118	2-3-5-7-9-J	2-3	11.98	7-9	2.25
08119	2-3-5-7-9-K	2-3	11.48	9-K	2.02
08120	2-3-5-7-9-Q	2-3	11.48	7-9	2.01
08121	2-3-5-7-10-10	2-3	14.87	2-7	2.98
08122	2-3-5-7-10-J	2-3	13.72	7-10	3.11
08123	2-3-5-7-10-K	2-3	12.96	7-K	2.90
08124	2-3-5-7-10-Q	2-3	13.22	7-10	2.87
08125	2-3-5-7-J-J	2-3	15.35	2-7	3.46
08126	2-3-5-7-J-K	2-3	13.46	7-K	3.14
08127	2-3-5-7-J-Q	2-3	13.72	7-Q	3.09
08128	2-3-5-7-K-K	2-3	14.87	2-7	2.98
08129	2-3-5-7-Q-K	2-3	13.22	7-K	2.90
08130	2-3-5-7-Q-Q	2-3	14.87	2-7	2.98
08131	2-3-5-8-8-8	2-3	14.87	3-8	2.87
08132	2-3-5-8-8-9	2-3	12.13	3-9	3.17
08133	2-3-5-8-8-10	2-3	13.35	3-10	3.42
08134	2-3-5-8-8-J	2-3	13.07	3-J	3.18
08135	2-3-5-8-8-K	2-3	12.83	3-K	3.57
08136	2-3-5-8-8-Q	2-3	12.83	3-Q	3.45
08137	2-3-5-8-9-9	2-3	12.18	3-9	-0.13
08138	2-3-5-8-9-10	2-3	14.72	8-9	1.41
08139	2-3-5-8-9-J	8-9	12.21	8-9	1.65
08140	2-3-5-8-9-K	8-9	11.97	9-K	1.58
08141	2-3-5-8-9-Q	8-9	11.97	9-Q	1.49
08142	2-3-5-8-10-10	2-3	15.13	2-8	3.06
08143	2-3-5-8-10-J	2-3	13.55	8-J	2.57
08144	2-3-5-8-10-K	2-3	12.96	8-K	2.96
08145	2-3-5-8-10-Q	2-3	13.22	8-Q	2.85
08146	2-3-5-8-J-J	2-3	15.09	2-8	3.54
08147	2-3-5-8-J-K	2-3	13.20	8-K	3.20
08148	2-3-5-8-J-Q	2-3	13.46	8-Q	3.09
08149	2-3-5-8-K-K	2-3	14.61	2-8	3.06
08150	2-3-5-8-Q-K	2-3	12.96	8-K	2.96

HAND No.	SIX-CARD HAND	DISCARD (DEALER)	EXPECTED AVG. (DEALER)	DISCARD (PONE)	EXPECTED AVG. (PONE)
08151	2-3-5-8-Q-Q	2-3	14.61	2-8	3.06
08152	2-3-5-9-9-9	2-3	15.00	2-5	1.13
08153	2-3-5-9-9-10	2-3	13.96	9-9	0.89
08154	2-3-5-9-9-J	2-3	13.68	9-9	1.13
08155	2-3-5-9-9-K	2-3	12.92	9-9	0.89
08156	2-3-5-9-9-Q	2-3	12.92	9-9	0.89
08157	2-3-5-9-10-10	2-3	15.70	2-9	3.28
08158	2-3-5-9-10-J	2-3	16.74	2-3	2.37
08159	2-3-5-9-10-K	2-3	13.26	9-K	3.19
08160	2-3-5-9-10-Q	2-3	13.35	9-Q	3.10
08161	2-3-5-9-J-J	2-3	15.65	2-9	3.76
08162	2-3-5-9-J-K	2-3	13.50	9-K	3.43
08163	2-3-5-9-J-Q	2-3	13.59	9-Q	3.34
08164	2-3-5-9-K-K	2-3	14.65	2-9	3.28
08165	2-3-5-9-Q-K	2-3	13.00	9-K	3.19
08166	2-3-5-9-Q-Q	2-3	14.65	2-9	3.28
08167	2-3-5-10-10-10	2-3	20.22	2-3	5.84
08168	2-3-5-10-10-J	2-3	17.68	2-3	3.30
08169	2-3-5-10-10-K	2-3	16.39	2-K	3.50
08170	2-3-5-10-10-Q	2-3	16.92	2-Q	3.40
08171	2-3-5-10-J-J	2-3	17.92	2-10	3.84
08172	2-3-5-10-J-K	2-3	15.33	10-K	3.49
08173	2-3-5-10-J-Q	2-3	18.48	2-3	4.11
08174	2-3-5-10-K-K	2-3	16.39	2-10	3.36
08175	2-3-5-10-Q-K	2-3	14.83	10-K	3.25
08176	2-3-5-10-Q-Q	2-3	16.92	2-10	3.36
08177	2-3-5-J-J-J	2-3	20.94	2-3	6.56
08178	2-3-5-J-J-K	2-3	17.39	2-K	3.98
08179	2-3-5-J-J-Q	2-3	17.92	2-Q	3.87
08180	2-3-5-J-K-K	2-3	17.15	2-J	3.17
08181	2-3-5-J-Q-K	2-3	18.39	2-3	4.02
08182	2-3-5-J-Q-Q	2-3	17.68	2-3	3.30
08183	2-3-5-K-K-K	2-3	20.22	2-3	5.84
08184	2-3-5-Q-K-K	2-3	16.92	2-Q	3.40
08185	2-3-5-Q-Q-K	2-3	16.92	2-K	3.50
08186	2-3-5-Q-Q-Q	2-3	20.22	2-3	5.84
08187	2-3-6-6-6-6	2-3	20.48	2-6	8.07
08188	2-3-6-6-6-7	2-7	17.10	2-7	8.33
08189	2-3-6-6-6-8	2-8	16.97	2-8	8.36
08190	2-3-6-6-6-9	2-3	20.09	2-9	8.45
08191	2-3-6-6-6-10	2-10	16.87	2-10	8.71
08192	2-3-6-6-6-J	2-J	17.17	2-J	8.52
08193	2-3-6-6-6-K	2-K	16.84	2-K	8.85
08194	2-3-6-6-6-Q	2-Q	16.92	2-Q	8.74
08195	2-3-6-6-7-7	2-3	14.96	3-7	3.78
08196	2-3-6-6-7-8	2-3	20.05	2-3	5.67
08197	2-3-6-6-7-9	2-3	15.57	2-7	4.24
08198	2-3-6-6-7-10	3-10	12.49	3-10	4.29
08199	2-3-6-6-7-J	3-J	12.83	3-J	4.05
08200	2-3-6-6-7-K	3-K	12.59	3-K	4.44

HAND No.	SIX-CARD HAND	DISCARD (DEALER)	EXPECTED AVG. (DEALER)	DISCARD (PONE)	EXPECTED AVG. (PONE)
08201	2-3-6-6-7-Q	3-Q	12.50	3-Q	4.32
08202	2-3-6-6-8-8	2-3	13.92	2-8	1.32
08203	2-3-6-6-8-9	2-3	15.39	2-8	4.27
08204	2-3-6-6-8-10	2-3	11.39	8-10	1.98
08205	2-3-6-6-8-J	2-3	11.37	8-J	2.53
08206	2-3-6-6-8-K	2-3	11.13	8-K	2.92
08207	2-3-6-6-8-Q	2-3	11.13	8-Q	2.81
08208	2-3-6-6-9-9	2-3	19.83	2-3	5.45
08209	2-3-6-6-9-10	2-3	14.61	2-10	4.62
08210	2-3-6-6-9-J	2-3	14.59	2-J	4.43
08211	2-3-6-6-9-K	2-3	14.09	2-K	4.76
08212	2-3-6-6-9-Q	2-3	14.09	2-Q	4.66
08213	2-3-6-6-10-10	6-6	14.20	6-6	1.55
08214	2-3-6-6-10-J	6-6	13.05	10-J	1.44
08215	2-3-6-6-10-K	6-6	12.29	10-K	3.21
08216	2-3-6-6-10-Q	6-6	12.55	10-Q	2.49
08217	2-3-6-6-J-J	6-6	14.68	6-6	2.03
08218	2-3-6-6-J-K	6-6	12.79	J-K	2.34
08219	2-3-6-6-J-Q	6-6	13.05	J-Q	1.62
08220	2-3-6-6-K-K	6-6	14.20	6-6	1.55
08221	2-3-6-6-Q-K	6-6	12.55	Q-K	2.59
08222	2-3-6-6-Q-Q	6-6	14.20	6-6	1.55
08223	2-3-6-7-7-7	2-3	16.44	3-7	3.65
08224	2-3-6-7-7-8	2-3	21.83	2-3	7.45
08225	2-3-6-7-7-9	2-3	13.70	3-9	3.82
08226	2-3-6-7-7-10	3-10	12.36	3-10	4.16
08227	2-3-6-7-7-J	3-J	12.70	3-J	3.92
08228	2-3-6-7-7-K	3-K	12.46	3-K	4.31
08229	2-3-6-7-7-Q	3-Q	12.37	3-Q	4.19
08230	2-3-6-7-8-8	2-3	21.70	2-3	7.32
08231	2-3-6-7-8-9	2-3	17.57	3-9	4.47
08232	2-3-6-7-8-10	2-3	14.29	3-10	4.83
08233	2-3-6-7-8-J	2-3	14.44	3-J	4.60
08234	2-3-6-7-8-K	2-3	14.20	3-K	4.98
08235	2-3-6-7-8-Q	2-3	14.20	3-Q	4.87
08236	2-3-6-7-9-9	2-3	15.05	3-7	2.26
00237	2-3-6-7-9-10	2-3	11.22	3-10	1.50
08238	2-3-6-7-9-J	2-3	11.37	3-J	1.27
08239	2-3-6-7-9-K	2-3	10.87	3-K	1.66
08240	2-3-6-7-9-Q	2-3	10.87	3-Q	1.54
08241	2-3-6-7-10-10	6-7	13.40	6-7	2.02
08242	2-3-6-7-10-J	6-7	12.25	6-7	0.87
08243	2-3-6-7-10-K	6-7	11.49	10-K	1.64
08244	2-3-6-7-10-Q	6-7	11.75	10-Q	0.92
08245	2-3-6-7-J-J	6-7	13.88	6-7	2.50
08246	2-3-6-7-J-K	6-7	11.99	6-K	0.79
08247	2-3-6-7-J-Q	6-7	12.25	6-7	0.87
08248	2-3-6-7-K-K	6-7	13.40	6-7	2.02
08249	2-3-6-7-Q-K	6-7	11.75	Q-K	1.03
08250	2-3-6-7-Q-Q	6-7	13.40	6-7	2.02

HAND No.	SIX-CARD HAND	DISCARD (DEALER)	EXPECTED AVG. (DEALER)	DISCARD (PONE)	EXPECTED AVG. (PONE)
08251	2-3-6-8-8-8	2-3	15.26	3-6	2.43
08252	2-3-6-8-8-9	2-3	13.61	3-6	-0.40
08253	2-3-6-8-8-10	2-3	11.52	6-10	0.60
08254	2-3-6-8-8-J	2-3	11.24	6-J	0.36
08255	2-3-6-8-8-K	2-3	11.00	6-K	0.77
08256	2-3-6-8-8-Q	2-3	11.00	6-Q	0.70
08257	2-3-6-8-9-9	2-3	15.35	2-8	2.23
08258	2-3-6-8-9-10	2-3	14.15	3-6	0.36
08259	2-3-6-8-9-J	2-3	11.24	8-J	0.31
08260	2-3-6-8-9-K	2-3	10.92	8-K	0.70
08261	2-3-6-8-9-Q	2-3	10.92	8-Q	0.59
08262	2-3-6-8-10-10	6-8	13.05	6-8	2.57
08263	2-3-6-8-10-J	6-8	11.90	6-8	1.42
08264	2-3-6-8-10-K	6-8	11.14	6-K	0.86
09265	2-3-6-8-10-Q	6-8	11.40	6-8	0.92
08266	2-3-6-8-J-J	6-8	13.53	6-8	3.05
08267	2-3-6-8-J-K	6-8	11.64	6-8	1.15
08268	2-3-6-8-J-Q	6-8	11.90	6-8	1.42
08269	2-3-6-8-K-K	6-8	13.05	6-8	2.57
08270	2-3-6-8-Q-K	6-8	11.40	6-8	0.92
08271	2-3-6-8-Q-Q	6-8	13.05	6-8	2.57
08272	2-3-6-9-9-9	2-3	19.70	2-3	5.32
08273	2-3-6-9-9-10	2-3	15.00	3-10	2.68
08274	2-3-6-9-9-J	2-3	14.72	3-J	2.44
08275	2-3-6-9-9-K	2-3	13.96	3-K	2.83
08276	2-3-6-9-9-Q	2-3	13.96	3-Q	2.71
08277	2-3-6-9-10-10	6-9	13.57	6-9	2.17
08278	2-3-6-9-10-J	2-3	14.13	6-9	0.95
08279	2-3-6-9-10-K	6-9	11.66	6-K	1.07
08280	2-3-6-9-10-Q	6-9	11.92	6-Q	1.00
08281	2-3-6-9-J-J	6-9	14.05	6-9	2.65
08282	2-3-6-9-J-K	6-9	12.16	6-K	1.05
08283	2-3-6-9-J-Q	6-9	12.42	6-9	1.02
08284	2-3-6-9-K-K	6-9	13.57	6-9	2.17
08285	2-3-6-9-Q-K	6-9	11.92	9-K	0.67
08286	2-3-6-9-Q-Q	6-9	13.57	6-9	2.17
08287	2-3-6-10-10-10	2-3	13.96	6-10	3.99
08288	2-3-6-10-10-J	6-J	11.81	6-J	3.84
08289	2-3-6-10-10-K	6-K	11.53	6-K	4.25
08290	2-3-6-10-10-Q	6-Q	11.68	6-Q	4.18
08291	2-3-6-10-J-J	6-10	12.05	6-10	4.56
08292	2-3-6-10-J-K	6-K	10.38	6-K	3.10
08293	2-3-6-10-J-Q	2-3	12.22	6-Q	2.96
08294	2-3-6-10-K-K	6-10	11.57	6-10	4.08
08295	2-3-6-10-Q-K	6-10	9.92	6-K	2.60
08296	2-3-6-10-Q-Q	6-10	11.57	6-10	4.08
08297	2-3-6-J-J-J	2-3	14.68	6-J	4.23
08298	2-3-6-J-J-K	6-K	12.01	6-K	4.73
08299	2-3-6-J-J-Q	6-Q	12.15	6-Q	4.66
08300	2-3-6-J-K-K	6-J	11.81	6-J	3.84

HAND No.	SIX-CARD HAND	DISCARD (DEALER)	EXPECTED AVG. (DEALER)	DISCARD (PONE)	EXPECTED AVG. (PONE)
08301	2-3-6-J-Q-K	2-3	12.13	6-K	3.03
08302	2-3-6-J-Q-Q	6-J	11.81	6-J	3.84
08303	2-3-6-K-K-K	2-3	13.96	6-K	4.16
08304	2-3-6-Q-K-K	6-Q	11.68	6-Q	4.18
08305	2-3-6-Q-Q-K	6-K	11.53	6-K	4.25
08306	2-3-6-Q-Q-Q	2-3	13.96	6-Q	4.09
08307	2-3-7-7-7-7	2-3	20.74	2-3	6.37
08308	2-3-7-7-7-8	2-3	21.79	2-3	7.41
08309	2-3-7-7-7-9	2-3	15.26	2-9	3.10
08310	2-3-7-7-7-10	2-3	14.48	2-10	3.23
08311	2-3-7-7-7-J	2-3	14.72	2-J	3.04
08312	2-3-7-7-7-K	2-3	14.48	2-K	3.37
08313	2-3-7-7-7-Q	2-3	14.48	2-Q	3.27
08314	2-3-7-7-8-8	2-3	21.96	2-3	7.58
08315	2-3-7-7-8-9	2-3	21.39	2-3	7.02
08316	2-3-7-7-8-10	2-3	15.35	2-10	3.93
08317	2-3-7-7-8-J	2-3	15.42	2-J	3.74
08318	2-3-7-7-8-K	2-3	15.18	2-K	4.06
08319	2-3-7-7-8-Q	2-3	15.18	2-Q	3.96
08320	2-3-7-7-9-9	2-3	13.26	2-9	-0.64
08321	2-3-7-7-9-10 ♣	2-3	11.26	9-10	-0.33
08322	2-3-7-7-9-J ♣	2-3	11.33	9-J	0.14
08323	2-3-7-7-9-K ♣	2-3	10.83	9-K	1.06
08324	2-3-7-7-9-Q ♣	2-3	10.83	9-Q	0.97
08325	2-3-7-7-10-10	7-7	14.35	7-7	1.33
08326	2-3-7-7-10-J	7-7	13.20	7-10	0.63
08327	2-3-7-7-10-K	7-7	12.44	10-K	1.16
08328	2-3-7-7-10-Q	7-7	12.70	10-Q	0.44
08329	2-3-7-7-J-J	7-7	14.83	7-7	1.81
08330	2-3-7-7-J-K	7-7	12.94	7-K	0.66
08331	2-3-7-7-J-Q	7-7	13.20	7-Q	0.61
08332	2-3-7-7-K-K	7-7	14.35	7-7	1.33
08333	2-3-7-7-Q-K	7-7	12.70	Q-K	0.55
08334	2-3-7-7-Q-Q	7-7	14.35	7-7	1.33
08335	2-3-7-8-8-8	2-3	21.26	2-3	6.89
08336	2-3-7-8-8-9	2-3	21.22	2-3	6.84
08337	2-3 7 0 0 10	2-3	15.18	2-10	3.76
08338	2-3-7-8-8-J	2-3	15.24	2-J	3.57
08339	2-3-7-8-8-K	2-3	15.00	2-K	3.89
08340	2-3-7-8-8-Q	2-3	15.00	2-Q	3.79
08341	2-3-7-8-9-9	2-3	19.31	2-3	4.93
08342	2-3-7-8-9-10	2-3	15.35	3-10	2.59
08343	2-3-7-8-9-J	2-3	14.22	2-J	2.41
08344	2-3-7-8-9-K	2-3	13.89	3-K	2.76
08345	2-3-7-8-9-Q	2-3	13.89	3-Q	2.65
08346	2-3-7-8-10-10	7-8	14.97	7-8	0.94
08347	2-3-7-8-10-J	7-8	13.82	7-10	0.63
08348	2-3-7-8-10-K	7-8	13.06	10-K	1.51
08349	2-3-7-8-10-Q	7-8	13.32	10-Q	0.79
08350	2-3-7-8-J-J	7-8	15.45	7-8	1.42

HAND No.	SIX-CARD HAND	DISCARD (DEALER)	EXPECTED AVG. (DEALER)	DISCARD (PONE)	EXPECTED AVG. (PONE)
08351	2-3-7-8-J-K	7-8	13.56	8-K	0.72
08352	2-3-7-8-J-Q	7-8	13.82	8-Q	0.61
08353	2-3-7-8-K-K	7-8	14.97	7-8	0.94
08354	2-3-7-8-Q-K	7-8	13.32	Q-K	0.90
08355	2-3-7-8-Q-Q	7-8	14.97	7-8	0.94
08356	2-3-7-9-9-9	2-3	14.74	3-7	2.30
08357	2-3-7-9-9-10	2-3	11.35	7-10	0.61
08358	2-3-7-9-9-J	2-3	11.42	7-J	0.21
08359	2-3-7-9-9-K	2-3	10.65	7-K	0.64
08360	2-3-7-9-9-Q	2-3	10.65	7-Q	0.59
08361	2-3-7-9-10-10	7-9	12.47	7-9	3.18
08362	2-3-7-9-10-J	2-3	12.31	7-9	1.96
08363	2-3-7-9-10-K	7-9	10.56	7-9	1.27
08364	2-3-7-9-10-Q	7-9	10.82	7-9	1.53
08365	2-3-7-9-J-J	7-9	12.95	7-9	3.66
08366	2-3-7-9-J-K	7-9	11.06	7-9	1.77
08367	2-3-7-9-J-Q	7-9	11.32	7-9	2.03
08368	2-3-7-9-K-K	7-9	12.47	7-9	3.18
08369	2-3-7-9-Q-K	7-9	10.82	7-9	1.53
08370	2-3-7-9-Q-Q	7-9	12.47	7-9	3.18
08371	2-3-7-10-10-10	2-3	13.96	7-10	4.00
08372	2-3-7-10-10-J	7-J	11.96	7-J	3.69
08373	2-3-7-10-10-K	7-K	11.68	7-K	4.12
08374	2-3-7-10-10-Q	7-Q	11.64	7-Q	4.07
08375	2-3-7-10-J-J	7-10	12.12	7-10	4.56
08376	2-3-7-10-J-K	7-K	10.52	7-K	2.96
08377	2-3-7-10-J-Q	2-3	12.22	7-10	2.87
08378	2-3-7-10-K-K	7-10	11.65	7-10	4.09
08379	2-3-7-10-Q-K	7-K	10.02	7-K	2.46
08380	2-3-7-10-Q-Q	7-10	11.65	7-10	4.09
08381	2-3-7-J-J-J	2-3	14.68	7-J	4.08
08382	2-3-7-J-J-K	7-K	12.15	7-K	4.59
08383	2-3-7-J-J-Q	7-Q	12.12	7-Q	4.54
08384	2-3-7-J-K-K	7-J	11.96	7-J	3.69
08385	2-3-7-J-Q-K	2-3	12.13	7-K	2.90
08386	2-3-7-J-Q-Q	7-J	11.96	7-J	3.69
08387	2-3-7-K-K-K	2-3	13.96	7-K	4.03
08388	2-3-7-Q-K-K	7-Q	11.64	7-Q	4.07
08389	2-3-7-Q-Q-K	7-K	11.68	7-K	4.12
08390	2-3-7-Q-Q-Q	2-3	13.96	7-Q	3.98
08391	2-3-8-8-8-8	2-3	19.70	2-3	5.32
08392	2-3-8-8-8-9	2-3	15.52	2-9	2.58
08393	2-3-8-8-8-10	2-3	14.74	2-10	2.71
08394	2-3-8-8-8-J	2-3	14.20	2-J	2.52
08395	2-3-8-8-8-K	2-3	13.96	2-K	2.85
08396	2-3-8-8-8-Q	2-3	13.96	2-Q	2.74
08397	2-3-8-8-9-9	2-3	14.13	2-3	-0.24
08398	2-3-8-8-9-10	2-3	17.39	2-3	3.02
08399	2-3-8-8-9-J	2-3	11.59	9-J	-0.04
08400	2-3-8-8-9-K	2-3	11.18	9-K	0.89

HAND No.	SIX-CARD HAND	DISCARD (DEALER)	EXPECTED AVG. (DEALER)	DISCARD (PONE)	EXPECTED AVG. (PONE)
08401	2-3-8-8-9-Q	2-3	11.18	9-Q	0.80
08402	2-3-8-8-10-10	8-8	13.88	8-8	1.41
08403	2-3-8-8-10-J	8-8	12.73	8-J	0.35
08404	2-3-8-8-10-K	8-8	11.96	10-K	0.99
08405	2-3-8-8-10-Q	8-8	12.23	8-Q	0.63
08406	2-3-8-8-J-J	8-8	14.36	8-8	1.89
08407	2-3-8-8-J-K	8-8	12.46	8-K	0.72
08408	2-3-8-8-J-Q	8-8	12.73	8-Q	0.61
08409	2-3-8-8-K-K	8-8	13.88	8-8	1.41
08410	2-3-8-8-Q-K	8-8	12.23	8-K	0.48
08411	2-3-8-8-Q-Q	8-8	13.88	8-8	1.41
08412	2-3-8-9-9-9	2-3	15.52	2-8	2.23
08413	2-3-8-9-9-10	2-3	17.39	2-3	3.02
08414	2-3-8-9-9-J	2-3	11.59	8-J	0.31
08415	2-3-8-9-9-K	2-3	11.18	8-K	0.70
08416	2-3-8-9-9-Q	2-3	11.18	8-Q	0.59
08417	2-3-8-9-10-10	2-3	17.39	2-3	3.02
08418	2-3-8-9-10-J	2-3	13.68	8-9	1.37
08419	2-3-8-9-10-K	2-3	11.98	8-K	0.98
08420	2-3-8-9-10-Q	2-3	12.07	8-9	0.94
08421	2-3-8-9-J-J	8-9	13.62	8-9	3.07
08422	2-3-8-9-J-K	8-9	11.73	8-9	1.17
08423	2-3-8-9-J-Q	8-9	11.99	8-9	1.44
08424	2-3-8-9-K-K	8-9	13.14	8-9	2.59
08425	2-3-8-9-Q-K	8-9	11.49	8-9	0.94
08426	2-3-8-9-Q-Q	8-9	13.14	8-9	2.59
08427	2-3-8-10-10-10	2-3	14.74	8-10	3.15
08428	2-3-8-10-10-J	8-J	11.95	8-J	3.79
08429	2-3-8-10-10-K	8-K	11.54	8-K	4.18
08430	2-3-8-10-10-Q	8-Q	11.58	8-Q	4.07
08431	2-3-8-10-J-J	8-10	12.66	8-10	3.72
08432	2-3-8-10-J-K	8-10	10.77	8-K	3.02
08433	2-3-8-10-J-Q	2-3	12.31	8-Q	2.85
08434	2-3-8-10-K-K	8-10	12.19	8-10	3.24
08435	2-3-8-10-Q-K	8-10	10.53	8-K	2.52
08436	2-3-8-10-Q-Q	8-10	12.19	8-10	3.24
08437	2-3-8-J-J-J	2-3	14.68	8-J	4.18
08438	2-3-8-J-J-K	8-K	12.02	8-K	4.65
08439	2-3-8-J-J-Q	8-Q	12.05	8-Q	4.55
08440	2-3-8-J-K-K	8-J	11.95	8-J	3.79
08441	2-3-8-J-Q-K	2-3	12.13	8-K	2.96
08442	2-3-8-J-Q-Q	8-J	11.95	8-J	3.79
08443	2-3-8-K-K-K	2-3	13.96	8-K	4.09
08444	2-3-8-Q-K-K	8-Q	11.58	8-Q	4.07
08445	2-3-8-Q-Q-K	8-K	11.54	8-K	4.18
08446	2-3-8-Q-Q-Q	2-3	13.96	8-Q	3.98
08447	2-3-9-9-9-9	2-3	19.70	2-3	5.32
08448	2-3-9-9-9-10	2-3	15.52	3-10	2.68
08449	2-3-9-9-9-J	2-3	14.98	3-J	2.44
08450	2-3-9-9-9-K	2-3	13.96	3-K	2.83

HAND No.	SIX-CARD HAND	DISCARD (DEALER)	EXPECTED AVG. (DEALER)	DISCARD (PONE)	EXPECTED AVG. (PONE)
08451	2-3-9-9-9-Q	2-3	13.96	3-Q	2.71
08452	2-3-9-9-10-10	2-3	14.13	9-9	2.02
08453	2-3-9-9-10-J	2-3	17.63	2-3	3.26
08454	2-3-9-9-10-K	9-9	11.69	9-K	1.19
08455	2-3-9-9-10-Q	9-9	11.95	9-Q	1.10
08456	2-3-9-9-J-J	9-9	14.08	9-9	2.50
08457	2-3-9-9-J-K	9-9	12.19	9-K	1.17
08458	2-3-9-9-J-Q	9-9	12.45	9-Q	1.08
08459	2-3-9-9-K-K	9-9	13.60	9-9	2.02
08460	2-3-9-9-Q-K	9-9	11.95	9-K	0.67
08461	2-3-9-9-Q-Q	9-9	13.60	9-9	2.02
08462	2-3-9-10-10-10	2-3	15.52	9-10	2.89
08463	2-3-9-10-10-J	2-3	17.63	9-J	3.44
08464	2-3-9-10-10-K	9-K	11.46	9-K	4.37
08465	2-3-9-10-10-Q	9-Q	11.38	9-Q	4.27
08466	2-3-9-10-J-J	2-3	17.87	2-3	3.50
08467	2-3-9-10-J-K	2-3	12.31	9-K	3.15
08468	2-3-9-10-J-Q	2-3	13.68	9-Q	2.99
08469	2-3-9-10-K-K	9-10	12.68	9-10	2.98
08470	2-3-9-10-Q-K	9-10	11.03	9-K	2.71
08471	2-3-9-10-Q-Q	9-10	12.68	9-10	2.98
08472	2-3-9-J-J-J	2-3	15.46	9-J	3.83
08473	2-3-9-J-J-K	9-K	11.94	9-K	4.84
08474	2-3-9-J-J-Q	9-Q	11.86	9-Q	4.75
08475	2-3-9-J-K-K	9-J	12.36	9-J	3.44
08476	2-3-9-J-Q-K	2-3	12.22	9-K	3.15
08477	2-3-9-J-Q-Q	9-J	12.36	9-J	3.44
08478	2-3-9-K-K-K	2-3	13.96	9-K	4.28
08479	2-3-9-Q-K-K	9-Q	11.38	9-Q	4.27
08480	2-3-9-Q-Q-K	9-K	11.46	9-K	4.37
08481	2-3-9-Q-Q-Q	2-3	13.96	9-Q	4.19
08482	2-3-10-10-10-10	2-3	19.70	2-3	5.32
08483	2-3-10-10-10-J	2-3	15.76	10-J	2.62
08484	2-3-10-10-10-K	2-3	13.96	10-K	4.38
08485	2-3-10-10-10-Q	2-3	14.74	10-Q	3.66
08486	2-3-10-10-J-J	2-3	14.61	10-10	2.73
08487	2-3-10-10-J-K	J-K	12.31	J-K	3.60
08488	2-3-10-10-J-Q	2-3	17.63	2-3	3.26
08489	2-3-10-10-K-K	10-10	13.10	K-K	2.71
08490	2-3-10-10-Q-K	Q-K	11.81	Q-K	3.86
08491	2-3-10-10-Q-Q	Q-Q	13.14	Q-Q	2.64
08492	2-3-10-J-J-J	2-3	16.24	2-10	3.30
08493	2-3-10-J-J-K ✢	2-3	11.83	10-K	4.95
08494	2-3-10-J-J-Q	2-3	17.87	10-Q	4.23
08495	2-3-10-J-K-K	10-J	12.98	10-K	3.01
08496	2-3-10-J-Q-K	2-3	13.59	10-K	3.19
08497	2-3-10-J-Q-Q	2-3	17.63	2-3	3.26
08498	2-3-10-K-K-K	2-3	13.96	10-K	4.38
08499	2-3-10-Q-K-K	10-Q	11.66	10-Q	3.75
08500	2-3-10-Q-Q-K ✢	Q-Q	11.23	10-K	4.47

HAND No.	SIX-CARD HAND	DISCARD (DEALER)	EXPECTED AVG. (DEALER)	DISCARD (PONE)	EXPECTED AVG. (PONE)
08501	2-3-10-Q-Q-Q	2-3	14.74	10-Q	3.66
08502	2-3-J-J-J-J	2-3	20.65	2-3	6.28
08503	2-3-J-J-J-K	2-3	15.46	J-K	3.99
08504	2-3-J-J-J-Q	2-3	16.24	2-Q	3.33
08505	2-3-J-J-K-K	J-J	13.67	K-K	3.19
08506	2-3-J-J-Q-K	2-3	17.70	Q-K	4.33
08507	2-3-J-J-Q-Q	2-3	14.61	Q-Q	3.12
08508	2-3-J-K-K-K	2-3	14.98	J-K	3.51
08509	2-3-J-Q-K-K	2-3	17.46	2-3	3.08
08510	2-3-J-Q-Q-K	2-3	17.46	J-K	3.60
08511	2-3-J-Q-Q-Q	2-3	15.76	J-Q	2.79
08512	2-3-K-K-K-K	2-3	19.70	2-3	5.32
08513	2-3-Q-K-K-K	2-3	14.74	Q-K	3.77
08514	2-3-Q-Q-K-K	Q-Q	13.14	K-K	2.71
08515	2-3-Q-Q-Q-K	2-3	14.74	Q-K	3.77
08516	2-3-Q-Q-Q-Q	2-3	19.70	2-3	5.32
08517	2-4-4-4-4-5	2-5	19.20	2-5	7.70
08518	2-4-4-4-4-6	2-6	17.68	2-6	8.77
08519	2-4-4-4-4-7	2-4	17.39	2-7	8.51
08520	2-4-4-4-4-8	2-8	17.40	2-8	8.80
08521	2-4-4-4-4-9	2-9	17.48	2-9	9.02
08522	2-4-4-4-4-10	2-10	17.31	2-10	9.15
08523	2-4-4-4-4-J	2-J	17.61	2-J	8.96
08524	2-4-4-4-4-K	2-K	17.27	2-K	9.28
08525	2-4-4-4-4-Q	2-Q	17.35	2-Q	9.18
08526	2-4-4-4-5-5	5-5	17.50	2-5	4.04
08527	2-4-4-4-5-6	2-4	19.97	2-4	10.14
08528	2-4-4-4-5-7	2-5	18.59	2-5	7.09
08529	2-4-4-4-5-8	5-8	14.31	2-8	5.19
08530	2-4-4-4-5-9	4-5	14.40	2-9	5.41
08531	2-4-4-4-5-10	5-10	15.49	2-10	5.49
08532	2-4-4-4-5-J	5-J	15.83	2-J	5.30
08533	2-4-4-4-5-K	5-K	15.50	2-K	5.63
08534	2-4-4-4-5-Q	5-Q	15.46	2-Q	5.53
08535	2-4-4-4-6-6	6-6	14.72	2-6	3.94
08536	2-4-4-4-6-7	2-6	17.07	2-6	8.16
08537	2-4-4-4-6-8	6-8	13.57	2-8	4.01
08538	2-4-4-4-6-9	6-9	13.96	2-9	4.19
08539	2-4-4-4-6-10	2-10	12.52	6-10	4.65
08540	2-4-4-4-6-J	2-J	12.83	6-J	4.40
08541	2-4-4-4-6-K	2-K	12.49	6-K	4.81
08542	2-4-4-4-6-Q	2-Q	12.57	6-Q	4.74
08543	2-4-4-4-7-7	2-7	16.76	2-7	7.98
08544	2-4-4-4-7-8	2-8	16.75	2-8	8.14
08545	2-4-4-4-7-9	2-9	16.87	2-9	8.41
08546	2-4-4-4-7-10	2-10	16.70	2-10	8.54
08547	2-4-4-4-7-J	2-J	17.00	2-J	8.35
08548	2-4-4-4-7-K	2-K	16.67	2-K	8.67
08549	2-4-4-4-7-Q	2-Q	16.75	2-Q	8.57
08550	2-4-4-4-8-8	8-8	14.40	2-8	2.67

HAND No.	SIX-CARD HAND	DISCARD (DEALER)	EXPECTED AVG. (DEALER)	DISCARD (PONE)	EXPECTED AVG. (PONE)
08551	2-4-4-4-8-9	8-9	13.53	4-8	3.01
08552	2-4-4-4-8-10	8-10	12.75	8-10	3.80
08553	2-4-4-4-8-J	8-J	12.52	8-J	4.35
08554	2-4-4-4-8-K	8-K	12.11	8-K	4.74
08555	2-4-4-4-8-Q	8-Q	12.14	8-Q	4.63
08556	2-4-4-4-9-9	9-9	13.86	4-9	3.15
08557	2-4-4-4-9-10	9-10	13.12	4-10	3.42
08558	2-4-4-4-9-J	9-J	12.79	9-J	3.88
08559	2-4-4-4-9-K	9-K	11.90	9-K	4.80
08560	2-4-4-4-9-Q	9-Q	11.81	9-Q	4.71
08561	2-4-4-4-10-10	10-10	13.71	2-10	3.02
08562	2-4-4-4-10-J	10-J	13.58	10-J	3.31
08563	2-4-4-4-10-K	10-K	11.79	10-K	5.08
08564	2-4-4-4-10-Q	10-Q	12.27	10-Q	4.36
08565	2-4-4-4-J-J	J-J	14.28	2-J	3.07
08566	2-4-4-4-J-K	J-K	12.92	J-K	4.21
08567	2-4-4-4-J-Q	J-Q	13.77	J-Q	3.49
08568	2-4-4-4-K-K	K-K	13.53	K-K	3.32
08569	2-4-4-4-Q-K	Q-K	12.42	Q-K	4.46
08570	2-4-4-4-Q-Q	Q-Q	13.75	Q-Q	3.25
08571	2-4-4-5-5-5	2-4	17.56	2-4	7.72
08572	2-4-4-5-5-6	2-5	20.85	2-4	10.55
08573	2-4-4-5-5-7	5-5	15.11	2-7	4.38
08574	2-4-4-5-5-8	4-4	14.50	2-8	4.45
08575	2-4-4-5-5-9	5-5	16.81	2-9	4.67
08576	2-4-4-5-5-10 ✦	5-10	14.36	2-10	4.71
08577	2-4-4-5-5-J	5-J	14.70	2-4	4.53
08578	2-4-4-5-5-K ✦	5-K	14.37	2-K	4.85
08579	2-4-4-5-5-Q ✦	5-Q	14.33	2-Q	4.74
08580	2-4-4-5-6-6	2-4	19.78	2-6	10.42
08581	2-4-4-5-6-7	2-7	19.37	2-7	10.59
08582	2-4-4-5-6-8	2-8	19.32	2-8	10.71
08583	2-4-4-5-6-9	2-9	19.35	2-9	10.89
08584	2-4-4-5-6-10	2-10	19.18	2-10	11.02
08585	2-4-4-5-6-J	2-J	19.48	2-J	10.83
08586	2-4-4-5-6-K	2-K	19.14	2-K	11.15
08587	2-4-4-5-6-Q	2-Q	19.22	2-Q	11.05
08588	2-4-4-5-7-7	2-5	14.76	2-5	3.26
08589	2-4-4-5-7-8	7-8	14.28	2-8	2.49
08590	2-4-4-5-7-9	5-7	14.02	2-9	2.76
08591	2-4-4-5-7-10	5-10	13.01	7-10	3.43
08592	2-4-4-5-7-J	5-J	13.36	7-J	3.04
08593	2-4-4-5-7-K	5-K	13.02	7-K	3.46
08594	2-4-4-5-7-Q	5-Q	12.98	7-Q	3.41
08595	2-4-4-5-8-8	4-4	13.72	4-4	1.66
08596	2-4-4-5-8-9	5-8	13.53	8-9	1.85
08597	2-4-4-5-8-10	4-4	11.93	8-10	2.59
08598	2-4-4-5-8-J	4-4	11.91	8-J	3.13
08599	2-4-4-5-8-K	4-4	11.67	8-K	3.52
08600	2-4-4-5-8-Q	4-4	11.67	8-Q	3.42

HAND No.	SIX-CARD HAND	DISCARD (DEALER)	EXPECTED AVG. (DEALER)	DISCARD (PONE)	EXPECTED AVG. (PONE)
08601	2-4-4-5-9-9	4-5	14.01	5-9	1.78
08602	2-4-4-5-9-10	5-10	14.70	2-9	2.54
08603	2-4-4-5-9-J	5-J	15.05	2-9	2.78
08604	2-4-4-5-9-K	5-K	14.72	9-K	3.67
08605	2-4-4-5-9-Q	5-Q	14.68	9-Q	3.58
08606	2-4-4-5-10-10	4-4	13.46	2-4	2.98
08607	2-4-4-5-10-J	10-J	12.37	2-10	2.86
08608	2-4-4-5-10-K	4-4	11.54	10-K	3.86
08609	2-4-4-5-10-Q	4-4	11.80	10-Q	3.14
08610	2-4-4-5-J-J	4-4	13.93	2-4	3.46
08611	2-4-4-5-J-K	4-4	12.04	2-K	3.00
08612	2-4-4-5-J-Q	J-Q	12.55	2-Q	2.90
08613	2-4-4-5-K-K	4-4	13.46	2-4	2.98
08614	2-4-4-5-Q-K	4-4	11.80	Q-K	3.25
08615	2-4-4-5-Q-Q	4-4	13.46	2-4	2.98
08616	2-4-4-6-6-6	4-4	13.98	2-4	3.25
08617	2-4-4-6-6-7	4-4	14.59	4-4	2.53
08618	2-4-4-6-6-8	2-8	10.80	2-8	2.19
08619	2-4-4-6-6-9	6-6	13.77	2-4	2.59
08620	2-4-4-6-6-10	2-10	10.70	2-10	2.54
08621	2-4-4-6-6-J	2-J	11.00	2-J	2.35
08622	2-4-4-6-6-K	2-K	10.67	2-K	2.67
08623	2-4-4-6-6-Q	2-Q	10.75	2-Q	2.57
08624	2-4-4-6-7-7	4-4	14.41	2-6	4.33
08625	2-4-4-6-7-8	4-4	15.09	4-4	3.03
08626	2-4-4-6-7-9	6-7	12.97	2-9	1.93
08627	2-4-4-6-7-10	2-10	10.26	2-10	2.10
08628	2-4-4-6-7-J	2-J	10.57	2-J	1.91
08629	2-4-4-6-7-K	2-K	10.23	2-K	2.24
08630	2-4-4-6-7-Q	2-Q	10.31	2-Q	2.14
08631	2-4-4-6-8-8	8-8	10.83	2-6	0.59
08632	2-4-4-6-8-9	6-8	12.66	6-8	2.18
08633	2-4-4-6-8-10	8-10	9.19	6-10	0.39
08634	2-4-4-6-8-J	6-8	9.20	8-J	0.79
08635	2-4-4-6-8-K	6-8	8.96	8-K	1.18
08636	2-4-4-6-8-Q	6-8	8.96	8-Q	1.07
08637	2-4-4-6-9-9	6-9	13.05	4-6	2.14
08638	2-4-4-6-9-10	6-10	11.23	6-10	3.73
08639	2-4-4-6-9-J	6-J	11.46	6-J	3.49
08640	2-4-4-6-9-K	6-K	11.19	6-K	3.90
08641	2-4-4-6-9-Q	6-Q	11.33	6-Q	3.83
08642	2-4-4-6-10-10	10-10	10.14	2-6	0.59
08643	2-4-4-6-10-J	10-J	10.02	6-10	0.28
08644	2-4-4-6-10-K	10-K	8.23	10-K	1.51
08645	2-4-4-6-10-Q	10-Q	8.70	10-Q	0.79
08646	2-4-4-6-J-J	J-J	10.71	2-6	1.07
08647	2-4-4-6-J-K	J-K	9.35	J-K	0.64
08648	2-4-4-6-J-Q	J-Q	10.20	6-Q	0.37
08649	2-4-4-6-K-K	K-K	9.97	2-6	0.59
08650	2-4-4-6-Q-K	Q-K	8.85	Q-K	0.90

HAND No.	SIX-CARD HAND	DISCARD (DEALER)	EXPECTED AVG. (DEALER)	DISCARD (PONE)	EXPECTED AVG. (PONE)
08651	2-4-4-6-Q-Q	Q-Q	10.19	2-6	0.59
08652	2-4-4-7-7-7	4-4	13.46	2-7	4.20
08653	2-4-4-7-7-8	4-4	14.15	2-8	4.27
08654	2-4-4-7-7-9	7-7	13.92	2-9	4.58
08655	2-4-4-7-7-10	2-10	12.87	2-10	4.71
08656	2-4-4-7-7-J	2-J	13.17	2-J	4.52
08657	2-4-4-7-7-K	2-K	12.84	2-K	4.85
08658	2-4-4-7-7-Q	2-Q	12.92	2-Q	4.74
08659	2-4-4-7-8-8	4-4	13.98	2-4	2.90
08660	2-4-4-7-8-9	7-8	14.58	2-9	3.08
08661	2-4-4-7-8-10	2-10	11.44	2-10	3.28
08662	2-4-4-7-8-J	2-J	11.74	2-J	3.09
08663	2-4-4-7-8-K	2-K	11.40	2-K	3.41
08664	2-4-4-7-8-Q	2-Q	11.48	2-Q	3.31
08665	2-4-4-7-9-9	7-9	11.95	7-9	2.66
08666	2-4-4-7-9-10	7-10	11.30	7-10	3.74
08667	2-4-4-7-9-J	7-J	11.62	7-J	3.34
08668	2-4-4-7-9-K	7-K	11.33	7-K	3.77
08669	2-4-4-7-9-Q	7-Q	11.29	7-Q	3.72
08670	2-4-4-7-10-10	10-10	11.14	2-10	0.80
08671	2-4-4-7-10-J	10-J	11.02	2-10	1.08
08672	2-4-4-7-10-K	10-K	9.23	10-K	2.51
08673	2-4-4-7-10-Q	10-Q	9.70	10-Q	1.79
08674	2-4-4-7-J-J	J-J	11.71	2-7	1.03
08675	2-4-4-7-J-K	J-K	10.35	J-K	1.64
08676	2-4-4-7-J-Q	J-Q	11.20	2-Q	1.11
08677	2-4-4-7-K-K	K-K	10.97	2-K	0.93
08678	2-4-4-7-Q-K	Q-K	9.85	Q-K	1.90
08679	2-4-4-7-Q-Q	Q-Q	11.19	2-Q	0.83
08680	2-4-4-8-8-8	4-4	12.93	2-4	1.94
08681	2-4-4-8-8-9	8-8	13.53	8-8	1.06
08682	2-4-4-8-8-10	8-8	9.79	2-10	0.97
08683	2-4-4-8-8-J	8-8	10.03	2-J	0.78
08684	2-4-4-8-8-K	8-8	9.79	2-K	1.11
08685	2-4-4-8-8-Q	8-8	9.79	2-Q	1.01
08686	2-4-4-8-9-9	8-9	12.66	4-8	2.57
08687	2-4-4-8-9-10	8-10	11.88	8-10	2.93
08688	2-4-4-8-9-J	8-J	11.65	8-J	3.48
08689	2-4-4-8-9-K	8-K	11.24	8-K	3.87
08690	2-4-4-8-9-Q	8-Q	11.27	8-Q	3.76
08691	2-4-4-8-10-10	4-4	9.63	2-8	0.62
08692	2-4-4-8-10-J	10-J	9.32	8-J	-0.26
08693	2-4-4-8-10-K	8-10	8.14	10-K	0.82
08694	2-4-4-8-10-Q	8-10	8.14	10-Q	0.10
08695	2-4-4-8-J-J	J-J	10.02	2-8	1.10
08696	2-4-4-8-J-K	J-K	8.66	8-K	0.37
08697	2-4-4-8-J-Q	J-Q	9.51	8-Q	0.26
08698	2-4-4-8-K-K	K-K	9.27	2-8	0.62
08699	2-4-4-8-Q-K	Q-K	8.16	Q-K	0.20
08700	2-4-4-8-Q-Q	Q-Q	9.49	2-8	0.62

HAND No.	SIX-CARD HAND	DISCARD (DEALER)	EXPECTED AVG. (DEALER)	DISCARD (PONE)	EXPECTED AVG. (PONE)
08701	2-4-4-9-9-9	9-9	12.99	4-9	2.72
08702	2-4-4-9-9-10	9-10	12.25	4-10	2.98
08703	2-4-4-9-9-J	9-J	11.92	9-J	3.01
08704	2-4-4-9-9-K	4-K	11.12	9-K	3.93
08705	2-4-4-9-9-Q	4-Q	11.11	9-Q	3.84
08706	2-4-4-9-10-10	10-10	12.84	10-10	1.99
08707	2-4-4-9-10-J	10-J	12.71	10-J	2.44
08708	2-4-4-9-10-K	10-K	10.92	10-K	4.21
08709	2-4-4-9-10-Q	10-Q	11.40	10-Q	3.49
08710	2-4-4-9-J-J	J-J	13.41	J-J	1.81
08711	2-4-4-9-J-K	J-K	12.05	J-K	3.34
08712	2-4-4-9-J-Q	J-Q	12.90	J-Q	2.62
08713	2-4-4-9-K-K	K-K	12.66	K-K	2.45
08714	2-4-4-9-Q-K	Q-K	11.55	Q-K	3.59
08715	2-4-4-9-Q-Q	Q-Q	12.88	Q-Q	2.38
08716	2-4-4-10-10-10	4-4	12.93	2-4	1.94
08717	2-4-4-10-10-J	4-4	10.39	2-J	0.78
08718	2-4-4-10-10-K	4-4	9.11	2-K	1.11
08719	2-4-4-10-10-Q	4-4	9.63	2-Q	1.01
08720	2-4-4-10-J-J	4-4	10.63	2-10	1.45
08721	2-4-4-10-J-K	10-J	8.98	10-K	0.71
08722	2-4-4-10-J-Q	4-4	11.20	2-4	0.20
08723	2-4-4-10-K-K	2-10	9.13	2-10	0.97
08724	2-4-4-10-Q-K	Q-K	7.81	10-K	0.47
08725	2-4-4-10-Q-Q	4-4	9.63	2-10	0.97
08726	2-4-4-J-J-J	4-4	13.65	2-4	2.66
08727	2-4-4-J-J-K	4-4	10.11	2-K	1.59
08728	2-4-4-J-J-Q	4-4	10.63	2-Q	1.48
08729	2-4-4-J-K-K	4-4	9.87	2-J	0.78
08730	2-4-4-J-Q-K	4-4	11.11	2-4	0.11
08731	2-4-4-J-Q-Q	4-4	10.39	2-J	0.78
08732	2-4-4-K-K-K	4-4	12.93	2-4	1.94
08733	2-4-4-Q-K-K	4-4	9.63	2-Q	1.01
08734	2-4-4-Q-Q-K	4-4	9.63	2-K	1.11
08735	2-4-4-Q-Q-Q	4-4	12.93	2-4	1.94
08736	2-4-5-5-5-5 ★	2-4	27.30	2-4	17.46
08737	2-4-5-5-5-6	2-5	21.35	2-5	9.85
08738	2-4-5-5-5-7	2-7	16.89	2-7	8.11
08739	2-4-5-5-5-8	2-8	16.75	2-8	8.14
08740	2-4-5-5-5-9	2-9	16.82	2-9	8.36
08741	2-4-5-5-5-10	2-4	20.91	2-4	11.07
08742	2-4-5-5-5-J	2-4	21.15	2-4	11.31
08743	2-4-5-5-5-K	2-4	20.91	2-4	11.07
08744	2-4-5-5-5-Q	2-4	20.91	2-4	11.07
08745	2-4-5-5-6-6	2-5	20.72	2-6	10.90
08746	2-4-5-5-6-7	2-7	19.89	2-7	11.11
08747	2-4-5-5-6-8	2-8	19.80	2-8	11.19
08748	2-4-5-5-6-9	2-9	19.82	2-9	11.36
08749	2-4-5-5-6-10	2-10	19.61	2-10	11.45
08750	2-4-5-5-6-J	2-J	19.91	2-J	11.26

HAND No.	SIX-CARD HAND	DISCARD (DEALER)	EXPECTED AVG. (DEALER)	DISCARD (PONE)	EXPECTED AVG. (PONE)
08751	2-4-5-5-6-K	2-K	19.58	2-K	11.59
08752	2-4-5-5-6-Q	2-Q	19.66	2-Q	11.48
08753	2-4-5-5-7-7	5-5	13.07	2-4	2.77
08754	2-4-5-5-7-8	5-5	13.41	4-7	3.93
08755	2-4-5-5-7-9	5-5	13.02	2-9	1.58
08756	2-4-5-5-7-10	2-4	13.47	2-7	4.68
08757	2-4-5-5-7-J	2-4	13.71	2-7	4.92
08758	2-4-5-5-7-K	2-4	13.47	2-7	4.68
08759	2-4-5-5-7-Q	2-4	13.47	2-7	4.68
08760	2-4-5-5-8-8	4-5	14.44	4-8	3.79
08761	2-4-5-5-8-9	5-5	13.28	4-9	4.19
08762	2-4-5-5-8-10	2-8	13.32	2-8	4.71
08763	2-4-5-5-8-J	2-8	13.56	2-8	4.95
08764	2-4-5-5-8-K	2-8	13.32	2-8	4.71
08765	2-4-5-5-8-Q	2-8	13.32	2-8	4.71
08766	2-4-5-5-9-9	5-5	16.46	2-4	1.55
08767	2-4-5-5-9-10	2-4	13.47	2-9	4.93
08768	2-4-5-5-9-J	2-9	13.63	2-9	5.17
08769	2-4-5-5-9-K	2-9	13.39	2-9	4.93
08770	2-4-5-5-9-Q	2-9	13.39	2-9	4.93
08771	2-4-5-5-10-10	2-4	18.34	2-4	8.51
08772	2-4-5-5-10-J	2-4	17.19	2-4	7.35
08773	2-4-5-5-10-K	2-4	16.43	2-4	6.59
08774	2-4-5-5-10-Q	2-4	16.69	2-4	6.85
08775	2-4-5-5-J-J	2-4	18.82	2-4	8.98
08776	2-4-5-5-J-K	2-4	16.93	2-4	7.09
08777	2-4-5-5-J-Q	2-4	17.19	2-4	7.35
08778	2-4-5-5-K-K	2-4	18.34	2-4	8.51
08779	2-4-5-5-Q-K	2-4	16.69	2-4	6.85
08780	2-4-5-5-Q-Q	2-4	18.34	2-4	8.51
08781	2-4-5-6-6-6	2-6	19.26	2-6	10.35
08782	2-4-5-6-6-7	2-7	19.28	2-7	10.51
08783	2-4-5-6-6-8	2-8	19.19	2-8	10.58
08784	2-4-5-6-6-9	2-9	19.17	2-9	10.71
08785	2-4-5-6-6-10	2-10	19.05	2-10	10.89
08786	2-4-5-6-6-J	2-J	19.35	2-J	10.70
08787	2-4-5-6-6-K	2-K	19.01	2-K	11.02
08788	2-4-5-6-6-Q	2-Q	19.09	2-Q	10.92
08789	2-4-5-6-7-7	2-4	16.30	2-4	6.46
08790	2-4-5-6-7-8	4-5	15.88	2-8	4.60
08791	2-4-5-6-7-9	2-7	13.71	2-7	4.94
08792	2-4-5-6-7-10	2-7	13.58	2-10	4.97
08793	2-4-5-6-7-J	2-7	13.82	2-7	5.05
08794	2-4-5-6-7-K	2-7	13.58	2-K	5.11
08795	2-4-5-6-7-Q	2-7	13.58	2-Q	5.01
08796	2-4-5-6-8-8	8-8	13.94	2-8	3.30
08797	2-4-5-6-8-9	2-8	13.60	2-8	4.99
08798	2-4-5-6-8-10	2-8	13.47	2-8	4.86
08799	2-4-5-6-8-J	2-8	13.71	2-8	5.10
08800	2-4-5-6-8-K	2-8	13.47	2-8	4.86

HAND No.	SIX-CARD HAND	DISCARD (DEALER)	EXPECTED AVG. (DEALER)	DISCARD (PONE)	EXPECTED AVG. (PONE)
08801	2-4-5-6-8-Q	2-8	13.47	2-8	4.86
08802	2-4-5-6-9-9	5-6	14.21	2-9	5.13
08803	2-4-5-6-9-10	2-9	13.50	2-10	5.30
08804	2-4-5-6-9-J	2-J	13.76	2-9	5.28
08805	2-4-5-6-9-K	2-9	13.50	2-K	5.43
08806	2-4-5-6-9-Q	2-Q	13.51	2-Q	5.33
08807	2-4-5-6-10-10	2-10	13.28	2-10	5.12
08808	2-4-5-6-10-J	2-J	13.63	2-10	5.41
08809	2-4-5-6-10-K	2-10	13.33	2-K	5.30
08810	2-4-5-6-10-Q	2-Q	13.38	2-Q	5.20
08811	2-4-5-6-J-J	2-J	13.83	2-J	5.17
08812	2-4-5-6-J-K	2-J	13.63	2-K	5.54
08813	2-4-5-6-J-Q	2-J	13.63	2-Q	5.44
08814	2-4-5-6-K-K	2-K	13.25	2-K	5.26
08815	2-4-5-6-Q-K	2-Q	13.38	2-K	5.30
08816	2-4-5-6-Q-Q	2-Q	13.33	2-Q	5.16
08817	2-4-5-7-7-7	4-5	14.31	2-4	3.98
08818	2-4-5-7-7-8	4-5	14.97	2-4	4.03
08819	2-4-5-7-7-9	7-7	10.96	4-9	0.72
08820	2-4-5-7-7-10	2-4	11.13	2-4	1.29
08821	2-4-5-7-7-J	2-4	11.37	2-4	1.53
08822	2-4-5-7-7-K	2-4	11.13	2-4	1.29
08823	2-4-5-7-7-Q	2-4	11.13	2-4	1.29
08824	2-4-5-7-8-8	4-5	14.75	2-4	3.81
08825	2-4-5-7-8-9	4-5	13.64	2-4	2.66
08826	2-4-5-7-8-10	7-8	11.41	4-10	2.42
08827	2-4-5-7-8-J ✛	5-J	11.66	4-J	2.08
08828	2-4-5-7-8-K	7-8	11.41	4-K	2.59
08829	2-4-5-7-8-Q	7-8	11.41	4-Q	2.49
08830	2-4-5-7-9-9	5-7	13.67	5-7	0.64
08831	2-4-5-7-9-10	5-10	10.88	7-10	0.70
08832	2-4-5-7-9-J	5-J	11.22	7-J	0.30
08833	2-4-5-7-9-K	5-K	10.89	7-K	0.73
08834	2-4-5-7-9-Q	5-Q	10.85	7-Q	0.68
08835	2-4-5-7-10-10	2-4	12.43	2-7	3.38
08836	2-4-5-7-10-J	2-4	11.28	2-7	2.22
08837	2-4-5-7-10-K	2-4	10.52	2-7	1.46
08838	2-4-5-7-10-Q	2-4	10.78	2-7	1.72
08839	2-4-5-7-J-J	2-4	12.91	2-7	3.85
08840	2-4-5-7-J-K	2-4	11.02	2-7	1.96
08841	2-4-5-7-J-Q	2-4	11.28	2-7	2.22
08842	2-4-5-7-K-K	2-4	12.43	2-7	3.38
08843	2-4-5-7-Q-K	2-4	10.78	2-7	1.72
08844	2-4-5-7-Q-Q	2-4	12.43	2-7	3.38
08845	2-4-5-8-8-8	4-5	13.66	4-8	3.01
08846	2-4-5-8-8-9	4-9	11.82	4-9	3.41
08847	2-4-5-8-8-10	4-10	11.65	4-10	3.50
08848	2-4-5-8-8-J	4-J	11.93	4-J	3.17
08849	2-4-5-8-8-K	4-K	11.64	4-K	3.68
08850	2-4-5-8-8-Q	4-Q	11.63	4-Q	3.58

HAND No.	SIX-CARD HAND	DISCARD (DEALER)	EXPECTED AVG. (DEALER)	DISCARD (PONE)	EXPECTED AVG. (PONE)
08851	2-4-5-8-9-9	5-8	13.13	5-8	1.34
08852	2-4-5-8-9-10	2-4	12.23	2-4	2.40
08853	2-4-5-8-9-J	5-J	11.53	4-9	1.61
08854	2-4-5-8-9-K	5-K	11.19	4-9	1.37
08855	2-4-5-8-9-Q	5-Q	11.15	4-9	1.37
08856	2-4-5-8-10-10	2-4	12.65	2-8	3.41
08857	2-4-5-8-10-J	2-4	11.06	2-8	2.25
08858	2-4-5-8-10-K	2-4	10.47	4-K	1.90
08859	2-4-5-8-10-Q	2-4	10.73	4-Q	1.80
08860	2-4-5-8-J-J	2-4	12.60	2-8	3.88
08861	2-4-5-8-J-K	2-4	10.71	2-8	1.99
08862	2-4-5-8-J-Q	2-4	10.97	2-8	2.25
08863	2-4-5-8-K-K	2-4	12.13	2-8	3.41
08864	2-4-5-8-Q-K	2-4	10.47	2-8	1.75
08865	2-4-5-8-Q-Q	2-4	12.13	2-8	3.41
08866	2-4-5-9-9-9	4-5	13.66	2-4	2.68
08867	2-4-5-9-9-10	5-10	14.31	2-4	1.64
08868	2-4-5-9-9-J	5-J	14.66	2-4	1.35
08869	2-4-5-9-9-K	5-K	14.32	9-K	0.89
08870	2-4-5-9-9-Q	5-Q	14.28	9-Q	0.80
08871	2-4-5-9-10-10	2-4	13.21	2-9	3.63
08872	2-4-5-9-10-J	2-4	14.26	2-4	4.42
08873	2-4-5-9-10-K	5-K	11.02	2-9	1.71
08874	2-4-5-9-10-Q ⊕	5-Q	10.98	2-9	1.97
08875	2-4-5-9-J-J	2-4	13.17	2-9	4.10
08876	2-4-5-9-J-K	2-4	11.02	2-9	2.21
08877	2-4-5-9-J-Q	2-4	11.10	2-9	2.47
08878	2-4-5-9-K-K	2-4	12.17	2-9	3.63
08879	2-4-5-9-Q-K	2-4	10.52	2-9	1.97
08880	2-4-5-9-Q-Q	2-4	12.17	2-9	3.63
08881	2-4-5-10-10-10	2-4	17.73	2-4	7.90
08882	2-4-5-10-10-J	2-4	15.19	2-4	5.35
08883	2-4-5-10-10-K	2-4	13.91	2-4	4.07
08884	2-4-5-10-10-Q	2-4	14.43	2-4	4.59
08885	2-4-5-10-J-J	2-4	15.43	2-4	5.59
08886	2-4-5-10-J-K	2-4	12.84	2-4	3.01
08887	2-4-5-10-J-Q	2-4	16.00	2-4	6.16
08888	2-4-5-10-K-K	2-4	13.91	2-4	4.07
08889	2-4-5-10-Q-K	2-4	12.34	2-4	2.51
08890	2-4-5-10-Q-Q	2-4	14.43	2-4	4.59
08891	2-4-5-J-J-J	2-4	18.45	2-4	8.61
08892	2-4-5-J-J-K	2-4	14.91	2-4	5.07
08893	2-4-5-J-J-Q	2-4	15.43	2-4	5.59
08894	2-4-5-J-K-K	2-4	14.67	2-4	4.83
08895	2-4-5-J-Q-K	2-4	15.91	2-4	6.07
08896	2-4-5-J-Q-Q	2-4	15.19	2-4	5.35
08897	2-4-5-K-K-K	2-4	17.73	2-4	7.90
08898	2-4-5-Q-K-K	2-4	14.43	2-4	4.59
08899	2-4-5-Q-Q-K	2-4	14.43	2-4	4.59
08900	2-4-5-Q-Q-Q	2-4	17.73	2-4	7.90

HAND No.	SIX-CARD HAND	DISCARD (DEALER)	EXPECTED AVG. (DEALER)	DISCARD (PONE)	EXPECTED AVG. (PONE)
08901	2-4-6-6-6-6	2-4	18.26	2-4	8.42
08902	2-4-6-6-6-7	2-4	13.95	2-4	4.11
08903	2-4-6-6-6-8	2-4	13.30	2-8	3.67
08904	2-4-6-6-6-9	2-4	17.73	2-4	7.90
08905	2-4-6-6-6-10	2-10	12.18	2-10	4.02
08906	2-4-6-6-6-J	2-J	12.48	2-J	3.83
08907	2-4-6-6-6-K	2-K	12.14	2-K	4.15
08908	2-4-6-6-6-Q	2-Q	12.22	2-Q	4.05
08909	2-4-6-6-7-7	4-7	12.54	4-7	3.93
08910	2-4-6-6-7-8	2-4	17.60	2-4	7.77
08911	2-4-6-6-7-9	2-4	13.13	4-9	4.19
08912	2-4-6-6-7-10	4-10	12.56	4-10	4.42
08913	2-4-6-6-7-J	4-J	12.84	4-J	4.08
08914	2-4-6-6-7-K	4-K	12.55	4-K	4.59
08915	2-4-6-6-7-Q	4-Q	12.54	4-Q	4.49
08916	2-4-6-6-8-8	2-4	11.47	2-4	1.64
08917	2-4-6-6-8-9	2-4	12.95	2-4	3.11
08918	2-4-6-6-8-10	2-4	8.95	2-10	0.45
08919	2-4-6-6-8-J	2-4	8.93	8-J	0.53
08920	2-4-6-6-8-K	2-4	8.69	8-K	0.92
08921	2-4-6-6-8-Q	2-4	8.69	8-Q	0.81
08922	2-4-6-6-9-9	2-4	17.39	2-4	7.55
08923	2-4-6-6-9-10	2-4	12.17	2-10	3.36
08924	2-4-6-6-9-J	2-4	12.15	2-J	3.17
08925	2-4-6-6-9-K	2-4	11.65	2-K	3.50
08926	2-4-6-6-9-Q	2-4	11.65	2-Q	3.40
08927	2-4-6-6-10-10	10-10	9.88	2-4	-0.10
08928	2-4-6-6-10-J	10-J	9.76	2-10	-0.18
08929	2-4-6-6-10-K	10-K	7.97	10-K	1.25
08930	2-4-6-6-10-Q	10-Q	8.44	10-Q	0.53
08931	2-4-6-6-J-J	J-J	10.45	2-4	0.38
08932	2-4-6-6-J-K	J-K	9.09	J-K	0.38
08933	2-4-6-6-J-Q	J-Q	9.94	2-Q	-0.15
08934	2-4-6-6-K-K	2-4	9.73	2-4	-0.10
08935	2-4-6-6-Q-K	Q-K	8.59	Q-K	0.64
08936	2-4-6-6-Q-Q	Q-Q	9.93	2-4	-0.10
08937	2-4-6-7-7-7	2-4	13.95	2-4	4.11
08938	2-4-6-7-7-8	2-4	19.34	2-4	9.51
08939	2-4-6-7-7-9	4-9	12.47	4-9	4.06
08940	2-4-6-7-7-10	4-10	12.39	4-10	4.24
08941	2-4-6-7-7-J	4-J	12.67	4-J	3.91
08942	2-4-6-7-7-K	4-K	12.38	4-K	4.42
08943	2-4-6-7-7-Q	4-Q	12.37	4-Q	4.32
08944	2-4-6-7-8-8	2-4	19.21	2-4	9.38
08945	2-4-6-7-8-9	2-4	15.08	2-4	5.25
08946	2-4-6-7-8-10	4-10	13.06	4-10	4.92
08947	2-4-6-7-8-J	4-J	13.34	4-J	4.58
08948	2-4-6-7-8-K	4-K	13.05	4-K	5.09
08949	2-4-6-7-8-Q	4-Q	13.04	4-Q	4.99
08950	2-4-6-7-9-9	2-4	12.56	2-4	2.72

HAND No.	SIX-CARD HAND	DISCARD (DEALER)	EXPECTED AVG. (DEALER)	DISCARD (PONE)	EXPECTED AVG. (PONE)
08951	2-4-6-7-9-10	4-10	9.69	7-10	1.87
08952	2-4-6-7-9-J	4-J	9.97	7-J	1.47
08953	2-4-6-7-9-K	4-K	9.68	7-K	1.90
08954	2-4-6-7-9-Q	4-Q	9.67	7-Q	1.85
08955	2-4-6-7-10-10	10-10	9.67	4-10	-0.45
08956	2-4-6-7-10-J	10-J	9.54	4-10	-0.17
08957	2-4-6-7-10-K	10-K	7.75	10-K	1.03
08958	2-4-6-7-10-Q	10-Q	8.22	10-Q	0.31
08959	2-4-6-7-J-J	J-J	10.23	4-J	-0.55
08960	2-4-6-7-J-K	J-K	8.88	J-K	0.17
08961	2-4-6-7-J-Q	J-Q	9.72	4-Q	-0.09
08962	2-4-6-7-K-K	K-K	9.49	4-K	-0.28
08963	2-4-6-7-Q-K	Q-K	8.37	Q-K	0.42
08964	2-4-6-7-Q-Q	Q-Q	9.71	4-Q	-0.38
08965	2-4-6-8-8-8	2-4	12.78	2-4	2.94
08966	2-4-6-8-8-9	8-8	11.66	2-4	1.29
08967	2-4-6-8-8-10	2-4	9.04	2-10	0.02
08968	2-4-6-8-8-J	2-4	8.76	2-J	-0.17
08969	2-4-6-8-8-K	2-4	8.52	2-K	0.15
08970	2-4-6-8-8-Q	2-4	8.52	2-Q	0.05
08971	2-4-6-8-9-9	2-4	12.87	2-4	3.03
08972	2-4-6-8-9-10	2-4	11.67	2-4	1.83
08973	2-4-6-8-9-J	8-J	9.78	8-J	1.61
08974	2-4-6-8-9-K	8-K	9.37	8-K	2.00
08975	2-4-6-8-9-Q	8-Q	9.40	8-Q	1.89
08976	2-4-6-8-10-10	2-4	8.60	2-6	-0.97
08977	2-4-6-8-10-J ♠	10-J	7.67	6-10	-1.90
08978	2-4-6-8-10-K	6-8	6.62	10-K	-0.84
08979	2-4-6-8-10-Q	6-8	6.88	10-Q	-1.56
08980	2-4-6-8-J-J	6-8	9.01	2-8	-0.73
08981	2-4-6-8-J-K	6-8	7.12	8-K	-1.54
08982	2-4-6-8-J-Q	J-Q	7.85	8-Q	-1.65
08983	2-4-6-8-K-K	6-8	8.53	2-8	-1.20
08984	2-4-6-8-Q-K	6-8	6.88	Q-K	-1.45
08985	2-4-6-8-Q-Q	6-8	8.53	2-8	-1.20
08986	2-4-6-9-9-9	2-4	17.21	2-4	7.38
08987	2-4-6-9-9-10	2-4	12.52	6-10	3.26
08988	2-4-6-9-9-J	2-4	12.23	6-J	3.01
08989	2-4-6-9-9-K	2-4	11.47	6-K	3.42
08990	2-4-6-9-9-Q	2-4	11.47	6-Q	3.35
08991	2-4-6-9-10-10	10-10	10.97	2-4	0.77
08992	2-4-6-9-10-J	2-4	11.65	2-4	1.81
08993	2-4-6-9-10-K	10-K	9.05	10-K	2.34
08994	2-4-6-9-10-Q	10-Q	9.53	10-Q	1.62
08995	2-4-6-9-J-J	J-J	11.54	2-4	0.72
08996	2-4-6-9-J-K	J-K	10.18	J-K	1.47
08997	2-4-6-9-J-Q	J-Q	11.03	J-Q	0.75
08998	2-4-6-9-K-K	K-K	10.79	K-K	0.58
08999	2-4-6-9-Q-K	Q-K	9.68	Q-K	1.72
09000	2-4-6-9-Q-Q	Q-Q	11.01	Q-Q	0.51

HAND No.	SIX-CARD HAND	DISCARD (DEALER)	EXPECTED AVG. (DEALER)	DISCARD (PONE)	EXPECTED AVG. (PONE)
09001	2-4-6-10-10-10	2-4	11.47	2-6	2.33
09002	2-4-6-10-10-J	2-4	8.93	2-6	-0.21
09003	2-4-6-10-10-K	2-4	7.65	6-K	-0.23
09004	2-4-6-10-10-Q	2-4	8.17	6-Q	-0.30
09005	2-4-6-10-J-J	2-4	9.17	6-10	0.08
09006	2-4-6-10-J-K	10-J	7.06	10-K	-1.21
09007	2-4-6-10-J-Q	2-4	9.73	2-6	0.59
09008	2-4-6-10-K-K	2-4	7.65	6-10	-0.40
09009	2-4-6-10-Q-K	2-4	6.08	10-K	-1.45
09010	2-4-6-10-Q-Q	2-4	8.17	6-10	-0.40
09011	2-4-6-J-J-J	2-4	12.19	2-6	3.05
09012	2-4-6-J-J-K	2-4	8.65	6-K	0.25
09013	2-4-6-J-J-Q	2-4	9.17	6-Q	0.18
09014	2-4-6-J-K-K	2-4	8.41	6-J	-0.64
09015	2-4-6-J-Q-K	2-4	9.65	2-6	0.51
09016	2-4-6-J-Q-Q	2-4	8.93	2-6	-0.21
09017	2-4-6-K-K-K	2-4	11.47	2-6	2.33
09018	2-4-6-Q-K-K	2-4	8.17	6-Q	-0.30
09019	2-4-6-Q-Q-K	2-4	8.17	6-K	-0.23
09020	2-4-6-Q-Q-Q	2-4	11.47	2-6	2.33
09021	2-4-7-7-7-7	2-4	18.26	2-4	8.42
09022	2-4-7-7-7-8	2-4	19.30	2-4	9.46
09023	2-4-7-7-7-9	2-4	12.78	4-9	3.15
09024	2-4-7-7-7-10	2-4	12.00	4-10	3.29
09025	2-4-7-7-7-J	2-4	12.23	4-J	2.95
09026	2-4-7-7-7-K	2-4	12.00	4-K	3.46
09027	2-4-7-7-7-Q	2-4	12.00	4-Q	3.36
09028	2-4-7-7-8-8	2-4	19.47	2-4	9.64
09029	2-4-7-7-8-9	2-4	18.91	2-4	9.07
09030	2-4-7-7-8-10	2-4	12.87	4-10	3.98
09031	2-4-7-7-8-J	2-4	12.93	2-J	3.65
09032	2-4-7-7-8-K	2-4	12.69	4-K	4.16
09033	2-4-7-7-8-Q	2-4	12.69	4-Q	4.06
09034	2-4-7-7-9-9	7-7	13.57	2-4	0.94
09035	2-4-7-7-9-10	7-7	10.31	7-10	-0.13
09036	2-4-7-7-9-J	7-7	10.29	7-J	-0.53
09037	2-4-7-7-9-K	7-7	9.79	9-K	0.19
09038	2-4-7-7-9-Q	7-7	9.79	9-Q	0.10
09039	2-4-7-7-10-10	7-7	9.83	2-4	-0.10
09040	2-4-7-7-10-J	10-J	8.89	4-10	-0.65
09041	2-4-7-7-10-K	7-7	7.92	10-K	0.38
09042	2-4-7-7-10-Q	7-7	8.18	10-Q	-0.34
09043	2-4-7-7-J-J ✧	7-7	10.31	2-4	0.38
09044	2-4-7-7-J-K	7-7	8.42	4-K	-0.47
09045	2-4-7-7-J-Q	J-Q	9.07	4-Q	-0.57
09046	2-4-7-7-K-K	7-7	9.83	2-4	-0.10
09047	2-4-7-7-Q-K	7-7	8.18	Q-K	-0.23
09048	2-4-7-7-Q-Q	7-7	9.83	2-4	-0.10
09049	2-4-7-8-8-8	2-4	18.78	2-4	8.94
09050	2-4-7-8-8-9	2-4	18.73	2-4	8.90

HAND No.	SIX-CARD HAND	DISCARD (DEALER)	EXPECTED AVG. (DEALER)	DISCARD (PONE)	EXPECTED AVG. (PONE)
09051	2-4-7-8-8-10	2-4	12.69	4-10	3.81
09052	2-4-7-8-8-J	2-4	12.76	2-J	3.52
09053	2-4-7-8-8-K	2-4	12.52	4-K	3.99
09054	2-4-7-8-8-Q	2-4	12.52	4-Q	3.89
09055	2-4-7-8-9-9	2-4	16.82	2-4	6.98
09056	2-4-7-8-9-10	2-4	12.87	2-4	3.03
09057	2-4-7-8-9-J	2-4	11.73	2-J	2.37
09058	2-4-7-8-9-K	2-4	11.41	4-K	2.83
09059	2-4-7-8-9-Q	2-4	11.41	4-Q	2.73
09060	2-4-7-8-10-10	2-4	10.52	2-4	0.68
09061	2-4-7-8-10-J	10-J	9.32	4-10	-0.30
09062	2-4-7-8-10-K	7-8	8.54	10-K	0.82
09063	2-4-7-8-10-Q	7-8	8.80	10-Q	0.10
09064	2-4-7-8-J-J	7-8	10.93	2-4	0.72
09065	2-4-7-8-J-K	7-8	9.04	J-K	-0.05
09066	2-4-7-8-J-Q	J-Q	9.51	4-Q	-0.22
09067	2-4-7-8-K-K	7-8	10.45	2-4	0.25
09068	2-4-7-8-Q-K	7-8	8.80	Q-K	0.20
09069	2-4-7-8-Q-Q	7-8	10.45	2-4	0.25
09070	2-4-7-9-9-9	2-4	12.26	2-4	2.42
09071	2-4-7-9-9-10	7-10	10.91	7-10	3.35
09072	2-4-7-9-9-J	7-J	11.22	7-J	2.95
09073	2-4-7-9-9-K	7-K	10.94	7-K	3.38
09074	2-4-7-9-9-Q	7-Q	10.90	7-Q	3.33
09075	2-4-7-9-10-10	10-10	8.97	7-10	0.04
09076	2-4-7-9-10-J	2-4	9.82	4-7	0.62
09077	2-4-7-9-10-K	7-K	7.68	10-K	0.34
09078	2-4-7-9-10-Q	7-Q	7.64	7-Q	0.07
09079	2-4-7-9-J-J	J-J	9.54	7-J	-0.37
09080	2-4-7-9-J-K	J-K	8.18	7-K	0.09
09081	2-4-7-9-J-Q	J-Q	9.03	7-Q	0.04
09082	2-4-7-9-K-K	K-K	8.79	7-K	-0.45
09083	2-4-7-9-Q-K	Q-K	7.68	Q-K	-0.28
09084	2-4-7-9-Q-Q	Q-Q	9.01	7-Q	-0.50
09085	2-4-7-10-10-10	2-4	11.47	4-7	2.41
09086	2-4-7-10-10-J	2-4	8.93	4-7	-0.14
09087	2-4-7-10-10-K	2-4	7.65	7-K	-0.36
09088	2-4-7-10-10-Q	2-4	8.17	7-Q	-0.41
09089	2-4-7-10-J-J	2-4	9.17	4-7	0.10
09090	2-4-7-10-J-K	10-J	6.71	7-K	-1.51
09091	2-4-7-10-J-Q	2-4	9.73	4-7	0.67
09092	2-4-7-10-K-K	2-4	7.65	7-10	-0.39
09093	2-4-7-10-Q-K ♣	2-4	6.08	10-K	-1.79
09094	2-4-7-10-Q-Q	2-4	8.17	7-10	-0.39
09095	2-4-7-J-J-J	2-4	12.19	4-7	3.12
09096	2-4-7-J-J-K	2-4	8.65	7-K	0.12
09097	2-4-7-J-J-Q	2-4	9.17	4-7	0.10
09098	2-4-7-J-K-K	2-4	8.41	4-7	-0.66
09099	2-4-7-J-Q-K	2-4	9.65	4-7	0.58
09100	2-4-7-J-Q-Q	2-4	8.93	4-7	-0.14

HAND No.	SIX-CARD HAND	DISCARD (DEALER)	EXPECTED AVG. (DEALER)	DISCARD (PONE)	EXPECTED AVG. (PONE)
09101	2-4-7-K-K-K	2-4	11.47	4-7	2.41
09102	2-4-7-Q-K-K	2-4	8.17	7-Q	-0.41
09103	2-4-7-Q-Q-K	2-4	8.17	7-K	-0.36
09104	2-4-7-Q-Q-Q	2-4	11.47	4-7	2.41
09105	2-4-8-8-8-8	2-4	17.21	2-4	7.38
09106	2-4-8-8-8-9	2-4	13.04	2-4	3.20
09107	2-4-8-8-8-10	2-4	12.26	4-10	2.76
09108	2-4-8-8-8-J	2-4	11.71	2-J	2.52
09109	2-4-8-8-8-K	2-4	11.47	4-K	2.94
09110	2-4-8-8-8-Q	2-4	11.47	4-Q	2.84
09111	2-4-8-8-9-9	8-8	13.09	2-4	1.81
09112	2-4-8-8-9-10	2-4	14.91	2-4	5.07
09113	2-4-8-8-9-J	8-8	9.81	8-J	-0.08
09114	2-4-8-8-9-K	8-8	9.31	8-K	0.31
09115	2-4-8-8-9-Q	8-8	9.31	8-Q	0.20
09116	2-4-8-8-10-10	2-4	10.60	2-4	0.77
09117	2-4-8-8-10-J	10-J	8.89	2-J	-0.78
09118	2-4-8-8-10-K	2-4	8.17	10-K	0.38
09119	2-4-8-8-10-Q	2-4	8.43	10-Q	-0.34
09120	2-4-8-8-J-J	2-4	10.04	2-4	0.20
09121	2-4-8-8-J-K	J-K	8.22	J-K	-0.49
09122	2-4-8-8-J-Q	J-Q	9.07	4-Q	-0.75
09123	2-4-8-8-K-K	2-4	9.56	2-4	-0.28
09124	2-4-8-8-Q-K	2-4	7.91	Q-K	-0.23
09125	2-4-8-8-Q-Q	2-4	9.56	2-4	-0.28
09126	2-4-8-9-9-9	2-4	13.04	2-4	3.20
09127	2-4-8-9-9-10	2-4	14.91	2-4	5.07
09128	2-4-8-9-9-J	8-J	11.21	8-J	3.05
09129	2-4-8-9-9-K	8-K	10.80	8-K	3.44
09130	2-4-8-9-9-Q	8-Q	10.84	8-Q	3.33
09131	2-4-8-9-10-10	2-4	14.91	2-4	5.07
09132	2-4-8-9-10-J	2-4	11.19	2-4	1.35
09133	2-4-8-9-10-K	2-4	9.50	4-K	0.92
09134	2-4-8-9-10-Q	2-4	9.58	4-Q	0.82
09135	2-4-8-9-J-J	J-J	9.89	8-J	-0.28
09136	2-4-8-9-J-K	J-K	8.53	8-K	0.15
09137	2-4-8-9-J-Q	J-Q	9.38	8-Q	0.05
09138	2-4-8-9-K-K	K-K	9.14	8-K	-0.39
09139	2-4-8-9-Q-K	Q-K	8.03	Q-K	0.07
09140	2-4-8-9-Q-Q	Q-Q	9.36	8-Q	-0.50
09141	2-4-8-10-10-10	2-4	12.26	2-4	2.42
09142	2-4-8-10-10-J	2-4	9.10	2-8	-0.18
09143	2-4-8-10-10-K	2-4	8.17	8-K	-0.30
09144	2-4-8-10-10-Q	2-4	8.69	8-Q	-0.41
09145	2-4-8-10-J-J	2-4	9.34	2-8	0.06
09146	2-4-8-10-J-K	10-J	6.80	8-K	-1.45
09147	2-4-8-10-J-Q	2-4	9.82	2-8	0.62
09148	2-4-8-10-K-K	2-4	7.91	4-10	-1.06
09149	2-4-8-10-Q-K	2-4	6.34	10-K	-1.71
09150	2-4-8-10-Q-Q	2-4	8.43	2-8	-0.94

HAND No.	SIX-CARD HAND	DISCARD (DEALER)	EXPECTED AVG. (DEALER)	DISCARD (PONE)	EXPECTED AVG. (PONE)
09151	2-4-8-J-J-J	2-4	12.19	2-8	3.08
09152	2-4-8-J-J-K	2-4	8.65	8-K	0.18
09153	2-4-8-J-J-Q	2-4	9.17	8-Q	0.07
09154	2-4-8-J-K-K	2-4	8.41	8-J	-0.69
09155	2-4-8-J-Q-K	2-4	9.65	2-8	0.54
09156	2-4-8-J-Q-Q	2-4	8.93	2-8	-0.18
09157	2-4-8-K-K-K	2-4	11.47	2-8	2.36
09158	2-4-8-Q-K-K	2-4	8.17	8-Q	-0.41
09159	2-4-8-Q-Q-K	2-4	8.17	8-K	-0.30
09160	2-4-8-Q-Q-Q	2-4	11.47	2-8	2.36
09161	2-4-9-9-9-9	2-4	17.21	2-4	7.38
09162	2-4-9-9-9-10	2-4	13.04	2-4	3.20
09163	2-4-9-9-9-J	2-4	12.50	2-4	2.66
09164	2-4-9-9-9-K	2-4	11.47	9-K	3.50
09165	2-4-9-9-9-Q	2-4	11.47	9-Q	3.40
09166	2-4-9-9-10-10	10-10	12.40	2-4	1.81
09167	2-4-9-9-10-J	2-4	15.15	2-4	5.31
09168	2-4-9-9-10-K	10-K	10.49	10-K	3.77
09169	2-4-9-9-10-Q	10-Q	10.96	10-Q	3.05
09170	2-4-9-9-J-J	J-J	12.97	J-J	1.37
09171	2-4-9-9-J-K	J-K	11.61	J-K	2.90
09172	2-4-9-9-J-Q	J-Q	12.46	J-Q	2.18
09173	2-4-9-9-K-K	K-K	12.23	K-K	2.01
09174	2-4-9-9-Q-K	Q-K	11.11	Q-K	3.16
09175	2-4-9-9-Q-Q	Q-Q	12.45	Q-Q	1.94
09176	2-4-9-10-10-10	2-4	13.04	2-4	3.20
09177	2-4-9-10-10-J	2-4	15.15	2-4	5.31
09178	2-4-9-10-10-K	2-4	8.69	10-K	0.47
09179	2-4-9-10-10-Q	2-4	8.87	4-Q	0.02
09180	2-4-9-10-J-J	2-4	15.39	2-4	5.55
09181	2-4-9-10-J-K	2-4	9.82	4-K	1.16
09182	2-4-9-10-J-Q	2-4	11.19	2-4	1.35
09183	2-4-9-10-K-K	K-K	8.97	10-K	-0.05
09184	2-4-9-10-Q-K	Q-K	7.85	10-K	-0.01
09185	2-4-9-10-Q-Q	Q-Q	9.19	4-9	-0.68
09186	2-4-9-J-J-J	2-4	12.97	4-9	3.35
09187	2-4-9-J-J-K	J-J	9.19	9-K	0.32
09188	2-4-9-J-J-Q	2-4	9.34	4-9	0.33
09189	2-4-9-J-K-K	K-K	8.94	4-9	-0.44
09190	2-4-9-J-Q-K	2-4	9.73	4-9	0.80
09191	2-4-9-J-Q-Q	Q-Q	9.16	4-9	0.09
09192	2-4-9-K-K-K	2-4	11.47	4-9	2.63
09193	2-4-9-Q-K-K	K-K	8.44	9-Q	-0.25
09194	2-4-9-Q-Q-K	Q-Q	8.66	9-K	-0.16
09195	2-4-9-Q-Q-Q	2-4	11.47	4-9	2.63
09196	2-4-10-10-10-10	2-4	17.21	2-4	7.38
09197	2-4-10-10-10-J	2-4	13.28	2-4	3.44
09198	2-4-10-10-10-K	2-4	11.47	4-K	2.94
09199	2-4-10-10-10-Q	2-4	12.26	4-Q	2.84
09200	2-4-10-10-J-J	2-4	12.13	2-4	2.29

HAND No.	SIX-CARD HAND	DISCARD (DEALER)	EXPECTED AVG. (DEALER)	DISCARD (PONE)	EXPECTED AVG. (PONE)
09201	2-4-10-10-J-K	2-4	9.10	4-K	0.40
09202	2-4-10-10-J-Q	2-4	15.15	2-4	5.31
09203	2-4-10-10-K-K	2-4	9.56	2-4	-0.28
09204	2-4-10-10-Q-K	2-4	8.34	4-K	-0.36
09205	2-4-10-10-Q-Q	2-4	10.60	2-4	0.77
09206	2-4-10-J-J-J	2-4	13.76	2-4	3.92
09207	2-4-10-J-J-K	2-4	9.34	4-K	0.64
09208	2-4-10-J-J-Q	2-4	15.39	2-4	5.55
09209	2-4-10-J-K-K	2-4	8.84	4-10	-0.30
09210	2-4-10-J-Q-K	2-4	11.10	2-4	1.27
09211	2-4-10-J-Q-Q	2-4	15.15	2-4	5.31
09212	2-4-10-K-K-K	2-4	11.47	4-10	2.76
09213	2-4-10-Q-K-K	2-4	8.34	4-10	-0.54
09214	2-4-10-Q-Q-K	2-4	8.34	10-K	0.03
09215	2-4-10-Q-Q-Q	2-4	12.26	4-10	2.76
09216	2-4-J-J-J-J	2-4	18.17	2-4	8.33
09217	2-4-J-J-J-K	2-4	12.97	4-K	3.66
09218	2-4-J-J-J-Q	2-4	13.76	2-4	3.92
09219	2-4-J-J-K-K	2-4	11.08	2-4	1.25
09220	2-4-J-J-Q-K	2-4	15.21	2-4	5.38
09221	2-4-J-J-Q-Q	2-4	12.13	2-4	2.29
09222	2-4-J-K-K-K	2-4	12.50	2-4	2.66
09223	2-4-J-Q-K-K	2-4	14.97	2-4	5.14
09224	2-4-J-Q-Q-K	2-4	14.97	2-4	5.14
09225	2-4-J-Q-Q-Q	2-4	13.28	2-4	3.44
09226	2-4-K-K-K-K	2-4	17.21	2-4	7.38
09227	2-4-Q-K-K-K	2-4	12.26	4-Q	2.84
09228	2-4-Q-Q-K-K	2-4	10.60	2-4	0.77
09229	2-4-Q-Q-Q-K	2-4	12.26	4-K	2.94
09230	2-4-Q-Q-Q-Q	2-4	17.21	2-4	7.38
09231	2-5-5-5-5-6	2-6	26.72	2-6	17.81
09232	2-5-5-5-5-7	2-7	26.58	2-7	17.81
09233	2-5-5-5-5-8	2-8	26.45	2-8	17.84
09234	2-5-5-5-5-9	2-9	26.52	2-9	18.06
09235	2-5-5-5-5-10	2-10	26.18	2-10	18.02
09236	2-5-5-5-5-J	2-J	26.48	2-J	17.83
09237	2-5-5-5-5-K	2-K	26.14	2-K	18.15
09238	2-5-5-5-5-Q	2-Q	26.22	2-Q	18.05
09239	2-5-5-5-6-6	6-6	17.29	2-6	7.72
09240	2-5-5-5-6-7	2-5	17.61	2-7	7.57
09241	2-5-5-5-6-8	2-8	16.40	2-8	7.80
09242	2-5-5-5-6-9	6-9	16.66	2-9	7.97
09243	2-5-5-5-6-10	2-6	20.33	2-6	11.42
09244	2-5-5-5-6-J	2-6	20.57	2-6	11.66
09245	2-5-5-5-6-K	2-6	20.33	2-6	11.42
09246	2-5-5-5-6-Q	2-6	20.33	2-6	11.42
09247	2-5-5-5-7-7	7-7	17.44	2-7	6.94
09248	2-5-5-5-7-8	7-8	17.93	2-8	6.97
09249	2-5-5-5-7-9	2-9	15.69	2-9	7.23
09250	2-5-5-5-7-10	2-7	20.19	2-7	11.42

HAND No.	SIX-CARD HAND	DISCARD (DEALER)	EXPECTED AVG. (DEALER)	DISCARD (PONE)	EXPECTED AVG. (PONE)
09251	2-5-5-5-7-J	2-7	20.43	2-7	11.66
09252	2-5-5-5-7-K	2-7	20.19	2-7	11.42
09253	2-5-5-5-7-Q	2-7	20.19	2-7	11.42
09254	2-5-5-5-8-8	8-8	16.70	2-8	6.06
09255	2-5-5-5-8-9	8-9	16.10	2-9	6.32
09256	2-5-5-5-8-10	2-8	20.06	2-8	11.45
09257	2-5-5-5-8-J	2-8	20.30	2-8	11.69
09258	2-5-5-5-8-K	2-8	20.06	2-8	11.45
09259	2-5-5-5-8-Q	2-8	20.06	2-8	11.45
09260	2-5-5-5-9-9	9-9	16.69	2-9	6.41
09261	2-5-5-5-9-10	2-9	20.13	2-9	11.67
09262	2-5-5-5-9-J	2-9	20.37	2-9	11.91
09263	2-5-5-5-9-K	2-9	20.13	2-9	11.67
09264	2-5-5-5-9-Q	2-9	20.13	2-9	11.67
09265	2-5-5-5-10-10	2-10	19.78	2-10	11.62
09266	2-5-5-5-10-J	2-J	20.13	2-10	11.91
09267	2-5-5-5-10-K	2-10	19.83	2-K	11.80
09268	2-5-5-5-10-Q	2-Q	19.88	2-Q	11.70
09269	2-5-5-5-J-J	2-J	20.33	2-J	11.67
09270	2-5-5-5-J-K	2-J	20.13	2-K	12.04
09271	2-5-5-5-J-Q	2-J	20.13	2-Q	11.94
09272	2-5-5-5-K-K	2-K	19.75	2-K	11.76
09273	2-5-5-5-Q-K	2-Q	19.88	2-K	11.80
09274	2-5-5-5-Q-Q	2-Q	19.83	2-Q	11.66
09275	2-5-5-6-6-6	5-5	17.15	2-6	4.07
09276	2-5-5-6-6-7	5-5	17.50	2-6	7.20
09277	2-5-5-6-6-8	6-6	14.63	2-8	4.19
09278	2-5-5-6-6-9	5-5	16.46	2-9	4.32
09279	2-5-5-6-6-10	6-6	14.37	2-6	4.46
09280	2-5-5-6-6-J	6-6	14.61	2-6	4.70
09281	2-5-5-6-6-K	6-6	14.37	2-K	4.59
09282	2-5-5-6-6-Q	6-6	14.37	2-Q	4.48
09283	2-5-5-6-7-7	5-5	17.33	2-7	7.20
09284	2-5-5-6-7-8	5-5	18.13	2-8	7.32
09285	2-5-5-6-7-9	2-9	16.04	2-9	7.58
09286	2-5-5-6-7-10	2-10	15.83	2-10	7.67
09287	2-5-5-6-7-J	2-J	16.13	2-J	7.48
09288	2-5-5-6-7-K	2-K	15.80	2-K	7.80
09289	2-5-5-6-7-Q	2-Q	15.88	2-Q	7.70
09290	2-5-5-6-8-8	5-6	14.60	6-8	2.87
09291	2-5-5-6-8-9	6-9	14.01	2-8	2.97
09292	2-5-5-6-8-10	2-8	13.14	2-8	4.54
09293	2-5-5-6-8-J	2-8	13.38	2-8	4.77
09294	2-5-5-6-8-K	2-8	13.14	6-K	4.64
09295	2-5-5-6-8-Q	2-8	13.14	6-Q	4.57
09296	2-5-5-6-9-9	5-5	16.11	2-9	3.10
09297	2-5-5-6-9-10	6-9	13.75	2-9	4.71
09298	2-5-5-6-9-J	6-9	13.99	2-9	4.95
09299	2-5-5-6-9-K	6-9	13.75	2-9	4.71
09300	2-5-5-6-9-Q	6-9	13.75	2-9	4.71

HAND No.	SIX-CARD HAND	DISCARD (DEALER)	EXPECTED AVG. (DEALER)	DISCARD (PONE)	EXPECTED AVG. (PONE)
09301	2-5-5-6-10-10	2-6	17.76	2-6	8.85
09302	2-5-5-6-10-J	2-6	16.61	2-6	7.70
09303	2-5-5-6-10-K	2-6	15.85	2-6	6.94
09304	2-5-5-6-10-Q	2-6	16.11	2-6	7.20
09305	2-5-5-6-J-J	2-6	18.24	2-6	9.33
09306	2-5-5-6-J-K	2-6	16.35	2-6	7.44
09307	2-5-5-6-J-Q	2-6	16.61	2-6	7.70
09308	2-5-5-6-K-K	2-6	17.76	2-6	8.85
09309	2-5-5-6-Q-K	2-6	16.11	2-6	7.20
09310	2-5-5-6-Q-Q	2-6	17.76	2-6	8.85
09311	2-5-5-7-7-7	5-5	16.63	2-5	3.22
09312	2-5-5-7-7-8	5-5	17.24	2-5	3.26
09313	2-5-5-7-7-9	5-5	12.98	2-9	3.36
09314	2-5-5-7-7-10	7-7	14.53	2-7	3.94
09315	2-5-5-7-7-J	7-7	14.77	2-7	4.18
09316	2-5-5-7-7-K	7-7	14.53	2-7	3.94
09317	2-5-5-7-7-Q	7-7	14.53	2-7	3.94
09318	2-5-5-7-8-8	5-5	16.98	2-5	3.04
09319	2-5-5-7-8-9	5-5	15.96	7-9	3.57
09320	2-5-5-7-8-10	7-8	15.06	7-10	4.43
09321	2-5-5-7-8-J	7-8	15.30	2-8	4.21
09322	2-5-5-7-8-K	7-8	15.06	7-K	4.46
09323	2-5-5-7-8-Q	7-8	15.06	7-Q	4.41
09324	2-5-5-7-9-9	5-5	12.81	2-7	1.90
09325	2-5-5-7-9-10	2-7	12.76	2-9	4.23
09326	2-5-5-7-9-J	2-9	12.93	2-9	4.47
09327	2-5-5-7-9-K	2-9	12.69	2-9	4.23
09328	2-5-5-7-9-Q	2-9	12.69	2-9	4.23
09329	2-5-5-7-10-10	2-7	17.63	2-7	8.85
09330	2-5-5-7-10-J	2-7	16.47	2-7	7.70
09331	2-5-5-7-10-K	2-7	15.71	2-7	6.94
09332	2-5-5-7-10-Q	2-7	15.97	2-7	7.20
09333	2-5-5-7-J-J	2-7	18.10	2-7	9.33
09334	2-5-5-7-J-K	2-7	16.21	2-7	7.44
09335	2-5-5-7-J-Q	2-7	16.47	2-7	7.70
09336	2-5-5-7-K-K	2-7	17.63	2-7	8.85
09337	2-5-5-7-Q-K	2-7	15.97	2-7	7.20
09338	2-5-5-7-Q-Q	2-7	17.63	2-7	8.85
09339	2-5-5-8-8-8	5-5	15.85	2-5	1.78
09340	2-5-5-8-8-9	8-9	13.45	8-9	2.89
09341	2-5-5-8-8-10	5-10	14.57	2-8	3.62
09342	2-5-5-8-8-J	5-J	14.92	8-J	4.05
09343	2-5-5-8-8-K	5-K	14.59	8-K	4.44
09344	2-5-5-8-8-Q	5-Q	14.55	8-Q	4.33
09345	2-5-5-8-9-9	9-9	14.03	9-9	2.46
09346	2-5-5-8-9-10	5-5	13.96	2-8	3.95
09347	2-5-5-8-9-J	8-9	13.47	2-8	3.99
09348	2-5-5-8-9-K	8-9	13.23	9-K	4.76
09349	2-5-5-8-9-Q	8-9	13.23	9-Q	4.67
09350	2-5-5-8-10-10	2-8	17.49	2-8	8.88

HAND No.	SIX-CARD HAND	DISCARD (DEALER)	EXPECTED AVG. (DEALER)	DISCARD (PONE)	EXPECTED AVG. (PONE)
09351	2-5-5-8-10-J	2-8	16.34	2-8	7.73
09352	2-5-5-8-10-K	2-8	15.58	2-8	6.97
09353	2-5-5-8-10-Q	2-8	15.84	2-8	7.23
09354	2-5-5-8-J-J	2-8	17.97	2-8	9.36
09355	2-5-5-8-J-K	2-8	16.08	2-8	7.47
09356	2-5-5-8-J-Q	2-8	16.34	2-8	7.73
09357	2-5-5-8-K-K	2-8	17.49	2-8	8.88
09358	2-5-5-8-Q-K	2-8	15.84	2-8	7.23
09359	2-5-5-8-Q-Q	2-8	17.49	2-8	8.88
09360	2-5-5-9-9-9	5-5	16.11	2-9	2.06
09361	2-5-5-9-9-10	9-9	13.77	2-9	4.19
09362	2-5-5-9-9-J	9-9	14.01	2-9	4.17
09363	2-5-5-9-9-K	9-9	13.77	2-9	3.67
09364	2-5-5-9-9-Q	9-9	13.77	2-9	3.67
09365	2-5-5-9-10-10	2-9	17.56	2-9	9.10
09366	2-5-5-9-10-J	2-9	16.35	2-9	7.89
09367	2-5-5-9-10-K	2-9	15.65	2-9	7.19
09368	2-5-5-9-10-Q	2-9	15.91	2-9	7.45
09369	2-5-5-9-J-J	2-9	18.04	2-9	9.58
09370	2-5-5-9-J-K	2-9	16.15	2-9	7.69
09371	2-5-5-9-J-Q	2-9	16.41	2-9	7.95
09372	2-5-5-9-K-K	2-9	17.56	2-9	9.10
09373	2-5-5-9-Q-K	2-9	15.91	2-9	7.45
09374	2-5-5-9-Q-Q	2-9	17.56	2-9	9.10
09375	2-5-5-10-10-10	2-5	18.50	2-10	9.06
09376	2-5-5-10-10-J	2-J	17.61	2-J	8.96
09377	2-5-5-10-10-K	2-K	17.27	2-K	9.28
09378	2-5-5-10-10-Q	2-Q	17.35	2-Q	9.18
09379	2-5-5-10-J-J	2-10	17.78	2-10	9.62
09380	2-5-5-10-J-K	2-K	16.12	2-K	8.13
09381	2-5-5-10-J-Q	2-5	16.76	2-Q	7.96
09382	2-5-5-10-K-K	2-10	17.31	2-10	9.15
09383	2-5-5-10-Q-K	2-10	15.65	2-K	7.63
09384	2-5-5-10-Q-Q	2-10	17.31	2-10	9.15
09385	2-5-5-J-J-J	2-5	19.22	2-J	9.35
09386	2-5-5-J-J-K	2-K	17.75	2-K	9.76
09387	2-5-5-J-J-Q	2-Q	17.83	2-Q	9.66
09388	2-5-5-J-K-K	2-J	17.61	2-J	8.96
09389	2-5-5-J-Q-K	2-5	16.67	2-K	8.06
09390	2-5-5-J-Q-Q	2-J	17.61	2-J	8.96
09391	2-5-5-K-K-K	2-5	18.50	2-K	9.19
09392	2-5-5-Q-K-K	2-Q	17.35	2-Q	9.18
09393	2-5-5-Q-Q-K	2-K	17.27	2-K	9.28
09394	2-5-5-Q-Q-Q	2-5	18.50	2-Q	9.09
09395	2-5-6-6-6-6	2-5	19.20	2-5	7.70
09396	2-5-6-6-6-7	2-6	15.65	2-6	6.74
09397	2-5-6-6-6-8	2-5	14.24	2-8	5.14
09398	2-5-6-6-6-9	2-5	18.67	2-5	7.17
09399	2-5-6-6-6-10	5-10	15.01	2-10	5.45
09400	2-5-6-6-6-J	5-J	15.36	2-J	5.26

HAND No.	SIX-CARD HAND	DISCARD (DEALER)	EXPECTED AVG. (DEALER)	DISCARD (PONE)	EXPECTED AVG. (PONE)
09401	2-5-6-6-6-K	5-K	15.02	2-K	5.59
09402	2-5-6-6-6-Q	5-Q	14.98	2-Q	5.48
09403	2-5-6-6-7-7	2-6	15.63	2-7	6.72
09404	2-5-6-6-7-8	2-5	18.50	2-5	7.00
09405	2-5-6-6-7-9	2-9	15.52	2-9	7.06
09406	2-5-6-6-7-10	5-10	15.49	2-10	7.23
09407	2-5-6-6-7-J	5-J	15.83	2-J	7.04
09408	2-5-6-6-7-K	5-K	15.50	2-K	7.37
09409	2-5-6-6-7-Q	5-Q	15.46	2-Q	7.27
09410	2-5-6-6-8-8	6-6	13.85	6-6	1.20
09411	2-5-6-6-8-9	2-5	13.89	2-8	4.27
09412	2-5-6-6-8-10	6-6	12.07	2-8	2.19
09413	2-5-6-6-8-J	6-6	12.05	2-8	2.43
09414	2-5-6-6-8-K	6-6	11.81	2-8	2.19
09415	2-5-6-6-8-Q	6-6	11.81	2-8	2.19
09416	2-5-6-6-9-9	2-5	18.33	2-5	6.83
09417	2-5-6-6-9-10	5-10	14.31	2-10	4.58
09418	2-5-6-6-9-J	5-J	14.66	2-J	4.39
09419	2-5-6-6-9-K	5-K	14.32	2-K	4.72
09420	2-5-6-6-9-Q	5-Q	14.28	2-Q	4.61
09421	2-5-6-6-10-10	6-6	13.59	2-6	3.16
09422	2-5-6-6-10-J	6-6	12.44	2-10	2.73
09423	2-5-6-6-10-K	6-6	11.68	2-K	2.63
09424	2-5-6-6-10-Q	6-6	11.94	2-Q	2.53
09425	2-5-6-6-J-J	6-6	14.07	2-6	3.64
09426	2-5-6-6-J-K	6-6	12.18	2-K	2.87
09427	2-5-6-6-J-Q	6-6	12.44	2-Q	2.77
09428	2-5-6-6-K-K	6-6	13.59	2-6	3.16
09429	2-5-6-6-Q-K	6-6	11.94	2-K	2.63
09430	2-5-6-6-Q-Q	6-6	13.59	2-6	3.16
09431	2-5-6-7-7-7	2-7	15.52	2-7	6.74
09432	2-5-6-7-7-8	2-5	20.24	2-5	8.74
09433	2-5-6-7-7-9	2-9	15.56	2-9	7.10
09434	2-5-6-7-7-10	2-10	15.39	2-10	7.23
09435	2-5-6-7-7-J	2-J	15.70	2-J	7.04
09436	2-5-6-7-7-K	2-K	15.36	2-K	7.37
09437	2-5-6-7-7-Q	2-Q	15.44	2-Q	7.27
09438	2-5-6-7-8-8	2-5	20.11	2-5	8.61
09439	2-5-6-7-8-9	2-5	16.00	2-9	4.86
09440	2-5-6-7-8-10	5-10	16.05	2-10	5.02
09441	2-5-6-7-8-J	5-J	16.40	2-J	4.83
09442	2-5-6-7-8-K	5-K	16.06	2-K	5.15
09443	2-5-6-7-8-Q	5-Q	16.02	2-Q	5.05
09444	2-5-6-7-9-9	9-9	13.62	2-7	3.48
09445	2-5-6-7-9-10	9-10	12.75	2-10	3.52
09446	2-5-6-7-9-J	5-J	13.07	9-J	3.51
09447	2-5-6-7-9-K	5-K	12.74	9-K	4.43
09448	2-5-6-7-9-Q	5-Q	12.70	9-Q	4.34
09449	2-5-6-7-10-10	10-10	13.21	2-10	3.21
09450	2-5-6-7-10-J	10-J	13.08	2-10	3.49

HAND No.	SIX-CARD HAND	DISCARD (DEALER)	EXPECTED AVG. (DEALER)	DISCARD (PONE)	EXPECTED AVG. (PONE)
09451	2-5-6-7-10-K	2-10	11.42	10-K	4.58
09452	2-5-6-7-10-Q	10-Q	11.77	10-Q	3.86
09453	2-5-6-7-J-J	J-J	13.78	2-7	3.61
09454	2-5-6-7-J-K	J-K	12.42	J-K	3.71
09455	2-5-6-7-J-Q	J-Q	13.27	2-Q	3.53
09456	2-5-6-7-K-K	K-K	13.03	2-K	3.35
09457	2-5-6-7-Q-K	Q-K	11.92	Q-K	3.96
09458	2-5-6-7-Q-Q	Q-Q	13.25	2-Q	3.24
09459	2-5-6-8-8-8	5-6	13.82	2-6	2.90
09460	2-5-6-8-8-9	6-9	13.22	6-9	1.82
09461	2-5-6-8-8-10	6-10	11.23	6-10	3.73
09462	2-5-6-8-8-J	6-J	11.46	6-J	3.49
09463	2-5-6-8-8-K	6-K	11.19	6-K	3.90
09464	2-5-6-8-8-Q	6-Q	11.33	6-Q	3.83
09465	2-5-6-8-9-9	2-5	13.81	2-8	3.58
09466	2-5-6-8-9-10	2-5	12.57	2-6	2.70
09467	2-5-6-8-9-J	6-9	11.42	2-8	1.99
09468	2-5-6-8-9-K	6-9	11.18	2-8	1.49
09469	2-5-6-8-9-Q	6-9	11.18	2-8	1.49
09470	2-5-6-8-10-10	6-8	12.40	2-8	3.23
09471	2-5-6-8-10-J	6-8	11.25	2-8	2.08
09472	2-5-6-8-10-K	6-8	10.48	6-K	2.12
09473	2-5-6-8-10-Q	6-8	10.75	6-Q	2.05
09474	2-5-6-8-J-J	6-8	12.88	2-8	3.71
09475	2-5-6-8-J-K	6-8	10.98	6-K	2.10
09476	2-5-6-8-J-Q	6-8	11.25	2-8	2.08
09477	2-5-6-8-K-K	6-8	12.40	2-8	3.23
09478	2-5-6-8-Q-K	6-8	10.75	6-K	1.86
09479	2-5-6-8-Q-Q	6-8	12.40	2-8	3.23
09480	2-5-6-9-9-9	2-5	18.15	2-5	6.65
09481	2-5-6-9-9-10	5-10	13.96	2-10	3.89
09482	2-5-6-9-9-J	5-J	14.31	2-J	3.70
09483	2-5-6-9-9-K	5-K	13.98	2-K	4.02
09484	2-5-6-9-9-Q	5-Q	13.94	2-Q	3.92
09485	2-5-6-9-10-10	6-9	12.96	2-6	3.68
09486	2-5-6-9-10-J	2-6	13.63	2-6	4.72
09487	2-5-6-9-10-K	6-9	11.05	2-K	2.46
09488	2-5-6-9-10-Q	6-9	11.31	2-Q	2.35
09489	2-5-6-9-J-J	6-9	13.44	2-9	3.89
09490	2-5-6-9-J-K	6-9	11.55	2-K	2.43
09491	2-5-6-9-J-Q	6-9	11.81	2-Q	2.33
09492	2-5-6-9-K-K	6-9	12.96	2-9	3.41
09493	2-5-6-9-Q-K	6-9	11.31	2-K	1.93
09494	2-5-6-9-Q-Q	6-9	12.96	2-9	3.41
09495	2-5-6-10-10-10	2-6	17.15	2-6	8.24
09496	2-5-6-10-10-J	2-6	14.61	2-6	5.70
09497	2-5-6-10-10-K	2-6	13.33	2-6	4.42
09498	2-5-6-10-10-Q	2-6	13.85	2-6	4.94
09499	2-5-6-10-J-J	2-6	14.85	2-6	5.94
09500	2-5-6-10-J-K	2-6	12.26	2-6	3.35

190

HAND No.	SIX-CARD HAND	DISCARD (DEALER)	EXPECTED AVG. (DEALER)	DISCARD (PONE)	EXPECTED AVG. (PONE)
09501	2-5-6-10-J-Q	2-6	15.42	2-6	6.51
09502	2-5-6-10-K-K	2-6	13.33	2-6	4.42
09503	2-5-6-10-Q-K	2-6	11.76	2-6	2.85
09504	2-5-6-10-Q-Q	2-6	13.85	2-6	4.94
09505	2-5-6-J-J-J	2-6	17.87	2-6	8.96
09506	2-5-6-J-J-K	2-6	14.33	2-6	5.42
09507	2-5-6-J-J-Q	2-6	14.85	2-6	5.94
09508	2-5-6-J-K-K	2-6	14.09	2-6	5.18
09509	2-5-6-J-Q-K	2-6	15.33	2-6	6.42
09510	2-5-6-J-Q-Q	2-6	14.61	2-6	5.70
09511	2-5-6-K-K-K	2-6	17.15	2-6	8.24
09512	2-5-6-Q-K-K	2-6	13.85	2-6	4.94
09513	2-5-6-Q-Q-K	2-6	13.85	2-6	4.94
09514	2-5-6-Q-Q-Q	2-6	17.15	2-6	8.24
09515	2-5-7-7-7-7	2-5	19.20	2-5	7.70
09516	2-5-7-7-7-8	2-5	20.24	2-5	8.74
09517	2-5-7-7-7-9	2-5	13.72	2-9	4.58
09518	2-5-7-7-7-10	5-10	14.49	2-10	4.67
09519	2-5-7-7-7-J	5-J	14.83	2-J	4.48
09520	2-5-7-7-7-K	5-K	14.50	2-K	4.80
09521	2-5-7-7-7-Q	5-Q	14.46	2-Q	4.70
09522	2-5-7-7-8-8	2-5	20.41	2-5	8.91
09523	2-5-7-7-8-9	2-5	19.85	2-5	8.35
09524	2-5-7-7-8-10	5-10	15.14	2-10	4.71
09525	2-5-7-7-8-J	5-J	15.49	2-J	4.52
09526	2-5-7-7-8-K	5-K	15.15	2-K	4.85
09527	2-5-7-7-8-Q	5-Q	15.11	2-Q	4.74
09528	2-5-7-7-9-9	2-5	11.72	2-9	0.63
09529	2-5-7-7-9-10	5-10	10.83	2-9	1.89
09530	2-5-7-7-9-J	5-J	11.18	2-9	2.13
09531	2-5-7-7-9-K	5-K	10.85	2-9	1.89
09532	2-5-7-7-9-Q	5-Q	10.81	2-9	1.89
09533	2-5-7-7-10-10	7-7	13.74	2-7	2.90
09534	2-5-7-7-10-J	7-7	12.59	2-10	2.21
09535	2-5-7-7-10-K	7-7	11.83	2-K	2.11
09536	2-5-7-7-10-Q	7-7	12.09	2-Q	2.01
09537	2-5-7-7-J-J	7-7	14.22	2-7	3.38
09538	2-5-7-7-J-K	7-7	12.33	2-K	2.35
09539	2-5-7-7-J-Q	7-7	12.59	2-Q	2.24
09540	2-5-7-7-K-K	7-7	13.74	2-7	2.90
09541	2-5-7-7-Q-K	7-7	12.09	2-K	2.11
09542	2-5-7-7-Q-Q	7-7	13.74	2-7	2.90
09543	2-5-7-8-8-8	2-5	19.72	2-5	8.22
09544	2-5-7-8-8-9	2-5	19.67	2-5	8.17
09545	2-5-7-8-8-10	5-10	14.92	2-10	4.49
09546	2-5-7-8-8-J	5-J	15.27	2-J	4.30
09547	2-5-7-8-8-K	5-K	14.93	2-K	4.63
09548	2-5-7-8-8-Q	5-Q	14.89	2-Q	4.53
09549	2-5-7-8-9-9	2-5	17.76	2-5	6.26
09550	2-5-7-8-9-10	5-10	13.83	2-10	3.32

HAND No.	SIX-CARD HAND	DISCARD (DEALER)	EXPECTED AVG. (DEALER)	DISCARD (PONE)	EXPECTED AVG. (PONE)
09551	2-5-7-8-9-J	5-J	14.20	2-J	3.15
09552	2-5-7-8-9-K	5-K	13.87	2-K	3.48
09553	2-5-7-8-9-Q	5-Q	13.83	2-Q	3.37
09554	2-5-7-8-10-10	7-8	14.32	2-7	3.11
09555	2-5-7-8-10-J	7-8	13.17	2-10	2.08
09556	2-5-7-8-10-K	7-8	12.41	10-K	3.03
09557	2-5-7-8-10-Q	7-8	12.67	10-Q	2.31
09558	2-5-7-8-J-J	7-8	14.80	2-8	3.41
09559	2-5-7-8-J-K	7-8	12.91	2-K	2.22
09560	2-5-7-8-J-Q	7-8	13.17	2-Q	2.11
09561	2-5-7-8-K-K	7-8	14.32	2-8	2.93
09562	2-5-7-8-Q-K	7-8	12.67	Q-K	2.42
09563	2-5-7-8-Q-Q	7-8	14.32	2-8	2.93
09564	2-5-7-9-9-9	5-7	13.32	2-7	3.03
09565	2-5-7-9-9-10	2-7	10.76	2-7	1.98
09566	2-5-7-9-9-J	5-J	11.01	2-7	1.70
09567	2-5-7-9-9-K	5-K	10.67	2-7	0.94
09568	2-5-7-9-9-Q	5-Q	10.63	2-7	0.94
09569	2-5-7-9-10-10	2-7	12.50	2-7	3.72
09570	2-5-7-9-10-J	2-7	13.54	2-7	4.77
09571	2-5-7-9-10-K	2-7	10.06	2-7	1.29
09572	2-5-7-9-10-Q	7-9	10.21	2-9	1.54
09573	2-5-7-9-J-J	2-7	12.45	2-7	3.68
09574	2-5-7-9-J-K	7-9	10.45	2-9	1.78
09575	2-5-7-9-J-Q	7-9	10.71	2-9	2.04
09576	2-5-7-9-K-K	7-9	11.87	2-9	3.19
09577	2-5-7-9-Q-K	7-9	10.21	2-9	1.54
09578	2-5-7-9-Q-Q	7-9	11.87	2-9	3.19
09579	2-5-7-10-10-10	2-7	17.02	2-7	8.24
09580	2-5-7-10-10-J	2-7	14.47	2-7	5.70
09581	2-5-7-10-10-K	2-7	13.19	2-7	4.42
09582	2-5-7-10-10-Q	2-7	13.71	2-7	4.94
09583	2-5-7-10-J-J	2-7	14.71	2-7	5.94
09584	2-5-7-10-J-K	2-7	12.13	2-7	3.35
09585	2-5-7-10-J-Q	2-7	15.28	2-7	6.51
09586	2-5-7-10-K-K	2-7	13.19	2-7	4.42
09587	2-5-7-10-Q-K	2-7	11.63	2-7	2.85
09588	2-5-7-10-Q-Q	2-7	13.71	2-7	4.94
09589	2-5-7-J-J-J	2-7	17.73	2-7	8.96
09590	2-5-7-J-J-K	2-7	14.19	2-7	5.42
09591	2-5-7-J-J-Q	2-7	14.71	2-7	5.94
09592	2-5-7-J-K-K	2-7	13.95	2-7	5.18
09593	2-5-7-J-Q-K	2-7	15.19	2-7	6.42
09594	2-5-7-J-Q-Q	2-7	14.47	2-7	5.70
09595	2-5-7-K-K-K	2-7	17.02	2-7	8.24
09596	2-5-7-Q-K-K	2-7	13.71	2-7	4.94
09597	2-5-7-Q-Q-K	2-7	13.71	2-7	4.94
09598	2-5-7-Q-Q-Q	2-7	17.02	2-7	8.24
09599	2-5-8-8-8-8	2-5	18.15	2-5	6.65
09600	2-5-8-8-8-9	2-5	13.98	2-9	3.15

HAND No.	SIX-CARD HAND	DISCARD (DEALER)	EXPECTED AVG. (DEALER)	DISCARD (PONE)	EXPECTED AVG. (PONE)
09601	2-5-8-8-8-10	5-10	13.83	2-10	3.23
09602	2-5-8-8-8-J	5-J	14.18	8-J	3.31
09603	2-5-8-8-8-K	5-K	13.85	8-K	3.70
09604	2-5-8-8-8-Q	5-Q	13.81	8-Q	3.59
09605	2-5-8-8-9-9	9-9	13.25	9-9	1.67
09606	2-5-8-8-9-10	2-5	15.81	2-5	4.31
09607	2-5-8-8-9-J	9-J	12.01	9-J	3.09
09608	2-5-8-8-9-K	9-K	11.11	9-K	4.02
09609	2-5-8-8-9-Q	5-Q	11.07	9-Q	3.93
09610	2-5-8-8-10-10	8-8	13.18	2-8	3.14
09611	2-5-8-8-10-J	10-J	12.63	10-J	2.36
09612	2-5-8-8-10-K	8-8	11.27	10-K	4.12
09613	2-5-8-8-10-Q	8-8	11.53	10-Q	3.40
09614	2-5-8-8-J-J	8-8	13.66	2-8	3.10
09615	2-5-8-8-J-K	J-K	11.96	J-K	3.25
09616	2-5-8-8-J-Q	J-Q	12.81	J-Q	2.53
09617	2-5-8-8-K-K	8-8	13.18	2-8	2.62
09618	2-5-8-8-Q-K ⊕	8-8	11.53	Q-K	3.51
09619	2-5-8-8-Q-Q	8-8	13.18	2-8	2.62
09620	2-5-8-9-9-9	2-5	13.98	2-8	3.06
09621	2-5-8-9-9-10	2-5	15.81	2-5	4.31
09622	2-5-8-9-9-J ⊕	5-J	11.49	2-8	1.73
09623	2-5-8-9-9-K	9-9	11.21	2-8	0.97
09624	2-5-8-9-9-Q	9-9	11.21	2-8	0.97
09625	2-5-8-9-10-10	2-5	15.76	2-5	4.26
09626	2-5-8-9-10-J	2-8	13.38	2-8	4.77
09627	2-5-8-9-10-K	5-K	11.91	2-K	3.22
09628	2-5-8-9-10-Q	5-Q	11.87	2-Q	3.11
09629	2-5-8-9-J-J	8-9	12.97	2-8	3.71
09630	2-5-8-9-J-K	8-9	11.08	9-K	2.21
09631	2-5-8-9-J-Q	8-9	11.34	9-Q	2.12
09632	2-5-8-9-K-K	8-9	12.49	2-9	2.89
09633	2-5-8-9-Q-K	8-9	10.84	9-K	1.98
09634	2-5-8-9-Q-Q	8-9	12.49	2-9	2.89
09635	2-5-8-10-10-10	2-8	16.88	2-8	8.27
09636	2-5-8-10-10-J	2-8	14.34	2-8	5.73
09637	2-5-8-10-10-K	2-8	13.06	2-8	4.45
09638	2-5-8-10-10-Q	2-8	13.58	2-8	4.97
09639	2-5-8-10-J-J	2-8	14.58	2-8	5.97
09640	2-5-8-10-J-K	2-8	11.99	2-8	3.38
09641	2-5-8-10-J-Q	2-8	15.14	2-8	6.54
09642	2-5-8-10-K-K	2-8	13.06	2-8	4.45
09643	2-5-8-10-Q-K	2-8	11.49	2-8	2.88
09644	2-5-8-10-Q-Q	2-8	13.58	2-8	4.97
09645	2-5-8-J-J-J	2-8	17.60	2-8	8.99
09646	2-5-8-J-J-K	2-8	14.06	2-8	5.45
09647	2-5-8-J-J-Q	2-8	14.58	2-8	5.97
09648	2-5-8-J-K-K	2-8	13.82	2-8	5.21
09649	2-5-8-J-Q-K	2-8	15.06	2-8	6.45
09650	2-5-8-J-Q-Q	2-8	14.34	2-8	5.73

HAND No.	SIX-CARD HAND	DISCARD (DEALER)	EXPECTED AVG. (DEALER)	DISCARD (PONE)	EXPECTED AVG. (PONE)
09651	2-5-8-K-K-K	2-8	16.88	2-8	8.27
09652	2-5-8-Q-K-K	2-8	13.58	2-8	4.97
09653	2-5-8-Q-Q-K	2-8	13.58	2-8	4.97
09654	2-5-8-Q-Q-Q	2-8	16.88	2-8	8.27
09655	2-5-9-9-9-9	2-5	18.15	2-5	6.65
09656	2-5-9-9-9-10	5-10	13.96	2-10	3.36
09657	2-5-9-9-9-J	5-J	14.31	2-J	3.17
09658	2-5-9-9-9-K	5-K	13.98	2-K	3.50
09659	2-5-9-9-9-Q	5-Q	13.94	2-Q	3.40
09660	2-5-9-9-10-10	9-9	12.99	2-9	3.93
09661	2-5-9-9-10-J	2-5	16.00	2-9	4.91
09662	2-5-9-9-10-K ⊕	5-K	11.15	2-K	2.46
09663	2-5-9-9-10-Q	9-9	11.34	2-Q	2.35
09664	2-5-9-9-J-J	9-9	13.47	2-9	3.89
09665	2-5-9-9-J-K	9-9	11.58	2-K	2.17
09666	2-5-9-9-J-Q	9-9	11.84	2-Q	2.07
09667	2-5-9-9-K-K	9-9	12.99	2-9	2.89
09668	2-5-9-9-Q-K	9-9	11.34	2-K	1.41
09669	2-5-9-9-Q-Q	9-9	12.99	2-9	2.89
09670	2-5-9-10-10-10	2-9	16.95	2-9	8.49
09671	2-5-9-10-10-J	2-5	15.96	2-9	5.82
09672	2-5-9-10-10-K	2-9	13.13	2-9	4.67
09673	2-5-9-10-10-Q	2-9	13.65	2-9	5.19
09674	2-5-9-10-J-J	2-5	16.20	2-9	6.06
09675	2-5-9-10-J-K	2-K	13.23	2-K	5.24
09676	2-5-9-10-J-Q	2-9	15.19	2-9	6.73
09677	2-5-9-10-K-K	2-9	13.13	2-9	4.67
09678	2-5-9-10-Q-K	2-9	11.56	2-9	3.10
09679	2-5-9-10-Q-Q	2-9	13.65	2-9	5.19
09680	2-5-9-J-J-J	2-9	17.67	2-9	9.21
09681	2-5-9-J-J-K	2-9	14.13	2-9	5.67
09682	2-5-9-J-J-Q	2-9	14.65	2-9	6.19
09683	2-5-9-J-K-K	2-9	13.89	2-9	5.43
09684	2-5-9-J-Q-K	2-9	15.13	2-9	6.67
09685	2-5-9-J-Q-Q	2-9	14.41	2-9	5.95
09686	2-5-9-K-K-K	2-9	16.95	2-9	8.49
09687	2-5-9-Q-K-K	2-9	13.65	2-9	5.19
09688	2-5-9-Q-Q-K	2-9	13.65	2-9	5.19
09689	2-5-9-Q-Q-Q	2-9	16.95	2-9	8.49
09690	2-5-10-10-10-10	2-5	17.98	2-10	8.45
09691	2-5-10-10-10-J	2-J	17.04	2-J	8.39
09692	2-5-10-10-10-K	2-K	16.71	2-K	8.72
09693	2-5-10-10-10-Q	2-Q	16.79	2-Q	8.61
09694	2-5-10-10-J-J	2-J	14.46	2-10	6.23
09695	2-5-10-10-J-K	2-K	14.17	2-K	6.17
09696	2-5-10-10-J-Q	2-5	15.91	2-10	6.73
09697	2-5-10-10-K-K	2-10	12.87	2-K	4.85
09698	2-5-10-10-Q-K	2-K	13.40	2-K	5.41
09699	2-5-10-10-Q-Q	2-Q	13.44	2-Q	5.27
09700	2-5-10-J-J-J	2-10	17.46	2-10	9.30

HAND No.	SIX-CARD HAND	DISCARD (DEALER)	EXPECTED AVG. (DEALER)	DISCARD (PONE)	EXPECTED AVG. (PONE)
09701	2-5-10-J-J-K	2-K	14.40	2-K	6.41
09702	2-5-10-J-J-Q	2-5	16.15	2-J	6.54
09703	2-5-10-J-K-K	2-10	13.68	2-10	5.52
09704	2-5-10-J-Q-K	2-K	14.95	2-K	6.96
09705	2-5-10-J-Q-Q	2-5	15.91	2-Q	6.77
09706	2-5-10-K-K-K	2-10	16.74	2-10	8.58
09707	2-5-10-Q-K-K	2-10	13.44	2-10	5.28
09708	2-5-10-Q-Q-K	2-10	13.44	2-K	5.41
09709	2-5-10-Q-Q-Q	2-10	16.74	2-10	8.58
09710	2-5-J-J-J-J	2-5	18.94	2-J	8.98
09711	2-5-J-J-J-K	2-K	17.43	2-K	9.43
09712	2-5-J-J-J-Q	2-Q	17.51	2-Q	9.33
09713	2-5-J-J-K-K	2-J	13.94	2-K	5.85
09714	2-5-J-J-Q-K	2-5	15.98	2-J	6.46
09715	2-5-J-J-Q-Q	2-J	14.46	2-Q	6.27
09716	2-5-J-K-K-K	2-J	17.04	2-J	8.39
09717	2-5-J-Q-K-K	2-5	15.74	2-K	6.78
09718	2-5-J-Q-Q-K	2-5	15.74	2-Q	6.68
09719	2-5-J-Q-Q-Q	2-J	17.04	2-J	8.39
09720	2-5-K-K-K-K	2-5	17.98	2-K	8.59
09721	2-5-Q-K-K-K	2-Q	16.79	2-Q	8.61
09722	2-5-Q-Q-K-K	2-Q	13.44	2-K	5.37
09723	2-5-Q-Q-Q-K	2-K	16.71	2-K	8.72
09724	2-5-Q-Q-Q-Q	2-5	17.98	2-Q	8.48
09725	2-6-6-6-6-7	2-7	17.54	2-7	8.77
09726	2-6-6-6-6-8	2-8	17.40	2-8	8.80
09727	2-6-6-6-6-9	2-9	17.30	2-9	8.84
09728	2-6-6-6-6-10	2-10	17.31	2-10	9.15
09729	2-6-6-6-6-J	2-J	17.61	2-J	8.96
09730	2-6-6-6-6-K	2-K	17.27	2-K	9.28
09731	2-6-6-6-6-Q	2-Q	17.35	2-Q	9.18
09732	2-6-6-6-7-7	6-6	14.29	2-7	4.42
09733	2-6-6-6-7-8	2-6	16.87	2-6	7.96
09734	2-6-6-6-7-9	2-7	17.02	2-7	8.24
09735	2-6-6-6-7-10	2-10	13.00	2-10	4.84
09736	2-6-6-6-7-J	2-J	13.30	2-J	4.65
09737	2-6-6-6-7-K	2-K	12.97	2-K	4.98
09738	2-6-6-6-7-Q	2-Q	13.05	2-Q	4.87
09739	2-6-6-6-8-8	8-8	13.79	2-8	3.80
09740	2-6-6-6-8-9	2-8	16.88	2-8	8.27
09741	2-6-6-6-8-10	2-10	12.35	2-10	4.19
09742	2-6-6-6-8-J	2-J	12.65	2-J	4.00
09743	2-6-6-6-8-K	2-K	12.32	2-K	4.33
09744	2-6-6-6-8-Q	2-Q	12.40	2-Q	4.22
09745	2-6-6-6-9-9	2-9	16.78	2-9	8.32
09746	2-6-6-6-9-10	2-10	16.78	2-10	8.62
09747	2-6-6-6-9-J	2-J	17.09	2-J	8.43
09748	2-6-6-6-9-K	2-K	16.75	2-K	8.76
09749	2-6-6-6-9-Q	2-Q	16.83	2-Q	8.66
09750	2-6-6-6-10-10	10-10	13.10	2-10	2.84

HAND No.	SIX-CARD HAND	DISCARD (DEALER)	EXPECTED AVG. (DEALER)	DISCARD (PONE)	EXPECTED AVG. (PONE)
09751	2-6-6-6-10-J	10-J	12.98	2-10	3.12
09752	2-6-6-6-10-K	10-K	11.18	10-K	4.47
09753	2-6-6-6-10-Q	10-Q	11.66	10-Q	3.75
09754	2-6-6-6-J-J	J-J	13.67	2-J	2.89
09755	2-6-6-6-J-K	J-K	12.31	J-K	3.60
09756	2-6-6-6-J-Q	J-Q	13.16	2-Q	3.16
09757	2-6-6-6-K-K	K-K	12.92	2-K	2.98
09758	2-6-6-6-Q-K	Q-K	11.81	Q-K	3.86
09759	2-6-6-6-Q-Q	Q-Q	13.14	2-Q	2.87
09760	2-6-6-7-7-7	7-7	14.61	2-6	4.42
09761	2-6-6-7-7-8	2-6	18.59	2-6	9.68
09762	2-6-6-7-7-9	6-9	13.75	2-7	3.59
09763	2-6-6-7-7-10	7-10	12.08	7-10	4.52
09764	2-6-6-7-7-J	7-J	12.40	7-J	4.13
09765	2-6-6-7-7-K	7-K	12.11	7-K	4.55
09766	2-6-6-7-7-Q	7-Q	12.07	7-Q	4.50
09767	2-6-6-7-8-8	2-6	18.46	2-6	9.55
09768	2-6-6-7-8-9	2-9	16.69	2-9	8.23
09769	2-6-6-7-8-10	2-10	16.65	2-10	8.49
09770	2-6-6-7-8-J	2-J	16.96	2-J	8.30
09771	2-6-6-7-8-K	2-K	16.62	2-K	8.63
09772	2-6-6-7-8-Q	2-Q	16.70	2-Q	8.53
09773	2-6-6-7-9-9	2-7	16.67	2-7	7.90
09774	2-6-6-7-9-10	9-10	13.16	2-10	4.02
09775	2-6-6-7-9-J	9-J	12.83	9-J	3.92
09776	2-6-6-7-9-K	2-K	12.14	9-K	4.84
09777	2-6-6-7-9-Q	2-Q	12.22	9-Q	4.75
09778	2-6-6-7-10-10	10-10	13.71	10-10	2.86
09779	2-6-6-7-10-J	10-J	13.58	10-J	3.31
09780	2-6-6-7-10-K	10-K	11.79	10-K	5.08
09781	2-6-6-7-10-Q	10-Q	12.27	10-Q	4.36
09782	2-6-6-7-J-J	J-J	14.28	J-J	2.68
09783	2-6-6-7-J-K	J-K	12.92	J-K	4.21
09784	2-6-6-7-J-Q	J-Q	13.77	J-Q	3.49
09785	2-6-6-7-K-K	K-K	13.53	K-K	3.32
09786	2-6-6-7-Q-K	Q-K	12.42	Q-K	4.46
09787	2-6-6-7-Q-Q	Q-Q	13.75	Q-Q	3.25
09788	2-6-6-8-8-8	6-6	13.07	2-6	3.24
09789	2-6-6-8-8-9	8-8	13.09	2-8	3.45
09790	2-6-6-8-8-10	2-10	10.52	2-10	2.36
09791	2-6-6-8-8-J	2-J	10.83	2-J	2.17
09792	2-6-6-8-8-K	2-K	10.49	2-K	2.50
09793	2-6-6-8-8-Q	2-Q	10.57	2-Q	2.40
09794	2-6-6-8-9-9	2-8	16.53	2-8	7.93
09795	2-6-6-8-9-10	2-10	11.94	2-10	3.78
09796	2-6-6-8-9-J	2-J	12.30	2-J	3.65
09797	2-6-6-8-9-K	2-K	11.97	2-K	3.98
09798	2-6-6-8-9-Q	2-Q	12.05	2-Q	3.87
09799	2-6-6-8-10-10	6-6	9.77	2-8	0.27
09800	2-6-6-8-10-J	10-J	9.32	2-10	-0.18

HAND No.	SIX-CARD HAND	DISCARD (DEALER)	EXPECTED AVG. (DEALER)	DISCARD (PONE)	EXPECTED AVG. (PONE)
09801	2-6-6-8-10-K	2-K	7.97	10-K	0.82
09802	2-6-6-8-10-Q	2-Q	8.05	10-Q	0.10
09803	2-6-6-8-J-J	J-J	10.02	2-8	0.75
09804	2-6-6-8-J-K	J-K	8.66	2-K	-0.04
09805	2-6-6-8-J-Q	J-Q	9.51	2-Q	-0.15
09806	2-6-6-8-K-K	K-K	9.27	2-8	0.27
09807	2-6-6-8-Q-K	Q-K	8.16	Q-K	0.20
09808	2-6-6-8-Q-Q	Q-Q	9.49	2-8	0.27
09809	2-6-6-9-9-9	2-6	16.46	2-9	7.97
09810	2-6-6-9-9-10	2-10	16.44	2-10	8.28
09811	2-6-6-9-9-J	2-J	16.74	2-J	8.09
09812	2-6-6-9-9-K	2-K	16.40	2-K	8.41
09813	2-6-6-9-9-Q	2-Q	16.48	2-Q	8.31
09814	2-6-6-9-10-10	10-10	12.40	2-10	3.02
09815	2-6-6-9-10-J	10-J	12.28	2-10	2.97
09816	2-6-6-9-10-K	2-K	11.19	10-K	3.77
09817	2-6-6-9-10-Q	2-Q	11.27	2-Q	3.09
09818	2-6-6-9-J-J	J-J	12.97	2-J	2.80
09819	2-6-6-9-J-K	J-K	11.61	2-K	3.17
09820	2-6-6-9-J-Q	J-Q	12.46	2-Q	3.07
09821	2-6-6-9-K-K	K-K	12.23	2-K	2.63
09822	2-6-6-9-Q-K	Q-K	11.11	Q-K	3.16
09823	2-6-6-9-Q-Q	Q-Q	12.45	2-Q	2.53
09824	2-6-6-10-10-10	6-6	13.07	2-6	1.94
09825	2-6-6-10-10-J	6-6	10.53	2-J	0.43
09826	2-6-6-10-10-K	6-6	9.24	2-K	0.76
09827	2-6-6-10-10-Q	6-6	9.77	2-Q	0.66
09828	2-6-6-10-J-J	6-6	10.77	2-10	1.10
09829	2-6-6-10-J-K	10-J	8.45	10-K	0.19
09830	2-6-6-10-J-Q	6-6	11.33	2-6	0.20
09831	2-6-6-10-K-K	6-6	9.24	2-10	0.62
09832	2-6-6-10-Q-K	6-6	7.68	10-K	-0.05
09833	2-6-6-10-Q-Q	6-6	9.77	2-10	0.62
09834	2-6-6-J-J-J	6-6	13.79	2-6	2.66
09835	2-6-6-J-J-K	6-6	10.24	2-K	1.24
09836	2-6-6-J-J-Q	6-6	10.77	2-Q	1.14
09837	2-6-6-J-K-K	6-6	10.00	2-J	0.43
09838	2-6-6-J-Q-K	6-6	11.24	2-6	0.11
09839	2-6-6-J-Q-Q	6-6	10.53	2-J	0.43
09840	2-6-6-K-K-K	6-6	13.07	2-6	1.94
09841	2-6-6-Q-K-K	6-6	9.77	2-Q	0.66
09842	2-6-6-Q-Q-K	6-6	9.77	2-K	0.76
09843	2-6-6-Q-Q-Q	6-6	13.07	2-6	1.94
09844	2-6-7-7-7-7	2-6	17.68	2-6	8.77
09845	2-6-7-7-7-8	2-6	18.52	2-7	9.66
09846	2-6-7-7-7-9	2-9	13.13	2-9	4.67
09847	2-6-7-7-7-10	2-10	13.00	2-10	4.84
09848	2-6-7-7-7-J	2-J	13.30	2-J	4.65
09849	2-6-7-7-7-K	2-K	12.97	2-K	4.98
09850	2-6-7-7-7-Q	2-Q	13.05	2-Q	4.87

HAND No.	SIX-CARD HAND	DISCARD (DEALER)	EXPECTED AVG. (DEALER)	DISCARD (PONE)	EXPECTED AVG. (PONE)
09851	2-6-7-7-8-8	2-6	18.63	2-6	9.72
09852	2-6-7-7-8-9	2-9	18.48	2-9	10.02
09853	2-6-7-7-8-10	2-10	18.39	2-10	10.23
09854	2-6-7-7-8-J	2-J	18.70	2-J	10.04
09855	2-6-7-7-8-K	2-K	18.36	2-K	10.37
09856	2-6-7-7-8-Q	2-Q	18.44	2-Q	10.27
09857	2-6-7-7-9-9	9-9	13.86	2-7	3.03
09858	2-6-7-7-9-10	9-10	13.03	9-10	3.33
09859	2-6-7-7-9-J	9-J	12.70	9-J	3.79
09860	2-6-7-7-9-K	9-K	11.81	9-K	4.71
09861	2-6-7-7-9-Q	9-Q	11.73	9-Q	4.62
09862	2-6-7-7-10-10	10-10	13.54	10-10	2.69
09863	2-6-7-7-10-J	10-J	13.41	10-J	3.14
09864	2-6-7-7-10-K	10-K	11.62	10-K	4.90
09865	2-6-7-7-10-Q	10-Q	12.09	10-Q	4.18
09866	2-6-7-7-J-J	J-J	14.10	J-J	2.50
09867	2-6-7-7-J-K	J-K	12.75	J-K	4.04
09868	2-6-7-7-J-Q	J-Q	13.59	J-Q	3.32
09869	2-6-7-7-K-K	K-K	13.36	K-K	3.14
09870	2-6-7-7-Q-K	Q-K	12.24	Q-K	4.29
09871	2-6-7-7-Q-Q	Q-Q	13.58	Q-Q	3.07
09872	2-6-7-8-8-8	2-8	18.17	2-8	9.56
09873	2-6-7-8-8-9	2-9	18.35	2-9	9.89
09874	2-6-7-8-8-10	2-10	18.26	2-10	10.10
09875	2-6-7-8-8-J	2-J	18.57	2-J	9.91
09876	2-6-7-8-8-K	2-K	18.23	2-K	10.24
09877	2-6-7-8-8-Q	2-Q	18.31	2-Q	10.14
09878	2-6-7-8-9-9	2-6	16.11	2-6	7.20
09879	2-6-7-8-9-10	2-10	14.11	2-10	5.95
09880	2-6-7-8-9-J	2-J	14.44	2-J	5.78
09881	2-6-7-8-9-K	2-K	14.10	2-K	6.11
09882	2-6-7-8-9-Q	2-Q	14.18	2-Q	6.01
09883	2-6-7-8-10-10	10-10	14.21	10-10	3.36
09884	2-6-7-8-10-J	10-J	14.08	10-J	3.81
09885	2-6-7-8-10-K	10-K	12.29	10-K	5.58
09886	2-6-7-8-10-Q	10-Q	12.77	10-Q	4.86
09887	2-6-7-8-J-J	J-J	14.78	J-J	3.18
09888	2-6-7-8-J-K	J-K	13.42	J-K	4.71
09889	2-6-7-8-J-Q	J-Q	14.27	J-Q	3.99
09890	2-6-7-8-K-K	K-K	14.03	K-K	3.82
09891	2-6-7-8-Q-K	Q-K	12.92	Q-K	4.96
09892	2-6-7-8-Q-Q	Q-Q	14.25	Q-Q	3.75
09893	2-6-7-9-9-9	2-7	16.50	2-7	7.72
09894	2-6-7-9-9-10	2-7	11.80	2-10	3.45
09895	2-6-7-9-9-J	2-J	11.91	2-J	3.26
09896	2-6-7-9-9-K	2-K	11.58	2-K	3.59
09897	2-6-7-9-9-Q	2-Q	11.66	2-Q	3.48
09898	2-6-7-9-10-10	10-10	10.88	2-7	1.11
09899	2-6-7-9-10-J	2-7	10.93	2-7	2.16
09900	2-6-7-9-10-K	10-K	8.97	10-K	2.25

HAND No.	SIX-CARD HAND	DISCARD (DEALER)	EXPECTED AVG. (DEALER)	DISCARD (PONE)	EXPECTED AVG. (PONE)
09901	2-6-7-9-10-Q	10-Q	9.44	10-Q	1.53
09902	2-6-7-9-J-J	J-J	11.45	2-7	1.07
09903	2-6-7-9-J-K	J-K	10.09	J-K	1.38
09904	2-6-7-9-J-Q	J-Q	10.94	J-Q	0.66
09905	2-6-7-9-K-K	K-K	10.71	K-K	0.49
09906	2-6-7-9-Q-K	Q-K	9.59	Q-K	1.64
09907	2-6-7-9-Q-Q	Q-Q	10.93	Q-Q	0.42
09908	2-6-7-10-10-10	6-7	12.27	2-6	1.98
09909	2-6-7-10-10-J	6-7	9.73	2-6	-0.56
09910	2-6-7-10-10-K	10-10	8.88	10-K	0.21
09911	2-6-7-10-10-Q	6-7	8.97	10-Q	-0.51
09912	2-6-7-10-J-J	6-7	9.97	2-6	-0.32
09913	2-6-7-10-J-K	10-J	8.76	10-K	0.49
09914	2-6-7-10-J-Q	6-7	10.53	2-6	0.24
09915	2-6-7-10-K-K	K-K	8.71	10-K	0.21
09916	2-6-7-10-Q-K	Q-K	7.59	10-K	0.25
09917	2-6-7-10-Q-Q	6-7	8.97	10-Q	-0.51
09918	2-6-7-J-J-J	6-7	12.99	2-7	2.70
09919	2-6-7-J-J-K	J-J	9.45	2-K	-0.20
09920	2-6-7-J-J-Q	6-7	9.97	2-Q	-0.30
09921	2-6-7-J-K-K	6-7	9.20	J-K	-0.66
09922	2-6-7-J-Q-K	6-7	10.44	2-6	0.16
09923	2-6-7-J-Q-Q	6-7	9.73	2-6	-0.56
09924	2-6-7-K-K-K	6-7	12.27	2-6	1.98
09925	2-6-7-Q-K-K	6-7	8.97	Q-K	-0.41
09926	2-6-7-Q-Q-K	6-7	8.97	Q-K	-0.41
09927	2-6-7-Q-Q-Q	6-7	12.27	2-6	1.98
09928	2-6-8-8-8-8	2-6	16.63	2-6	7.72
09929	2-6-8-8-8-9	6-9	12.44	2-6	3.51
09930	2-6-8-8-8-10	2-10	11.83	2-10	3.67
09931	2-6-8-8-8-J	2-J	12.13	2-J	3.48
09932	2-6-8-8-8-K	2-K	11.80	2-K	3.80
09933	2-6-8-8-8-Q	2-Q	11.88	2-Q	3.70
09934	2-6-8-8-9-9	8-8	12.75	2-8	3.36
09935	2-6-8-8-9-10	2-6	14.29	2-6	5.38
09936	2-6-8-8-9-J	2-J	10.48	2-J	1.83
09937	2-6-8-8-9-K	2-K	10.14	2-K	2.15
09938	2-6-8-8-9-Q	2-Q	10.22	2-Q	2.05
09939	2-6-8-8-10-10	2-6	10.02	2-6	1.11
09940	2-6-8-8-10-J	10-J	8.98	2-J	-0.26
09941	2-6-8-8-10-K	2-K	8.06	10-K	0.47
09942	2-6-8-8-10-Q	2-Q	8.14	2-Q	-0.04
09943	2-6-8-8-J-J	J-J	9.67	2-6	0.55
09944	2-6-8-8-J-K	J-K	8.31	2-K	-0.22
09945	2-6-8-8-J-Q	J-Q	9.16	2-Q	-0.32
09946	2-6-8-8-K-K	2-6	8.98	2-6	0.07
09947	2-6-8-8-Q-K	Q-K	7.81	Q-K	-0.14
09948	2-6-8-8-Q-Q	Q-Q	9.14	2-6	0.07
09949	2-6-8-9-9-9	2-8	16.36	2-8	7.75
09950	2-6-8-9-9-10	2-6	14.24	2-6	5.33

HAND No.	SIX-CARD HAND	DISCARD (DEALER)	EXPECTED AVG. (DEALER)	DISCARD (PONE)	EXPECTED AVG. (PONE)
09951	2-6-8-9-9-J	2-J	12.22	2-J	3.57
09952	2-6-8-9-9-K	2-K	11.88	2-K	3.89
09953	2-6-8-9-9-Q	2-Q	11.96	2-Q	3.79
09954	2-6-8-9-10-10	2-6	14.29	2-6	5.38
09955	2-6-8-9-10-J	2-J	11.00	2-J	2.35
09956	2-6-8-9-10-K	2-K	10.69	2-K	2.69
09957	2-6-8-9-10-Q	2-Q	10.77	2-Q	2.59
09958	2-6-8-9-J-J	2-8	9.71	2-8	1.10
09959	2-6-8-9-J-K	J-K	8.22	2-K	-0.22
09960	2-6-8-9-J-Q	J-Q	9.07	2-Q	-0.32
09961	2-6-8-9-K-K	K-K	8.84	2-8	0.10
09962	2-6-8-9-Q-K	Q-K	7.72	Q-K	-0.23
09963	2-6-8-9-Q-Q	Q-Q	9.06	2-8	0.10
09964	2-6-8-10-10-10	6-8	11.92	2-6	2.77
09965	2-6-8-10-10-J	6-8	9.38	2-6	-0.39
09966	2-6-8-10-10-K	6-8	8.09	6-K	-0.14
09967	2-6-8-10-10-Q	6-8	8.62	6-Q	-0.21
09968	2-6-8-10-J-J	6-8	9.62	2-6	-0.15
09969	2-6-8-10-J-K	6-8	7.03	10-K	-1.64
09970	2-6-8-10-J-Q	6-8	10.18	2-6	0.33
09971	2-6-8-10-K-K	6-8	8.09	6-10	-0.83
09972	2-6-8-10-Q-K	6-8	6.53	10-K	-1.88
09973	2-6-8-10-Q-Q	6-8	8.62	6-10	-0.83
09974	2-6-8-J-J-J	6-8	12.64	2-8	2.73
09975	2-6-8-J-J-K	6-8	9.09	6-K	-0.19
09976	2-6-8-J-J-Q	6-8	9.62	6-Q	-0.26
09977	2-6-8-J-K-K	6-8	8.85	2-8	-1.05
09978	2-6-8-J-Q-K	6-8	10.09	2-8	0.19
09979	2-6-8-J-Q-Q	6-8	9.38	2-8	-0.53
09980	2-6-8-K-K-K	6-8	11.92	2-8	2.01
09981	2-6-8-Q-K-K	6-8	8.62	6-Q	-0.73
09982	2-6-8-Q-Q-K	6-8	8.62	6-K	-0.66
09983	2-6-8-Q-Q-Q	6-8	11.92	2-8	2.01
09984	2-6-9-9-9-9	2-6	16.46	2-9	7.80
09985	2-6-9-9-9-10	2-10	16.26	2-10	8.10
09986	2-6-9-9-9-J	2-J	16.57	2-J	7.91
09987	2-6-9-9-9-K	2-K	16.23	2-K	8.24
09988	2-6-9-9-9-Q	2-Q	16.31	2-Q	8.14
09989	2-6-9-9-10-10	10-10	12.06	2-10	3.36
09990	2-6-9-9-10-J	2-6	14.48	2-6	5.57
09991	2-6-9-9-10-K	2-K	11.54	2-K	3.54
09992	2-6-9-9-10-Q	2-Q	11.62	2-Q	3.44
09993	2-6-9-9-J-J	J-J	12.62	2-J	2.89
09994	2-6-9-9-J-K	J-K	11.27	2-K	3.26
09995	2-6-9-9-J-Q	J-Q	12.11	2-Q	3.16
09996	2-6-9-9-K-K	K-K	11.88	2-K	2.46
09997	2-6-9-9-Q-K	Q-K	10.76	Q-K	2.81
09998	2-6-9-9-Q-Q	Q-Q	12.10	2-Q	2.35
09999	2-6-9-10-10-10	6-9	12.44	2-6	3.51
10000	2-6-9-10-10-J	2-6	14.52	2-6	5.61

HAND No.	SIX-CARD HAND	DISCARD (DEALER)	EXPECTED AVG. (DEALER)	DISCARD (PONE)	EXPECTED AVG. (PONE)
10001	2-6-9-10-10-K	2-K	9.62	2-K	1.63
10002	2-6-9-10-10-Q	2-Q	9.70	2-Q	1.53
10003	2-6-9-10-J-J	2-6	14.76	2-6	5.85
10004	2-6-9-10-J-K	2-K	10.67	2-K	2.67
10005	2-6-9-10-J-Q	2-Q	10.72	2-Q	2.55
10006	2-6-9-10-K-K	6-9	8.62	2-10	0.45
10007	2-6-9-10-Q-K	Q-K	7.46	10-K	-0.40
10008	2-6-9-10-Q-Q	6-9	9.14	2-10	0.45
10009	2-6-9-J-J-J	6-9	13.16	2-6	3.44
10010	2-6-9-J-J-K	6-9	9.62	2-K	1.59
10011	2-6-9-J-J-Q	6-9	10.14	2-Q	1.48
10012	2-6-9-J-K-K	6-9	9.38	2-J	0.26
10013	2-6-9-J-Q-K	6-9	10.62	2-9	0.36
10014	2-6-9-J-Q-Q	6-9	9.90	2-J	0.26
10015	2-6-9-K-K-K	6-9	12.44	2-9	2.19
10016	2-6-9-Q-K-K	6-9	9.14	2-Q	0.48
10017	2-6-9-Q-Q-K	6-9	9.14	2-K	0.59
10018	2-6-9-Q-Q-Q	6-9	12.44	2-9	2.19
10019	2-6-10-10-10-10	2-6	16.63	2-6	7.72
10020	2-6-10-10-10-J	2-6	12.70	2-6	3.79
10021	2-6-10-10-10-K	2-6	10.89	6-K	3.16
10022	2-6-10-10-10-Q	2-6	11.68	6-Q	3.09
10023	2-6-10-10-J-J	2-6	11.55	2-6	2.64
10024	2-6-10-10-J-K	2-6	8.52	6-K	0.62
10025	2-6-10-10-J-Q	2-6	14.57	2-6	5.66
10026	2-6-10-10-K-K	2-6	8.98	2-6	0.07
10027	2-6-10-10-Q-K	2-6	7.76	6-K	-0.14
10028	2-6-10-10-Q-Q	2-6	10.02	2-6	1.11
10029	2-6-10-J-J-J	2-6	13.18	2-6	4.27
10030	2-6-10-J-J-K	2-6	8.76	6-K	0.86
10031	2-6-10-J-J-Q	2-6	14.81	2-6	5.90
10032	2-6-10-J-K-K	2-6	8.26	6-10	-0.07
10033	2-6-10-J-Q-K	2-6	10.52	2-6	1.61
10034	2-6-10-J-Q-Q	2-6	14.57	2-6	5.66
10035	2-6-10-K-K-K	2-6	10.89	6-10	2.99
10036	2-6-10-Q-K-K	2-6	7.76	6-10	-0.31
10037	2-6-10-Q-Q-K	2-6	7.76	6-K	-0.14
10038	2-6-10-Q-Q-Q	2-6	11.68	6-10	2.99
10039	2-6-J-J-J-J	2-6	17.59	2-6	8.68
10040	2-6-J-J-J-K	2-6	12.39	6-K	3.88
10041	2-6-J-J-J-Q	2-6	13.18	2-6	4.27
10042	2-6-J-J-K-K	2-6	10.50	2-6	1.59
10043	2-6-J-J-Q-K	2-6	14.63	2-6	5.72
10044	2-6-J-J-Q-Q	2-6	11.55	2-6	2.64
10045	2-6-J-K-K-K	2-6	11.92	2-6	3.01
10046	2-6-J-Q-K-K	2-6	14.39	2-6	5.48
10047	2-6-J-Q-Q-K	2-6	14.39	2-6	5.48
10048	2-6-J-Q-Q-Q	2-6	12.70	2-6	3.79
10049	2-6-K-K-K-K	2-6	16.63	2-6	7.72
10050	2-6-Q-K-K-K	2-6	11.68	6-Q	3.09

HAND No.	SIX-CARD HAND	DISCARD (DEALER)	EXPECTED AVG. (DEALER)	DISCARD (PONE)	EXPECTED AVG. (PONE)
10051	2-6-Q-Q-K-K	2-6	10.02	2-6	1.11
10052	2-6-Q-Q-Q-K	2-6	11.68	6-K	3.16
10053	2-6-Q-Q-Q-Q	2-6	16.63	2-6	7.72
10054	2-7-7-7-7-8	2-7	18.41	2-7	9.64
10055	2-7-7-7-7-9	2-9	17.48	2-9	9.02
10056	2-7-7-7-7-10	2-10	17.31	2-10	9.15
10057	2-7-7-7-7-J	2-J	17.61	2-J	8.96
10058	2-7-7-7-7-K	2-K	17.27	2-K	9.28
10059	2-7-7-7-7-Q	2-Q	17.35	2-Q	9.18
10060	2-7-7-7-8-8	2-7	18.58	2-7	9.81
10061	2-7-7-7-8-9	2-9	18.32	2-9	9.86
10062	2-7-7-7-8-10	2-10	18.35	2-10	10.19
10063	2-7-7-7-8-J	2-J	18.65	2-J	10.00
10064	2-7-7-7-8-K	2-K	18.32	2-K	10.33
10065	2-7-7-7-8-Q	2-Q	18.40	2-Q	10.22
10066	2-7-7-7-9-9	9-9	12.99	2-9	3.49
10067	2-7-7-7-9-10	9-10	12.12	2-10	3.67
10068	2-7-7-7-9-J	2-J	12.13	2-J	3.48
10069	2-7-7-7-9-K	2-K	11.80	2-K	3.80
10070	2-7-7-7-9-Q	2-Q	11.88	9-Q	3.71
10071	2-7-7-7-10-10	10-10	12.58	2-10	2.84
10072	2-7-7-7-10-J	10-J	12.45	2-10	3.12
10073	2-7-7-7-10-K	2-10	11.05	10-K	3.95
10074	2-7-7-7-10-Q	10-Q	11.14	10-Q	3.23
10075	2-7-7-7-J-J	J-J	13.15	2-J	2.89
10076	2-7-7-7-J-K	J-K	11.79	2-K	3.26
10077	2-7-7-7-J-Q	J-Q	12.64	2-Q	3.16
10078	2-7-7-7-K-K	K-K	12.40	2-K	2.98
10079	2-7-7-7-Q-K	Q-K	11.29	Q-K	3.33
10080	2-7-7-7-Q-Q	Q-Q	12.62	2-Q	2.87
10081	2-7-7-8-8-8	2-8	18.45	2-8	9.84
10082	2-7-7-8-8-9	2-9	18.43	2-9	9.97
10083	2-7-7-8-8-10	2-10	18.52	2-10	10.36
10084	2-7-7-8-8-J	2-J	18.83	2-J	10.17
10085	2-7-7-8-8-K	2-K	18.49	2-K	10.50
10086	2-7-7-8-8-Q	2-Q	18.57	2-Q	10.40
10087	2-7-7-8-9-9	2-9	17.95	2-9	9.49
10088	2-7-7-8-9-10	2-10	17.92	2-10	9.76
10089	2-7-7-8-9-J	2-J	18.26	2-J	9.61
10090	2-7-7-8-9-K	2-K	17.93	2-K	9.93
10091	2-7-7-8-9-Q	2-Q	18.01	2-Q	9.83
10092	2-7-7-8-10-10	10-10	13.27	2-10	3.71
10093	2-7-7-8-10-J	10-J	13.15	2-10	3.82
10094	2-7-7-8-10-K	2-K	11.88	10-K	4.64
10095	2-7-7-8-10-Q	2-Q	11.96	10-Q	3.92
10096	2-7-7-8-J-J	J-J	13.84	2-J	3.59
10097	2-7-7-8-J-K	J-K	12.48	2-K	3.96
10098	2-7-7-8-J-Q	J-Q	13.33	2-Q	3.85
10099	2-7-7-8-K-K	K-K	13.10	2-K	3.67
10100	2-7-7-8-Q-K	Q-K	11.98	Q-K	4.03

HAND No.	SIX-CARD HAND	DISCARD (DEALER)	EXPECTED AVG. (DEALER)	DISCARD (PONE)	EXPECTED AVG. (PONE)
10101	2-7-7-8-Q-Q	Q-Q	13.32	2-Q	3.57
10102	2-7-7-9-9-9	7-7	13.22	2-7	2.72
10103	2-7-7-9-9-10	7-7	10.44	2-10	1.67
10104	2-7-7-9-9-J ♣	7-7	10.16	2-J	1.48
10105	2-7-7-9-9-K	2-K	9.80	2-K	1.80
10106	2-7-7-9-9-Q	2-Q	9.88	2-Q	1.70
10107	2-7-7-9-10-10	7-7	10.44	2-9	0.49
10108	2-7-7-9-10-J	7-7	11.48	2-7	0.29
10109	2-7-7-9-10-K	7-7	8.00	10-K	0.29
10110	2-7-7-9-10-Q	7-7	8.09	2-Q	-0.30
10111	2-7-7-9-J-J	7-7	10.40	2-9	0.97
10112	2-7-7-9-J-K	7-7	8.24	2-K	-0.13
10113	2-7-7-9-J-Q	J-Q	8.98	9-Q	-0.23
10114	2-7-7-9-K-K	7-7	9.40	2-9	0.49
10115	2-7-7-9-Q-K	7-7	7.74	Q-K	-0.32
10116	2-7-7-9-Q-Q	7-7	9.40	2-9	0.49
10117	2-7-7-10-10-10	7-7	13.22	2-7	1.94
10118	2-7-7-10-10-J	7-7	10.68	2-J	0.43
10119	2-7-7-10-10-K	7-7	9.40	2-K	0.76
10120	2-7-7-10-10-Q	7-7	9.92	2-Q	0.66
10121	2-7-7-10-J-J	7-7	10.92	2-10	1.10
10122	2-7-7-10-J-K	7-7	8.33	10-K	0.01
10123	2-7-7-10-J-Q	7-7	11.48	2-7	0.20
10124	2-7-7-10-K-K	7-7	9.40	2-10	0.62
10125	2-7-7-10-Q-K	7-7	7.83	10-K	-0.23
10126	2-7-7-10-Q-Q	7-7	9.92	2-10	0.62
10127	2-7-7-J-J-J	7-7	13.94	2-7	2.66
10128	2-7-7-J-J-K	7-7	10.40	2-K	1.24
10129	2-7-7-J-J-Q	7-7	10.92	2-Q	1.14
10130	2-7-7-J-K-K	7-7	10.16	2-J	0.43
10131	2-7-7-J-Q-K	7-7	11.40	2-7	0.11
10132	2-7-7-J-Q-Q	7-7	10.68	2-J	0.43
10133	2-7-7-K-K-K	7-7	13.22	2-7	1.94
10134	2-7-7-Q-K-K	7-7	9.92	2-Q	0.66
10135	2-7-7-Q-Q-K	7-7	9.92	2-K	0.76
10136	2-7-7-Q-Q-Q	7-7	13.22	2-7	1.94
10137	2-7-8-8-8-8	2-8	17.75	2-8	9.14
10138	2-7-8-8-8-9	2-9	17.80	2-9	9.34
10139	2-7-8-8-8-10	2-10	17.83	2-10	9.67
10140	2-7-8-8-8-J	2-J	18.13	2-J	9.48
10141	2-7-8-8-8-K	2-K	17.80	2-K	9.80
10142	2-7-8-8-8-Q	2-Q	17.88	2-Q	9.70
10143	2-7-8-8-9-9	2-9	17.78	2-9	9.32
10144	2-7-8-8-9-10	2-10	17.74	2-10	9.58
10145	2-7-8-8-9-J	2-J	18.09	2-J	9.43
10146	2-7-8-8-9-K	2-K	17.75	2-K	9.76
10147	2-7-8-8-9-Q	2-Q	17.83	2-Q	9.66
10148	2-7-8-8-10-10	10-10	13.10	2-10	3.54
10149	2-7-8-8-10-J	10-J	12.98	2-10	3.65
10150	2-7-8-8-10-K	2-K	11.71	10-K	4.47

HAND No.	SIX-CARD HAND	DISCARD (DEALER)	EXPECTED AVG. (DEALER)	DISCARD (PONE)	EXPECTED AVG. (PONE)
10151	2-7-8-8-10-Q	2-Q	11.79	10-Q	3.75
10152	2-7-8-8-J-J	J-J	13.67	2-J	3.41
10153	2-7-8-8-J-K	J-K	12.31	2-K	3.78
10154	2-7-8-8-J-Q	J-Q	13.16	2-Q	3.68
10155	2-7-8-8-K-K	K-K	12.92	2-K	3.50
10156	2-7-8-8-Q-K	Q-K	11.81	Q-K	3.86
10157	2-7-8-8-Q-Q	Q-Q	13.14	2-Q	3.40
10158	2-7-8-9-9-9	2-9	15.89	2-9	7.43
10159	2-7-8-9-9-10	2-10	15.83	2-10	7.67
10160	2-7-8-9-9-J	2-J	16.17	2-J	7.52
10161	2-7-8-9-9-K	2-K	15.84	2-K	7.85
10162	2-7-8-9-9-Q	2-Q	15.92	2-Q	7.74
10163	2-7-8-9-10-10	2-7	14.10	2-7	5.33
10164	2-7-8-9-10-J	2-J	12.20	2-J	3.54
10165	2-7-8-9-10-K	2-K	11.88	2-K	3.89
10166	2-7-8-9-10-Q	2-Q	11.96	2-Q	3.79
10167	2-7-8-9-J-J	J-J	12.56	2-J	2.39
10168	2-7-8-9-J-K	J-K	11.20	2-K	2.76
10169	2-7-8-9-J-Q	J-Q	12.05	2-Q	2.66
10170	2-7-8-9-K-K	K-K	11.81	2-K	2.39
10171	2-7-8-9-Q-K	Q-K	10.70	Q-K	2.75
10172	2-7-8-9-Q-Q	Q-Q	12.03	2-Q	2.29
10173	2-7-8-10-10-10	7-8	13.84	2-7	2.72
10174	2-7-8-10-10-J	7-8	11.30	2-J	1.22
10175	2-7-8-10-10-K	7-8	10.02	2-K	1.54
10176	2-7-8-10-10-Q	7-8	10.54	2-Q	1.44
10177	2-7-8-10-J-J	7-8	11.54	2-10	1.45
10178	2-7-8-10-J-K	7-8	8.95	10-K	0.36
10179	2-7-8-10-J-Q	7-8	12.10	2-7	0.29
10180	2-7-8-10-K-K	7-8	10.02	2-10	0.97
10181	2-7-8-10-Q-K	7-8	8.45	10-K	0.12
10182	2-7-8-10-Q-Q	7-8	10.54	2-10	0.97
10183	2-7-8-J-J-J	7-8	14.56	2-8	2.69
10184	2-7-8-J-J-K	7-8	11.02	2-K	1.59
10185	2-7-8-J-J-Q	7-8	11.54	2-Q	1.48
10186	2-7-8-J-K-K	7-8	10.78	2-J	0.78
10187	2-7-8-J-Q-K	7-8	12.02	2-8	0.14
10188	2-7-8-J-Q-Q	7-8	11.30	2-J	0.78
10189	2-7-8-K-K-K	7-8	13.84	2-8	1.97
10190	2-7-8-Q-K-K	7-8	10.54	2-Q	1.01
10191	2-7-8-Q-Q-K	7-8	10.54	2-K	1.11
10192	2-7-8-Q-Q-Q	7-8	13.84	2-8	1.97
10193	2-7-9-9-9-9	2-7	16.50	2-7	7.72
10194	2-7-9-9-9-10	2-7	12.32	2-7	3.55
10195	2-7-9-9-9-J	2-7	11.78	2-7	3.01
10196	2-7-9-9-9-K	2-K	11.27	2-K	3.28
10197	2-7-9-9-9-Q	2-Q	11.35	2-Q	3.18
10198	2-7-9-9-10-10	2-7	10.93	2-7	2.16
10199	2-7-9-9-10-J	2-7	14.43	2-7	5.66
10200	2-7-9-9-10-K	2-7	7.97	7-K	0.25

HAND No.	SIX-CARD HAND	DISCARD (DEALER)	EXPECTED AVG. (DEALER)	DISCARD (PONE)	EXPECTED AVG. (PONE)
10201	2-7-9-9-10-Q	2-7	8.15	7-Q	0.20
10202	2-7-9-9-J-J	2-7	10.37	2-7	1.59
10203	2-7-9-9-J-K	J-K	7.96	7-K	-0.04
10204	2-7-9-9-J-Q	J-Q	8.81	7-Q	-0.09
10205	2-7-9-9-K-K	2-7	8.84	2-7	0.07
10206	2-7-9-9-Q-K	Q-K	7.46	Q-K	-0.49
10207	2-7-9-9-Q-Q	2-7	8.84	2-7	0.07
10208	2-7-9-10-10-10	2-7	12.32	2-7	3.55
10209	2-7-9-10-10-J	2-7	14.43	2-7	5.66
10210	2-7-9-10-10-K	2-7	7.97	7-K	0.25
10211	2-7-9-10-10-Q	2-7	8.15	7-Q	0.20
10212	2-7-9-10-J-J	2-7	14.67	2-7	5.90
10213	2-7-9-10-J-K	2-7	9.10	7-K	1.29
10214	2-7-9-10-J-Q	2-7	10.47	2-7	1.70
10215	2-7-9-10-K-K	9-10	7.77	7-10	-0.83
10216	2-7-9-10-Q-K ♠	9-10	6.12	10-K	-2.05
10217	2-7-9-10-Q-Q	7-9	8.04	7-10	-0.83
10218	2-7-9-J-J-J	2-7	12.26	2-7	3.48
10219	2-7-9-J-J-K	7-9	8.52	7-K	0.20
10220	2-7-9-J-J-Q	7-9	9.04	7-Q	0.15
10221	2-7-9-J-K-K	7-9	8.28	2-7	-0.82
10222	2-7-9-J-Q-K	7-9	9.52	2-9	0.41
10223	2-7-9-J-Q-Q	7-9	8.80	2-9	-0.31
10224	2-7-9-K-K-K	7-9	11.34	2-9	2.23
10225	2-7-9-Q-K-K	7-9	8.04	9-Q	-0.64
10226	2-7-9-Q-Q-K	7-9	8.04	9-K	-0.55
10227	2-7-9-Q-Q-Q	7-9	11.34	2-9	2.23
10228	2-7-10-10-10-10	2-7	16.50	2-7	7.72
10229	2-7-10-10-10-J	2-7	12.56	2-7	3.79
10230	2-7-10-10-10-K	2-7	10.76	7-K	3.03
10231	2-7-10-10-10-Q	2-7	11.54	7-Q	2.98
10232	2-7-10-10-J-J	2-7	11.41	2-7	2.64
10233	2-7-10-10-J-K	2-7	8.39	7-K	0.49
10234	2-7-10-10-J-Q	2-7	14.43	2-7	5.66
10235	2-7-10-10-K-K	2-7	8.84	2-7	0.07
10236	2-7-10-10-Q-K	2-7	7.63	7-K	-0.28
10237	2-7-10-10-Q-Q	2-7	9.89	2-7	1.11
10238	2-7-10-J-J-J	2-7	13.04	2-7	4.27
10239	2-7-10-J-J-K	2-7	8.63	7-K	0.73
10240	2-7-10-J-J-Q	2-7	14.67	2-7	5.90
10241	2-7-10-J-K-K	2-7	8.13	7-10	-0.07
10242	2-7-10-J-Q-K	2-7	10.39	2-7	1.61
10243	2-7-10-J-Q-Q	2-7	14.43	2-7	5.66
10244	2-7-10-K-K-K	2-7	10.76	7-10	3.00
10245	2-7-10-Q-K-K	2-7	7.63	7-10	-0.31
10246	2-7-10-Q-Q-K	2-7	7.63	7-K	-0.28
10247	2-7-10-Q-Q-Q	2-7	11.54	7-10	3.00
10248	2-7-J-J-J-J	2-7	17.45	2-7	8.68
10249	2-7-J-J-J-K	2-7	12.26	7-K	3.75
10250	2-7-J-J-J-Q	2-7	13.04	2-7	4.27

HAND No.	SIX-CARD HAND	DISCARD (DEALER)	EXPECTED AVG. (DEALER)	DISCARD (PONE)	EXPECTED AVG. (PONE)
10251	2-7-J-J-K-K	2-7	10.37	2-7	1.59
10252	2-7-J-J-Q-K	2-7	14.50	2-7	5.72
10253	2-7-J-J-Q-Q	2-7	11.41	2-7	2.64
10254	2-7-J-K-K-K	2-7	11.78	2-7	3.01
10255	2-7-J-Q-K-K	2-7	14.26	2-7	5.48
10256	2-7-J-Q-Q-K	2-7	14.26	2-7	5.48
10257	2-7-J-Q-Q-Q	2-7	12.56	2-7	3.79
10258	2-7-K-K-K-K	2-7	16.50	2-7	7.72
10259	2-7-Q-K-K-K	2-7	11.54	7-Q	2.98
10260	2-7-Q-Q-K-K	2-7	9.89	2-7	1.11
10261	2-7-Q-Q-Q-K	2-7	11.54	7-K	3.03
10262	2-7-Q-Q-Q-Q	2-7	16.50	2-7	7.72
10263	2-8-8-8-8-9	2-9	16.43	2-9	7.97
10264	2-8-8-8-8-10	2-10	16.26	2-10	8.10
10265	2-8-8-8-8-J	2-J	16.57	2-J	7.91
10266	2-8-8-8-8-K	2-K	16.23	2-K	8.24
10267	2-8-8-8-8-Q	2-Q	16.31	2-Q	8.14
10268	2-8-8-8-9-9	9-9	12.47	2-9	3.76
10269	2-8-8-8-9-10	2-8	13.90	2-8	5.30
10270	2-8-8-8-9-J	2-J	12.39	2-J	3.74
10271	2-8-8-8-9-K	2-K	12.06	2-K	4.06
10272	2-8-8-8-9-Q	2-Q	12.14	2-Q	3.96
10273	2-8-8-8-10-10	10-10	12.06	2-10	3.10
10274	2-8-8-8-10-J	10-J	11.93	2-J	2.96
10275	2-8-8-8-10-K	2-K	11.27	10-K	3.42
10276	2-8-8-8-10-Q	2-Q	11.35	2-Q	3.18
10277	2-8-8-8-J-J	J-J	12.62	2-J	2.37
10278	2-8-8-8-J-K	J-K	11.27	2-K	2.74
10279	2-8-8-8-J-Q	J-Q	12.11	2-Q	2.64
10280	2-8-8-8-K-K	K-K	11.88	2-K	2.46
10281	2-8-8-8-Q-K	Q-K	10.76	Q-K	2.81
10282	2-8-8-8-Q-Q	Q-Q	12.10	2-Q	2.35
10283	2-8-8-9-9-9	8-8	12.75	2-8	3.54
10284	2-8-8-9-9-10	2-9	13.95	2-9	5.49
10285	2-8-8-9-9-J	2-J	11.00	2-J	2.35
10286	2-8-8-9-9-K	2-K	10.67	2-K	2.67
10287	2-8-8-9-9-Q	2-Q	10.75	2-Q	2.57
10288	2-8-8-9-10-10	2-8	13.88	2-10	5.62
10289	2-8-8-9-10-J	2-J	14.22	2-J	5.57
10290	2-8-8-9-10-K	2-K	13.93	2-K	5.93
10291	2-8-8-9-10-Q	2-Q	14.01	2-Q	5.83
10292	2-8-8-9-J-J	8-8	9.92	2-9	0.80
10293	2-8-8-9-J-K	J-K	8.48	2-K	0.13
10294	2-8-8-9-J-Q	J-Q	9.33	2-Q	0.03
10295	2-8-8-9-K-K	K-K	9.10	2-9	0.32
10296	2-8-8-9-Q-K	Q-K	7.98	Q-K	0.03
10297	2-8-8-9-Q-Q	Q-Q	9.32	2-9	0.32
10298	2-8-8-10-10-10	8-8	12.75	2-8	2.75
10299	2-8-8-10-10-J	8-8	10.20	2-J	1.30
10300	2-8-8-10-10-K	2-K	9.62	2-K	1.63

HAND No.	SIX-CARD HAND	DISCARD (DEALER)	EXPECTED AVG. (DEALER)	DISCARD (PONE)	EXPECTED AVG. (PONE)
10301	2-8-8-10-10-Q	2-Q	9.70	2-Q	1.53
10302	2-8-8-10-J-J	8-8	10.44	2-10	0.93
10303	2-8-8-10-J-K	10-J	8.11	2-K	-0.13
10304	2-8-8-10-J-Q	8-8	11.01	2-8	0.32
10305	2-8-8-10-K-K	8-8	8.92	2-10	0.45
10306	2-8-8-10-Q-K	Q-K	7.46	10-K	-0.40
10307	2-8-8-10-Q-Q	8-8	9.44	2-10	0.45
10308	2-8-8-J-J-J	8-8	13.46	2-8	2.69
10309	2-8-8-J-J-K	8-8	9.92	2-K	1.06
10310	2-8-8-J-J-Q	8-8	10.44	2-Q	0.96
10311	2-8-8-J-K-K	8-8	9.68	2-J	0.26
10312	2-8-8-J-Q-K	8-8	10.92	2-8	0.14
10313	2-8-8-J-Q-Q	8-8	10.20	2-J	0.26
10314	2-8-8-K-K-K	8-8	12.75	2-8	1.97
10315	2-8-8-Q-K-K	8-8	9.44	2-Q	0.48
10316	2-8-8-Q-Q-K	8-8	9.44	2-K	0.59
10317	2-8-8-Q-Q-Q	8-8	12.75	2-8	1.97
10318	2-8-9-9-9-9	2-8	16.36	2-8	7.75
10319	2-8-9-9-9-10	2-9	13.98	2-9	5.52
10320	2-8-9-9-9-J	2-J	12.39	2-J	3.74
10321	2-8-9-9-9-K	2-K	12.06	2-K	4.06
10322	2-8-9-9-9-Q	2-Q	12.14	2-Q	3.96
10323	2-8-9-9-10-10	2-9	13.95	2-10	5.62
10324	2-8-9-9-10-J	2-8	14.25	2-8	5.64
10325	2-8-9-9-10-K	2-K	13.93	2-K	5.93
10326	2-8-9-9-10-Q	2-Q	14.01	2-Q	5.83
10327	2-8-9-9-J-J	2-8	10.23	2-8	1.62
10328	2-8-9-9-J-K	J-K	8.48	2-K	0.13
10329	2-8-9-9-J-Q	J-Q	9.33	2-Q	0.03
10330	2-8-9-9-K-K	K-K	9.10	2-8	0.10
10331	2-8-9-9-Q-K	Q-K	7.98	Q-K	0.03
10332	2-8-9-9-Q-Q	Q-Q	9.32	2-8	0.10
10333	2-8-9-10-10-10	2-10	13.81	2-10	5.65
10334	2-8-9-10-10-J	2-8	14.25	2-8	5.64
10335	2-8-9-10-10-K	2-K	13.93	2-K	5.93
10336	2-8-9-10-10-Q	2-Q	14.01	2-Q	5.83
10337	2-8-9-10-J-J	2-8	14.49	2-8	5.88
10338	2-8-9-10-J-K	2-K	10.21	2-K	2.22
10339	2-8-9-10-J-Q	2-8	10.32	2-Q	2.09
10340	2-8-9-10-K-K	K-K	9.90	2-K	0.48
10341	2-8-9-10-Q-K	Q-K	8.79	Q-K	0.83
10342	2-8-9-10-Q-Q	Q-Q	10.12	2-Q	0.46
10343	2-8-9-J-J-J	8-9	12.73	2-8	3.51
10344	2-8-9-J-J-K	8-9	9.19	8-K	0.26
10345	2-8-9-J-J-Q	8-9	9.71	8-Q	0.16
10346	2-8-9-J-K-K	8-9	8.95	2-8	-0.79
10347	2-8-9-J-Q-K	8-9	10.19	2-9	0.41
10348	2-8-9-J-Q-Q	8-9	9.47	2-9	-0.31
10349	2-8-9-K-K-K	8-9	12.01	2-9	2.23
10350	2-8-9-Q-K-K	8-9	8.71	9-Q	-0.64

HAND No.	SIX-CARD HAND	DISCARD (DEALER)	EXPECTED AVG. (DEALER)	DISCARD (PONE)	EXPECTED AVG. (PONE)
10351	2-8-9-Q-Q-K	8-9	8.71	9-K	-0.55
10352	2-8-9-Q-Q-Q	8-9	12.01	2-9	2.23
10353	2-8-10-10-10-10	2-8	16.36	2-8	7.75
10354	2-8-10-10-10-J	2-8	12.43	2-8	3.82
10355	2-8-10-10-10-K	2-K	11.27	2-K	3.28
10356	2-8-10-10-10-Q	2-8	11.40	2-Q	3.18
10357	2-8-10-10-J-J	2-8	11.27	2-8	2.67
10358	2-8-10-10-J-K	2-8	8.25	8-K	0.55
10359	2-8-10-10-J-Q	2-8	14.30	2-8	5.69
10360	2-8-10-10-K-K	2-8	8.71	2-8	0.10
10361	2-8-10-10-Q-K	2-K	7.71	8-K	-0.22
10362	2-8-10-10-Q-Q	2-8	9.75	2-8	1.14
10363	2-8-10-J-J-J	2-8	12.90	2-8	4.30
10364	2-8-10-J-J-K	2-8	8.49	8-K	0.79
10365	2-8-10-J-J-Q	2-8	14.53	2-8	5.93
10366	2-8-10-J-K-K	10-J	8.11	2-8	-0.62
10367	2-8-10-J-Q-K	2-8	10.25	2-8	1.64
10368	2-8-10-J-Q-Q	2-8	14.30	2-8	5.69
10369	2-8-10-K-K-K	8-10	11.10	2-10	2.36
10370	2-8-10-Q-K-K	8-10	7.80	8-Q	-0.84
10371	2-8-10-Q-Q-K	8-10	7.80	8-K	-0.22
10372	2-8-10-Q-Q-Q	2-8	11.40	2-8	2.80
10373	2-8-J-J-J-J	2-8	17.32	2-8	8.71
10374	2-8-J-J-J-K	2-8	12.12	8-K	3.81
10375	2-8-J-J-J-Q	2-8	12.90	2-8	4.30
10376	2-8-J-J-K-K	2-8	10.23	2-8	1.62
10377	2-8-J-J-Q-K	2-8	14.36	2-8	5.75
10378	2-8-J-J-Q-Q	2-8	11.27	2-8	2.67
10379	2-8-J-K-K-K	2-8	11.64	2-8	3.04
10380	2-8-J-Q-K-K	2-8	14.12	2-8	5.51
10381	2-8-J-Q-Q-K	2-8	14.12	2-8	5.51
10382	2-8-J-Q-Q-Q	2-8	12.43	2-8	3.82
10383	2-8-K-K-K-K	2-8	16.36	2-8	7.75
10384	2-8-Q-K-K-K	2-8	11.40	8-Q	2.98
10385	2-8-Q-Q-K-K	2-8	9.75	2-8	1.14
10386	2-8-Q-Q-Q-K	2-8	11.40	8-K	3.09
10387	2-8-Q-Q-Q-Q	2-8	16.36	2-8	7.75
10388	2-9-9-9-9-10	2-10	16.26	2-10	8.10
10389	2-9-9-9-9-J	2-J	16.57	2-J	7.91
10390	2-9-9-9-9-K	2-K	16.23	2-K	8.24
10391	2-9-9-9-9-Q	2-Q	16.31	2-Q	8.14
10392	2-9-9-9-10-10	10-10	12.06	2-10	3.89
10393	2-9-9-9-10-J	2-9	14.22	2-9	5.76
10394	2-9-9-9-10-K	2-K	12.06	2-K	4.06
10395	2-9-9-9-10-Q	2-Q	12.14	2-Q	3.96
10396	2-9-9-9-J-J	J-J	12.62	2-J	3.15
10397	2-9-9-9-J-K	2-K	11.51	2-K	3.52
10398	2-9-9-9-J-Q	J-Q	12.11	2-Q	3.42
10399	2-9-9-9-K-K	K-K	11.88	2-K	2.46
10400	2-9-9-9-Q-K	Q-K	10.76	Q-K	2.81

HAND No.	SIX-CARD HAND	DISCARD (DEALER)	EXPECTED AVG. (DEALER)	DISCARD (PONE)	EXPECTED AVG. (PONE)
10401	2-9-9-9-Q-Q	Q-Q	12.10	2-Q	2.35
10402	2-9-9-10-10-10	9-9	12.47	2-9	3.76
10403	2-9-9-10-10-J	2-9	14.19	2-10	5.86
10404	2-9-9-10-10-K	2-K	10.67	2-K	2.67
10405	2-9-9-10-10-Q	2-Q	10.75	2-Q	2.57
10406	2-9-9-10-J-J	2-9	14.43	2-9	5.97
10407	2-9-9-10-J-K	2-K	14.17	2-K	6.17
10408	2-9-9-10-J-Q	2-Q	14.20	2-Q	6.03
10409	2-9-9-10-K-K	K-K	9.10	2-10	0.45
10410	2-9-9-10-Q-K	Q-K	7.98	Q-K	0.03
10411	2-9-9-10-Q-Q	Q-Q	9.32	2-10	0.45
10412	2-9-9-J-J-J	9-9	13.19	2-9	3.69
10413	2-9-9-J-J-K	2-K	10.10	2-K	2.11
10414	2-9-9-J-J-Q	2-Q	10.18	2-Q	2.01
10415	2-9-9-J-K-K	9-9	9.40	2-J	0.26
10416	2-9-9-J-Q-K	9-9	10.64	2-9	0.45
10417	2-9-9-J-Q-Q	9-9	9.93	2-J	0.26
10418	2-9-9-K-K-K	9-9	12.47	2-9	2.19
10419	2-9-9-Q-K-K	9-9	9.17	2-Q	0.48
10420	2-9-9-Q-Q-K	9-9	9.17	2-K	0.59
10421	2-9-9-Q-Q-Q	9-9	12.47	2-9	2.19
10422	2-9-10-10-10-10	2-9	16.43	2-9	7.97
10423	2-9-10-10-10-J	2-10	14.05	2-10	5.89
10424	2-9-10-10-10-K	2-K	12.06	2-K	4.06
10425	2-9-10-10-10-Q	2-Q	12.14	2-Q	3.96
10426	2-9-10-10-J-J	2-J	14.33	2-10	6.10
10427	2-9-10-10-J-K	2-K	14.17	2-K	6.17
10428	2-9-10-10-J-Q	2-9	14.32	2-Q	6.03
10429	2-9-10-10-K-K	K-K	9.10	2-9	0.32
10430	2-9-10-10-Q-K	Q-K	7.98	Q-K	0.03
10431	2-9-10-10-Q-Q	2-9	9.82	2-9	1.36
10432	2-9-10-J-J-J	2-J	14.59	2-J	5.93
10433	2-9-10-J-J-K	2-K	14.40	2-K	6.41
10434	2-9-10-J-J-Q	2-9	14.56	2-Q	6.27
10435	2-9-10-J-K-K	K-K	10.14	2-K	0.80
10436	2-9-10-J-Q-K	2-9	10.30	2-K	2.19
10437	2-9-10-J-Q-Q	2-9	14.32	2-9	5.86
10438	2-9-10-K-K-K	9-10	11.59	2-10	2.36
10439	2-9-10-Q-K-K	9-10	8.29	9-Q	-0.64
10440	2-9-10-Q-Q-K	9-10	8.29	9-K	-0.02
10441	2-9-10-Q-Q-Q	9-10	11.59	2-9	3.02
10442	2-9-J-J-J-J	2-9	17.39	2-9	8.93
10443	2-9-J-J-J-K	2-9	12.19	2-K	4.00
10444	2-9-J-J-J-Q	2-9	12.98	2-9	4.52
10445	2-9-J-J-K-K	2-9	10.30	2-9	1.84
10446	2-9-J-J-Q-K	2-9	14.43	2-9	5.97
10447	2-9-J-J-Q-Q	2-9	11.35	2-9	2.89
10448	2-9-J-K-K-K	2-9	11.72	2-9	3.26
10449	2-9-J-Q-K-K	2-9	14.19	2-9	5.73
10450	2-9-J-Q-Q-K	2-9	14.19	2-9	5.73

HAND No.	SIX-CARD HAND	DISCARD (DEALER)	EXPECTED AVG. (DEALER)	DISCARD (PONE)	EXPECTED AVG. (PONE)
10451	2-9-J-Q-Q-Q	2-9	12.50	2-9	4.04
10452	2-9-K-K-K-K	2-9	16.43	2-9	7.97
10453	2-9-Q-K-K-K	2-9	11.48	9-Q	3.19
10454	2-9-Q-Q-K-K	2-9	9.82	2-9	1.36
10455	2-9-Q-Q-Q-K	2-9	11.48	9-K	3.28
10456	2-9-Q-Q-Q-Q	2-9	16.43	2-9	7.97
10457	2-10-10-10-10-J	2-J	16.57	2-J	7.91
10458	2-10-10-10-10-K	2-K	16.23	2-K	8.24
10459	2-10-10-10-10-Q	2-Q	16.31	2-Q	8.14
10460	2-10-10-10-J-J	J-J	12.62	2-J	3.93
10461	2-10-10-10-J-K	2-K	12.30	2-K	4.30
10462	2-10-10-10-J-Q	2-10	14.05	2-10	5.89
10463	2-10-10-10-K-K	K-K	11.88	2-K	2.46
10464	2-10-10-10-Q-K	2-K	11.27	2-K	3.28
10465	2-10-10-10-Q-Q	Q-Q	12.10	2-Q	3.14
10466	2-10-10-J-J-J	10-10	12.77	2-10	4.60
10467	2-10-10-J-J-K	2-K	11.14	2-K	3.15
10468	2-10-10-J-J-Q	2-J	14.33	2-10	6.10
10469	2-10-10-J-K-K	K-K	9.34	2-J	0.26
10470	2-10-10-J-Q-K	2-K	14.12	2-K	6.13
10471	2-10-10-J-Q-Q	2-Q	14.07	2-Q	5.90
10472	2-10-10-K-K-K	10-10	12.06	2-10	2.32
10473	2-10-10-Q-K-K	10-10	8.75	2-Q	0.48
10474	2-10-10-Q-Q-K	2-K	9.62	2-K	1.63
10475	2-10-10-Q-Q-Q	10-10	12.06	2-10	3.10
10476	2-10-J-J-J-J	2-10	17.22	2-10	9.06
10477	2-10-J-J-J-K	2-K	12.77	2-K	4.78
10478	2-10-J-J-J-Q	2-J	14.59	2-J	5.93
10479	2-10-J-J-K-K	2-10	10.13	2-10	1.97
10480	2-10-J-J-Q-K	2-K	14.36	2-K	6.37
10481	2-10-J-J-Q-Q	2-J	14.33	2-Q	6.14
10482	2-10-J-K-K-K	10-J	11.93	2-10	3.39
10483	2-10-J-Q-K-K	2-10	13.98	2-10	5.82
10484	2-10-J-Q-Q-K	2-K	14.12	2-K	6.13
10485	2-10-J-Q-Q-Q	2-Q	14.09	2-Q	5.92
10486	2-10-K-K-K-K	2-10	16.26	2-10	8.10
10487	2-10-Q-K-K-K	2-10	11.31	2-10	3.15
10488	2-10-Q-Q-K-K	2-10	9.65	2-10	1.49
10489	2-10-Q-Q-Q-K	2-10	11.31	10-K	3.42
10490	2-10-Q-Q-Q-Q	2-10	16.26	2-10	8.10
10491	2-J-J-J-J-K	2-K	17.19	2-K	9.19
10492	2-J-J-J-J-Q	2-Q	17.27	2-Q	9.09
10493	2-J-J-J-Q-K	2-J	14.41	2-J	5.76
10494	2-J-J-J-Q-Q	Q-Q	12.82	2-Q	4.64
10495	2-J-J-J-K-K	K-K	12.60	2-K	3.96
10496	2-J-J-Q-K-K	2-J	14.15	2-K	6.06
10497	2-J-J-Q-Q-K	2-J	14.15	2-Q	5.96
10498	2-J-J-Q-Q-Q	J-J	12.62	2-J	3.93
10499	2-J-J-K-K-K	J-J	12.62	2-J	3.15
10500	2-J-K-K-K-K	2-J	16.57	2-J	7.91

HAND No.	SIX-CARD HAND	DISCARD (DEALER)	EXPECTED AVG. (DEALER)	DISCARD (PONE)	EXPECTED AVG. (PONE)
10501	2-J-Q-K-K-K	2-K	13.84	2-K	5.85
10502	2-J-Q-Q-K-K	2-Q	13.90	2-K	5.83
10503	2-J-Q-Q-Q-K	2-Q	13.92	2-Q	5.74
10504	2-J-Q-Q-Q-Q	2-J	16.57	2-J	7.91
10505	2-Q-K-K-K-K	2-Q	16.31	2-Q	8.14
10506	2-Q-Q-K-K-K	Q-Q	12.10	2-Q	3.14
10507	2-Q-Q-Q-K-K	K-K	11.88	2-K	3.24
10508	2-Q-Q-Q-Q-K	2-K	16.23	2-K	8.24
10509	3-3-3-3-4-4	4-4	19.37	4-4	7.31
10510	3-3-3-3-4-5	4-5	20.23	3-3	6.80
10511	3-3-3-3-4-6	4-6	17.43	4-6	8.27
10512	3-3-3-3-4-7	4-7	17.46	4-7	8.84
10513	3-3-3-3-4-8	4-8	17.55	4-8	8.79
10514	3-3-3-3-4-9	3-4	17.77	4-9	8.80
10515	3-3-3-3-4-10	4-10	17.34	4-10	9.20
10516	3-3-3-3-4-J	4-J	17.63	4-J	8.87
10517	3-3-3-3-4-K	4-K	17.33	4-K	9.38
10518	3-3-3-3-4-Q	4-Q	17.33	4-Q	9.28
10519	3-3-3-3-5-5 ◈	5-5	22.54	5-5	4.45
10520	3-3-3-3-5-6	5-6	20.21	5-6	6.22
10521	3-3-3-3-5-7	5-7	19.75	5-7	6.72
10522	3-3-3-3-5-8	5-8	19.22	5-8	7.43
10523	3-3-3-3-5-9	5-9	18.91	5-9	7.35
10524	3-3-3-3-5-10	5-10	20.40	5-10	6.37
10525	3-3-3-3-5-J	5-J	20.75	5-J	5.93
10526	3-3-3-3-5-K	5-K	20.41	5-K	6.52
10527	3-3-3-3-5-Q	5-Q	20.37	5-Q	6.45
10528	3-3-3-3-6-6	6-6	19.16	6-6	6.50
10529	3-3-3-3-6-7	6-7	18.53	6-7	7.16
10530	3-3-3-3-6-8	6-8	18.18	6-8	7.70
10531	3-3-3-3-6-9	6-9	18.44	3-6	7.91
10532	3-3-3-3-6-10	6-10	16.75	6-10	9.26
10533	3-3-3-3-6-J	6-J	16.98	6-J	9.01
10534	3-3-3-3-6-K	6-K	16.71	6-K	9.42
10535	3-3-3-3-6-Q	6-Q	16.85	6-Q	9.35
10536	3-3-3-3-7-7	7-7	19.66	7-7	6.63
10537	3-3-3-3-7-8	7-8	20.28	7-8	6.24
10538	3-3-3-3-7-9	7-9	17.52	7-9	8.22
10539	3-3-3-3-7-10	7-10	16.99	7-10	9.43
10540	3-3-3-3-7-J	7-J	17.31	7-J	9.04
10541	3-3-3-3-7-K	7-K	17.02	7-K	9.46
10542	3-3-3-3-7-Q	7-Q	16.99	7-Q	9.41
10543	3-3-3-3-8-8	8-8	19.18	8-8	6.72
10544	3-3-3-3-8-9	8-9	18.19	3-8	7.79
10545	3-3-3-3-8-10	8-10	17.53	8-10	8.59
10546	3-3-3-3-8-J	8-J	17.30	8-J	9.13
10547	3-3-3-3-8-K	8-K	16.89	8-K	9.52
10548	3-3-3-3-8-Q	8-Q	16.92	8-Q	9.42
10549	3-3-3-3-9-9	9-9	18.38	3-9	7.78
10550	3-3-3-3-9-10	9-10	17.77	3-10	8.24

HAND No.	SIX-CARD HAND	DISCARD (DEALER)	EXPECTED AVG. (DEALER)	DISCARD (PONE)	EXPECTED AVG. (PONE)
10551	3-3-3-3-9-J	9-J	17.44	9-J	8.53
10552	3-3-3-3-9-K	3-K	16.55	9-K	9.45
10553	3-3-3-3-9-Q	9-Q	16.47	9-Q	9.36
10554	3-3-3-3-10-10	10-10	18.49	10-10	7.64
10555	3-3-3-3-10-J	10-J	18.37	10-J	8.09
10556	3-3-3-3-10-K	10-K	16.57	10-K	9.86
10557	3-3-3-3-10-Q	10-Q	17.05	10-Q	9.14
10558	3-3-3-3-J-J	J-J	19.06	J-J	7.46
10559	3-3-3-3-J-K	J-K	17.70	J-K	8.99
10560	3-3-3-3-J-Q	J-Q	18.55	J-Q	8.27
10561	3-3-3-3-K-K	K-K	18.31	K-K	8.10
10562	3-3-3-3-Q-K	Q-K	17.20	Q-K	9.25
10563	3-3-3-3-Q-Q	Q-Q	18.53	Q-Q	8.03
10564	3-3-3-4-4-4	3-3	16.91	3-3	4.36
10565	3-3-3-4-4-5	3-4	18.32	3-4	7.49
10566	3-3-3-4-4-6	4-4	15.24	4-6	4.36
10567	3-3-3-4-4-7	4-4	13.80	4-7	4.80
10568	3-3-3-4-4-8	3-3	14.22	4-8	4.62
10569	3-3-3-4-4-9	4-4	18.76	4-4	6.70
10570	3-3-3-4-4-10	4-10	13.30	4-10	5.16
10571	3-3-3-4-4-J	4-J	13.58	4-J	4.82
10572	3-3-3-4-4-K	4-K	13.29	4-K	5.33
10573	3-3-3-4-4-Q	4-Q	13.28	4-Q	5.23
10574	3-3-3-4-5-5	3-5	19.38	3-5	6.65
10575	3-3-3-4-5-6	3-6	17.36	3-6	8.67
10576	3-3-3-4-5-7	3-7	17.11	3-7	8.54
10577	3-3-3-4-5-8	3-8	17.49	3-8	8.46
10578	3-3-3-4-5-9	4-5	19.62	3-9	8.67
10579	3-3-3-4-5-10	3-10	17.16	3-10	8.96
10580	3-3-3-4-5-J	3-J	17.50	3-J	8.73
10581	3-3-3-4-5-K	3-K	17.27	3-K	9.11
10582	3-3-3-4-5-Q	3-Q	17.18	3-Q	9.00
10583	3-3-3-4-6-6	6-6	15.42	4-6	4.10
10584	3-3-3-4-6-7	6-7	14.66	4-7	4.71
10585	3-3-3-4-6-8	6-8	14.18	4-8	4.66
10586	3-3-3-4-6-9	4-6	16.91	4-6	7.75
10587	3-3-3-4-6-10	4-10	13.21	6-10	5.39
10588	3-3-3-4-6-J	4-J	13.50	6-J	5.14
10589	3-3-3-4-6-K	4-K	13.20	6-K	5.55
10590	3-3-3-4-6-Q	4-Q	13.20	6-Q	5.48
10591	3-3-3-4-7-7	7-7	15.66	4-7	3.23
10592	3-3-3-4-7-8	7-8	16.15	3-7	3.60
10593	3-3-3-4-7-9	4-7	16.85	4-7	8.23
10594	3-3-3-4-7-10	7-10	12.99	7-10	5.43
10595	3-3-3-4-7-J	7-J	13.31	7-J	5.04
10596	3-3-3-4-7-K	7-K	13.02	7-K	5.46
10597	3-3-3-4-7-Q	7-Q	12.99	7-Q	5.41
10598	3-3-3-4-8-8	8-8	14.92	3-8	3.44
10599	3-3-3-4-8-9	4-8	16.94	4-8	8.18
10600	3-3-3-4-8-10	8-10	13.40	8-10	4.46

HAND No.	SIX-CARD HAND	DISCARD (DEALER)	EXPECTED AVG. (DEALER)	DISCARD (PONE)	EXPECTED AVG. (PONE)
10601	3-3-3-4-8-J	8-J	13.17	8-J	5.00
10602	3-3-3-4-8-K	8-K	12.76	8-K	5.39
10603	3-3-3-4-8-Q	8-Q	12.79	8-Q	5.29
10604	3-3-3-4-9-9	4-9	16.69	4-9	8.28
10605	3-3-3-4-9-10	4-10	16.73	4-10	8.59
10606	3-3-3-4-9-J	4-J	17.02	4-J	8.26
10607	3-3-3-4-9-K	4-K	16.73	4-K	8.77
10608	3-3-3-4-9-Q	4-Q	16.72	4-Q	8.67
10609	3-3-3-4-10-10	10-10	14.49	10-10	3.64
10610	3-3-3-4-10-J	10-J	14.37	10-J	4.09
10611	3-3-3-4-10-K	10-K	12.57	10-K	5.86
10612	3-3-3-4-10-Q	10-Q	13.05	10-Q	5.14
10613	3-3-3-4-J-J	J-J	15.06	J-J	3.46
10614	3-3-3-4-J-K	J-K	13.70	J-K	4.99
10615	3-3-3-4-J-Q	J-Q	14.55	J-Q	4.27
10616	3-3-3-4-K-K	K-K	14.31	K-K	4.10
10617	3-3-3-4-Q-K	Q-K	13.20	Q-K	5.25
10618	3-3-3-4-Q-Q	Q-Q	14.53	Q-Q	4.03
10619	3-3-3-5-5-5	5-5	18.37	3-3	5.62
10620	3-3-3-5-5-6	5-5	18.41	3-6	3.47
10621	3-3-3-5-5-7	5-5	16.72	3-7	3.17
10622	3-3-3-5-5-8	5-5	16.98	5-8	3.30
10623	3-3-3-5-5-9 ◈	5-5	21.94	5-5	3.84
10624	3-3-3-5-5-10	5-5	16.37	3-10	3.63
10625	3-3-3-5-5-J	5-5	16.61	3-J	3.40
10626	3-3-3-5-5-K	5-5	16.37	3-K	3.79
10627	3-3-3-5-5-Q	5-5	16.37	3-Q	3.67
10628	3-3-3-5-6-6	5-6	16.04	6-6	2.68
10629	3-3-3-5-6-7	5-7	15.62	3-6	4.15
10630	3-3-3-5-6-8	5-8	15.09	6-8	3.74
10631	3-3-3-5-6-9	5-6	19.69	5-6	5.69
10632	3-3-3-5-6-10	5-10	16.27	6-10	5.26
10633	3-3-3-5-6-J	5-J	16.62	6-J	5.01
10634	3-3-3-5-6-K	5-K	16.28	6-K	5.42
10635	3-3-3-5-6-Q	5-Q	16.24	6-Q	5.35
10636	3-3-3-5-7-7	7-7	15.31	3-7	3.95
10637	3-3-3-5-7-8	7-8	16.06	3-8	3.96
10638	3-3-3-5-7-9	5-7	19.15	5-7	6.12
10639	3-3-3-5-7-10	5-10	14.70	7-10	5.17
10640	3-3-3-5-7-J	5-J	15.05	7-J	4.78
10641	3-3-3-5-7-K	5-K	14.72	7-K	5.20
10642	3-3-3-5-7-Q	5-Q	14.68	7-Q	5.15
10643	3-3-3-5-8-8	8-8	15.09	8-8	2.63
10644	3-3-3-5-8-9	5-8	18.61	5-8	6.82
10645	3-3-3-5-8-10	5-10	14.83	8-10	4.46
10646	3-3-3-5-8-J	5-J	15.18	8-J	5.00
10647	3-3-3-5-8-K	5-K	14.85	8-K	5.39
10648	3-3-3-5-8-Q	5-Q	14.81	8-Q	5.29
10649	3-3-3-5-9-9	5-9	18.39	5-9	6.82
10650	3-3-3-5-9-10	5-10	19.79	5-10	5.76

HAND No.	SIX-CARD HAND	DISCARD (DEALER)	EXPECTED AVG. (DEALER)	DISCARD (PONE)	EXPECTED AVG. (PONE)
10651	3-3-3-5-9-J	5-J	20.14	5-J	5.32
10652	3-3-3-5-9-K	5-K	19.80	5-K	5.91
10653	3-3-3-5-9-Q	5-Q	19.76	5-Q	5.84
10654	3-3-3-5-10-10	10-10	14.32	10-10	3.47
10655	3-3-3-5-10-J	5-J	14.62	10-J	3.92
10656	3-3-3-5-10-K	5-K	14.28	10-K	5.69
10657	3-3-3-5-10-Q	5-10	14.27	10-Q	4.97
10658	3-3-3-5-J-J	J-J	14.89	J-J	3.29
10659	3-3-3-5-J-K	5-J	14.62	J-K	4.82
10660	3-3-3-5-J-Q	5-J	14.62	J-Q	4.10
10661	3-3-3-5-K-K	5-K	14.24	K-K	3.93
10662	3-3-3-5-Q-K	5-K	14.28	Q-K	5.07
10663	3-3-3-5-Q-Q	Q-Q	14.36	Q-Q	3.86
10664	3-3-3-6-6-6	3-3	18.91	3-3	6.36
10665	3-3-3-6-6-7	6-7	14.36	3-7	4.26
10666	3-3-3-6-6-8	6-8	14.01	3-8	4.18
10667	3-3-3-6-6-9	6-6	18.72	6-6	6.07
10668	3-3-3-6-6-10	6-6	13.33	6-10	5.08
10669	3-3-3-6-6-J	6-6	13.57	6-J	4.84
10670	3-3-3-6-6-K	6-6	13.33	6-K	5.25
10671	3-3-3-6-6-Q	6-6	13.33	6-Q	5.18
10672	3-3-3-6-7-7	7-7	15.53	7-7	2.50
10673	3-3-3-6-7-8	7-8	16.15	6-8	2.22
10674	3-3-3-6-7-9	6-7	18.01	6-7	6.63
10675	3-3-3-6-7-10	7-10	12.86	7-10	5.30
10676	3-3-3-6-7-J	7-J	13.18	7-J	4.91
10677	3-3-3-6-7-K	7-K	12.89	7-K	5.33
10678	3-3-3-6-7-Q	7-Q	12.86	7-Q	5.28
10679	3-3-3-6-8-8	8-8	15.05	8-8	2.59
10680	3-3-3-6-8-9	6-8	17.66	6-8	7.18
10681	3-3-3-6-8-10	8-10	13.40	8-10	4.46
10682	3-3-3-6-8-J	8-J	13.17	8-J	5.00
10683	3-3-3-6-8-K	8-K	12.76	8-K	5.39
10684	3-3-3-6-8-Q	8-Q	12.79	8-Q	5.29
10685	3-3-3-6-9-9	6-9	18.01	6-9	6.60
10686	3-3-3-6-9-10	6-10	16.23	6-10	8.73
10687	3-3-3-6-9-J	6-J	16.46	6-J	8.49
10688	3-3-3-6-9-K	6-K	16.19	6-K	8.90
10689	3-3-3-6-9-Q	6-Q	16.33	6-Q	8.83
10690	3-3-3-6-10-10	10-10	14.36	10-10	3.51
10691	3-3-3-6-10-J	10-J	14.24	10-J	3.96
10692	3-3-3-6-10-K	10-K	12.44	10-K	5.73
10693	3-3-3-6-10-Q	10-Q	12.92	10-Q	5.01
10694	3-3-3-6-J-J	J-J	14.93	J-J	3.33
10695	3-3-3-6-J-K	J-K	13.57	J-K	4.86
10696	3-3-3-6-J-Q	J-Q	14.42	J-Q	4.14
10697	3-3-3-6-K-K	K-K	14.18	K-K	3.97
10698	3-3-3-6-Q-K	Q-K	13.07	Q-K	5.12
10699	3-3-3-6-Q-Q	Q-Q	14.40	Q-Q	3.90
10700	3-3-3-7-7-7	7-7	14.00	3-3	1.15

HAND No.	SIX-CARD HAND	DISCARD (DEALER)	EXPECTED AVG. (DEALER)	DISCARD (PONE)	EXPECTED AVG. (PONE)
10701	3-3-3-7-7-8	7-8	14.62	3-3	1.84
10702	3-3-3-7-7-9	7-7	19.05	7-7	6.03
10703	3-3-3-7-7-10	7-7	13.57	7-10	3.83
10704	3-3-3-7-7-J	7-7	13.81	7-J	3.43
10705	3-3-3-7-7-K	7-7	13.57	7-K	3.86
10706	3-3-3-7-7-Q	7-7	13.57	7-Q	3.81
10707	3-3-3-7-8-8	7-8	14.62	3-3	1.67
10708	3-3-3-7-8-9	7-8	19.67	7-8	5.64
10709	3-3-3-7-8-10	7-8	14.19	7-10	3.83
10710	3-3-3-7-8-J	7-8	14.43	8-J	3.53
10711	3-3-3-7-8-K	7-8	14.19	8-K	3.92
10712	3-3-3-7-8-Q	7-8	14.19	8-Q	3.81
10713	3-3-3-7-9-9	7-9	17.00	7-9	7.70
10714	3-3-3-7-9-10	7-10	16.39	7-10	8.83
10715	3-3-3-7-9-J	7-J	16.70	7-J	8.43
10716	3-3-3-7-9-K	7-K	16.42	7-K	8.86
10717	3-3-3-7-9-Q	7-Q	16.38	7-Q	8.81
10718	3-3-3-7-10-10	10-10	12.93	7-10	3.30
10719	3-3-3-7-10-J	10-J	12.80	7-10	3.59
10720	3-3-3-7-10-K	10-K	11.01	10-K	4.29
10721	3-3-3-7-10-Q	10-Q	11.48	10-Q	3.57
10722	3-3-3-7-J-J	J-J	13.49	7-J	3.15
10723	3-3-3-7-J-K	J-K	12.14	7-K	3.62
10724	3-3-3-7-J-Q	J-Q	12.98	7-Q	3.57
10725	3-3-3-7-K-K	K-K	12.75	7-K	3.33
10726	3-3-3-7-Q-K	Q-K	11.63	Q-K	3.68
10727	3-3-3-7-Q-Q	Q-Q	12.97	7-Q	3.28
10728	3-3-3-8-8-8	8-8	13.53	8-8	1.06
10729	3-3-3-8-8-9	8-8	18.57	8-8	6.11
10730	3-3-3-8-8-10	8-8	13.09	8-10	2.98
10731	3-3-3-8-8-J	8-8	13.33	8-J	3.53
10732	3-3-3-8-8-K	8-8	13.09	8-K	3.92
10733	3-3-3-8-8-Q	8-8	13.09	8-Q	3.81
10734	3-3-3-8-9-9	8-9	17.66	8-9	7.11
10735	3-3-3-8-9-10	8-10	16.93	8-10	7.98
10736	3-3-3-8-9-J	8-J	16.69	8-J	8.53
10737	3-3-3-8-9-K	8-K	16.28	8-K	8.92
10738	3-3-3-8-9-Q	8-Q	16.32	8-Q	8.81
10739	3-3-3-8-10-10	10-10	12.93	8-10	2.46
10740	3-3-3-8-10-J	10-J	12.80	8-J	3.05
10741	3-3-3-8-10-K	8-10	11.45	10-K	4.29
10742	3-3-3-8-10-Q	10-Q	11.48	10-Q	3.57
10743	3-3-3-8-J-J	J-J	13.49	8-J	3.24
10744	3-3-3-8-J-K	J-K	12.14	8-K	3.68
10745	3-3-3-8-J-Q	J-Q	12.98	8-Q	3.57
10746	3-3-3-8-K-K	K-K	12.75	8-K	3.39
10747	3-3-3-8-Q-K	Q-K	11.63	Q-K	3.68
10748	3-3-3-8-Q-Q	Q-Q	12.97	8-Q	3.29
10749	3-3-3-9-9-9	9-9	17.95	9-9	6.37
10750	3-3-3-9-9-10	9-10	17.25	9-10	7.54

HAND No.	SIX-CARD HAND	DISCARD (DEALER)	EXPECTED AVG. (DEALER)	DISCARD (PONE)	EXPECTED AVG. (PONE)
10751	3-3-3-9-9-J	9-J	16.92	9-J	8.01
10752	3-3-3-9-9-K	9-K	16.03	9-K	8.93
10753	3-3-3-9-9-Q	9-Q	15.94	9-Q	8.84
10754	3-3-3-9-10-10	10-10	17.88	10-10	7.04
10755	3-3-3-9-10-J	10-J	17.76	10-J	7.49
10756	3-3-3-9-10-K	10-K	15.97	10-K	9.25
10757	3-3-3-9-10-Q	10-Q	16.44	10-Q	8.53
10758	3-3-3-9-J-J	J-J	18.45	J-J	6.85
10759	3-3-3-9-J-K	J-K	17.09	J-K	8.38
10760	3-3-3-9-J-Q	J-Q	17.94	J-Q	7.66
10761	3-3-3-9-K-K	K-K	17.71	K-K	7.49
10762	3-3-3-9-Q-K	Q-K	16.59	Q-K	8.64
10763	3-3-3-9-Q-Q	Q-Q	17.93	Q-Q	7.42
10764	3-3-3-10-10-10	3-3	13.17	10-10	1.47
10765	3-3-3-10-10-J	10-10	12.64	10-J	1.96
10766	3-3-3-10-10-K	10-10	12.40	10-K	3.73
10767	3-3-3-10-10-Q	10-10	12.40	10-Q	3.01
10768	3-3-3-10-J-J	J-J	12.97	10-J	2.20
10769	3-3-3-10-J-K	10-J	12.28	10-K	4.01
10770	3-3-3-10-J-Q	J-Q	12.46	10-Q	3.29
10771	3-3-3-10-K-K	K-K	12.23	10-K	3.73
10772	3-3-3-10-Q-K	Q-K	11.11	10-K	3.77
10773	3-3-3-10-Q-Q	Q-Q	12.45	10-Q	3.01
10774	3-3-3-J-J-J	3-3	13.89	J-J	1.52
10775	3-3-3-J-J-K	J-J	12.97	J-K	3.10
10776	3-3-3-J-J-Q	J-J	12.97	J-Q	2.38
10777	3-3-3-J-K-K	K-K	12.47	J-K	2.86
10778	3-3-3-J-Q-K	J-Q	12.46	Q-K	3.40
10779	3-3-3-J-Q-Q	Q-Q	12.69	Q-Q	2.18
10780	3-3-3-K-K-K	3-3	13.17	K-K	1.93
10781	3-3-3-Q-K-K	K-K	12.23	Q-K	3.12
10782	3-3-3-Q-Q-K	Q-Q	12.45	Q-K	3.12
10783	3-3-3-Q-Q-Q	3-3	13.17	Q-Q	1.86
10784	3-3-4-4-4-4	3-3	19.35	3-3	6.80
10785	3-3-4-4-4-5	4-4	19.06	4-4	7.00
10786	3-3-4-4-4-6	3-6	14.86	3-6	6.17
10787	3-3-4-4-4-7	3-3	19.00	3-3	6.45
10788	3-3-4-4-4-8	3-8	14.86	3-8	5.83
10789	3-3-4-4-4-9	3-9	14.85	3-9	6.13
10790	3-3-4-4-4-10	3-10	14.62	3-10	6.42
10791	3-3-4-4-4-J	3-J	14.96	3-J	6.18
10792	3-3-4-4-4-K	3-K	14.72	3-K	6.57
10793	3-3-4-4-4-Q	3-Q	14.63	3-Q	6.45
10794	3-3-4-4-5-5	4-5	19.92	4-5	6.34
10795	3-3-4-4-5-6	3-3	21.56	3-3	9.02
10796	3-3-4-4-5-7	4-7	17.28	4-7	8.67
10797	3-3-4-4-5-8	4-8	17.38	4-8	8.62
10798	3-3-4-4-5-9	4-9	17.34	4-9	8.93
10799	3-3-4-4-5-10	4-10	17.21	4-10	9.07
10800	3-3-4-4-5-J	4-J	17.50	4-J	8.74

HAND No.	SIX-CARD HAND	DISCARD (DEALER)	EXPECTED AVG. (DEALER)	DISCARD (PONE)	EXPECTED AVG. (PONE)
10801	3-3-4-4-5-K	4-K	17.20	4-K	9.25
10802	3-3-4-4-5-Q	4-Q	17.20	4-Q	9.15
10803	3-3-4-4-6-6	4-4	15.11	4-4	3.05
10804	3-3-4-4-6-7	6-7	13.10	3-6	1.99
10805	3-3-4-4-6-8	6-8	12.62	3-6	3.52
10806	3-3-4-4-6-9	6-9	13.27	6-9	1.86
10807	3-3-4-4-6-10	6-10	11.36	6-10	3.86
10808	3-3-4-4-6-J	6-J	11.59	6-J	3.62
10809	3-3-4-4-6-K	6-K	11.32	6-K	4.03
10810	3-3-4-4-6-Q	6-Q	11.46	6-Q	3.96
10811	3-3-4-4-7-7	3-3	15.26	3-3	2.71
10812	3-3-4-4-7-8	7-8	14.49	4-7	3.71
10813	3-3-4-4-7-9	7-9	12.13	7-9	2.83
10814	3-3-4-4-7-10 ✢	3-3	11.39	7-10	3.83
10815	3-3-4-4-7-J	7-J	11.70	7-J	3.43
10816	3-3-4-4-7-K	7-K	11.42	7-K	3.86
10817	3-3-4-4-7-Q ✢	3-3	11.39	7-Q	3.81
10818	3-3-4-4-8-8	8-8	13.27	4-8	3.57
10819	3-3-4-4-8-9	8-9	12.66	4-9	3.93
10820	3-3-4-4-8-10	4-10	12.25	4-10	4.11
10821	3-3-4-4-8-J	4-J	12.54	4-J	3.78
10822	3-3-4-4-8-K	4-K	12.25	4-K	4.29
10823	3-3-4-4-8-Q	4-Q	12.24	4-Q	4.19
10824	3-3-4-4-9-9	4-4	14.76	4-4	2.70
10825	3-3-4-4-9-10	9-10	12.42	9-10	2.72
10826	3-3-4-4-9-J	9-J	12.10	9-J	3.18
10827	3-3-4-4-9-K	9-K	11.20	9-K	4.11
10828	3-3-4-4-9-Q	9-Q	11.12	9-Q	4.01
10829	3-3-4-4-10-10	10-10	12.93	10-10	2.08
10830	3-3-4-4-10-J	10-J	12.80	10-J	2.53
10831	3-3-4-4-10-K	10-K	11.01	10-K	4.29
10832	3-3-4-4-10-Q	10-Q	11.48	10-Q	3.57
10833	3-3-4-4-J-J	J-J	13.49	J-J	1.89
10834	3-3-4-4-J-K	J-K	12.14	J-K	3.43
10835	3-3-4-4-J-Q	J-Q	12.98	J-Q	2.71
10836	3-3-4-4-K-K	K-K	12.75	K-K	2.53
10837	3-3-4-4-Q-K	Q-K	11.63	Q-K	3.68
10838	3-3-4-4-Q-Q	Q-Q	12.97	Q-Q	2.46
10839	3-3-4-5-5-5	5-5	22.24	3-4	6.14
10840	3-3-4-5-5-6	3-3	22.00	3-3	9.45
10841	3-3-4-5-5-7	5-7	19.58	3-7	7.30
10842	3-3-4-5-5-8	5-8	19.05	3-8	7.27
10843	3-3-4-5-5-9	5-9	19.04	5-9	7.48
10844	3-3-4-5-5-10	5-10	20.27	3-10	7.68
10845	3-3-4-5-5-J	5-J	20.62	3-J	7.44
10846	3-3-4-5-5-K	5-K	20.28	3-K	7.83
10847	3-3-4-5-5-Q	5-Q	20.24	3-Q	7.71
10848	3-3-4-5-6-6	3-3	21.30	3-3	8.76
10849	3-3-4-5-6-7	6-7	18.66	6-7	7.29
10850	3-3-4-5-6-8	6-8	18.31	6-8	7.83

HAND No.	SIX-CARD HAND	DISCARD (DEALER)	EXPECTED AVG. (DEALER)	DISCARD (PONE)	EXPECTED AVG. (PONE)
10851	3-3-4-5-6-9	6-9	18.88	6-9	7.47
10852	3-3-4-5-6-10	6-10	16.92	6-10	9.43
10853	3-3-4-5-6-J	6-J	17.15	6-J	9.19
10854	3-3-4-5-6-K	6-K	16.88	6-K	9.60
10855	3-3-4-5-6-Q	6-Q	17.02	6-Q	9.53
10856	3-3-4-5-7-7	7-7	19.61	7-7	6.59
10857	3-3-4-5-7-8	7-8	20.23	7-8	6.20
10858	3-3-4-5-7-9	7-9	17.78	7-9	8.48
10859	3-3-4-5-7-10	7-10	16.99	7-10	9.43
10860	3-3-4-5-7-J	7-J	17.31	7-J	9.04
10861	3-3-4-5-7-K	7-K	17.02	7-K	9.46
10862	3-3-4-5-7-Q	7-Q	16.99	7-Q	9.41
10863	3-3-4-5-8-8	8-8	19.14	8-8	6.67
10864	3-3-4-5-8-9	8-9	18.45	8-9	7.89
10865	3-3-4-5-8-10	8-10	17.53	8-10	8.59
10866	3-3-4-5-8-J	8-J	17.30	8-J	9.13
10867	3-3-4-5-8-K	8-K	16.89	8-K	9.52
10868	3-3-4-5-8-Q	8-Q	16.92	8-Q	9.42
10869	3-3-4-5-9-9	9-9	18.95	9-9	7.37
10870	3-3-4-5-9-10	9-10	18.07	9-10	8.37
10871	3-3-4-5-9-J	9-J	17.75	9-J	8.83
10872	3-3-4-5-9-K	9-K	16.85	9-K	9.76
10873	3-3-4-5-9-Q	9-Q	16.77	9-Q	9.67
10874	3-3-4-5-10-10	10-10	18.54	10-10	7.69
10875	3-3-4-5-10-J	10-J	18.41	10-J	8.14
10876	3-3-4-5-10-K	10-K	16.62	10-K	9.90
10877	3-3-4-5-10-Q	10-Q	17.09	10-Q	9.18
10878	3-3-4-5-J-J	J-J	19.10	J-J	7.50
10879	3-3-4-5-J-K	J-K	17.75	J-K	9.04
10880	3-3-4-5-J-Q	J-Q	18.59	J-Q	8.32
10881	3-3-4-5-K-K	K-K	18.36	K-K	8.14
10882	3-3-4-5-Q-K	Q-K	17.24	Q-K	9.29
10883	3-3-4-5-Q-Q	Q-Q	18.58	Q-Q	8.07
10884	3-3-4-6-6-6	3-4	18.04	3-4	7.21
10885	3-3-4-6-6-7	4-7	13.20	4-7	4.58
10886	3-3-4-6-6-8	6-6	14.55	4-8	4.53
10887	3-3-4-6-6-9	3-4	13.99	4-9	4.67
10888	3-3-4-6-6-10	4-10	13.08	4-10	4.94
10889	3-3-4-6-6-J	4-J	13.37	4-J	4.61
10890	3-3-4-6-6-K	4-K	13.07	4-K	5.12
10891	3-3-4-6-6-Q	4-Q	13.07	4-Q	5.02
10892	3-3-4-6-7-7	7-7	11.31	4-6	0.79
10893	3-3-4-6-7-8	6-7	13.70	6-7	2.33
10894	3-3-4-6-7-9	6-7	11.57	4-7	2.45
10895	3-3-4-6-7-10	6-7	9.83	7-10	1.09
10896	3-3-4-6-7-J	6-7	10.07	6-J	0.80
10897	3-3-4-6-7-K	6-7	9.83	6-K	1.21
10898	3-3-4-6-7-Q	6-7	9.83	6-Q	1.14
10899	3-3-4-6-8-8	6-8	13.27	3-6	2.91
10900	3-3-4-6-8-9	6-9	13.88	6-9	2.47

HAND No.	SIX-CARD HAND	DISCARD (DEALER)	EXPECTED AVG. (DEALER)	DISCARD (PONE)	EXPECTED AVG. (PONE)
10901	3-3-4-6-8-10	6-10	11.97	6-10	4.47
10902	3-3-4-6-8-J	6-J	12.20	6-J	4.23
10903	3-3-4-6-8-K	6-K	11.93	6-K	4.64
10904	3-3-4-6-8-Q	6-Q	12.07	6-Q	4.57
10905	3-3-4-6-9-9	3-3	13.52	4-6	3.75
10906	3-3-4-6-9-10	4-10	10.95	4-10	2.81
10907	3-3-4-6-9-J	4-J	11.24	4-J	2.48
10908	3-3-4-6-9-K	4-K	10.94	4-K	2.99
10909	3-3-4-6-9-Q	4-Q	10.94	4-Q	2.89
10910	3-3-4-6-10-10	10-10	10.14	6-10	0.52
10911	3-3-4-6-10-J	10-J	10.02	6-10	0.80
10912	3-3-4-6-10-K	10-K	8.23	10-K	1.51
10913	3-3-4-6-10-Q	10-Q	8.70	10-Q	0.79
10914	3-3-4-6-J-J	J-J	10.71	4-6	0.75
10915	3-3-4-6-J-K	J-K	9.35	6-K	0.97
10916	3-3-4-6-J-Q	J-Q	10.20	6-Q	0.90
10917	3-3-4-6-K-K	K-K	9.97	6-K	0.68
10918	3-3-4-6-Q-K	Q-K	8.85	Q-K	0.90
10919	3-3-4-6-Q-Q	Q-Q	10.19	6-Q	0.61
10920	3-3-4-7-7-7	3-3	13.65	3-4	1.86
10921	3-3-4-7-7-8	7-7	14.61	3-4	2.51
10922	3-3-4-7-7-9	7-7	12.57	4-9	1.37
10923	3-3-4-7-7-10	7-7	10.79	4-10	1.55
10924	3-3-4-7-7-J	7-7	11.03	4-J	1.21
10925	3-3-4-7-7-K	7-7	10.79	4-K	1.72
10926	3-3-4-7-7-Q	7-7	10.79	4-Q	1.62
10927	3-3-4-7-8-8	7-8	15.15	3-7	2.69
10928	3-3-4-7-8-9 ♣	7-8	13.10	7-9	3.44
10929	3-3-4-7-8-10	7-10	11.99	7-10	4.43
10930	3-3-4-7-8-J	7-J	12.31	7-J	4.04
10931	3-3-4-7-8-K	7-K	12.02	7-K	4.46
10932	3-3-4-7-8-Q	7-Q	11.99	7-Q	4.41
10933	3-3-4-7-9-9	4-7	12.85	4-7	4.23
10934	3-3-4-7-9-10	7-10	9.91	7-10	2.35
10935	3-3-4-7-9-J	7-J	10.22	7-J	1.95
10936	3-3-4-7-9-K	7-K	9.94	7-K	2.38
10937	3-3-4-7-9-Q	7-Q	9.90	7-Q	2.33
10938	3-3-4-7-10-10	10-10	10.10	4-7	0.67
10939	3-3-4-7-10-J	10-J	9.98	7-10	0.80
10940	3-3-4-7-10-K	10-K	8.18	10-K	1.47
10941	3-3-4-7-10-Q	10-Q	8.66	10-Q	0.75
10942	3-3-4-7-J-J	J-J	10.67	4-7	1.15
10943	3-3-4-7-J-K	J-K	9.31	7-K	0.83
10944	3-3-4-7-J-Q	J-Q	10.16	7-Q	0.78
10945	3-3-4-7-K-K	K-K	9.92	4-7	0.67
10946	3-3-4-7-Q-K	Q-K	8.81	Q-K	0.86
10947	3-3-4-7-Q-Q	Q-Q	10.14	4-7	0.67
10948	3-3-4-8-8-8	8-8	13.96	3-8	2.57
10949	3-3-4-8-8-9	8-9	13.32	3-9	2.87
10950	3-3-4-8-8-10	8-10	12.45	8-10	3.50

HAND No.	SIX-CARD HAND	DISCARD (DEALER)	EXPECTED AVG. (DEALER)	DISCARD (PONE)	EXPECTED AVG. (PONE)
10951	3-3-4-8-8-J	8-J	12.21	8-J	4.05
10952	3-3-4-8-8-K	8-K	11.80	8-K	4.44
10953	3-3-4-8-8-Q	8-Q	11.84	8-Q	4.33
10954	3-3-4-8-9-9	9-9	13.86	4-8	4.18
10955	3-3-4-8-9-10	9-10	13.03	9-10	3.33
10956	3-3-4-8-9-J	9-J	12.70	9-J	3.79
10957	3-3-4-8-9-K	9-K	11.81	9-K	4.71
10958	3-3-4-8-9-Q	9-Q	11.73	9-Q	4.62
10959	3-3-4-8-10-10	10-10	13.54	10-10	2.69
10960	3-3-4-8-10-J	10-J	13.41	10-J	3.14
10961	3-3-4-8-10-K	10-K	11.62	10-K	4.90
10962	3-3-4-8-10-Q	10-Q	12.09	10-Q	4.18
10963	3-3-4-8-J-J	J-J	14.10	J-J	2.50
10964	3-3-4-8-J-K	J-K	12.75	J-K	4.04
10965	3-3-4-8-J-Q	J-Q	13.59	J-Q	3.32
10966	3-3-4-8-K-K	K-K	13.36	K-K	3.14
10967	3-3-4-8-Q-K	Q-K	12.24	Q-K	4.29
10968	3-3-4-8-Q-Q	Q-Q	13.58	Q-Q	3.07
10969	3-3-4-9-9-9	3-3	13.26	4-9	4.33
10970	3-3-4-9-9-10	4-10	12.73	4-10	4.59
10971	3-3-4-9-9-J	4-J	13.02	4-J	4.26
10972	3-3-4-9-9-K	4-K	12.73	4-K	4.77
10973	3-3-4-9-9-Q	4-Q	12.72	4-Q	4.67
10974	3-3-4-9-10-10	10-10	11.40	4-10	1.37
10975	3-3-4-9-10-J	3-3	11.52	4-10	1.33
10976	3-3-4-9-10-K	4-K	9.55	10-K	2.77
10977	3-3-4-9-10-Q	10-Q	9.96	10-Q	2.05
10978	3-3-4-9-J-J	J-J	11.97	4-9	1.33
10979	3-3-4-9-J-K	J-K	10.61	J-K	1.90
10980	3-3-4-9-J-Q	J-Q	11.46	4-Q	1.47
10981	3-3-4-9-K-K	K-K	11.23	4-K	1.03
10982	3-3-4-9-Q-K	Q-K	10.11	Q-K	2.16
10983	3-3-4-9-Q-Q	Q-Q	11.45	Q-Q	0.94
10984	3-3-4-10-10-10	3-3	13.26	3-4	1.34
10985	3-3-4-10-10-J	3-3	10.72	4-J	0.69
10986	3-3-4-10-10-K	10-10	9.62	4-K	1.20
10987	3-3-4-10-10-Q	3-3	9.96	4-Q	1.10
10988	3-3-4-10-J-J	3-3	10.96	4-10	1.50
10989	3-3-4-10-J-K	10-J	9.50	10-K	1.23
10990	3-3-4-10-J-Q	3-3	11.52	10-Q	0.51
10991	3-3-4-10-K-K	K-K	9.44	4-10	1.03
10992	3-3-4-10-Q-K	Q-K	8.33	10-K	0.99
10993	3-3-4-10-Q-Q	3-3	9.96	4-10	1.03
10994	3-3-4-J-J-J	3-3	13.98	3-4	2.05
10995	3-3-4-J-J-K	3-3	10.43	4-K	1.68
10996	3-3-4-J-J-Q	3-3	10.96	4-Q	1.58
10997	3-3-4-J-K-K	3-3	10.19	4-J	0.69
10998	3-3-4-J-Q-K	3-3	11.43	Q-K	0.62
10999	3-3-4-J-Q-Q	3-3	10.72	4-J	0.69
11000	3-3-4-K-K-K	3-3	13.26	3-4	1.34

HAND No.	SIX-CARD HAND	DISCARD (DEALER)	EXPECTED AVG. (DEALER)	DISCARD (PONE)	EXPECTED AVG. (PONE)
11001	3-3-4-Q-K-K	3-3	9.96	4-Q	1.10
11002	3-3-4-Q-Q-K	3-3	9.96	4-K	1.20
11003	3-3-4-Q-Q-Q	3-3	13.26	3-4	1.34
11004	3-3-5-5-5-5 ★	3-3	28.74	3-3	16.19
11005	3-3-5-5-5-6	3-3	18.69	3-6	7.39
11006	3-3-5-5-5-7 ✢	5-5	17.76	3-7	7.13
11007	3-3-5-5-5-8	3-3	17.13	3-8	7.18
11008	3-3-5-5-5-9	3-3	17.13	3-9	7.34
11009	3-3-5-5-5-10	3-3	22.35	3-3	9.80
11010	3-3-5-5-5-J	3-3	22.59	3-3	10.04
11011	3-3-5-5-5-K	3-3	22.35	3-3	9.80
11012	3-3-5-5-5-Q	3-3	22.35	3-3	9.80
11013	3-3-5-5-6-6	5-5	18.28	3-3	2.45
11014	3-3-5-5-6-7	3-3	18.17	3-3	5.62
11015	3-3-5-5-6-8 ✢	5-5	13.07	6-8	2.57
11016	3-3-5-5-6-9	5-5	16.15	6-9	2.12
11017	3-3-5-5-6-10	3-3	15.43	3-6	4.21
11018	3-3-5-5-6-J	3-3	15.67	3-6	4.45
11019	3-3-5-5-6-K	3-3	15.43	3-6	4.21
11020	3-3-5-5-6-Q	3-3	15.43	3-6	4.21
11021	3-3-5-5-7-7	5-7	14.97	3-7	4.65
11022	3-3-5-5-7-8	5-5	15.07	3-8	4.66
11023	3-3-5-5-7-9	5-5	14.50	3-9	4.87
11024	3-3-5-5-7-10	5-10	15.70	3-10	5.07
11025	3-3-5-5-7-J	5-J	16.05	3-J	4.84
11026	3-3-5-5-7-K	5-K	15.72	3-K	5.22
11027	3-3-5-5-7-Q	5-Q	15.68	3-Q	5.11
11028	3-3-5-5-8-8	5-5	14.72	8-8	1.41
11029	3-3-5-5-8-9	5-5	14.94	8-9	2.54
11030	3-3-5-5-8-10	3-3	14.65	3-8	4.00
11031	3-3-5-5-8-J	3-3	14.63	3-8	4.24
11032	3-3-5-5-8-K	3-3	14.39	8-K	4.13
11033	3-3-5-5-8-Q	3-3	14.39	8-Q	4.03
11034	3-3-5-5-9-9	5-5	17.94	9-9	1.94
11035	3-3-5-5-9-10	3-3	14.91	3-9	4.17
11036	3-3-5-5-9-J	3-3	14.89	3-9	4.41
11037	3-3-5-5-9-K	3-3	14.39	9-K	4.28
11038	3-3-5-5-9-Q	3-3	14.39	9-Q	4.19
11039	3-3-5-5-10-10	3-3	19.78	3-3	7.23
11040	3-3-5-5-10-J	3-3	18.63	3-3	6.08
11041	3-3-5-5-10-K	3-3	17.87	3-3	5.32
11042	3-3-5-5-10-Q	3-3	18.13	3-3	5.58
11043	3-3-5-5-J-J	3-3	20.26	3-3	7.71
11044	3-3-5-5-J-K	3-3	18.37	3-3	5.82
11045	3-3-5-5-J-Q	3-3	18.63	3-3	6.08
11046	3-3-5-5-K-K	3-3	19.78	3-3	7.23
11047	3-3-5-5-Q-K	3-3	18.13	3-3	5.58
11048	3-3-5-5-Q-Q	3-3	19.78	3-3	7.23
11049	3-3-5-6-6-6	3-5	19.09	3-5	6.37
11050	3-3-5-6-6-7	3-3	17.74	3-3	5.19

HAND No.	SIX-CARD HAND	DISCARD (DEALER)	EXPECTED AVG. (DEALER)	DISCARD (PONE)	EXPECTED AVG. (PONE)
11051	3-3-5-6-6-8	5-8	14.96	5-8	3.17
11052	3-3-5-6-6-9	3-3	15.09	5-9	3.22
11053	3-3-5-6-6-10	5-10	16.14	3-10	3.11
11054	3-3-5-6-6-J	5-J	16.49	3-J	2.88
11055	3-3-5-6-6-K	5-K	16.15	3-K	3.26
11056	3-3-5-6-6-Q	5-Q	16.11	3-Q	3.15
11057	3-3-5-6-7-7	3-3	17.74	3-3	5.19
11058	3-3-5-6-7-8	3-3	15.61	6-8	3.24
11059	3-3-5-6-7-9	6-9	14.25	3-9	3.41
11060	3-3-5-6-7-10	3-3	13.80	6-10	4.80
11061	3-3-5-6-7-J	3-3	14.04	6-J	4.56
11062	3-3-5-6-7-K	3-3	13.80	6-K	4.97
11063	3-3-5-6-7-Q	3-3	13.80	6-Q	4.90
11064	3-3-5-6-8-8	5-6	12.56	3-6	-0.31
11065	3-3-5-6-8-9	5-8	12.83	5-8	1.04
11066	3-3-5-6-8-10	6-8	11.40	6-8	0.92
11067	3-3-5-6-8-J	6-8	11.64	8-J	1.18
11068	3-3-5-6-8-K	6-8	11.40	8-K	1.57
11069	3-3-5-6-8-Q	6-8	11.40	8-Q	1.46
11070	3-3-5-6-9-9	5-6	15.69	3-3	1.93
11071	3-3-5-6-9-10	5-10	14.01	6-10	2.43
11072	3-3-5-6-9-J	5-J	14.36	6-J	2.19
11073	3-3-5-6-9-K	5-K	14.02	6-K	2.60
11074	3-3-5-6-9-Q	5-Q	13.98	6-Q	2.53
11075	3-3-5-6-10-10	3-3	14.13	3-6	3.17
11076	3-3-5-6-10-J	3-3	12.98	6-10	2.67
11077	3-3-5-6-10-K	3-3	12.22	6-K	2.60
11078	3-3-5-6-10-Q	3-3	12.48	6-Q	2.53
11079	3-3-5-6-J-J	3-3	14.61	3-6	3.65
11080	3-3-5-6-J-K	3-3	12.72	6-K	2.84
11081	3-3-5-6-J-Q	3-3	12.98	6-Q	2.77
11082	3-3-5-6-K-K	3-3	14.13	3-6	3.17
11083	3-3-5-6-Q-K	3-3	12.48	6-K	2.60
11084	3-3-5-6-Q-Q	3-3	14.13	3-6	3.17
11085	3-3-5-7-7-7	3-3	15.00	3-7	3.78
11086	3-3-5-7-7-8	7-8	15.58	3-8	3.74
11087	3-3-5-7-7-9	7-9	13.08	3-9	4.00
11088	3-3-5-7-7-10 ✤	5-10	12.57	7-10	4.74
11089	3-3-5-7-7-J	5-J	12.92	7-J	4.34
11090	3-3-5-7-7-K	5-K	12.59	7-K	4.77
11091	3-3-5-7-7-Q ✤	5-Q	12.55	7-Q	4.72
11092	3-3-5-7-8-8	3-3	15.09	3-3	2.54
11093	3-3-5-7-8-9 ✤	3-3	13.89	8-9	3.28
11094	3-3-5-7-8-10	7-8	13.23	8-10	3.98
11095	3-3-5-7-8-J	7-8	13.47	8-J	4.53
11096	3-3-5-7-8-K	7-8	13.23	8-K	4.92
11097	3-3-5-7-8-Q	7-8	13.23	8-Q	4.81
11098	3-3-5-7-9-9	5-7	15.15	9-9	2.72
11099	3-3-5-7-9-10	9-10	13.42	9-10	3.72
11100	3-3-5-7-9-J	9-J	13.10	9-J	4.18

HAND No.	SIX-CARD HAND	DISCARD (DEALER)	EXPECTED AVG. (DEALER)	DISCARD (PONE)	EXPECTED AVG. (PONE)
11101	3-3-5-7-9-K	5-K	12.46	9-K	5.11
11102	3-3-5-7-9-Q	5-Q	12.42	9-Q	5.01
11103	3-3-5-7-10-10	10-10	13.88	10-10	3.04
11104	3-3-5-7-10-J	10-J	13.76	10-J	3.49
11105	3-3-5-7-10-K	10-K	11.97	10-K	5.25
11106	3-3-5-7-10-Q	10-Q	12.44	10-Q	4.53
11107	3-3-5-7-J-J	J-J	14.45	3-7	3.47
11108	3-3-5-7-J-K	J-K	13.09	J-K	4.38
11109	3-3-5-7-J-Q	J-Q	13.94	J-Q	3.66
11110	3-3-5-7-K-K ⊕	3-3	13.78	K-K	3.49
11111	3-3-5-7-Q-K	Q-K	12.59	Q-K	4.64
11112	3-3-5-7-Q-Q	Q-Q	13.93	Q-Q	3.42
11113	3-3-5-8-8-8	3-3	13.96	3-3	1.41
11114	3-3-5-8-8-9	8-8	12.27	8-8	-0.20
11115	3-3-5-8-8-10	5-10	12.57	8-10	-0.02
11116	3-3-5-8-8-J	5-J	12.92	8-J	0.53
11117	3-3-5-8-8-K	5-K	12.59	8-K	0.92
11118	3-3-5-8-8-Q	5-Q	12.55	8-Q	0.81
11119	3-3-5-8-9-9	5-8	14.61	5-8	2.82
11120	3-3-5-8-9-10	3-3	13.72	8-10	1.63
11121	3-3-5-8-9-J	5-J	13.14	8-J	2.18
11122	3-3-5-8-9-K	5-K	12.80	8-K	2.57
11123	3-3-5-8-9-Q	5-Q	12.76	8-Q	2.46
11124	3-3-5-8-10-10	3-3	14.13	3-8	2.96
11125	3-3-5-8-10-J	3-3	12.54	8-J	2.13
11126	3-3-5-8-10-K	3-3	11.96	8-K	2.52
11127	3-3-5-8-10-Q	3-3	12.22	8-Q	2.42
11128	3-3-5-8-J-J	3-3	14.09	3-8	3.44
11129	3-3-5-8-J-K	3-3	12.19	8-K	2.76
11130	3-3-5-8-J-Q	3-3	12.46	8-Q	2.66
11131	3-3-5-8-K-K	3-3	13.61	3-8	2.96
11132	3-3-5-8-Q-K	3-3	11.96	8-K	2.52
11133	3-3-5-8-Q-Q	3-3	13.61	3-8	2.96
11134	3-3-5-9-9-9	5-9	14.43	5-9	2.87
11135	3-3-5-9-9-10	5-10	15.79	5-10	1.76
11136	3-3-5-9-9-J	5-J	16.14	9-J	1.75
11137	3-3-5-9-9-K	5-K	15.80	9-K	2.67
11138	3-3-5-9-9-Q	5-Q	15.76	9-Q	2.58
11139	3-3-5-9-10-10	3-3	14.65	3-9	3.13
11140	3-3-5-9-10-J	3-3	15.69	3-3	3.15
11141	3-3-5-9-10-K	5-K	12.59	10-K	2.86
11142	3-3-5-9-10-Q	5-Q	12.55	9-Q	2.58
11143	3-3-5-9-J-J	3-3	14.61	3-9	3.60
11144	3-3-5-9-J-K ⊕	5-K	12.56	9-K	2.91
11145	3-3-5-9-J-Q	3-3	12.54	9-Q	2.82
11146	3-3-5-9-K-K	3-3	13.61	3-9	3.13
11147	3-3-5-9-Q-K	5-K	12.06	9-K	2.67
11148	3-3-5-9-Q-Q	3-3	13.61	3-9	3.13
11149	3-3-5-10-10-10	3-3	19.17	3-3	6.62
11150	3-3-5-10-10-J	3-3	16.63	3-3	4.08

223

HAND No.	SIX-CARD HAND	DISCARD (DEALER)	EXPECTED AVG. (DEALER)	DISCARD (PONE)	EXPECTED AVG. (PONE)
11151	3-3-5-10-10-K	3-3	15.35	3-K	3.53
11152	3-3-5-10-10-Q	3-3	15.87	3-Q	3.41
11153	3-3-5-10-J-J	3-3	16.87	3-3	4.32
11154	3-3-5-10-J-K	3-3	14.28	10-K	3.05
11155	3-3-5-10-J-Q	3-3	17.43	3-3	4.89
11156	3-3-5-10-K-K	3-3	15.35	3-10	3.37
11157	3-3-5-10-Q-K	3-3	13.78	10-K	2.82
11158	3-3-5-10-Q-Q	3-3	15.87	3-10	3.37
11159	3-3-5-J-J-J	3-3	19.89	3-3	7.34
11160	3-3-5-J-J-K	3-3	16.35	3-K	4.00
11161	3-3-5-J-J-Q	3-3	16.87	3-3	4.32
11162	3-3-5-J-K-K	3-3	16.11	3-3	3.56
11163	3-3-5-J-Q-K	3-3	17.35	3-3	4.80
11164	3-3-5-J-Q-Q	3-3	16.63	3-3	4.08
11165	3-3-5-K-K-K	3-3	19.17	3-3	6.62
11166	3-3-5-Q-K-K	3-3	15.87	3-Q	3.41
11167	3-3-5-Q-Q-K	3-3	15.87	3-K	3.53
11168	3-3-5-Q-Q-Q	3-3	19.17	3-3	6.62
11169	3-3-6-6-6-6	3-3	19.17	3-6	7.99
11170	3-3-6-6-6-7	3-7	16.70	3-7	8.13
11171	3-3-6-6-6-8	3-8	17.08	3-8	8.05
11172	3-3-6-6-6-9	3-3	18.91	3-9	8.08
11173	3-3-6-6-6-10	3-10	16.70	3-10	8.50
11174	3-3-6-6-6-J	3-J	17.04	3-J	8.27
11175	3-3-6-6-6-K	3-K	16.81	3-K	8.66
11176	3-3-6-6-6-Q	3-Q	16.72	3-Q	8.54
11177	3-3-6-6-7-7	7-7	15.40	7-7	2.37
11178	3-3-6-6-7-8	3-3	19.04	3-3	6.49
11179	3-3-6-6-7-9	3-3	14.56	7-9	4.09
11180	3-3-6-6-7-10	7-10	12.73	7-10	5.17
11181	3-3-6-6-7-J	7-J	13.05	7-J	4.78
11182	3-3-6-6-7-K	7-K	12.76	7-K	5.20
11183	3-3-6-6-7-Q	7-Q	12.73	7-Q	5.15
11184	3-3-6-6-8-8	8-8	14.92	8-8	2.46
11185	3-3-6-6-8-9	3-3	14.30	3-8	4.00
11186	3-3-6-6-8-10	8-10	13.27	8-10	4.33
11187	3-3-6-6-8-J	8-J	13.04	8-J	4.87
11188	3-3-6-6-8-K	8-K	12.63	8-K	5.26
11189	3-3-6-6-8-Q	8-Q	12.66	8-Q	5.16
11190	3-3-6-6-9-9	3-3	18.74	3-3	6.19
11191	3-3-6-6-9-10	9-10	13.64	3-10	4.46
11192	3-3-6-6-9-J	3-3	13.50	9-J	4.40
11193	3-3-6-6-9-K	3-3	13.00	9-K	5.32
11194	3-3-6-6-9-Q	3-3	13.00	9-Q	5.23
11195	3-3-6-6-10-10	10-10	14.23	10-10	3.38
11196	3-3-6-6-10-J	10-J	14.11	10-J	3.83
11197	3-3-6-6-10-K	10-K	12.31	10-K	5.60
11198	3-3-6-6-10-Q	10-Q	12.79	10-Q	4.88
11199	3-3-6-6-J-J	J-J	14.80	J-J	3.20
11200	3-3-6-6-J-K	J-K	13.44	J-K	4.73

HAND No.	SIX-CARD HAND	DISCARD (DEALER)	EXPECTED AVG. (DEALER)	DISCARD (PONE)	EXPECTED AVG. (PONE)
11201	3-3-6-6-J-Q	J-Q	14.29	J-Q	4.01
11202	3-3-6-6-K-K	K-K	14.05	K-K	3.84
11203	3-3-6-6-Q-K	Q-K	12.94	Q-K	4.99
11204	3-3-6-6-Q-Q	Q-Q	14.27	Q-Q	3.77
11205	3-3-6-7-7-7	3-3	15.52	3-3	2.97
11206	3-3-6-7-7-8	3-3	20.87	3-3	8.32
11207	3-3-6-7-7-9	7-7	13.27	7-7	0.24
11208	3-3-6-7-7-10	3-3	10.65	6-10	1.78
11209	3-3-6-7-7-J	3-3	10.89	6-J	1.53
11210	3-3-6-7-7-K	3-3	10.65	6-K	1.94
11211	3-3-6-7-7-Q	3-3	10.65	6-Q	1.87
11212	3-3-6-7-8-8	3-3	20.69	3-3	8.15
11213	3-3-6-7-8-9	3-3	16.56	3-3	4.02
11214	3-3-6-7-8-10	3-3	13.28	3-10	2.87
11215	3-3-6-7-8-J	3-3	13.43	3-J	2.64
11216	3-3-6-7-8-K	3-3	13.19	3-K	3.03
11217	3-3-6-7-8-Q	3-3	13.19	3-Q	2.91
11218	3-3-6-7-9-9 ⊕	3-3	14.04	6-7	2.63
11219	3-3-6-7-9-10	6-7	10.88	7-10	3.04
11220	3-3-6-7-9-J	7-J	10.92	7-J	2.65
11221	3-3-6-7-9-K	7-K	10.63	7-K	3.07
11222	3-3-6-7-9-Q	7-Q	10.60	7-Q	3.02
11223	3-3-6-7-10-10	6-7	10.53	6-10	-0.53
11224	3-3-6-7-10-J	6-7	9.38	6-10	-0.24
11225	3-3-6-7-10-K	6-7	8.62	10-K	0.64
11226	3-3-6-7-10-Q	6-7	8.88	10-Q	-0.08
11227	3-3-6-7-J-J	6-7	11.01	6-7	-0.37
11228	3-3-6-7-J-K	6-7	9.12	6-K	-0.08
11229	3-3-6-7-J-Q	6-7	9.38	6-Q	-0.15
11230	3-3-6-7-K-K	6-7	10.53	6-K	-0.36
11231	3-3-6-7-Q-K	6-7	8.88	Q-K	0.03
11232	3-3-6-7-Q-Q	6-7	10.53	6-Q	-0.43
11233	3-3-6-8-8-8	3-3	14.22	3-6	2.39
11234	3-3-6-8-8-9	8-8	12.79	8-8	0.33
11235	3-3-6-8-8-10	3-3	10.48	6-10	1.60
11236	3-3-6-8-8-J	3-3	10.19	6-J	1.36
11237	3-3-6-8-8-K	3-3	9.96	6-K	1.77
11238	3-3-6-8-8-Q	3-3	9.96	6-Q	1.70
11239	3-3-6-8-9-9	3-3	14.30	6-8	3.18
11240	3-3-6-8-9-10	3-3	13.11	8-10	2.20
11241	3-3-6-8-9-J	8-J	10.91	8-J	2.74
11242	3-3-6-8-9-K	8-K	10.50	8-K	3.13
11243	3-3-6-8-9-Q	8-Q	10.53	8-Q	3.03
11244	3-3-6-8-10-10	6-8	10.18	6-10	-0.27
11245	3-3-6-8-10-J	6-8	9.03	6-10	-0.24
11246	3-3-6-8-10-K	6-8	8.27	10-K	0.38
11247	3-3-6-8-10-Q	6-8	8.53	6-Q	-0.13
11248	3-3-6-8-J-J	6-8	10.66	6-8	0.18
11249	3-3-6-8-J-K	6-8	8.77	6-K	-0.08
11250	3-3-6-8-J-Q	J-Q	9.07	6-Q	-0.15

HAND No.	SIX-CARD HAND	DISCARD (DEALER)	EXPECTED AVG. (DEALER)	DISCARD (PONE)	EXPECTED AVG. (PONE)
11251	3-3-6-8-K-K	6-8	10.18	6-8	-0.30
11252	3-3-6-8-Q-K	6-8	8.53	Q-K	-0.23
11253	3-3-6-8-Q-Q	6-8	10.18	6-8	-0.30
11254	3-3-6-9-9-9	3-3	18.65	3-3	6.10
11255	3-3-6-9-9-10	3-3	13.96	6-10	4.73
11256	3-3-6-9-9-J	3-3	13.67	6-J	4.49
11257	3-3-6-9-9-K	3-3	12.91	6-K	4.90
11258	3-3-6-9-9-Q	3-3	12.91	6-Q	4.83
11259	3-3-6-9-10-10	10-10	12.10	6-10	1.56
11260	3-3-6-9-10-J	3-3	13.09	10-J	1.70
11261	3-3-6-9-10-K	10-K	10.18	10-K	3.47
11262	3-3-6-9-10-Q	10-Q	10.66	10-Q	2.75
11263	3-3-6-9-J-J	J-J	12.67	6-J	1.30
11264	3-3-6-9-J-K	J-K	11.31	J-K	2.60
11265	3-3-6-9-J-Q	J-Q	12.16	J-Q	1.88
11266	3-3-6-9-K-K	K-K	11.92	K-K	1.71
11267	3-3-6-9-Q-K	Q-K	10.81	Q-K	2.86
11268	3-3-6-9-Q-Q	Q-Q	12.14	Q-Q	1.64
11269	3-3-6-10-10-10	3-3	12.91	3-6	2.39
11270	3-3-6-10-10-J	3-3	10.37	6-J	1.01
11271	3-3-6-10-10-K	3-3	9.09	6-K	1.42
11272	3-3-6-10-10-Q	3-3	9.61	6-Q	1.35
11273	3-3-6-10-J-J	3-3	10.61	6-10	1.73
11274	3-3-6-10-J-K	10-J	8.28	6-K	0.27
11275	3-3-6-10-J-Q	3-3	11.17	3-6	0.65
11276	3-3-6-10-K-K	3-3	9.09	6-10	1.26
11277	3-3-6-10-Q-K	3-3	7.52	10-K	-0.23
11278	3-3-6-10-Q-Q	3-3	9.61	6-10	1.26
11279	3-3-6-J-J-J	3-3	13.63	3-6	3.10
11280	3-3-6-J-J-K	3-3	10.09	6-K	1.90
11281	3-3-6-J-J-Q	3-3	10.61	6-Q	1.83
11282	3-3-6-J-K-K	3-3	9.85	6-J	1.01
11283	3-3-6-J-Q-K	3-3	11.09	3-6	0.56
11284	3-3-6-J-Q-Q	3-3	10.37	6-J	1.01
11285	3-3-6-K-K-K	3-3	12.91	3-6	2.39
11286	3-3-6-Q-K-K	3-3	9.61	6-Q	1.35
11287	3-3-6-Q-Q-K	3-3	9.61	6-K	1.42
11288	3-3-6-Q-Q-Q	3-3	12.91	3-6	2.39
11289	3-3-7-7-7-7	3-3	19.69	3-3	7.15
11290	3-3-7-7-7-8	3-3	20.74	3-3	8.19
11291	3-3-7-7-7-9	3-3	14.22	3-9	2.87
11292	3-3-7-7-7-10	3-3	13.43	3-10	3.16
11293	3-3-7-7-7-J	3-3	13.67	3-J	2.92
11294	3-3-7-7-7-K	3-3	13.43	3-K	3.31
11295	3-3-7-7-7-Q	3-3	13.43	3-Q	3.19
11296	3-3-7-7-8-8	3-3	20.91	3-3	8.36
11297	3-3-7-7-8-9	3-3	20.35	3-3	7.80
11298	3-3-7-7-8-10	3-3	14.30	3-10	3.85
11299	3-3-7-7-8-J	3-3	14.37	3-J	3.62
11300	3-3-7-7-8-K	3-3	14.13	3-K	4.00

HAND No.	SIX-CARD HAND	DISCARD (DEALER)	EXPECTED AVG. (DEALER)	DISCARD (PONE)	EXPECTED AVG. (PONE)
11301	3-3-7-7-8-Q	3-3	14.13	3-Q	3.89
11302	3-3-7-7-9-9	7-7	15.05	7-7	2.03
11303	3-3-7-7-9-10	7-7	11.87	7-10	1.52
11304	3-3-7-7-9-J	7-7	11.85	7-J	1.13
11305	3-3-7-7-9-K	7-7	11.35	9-K	2.02
11306	3-3-7-7-9-Q	7-7	11.35	9-Q	1.93
11307	3-3-7-7-10-10	7-7	11.48	10-10	-0.01
11308	3-3-7-7-10-J	10-J	10.71	10-J	0.44
11309	3-3-7-7-10-K	7-7	9.57	10-K	2.21
11310	3-3-7-7-10-Q	7-7	9.83	10-Q	1.49
11311	3-3-7-7-J-J	7-7	11.96	J-J	-0.19
11312	3-3-7-7-J-K ⊕	7-7	10.07	J-K	1.34
11313	3-3-7-7-J-Q	J-Q	10.90	J-Q	0.62
11314	3-3-7-7-K-K	7-7	11.48	K-K	0.45
11315	3-3-7-7-Q-K	7-7	9.83	Q-K	1.59
11316	3-3-7-7-Q-Q	7-7	11.48	Q-Q	0.38
11317	3-3-7-8-8-8	3-3	20.22	3-3	7.67
11318	3-3-7-8-8-9	3-3	20.17	3-3	7.62
11319	3-3-7-8-8-10	3-3	14.13	3-10	3.68
11320	3-3-7-8-8-J	3-3	14.19	3-J	3.44
11321	3-3-7-8-8-K	3-3	13.96	3-K	3.83
11322	3-3-7-8-8-Q	3-3	13.96	3-Q	3.71
11323	3-3-7-8-9-9	3-3	18.26	3-3	5.71
11324	3-3-7-8-9-10	3-3	14.30	3-10	2.46
11325	3-3-7-8-9-J	3-3	13.17	3-J	2.25
11326	3-3-7-8-9-K	3-3	12.85	3-K	2.63
11327	3-3-7-8-9-Q	3-3	12.85	3-Q	2.52
11328	3-3-7-8-10-10	7-8	12.10	10-10	0.34
11329	3-3-7-8-10-J	10-J	11.06	10-J	0.79
11330	3-3-7-8-10-K	7-8	10.19	10-K	2.55
11331	3-3-7-8-10-Q	7-8	10.45	10-Q	1.83
11332	3-3-7-8-J-J	7-8	12.58	J-J	0.15
11333	3-3-7-8-J-K	7-8	10.69	J-K	1.69
11334	3-3-7-8-J-Q	J-Q	11.24	J-Q	0.97
11335	3-3-7-8-K-K	7-8	12.10	K-K	0.79
11336	3-3-7-8-Q-K	7-8	10.45	Q-K	1.94
11337	3-3-7-8-Q-Q	7-8	12.10	Q-Q	0.72
11338	3-3-7-9-9-9	3-3	13.69	7-9	3.75
11339	3-3-7-9-9-10	7-10	12.39	7-10	4.83
11340	3-3-7-9-9-J	7-J	12.70	7-J	4.43
11341	3-3-7-9-9-K	7-K	12.42	7-K	4.86
11342	3-3-7-9-9-Q	7-Q	12.38	7-Q	4.81
11343	3-3-7-9-10-10	10-10	10.62	7-10	1.61
11344	3-3-7-9-10-J	3-3	11.26	7-10	1.56
11345	3-3-7-9-10-K	7-K	9.24	10-K	1.99
11346	3-3-7-9-10-Q	7-Q	9.20	7-Q	1.63
11347	3-3-7-9-J-J	J-J	11.19	7-J	1.19
11348	3-3-7-9-J-K	J-K	9.83	7-K	1.66
11349	3-3-7-9-J-Q	J-Q	10.68	7-Q	1.61
11350	3-3-7-9-K-K	K-K	10.44	7-K	1.12

HAND No.	SIX-CARD HAND	DISCARD (DEALER)	EXPECTED AVG. (DEALER)	DISCARD (PONE)	EXPECTED AVG. (PONE)
11351	3-3-7-9-Q-K	Q-K	9.33	Q-K	1.38
11352	3-3-7-9-Q-Q	Q-Q	10.66	7-Q	1.07
11353	3-3-7-10-10-10	3-3	12.91	3-7	2.26
11354	3-3-7-10-10-J	3-3	10.37	7-J	0.87
11355	3-3-7-10-10-K	3-3	9.09	7-K	1.29
11356	3-3-7-10-10-Q	3-3	9.61	7-Q	1.24
11357	3-3-7-10-J-J	3-3	10.61	7-10	1.74
11358	3-3-7-10-J-K	10-J	8.45	10-K	0.19
11359	3-3-7-10-J-Q	3-3	11.17	3-7	0.52
11360	3-3-7-10-K-K	3-3	9.09	7-10	1.26
11361	3-3-7-10-Q-K	3-3	7.52	10-K	-0.05
11362	3-3-7-10-Q-Q	3-3	9.61	7-10	1.26
11363	3-3-7-J-J-J	3-3	13.63	3-7	2.97
11364	3-3-7-J-J-K	3-3	10.09	7-K	1.77
11365	3-3-7-J-J-Q	3-3	10.61	7-Q	1.72
11366	3-3-7-J-K-K	3-3	9.85	7-J	0.87
11367	3-3-7-J-Q-K	3-3	11.09	3-7	0.43
11368	3-3-7-J-Q-Q	3-3	10.37	7-J	0.87
11369	3-3-7-K-K-K	3-3	12.91	3-7	2.26
11370	3-3-7-Q-K-K	3-3	9.61	7-Q	1.24
11371	3-3-7-Q-Q-K	3-3	9.61	7-K	1.29
11372	3-3-7-Q-Q-Q	3-3	12.91	3-7	2.26
11373	3-3-8-8-8-8	3-3	18.65	3-3	6.10
11374	3-3-8-8-8-9	3-3	14.48	3-9	2.34
11375	3-3-8-8-8-10	3-3	13.69	3-10	2.63
11376	3-3-8-8-8-J	3-3	13.15	3-J	2.40
11377	3-3-8-8-8-K	3-3	12.91	3-K	2.79
11378	3-3-8-8-8-Q	3-3	12.91	3-Q	2.67
11379	3-3-8-8-9-9	8-8	14.57	8-8	2.11
11380	3-3-8-8-9-10	3-3	16.35	3-3	3.80
11381	3-3-8-8-9-J	8-8	11.38	8-J	1.48
11382	3-3-8-8-9-K	8-8	10.88	8-K	1.87
11383	3-3-8-8-9-Q	8-8	10.88	8-Q	1.76
11384	3-3-8-8-10-10	3-3	12.04	10-10	-0.18
11385	3-3-8-8-10-J	10-J	10.54	10-J	0.27
11386	3-3-8-8-10-K	3-3	9.61	10-K	2.03
11387	3-3-8-8-10-Q	3-3	9.87	10-Q	1.31
11388	3-3-8-8-J-J	8-8	11.49	J-J	-0.37
11389	3-3-8-8-J-K	J-K	9.88	J-K	1.17
11390	3-3-8-8-J-Q	J-Q	10.72	J-Q	0.45
11391	3-3-8-8-K-K	8-8	11.01	K-K	0.27
11392	3-3-8-8-Q-K	Q-K	9.37	Q-K	1.42
11393	3-3-8-8-Q-Q	8-8	11.01	Q-Q	0.20
11394	3-3-8-9-9-9	3-3	14.48	8-9	3.15
11395	3-3-8-9-9-10	3-3	16.35	8-10	3.98
11396	3-3-8-9-9-J	8-J	12.69	8-J	4.53
11397	3-3-8-9-9-K	8-K	12.28	8-K	4.92
11398	3-3-8-9-9-Q	8-Q	12.32	8-Q	4.81
11399	3-3-8-9-10-10	3-3	16.35	3-3	3.80
11400	3-3-8-9-10-J	3-3	12.63	8-J	1.22

HAND No.	SIX-CARD HAND	DISCARD (DEALER)	EXPECTED AVG. (DEALER)	DISCARD (PONE)	EXPECTED AVG. (PONE)
11401	3-3-8-9-10-K	3-3	10.93	10-K	2.19
11402	3-3-8-9-10-Q	3-3	11.02	8-Q	1.57
11403	3-3-8-9-J-J	J-J	11.45	8-J	1.29
11404	3-3-8-9-J-K	J-K	10.09	8-K	1.72
11405	3-3-8-9-J-Q	J-Q	10.94	8-Q	1.61
11406	3-3-8-9-K-K	K-K	10.71	8-K	1.18
11407	3-3-8-9-Q-K	Q-K	9.59	Q-K	1.64
11408	3-3-8-9-Q-Q	Q-Q	10.93	8-Q	1.07
11409	3-3-8-10-10-10	3-3	13.69	3-8	2.18
11410	3-3-8-10-10-J	3-3	10.54	8-J	0.96
11411	3-3-8-10-10-K	3-3	9.61	8-K	1.35
11412	3-3-8-10-10-Q	3-3	10.13	8-Q	1.24
11413	3-3-8-10-J-J	3-3	10.78	8-10	0.89
11414	3-3-8-10-J-K	10-J	8.45	8-K	0.20
11415	3-3-8-10-J-Q	3-3	11.26	3-8	0.44
11416	3-3-8-10-K-K	8-10	9.36	8-10	0.41
11417	3-3-8-10-Q-K	3-3	7.78	10-K	-0.05
11418	3-3-8-10-Q-Q	3-3	9.87	8-10	0.41
11419	3-3-8-J-J-J	3-3	13.63	3-8	2.90
11420	3-3-8-J-J-K	3-3	10.09	8-K	1.83
11421	3-3-8-J-J-Q	3-3	10.61	8-Q	1.72
11422	3-3-8-J-K-K	3-3	9.85	8-J	0.96
11423	3-3-8-J-Q-K	3-3	11.09	3-8	0.35
11424	3-3-8-J-Q-Q	3-3	10.37	8-J	0.96
11425	3-3-8-K-K-K	3-3	12.91	3-8	2.18
11426	3-3-8-Q-K-K	3-3	9.61	8-Q	1.24
11427	3-3-8-Q-Q-K	3-3	9.61	8-K	1.35
11428	3-3-8-Q-Q-Q	3-3	12.91	3-8	2.18
11429	3-3-9-9-9-9	3-3	18.65	3-3	6.10
11430	3-3-9-9-9-10	3-3	14.48	9-10	3.59
11431	3-3-9-9-9-J	3-3	13.93	9-J	4.05
11432	3-3-9-9-9-K	3-3	12.91	9-K	4.98
11433	3-3-9-9-9-Q	3-3	12.91	9-Q	4.88
11434	3-3-9-9-10-10	10-10	13.88	10-10	3.04
11435	3-3-9-9-10-J	3-3	16.59	3-3	4.04
11436	3-3-9-9-10-K	10-K	11.97	10-K	5.25
11437	3-3-9-9-10-Q	10-Q	12.44	10-Q	4.53
11438	3-3-9-9-J-J	J-J	14.45	J-J	2.85
11439	3-3-9-9-J-K	J-K	13.09	J-K	4.38
11440	3-3-9-9-J-Q	J-Q	13.94	J-Q	3.66
11441	3-3-9-9-K-K	K-K	13.71	K-K	3.49
11442	3-3-9-9-Q-K	Q-K	12.59	Q-K	4.64
11443	3-3-9-9-Q-Q	Q-Q	13.93	Q-Q	3.42
11444	3-3-9-10-10-10	3-3	14.48	3-9	2.34
11445	3-3-9-10-10-J	3-3	16.59	3-3	4.04
11446	3-3-9-10-10-K	10-10	10.19	10-K	2.03
11447	3-3-9-10-10-Q⊕	3-3	10.30	9-Q	1.40
11448	3-3-9-10-J-J	3-3	16.82	3-3	4.28
11449	3-3-9-10-J-K	3-3	11.26	10-K	1.99
11450	3-3-9-10-J-Q	3-3	12.63	10-Q	1.27

HAND No.	SIX-CARD HAND	DISCARD (DEALER)	EXPECTED AVG. (DEALER)	DISCARD (PONE)	EXPECTED AVG. (PONE)
11451	3-3-9-10-K-K	K-K	10.53	10-K	1.51
11452	3-3-9-10-Q-K	Q-K	9.42	10-K	1.55
11453	3-3-9-10-Q-Q	Q-Q	10.75	10-Q	0.79
11454	3-3-9-J-J-J	3-3	14.41	3-9	3.06
11455	3-3-9-J-J-K	J-J	10.75	9-K	1.98
11456	3-3-9-J-J-Q ♣	3-3	10.78	9-Q	1.88
11457	3-3-9-J-K-K	K-K	10.51	J-K	0.64
11458	3-3-9-J-Q-K	3-3	11.17	Q-K	1.44
11459	3-3-9-J-Q-Q	Q-Q	10.73	9-J	0.57
11460	3-3-9-K-K-K	3-3	12.91	3-9	2.34
11461	3-3-9-Q-K-K	K-K	10.01	9-Q	1.40
11462	3-3-9-Q-Q-K	Q-Q	10.23	9-K	1.50
11463	3-3-9-Q-Q-Q	3-3	12.91	3-9	2.34
11464	3-3-10-10-10-10	3-3	18.65	3-3	6.10
11465	3-3-10-10-10-J	3-3	14.72	3-J	2.40
11466	3-3-10-10-10-K	3-3	12.91	3-K	2.79
11467	3-3-10-10-10-Q	3-3	13.69	3-Q	2.67
11468	3-3-10-10-J-J	3-3	13.56	3-3	1.02
11469	3-3-10-10-J-K	3-3	10.54	J-K	0.82
11470	3-3-10-10-J-Q	3-3	16.59	3-3	4.04
11471	3-3-10-10-K-K	3-3	11.00	K-K	-0.07
11472	3-3-10-10-Q-K	3-3	9.78	Q-K	1.07
11473	3-3-10-10-Q-Q	3-3	12.04	Q-Q	-0.14
11474	3-3-10-J-J-J	3-3	15.19	3-10	3.35
11475	3-3-10-J-J-K	3-3	10.78	10-K	2.16
11476	3-3-10-J-J-Q	3-3	16.82	3-3	4.28
11477	3-3-10-J-K-K ♣	3-3	10.28	10-K	0.23
11478	3-3-10-J-Q-K	3-3	12.54	3-K	1.03
11479	3-3-10-J-Q-Q	3-3	16.59	3-3	4.04
11480	3-3-10-K-K-K	3-3	12.91	3-10	2.63
11481	3-3-10-Q-K-K	3-3	9.78	10-Q	0.97
11482	3-3-10-Q-Q-K	3-3	9.78	10-K	1.69
11483	3-3-10-Q-Q-Q	3-3	13.69	3-10	2.63
11484	3-3-J-J-J-J	3-3	19.61	3-3	7.06
11485	3-3-J-J-J-K	3-3	14.41	3-K	3.50
11486	3-3-J-J-J-Q	3-3	15.19	3-Q	3.39
11487	3-3-J-J-K-K	3-3	12.52	K-K	0.40
11488	3-3-J-J-Q-K	3-3	16.65	3-3	4.10
11489	3-3-J-J-Q-Q	3-3	13.56	3-3	1.02
11490	3-3-J-K-K-K	3-3	13.93	3-J	2.40
11491	3-3-J-Q-K-K	3-3	16.41	3-3	3.86
11492	3-3-J-Q-Q-K	3-3	16.41	3-3	3.86
11493	3-3-J-Q-Q-Q	3-3	14.72	3-J	2.40
11494	3-3-K-K-K-K	3-3	18.65	3-3	6.10
11495	3-3-Q-K-K-K	3-3	13.69	3-Q	2.67
11496	3-3-Q-Q-K-K	3-3	12.04	K-K	-0.07
11497	3-3-Q-Q-Q-K	3-3	13.69	3-K	2.79
11498	3-3-Q-Q-Q-Q	3-3	18.65	3-3	6.10
11499	3-4-4-4-4-5	3-5	19.53	3-5	6.80
11500	3-4-4-4-4-6	3-6	17.39	3-6	8.69

HAND No.	SIX-CARD HAND	DISCARD (DEALER)	EXPECTED AVG. (DEALER)	DISCARD (PONE)	EXPECTED AVG. (PONE)
11501	3-4-4-4-4-7	3-4	17.73	3-7	8.30
11502	3-4-4-4-4-8	3-8	17.51	3-8	8.48
11503	3-4-4-4-4-9	3-9	17.37	3-9	8.65
11504	3-4-4-4-4-10	3-10	17.14	3-10	8.94
11505	3-4-4-4-4-J	3-J	17.48	3-J	8.71
11506	3-4-4-4-4-K	3-K	17.25	3-K	9.09
11507	3-4-4-4-4-Q	3-Q	17.16	3-Q	8.98
11508	3-4-4-4-5-5	5-5	19.54	4-4	5.87
11509	3-4-4-4-5-6	3-4	20.36	3-4	9.53
11510	3-4-4-4-5-7	3-5	19.05	4-7	6.78
11511	3-4-4-4-5-8	5-8	16.29	4-8	6.72
11512	3-4-4-4-5-9	5-9	16.37	4-9	7.09
11513	3-4-4-4-5-10	5-10	17.59	4-10	7.18
11514	3-4-4-4-5-J	5-J	17.94	4-J	6.84
11515	3-4-4-4-5-K	5-K	17.61	4-K	7.35
11516	3-4-4-4-5-Q	5-Q	17.57	4-Q	7.25
11517	3-4-4-4-6-6	6-6	16.90	6-6	4.24
11518	3-4-4-4-6-7	3-6	16.91	3-6	8.21
11519	3-4-4-4-6-8	6-8	15.62	6-8	5.13
11520	3-4-4-4-6-9	6-9	16.27	6-9	4.86
11521	3-4-4-4-6-10	6-10	14.31	6-10	6.82
11522	3-4-4-4-6-J	6-J	14.55	6-J	6.58
11523	3-4-4-4-6-K	6-K	14.27	6-K	6.99
11524	3-4-4-4-6-Q	6-Q	14.42	6-Q	6.92
11525	3-4-4-4-7-7	7-7	16.79	3-7	7.91
11526	3-4-4-4-7-8	7-8	17.41	3-8	7.96
11527	3-4-4-4-7-9	3-9	16.89	3-9	8.17
11528	3-4-4-4-7-10	3-10	16.66	3-10	8.46
11529	3-4-4-4-7-J	3-J	17.00	3-J	8.23
11530	3-4-4-4-7-K	3-K	16.77	3-K	8.61
11531	3-4-4-4-7-Q	3-Q	16.68	3-Q	8.50
11532	3-4-4-4-8-8	8-8	16.31	8-8	3.85
11533	3-4-4-4-8-9	8-9	15.71	8-9	5.15
11534	3-4-4-4-8-10	8-10	14.80	8-10	5.85
11535	3-4-4-4-8-J	8-J	14.56	8-J	6.40
11536	3-4-4-4-8-K	8-K	14.15	8-K	6.79
11537	3-4-4-4-8-Q	8-Q	14.19	8-Q	6.68
11538	3-4-4-4-9-9	9-9	16.30	9-9	4.72
11539	3-4-4-4-9-10	9-10	15.42	9-10	5.72
11540	3-4-4-4-9-J	9-J	15.10	9-J	6.18
11541	3-4-4-4-9-K	9-K	14.20	9-K	7.11
11542	3-4-4-4-9-Q	9-Q	14.12	9-Q	7.01
11543	3-4-4-4-10-10	10-10	15.88	10-10	5.04
11544	3-4-4-4-10-J	10-J	15.76	10-J	5.49
11545	3-4-4-4-10-K	10-K	13.97	10-K	7.25
11546	3-4-4-4-10-Q	10-Q	14.44	10-Q	6.53
11547	3-4-4-4-J-J	J-J	16.45	J-J	4.85
11548	3-4-4-4-J-K	J-K	15.09	J-K	6.38
11549	3-4-4-4-J-Q	J-Q	15.94	J-Q	5.66
11550	3-4-4-4-K-K	K-K	15.71	K-K	5.49

HAND No.	SIX-CARD HAND	DISCARD (DEALER)	EXPECTED AVG. (DEALER)	DISCARD (PONE)	EXPECTED AVG. (PONE)
11551	3-4-4-4-Q-K	Q-K	14.59	Q-K	6.64
11552	3-4-4-4-Q-Q	Q-Q	15.93	Q-Q	5.42
11553	3-4-4-5-5-5	5-5	20.41	3-4	6.92
11554	3-4-4-5-5-6	3-5	21.35	3-4	9.90
11555	3-4-4-5-5-7	5-7	17.71	4-7	7.49
11556	3-4-4-5-5-8	5-8	17.18	4-8	7.48
11557	3-4-4-5-5-9	5-9	17.22	4-9	7.80
11558	3-4-4-5-5-10	5-10	18.40	4-10	7.85
11559	3-4-4-5-5-J	5-J	18.75	4-J	7.52
11560	3-4-4-5-5-K	5-K	18.41	4-K	8.03
11561	3-4-4-5-5-Q	5-Q	18.37	4-Q	7.93
11562	3-4-4-5-6-6	3-4	20.08	3-6	10.52
11563	3-4-4-5-6-7	3-7	19.14	3-7	10.56
11564	3-4-4-5-6-8	3-8	19.60	3-8	10.57
11565	3-4-4-5-6-9	3-9	19.42	3-9	10.69
11566	3-4-4-5-6-10	3-10	19.18	3-10	10.98
11567	3-4-4-5-6-J	3-J	19.52	3-J	10.75
11568	3-4-4-5-6-K	3-K	19.29	3-K	11.13
11569	3-4-4-5-6-Q	3-Q	19.20	3-Q	11.02
11570	3-4-4-5-7-7	7-7	17.70	7-7	4.68
11571	3-4-4-5-7-8	7-8	18.32	7-8	4.29
11572	3-4-4-5-7-9	7-9	15.91	7-9	6.61
11573	3-4-4-5-7-10	7-10	15.08	7-10	7.52
11574	3-4-4-5-7-J	7-J	15.40	7-J	7.13
11575	3-4-4-5-7-K	7-K	15.11	7-K	7.55
11576	3-4-4-5-7-Q	7-Q	15.07	7-Q	7.50
11577	3-4-4-5-8-8	8-8	17.23	8-8	4.76
11578	3-4-4-5-8-9	8-9	16.58	8-9	6.02
11579	3-4-4-5-8-10	8-10	15.62	8-10	6.67
11580	3-4-4-5-8-J	5-J	15.40	8-J	7.22
11581	3-4-4-5-8-K	5-K	15.06	8-K	7.61
11582	3-4-4-5-8-Q	5-Q	15.02	8-Q	7.50
11583	3-4-4-5-9-9	9-9	17.12	9-9	5.54
11584	3-4-4-5-9-10	9-10	16.20	9-10	6.50
11585	3-4-4-5-9-J	9-J	15.88	9-J	6.96
11586	3-4-4-5-9-K	9-K	14.98	9-K	7.89
11587	3-4-4-5-9-Q	9-Q	14.90	9-Q	7.80
11588	3-4-4-5-10-10	10-10	16.62	10-10	5.77
11589	3-4-4-5-10-J	10-J	16.50	10-J	6.22
11590	3-4-4-5-10-K	10-K	14.70	10-K	7.99
11591	3-4-4-5-10-Q	10-Q	15.18	10-Q	7.27
11592	3-4-4-5-J-J	J-J	17.19	J-J	5.59
11593	3-4-4-5-J-K	J-K	15.83	J-K	7.12
11594	3-4-4-5-J-Q	J-Q	16.68	J-Q	6.40
11595	3-4-4-5-K-K	K-K	16.44	K-K	6.23
11596	3-4-4-5-Q-K	Q-K	15.33	Q-K	7.38
11597	3-4-4-5-Q-Q	Q-Q	16.66	Q-Q	6.16
11598	3-4-4-6-6-6	4-4	18.93	4-4	6.87
11599	3-4-4-6-6-7	6-6	12.68	3-7	2.04
11600	3-4-4-6-6-8	6-6	14.29	3-8	2.00

HAND No.	SIX-CARD HAND	DISCARD (DEALER)	EXPECTED AVG. (DEALER)	DISCARD (PONE)	EXPECTED AVG. (PONE)
11601	3-4-4-6-6-9	4-4	14.85	4-4	2.79
11602	3-4-4-6-6-10	4-4	11.06	3-10	2.46
11603	3-4-4-6-6-J	4-4	11.30	3-J	2.23
11604	3-4-4-6-6-K	4-4	11.06	3-K	2.61
11605	3-4-4-6-6-Q	4-4	11.06	3-Q	2.50
11606	3-4-4-6-7-7	3-6	13.12	3-6	4.43
11607	3-4-4-6-7-8	6-7	13.40	3-6	2.84
11608	3-4-4-6-7-9	6-9	12.05	3-9	1.78
11609	3-4-4-6-7-10	3-10	10.31	6-10	2.60
11610	3-4-4-6-7-J	3-J	10.65	6-J	2.36
11611	3-4-4-6-7-K	3-K	10.42	6-K	2.77
11612	3-4-4-6-7-Q	3-Q	10.33	6-Q	2.70
11613	3-4-4-6-8-8	6-8	13.01	6-8	2.52
11614	3-4-4-6-8-9	6-9	13.66	6-9	2.25
11615	3-4-4-6-8-10	6-10	11.70	6-10	4.21
11616	3-4-4-6-8-J	6-J	11.94	6-J	3.97
11617	3-4-4-6-8-K	6-K	11.66	6-K	4.38
11618	3-4-4-6-8-Q	6-Q	11.81	6-Q	4.31
11619	3-4-4-6-9-9	4-4	12.80	3-4	1.60
11620	3-4-4-6-9-10	6-9	9.92	3-10	1.63
11621	3-4-4-6-9-J	3-J	10.17	3-J	1.40
11622	3-4-4-6-9-K	3-K	9.94	3-K	1.79
11623	3-4-4-6-9-Q	6-9	9.92	3-Q	1.67
11624	3-4-4-6-10-10	10-10	10.19	3-6	0.69
11625	3-4-4-6-10-J	10-J	10.06	6-10	0.71
11626	3-4-4-6-10-K	10-K	8.27	10-K	1.55
11627	3-4-4-6-10-Q	10-Q	8.74	10-Q	0.83
11628	3-4-4-6-J-J	J-J	10.75	3-6	1.17
11629	3-4-4-6-J-K	J-K	9.40	6-K	0.88
11630	3-4-4-6-J-Q	J-Q	10.24	6-Q	0.81
11631	3-4-4-6-K-K	K-K	10.01	3-6	0.69
11632	3-4-4-6-Q-K	Q-K	8.89	Q-K	0.94
11633	3-4-4-6-Q-Q	Q-Q	10.23	3-6	0.69
11634	3-4-4-7-7-7	4-4	13.46	3-7	4.17
11635	3-4-4-7-7-8	7-7	14.27	3-8	4.13
11636	3-4-4-7-7-9	3-9	13.11	3-9	4.39
11637	3 4 4 7-7-10	3-10	12.88	3-10	4.68
11638	3-4-4-7-7-J	3-J	13.22	3-J	4.44
11639	3-4-4-7-7-K	3-K	12.98	3-K	4.83
11640	3-4-4-7-7-Q	3-Q	12.89	3-Q	4.71
11641	3-4-4-7-8-8	7-8	14.84	4-7	2.80
11642	3-4-4-7-8-9	4-4	12.74	7-9	3.18
11643	3-4-4-7-8-10	7-10	11.69	7-10	4.13
11644	3-4-4-7-8-J	7-J	12.01	7-J	3.73
11645	3-4-4-7-8-K	7-K	11.72	7-K	4.16
11646	3-4-4-7-8-Q	7-Q	11.68	7-Q	4.11
11647	3-4-4-7-9-9	9-9	12.08	3-9	0.73
11648	3-4-4-7-9-10	9-10	11.20	9-10	1.50
11649	3-4-4-7-9-J	9-J	10.88	9-J	1.96
11650	3-4-4-7-9-K	9-K	9.98	9-K	2.89

HAND No.	SIX-CARD HAND	DISCARD (DEALER)	EXPECTED AVG. (DEALER)	DISCARD (PONE)	EXPECTED AVG. (PONE)
11651	3-4-4-7-9-Q	9-Q	9.90	9-Q	2.80
11652	3-4-4-7-10-10	10-10	11.67	10-10	0.82
11653	3-4-4-7-10-J	10-J	11.54	10-J	1.27
11654	3-4-4-7-10-K	10-K	9.75	10-K	3.03
11655	3-4-4-7-10-Q	10-Q	10.22	10-Q	2.31
11656	3-4-4-7-J-J	J-J	12.23	3-7	1.00
11657	3-4-4-7-J-K	J-K	10.88	J-K	2.17
11658	3-4-4-7-J-Q	J-Q	11.72	J-Q	1.45
11659	3-4-4-7-K-K	K-K	11.49	K-K	1.27
11660	3-4-4-7-Q-K	Q-K	10.37	Q-K	2.42
11661	3-4-4-7-Q-Q	Q-Q	11.71	Q-Q	1.20
11662	3-4-4-8-8-8	8-8	13.70	4-8	2.70
11663	3-4-4-8-8-9	8-9	13.10	4-9	3.11
11664	3-4-4-8-8-10	8-10	12.19	4-10	3.24
11665	3-4-4-8-8-J	8-J	11.95	8-J	3.79
11666	3-4-4-8-8-K	8-K	11.54	8-K	4.18
11667	3-4-4-8-8-Q	8-Q	11.58	8-Q	4.07
11668	3-4-4-8-9-9	9-9	13.69	9-9	2.11
11669	3-4-4-8-9-10	9-10	12.81	9-10	3.11
11670	3-4-4-8-9-J	9-J	12.49	9-J	3.57
11671	3-4-4-8-9-K	9-K	11.59	9-K	4.50
11672	3-4-4-8-9-Q	9-Q	11.51	9-Q	4.40
11673	3-4-4-8-10-10	10-10	13.27	10-10	2.43
11674	3-4-4-8-10-J	10-J	13.15	10-J	2.88
11675	3-4-4-8-10-K	10-K	11.36	10-K	4.64
11676	3-4-4-8-10-Q	10-Q	11.83	10-Q	3.92
11677	3-4-4-8-J-J	J-J	13.84	J-J	2.24
11678	3-4-4-8-J-K	J-K	12.48	J-K	3.77
11679	3-4-4-8-J-Q	J-Q	13.33	J-Q	3.05
11680	3-4-4-8-K-K	K-K	13.10	K-K	2.88
11681	3-4-4-8-Q-K	Q-K	11.98	Q-K	4.03
11682	3-4-4-8-Q-Q	Q-Q	13.32	Q-Q	2.81
11683	3-4-4-9-9-9	4-4	12.80	3-4	1.34
11684	3-4-4-9-9-10	4-4	10.06	3-10	0.94
11685	3-4-4-9-9-J	9-9	10.19	3-J	0.71
11686	3-4-4-9-9-K	9-9	9.95	3-K	1.09
11687	3-4-4-9-9-Q	9-9	9.95	3-Q	0.98
11688	3-4-4-9-10-10	4-4	10.11	3-9	0.65
11689	3-4-4-9-10-J	4-4	11.15	9-J	-0.17
11690	3-4-4-9-10-K	9-10	9.07	10-K	0.86
11691	3-4-4-9-10-Q	9-10	9.07	9-Q	0.67
11692	3-4-4-9-J-J ⊕	4-4	10.06	3-9	1.13
11693	3-4-4-9-J-K	9-J	8.75	9-K	1.00
11694	3-4-4-9-J-Q	J-Q	9.55	9-Q	0.90
11695	3-4-4-9-K-K	3-9	9.37	9-K	0.71
11696	3-4-4-9-Q-K	Q-K	8.20	9-K	0.76
11697	3-4-4-9-Q-Q	Q-Q	9.53	3-9	0.65
11698	3-4-4-10-10-10	4-4	12.93	3-4	1.34
11699	3-4-4-10-10-J	4-4	10.39	3-J	0.71
11700	3-4-4-10-10-K	10-10	9.54	3-K	1.09

HAND No.	SIX-CARD HAND	DISCARD (DEALER)	EXPECTED AVG. (DEALER)	DISCARD (PONE)	EXPECTED AVG. (PONE)
11701	3-4-4-10-10-Q	4-4	9.63	3-Q	0.98
11702	3-4-4-10-J-J	4-4	10.63	3-10	1.42
11703	3-4-4-10-J-K	10-J	9.41	10-K	1.14
11704	3-4-4-10-J-Q	4-4	11.20	10-Q	0.42
11705	3-4-4-10-K-K	K-K	9.36	3-10	0.94
11706	3-4-4-10-Q-K	Q-K	8.24	10-K	0.90
11707	3-4-4-10-Q-Q	4-4	9.63	3-10	0.94
11708	3-4-4-J-J-J	4-4	13.65	3-4	2.05
11709	3-4-4-J-J-K ♣	4-4	10.11	3-K	1.57
11710	3-4-4-J-J-Q	4-4	10.63	3-Q	1.45
11711	3-4-4-J-K-K	4-4	9.87	3-J	0.71
11712	3-4-4-J-Q-K	4-4	11.11	Q-K	0.53
11713	3-4-4-J-Q-Q	4-4	10.39	3-J	0.71
11714	3-4-4-K-K-K	4-4	12.93	3-4	1.34
11715	3-4-4-Q-K-K	4-4	9.63	3-Q	0.98
11716	3-4-4-Q-Q-K	4-4	9.63	3-K	1.09
11717	3-4-4-Q-Q-Q	4-4	12.93	3-4	1.34
11718	3-4-5-5-5-5 ★	3-4	27.69	3-4	16.86
11719	3-4-5-5-5-6	3-5	21.81	3-5	9.09
11720	3-4-5-5-5-7	5-7	18.38	3-7	7.89
11721	3-4-5-5-5-8	5-8	17.90	3-8	7.81
11722	3-4-5-5-5-9	5-9	17.89	3-9	7.97
11723	3-4-5-5-5-10	3-4	21.30	3-4	10.47
11724	3-4-5-5-5-J	3-4	21.54	3-4	10.71
11725	3-4-5-5-5-K	3-4	21.30	3-4	10.47
11726	3-4-5-5-5-Q	3-4	21.30	3-4	10.47
11727	3-4-5-5-6-6	3-5	21.14	3-6	10.95
11728	3-4-5-5-6-7	3-7	19.61	3-7	11.04
11729	3-4-5-5-6-8	3-8	20.03	3-8	11.00
11730	3-4-5-5-6-9	3-9	19.85	3-9	11.13
11731	3-4-5-5-6-10	3-10	19.57	3-10	11.37
11732	3-4-5-5-6-J	3-J	19.91	3-J	11.14
11733	3-4-5-5-6-K	3-K	19.68	3-K	11.53
11734	3-4-5-5-6-Q	3-Q	19.59	3-Q	11.41
11735	3-4-5-5-7-7	7-7	18.40	7-7	5.37
11736	3-4-5-5-7-8	7-8	19.06	7-8	5.03
11737	3-4-5-5-7-9	7-9	16.61	7-9	7.31
11738	3-4-5-5-7-10	7-10	15.73	7-10	8.17
11739	3-4-5-5-7-J	7-J	16.05	7-J	7.78
11740	3-4-5-5-7-K	7-K	15.76	7-K	8.20
11741	3-4-5-5-7-Q	7-Q	15.73	7-Q	8.15
11742	3-4-5-5-8-8	8-8	18.01	8-8	5.54
11743	3-4-5-5-8-9	8-9	17.32	8-9	6.76
11744	3-4-5-5-8-10	8-10	16.32	8-10	7.37
11745	3-4-5-5-8-J	8-J	16.08	8-J	7.92
11746	3-4-5-5-8-K	8-K	15.67	8-K	8.31
11747	3-4-5-5-8-Q	8-Q	15.71	8-Q	8.20
11748	3-4-5-5-9-9	9-9	17.82	9-9	6.24
11749	3-4-5-5-9-10	9-10	16.86	9-10	7.15
11750	3-4-5-5-9-J	9-J	16.53	9-J	7.62

HAND No.	SIX-CARD HAND	DISCARD (DEALER)	EXPECTED AVG. (DEALER)	DISCARD (PONE)	EXPECTED AVG. (PONE)
11751	3-4-5-5-9-K	9-K	15.64	9-K	8.54
11752	3-4-5-5-9-Q	9-Q	15.55	9-Q	8.45
11753	3-4-5-5-10-10	3-4	18.73	3-4	7.90
11754	3-4-5-5-10-J	3-4	17.58	10-J	6.83
11755	3-4-5-5-10-K	3-4	16.82	10-K	8.60
11756	3-4-5-5-10-Q	3-4	17.08	10-Q	7.88
11757	3-4-5-5-J-J	3-4	19.21	3-4	8.38
11758	3-4-5-5-J-K	3-4	17.32	J-K	7.73
11759	3-4-5-5-J-Q	3-4	17.58	J-Q	7.01
11760	3-4-5-5-K-K	3-4	18.73	3-4	7.90
11761	3-4-5-5-Q-K	3-4	17.08	Q-K	7.99
11762	3-4-5-5-Q-Q	3-4	18.73	3-4	7.90
11763	3-4-5-6-6-6	4-5	19.79	3-6	10.36
11764	3-4-5-6-6-7	3-7	18.96	3-7	10.39
11765	3-4-5-6-6-8	3-8	19.38	3-8	10.35
11766	3-4-5-6-6-9	3-9	19.16	3-9	10.43
11767	3-4-5-6-6-10	3-10	18.96	3-10	10.76
11768	3-4-5-6-6-J	3-J	19.30	3-J	10.53
11769	3-4-5-6-6-K	3-K	19.07	3-K	10.92
11770	3-4-5-6-6-Q	3-Q	18.98	3-Q	10.80
11771	3-4-5-6-7-7	3-4	16.69	3-4	5.86
11772	3-4-5-6-7-8 ♣	7-8	16.39	3-8	4.44
11773	3-4-5-6-7-9	7-9	13.89	3-7	4.93
11774	3-4-5-6-7-10	3-7	13.33	7-10	5.54
11775	3-4-5-6-7-J	3-7	13.57	7-J	5.15
11776	3-4-5-6-7-K	3-7	13.33	7-K	5.57
11777	3-4-5-6-7-Q	3-7	13.33	7-Q	5.52
11778	3-4-5-6-8-8	8-8	15.31	3-8	3.13
11779	3-4-5-6-8-9	8-9	14.58	3-8	4.87
11780	3-4-5-6-8-10	3-8	13.73	8-10	4.72
11781	3-4-5-6-8-J	3-8	13.97	8-J	5.26
11782	3-4-5-6-8-K	3-8	13.73	8-K	5.65
11783	3-4-5-6-8-Q	3-8	13.73	8-Q	5.55
11784	3-4-5-6-9-9	9-9	15.03	3-9	4.95
11785	3-4-5-6-9-10	9-10	14.16	3-10	5.29
11786	3-4-5-6-9-J	9-J	13.83	3-9	5.06
11787	3-4-5-6-9-K	3-K	13.59	9-K	5.84
11788	3-4-5-6-9-Q	3-9	13.55	9-Q	5.75
11789	3-4-5-6-10-10	10-10	14.62	3-10	5.07
11790	3-4-5-6-10-J	10-J	14.50	3-10	5.35
11791	3-4-5-6-10-K	3-K	13.42	10-K	5.99
11792	3-4-5-6-10-Q	3-Q	13.33	10-Q	5.27
11793	3-4-5-6-J-J	J-J	15.19	3-J	5.07
11794	3-4-5-6-J-K	J-K	13.83	3-K	5.50
11795	3-4-5-6-J-Q	J-Q	14.68	3-Q	5.39
11796	3-4-5-6-K-K	K-K	14.44	3-K	5.22
11797	3-4-5-6-Q-K	3-K	13.42	Q-K	5.38
11798	3-4-5-6-Q-Q	Q-Q	14.66	3-Q	5.11
11799	3-4-5-7-7-7 ♣	4-5	14.18	4-7	3.95
11800	3-4-5-7-7-8	4-5	14.88	4-8	3.94

HAND No.	SIX-CARD HAND	DISCARD (DEALER)	EXPECTED AVG. (DEALER)	DISCARD (PONE)	EXPECTED AVG. (PONE)
11801	3-4-5-7-7-9	4-9	12.71	4-9	4.30
11802	3-4-5-7-7-10	7-7	13.90	4-10	4.39
11803	3-4-5-7-7-J	7-7	14.13	4-J	4.06
11804	3-4-5-7-7-K	7-7	13.90	4-K	4.57
11805	3-4-5-7-7-Q	7-7	13.90	4-Q	4.47
11806	3-4-5-7-8-8	4-5	14.70	3-4	3.25
11807	3-4-5-7-8-9 ❖	4-5	13.60	7-9	2.85
11808	3-4-5-7-8-10	7-8	14.52	7-10	3.76
11809	3-4-5-7-8-J	7-8	14.75	8-J	3.68
11810	3-4-5-7-8-K	7-8	14.52	8-K	4.07
11811	3-4-5-7-8-Q	7-8	14.52	8-Q	3.96
11812	3-4-5-7-9-9	9-9	13.58	9-9	2.00
11813	3-4-5-7-9-10	9-10	12.66	9-10	2.96
11814	3-4-5-7-9-J	9-J	12.33	9-J	3.42
11815	3-4-5-7-9-K	7-9	12.06	9-K	4.34
11816	3-4-5-7-9-Q	7-9	12.06	9-Q	4.25
11817	3-4-5-7-10-10	10-10	13.08	7-10	3.63
11818	3-4-5-7-10-J	10-J	12.95	7-10	3.91
11819	3-4-5-7-10-K	7-K	11.26	10-K	4.45
11820	3-4-5-7-10-Q	10-Q	11.64	10-Q	3.73
11821	3-4-5-7-J-J	J-J	13.65	3-7	3.76
11822	3-4-5-7-J-K	J-K	12.29	7-K	3.94
11823	3-4-5-7-J-Q	J-Q	13.14	7-Q	3.89
11824	3-4-5-7-K-K	K-K	12.90	7-K	3.66
11825	3-4-5-7-Q-K	Q-K	11.79	Q-K	3.83
11826	3-4-5-7-Q-Q	Q-Q	13.12	7-Q	3.61
11827	3-4-5-8-8-8	4-5	13.66	3-4	2.08
11828	3-4-5-8-8-9	5-9	13.28	8-9	2.26
11829	3-4-5-8-8-10	5-10	14.51	8-10	2.91
11830	3-4-5-8-8-J	5-J	14.86	8-J	3.46
11831	3-4-5-8-8-K	5-K	14.52	8-K	3.85
11832	3-4-5-8-8-Q	5-Q	14.48	8-Q	3.74
11833	3-4-5-8-9-9	9-9	13.36	9-9	1.78
11834	3-4-5-8-9-10 ❖	8-9	12.73	9-10	2.74
11835	3-4-5-8-9-J	8-9	12.97	9-J	3.20
11836	3-4-5-8-9-K	8-9	12.73	9-K	4.13
11837	3-4-5-8-9-Q	8-9	12.73	9-Q	4.03
11838	3-4-5-8-10-10	3-4	13.08	3-8	3.20
11839	3-4-5-8-10-J	10-J	12.74	8-J	3.37
11840	3-4-5-8-10-K	8-10	11.77	10-K	4.23
11841	3-4-5-8-10-Q	8-10	11.77	8-Q	3.66
11842	3-4-5-8-J-J	J-J	13.43	3-8	3.68
11843	3-4-5-8-J-K	J-K	12.07	8-K	4.00
11844	3-4-5-8-J-Q	J-Q	12.92	8-Q	3.89
11845	3-4-5-8-K-K	K-K	12.68	8-K	3.72
11846	3-4-5-8-Q-K	Q-K	11.57	8-K	3.76
11847	3-4-5-8-Q-Q	Q-Q	12.90	8-Q	3.61
11848	3-4-5-9-9-9	4-5	13.66	3-4	2.08
11849	3-4-5-9-9-10	9-9	13.23	9-9	1.65
11850	3-4-5-9-9-J	9-9	13.47	9-9	1.89

HAND No.	SIX-CARD HAND	DISCARD (DEALER)	EXPECTED AVG. (DEALER)	DISCARD (PONE)	EXPECTED AVG. (PONE)
11851	3-4-5-9-9-K	9-9	13.23	9-K	2.17
11852	3-4-5-9-9-Q	9-9	13.23	9-Q	2.08
11853	3-4-5-9-10-10	3-4	13.60	3-9	3.37
11854	3-4-5-9-10-J ❖	3-4	14.64	3-4	3.81
11855	3-4-5-9-10-K	9-10	12.31	9-K	4.00
11856	3-4-5-9-10-Q	9-10	12.31	9-Q	3.90
11857	3-4-5-9-J-J	3-4	13.56	3-9	3.84
11858	3-4-5-9-J-K	9-J	11.99	9-K	4.24
11859	3-4-5-9-J-Q	9-J	11.99	9-Q	4.14
11860	3-4-5-9-K-K	3-4	12.56	9-K	3.95
11861	3-4-5-9-Q-K	9-K	11.09	9-K	4.00
11862	3-4-5-9-Q-Q	3-4	12.56	9-Q	3.86
11863	3-4-5-10-10-10	3-4	18.12	3-4	7.29
11864	3-4-5-10-10-J	3-4	15.58	3-4	4.75
11865	3-4-5-10-10-K	3-4	14.30	10-K	4.05
11866	3-4-5-10-10-Q	3-4	14.82	3-4	3.99
11867	3-4-5-10-J-J	3-4	15.82	3-4	4.99
11868	3-4-5-10-J-K	3-4	13.23	10-K	4.34
11869	3-4-5-10-J-Q ❖	3-4	16.38	3-4	5.55
11870	3-4-5-10-K-K	3-4	14.30	10-K	4.05
11871	3-4-5-10-Q-K	3-4	12.73	10-K	4.10
11872	3-4-5-10-Q-Q	3-4	14.82	3-4	3.99
11873	3-4-5-J-J-J	3-4	18.84	3-4	8.01
11874	3-4-5-J-J-K	3-4	15.30	3-4	4.47
11875	3-4-5-J-J-Q	3-4	15.82	3-4	4.99
11876	3-4-5-J-K-K	3-4	15.06	3-4	4.23
11877	3-4-5-J-Q-K ❖	3-4	16.30	3-4	5.47
11878	3-4-5-J-Q-Q	3-4	15.58	3-4	4.75
11879	3-4-5-K-K-K	3-4	18.12	3-4	7.29
11880	3-4-5-Q-K-K	3-4	14.82	3-4	3.99
11881	3-4-5-Q-Q-K	3-4	14.82	3-4	3.99
11882	3-4-5-Q-Q-Q	3-4	18.12	3-4	7.29
11883	3-4-6-6-6-6	3-4	18.38	4-6	7.75
11884	3-4-6-6-6-7	4-7	17.02	4-7	8.41
11885	3-4-6-6-6-8	4-8	17.11	4-8	8.35
11886	3-4-6-6-6-9	3-4	17.99	4-9	8.50
11887	3-4-6-6-6-10	4-10	16.91	4-10	8.76
11888	3-4-6-6-6-J	4-J	17.19	4-J	8.43
11889	3-4-6-6-6-K	4-K	16.90	4-K	8.94
11890	3-4-6-6-6-Q	4-Q	16.89	4-Q	8.84
11891	3-4-6-6-7-7	3-4	13.04	3-4	2.21
11892	3-4-6-6-7-8	3-4	18.04	3-4	7.21
11893	3-4-6-6-7-9	3-4	13.56	4-7	4.32
11894	3-4-6-6-7-10	4-10	10.43	7-10	2.61
11895	3-4-6-6-7-J	4-J	10.71	7-J	2.21
11896	3-4-6-6-7-K	4-K	10.42	7-K	2.64
11897	3-4-6-6-7-Q	4-Q	10.41	7-Q	2.59
11898	3-4-6-6-8-8	6-6	13.68	4-8	1.27
11899	3-4-6-6-8-9	3-4	13.30	4-8	4.27
11900	3-4-6-6-8-10	8-10	10.66	4-10	1.72

HAND No.	SIX-CARD HAND	DISCARD (DEALER)	EXPECTED AVG. (DEALER)	DISCARD (PONE)	EXPECTED AVG. (PONE)
11901	3-4-6-6-8-J	8-J	10.43	8-J	2.26
11902	3-4-6-6-8-K	8-K	10.02	8-K	2.65
11903	3-4-6-6-8-Q	8-Q	10.05	8-Q	2.55
11904	3-4-6-6-9-9	3-4	17.73	3-4	6.90
11905	3-4-6-6-9-10	4-10	12.82	4-10	4.68
11906	3-4-6-6-9-J	4-J	13.10	4-J	4.34
11907	3-4-6-6-9-K	4-K	12.81	4-K	4.85
11908	3-4-6-6-9-Q	4-Q	12.80	4-Q	4.75
11909	3-4-6-6-10-10	10-10	11.67	4-10	0.85
11910	3-4-6-6-10-J	10-J	11.54	10-J	1.27
11911	3-4-6-6-10-K	10-K	9.75	10-K	3.03
11912	3-4-6-6-10-Q	10-Q	10.22	10-Q	2.31
11913	3-4-6-6-J-J	J-J	12.23	4-J	0.76
11914	3-4-6-6-J-K	J-K	10.88	J-K	2.17
11915	3-4-6-6-J-Q	J-Q	11.72	J-Q	1.45
11916	3-4-6-6-K-K	K-K	11.49	K-K	1.27
11917	3-4-6-6-Q-K	Q-K	10.37	Q-K	2.42
11918	3-4-6-6-Q-Q	Q-Q	11.71	Q-Q	1.20
11919	3-4-6-7-7-7	3-4	14.47	3-4	3.64
11920	3-4-6-7-7-8	3-4	19.82	3-4	8.99
11921	3-4-6-7-7-9	3-4	11.69	3-4	0.86
11922	3-4-6-7-7-10	3-4	9.60	3-10	0.50
11923	3-4-6-7-7-J	3-4	9.84	3-J	0.27
11924	3-4-6-7-7-K	3-4	9.60	3-K	0.66
11925	3-4-6-7-7-Q	3-4	9.60	3-Q	0.54
11926	3-4-6-7-8-8	3-4	19.64	3-4	8.81
11927	3-4-6-7-8-9	3-4	15.51	3-4	4.68
11928	3-4-6-7-8-10	3-4	12.23	4-10	2.96
11929	3-4-6-7-8-J	3-4	12.38	3-J	2.73
11930	3-4-6-7-8-K	3-4	12.14	4-K	3.14
11931	3-4-6-7-8-Q	3-4	12.14	4-Q	3.04
11932	3-4-6-7-9-9	3-4	12.99	3-7	2.56
11933	3-4-6-7-9-10	3-4	9.17	7-10	0.04
11934	3-4-6-7-9-J	3-4	9.32	7-J	-0.35
11935	3-4-6-7-9-K	3-4	8.82	7-K	0.07
11936	3-4-6-7-9-Q	3-4	8.82	7-Q	0.02
11937	3-4-6-7-10-10	6-7	9.14	3-7	-1.27
11938	3-4-6-7-10-J	6-7	7.99	7-10	-1.59
11939	3-4-6-7-10-K	6-7	7.23	10-K	-0.75
11940	3-4-6-7-10-Q	6-7	7.49	10-Q	-1.47
11941	3-4-6-7-J-J	6-7	9.62	3-7	-0.79
11942	3-4-6-7-J-K	6-7	7.73	6-K	-1.51
11943	3-4-6-7-J-Q	6-7	7.99	6-Q	-1.58
11944	3-4-6-7-K-K	6-7	9.14	3-7	-1.27
11945	3-4-6-7-Q-K	6-7	7.49	Q-K	-1.36
11946	3-4-6-7-Q-Q	6-7	9.14	3-7	-1.27
11947	3-4-6-8-8-8	3-4	13.17	3-4	2.34
11948	3-4-6-8-8-9	6-9	13.05	6-9	1.65
11949	3-4-6-8-8-10	6-10	11.10	6-10	3.60
11950	3-4-6-8-8-J	6-J	11.33	6-J	3.36

HAND No.	SIX CARD HAND	DISCARD (DEALER)	EXPECTED AVG. (DEALER)	DISCARD (PONE)	EXPECTED AVG. (PONE)
11951	3-4-6-8-8-K	6-K	11.06	6-K	3.77
11952	3-4-6-8-8-Q	6-Q	11.20	6-Q	3.70
11953	3-4-6-8-9-9	3-4	13.25	3-8	2.48
11954	3-4-6-8-9-10	3-4	12.06	3-4	1.23
11955	3-4-6-8-9-J	6-9	9.51	6-J	0.01
11956	3-4-6-8-9-K	6-9	9.27	9-K	0.71
11957	3-4-6-8-9-Q	6-9	9.27	9-Q	0.62
11958	3-4-6-8-10-10	10-10	9.54	6-10	0.04
11959	3-4-6-8-10-J	10-J	9.41	6-10	0.06
11960	3-4-6-8-10-K	10-K	7.62	10-K	0.90
11961	3-4-6-8-10-Q	10-Q	8.09	10-Q	0.18
11962	3-4-6-8-J-J	J-J	10.10	6-J	-0.23
11963	3-4-6-8-J-K	J-K	8.75	6-K	0.23
11964	3-4-6-8-J-Q	J-Q	9.59	6-Q	0.16
11965	3-4-6-8-K-K	K-K	9.36	6-K	-0.06
11966	3-4-6-8-Q-K	Q-K	8.24	Q-K	0.29
11967	3-4-6-8-Q-Q	Q-Q	9.58	6-Q	-0.13
11968	3-4-6-9-9-9	3-4	17.60	3-4	6.77
11969	3-4-6-9-9-10	3-4	12.91	3-10	2.94
11970	3-4-6-9-9-J	3-4	12.62	3-J	2.71
11971	3-4-6-9-9-K	3-4	11.86	3-K	3.09
11972	3-4-6-9-9-Q	3-4	11.86	3-Q	2.98
11973	3-4-6-9-10-10	3-4	10.99	3-4	0.16
11974	3-4-6-9-10-J	3-4	12.04	3-4	1.21
11975	3-4-6-9-10-K	3-4	8.56	10-K	0.47
11976	3-4-6-9-10-Q	3-4	8.64	10-Q	-0.25
11977	3-4-6-9-J-J	3-4	10.95	3-4	0.12
11978	3-4-6-9-J-K	3-4	8.80	3-K	-0.24
11979	3-4-6-9-J-Q	J-Q	9.16	3-Q	-0.35
11980	3-4-6-9-K-K	3-4	9.95	3-K	-0.78
11981	3-4-6-9-Q-K	3-4	8.30	Q-K	-0.14
11982	3-4-6-9-Q-Q	3-4	9.95	3-4	-0.88
11983	3-4-6-10-10-10	3-4	11.86	3-6	2.43
11984	3-4-6-10-10-J	3-4	9.32	3-6	-0.11
11985	3-4-6-10-10-K	3-4	8.04	6-K	0.03
11986	3-4-6-10-10-Q	3-4	8.56	6-Q	-0.04
11987	3-4-6-10-J-J	3-4	9.56	6-10	0.34
11988	3-4-6-10-J-K	10-J	7.11	6-K	-1.12
11989	3-4-6-10-J-Q	3-4	10.12	3-6	0.69
11990	3-4-6-10-K-K	3-4	8.04	6-10	-0.14
11991	3-4-6-10-Q-K	3-4	6.47	10-K	-1.40
11992	3-4-6-10-Q-Q	3-4	8.56	6-10	-0.14
11993	3-4-6-J-J-J	3-4	12.58	3-6	3.15
11994	3-4-6-J-J-K	3-4	9.04	6-K	0.51
11995	3-4-6-J-J-Q	3-4	9.56	6-Q	0.44
11996	3-4-6-J-K-K	3-4	8.80	6-J	-0.38
11997	3-4-6-J-Q-K	3-4	10.04	3-6	0.60
11998	3-4-6-J-Q-Q	3-4	9.32	3-6	-0.11
11999	3-4-6-K-K-K	3-4	11.86	3-6	2.43
12000	3-4-6-Q-K-K	3-4	8.56	6-Q	-0.04

HAND No.	SIX-CARD HAND	DISCARD (DEALER)	EXPECTED AVG. (DEALER)	DISCARD (PONE)	EXPECTED AVG. (PONE)
12001	3-4-6-Q-Q-K	3-4	8.56	6-K	0.03
12002	3-4-6-Q-Q-Q	3-4	11.86	3-6	2.43
12003	3-4-7-7-7-7	3-4	18.64	3-4	7.81
12004	3-4-7-7-7-8	3-4	19.69	3-4	8.86
12005	3-4-7-7-7-9	3-4	13.17	4-9	3.15
12006	3-4-7-7-7-10	3-4	12.38	4-10	3.29
12007	3-4-7-7-7-J	3-4	12.62	4-J	2.95
12008	3-4-7-7-7-K	3-4	12.38	4-K	3.46
12009	3-4-7-7-7-Q	3-4	12.38	4-Q	3.36
12010	3-4-7-7-8-8	3-4	19.86	3-4	9.03
12011	3-4-7-7-8-9	3-4	19.30	3-4	8.47
12012	3-4-7-7-8-10	3-4	13.25	4-10	3.94
12013	3-4-7-7-8-J	3-4	13.32	4-J	3.61
12014	3-4-7-7-8-K	3-4	13.08	4-K	4.12
12015	3-4-7-7-8-Q	3-4	13.08	4-Q	4.02
12016	3-4-7-7-9-9	3-4	11.17	3-4	0.34
12017	3-4-7-7-9-10	3-4	9.17	4-10	-0.41
12018	3-4-7-7-9-J	3-4	9.23	9-J	-0.34
12019	3-4-7-7-9-K	3-4	8.73	9-K	0.58
12020	3-4-7-7-9-Q	3-4	8.73	9-Q	0.49
12021	3-4-7-7-10-10	3-4	10.12	3-4	-0.71
12022	3-4-7-7-10-J	10-J	9.24	4-10	-0.65
12023	3-4-7-7-10-K	3-4	8.21	10-K	0.73
12024	3-4-7-7-10-Q	3-4	8.47	10-Q	0.01
12025	3-4-7-7-J-J	3-4	10.60	3-4	-0.23
12026	3-4-7-7-J-K	3-4	8.71	J-K	-0.14
12027	3-4-7-7-J-Q	J-Q	9.42	4-Q	-0.57
12028	3-4-7-7-K-K	3-4	10.12	3-4	-0.71
12029	3-4-7-7-Q-K	3-4	8.47	Q-K	0.12
12030	3-4-7-7-Q-Q	3-4	10.12	3-4	-0.71
12031	3-4-7-8-8-8	3-4	19.17	3-4	8.34
12032	3-4-7-8-8-9	3-4	19.12	3-4	8.29
12033	3-4-7-8-8-10	3-4	13.08	4-10	3.72
12034	3-4-7-8-8-J	3-4	13.14	4-J	3.39
12035	3-4-7-8-8-K	3-4	12.91	4-K	3.90
12036	3-4-7-8-8-Q	3-4	12.91	4-Q	3.80
12037	3-4-7-8-9-9	3-4	17.21	3-4	6.38
12038	3-4-7-8-9-10	3-4	13.25	4-10	2.59
12039	3-4-7-8-9-J	3-4	12.12	3-J	2.29
12040	3-4-7-8-9-K	3-4	11.80	4-K	2.79
12041	3-4-7-8-9-Q	3-4	11.80	4-Q	2.69
12042	3-4-7-8-10-10	10-10	11.45	10-10	0.60
12043	3-4-7-8-10-J	10-J	11.32	10-J	1.05
12044	3-4-7-8-10-K	10-K	9.53	10-K	2.82
12045	3-4-7-8-10-Q	10-Q	10.01	10-Q	2.10
12046	3-4-7-8-J-J	J-J	12.02	J-J	0.42
12047	3-4-7-8-J-K	J-K	10.66	J-K	1.95
12048	3-4-7-8-J-Q	J-Q	11.51	J-Q	1.23
12049	3-4-7-8-K-K	K-K	11.27	K-K	1.06
12050	3-4-7-8-Q-K	Q-K	10.16	Q-K	2.20

HAND No.	SIX-CARD HAND	DISCARD (DEALER)	EXPECTED AVG. (DEALER)	DISCARD (PONE)	EXPECTED AVG. (PONE)
12051	3-4-7-8-Q-Q	Q-Q	11.49	Q-Q	0.99
12052	3-4-7-9-9-9	3-4	12.64	3-7	2.30
12053	3-4-7-9-9-10	3-4	9.25	7-10	-0.22
12054	3-4-7-9-9-J	3-4	9.32	7-J	-0.61
12055	3-4-7-9-9-K	3-4	8.56	7-K	-0.19
12056	3-4-7-9-9-Q	3-4	8.56	7-Q	-0.24
12057	3-4-7-9-10-10	3-4	9.25	4-7	-0.42
12058	3-4-7-9-10-J	3-4	10.21	4-7	0.62
12059	3-4-7-9-10-K	3-4	6.73	10-K	-1.27
12060	3-4-7-9-10-Q	3-4	6.82	7-Q	-1.59
12061	3-4-7-9-J-J	3-4	9.30	4-7	-0.46
12062	3-4-7-9-J-K	3-4	7.14	9-K	-1.39
12063	3-4-7-9-J-Q	J-Q	7.42	9-Q	-1.49
12064	3-4-7-9-K-K	3-4	8.30	7-9	-1.08
12065	3-4-7-9-Q-K	3-4	6.64	9-K	-1.63
12066	3-4-7-9-Q-Q	3-4	8.30	7-9	-1.08
12067	3-4-7-10-10-10	3-4	11.86	4-7	2.41
12068	3-4-7-10-10-J	3-4	9.32	4-7	-0.14
12069	3-4-7-10-10-K	3-4	8.04	7-K	-0.10
12070	3-4-7-10-10-Q	3-4	8.56	7-Q	-0.15
12071	3-4-7-10-J-J	3-4	9.56	7-10	0.35
12072	3-4-7-10-J-K	10-J	7.02	10-K	-1.25
12073	3-4-7-10-J-Q	3-4	10.12	4-7	0.67
12074	3-4-7-10-K-K	3-4	8.04	7-10	-0.13
12075	3-4-7-10-Q-K	3-4	6.47	10-K	-1.49
12076	3-4-7-10-Q-Q	3-4	8.56	7-10	-0.13
12077	3-4-7-J-J-J	3-4	12.58	4-7	3.12
12078	3-4-7-J-J-K	3-4	9.04	7-K	0.38
12079	3-4-7-J-J-Q	3-4	9.56	7-Q	0.33
12080	3-4-7-J-K-K	3-4	8.80	7-J	-0.53
12081	3-4-7-J-Q-K	3-4	10.04	4-7	0.58
12082	3-4-7-J-Q-Q	3-4	9.32	4-7	-0.14
12083	3-4-7-K-K-K	3-4	11.86	4-7	2.41
12084	3-4-7-Q-K-K	3-4	8.56	7-Q	-0.15
12085	3-4-7-Q-Q-K	3-4	8.56	7-K	-0.10
12086	3-4-7-Q-Q-Q	3-4	11.86	4-7	2.41
12087	3-4-8-8-8-8	3-4	17.60	3-4	6.77
12088	3-4-8-8-8-9	3-4	13.43	3-4	2.60
12089	3-4-8-8-8-10	3-4	12.64	4-10	2.63
12090	3-4-8-8-8-J	3-4	12.10	8-J	3.18
12091	3-4-8-8-8-K	3-4	11.86	8-K	3.57
12092	3-4-8-8-8-Q	3-4	11.86	8-Q	3.46
12093	3-4-8-8-9-9	9-9	13.08	9-9	1.50
12094	3-4-8-8-9-10	3-4	15.30	3-4	4.47
12095	3-4-8-8-9-J	9-J	11.88	9-J	2.96
12096	3-4-8-8-9-K	9-K	10.98	9-K	3.89
12097	3-4-8-8-9-Q	9-Q	10.90	9-Q	3.80
12098	3-4-8-8-10-10	10-10	12.67	10-10	1.82
12099	3-4-8-8-10-J	10-J	12.54	10-J	2.27
12100	3-4-8-8-10-K	10-K	10.75	10-K	4.03

HAND No.	SIX-CARD HAND	DISCARD (DEALER)	EXPECTED AVG. (DEALER)	DISCARD (PONE)	EXPECTED AVG. (PONE)
12101	3-4-8-8-10-Q	10-Q	11.22	10-Q	3.31
12102	3-4-8-8-J-J	J-J	13.23	J-J	1.63
12103	3-4-8-8-J-K	J-K	11.88	J-K	3.17
12104	3-4-8-8-J-Q	J-Q	12.72	J-Q	2.45
12105	3-4-8-8-K-K	K-K	12.49	K-K	2.27
12106	3-4-8-8-Q-K	Q-K	11.37	Q-K	3.42
12107	3-4-8-8-Q-Q	Q-Q	12.71	Q-Q	2.20
12108	3-4-8-9-9-9	3-4	13.43	3-4	2.60
12109	3-4-8-9-9-10	3-4	15.30	3-4	4.47
12110	3-4-8-9-9-J	9-9	9.53	3-J	-0.38
12111	3-4-8-9-9-K	9-9	9.30	9-K	0.54
12112	3-4-8-9-9-Q	9-9	9.30	9-Q	0.45
12113	3-4-8-9-10-10	3-4	15.30	3-4	4.47
12114	3-4-8-9-10-J	3-4	11.58	3-4	0.75
12115	3-4-8-9-10-K	3-4	9.88	4-K	0.88
12116	3-4-8-9-10-Q	3-4	9.97	4-Q	0.78
12117	3-4-8-9-J-J	J-J	9.93	4-8	-0.52
12118	3-4-8-9-J-K	J-K	8.57	9-K	0.34
12119	3-4-8-9-J-Q	J-Q	9.42	9-Q	0.25
12120	3-4-8-9-K-K	K-K	9.18	9-K	0.06
12121	3-4-8-9-Q-K	Q-K	8.07	Q-K	0.12
12122	3-4-8-9-Q-Q	Q-Q	9.40	9-Q	-0.03
12123	3-4-8-10-10-10	3-4	12.64	4-8	2.35
12124	3-4-8-10-10-J	3-4	9.49	4-8	-0.19
12125	3-4-8-10-10-K	10-10	8.88	10-K	0.47
12126	3-4-8-10-10-Q	3-4	9.08	8-Q	-0.19
12127	3-4-8-10-J-J	3-4	9.73	4-8	0.05
12128	3-4-8-10-J-K	10-J	8.76	10-K	0.49
12129	3-4-8-10-J-Q	3-4	10.21	4-8	0.62
12130	3-4-8-10-K-K	K-K	8.97	10-K	0.21
12131	3-4-8-10-Q-K	Q-K	7.85	10-K	0.25
12132	3-4-8-10-Q-Q	Q-Q	9.19	10-Q	-0.51
12133	3-4-8-J-J-J	3-4	12.58	4-8	3.07
12134	3-4-8-J-J-K	J-J	9.45	8-K	0.39
12135	3-4-8-J-J-Q	3-4	9.56	8-Q	0.29
12136	3-4-8-J-K-K	K-K	8.94	8-J	-0.47
12137	3-4-8-J-Q-K	3-4	10.04	4-8	0.53
12138	3-4-8-J-Q-Q	3-4	9.32	4-8	-0.19
12139	3-4-8-K-K-K	3-4	11.86	4-8	2.35
12140	3-4-8-Q-K-K	K-K	8.71	8-Q	-0.19
12141	3-4-8-Q-Q-K	Q-Q	8.93	8-K	-0.08
12142	3-4-8-Q-Q-Q	3-4	11.86	4-8	2.35
12143	3-4-9-9-9-9	3-4	17.60	3-4	6.77
12144	3-4-9-9-9-10	3-4	13.43	3-10	2.68
12145	3-4-9-9-9-J	3-4	12.88	3-J	2.44
12146	3-4-9-9-9-K	3-4	11.86	3-K	2.83
12147	3-4-9-9-9-Q	3-4	11.86	3-Q	2.71
12148	3-4-9-9-10-10	3-4	12.04	3-4	1.21
12149	3-4-9-9-10-J	3-4	15.54	3-4	4.71
12150	3-4-9-9-10-K	3-4	9.08	10-K	0.21

HAND No.	SIX-CARD HAND	DISCARD (DEALER)	EXPECTED AVG. (DEALER)	DISCARD (PONE)	EXPECTED AVG. (PONE)
12151	3-4-9-9-10-Q	3-4	9.25	4-Q	-0.03
12152	3-4-9-9-J-J	3-4	11.47	3-4	0.64
12153	3-4-9-9-J-K	3-4	9.06	4-K	-0.21
12154	3-4-9-9-J-Q	3-4	9.23	4-Q	-0.31
12155	3-4-9-9-K-K	3-4	9.95	3-4	-0.88
12156	3-4-9-9-Q-K	3-4	8.30	Q-K	-0.41
12157	3-4-9-9-Q-Q	3-4	9.95	3-4	-0.88
12158	3-4-9-10-10-10	3-4	13.43	4-9	2.63
12159	3-4-9-10-10-J	3-4	15.54	3-4	4.71
12160	3-4-9-10-10-K	3-4	9.08	9-K	0.15
12161	3-4-9-10-10-Q	3-4	9.25	9-Q	0.06
12162	3-4-9-10-J-J	3-4	15.77	3-4	4.94
12163	3-4-9-10-J-K	3-4	10.21	4-K	1.16
12164	3-4-9-10-J-Q	3-4	11.58	4-Q	1.04
12165	3-4-9-10-K-K	3-4	8.56	4-10	-1.11
12166	3-4-9-10-Q-K	3-4	6.82	9-K	-1.50
12167	3-4-9-10-Q-Q	3-4	8.99	4-9	-0.68
12168	3-4-9-J-J-J	3-4	13.36	4-9	3.35
12169	3-4-9-J-J-K	3-4	9.56	9-K	0.63
12170	3-4-9-J-J-Q	3-4	9.73	9-Q	0.53
12171	3-4-9-J-K-K	3-4	9.06	4-9	-0.44
12172	3-4-9-J-Q-K	3-4	10.12	4-9	0.80
12173	3-4-9-J-Q-Q	3-4	9.49	4-9	0.09
12174	3-4-9-K-K-K	3-4	11.86	4-9	2.63
12175	3-4-9-Q-K-K	3-4	8.56	9-Q	0.06
12176	3-4-9-Q-Q-K	3-4	8.56	9-K	0.15
12177	3-4-9-Q-Q-Q	3-4	11.86	4-9	2.63
12178	3-4-10-10-10-10	3-4	17.60	3-4	6.77
12179	3-4-10-10-10-J	3-4	13.67	3-4	2.84
12180	3-4-10-10-10-K	3-4	11.86	4-K	2.94
12181	3-4-10-10-10-Q	3-4	12.64	4-Q	2.84
12182	3-4-10-10-J-J	3-4	12.51	3-4	1.68
12183	3-4-10-10-J-K	3-4	9.49	4-K	0.40
12184	3-4-10-10-J-Q	3-4	15.54	3-4	4.71
12185	3-4-10-10-K-K	3-4	9.95	3-4	-0.88
12186	3-4-10-10-Q-K	3-4	8.73	Q-K	-0.32
12187	3-4-10-10-Q-Q	3-4	10.99	3-4	0.16
12188	3-4-10-J-J-J	3-4	14.14	4-10	3.48
12189	3-4-10-J-J-K	3-4	9.73	10-K	0.77
12190	3-4-10-J-J-Q	3-4	15.77	3-4	4.94
12191	3-4-10-J-K-K	3-4	9.23	4-10	-0.30
12192	3-4-10-J-Q-K	3-4	11.49	4-K	1.18
12193	3-4-10-J-Q-Q	3-4	15.54	3-4	4.71
12194	3-4-10-K-K-K	3-4	11.86	4-10	2.76
12195	3-4-10-Q-K-K	3-4	8.73	10-Q	-0.43
12196	3-4-10-Q-Q-K	3-4	8.73	10-K	0.29
12197	3-4-10-Q-Q-Q	3-4	12.64	4-10	2.76
12198	3-4-J-J-J-J	3-4	18.56	3-4	7.73
12199	3-4-J-J-J-K	3-4	13.36	4-K	3.66
12200	3-4-J-J-J-Q	3-4	14.14	4-Q	3.56

HAND No.	SIX-CARD HAND	DISCARD (DEALER)	EXPECTED AVG. (DEALER)	DISCARD (PONE)	EXPECTED AVG. (PONE)
12201	3-4-J-J-K-K	3-4	11.47	3-4	0.64
12202	3-4-J-J-Q-K	3-4	15.60	3-4	4.77
12203	3-4-J-J-Q-Q	3-4	12.51	3-4	1.68
12204	3-4-J-K-K-K	3-4	12.88	3-J	2.44
12205	3-4-J-Q-K-K	3-4	15.36	3-4	4.53
12206	3-4-J-Q-Q-K	3-4	15.36	3-4	4.53
12207	3-4-J-Q-Q-Q	3-4	13.67	3-4	2.84
12208	3-4-K-K-K-K	3-4	17.60	3-4	6.77
12209	3-4-Q-K-K-K	3-4	12.64	4-Q	2.84
12210	3-4-Q-Q-K-K	3-4	10.99	3-4	0.16
12211	3-4-Q-Q-Q-K	3-4	12.64	4-K	2.94
12212	3-4-Q-Q-Q-Q	3-4	17.60	3-4	6.77
12213	3-5-5-5-5-6	3-6	26.60	3-6	17.91
12214	3-5-5-5-5-7	3-7	26.35	3-7	17.78
12215	3-5-5-5-5-8	3-8	26.73	3-8	17.70
12216	3-5-5-5-5-9	3-9	26.59	3-9	17.87
12217	3-5-5-5-5-10	3-10	26.18	3-10	17.98
12218	3-5-5-5-5-J	3-J	26.52	3-J	17.75
12219	3-5-5-5-5-K	3-K	26.29	3-K	18.13
12220	3-5-5-5-5-Q	3-Q	26.20	3-Q	18.02
12221	3-5-5-5-6-6	6-6	18.07	3-6	7.82
12222	3-5-5-5-6-7	3-5	18.07	3-7	7.54
12223	3-5-5-5-6-8	6-8	16.92	3-8	7.66
12224	3-5-5-5-6-9	6-9	17.44	3-9	7.78
12225	3-5-5-5-6-10	3-6	20.21	3-6	11.52
12226	3-5-5-5-6-J	3-6	20.45	3-6	11.76
12227	3-5-5-5-6-K	3-6	20.21	3-6	11.52
12228	3-5-5-5-6-Q	3-6	20.21	3-6	11.52
12229	3-5-5-5-7-7	7-7	17.96	3-7	6.78
12230	3-5-5-5-7-8	7-8	18.71	3-8	6.70
12231	3-5-5-5-7-9	7-9	16.21	7-9	6.92
12232	3-5-5-5-7-10	3-7	19.96	3-7	11.39
12233	3-5-5-5-7-J	3-7	20.20	3-7	11.63
12234	3-5-5-5-7-K	3-7	19.96	3-7	11.39
12235	3-5-5-5-7-Q	3-7	19.96	3-7	11.39
12236	3-5-5-5-8-8	8-8	17.75	3-8	6.05
12237	3-5-5-5-8-9	8-9	17.01	8-9	6.46
12238	3-5-5-5-8-10	3-8	20.34	3-8	11.31
12239	3-5-5-5-8-J	3-8	20.58	3-8	11.55
12240	3-5-5-5-8-K	3-8	20.34	3-8	11.31
12241	3-5-5-5-8-Q	3-8	20.34	3-8	11.31
12242	3-5-5-5-9-9	9-9	17.47	3-9	6.21
12243	3-5-5-5-9-10	3-9	20.20	3-9	11.47
12244	3-5-5-5-9-J	3-9	20.44	3-9	11.71
12245	3-5-5-5-9-K	3-9	20.20	3-9	11.47
12246	3-5-5-5-9-Q	3-9	20.20	3-9	11.47
12247	3-5-5-5-10-10	3-10	19.79	3-10	11.59
12248	3-5-5-5-10-J	3-J	20.17	3-10	11.87
12249	3-5-5-5-10-K	3-K	19.94	3-K	11.79
12250	3-5-5-5-10-Q	3-Q	19.85	3-Q	11.67

HAND No.	SIX-CARD HAND	DISCARD (DEALER)	EXPECTED AVG. (DEALER)	DISCARD (PONE)	EXPECTED AVG. (PONE)
12251	3-5-5-5-J-J	3-J	20.37	3-J	11.60
12252	3-5-5-5-J-K	3-K	20.18	3-K	12.03
12253	3-5-5-5-J-Q	3-J	20.17	3-Q	11.91
12254	3-5-5-5-K-K	3-K	19.90	3-K	11.74
12255	3-5-5-5-Q-K	3-K	19.94	3-K	11.79
12256	3-5-5-5-Q-Q	3-Q	19.81	3-Q	11.63
12257	3-5-5-6-6-6	5-5	22.11	3-6	4.13
12258	3-5-5-6-6-7	3-5	17.66	3-6	7.26
12259	3-5-5-6-6-8	5-5	15.11	3-8	4.00
12260	3-5-5-6-6-9	5-5	18.02	3-9	4.08
12261	3-5-5-6-6-10	6-6	14.90	3-6	4.56
12262	3-5-5-6-6-J	6-6	15.13	3-6	4.80
12263	3-5-5-6-6-K	6-6	14.90	3-6	4.56
12264	3-5-5-6-6-Q	6-6	14.90	3-6	4.56
12265	3-5-5-6-7-7	3-5	17.66	3-7	7.13
12266	3-5-5-6-7-8 ♣	5-5	16.22	3-8	7.13
12267	3-5-5-6-7-9	3-9	16.07	3-9	7.34
12268	3-5-5-6-7-10	3-10	15.79	3-10	7.59
12269	3-5-5-6-7-J	3-J	16.13	3-J	7.36
12270	3-5-5-6-7-K	3-K	15.90	3-K	7.74
12271	3-5-5-6-7-Q	3-Q	15.81	3-Q	7.63
12272	3-5-5-6-8-8	5-5	13.11	3-6	1.99
12273	3-5-5-6-8-9	5-5	12.98	3-8	2.83
12274	3-5-5-6-8-10	6-8	13.75	3-8	4.40
12275	3-5-5-6-8-J	6-8	13.98	3-8	4.63
12276	3-5-5-6-8-K	6-8	13.75	3-8	4.40
12277	3-5-5-6-8-Q	6-8	13.75	3-8	4.40
12278	3-5-5-6-9-9	5-5	15.98	3-9	2.91
12279	3-5-5-6-9-10	6-9	14.27	3-9	4.52
12280	3-5-5-6-9-J	6-9	14.51	3-9	4.76
12281	3-5-5-6-9-K	6-9	14.27	3-9	4.52
12282	3-5-5-6-9-Q	6-9	14.27	3-9	4.52
12283	3-5-5-6-10-10	3-6	17.65	3-6	8.95
12284	3-5-5-6-10-J	3-6	16.49	3-6	7.80
12285	3-5-5-6-10-K	3-6	15.73	3-6	7.04
12286	3-5-5-6-10-Q	3-6	15.99	3-6	7.30
12287	3-5-5-6-J-J	3-6	18.12	3-6	9.43
12288	3-5-5-6-J-K	3-6	16.23	3-6	7.54
12289	3-5-5-6-J-Q	3-6	16.49	3-6	7.80
12290	3-5-5-6-K-K	3-6	17.65	3-6	8.95
12291	3-5-5-6-Q-K	3-6	15.99	3-6	7.30
12292	3-5-5-6-Q-Q	3-6	17.65	3-6	8.95
12293	3-5-5-7-7-7	5-5	16.37	3-7	2.82
12294	3-5-5-7-7-8	5-5	17.15	3-8	2.74
12295	3-5-5-7-7-9	5-9	14.35	7-9	4.53
12296	3-5-5-7-7-10	5-10	15.53	7-10	5.39
12297	3-5-5-7-7-J	5-J	15.88	7-J	5.00
12298	3-5-5-7-7-K	5-K	15.54	7-K	5.42
12299	3-5-5-7-7-Q	5-Q	15.50	7-Q	5.37
12300	3-5-5-7-8-8	5-5	17.07	8-8	2.80

HAND No.	SIX-CARD HAND	DISCARD (DEALER)	EXPECTED AVG. (DEALER)	DISCARD (PONE)	EXPECTED AVG. (PONE)
12301	3-5-5-7-8-9	5-5	15.91	8-9	4.02
12302	3-5-5-7-8-10	7-8	15.58	8-10	4.63
12303	3-5-5-7-8-J	7-8	15.82	8-J	5.18
12304	3-5-5-7-8-K	7-8	15.58	8-K	5.57
12305	3-5-5-7-8-Q	7-8	15.58	8-Q	5.46
12306	3-5-5-7-9-9	9-9	15.08	9-9	3.50
12307	3-5-5-7-9-10	9-10	14.12	9-10	4.41
12308	3-5-5-7-9-J	9-J	13.79	9-J	4.88
12309	3-5-5-7-9-K	7-9	13.08	9-K	5.80
12310	3-5-5-7-9-Q	7-9	13.08	9-Q	5.71
12311	3-5-5-7-10-10	3-7	17.40	3-7	8.82
12312	3-5-5-7-10-J	3-7	16.24	3-7	7.67
12313	3-5-5-7-10-K	3-7	15.48	3-7	6.91
12314	3-5-5-7-10-Q	3-7	15.74	3-7	7.17
12315	3-5-5-7-J-J	3-7	17.87	3-7	9.30
12316	3-5-5-7-J-K	3-7	15.98	3-7	7.41
12317	3-5-5-7-J-Q	3-7	16.24	3-7	7.67
12318	3-5-5-7-K-K	3-7	17.40	3-7	8.82
12319	3-5-5-7-Q-K	3-7	15.74	3-7	7.17
12320	3-5-5-7-Q-Q	3-7	17.40	3-7	8.82
12321	3-5-5-8-8-8	5-5	16.11	3-8	1.70
12322	3-5-5-8-8-9	5-5	13.28	3-9	1.95
12323	3-5-5-8-8-10	8-8	14.57	3-8	3.57
12324	3-5-5-8-8-J	8-8	14.81	3-8	3.55
12325	3-5-5-8-8-K	8-8	14.57	3-8	3.31
12326	3-5-5-8-8-Q	8-8	14.57	3-8	3.31
12327	3-5-5-8-9-9	5-5	13.24	3-8	1.79
12328	3-5-5-8-9-10	5-5	14.00	3-8	3.81
12329	3-5-5-8-9-J	8-9	14.08	3-8	3.85
12330	3-5-5-8-9-K	8-9	13.84	3-9	3.52
12331	3-5-5-8-9-Q	8-9	13.84	3-9	3.52
12332	3-5-5-8-10-10	3-8	17.77	3-8	8.74
12333	3-5-5-8-10-J	3-8	16.62	3-8	7.59
12334	3-5-5-8-10-K	3-8	15.86	3-8	6.83
12335	3-5-5-8-10-Q	3-8	16.12	3-8	7.09
12336	3-5-5-8-J-J	3-8	18.25	3-8	9.22
12337	3 5-5-8-J-K	3-8	16.36	3-8	7.33
12338	3-5-5-8-J-Q	3-8	16.62	3-8	7.59
12339	3-5-5-8-K-K	3-8	17.77	3-8	8.74
12340	3-5-5-8-Q-K	3-8	16.12	3-8	7.09
12341	3-5-5-8-Q-Q	3-8	17.77	3-8	8.74
12342	3-5-5-9-9-9	5-5	15.98	3-9	1.87
12343	3-5-5-9-9-10	9-9	14.30	3-9	4.00
12344	3-5-5-9-9-J	9-9	14.53	3-9	3.97
12345	3-5-5-9-9-K	9-9	14.30	3-9	3.47
12346	3-5-5-9-9-Q	9-9	14.30	3-9	3.47
12347	3-5-5-9-10-10	3-9	17.63	3-9	8.91
12348	3-5-5-9-10-J	3-9	16.42	3-9	7.69
12349	3-5-5-9-10-K	3-9	15.72	3-9	7.00
12350	3-5-5-9-10-Q	3-9	15.98	3-9	7.26

HAND No.	SIX-CARD HAND	DISCARD (DEALER)	EXPECTED AVG. (DEALER)	DISCARD (PONE)	EXPECTED AVG. (PONE)
12351	3-5-5-9-J-J	3-9	18.11	3-9	9.39
12352	3-5-5-9-J-K	3-9	16.22	3-9	7.50
12353	3-5-5-9-J-Q	3-9	16.48	3-9	7.76
12354	3-5-5-9-K-K	3-9	17.63	3-9	8.91
12355	3-5-5-9-Q-K	3-9	15.98	3-9	7.26
12356	3-5-5-9-Q-Q	3-9	17.63	3-9	8.91
12357	3-5-5-10-10-10	3-5	19.01	3-10	9.02
12358	3-5-5-10-10-J	3-J	17.65	3-J	8.88
12359	3-5-5-10-10-K	3-K	17.42	3-K	9.26
12360	3-5-5-10-10-Q	3-Q	17.33	3-Q	9.15
12361	3-5-5-10-J-J	3-10	17.79	3-10	9.59
12362	3-5-5-10-J-K	3-K	16.27	3-K	8.11
12363	3-5-5-10-J-Q	3-5	17.27	3-Q	7.93
12364	3-5-5-10-K-K	3-10	17.31	3-10	9.11
12365	3-5-5-10-Q-K	3-K	15.77	3-K	7.61
12366	3-5-5-10-Q-Q	3-10	17.31	3-10	9.11
12367	3-5-5-J-J-J	3-5	19.72	3-J	9.27
12368	3-5-5-J-J-K	3-K	17.90	3-K	9.74
12369	3-5-5-J-J-Q	3-Q	17.81	3-Q	9.63
12370	3-5-5-J-K-K	3-J	17.65	3-J	8.88
12371	3-5-5-J-Q-K	3-5	17.18	3-K	8.05
12372	3-5-5-J-Q-Q	3-J	17.65	3-J	8.88
12373	3-5-5-K-K-K	3-5	19.01	3-K	9.18
12374	3-5-5-Q-K-K	3-Q	17.33	3-Q	9.15
12375	3-5-5-Q-Q-K	3-K	17.42	3-K	9.26
12376	3-5-5-Q-Q-Q	3-5	19.01	3-Q	9.06
12377	3-5-6-6-6-6	5-6	19.69	3-5	6.72
12378	3-5-6-6-6-7	5-7	19.32	3-6	6.84
12379	3-5-6-6-6-8	5-8	18.79	5-8	6.99
12380	3-5-6-6-6-9	3-5	19.05	5-9	7.04
12381	3-5-6-6-6-10	5-10	19.96	5-10	5.93
12382	3-5-6-6-6-J	5-J	20.31	5-J	5.49
12383	3-5-6-6-6-K	5-K	19.98	5-K	6.08
12384	3-5-6-6-6-Q	5-Q	19.94	5-Q	6.01
12385	3-5-6-6-7-7	3-6	15.52	3-6	6.82
12386	3-5-6-6-7-8	3-5	19.05	3-8	6.70
12387	3-5-6-6-7-9	3-9	15.59	3-9	6.87
12388	3-5-6-6-7-10	3-10	15.40	3-10	7.20
12389	3-5-6-6-7-J	3-J	15.74	3-J	6.97
12390	3-5-6-6-7-K	3-K	15.51	3-K	7.35
12391	3-5-6-6-7-Q	3-Q	15.42	3-Q	7.24
12392	3-5-6-6-8-8	8-8	13.31	8-8	0.85
12393	3-5-6-6-8-9	5-8	14.70	3-8	4.09
12394	3-5-6-6-8-10	5-10	12.96	8-10	2.67
12395	3-5-6-6-8-J	5-J	13.31	8-J	3.22
12396	3-5-6-6-8-K	5-K	12.98	8-K	3.61
12397	3-5-6-6-8-Q	5-Q	12.94	8-Q	3.50
12398	3-5-6-6-9-9	3-5	18.79	3-5	6.06
12399	3-5-6-6-9-10	5-10	15.88	3-10	4.50
12400	3-5-6-6-9-J	5-J	16.22	3-J	4.27

HAND No.	SIX-CARD HAND	DISCARD (DEALER)	EXPECTED AVG. (DEALER)	DISCARD (PONE)	EXPECTED AVG. (PONE)
12401	3-5-6-6-9-K	5-K	15.89	3-K	4.66
12402	3-5-6-6-9-Q	5-Q	15.85	3-Q	4.54
12403	3-5-6-6-10-10	6-6	13.85	3-6	3.26
12404	3-5-6-6-10-J	6-6	12.70	3-10	2.66
12405	3-5-6-6-10-K	5-K	12.06	10-K	3.90
12406	3-5-6-6-10-Q	6-6	12.20	10-Q	3.18
12407	3-5-6-6-J-J	6-6	14.33	3-6	3.73
12408	3-5-6-6-J-K	6-6	12.44	J-K	3.04
12409	3-5-6-6-J-Q ♦	6-6	12.70	3-Q	2.69
12410	3-5-6-6-K-K	6-6	13.85	3-6	3.26
12411	3-5-6-6-Q-K	6-6	12.20	Q-K	3.29
12412	3-5-6-6-Q-Q	6-6	13.85	3-6	3.26
12413	3-5-6-7-7-7	3-5	15.33	3-7	6.71
12414	3-5-6-7-7-8	3-5	20.83	3-5	8.11
12415	3-5-6-7-7-9	3-9	15.63	3-9	6.91
12416	3-5-6-7-7-10	3-10	15.40	3-10	7.20
12417	3-5-6-7-7-J	3-J	15.74	3-J	6.97
12418	3-5-6-7-7-K	3-K	15.51	3-K	7.35
12419	3-5-6-7-7-Q	3-Q	15.42	3-Q	7.24
12420	3-5-6-7-8-8	3-5	20.66	3-5	7.93
12421	3-5-6-7-8-9	3-5	16.55	3-9	4.71
12422	3-5-6-7-8-10	5-10	14.14	3-10	5.02
12423	3-5-6-7-8-J	5-J	14.49	3-J	4.79
12424	3-5-6-7-8-K	5-K	14.15	3-K	5.18
12425	3-5-6-7-8-Q	5-Q	14.11	3-Q	5.06
12426	3-5-6-7-9-9	3-5	13.98	3-7	3.45
12427	3-5-6-7-9-10	9-10	12.66	3-10	3.48
12428	3-5-6-7-9-J	9-J	12.33	9-J	3.42
12429	3-5-6-7-9-K	3-K	11.79	9-K	4.34
12430	3-5-6-7-9-Q	3-Q	11.70	9-Q	4.25
12431	3-5-6-7-10-10	10-10	13.12	3-10	3.18
12432	3-5-6-7-10-J	10-J	13.00	3-10	3.46
12433	3-5-6-7-10-K	3-K	11.53	10-K	4.49
12434	3-5-6-7-10-Q	10-Q	11.68	10-Q	3.77
12435	3-5-6-7-J-J	J-J	13.69	3-7	3.58
12436	3-5-6-7-J-K	J-K	12.33	J-K	3.62
12437	3-5-6-7-J-Q	J-Q	13.18	3-Q	3.50
12438	3-5-6-7-K-K ♦	6-7	13.01	3-K	3.33
12439	3-5-6-7-Q-K	Q-K	11.83	Q-K	3.88
12440	3-5-6-7-Q-Q	Q-Q	13.16	3-Q	3.21
12441	3-5-6-8-8-8	3-5	14.22	3-6	3.13
12442	3-5-6-8-8-9	3-5	12.57	3-9	0.52
12443	3-5-6-8-8-10	5-10	10.96	3-6	1.56
12444	3-5-6-8-8-J	5-J	11.31	3-6	1.28
12445	3-5-6-8-8-K	5-K	10.98	3-6	1.04
12446	3-5-6-8-8-Q	5-Q	10.94	3-6	1.04
12447	3-5-6-8-9-9	3-5	14.31	3-8	3.44
12448	3-5-6-8-9-10	3-5	13.07	3-6	2.84
12449	3-5-6-8-9-J	5-J	11.18	3-8	1.85
12450	3-5-6-8-9-K	5-K	10.85	3-8	1.35

HAND No.	SIX-CARD HAND	DISCARD (DEALER)	EXPECTED AVG. (DEALER)	DISCARD (PONE)	EXPECTED AVG. (PONE)
12451	3-5-6-8-9-Q	5-Q	10.81	3-8	1.35
12452	3-5-6-8-10-10	6-8	12.70	3-6	3.30
12453	3-5-6-8-10-J	6-8	11.55	3-8	1.94
12454	3-5-6-8-10-K	6-8	10.79	3-8	1.18
12455	3-5-6-8-10-Q	6-8	11.05	3-8	1.44
12456	3-5-6-8-J-J	6-8	13.18	3-8	3.57
12457	3-5-6-8-J-K	6-8	11.29	3-8	1.68
12458	3-5-6-8-J-Q	6-8	11.55	3-8	1.94
12459	3-5-6-8-K-K	6-8	12.70	3-8	3.09
12460	3-5-6-8-Q-K	6-8	11.05	3-8	1.44
12461	3-5-6-8-Q-Q	6-8	12.70	3-8	3.09
12462	3-5-6-9-9-9	3-5	18.66	3-5	5.93
12463	3-5-6-9-9-10	3-5	13.92	3-10	3.85
12464	3-5-6-9-9-J	5-J	14.18	3-J	3.62
12465	3-5-6-9-9-K	5-K	13.85	3-K	4.00
12466	3-5-6-9-9-Q	5-Q	13.81	3-Q	3.89
12467	3-5-6-9-10-10	6-9	13.22	3-6	3.78
12468	3-5-6-9-10-J	3-6	13.52	3-6	4.82
12469	3-5-6-9-10-K	6-9	11.31	3-K	2.44
12470	3-5-6-9-10-Q	6-9	11.57	3-Q	2.32
12471	3-5-6-9-J-J	6-9	13.70	3-6	3.73
12472	3-5-6-9-J-K	6-9	11.81	3-K	2.42
12473	3-5-6-9-J-Q	6-9	12.07	3-Q	2.30
12474	3-5-6-9-K-K	6-9	13.22	3-9	3.21
12475	3-5-6-9-Q-K	6-9	11.57	3-K	1.92
12476	3-5-6-9-Q-Q	6-9	13.22	3-9	3.21
12477	3-5-6-10-10-10	3-6	17.04	3-6	8.34
12478	3-5-6-10-10-J	3-6	14.49	3-6	5.80
12479	3-5-6-10-10-K	3-6	13.21	3-6	4.52
12480	3-5-6-10-10-Q	3-6	13.73	3-6	5.04
12481	3-5-6-10-J-J	3-6	14.73	3-6	6.04
12482	3-5-6-10-J-K	3-6	12.15	3-6	3.45
12483	3-5-6-10-J-Q	3-6	15.30	3-6	6.60
12484	3-5-6-10-K-K	3-6	13.21	3-6	4.52
12485	3-5-6-10-Q-K	3-6	11.65	3-6	2.95
12486	3-5-6-10-Q-Q	3-6	13.73	3-6	5.04
12487	3-5-6-J-J-J	3-6	17.75	3-6	9.06
12488	3-5-6-J-J-K	3-6	14.21	3-6	5.52
12489	3-5-6-J-J-Q	3-6	14.73	3-6	6.04
12490	3-5-6-J-K-K	3-6	13.97	3-6	5.28
12491	3-5-6-J-Q-K	3-6	15.21	3-6	6.52
12492	3-5-6-J-Q-Q	3-6	14.49	3-6	5.80
12493	3-5-6-K-K-K	3-6	17.04	3-6	8.34
12494	3-5-6-Q-K-K	3-6	13.73	3-6	5.04
12495	3-5-6-Q-Q-K	3-6	13.73	3-6	5.04
12496	3-5-6-Q-Q-Q	3-6	17.04	3-6	8.34
12497	3-5-7-7-7-7	3-5	19.70	3-5	6.98
12498	3-5-7-7-7-8	3-5	20.75	3-5	8.02
12499	3-5-7-7-7-9	3-5	14.22	3-9	4.26
12500	3-5-7-7-7-10	5-10	14.36	7-10	4.56

HAND No.	SIX-CARD HAND	DISCARD (DEALER)	EXPECTED AVG. (DEALER)	DISCARD (PONE)	EXPECTED AVG. (PONE)
12501	3-5-7-7-7-J	5-J	14.70	3-J	4.27
12502	3-5-7-7-7-K	5-K	14.37	3-K	4.66
12503	3-5-7-7-7-Q	5-Q	14.33	7-Q	4.54
12504	3-5-7-7-8-8	3-5	20.92	3-5	8.19
12505	3-5-7-7-8-9	3-5	20.35	3-5	7.63
12506	3-5-7-7-8-10	5-10	15.09	3-10	4.63
12507	3-5-7-7-8-J	5-J	15.44	3-J	4.40
12508	3-5-7-7-8-K	5-K	15.11	3-K	4.79
12509	3-5-7-7-8-Q	5-Q	15.07	3-Q	4.67
12510	3-5-7-7-9-9	9-9	14.21	9-9	2.63
12511	3-5-7-7-9-10	9-10	13.29	9-10	3.59
12512	3-5-7-7-9-J	9-J	12.97	9-J	4.05
12513	3-5-7-7-9-K	9-K	12.07	9-K	4.98
12514	3-5-7-7-9-Q	9-Q	11.99	9-Q	4.88
12515	3-5-7-7-10-10	7-7	13.92	10-10	2.86
12516	3-5-7-7-10-J	10-J	13.58	10-J	3.31
12517	3-5-7-7-10-K	7-7	12.00	10-K	5.08
12518	3-5-7-7-10-Q	10-Q	12.27	10-Q	4.36
12519	3-5-7-7-J-J ♣	7-7	14.40	3-7	3.30
12520	3-5-7-7-J-K	J-K	12.92	J-K	4.21
12521	3-5-7-7-J-Q	J-Q	13.77	J-Q	3.49
12522	3-5-7-7-K-K	7-7	13.92	K-K	3.32
12523	3-5-7-7-Q-K	Q-K	12.42	Q-K	4.46
12524	3-5-7-7-Q-Q	7-7	13.92	Q-Q	3.25
12525	3-5-7-8-8-8	3-5	20.22	3-5	7.50
12526	3-5-7-8-8-9	3-5	20.18	3-5	7.45
12527	3-5-7-8-8-10	5-10	14.96	3-10	4.50
12528	3-5-7-8-8-J	5-J	15.31	3-J	4.27
12529	3-5-7-8-8-K	5-K	14.98	3-K	4.66
12530	3-5-7-8-8-Q	5-Q	14.94	3-Q	4.54
12531	3-5-7-8-9-9	3-5	18.27	3-5	5.54
12532	3-5-7-8-9-10	3-5	14.27	3-10	3.29
12533	3-5-7-8-9-J	5-J	14.16	3-J	3.07
12534	3-5-7-8-9-K	5-K	13.82	3-K	3.46
12535	3-5-7-8-9-Q	5-Q	13.78	3-Q	3.34
12536	3-5-7-8-10-10	7-8	14.58	3-7	3.13
12537	3-5-7-8-10 J	7-8	13.43	3-10	2.05
12538	3-5-7-8-10-K	7-8	12.67	10-K	3.12
12539	3-5-7-8-10-Q	7-8	12.93	10-Q	2.40
12540	3-5-7-8-J-J	7-8	15.06	3-8	3.22
12541	3-5-7-8-J-K	7-8	13.17	8-K	2.50
12542	3-5-7-8-J-Q	7-8	13.43	8-Q	2.39
12543	3-5-7-8-K-K	7-8	14.58	3-8	2.74
12544	3-5-7-8-Q-K	7-8	12.93	Q-K	2.51
12545	3-5-7-8-Q-Q	7-8	14.58	3-8	2.74
12546	3-5-7-9-9-9	3-5	13.70	3-7	3.00
12547	3-5-7-9-9-10	9-9	11.73	3-7	1.95
12548	3-5-7-9-9-J	9-9	11.97	3-7	1.67
12549	3-5-7-9-9-K	9-9	11.73	9-K	0.93
12550	3-5-7-9-9-Q	9-9	11.73	3-7	0.91

HAND No.	SIX-CARD HAND	DISCARD (DEALER)	EXPECTED AVG. (DEALER)	DISCARD (PONE)	EXPECTED AVG. (PONE)
12551	3-5-7-9-10-10	3-7	12.27	3-7	3.69
12552	3-5-7-9-10-J	3-7	13.31	3-7	4.73
12553	3-5-7-9-10-K	9-10	10.81	9-K	2.50
12554	3-5-7-9-10-Q	9-10	10.81	9-Q	2.40
12555	3-5-7-9-J-J	7-9	12.56	3-7	3.65
12556	3-5-7-9-J-K	7-9	10.67	9-K	2.74
12557	3-5-7-9-J-Q	7-9	10.93	9-Q	2.64
12558	3-5-7-9-K-K	7-9	12.08	3-9	2.95
12559	3-5-7-9-Q-K	7-9	10.43	9-K	2.50
12560	3-5-7-9-Q-Q	7-9	12.08	3-9	2.95
12561	3-5-7-10-10-10	3-7	16.79	3-7	8.21
12562	3-5-7-10-10-J	3-7	14.24	3-7	5.67
12563	3-5-7-10-10-K	3-7	12.96	3-7	4.39
12564	3-5-7-10-10-Q	3-7	13.48	3-7	4.91
12565	3-5-7-10-J-J	3-7	14.48	3-7	5.91
12566	3-5-7-10-J-K	3-7	11.90	3-7	3.32
12567	3-5-7-10-J-Q	3-7	15.05	3-7	6.47
12568	3-5-7-10-K-K	3-7	12.96	3-7	4.39
12569	3-5-7-10-Q-K	3-7	11.40	3-7	2.82
12570	3-5-7-10-Q-Q	3-7	13.48	3-7	4.91
12571	3-5-7-J-J-J	3-7	17.50	3-7	8.93
12572	3-5-7-J-J-K	3-7	13.96	3-7	5.39
12573	3-5-7-J-J-Q	3-7	14.48	3-7	5.91
12574	3-5-7-J-K-K	3-7	13.72	3-7	5.15
12575	3-5-7-J-Q-K	3-7	14.96	3-7	6.39
12576	3-5-7-J-Q-Q	3-7	14.24	3-7	5.67
12577	3-5-7-K-K-K	3-7	16.79	3-7	8.21
12578	3-5-7-Q-K-K	3-7	13.48	3-7	4.91
12579	3-5-7-Q-Q-K	3-7	13.48	3-7	4.91
12580	3-5-7-Q-Q-Q	3-7	16.79	3-7	8.21
12581	3-5-8-8-8-8	3-5	18.66	3-5	5.93
12582	3-5-8-8-8-9	3-5	14.48	3-9	3.08
12583	3-5-8-8-8-10	5-10	13.96	3-10	3.33
12584	3-5-8-8-8-J	5-J	14.31	3-J	3.10
12585	3-5-8-8-8-K	5-K	13.98	3-K	3.48
12586	3-5-8-8-8-Q	5-Q	13.94	3-Q	3.37
12587	3-5-8-8-9-9	3-5	13.09	3-5	0.37
12588	3-5-8-8-9-10	3-5	16.31	3-5	3.59
12589	3-5-8-8-9-J	5-J	11.49	3-9	1.23
12590	3-5-8-8-9-K	5-K	11.15	3-9	1.00
12591	3-5-8-8-9-Q	5-Q	11.11	3-9	1.00
12592	3-5-8-8-10-10	8-8	13.53	3-8	3.05
12593	3-5-8-8-10-J	8-8	12.38	3-J	1.53
12594	3-5-8-8-10-K	8-8	11.62	3-K	1.92
12595	3-5-8-8-10-Q	8-8	11.88	3-Q	1.80
12596	3-5-8-8-J-J	8-8	14.01	3-8	3.00
12597	3-5-8-8-J-K	8-8	12.12	3-K	1.63
12598	3-5-8-8-J-Q	8-8	12.38	3-Q	1.52
12599	3-5-8-8-K-K	8-8	13.53	3-8	2.53
12600	3-5-8-8-Q-K	8-8	11.88	3-K	1.39

HAND No.	SIX-CARD HAND	DISCARD (DEALER)	EXPECTED AVG. (DEALER)	DISCARD (PONE)	EXPECTED AVG. (PONE)
12601	3-5-8-8-Q-Q	8-8	13.53	3-8	2.53
12602	3-5-8-9-9-9	3-5	14.48	3-8	2.92
12603	3-5-8-9-9-10	3-5	16.31	3-5	3.59
12604	3-5-8-9-9-J	5-J	11.44	3-8	1.59
12605	3-5-8-9-9-K	5-K	11.11	3-8	0.83
12606	3-5-8-9-9-Q	5-Q	11.07	3-8	0.83
12607	3-5-8-9-10-10	3-5	16.27	3-5	3.54
12608	3-5-8-9-10-J	3-8	13.66	3-8	4.63
12609	3-5-8-9-10-K	5-K	11.91	3-K	3.24
12610	3-5-8-9-10-Q	5-Q	11.87	3-Q	3.13
12611	3-5-8-9-J-J	8-9	13.27	3-8	3.57
12612	3-5-8-9-J-K	8-9	11.38	3-8	1.42
12613	3-5-8-9-J-Q	8-9	11.64	3-9	1.58
12614	3-5-8-9-K-K	8-9	12.79	3-9	2.73
12615	3-5-8-9-Q-K	8-9	11.14	3-9	1.08
12616	3-5-8-9-Q-Q	8-9	12.79	3-9	2.73
12617	3-5-8-10-10-10	3-8	17.16	3-8	8.13
12618	3-5-8-10-10-J	3-8	14.62	3-8	5.59
12619	3-5-8-10-10-K	3-8	13.34	3-8	4.31
12620	3-5-8-10-10-Q	3-8	13.86	3-8	4.83
12621	3-5-8-10-J-J	3-8	14.86	3-8	5.83
12622	3-5-8-10-J-K	3-8	12.27	3-8	3.24
12623	3-5-8-10-J-Q	3-8	15.43	3-8	6.40
12624	3-5-8-10-K-K	3-8	13.34	3-8	4.31
12625	3-5-8-10-Q-K	3-8	11.77	3-8	2.74
12626	3-5-8-10-Q-Q	3-8	13.86	3-8	4.83
12627	3-5-8-J-J-J	3-8	17.88	3-8	8.85
12628	3-5-8-J-J-K	3-8	14.34	3-8	5.31
12629	3-5-8-J-J-Q	3-8	14.86	3-8	5.83
12630	3-5-8-J-K-K	3-8	14.10	3-8	5.07
12631	3-5-8-J-Q-K	3-8	15.34	3-8	6.31
12632	3-5-8-J-Q-Q	3-8	14.62	3-8	5.59
12633	3-5-8-K-K-K	3-8	17.16	3-8	8.13
12634	3-5-8-Q-K-K	3-8	13.86	3-8	4.83
12635	3-5-8-Q-Q-K	3-8	13.86	3-8	4.83
12636	3-5-8-Q-Q-Q	3-8	17.16	3-8	8.13
12637	3-5-9-9-9-9	3-5	18.66	3-5	5.93
12638	3-5-9-9-9-10	3-5	14.44	3-10	3.33
12639	3-5-9-9-9-J	5-J	14.18	3-J	3.10
12640	3-5-9-9-9-K	5-K	13.85	3-K	3.48
12641	3-5-9-9-9-Q	5-Q	13.81	3-Q	3.37
12642	3-5-9-9-10-10	9-9	13.25	3-9	3.73
12643	3-5-9-9-10-J	3-5	16.51	3-9	4.71
12644	3-5-9-9-10-K	9-9	11.34	3-K	2.44
12645	3-5-9-9-10-Q	9-9	11.60	3-Q	2.32
12646	3-5-9-9-J-J	9-9	13.73	3-9	3.69
12647	3-5-9-9-J-K	9-9	11.84	3-K	2.16
12648	3-5-9-9-J-Q	9-9	12.10	3-Q	2.04
12649	3-5-9-9-K-K	9-9	13.25	3-9	2.69
12650	3-5-9-9-Q-K	9-9	11.60	3-K	1.39

HAND No.	SIX-CARD HAND	DISCARD (DEALER)	EXPECTED AVG. (DEALER)	DISCARD (PONE)	EXPECTED AVG. (PONE)
12651	3-5-9-9-Q-Q	9-9	13.25	3-9	2.69
12652	3-5-9-10-10-10	3-9	17.02	3-9	8.30
12653	3-5-9-10-10-J	3-5	16.46	3-9	5.63
12654	3-5-9-10-10-K	3-9	13.20	3-9	4.47
12655	3-5-9-10-10-Q	3-9	13.72	3-9	5.00
12656	3-5-9-10-J-J	3-5	16.70	3-9	5.87
12657	3-5-9-10-J-K	3-K	13.38	3-K	5.22
12658	3-5-9-10-J-Q	3-9	15.26	3-9	6.54
12659	3-5-9-10-K-K	3-9	13.20	3-9	4.47
12660	3-5-9-10-Q-K	3-9	11.63	3-9	2.91
12661	3-5-9-10-Q-Q	3-9	13.72	3-9	5.00
12662	3-5-9-J-J-J	3-9	17.74	3-9	9.02
12663	3-5-9-J-J-K	3-9	14.20	3-9	5.47
12664	3-5-9-J-J-Q	3-9	14.72	3-9	6.00
12665	3-5-9-J-K-K	3-9	13.96	3-9	5.23
12666	3-5-9-J-Q-K	3-9	15.20	3-9	6.47
12667	3-5-9-J-Q-Q	3-9	14.48	3-9	5.76
12668	3-5-9-K-K-K	3-9	17.02	3-9	8.30
12669	3-5-9-Q-K-K	3-9	13.72	3-9	5.00
12670	3-5-9-Q-Q-K	3-9	13.72	3-9	5.00
12671	3-5-9-Q-Q-Q	3-9	17.02	3-9	8.30
12672	3-5-10-10-10-10	3-5	18.48	3-10	8.42
12673	3-5-10-10-10-J	3-J	17.09	3-J	8.31
12674	3-5-10-10-10-K	3-K	16.85	3-K	8.70
12675	3-5-10-10-10-Q	3-Q	16.76	3-Q	8.58
12676	3-5-10-10-J-J	3-J	14.50	3-10	6.20
12677	3-5-10-10-J-K	3-K	14.31	3-K	6.16
12678	3-5-10-10-J-Q	3-5	16.42	3-10	6.70
12679	3-5-10-10-K-K	3-K	12.98	3-K	4.83
12680	3-5-10-10-Q-K	3-K	13.55	3-K	5.39
12681	3-5-10-10-Q-Q	3-Q	13.42	3-Q	5.24
12682	3-5-10-J-J-J	3-10	17.46	3-10	9.26
12683	3-5-10-J-J-K	3-K	14.55	3-K	6.39
12684	3-5-10-J-J-Q	3-5	16.66	3-J	6.47
12685	3-5-10-J-K-K	3-10	13.68	3-10	5.48
12686	3-5-10-J-Q-K	3-K	15.09	3-K	6.94
12687	3-5-10-J-Q-Q	3-5	16.42	3-Q	6.74
12688	3-5-10-K-K-K	3-10	16.75	3-10	8.55
12689	3-5-10-Q-K-K	3-10	13.44	3-10	5.24
12690	3-5-10-Q-Q-K	3-K	13.55	3-K	5.39
12691	3-5-10-Q-Q-Q	3-10	16.75	3-10	8.55
12692	3-5-J-J-J-J	3-5	19.44	3-J	8.90
12693	3-5-J-J-J-K	3-K	17.57	3-K	9.42
12694	3-5-J-J-J-Q	3-Q	17.48	3-Q	9.30
12695	3-5-J-J-K-K	3-K	13.98	3-K	5.83
12696	3-5-J-J-Q-K	3-5	16.48	3-J	6.38
12697	3-5-J-J-Q-Q	3-J	14.50	3-Q	6.24
12698	3-5-J-K-K-K	3-J	17.09	3-J	8.31
12699	3-5-J-Q-K-K	3-5	16.25	3-K	6.76
12700	3-5-J-Q-Q-K	3-5	16.25	3-Q	6.65

HAND No.	SIX-CARD HAND	DISCARD (DEALER)	EXPECTED AVG. (DEALER)	DISCARD (PONE)	EXPECTED AVG. (PONE)
12701	3-5-J-Q-Q-Q	3-J	17.09	3-J	8.31
12702	3-5-K-K-K-K	3-5	18.48	3-K	8.57
12703	3-5-Q-K-K-K	3-Q	16.76	3-Q	8.58
12704	3-5-Q-Q-K-K	3-K	13.51	3-K	5.35
12705	3-5-Q-Q-Q-K	3-K	16.85	3-K	8.70
12706	3-5-Q-Q-Q-Q	3-5	18.48	3-Q	8.45
12707	3-6-6-6-6-7	6-7	18.01	3-7	8.47
12708	3-6-6-6-6-8	6-8	17.66	3-8	8.40
12709	3-6-6-6-6-9	6-9	18.05	3-9	8.39
12710	3-6-6-6-6-10	3-10	17.05	3-10	8.85
12711	3-6-6-6-6-J	3-J	17.39	3-J	8.62
12712	3-6-6-6-6-K	3-K	17.16	3-K	9.00
12713	3-6-6-6-6-Q	3-Q	17.07	3-Q	8.89
12714	3-6-6-6-7-7	7-7	19.22	7-7	6.20
12715	3-6-6-6-7-8	7-8	19.84	3-6	8.10
12716	3-6-6-6-7-9	7-9	17.21	3-7	8.08
12717	3-6-6-6-7-10	7-10	16.56	7-10	9.00
12718	3-6-6-6-7-J	7-J	16.88	7-J	8.60
12719	3-6-6-6-7-K	7-K	16.59	7-K	9.03
12720	3-6-6-6-7-Q	7-Q	16.55	7-Q	8.98
12721	3-6-6-6-8-8	8-8	18.75	8-8	6.28
12722	3-6-6-6-8-9	8-9	17.88	3-8	8.00
12723	3-6-6-6-8-10	8-10	17.10	8-10	8.15
12724	3-6-6-6-8-J	8-J	16.86	8-J	8.70
12725	3-6-6-6-8-K	8-K	16.45	8-K	9.09
12726	3-6-6-6-8-Q	8-Q	16.49	8-Q	8.98
12727	3-6-6-6-9-9	9-9	18.21	3-9	8.00
12728	3-6-6-6-9-10	9-10	17.46	3-10	8.46
12729	3-6-6-6-9-J	9-J	17.14	3-J	8.23
12730	3-6-6-6-9-K	3-K	16.77	9-K	9.15
12731	3-6-6-6-9-Q	3-Q	16.68	9-Q	9.06
12732	3-6-6-6-10-10	10-10	18.06	10-10	7.21
12733	3-6-6-6-10-J	10-J	17.93	10-J	7.66
12734	3-6-6-6-10-K	10-K	16.14	10-K	9.42
12735	3-6-6-6-10-Q	10-Q	16.61	10-Q	8.70
12736	3-6-6-6-J-J	J-J	18.62	J-J	7.02
12737	3-6-6-6 J K	J-K	17.27	J-K	8.56
12738	3-6-6-6-J-Q	J-Q	18.11	J-Q	7.84
12739	3-6-6-6-K-K	K-K	17.88	K-K	7.66
12740	3-6-6-6-Q-K	Q-K	16.76	Q-K	8.81
12741	3-6-6-6-Q-Q	Q-Q	18.10	Q-Q	7.59
12742	3-6-6-7-7-7	6-6	13.59	3-6	4.65
12743	3-6-6-7-7-8	3-6	18.56	3-6	9.86
12744	3-6-6-7-7-9	7-7	15.13	3-7	3.60
12745	3-6-6-7-7-10	3-10	11.70	3-10	3.50
12746	3-6-6-7-7-J	3-J	12.04	3-J	3.27
12747	3-6-6-7-7-K	3-K	11.81	3-K	3.66
12748	3-6-6-7-7-Q	3-Q	11.72	3-Q	3.54
12749	3-6-6-7-8-8	3-6	18.39	3-6	9.69
12750	3-6-6-7-8-9	3-9	16.81	3-9	8.08

HAND No.	SIX-CARD HAND	DISCARD (DEALER)	EXPECTED AVG. (DEALER)	DISCARD (PONE)	EXPECTED AVG. (PONE)
12751	3-6-6-7-8-10	3-10	16.70	3-10	8.50
12752	3-6-6-7-8-J	3-J	17.04	3-J	8.27
12753	3-6-6-7-8-K	3-K	16.81	3-K	8.66
12754	3-6-6-7-8-Q	3-Q	16.72	3-Q	8.54
12755	3-6-6-7-9-9	3-7	16.40	3-7	7.82
12756	3-6-6-7-9-10	7-10	12.47	7-10	4.91
12757	3-6-6-7-9-J	7-J	12.79	7-J	4.52
12758	3-6-6-7-9-K	7-K	12.50	7-K	4.94
12759	3-6-6-7-9-Q	7-Q	12.46	7-Q	4.89
12760	3-6-6-7-10-10	10-10	11.58	7-10	1.09
12761	3-6-6-7-10-J	10-J	11.45	7-10	1.37
12762	3-6-6-7-10-K	10-K	9.66	10-K	2.95
12763	3-6-6-7-10-Q	10-Q	10.14	10-Q	2.23
12764	3-6-6-7-J-J	J-J	12.15	7-J	0.93
12765	3-6-6-7-J-K	J-K	10.79	J-K	2.08
12766	3-6-6-7-J-Q	J-Q	11.64	J-Q	1.36
12767	3-6-6-7-K-K	K-K	11.40	K-K	1.19
12768	3-6-6-7-Q-K	Q-K	10.29	Q-K	2.33
12769	3-6-6-7-Q-Q	Q-Q	11.62	Q-Q	1.12
12770	3-6-6-8-8-8	6-6	13.07	3-6	3.34
12771	3-6-6-8-8-9	8-8	14.66	3-8	3.27
12772	3-6-6-8-8-10	8-8	10.88	3-10	2.29
12773	3-6-6-8-8-J	8-8	11.12	3-J	2.05
12774	3-6-6-8-8-K	8-8	10.88	3-K	2.44
12775	3-6-6-8-8-Q	8-8	10.88	3-Q	2.32
12776	3-6-6-8-9-9	3-8	16.77	3-8	7.74
12777	3-6-6-8-9-10	8-10	13.01	8-10	4.06
12778	3-6-6-8-9-J	8-J	12.78	8-J	4.61
12779	3-6-6-8-9-K	8-K	12.37	8-K	5.00
12780	3-6-6-8-9-Q	8-Q	12.40	8-Q	4.89
12781	3-6-6-8-10-10	10-10	11.06	8-10	0.24
12782	3-6-6-8-10-J	10-J	10.93	8-J	0.83
12783	3-6-6-8-10-K	8-10	9.23	10-K	2.42
12784	3-6-6-8-10-Q	10-Q	9.61	10-Q	1.70
12785	3-6-6-8-J-J	J-J	11.62	8-J	1.03
12786	3-6-6-8-J-K	J-K	10.27	J-K	1.56
12787	3-6-6-8-J-Q	J-Q	11.11	8-Q	1.35
12788	3-6-6-8-K-K	K-K	10.88	8-K	1.18
12789	3-6-6-8-Q-K	Q-K	9.76	Q-K	1.81
12790	3-6-6-8-Q-Q	Q-Q	11.10	8-Q	1.07
12791	3-6-6-9-9-9	3-9	16.46	3-9	7.73
12792	3-6-6-9-9-10	3-10	16.40	3-10	8.20
12793	3-6-6-9-9-J	3-J	16.74	3-J	7.97
12794	3-6-6-9-9-K	3-K	16.51	3-K	8.35
12795	3-6-6-9-9-Q	3-Q	16.42	3-Q	8.24
12796	3-6-6-9-10-10	10-10	13.97	10-10	3.12
12797	3-6-6-9-10-J	10-J	13.84	10-J	3.57
12798	3-6-6-9-10-K	10-K	12.05	10-K	5.34
12799	3-6-6-9-10-Q	10-Q	12.53	10-Q	4.62
12800	3-6-6-9-J-J	J-J	14.54	J-J	2.94

HAND No.	SIX-CARD HAND	DISCARD (DEALER)	EXPECTED AVG. (DEALER)	DISCARD (PONE)	EXPECTED AVG. (PONE)
12801	3-6-6-9-J-K	J-K	13.18	J-K	4.47
12802	3-6-6-9-J-Q	J-Q	14.03	J-Q	3.75
12803	3-6-6-9-K-K	K-K	13.79	K-K	3.58
12804	3-6-6-9-Q-K	Q-K	12.68	Q-K	4.72
12805	3-6-6-9-Q-Q	Q-Q	14.01	Q-Q	3.51
12806	3-6-6-10-10-10	6-6	13.07	3-6	2.04
12807	3-6-6-10-10-J♣	6-6	10.53	3-J	0.31
12808	3-6-6-10-10-K	10-10	10.19	10-K	1.51
12809	3-6-6-10-10-Q	10-10	10.19	10-Q	0.79
12810	3-6-6-10-J-J ♣	6-6	10.77	3-10	1.02
12811	3-6-6-10-J-K	10-J	10.06	10-K	1.79
12812	3-6-6-10-J-Q	6-6	11.33	10-Q	1.07
12813	3-6-6-10-K-K	K-K	10.01	10-K	1.51
12814	3-6-6-10-Q-K	Q-K	8.89	10-K	1.55
12815	3-6-6-10-Q-Q	Q-Q	10.23	10-Q	0.79
12816	3-6-6-J-J-J	6-6	13.79	3-6	2.76
12817	3-6-6-J-J-K	J-J	10.75	3-K	1.18
12818	3-6-6-J-J-Q ♣	6-6	10.77	3-Q	1.06
12819	3-6-6-J-K-K	K-K	10.25	J-K	0.64
12820	3-6-6-J-Q-K	6-6	11.24	Q-K	1.18
12821	3-6-6-J-Q-Q ♣	6-6	10.53	3-J	0.31
12822	3-6-6-K-K-K	6-6	13.07	3-6	2.04
12823	3-6-6-Q-K-K	K-K	10.01	Q-K	0.90
12824	3-6-6-Q-Q-K	Q-Q	10.23	Q-K	0.90
12825	3-6-6-Q-Q-Q	6-6	13.07	3-6	2.04
12826	3-6-7-7-7-7	3-6	17.56	3-6	8.86
12827	3-6-7-7-7-8	3-6	18.41	3-7	9.71
12828	3-6-7-7-7-9	3-9	13.33	3-9	4.60
12829	3-6-7-7-7-10	3-10	13.14	3-10	4.94
12830	3-6-7-7-7-J	3-J	13.48	3-J	4.71
12831	3-6-7-7-7-K	3-K	13.25	3-K	5.09
12832	3-6-7-7-7-Q	3-Q	13.16	3-Q	4.98
12833	3-6-7-7-8-8	3-8	18.60	3-6	9.82
12834	3-6-7-7-8-9	3-9	18.63	3-9	9.91
12835	3-6-7-7-8-10	3-10	18.49	3-10	10.29
12836	3-6-7-7-8-J	3-J	18.83	3-J	10.05
12837	3-6-7-7-8-K	3-K	18.59	3-K	10.44
12838	3-6-7-7-8-Q	3-Q	18.50	3-Q	10.32
12839	3-6-7-7-9-9	7-7	13.09	3-7	3.04
12840	3-6-7-7-9-10	3-10	10.36	3-10	2.16
12841	3-6-7-7-9-J	3-J	10.70	3-J	1.92
12842	3-6-7-7-9-K	3-K	10.46	3-K	2.31
12843	3-6-7-7-9-Q	3-Q	10.37	3-Q	2.19
12844	3-6-7-7-10-10	10-10	9.75	3-6	0.34
12845	3-6-7-7-10-J	10-J	9.63	3-10	0.31
12846	3-6-7-7-10-K	3-K	8.38	10-K	1.12
12847	3-6-7-7-10-Q	10-Q	8.31	10-Q	0.40
12848	3-6-7-7-J-J	J-J	10.32	3-6	0.82
12849	3-6-7-7-J-K	J-K	8.96	3-K	0.46
12850	3-6-7-7-J-Q	J-Q	9.81	3-Q	0.34

HAND No.	SIX-CARD HAND	DISCARD (DEALER)	EXPECTED AVG. (DEALER)	DISCARD (PONE)	EXPECTED AVG. (PONE)
12851	3-6-7-7-K-K	K-K	9.58	3-6	0.34
12852	3-6-7-7-Q-K	Q-K	8.46	Q-K	0.51
12853	3-6-7-7-Q-Q	Q-Q	9.80	3-6	0.34
12854	3-6-7-8-8-8	3-8	18.49	3-8	9.46
12855	3-6-7-8-8-9	3-9	18.46	3-9	9.73
12856	3-6-7-8-8-10	3-10	18.31	3-10	10.11
12857	3-6-7-8-8-J	3-J	18.65	3-J	9.88
12858	3-6-7-8-8-K	3-K	18.42	3-K	10.26
12859	3-6-7-8-8-Q	3-Q	18.33	3-Q	10.15
12860	3-6-7-8-9-9	3-6	15.99	3-6	7.30
12861	3-6-7-8-9-10	3-10	14.16	3-10	5.96
12862	3-6-7-8-9-J	3-J	14.52	3-J	5.75
12863	3-6-7-8-9-K	3-K	14.29	3-K	6.13
12864	3-6-7-8-9-Q	3-Q	14.20	3-Q	6.02
12865	3-6-7-8-10-10	10-10	12.30	3-10	2.66
12866	3-6-7-8-10-J	10-J	12.17	3-10	2.85
12867	3-6-7-8-10-K	3-K	11.01	10-K	3.66
12868	3-6-7-8-10-Q	3-Q	10.92	10-Q	2.94
12869	3-6-7-8-J-J	J-J	12.86	3-J	2.57
12870	3-6-7-8-J-K	J-K	11.51	3-K	3.00
12871	3-6-7-8-J-Q	J-Q	12.35	3-Q	2.89
12872	3-6-7-8-K-K	K-K	12.12	3-K	2.72
12873	3-6-7-8-Q-K	Q-K	11.00	Q-K	3.05
12874	3-6-7-8-Q-Q	Q-Q	12.34	3-Q	2.61
12875	3-6-7-9-9-9	3-7	16.27	3-7	7.69
12876	3-6-7-9-9-10	3-10	11.66	3-10	3.46
12877	3-6-7-9-9-J	3-J	12.00	3-J	3.23
12878	3-6-7-9-9-K	3-K	11.77	3-K	3.61
12879	3-6-7-9-9-Q	3-Q	11.68	3-Q	3.50
12880	3-6-7-9-10-10	3-7	9.66	3-7	1.08
12881	3-6-7-9-10-J	3-7	10.70	3-7	2.13
12882	3-6-7-9-10-K	3-K	7.94	10-K	0.29
12883	3-6-7-9-10-Q	3-Q	7.85	3-Q	-0.33
12884	3-6-7-9-J-J	3-7	9.61	3-7	1.04
12885	3-6-7-9-J-K	J-K	8.14	3-K	-0.06
12886	3-6-7-9-J-Q	J-Q	8.98	3-Q	-0.18
12887	3-6-7-9-K-K	K-K	8.75	3-7	0.04
12888	3-6-7-9-Q-K	Q-K	7.63	Q-K	-0.32
12889	3-6-7-9-Q-Q	Q-Q	8.97	3-7	0.04
12890	3-6-7-10-10-10	6-7	12.27	3-6	2.08
12891	3-6-7-10-10-J	6-7	9.73	3-6	-0.46
12892	3-6-7-10-10-K	6-7	8.44	3-K	-0.65
12893	3-6-7-10-10-Q	6-7	8.97	6-Q	-0.73
12894	3-6-7-10-J-J	6-7	9.97	3-6	-0.22
12895	3-6-7-10-J-K	6-7	7.38	10-K	-1.42
12896	3-6-7-10-J-Q	6-7	10.53	3-6	0.34
12897	3-6-7-10-K-K	6-7	8.44	3-10	-0.80
12898	3-6-7-10-Q-K	6-7	6.88	10-K	-1.66
12899	3-6-7-10-Q-Q	6-7	8.97	3-10	-0.80
12900	3-6-7-J-J-J	6-7	12.99	3-6	2.80

HAND No.	SIX-CARD HAND	DISCARD (DEALER)	EXPECTED AVG. (DEALER)	DISCARD (PONE)	EXPECTED AVG. (PONE)
12901	3-6-7-J-J-K	6-7	9.44	3-K	-0.17
12902	3-6-7-J-J-Q	6-7	9.97	3-6	-0.22
12903	3-6-7-J-K-K	6-7	9.20	3-6	-0.98
12904	3-6-7-J-Q-K	6-7	10.44	3-6	0.26
12905	3-6-7-J-Q-Q	6-7	9.73	3-6	-0.46
12906	3-6-7-K-K-K	6-7	12.27	3-6	2.08
12907	3-6-7-Q-K-K	6-7	8.97	6-Q	-0.73
12908	3-6-7-Q-Q-K	6-7	8.97	3-K	-0.65
12909	3-6-7-Q-Q-Q	6-7	12.27	3-6	2.08
12910	3-6-8-8-8-8	3-6	16.52	3-6	7.82
12911	3-6-8-8-8-9	6-9	12.44	3-6	3.60
12912	3-6-8-8-8-10	3-10	11.83	3-10	3.63
12913	3-6-8-8-8-J	3-J	12.17	3-J	3.40
12914	3-6-8-8-8-K	3-K	11.94	3-K	3.79
12915	3-6-8-8-8-Q	3-Q	11.85	3-Q	3.67
12916	3-6-8-8-9-9	8-8	12.62	3-8	3.22
12917	3-6-8-8-9-10	3-6	14.17	3-6	5.47
12918	3-6-8-8-9-J	3-J	10.52	3-J	1.75
12919	3-6-8-8-9-K	3-K	10.29	3-K	2.13
12920	3-6-8-8-9-Q	3-Q	10.20	3-Q	2.02
12921	3-6-8-8-10-10	3-6	9.91	3-6	1.21
12922	3-6-8-8-10-J	10-J	8.93	3-J	-0.34
12923	3-6-8-8-10-K	3-K	8.20	10-K	0.42
12924	3-6-8-8-10-Q	3-Q	8.11	3-Q	-0.07
12925	3-6-8-8-J-J	J-J	9.62	3-6	0.65
12926	3-6-8-8-J-K	J-K	8.27	3-K	-0.24
12927	3-6-8-8-J-Q	J-Q	9.11	3-Q	-0.35
12928	3-6-8-8-K-K	K-K	8.88	3-6	0.17
12929	3-6-8-8-Q-K	Q-K	7.76	Q-K	-0.19
12930	3-6-8-8-Q-Q	Q-Q	9.10	3-6	0.17
12931	3-6-8-9-9-9	3-8	16.64	3-8	7.61
12932	3-6-8-9-9-10	3-6	14.12	3-6	5.43
12933	3-6-8-9-9-J	3-J	12.26	3-J	3.49
12934	3-6-8-9-9-K	3-K	12.03	3-K	3.87
12935	3-6-8-9-9-Q	3-Q	11.94	3-Q	3.76
12936	3-6-8-9-10-10	3-6	14.17	3-6	5.47
12937	3-6-0-9-10-J	3-8	11.06	3-J	2.27
12938	3-6-8-9-10-K	3-K	10.83	3-K	2.68
12939	3-6-8-9-10-Q	3-Q	10.74	3-Q	2.56
12940	3-6-8-9-J-J	3-8	9.99	3-8	0.96
12941	3-6-8-9-J-K	J-K	8.14	3-K	-0.24
12942	3-6-8-9-J-Q	J-Q	8.98	3-Q	-0.35
12943	3-6-8-9-K-K	3-8	8.99	3-8	-0.04
12944	3-6-8-9-Q-K	Q-K	7.63	Q-K	-0.32
12945	3-6-8-9-Q-Q	3-8	8.99	3-8	-0.04
12946	3-6-8-10-10-10	6-8	11.92	3-6	2.86
12947	3-6-8-10-10-J	6-8	9.38	3-6	-0.29
12948	3-6-8-10-10-K	6-8	8.09	6-K	-0.14
12949	3-6-8-10-10-Q	6-8	8.62	6-Q	-0.21
12950	3-6-8-10-J-J	6-8	9.62	3-6	-0.05

HAND No.	SIX-CARD HAND	DISCARD (DEALER)	EXPECTED AVG. (DEALER)	DISCARD (PONE)	EXPECTED AVG. (PONE)
12951	3-6-8-10-J-K	6-8	7.03	10-K	-1.68
12952	3-6-8-10-J-Q	6-8	10.18	3-6	0.43
12953	3-6-8-10-K-K	6-8	8.09	6-10	-0.83
12954	3-6-8-10-Q-K ♠	6-8	6.53	10-K	-1.92
12955	3-6-8-10-Q-Q	6-8	8.62	6-10	-0.83
12956	3-6-8-J-J-J	6-8	12.64	3-6	2.80
12957	3-6-8-J-J-K	6-8	9.09	6-K	-0.19
12958	3-6-8-J-J-Q	6-8	9.62	3-6	-0.22
12959	3-6-8-J-K-K	6-8	8.85	3-6	-0.98
12960	3-6-8-J-Q-K	6-8	10.09	3-6	0.26
12961	3-6-8-J-Q-Q	6-8	9.38	3-6	-0.46
12962	3-6-8-K-K-K	6-8	11.92	3-6	2.08
12963	3-6-8-Q-K-K	6-8	8.62	6-Q	-0.73
12964	3-6-8-Q-Q-K	6-8	8.62	6-K	-0.66
12965	3-6-8-Q-Q-Q	6-8	11.92	3-6	2.08
12966	3-6-9-9-9-9	3-6	16.34	3-6	7.65
12967	3-6-9-9-9-10	3-10	16.27	3-10	8.07
12968	3-6-9-9-9-J	3-J	16.61	3-J	7.84
12969	3-6-9-9-9-K	3-K	16.38	3-K	8.22
12970	3-6-9-9-9-Q	3-Q	16.29	3-Q	8.11
12971	3-6-9-9-10-10	10-10	11.93	3-10	3.33
12972	3-6-9-9-10-J	3-6	14.36	3-6	5.67
12973	3-6-9-9-10-K	3-K	11.68	3-K	3.53
12974	3-6-9-9-10-Q	3-Q	11.59	3-Q	3.41
12975	3-6-9-9-J-J	J-J	12.49	3-J	2.81
12976	3-6-9-9-J-K	3-K	11.40	3-K	3.24
12977	3-6-9-9-J-Q	J-Q	11.98	3-Q	3.13
12978	3-6-9-9-K-K	K-K	11.75	3-K	2.44
12979	3-6-9-9-Q-K	3-K	10.64	Q-K	2.68
12980	3-6-9-9-Q-Q	Q-Q	11.97	3-Q	2.32
12981	3-6-9-10-10-10	6-9	12.44	3-6	3.60
12982	3-6-9-10-10-J	3-6	14.41	3-6	5.71
12983	3-6-9-10-10-K	3-K	9.77	3-K	1.61
12984	3-6-9-10-10-Q	3-Q	9.68	3-Q	1.50
12985	3-6-9-10-J-J	3-6	14.65	3-6	5.95
12986	3-6-9-10-J-K	3-K	10.81	3-K	2.66
12987	3-6-9-10-J-Q	3-Q	10.70	3-Q	2.52
12988	3-6-9-10-K-K	3-10	8.62	3-10	0.42
12989	3-6-9-10-Q-K	3-K	7.42	10-K	-0.49
12990	3-6-9-10-Q-Q	6-9	9.14	3-10	0.42
12991	3-6-9-J-J-J	6-9	13.16	3-6	3.54
12992	3-6-9-J-J-K	3-K	9.72	3-K	1.57
12993	3-6-9-J-J-Q	6-9	10.14	3-Q	1.45
12994	3-6-9-J-K-K	6-9	9.38	3-J	0.18
12995	3-6-9-J-Q-K	6-9	10.62	3-6	0.30
12996	3-6-9-J-Q-Q	6-9	9.90	3-J	0.18
12997	3-6-9-K-K-K	6-9	12.44	3-6	2.04
12998	3-6-9-Q-K-K	6-9	9.14	3-Q	0.45
12999	3-6-9-Q-Q-K	6-9	9.14	3-K	0.57
13000	3-6-9-Q-Q-Q	6-9	12.44	3-6	2.04

HAND No.	SIX-CARD HAND	DISCARD (DEALER)	EXPECTED AVG. (DEALER)	DISCARD (PONE)	EXPECTED AVG. (PONE)
13001	3-6-10-10-10-10	3-6	16.52	3-6	7.82
13002	3-6-10-10-10-J	3-6	12.58	3-6	3.89
13003	3-6-10-10-10-K	3-6	10.78	6-K	3.16
13004	3-6-10-10-10-Q	3-6	11.56	6-Q	3.09
13005	3-6-10-10-J-J	3-6	11.43	3-6	2.73
13006	3-6-10-10-J-K	3-6	8.41	6-K	0.62
13007	3-6-10-10-J-Q	3-6	14.45	3-6	5.76
13008	3-6-10-10-K-K	3-6	8.86	3-6	0.17
13009	3-6-10-10-Q-K	3-6	7.65	6-K	-0.14
13010	3-6-10-10-Q-Q	3-6	9.91	3-6	1.21
13011	3-6-10-J-J-J	3-6	13.06	3-6	4.36
13012	3-6-10-J-J-K	3-6	8.65	6-K	0.86
13013	3-6-10-J-J-Q	3-6	14.69	3-6	5.99
13014	3-6-10-J-K-K	3-6	8.15	6-10	-0.07
13015	3-6-10-J-Q-K	3-6	10.41	3-6	1.71
13016	3-6-10-J-Q-Q	3-6	14.45	3-6	5.76
13017	3-6-10-K-K-K	3-6	10.78	6-10	2.99
13018	3-6-10-Q-K-K	3-6	7.65	6-10	-0.31
13019	3-6-10-Q-Q-K	3-6	7.65	6-K	-0.14
13020	3-6-10-Q-Q-Q	3-6	11.56	6-10	2.99
13021	3-6-J-J-J-J	3-6	17.47	3-6	8.78
13022	3-6-J-J-J-K	3-6	12.28	6-K	3.88
13023	3-6-J-J-J-Q	3-6	13.06	3-6	4.36
13024	3-6-J-J-K-K	3-6	10.39	3-6	1.69
13025	3-6-J-J-Q-K	3-6	14.52	3-6	5.82
13026	3-6-J-J-Q-Q	3-6	11.43	3-6	2.73
13027	3-6-J-K-K-K	3-6	11.80	3-6	3.10
13028	3-6-J-Q-K-K	3-6	14.28	3-6	5.58
13029	3-6-J-Q-Q-K	3-6	14.28	3-6	5.58
13030	3-6-J-Q-Q-Q	3-6	12.58	3-6	3.89
13031	3-6-K-K-K-K	3-6	16.52	3-6	7.82
13032	3-6-Q-K-K-K	3-6	11.56	6-Q	3.09
13033	3-6-Q-Q-K-K	3-6	9.91	3-6	1.21
13034	3-6-Q-Q-Q-K	3-6	11.56	6-K	3.16
13035	3-6-Q-Q-Q-Q	3-6	16.52	3-6	7.82
13036	3-7-7-7-7-8	3-7	18.18	3-7	9.60
13037	3-7-7-7-7-9	3-9	17.55	3-9	8.82
13038	3-7-7-7-7-10	3-10	17.31	3-10	9.11
13039	3-7-7-7-7-J	3-J	17.65	3-J	8.88
13040	3-7-7-7-7-K	3-K	17.42	3-K	9.26
13041	3-7-7-7-7-Q	3-Q	17.33	3-Q	9.15
13042	3-7-7-7-8-8	3-8	18.56	3-7	9.78
13043	3-7-7-7-8-9	3-9	18.39	3-9	9.67
13044	3-7-7-7-8-10	3-10	18.36	3-10	10.16
13045	3-7-7-7-8-J	3-J	18.70	3-J	9.92
13046	3-7-7-7-8-K	3-K	18.46	3-K	10.31
13047	3-7-7-7-8-Q	3-Q	18.37	3-Q	10.19
13048	3-7-7-7-9-9	9-9	12.99	3-9	3.30
13049	3-7-7-7-9-10	9-10	12.12	3-10	3.63
13050	3-7-7-7-9-J	3-J	12.17	3-J	3.40

HAND No.	SIX-CARD HAND	DISCARD (DEALER)	EXPECTED AVG. (DEALER)	DISCARD (PONE)	EXPECTED AVG. (PONE)
13051	3-7-7-7-9-K	3-K	11.94	9-K	3.80
13052	3-7-7-7-9-Q	3-Q	11.85	9-Q	3.71
13053	3-7-7-7-10-10	10-10	12.58	3-10	2.81
13054	3-7-7-7-10-J	10-J	12.45	3-10	3.09
13055	3-7-7-7-10-K	3-K	11.16	10-K	3.95
13056	3-7-7-7-10-Q	10-Q	11.14	10-Q	3.23
13057	3-7-7-7-J-J	J-J	13.15	3-J	2.81
13058	3-7-7-7-J-K	J-K	11.79	3-K	3.24
13059	3-7-7-7-J-Q	J-Q	12.64	3-Q	3.13
13060	3-7-7-7-K-K	K-K	12.40	3-K	2.96
13061	3-7-7-7-Q-K	Q-K	11.29	Q-K	3.33
13062	3-7-7-7-Q-Q	Q-Q	12.62	3-Q	2.84
13063	3-7-7-8-8-8	3-8	18.73	3-8	9.70
13064	3-7-7-8-8-9	3-9	18.50	3-9	9.78
13065	3-7-7-8-8-10	3-10	18.53	3-10	10.33
13066	3-7-7-8-8-J	3-J	18.87	3-J	10.10
13067	3-7-7-8-8-K	3-K	18.64	3-K	10.48
13068	3-7-7-8-8-Q	3-Q	18.55	3-Q	10.37
13069	3-7-7-8-9-9	3-9	18.02	3-9	9.30
13070	3-7-7-8-9-10	3-10	17.92	3-10	9.72
13071	3-7-7-8-9-J	3-J	18.30	3-J	9.53
13072	3-7-7-8-9-K	3-K	18.07	3-K	9.92
13073	3-7-7-8-9-Q	3-Q	17.98	3-Q	9.80
13074	3-7-7-8-10-10	10-10	13.27	3-10	3.68
13075	3-7-7-8-10-J	10-J	13.15	3-10	3.79
13076	3-7-7-8-10-K	3-K	12.03	10-K	4.64
13077	3-7-7-8-10-Q	3-Q	11.94	10-Q	3.92
13078	3-7-7-8-J-J	J-J	13.84	3-J	3.51
13079	3-7-7-8-J-K	J-K	12.48	3-K	3.94
13080	3-7-7-8-J-Q	J-Q	13.33	3-Q	3.82
13081	3-7-7-8-K-K	K-K	13.10	3-K	3.66
13082	3-7-7-8-Q-K	Q-K	11.98	Q-K	4.03
13083	3-7-7-8-Q-Q	Q-Q	13.32	3-Q	3.54
13084	3-7-7-9-9-9	7-7	13.09	3-7	2.69
13085	3-7-7-9-9-10	7-7	10.35	3-10	1.63
13086	3-7-7-9-9-J	3-J	10.17	3-J	1.40
13087	3-7-7-9-9-K	3-K	9.94	3-K	1.79
13088	3-7-7-9-9-Q	3-Q	9.85	3-Q	1.67
13089	3-7-7-9-10-10	7-7	10.40	3-9	0.30
13090	3-7-7-9-10-J	7-7	11.44	3-7	0.26
13091	3-7-7-9-10-K	7-7	7.96	10-K	0.25
13092	3-7-7-9-10-Q	7-7	8.05	3-Q	-0.33
13093	3-7-7-9-J-J	7-7	10.35	3-9	0.78
13094	3-7-7-9-J-K	7-7	8.20	9-K	-0.13
13095	3-7-7-9-J-Q	J-Q	8.94	9-Q	-0.23
13096	3-7-7-9-K-K	7-7	9.35	3-9	0.30
13097	3-7-7-9-Q-K	7-7	7.70	Q-K	-0.36
13098	3-7-7-9-Q-Q	7-7	9.35	3-9	0.30
13099	3-7-7-10-10-10	7-7	13.22	3-7	1.91
13100	3-7-7-10-10-J	7-7	10.68	3-J	0.36

HAND No.	SIX-CARD HAND	DISCARD (DEALER)	EXPECTED AVG. (DEALER)	DISCARD (PONE)	EXPECTED AVG. (PONE)
13101	3-7-7-10-10-K	7-7	9.40	3-K	0.74
13102	3-7-7-10-10-Q	7-7	9.92	3-Q	0.63
13103	3-7-7-10-J-J	7-7	10.92	3-10	1.07
13104	3-7-7-10-J-K	7-7	8.33	10-K	0.01
13105	3-7-7-10-J-Q	7-7	11.48	3-7	0.17
13106	3-7-7-10-K-K	7-7	9.40	3-10	0.59
13107	3-7-7-10-Q-K	7-7	7.83	10-K	-0.23
13108	3-7-7-10-Q-Q	7-7	9.92	3-10	0.59
13109	3-7-7-J-J-J	7-7	13.94	3-7	2.63
13110	3-7-7-J-J-K	7-7	10.40	3-K	1.22
13111	3-7-7-J-J-Q	7-7	10.92	3-Q	1.11
13112	3-7-7-J-K-K	7-7	10.16	3-J	0.36
13113	3-7-7-J-Q-K	7-7	11.40	3-7	0.08
13114	3-7-7-J-Q-Q	7-7	10.68	3-J	0.36
13115	3-7-7-K-K-K	7-7	13.22	3-7	1.91
13116	3-7-7-Q-K-K	7-7	9.92	3-Q	0.63
13117	3-7-7-Q-Q-K	7-7	9.92	3-K	0.74
13118	3-7-7-Q-Q-Q	7-7	13.22	3-7	1.91
13119	3-7-8-8-8-8	3-8	18.03	3-8	9.00
13120	3-7-8-8-8-9	3-8	17.97	3-9	9.15
13121	3-7-8-8-8-10	3-10	17.83	3-10	9.63
13122	3-7-8-8-8-J	3-J	18.17	3-J	9.40
13123	3-7-8-8-8-K	3-K	17.94	3-K	9.79
13124	3-7-8-8-8-Q	3-Q	17.85	3-Q	9.67
13125	3-7-8-8-9-9	3-9	17.85	3-9	9.13
13126	3-7-8-8-9-10	3-10	17.75	3-10	9.55
13127	3-7-8-8-9-J	3-J	18.13	3-J	9.36
13128	3-7-8-8-9-K	3-K	17.90	3-K	9.74
13129	3-7-8-8-9-Q	3-Q	17.81	3-Q	9.63
13130	3-7-8-8-10-10	10-10	13.10	3-10	3.50
13131	3-7-8-8-10-J	10-J	12.98	3-10	3.61
13132	3-7-8-8-10-K	3-K	11.85	10-K	4.47
13133	3-7-8-8-10-Q	3-Q	11.76	10-Q	3.75
13134	3-7-8-8-J-J	J-J	13.67	3-J	3.34
13135	3-7-8-8-J-K	J-K	12.31	3-K	3.76
13136	3-7-8-8-J-Q	J-Q	13.16	3-Q	3.65
13137	3-7-8-8-K-K	K-K	12.92	3-K	3.48
13138	3-7-8-8-Q-K	Q-K	11.81	Q-K	3.86
13139	3-7-8-8-Q-Q	Q-Q	13.14	3-Q	3.37
13140	3-7-8-9-9-9	3-9	15.96	3-9	7.23
13141	3-7-8-9-9-10	3-10	15.83	3-10	7.63
13142	3-7-8-9-9-J	3-J	16.22	3-J	7.44
13143	3-7-8-9-9-K	3-K	15.98	3-K	7.83
13144	3-7-8-9-9-Q	3-Q	15.89	3-Q	7.71
13145	3-7-8-9-10-10	3-7	13.87	3-7	5.30
13146	3-7-8-9-10-J	3-J	12.24	3-J	3.47
13147	3-7-8-9-10-K	3-K	12.03	3-K	3.87
13148	3-7-8-9-10-Q	3-Q	11.94	3-Q	3.76
13149	3-7-8-9-J-J	J-J	12.52	3-J	2.31
13150	3-7-8-9-J-K	J-K	11.16	3-K	2.74

HAND No.	SIX-CARD HAND	DISCARD (DEALER)	EXPECTED AVG. (DEALER)	DISCARD (PONE)	EXPECTED AVG. (PONE)
13151	3-7-8-9-J-Q	J-Q	12.01	3-Q	2.63
13152	3-7-8-9-K-K	K-K	11.77	3-K	2.37
13153	3-7-8-9-Q-K	Q-K	10.66	Q-K	2.70
13154	3-7-8-9-Q-Q	Q-Q	11.99	3-Q	2.26
13155	3-7-8-10-10-10	7-8	13.84	3-7	2.69
13156	3-7-8-10-10-J	7-8	11.30	3-J	1.14
13157	3-7-8-10-10-K	7-8	10.02	3-K	1.53
13158	3-7-8-10-10-Q	7-8	10.54	3-Q	1.41
13159	3-7-8-10-J-J	7-8	11.54	3-10	1.42
13160	3-7-8-10-J-K	7-8	8.95	10-K	0.36
13161	3-7-8-10-J-Q	7-8	12.10	3-7	0.26
13162	3-7-8-10-K-K	7-8	10.02	3-10	0.94
13163	3-7-8-10-Q-K	7-8	8.45	10-K	0.12
13164	3-7-8-10-Q-Q	7-8	10.54	3-10	0.94
13165	3-7-8-J-J-J	7-8	14.56	3-7	2.63
13166	3-7-8-J-J-K	7-8	11.02	3-K	1.57
13167	3-7-8-J-J-Q	7-8	11.54	3-Q	1.45
13168	3-7-8-J-K-K	7-8	10.78	3-J	0.71
13169	3-7-8-J-Q-K	7-8	12.02	3-7	0.08
13170	3-7-8-J-Q-Q	7-8	11.30	3-J	0.71
13171	3-7-8-K-K-K	7-8	13.84	3-7	1.91
13172	3-7-8-Q-K-K	7-8	10.54	3-Q	0.98
13173	3-7-8-Q-Q-K	7-8	10.54	3-K	1.09
13174	3-7-8-Q-Q-Q	7-8	13.84	3-7	1.91
13175	3-7-9-9-9-9	3-7	16.27	3-7	7.69
13176	3-7-9-9-9-10	3-7	12.09	3-7	3.52
13177	3-7-9-9-9-J	3-J	11.65	3-7	2.97
13178	3-7-9-9-9-K	3-K	11.42	3-K	3.26
13179	3-7-9-9-9-Q	3-Q	11.33	3-Q	3.15
13180	3-7-9-9-10-10	3-7	10.70	3-7	2.13
13181	3-7-9-9-10-J	3-7	14.20	3-7	5.63
13182	3-7-9-9-10-K	3-K	8.03	7-K	0.16
13183	3-7-9-9-10-Q	3-Q	7.94	7-Q	0.11
13184	3-7-9-9-J-J	3-7	10.14	3-7	1.56
13185	3-7-9-9-J-K	3-K	8.09	3-K	-0.06
13186	3-7-9-9-J-Q	J-Q	8.72	7-Q	-0.17
13187	3-7-9-9-K-K	9-9	8.64	3-7	0.04
13188	3-7-9-9-Q-K	Q-K	7.37	Q-K	-0.58
13189	3-7-9-9-Q-Q	Q-Q	8.71	3-7	0.04
13190	3-7-9-10-10-10	3-7	12.09	3-7	3.52
13191	3-7-9-10-10-J	3-7	14.20	3-7	5.63
13192	3-7-9-10-10-K	3-K	8.03	7-K	0.20
13193	3-7-9-10-10-Q	7-9	8.04	7-Q	0.15
13194	3-7-9-10-J-J	3-7	14.44	3-7	5.86
13195	3-7-9-10-J-K	3-K	8.98	7-K	1.25
13196	3-7-9-10-J-Q	3-7	10.24	3-7	1.67
13197	3-7-9-10-K-K	9-10	7.77	7-10	-0.87
13198	3-7-9-10-Q-K ♠	9-10	6.12	10-K	-2.10
13199	3-7-9-10-Q-Q	7-9	8.04	7-10	-0.87
13200	3-7-9-J-J-J	7-9	12.06	3-7	3.45

HAND No.	SIX-CARD HAND	DISCARD (DEALER)	EXPECTED AVG. (DEALER)	DISCARD (PONE)	EXPECTED AVG. (PONE)
13201	3-7-9-J-J-K	7-9	8.52	7-K	0.16
13202	3-7-9-J-J-Q	7-9	9.04	7-Q	0.11
13203	3-7-9-J-K-K	7-9	8.28	3-7	-0.85
13204	3-7-9-J-Q-K	7-9	9.52	7-9	0.22
13205	3-7-9-J-Q-Q	7-9	8.80	3-7	-0.42
13206	3-7-9-K-K-K	7-9	11.34	7-9	2.05
13207	3-7-9-Q-K-K	7-9	8.04	9-Q	-0.64
13208	3-7-9-Q-Q-K	7-9	8.04	9-K	-0.55
13209	3-7-9-Q-Q-Q	7-9	11.34	7-9	2.05
13210	3-7-10-10-10-10	3-7	16.27	3-7	7.69
13211	3-7-10-10-10-J	3-7	12.33	3-7	3.76
13212	3-7-10-10-10-K	3-K	10.64	7-K	3.03
13213	3-7-10-10-10-Q	3-7	11.31	7-Q	2.98
13214	3-7-10-10-J-J	3-7	11.18	3-7	2.60
13215	3-7-10-10-J-K	3-7	8.16	7-K	0.49
13216	3-7-10-10-J-Q	3-7	14.20	3-7	5.63
13217	3-7-10-10-K-K	3-7	8.61	3-7	0.04
13218	3-7-10-10-Q-K	3-7	7.40	7-K	-0.28
13219	3-7-10-10-Q-Q	3-7	9.66	3-7	1.08
13220	3-7-10-J-J-J	3-7	12.81	3-7	4.23
13221	3-7-10-J-J-K	3-7	8.40	7-K	0.73
13222	3-7-10-J-J-Q	3-7	14.44	3-7	5.86
13223	3-7-10-J-K-K	10-J	8.11	7-10	-0.07
13224	3-7-10-J-Q-K	3-7	10.16	3-7	1.58
13225	3-7-10-J-Q-Q	3-7	14.20	3-7	5.63
13226	3-7-10-K-K-K	7-10	10.56	7-10	3.00
13227	3-7-10-Q-K-K	3-7	7.40	7-10	-0.31
13228	3-7-10-Q-Q-K	3-7	7.40	7-K	-0.28
13229	3-7-10-Q-Q-Q	3-7	11.31	7-10	3.00
13230	3-7-J-J-J-J	3-7	17.22	3-7	8.65
13231	3-7-J-J-J-K	3-7	12.03	7-K	3.75
13232	3-7-J-J-J-Q	3-7	12.81	3-7	4.23
13233	3-7-J-J-K-K	3-7	10.14	3-7	1.56
13234	3-7-J-J-Q-K	3-7	14.27	3-7	5.69
13235	3-7-J-J-Q-Q	3-7	11.18	3-7	2.60
13236	3-7-J-K-K-K	3-7	11.55	3-7	2.97
13237	3-7-J-Q-K-K	3-7	14.03	3-7	5.45
13238	3-7-J-Q-Q-K	3-7	14.03	3-7	5.45
13239	3-7-J-Q-Q-Q	3-7	12.33	3-7	3.76
13240	3-7-K-K-K-K	3-7	16.27	3-7	7.69
13241	3-7-Q-K-K-K	3-7	11.31	7-Q	2.98
13242	3-7-Q-Q-K-K	3-7	9.66	3-7	1.08
13243	3-7-Q-Q-Q-K	3-7	11.31	7-K	3.03
13244	3-7-Q-Q-Q-Q	3-7	16.27	3-7	7.69
13245	3-8-8-8-8-9	3-9	16.50	3-9	7.78
13246	3-8-8-8-8-10	3-10	16.27	3-10	8.07
13247	3-8-8-8-8-J	3-J	16.61	3-J	7.84
13248	3-8-8-8-8-K	3-K	16.38	3-K	8.22
13249	3-8-8-8-8-Q	3-Q	16.29	3-Q	8.11
13250	3-8-8-8-9-9	9-9	12.47	3-9	3.56

HAND No.	SIX-CARD HAND	DISCARD (DEALER)	EXPECTED AVG. (DEALER)	DISCARD (PONE)	EXPECTED AVG. (PONE)
13251	3-8-8-8-9-10	3-8	14.19	3-8	5.16
13252	3-8-8-8-9-J	3-J	12.43	3-J	3.66
13253	3-8-8-8-9-K	3-K	12.20	3-K	4.05
13254	3-8-8-8-9-Q	3-Q	12.11	3-Q	3.93
13255	3-8-8-8-10-10	10-10	12.06	3-10	3.07
13256	3-8-8-8-10-J	10-J	11.93	3-J	2.88
13257	3-8-8-8-10-K	3-K	11.42	10-K	3.42
13258	3-8-8-8-10-Q	3-Q	11.33	3-Q	3.15
13259	3-8-8-8-J-J	J-J	12.62	3-J	2.29
13260	3-8-8-8-J-K	J-K	11.27	3-K	2.72
13261	3-8-8-8-J-Q	J-Q	12.11	3-Q	2.61
13262	3-8-8-8-K-K	K-K	11.88	3-K	2.44
13263	3-8-8-8-Q-K	Q-K	10.76	Q-K	2.81
13264	3-8-8-8-Q-Q	Q-Q	12.10	3-Q	2.32
13265	3-8-8-9-9-9	8-8	12.62	3-8	3.40
13266	3-8-8-9-9-10	3-8	14.16	3-9	5.30
13267	3-8-8-9-9-J	3-J	11.04	3-J	2.27
13268	3-8-8-9-9-K	3-K	10.81	3-K	2.66
13269	3-8-8-9-9-Q	3-Q	10.72	3-Q	2.54
13270	3-8-8-9-10-10	3-8	14.16	3-10	5.59
13271	3-8-8-9-10-J	3-J	14.26	3-J	5.49
13272	3-8-8-9-10-K	3-K	14.07	3-K	5.92
13273	3-8-8-9-10-Q	3-Q	13.98	3-Q	5.80
13274	3-8-8-9-J-J	8-8	9.88	3-9	0.60
13275	3-8-8-9-J-K	J-K	8.44	3-K	0.11
13276	3-8-8-9-J-Q	J-Q	9.29	3-Q	0.00
13277	3-8-8-9-K-K	K-K	9.05	3-9	0.13
13278	3-8-8-9-Q-K	Q-K	7.94	Q-K	-0.01
13279	3-8-8-9-Q-Q	Q-Q	9.27	3-9	0.13
13280	3-8-8-10-10-10	8-8	12.75	3-8	2.61
13281	3-8-8-10-10-J	8-8	10.20	3-J	1.23
13282	3-8-8-10-10-K	3-K	9.77	3-K	1.61
13283	3-8-8-10-10-Q	3-Q	9.68	3-Q	1.50
13284	3-8-8-10-J-J	8-8	10.44	3-10	0.89
13285	3-8-8-10-J-K	10-J	8.11	3-K	-0.15
13286	3-8-8-10-J-Q	8-8	11.01	3-8	0.18
13287	3-8-8-10-K-K	8-8	8.92	3-10	0.42
13288	3-8-8-10-Q-K	3-K	7.59	10-K	-0.40
13289	3-8-8-10-Q-Q	8-8	9.44	3-10	0.42
13290	3-8-8-J-J-J	8-8	13.46	3-8	2.55
13291	3-8-8-J-J-K	8-8	9.92	3-K	1.05
13292	3-8-8-J-J-Q	8-8	10.44	3-Q	0.93
13293	3-8-8-J-K-K	8-8	9.68	3-J	0.18
13294	3-8-8-J-Q-K	8-8	10.92	3-8	0.00
13295	3-8-8-J-Q-Q	8-8	10.20	3-J	0.18
13296	3-8-8-K-K-K	8-8	12.75	3-8	1.83
13297	3-8-8-Q-K-K	8-8	9.44	3-Q	0.45
13298	3-8-8-Q-Q-K	8-8	9.44	3-K	0.57
13299	3-8-8-Q-Q-Q	8-8	12.75	3-8	1.83
13300	3-8-9-9-9-9	3-8	16.64	3-8	7.61

HAND No.	SIX-CARD HAND	DISCARD (DEALER)	EXPECTED AVG. (DEALER)	DISCARD (PONE)	EXPECTED AVG. (PONE)
13301	3-8-9-9-9-10	3-9	14.05	3-9	5.32
13302	3-8-9-9-9-J	3-J	12.43	3-J	3.66
13303	3-8-9-9-9-K	3-K	12.20	3-K	4.05
13304	3-8-9-9-9-Q	3-Q	12.11	3-Q	3.93
13305	3-8-9-9-10-10	3-9	14.02	3-10	5.59
13306	3-8-9-9-10-J	3-8	14.53	3-8	5.50
13307	3-8-9-9-10-K	3-K	14.07	3-K	5.92
13308	3-8-9-9-10-Q	3-Q	13.98	3-Q	5.80
13309	3-8-9-9-J-J	3-8	10.51	3-8	1.48
13310	3-8-9-9-J-K	J-K	8.40	3-K	0.11
13311	3-8-9-9-J-Q	J-Q	9.24	3-Q	0.00
13312	3-8-9-9-K-K	K-K	9.01	3-8	-0.04
13313	3-8-9-9-Q-K	Q-K	7.89	Q-K	-0.06
13314	3-8-9-9-Q-Q	Q-Q	9.23	3-8	-0.04
13315	3-8-9-10-10-10	3-10	13.81	3-10	5.61
13316	3-8-9-10-10-J	3-8	14.53	3-8	5.50
13317	3-8-9-10-10-K	3-K	14.07	3-K	5.92
13318	3-8-9-10-10-Q	3-Q	13.98	3-Q	5.80
13319	3-8-9-10-J-J	3-8	14.77	3-8	5.74
13320	3-8-9-10-J-K	3-K	10.35	3-K	2.20
13321	3-8-9-10-J-Q	3-8	10.60	3-Q	2.06
13322	3-8-9-10-K-K	K-K	9.86	3-K	0.46
13323	3-8-9-10-Q-K	3-K	8.75	Q-K	0.79
13324	3-8-9-10-Q-Q	Q-Q	10.08	3-Q	0.43
13325	3-8-9-J-J-J	8-9	12.73	3-8	3.37
13326	3-8-9-J-J-K	8-9	9.19	8-K	0.22
13327	3-8-9-J-J-Q	8-9	9.71	8-Q	0.11
13328	3-8-9-J-K-K	8-9	8.95	3-8	-0.93
13329	3-8-9-J-Q-K	8-9	10.19	3-9	0.21
13330	3-8-9-J-Q-Q	8-9	9.47	3-8	-0.50
13331	3-8-9-K-K-K	8-9	12.01	3-9	2.04
13332	3-8-9-Q-K-K	8-9	8.71	9-Q	-0.64
13333	3-8-9-Q-Q-K	8-9	8.71	9-K	-0.55
13334	3-8-9-Q-Q-Q	8-9	12.01	3-9	2.04
13335	3-8-10-10-10-10	3-8	16.64	3-8	7.61
13336	3-8-10-10-10-J	3-8	12.71	3-8	3.68
13337	3-8-10-10-10-K	3-K	11.42	3-K	3.26
13338	3-8-10-10-10-Q	3-8	11.69	3-Q	3.15
13339	3-8-10-10-J-J	3-8	11.56	3-8	2.53
13340	3-8-10-10-J-K	3-8	8.53	8-K	0.55
13341	3-8-10-10-J-Q	3-8	14.58	3-8	5.55
13342	3-8-10-10-K-K	3-8	8.99	3-8	-0.04
13343	3-8-10-10-Q-K	3-K	7.85	8-K	-0.22
13344	3-8-10-10-Q-Q	3-8	10.03	3-8	1.00
13345	3-8-10-J-J-J	3-8	13.19	3-8	4.16
13346	3-8-10-J-J-K	3-8	8.77	8-K	0.79
13347	3-8-10-J-J-Q	3-8	14.82	3-8	5.79
13348	3-8-10-J-K-K	3-8	8.27	3-10	-0.74
13349	3-8-10-J-Q-K	3-8	10.53	3-8	1.50
13350	3-8-10-J-Q-Q	3-8	14.58	3-8	5.55

HAND No.	SIX-CARD HAND	DISCARD (DEALER)	EXPECTED AVG. (DEALER)	DISCARD (PONE)	EXPECTED AVG. (PONE)
13351	3-8-10-K-K-K	8-10	11.10	3-10	2.33
13352	3-8-10-Q-K-K	8-10	7.80	8-Q	-0.84
13353	3-8-10-Q-Q-K	8-10	7.80	8-K	-0.22
13354	3-8-10-Q-Q-Q	3-8	11.69	3-8	2.66
13355	3-8-J-J-J-J	3-8	17.60	3-8	8.57
13356	3-8-J-J-J-K	3-8	12.40	8-K	3.81
13357	3-8-J-J-J-Q	3-8	13.19	3-8	4.16
13358	3-8-J-J-K-K	3-8	10.51	3-8	1.48
13359	3-8-J-J-Q-K	3-8	14.64	3-8	5.61
13360	3-8-J-J-Q-Q	3-8	11.56	3-8	2.53
13361	3-8-J-K-K-K	3-8	11.93	3-8	2.90
13362	3-8-J-Q-K-K	3-8	14.40	3-8	5.37
13363	3-8-J-Q-Q-K	3-8	14.40	3-8	5.37
13364	3-8-J-Q-Q-Q	3-8	12.71	3-8	3.68
13365	3-8-K-K-K-K	3-8	16.64	3-8	7.61
13366	3-8-Q-K-K-K	3-8	11.69	8-Q	2.98
13367	3-8-Q-Q-K-K	3-8	10.03	3-8	1.00
13368	3-8-Q-Q-Q-K	3-8	11.69	8-K	3.09
13369	3-8-Q-Q-Q-Q	3-8	16.64	3-8	7.61
13370	3-9-9-9-9-10	3-10	16.27	3-10	8.07
13371	3-9-9-9-9-J	3-J	16.61	3-J	7.84
13372	3-9-9-9-9-K	3-K	16.38	3-K	8.22
13373	3-9-9-9-9-Q	3-Q	16.29	3-Q	8.11
13374	3-9-9-9-10-10	3-10	12.05	3-10	3.85
13375	3-9-9-9-10-J	3-9	14.29	3-9	5.56
13376	3-9-9-9-10-K	3-K	12.20	3-K	4.05
13377	3-9-9-9-10-Q	3-Q	12.11	3-Q	3.93
13378	3-9-9-9-J-J	J-J	12.49	3-J	3.07
13379	3-9-9-9-J-K	3-K	11.66	3-K	3.50
13380	3-9-9-9-J-Q	J-Q	11.98	3-Q	3.39
13381	3-9-9-9-K-K	K-K	11.75	3-K	2.44
13382	3-9-9-9-Q-K	3-K	10.64	Q-K	2.68
13383	3-9-9-9-Q-Q	Q-Q	11.97	3-Q	2.32
13384	3-9-9-10-10-10	9-9	12.47	3-9	3.56
13385	3-9-9-10-10-J	3-9	14.26	3-10	5.83
13386	3-9-9-10-10-K	3-K	10.81	3-K	2.66
13387	3-9-9-10-10-Q	3-Q	10.72	3-Q	2.54
13388	3-9-9-10-J-J	3-9	14.50	3-9	5.78
13389	3-9-9-10-J-K	3-K	14.31	3-K	6.16
13390	3-9-9-10-J-Q	3-Q	14.18	3-Q	6.00
13391	3-9-9-10-K-K	K-K	9.01	3-10	0.42
13392	3-9-9-10-Q-K	3-K	8.03	Q-K	-0.06
13393	3-9-9-10-Q-Q	Q-Q	9.23	3-10	0.42
13394	3-9-9-J-J-J	9-9	13.19	3-9	3.50
13395	3-9-9-J-J-K	3-K	10.25	3-K	2.09
13396	3-9-9-J-J-Q ⊕	9-9	10.17	3-Q	1.98
13397	3-9-9-J-K-K	9-9	9.40	3-J	0.18
13398	3-9-9-J-Q-K	9-9	10.64	3-9	0.26
13399	3-9-9-J-Q-Q	9-9	9.93	3-J	0.18
13400	3-9-9-K-K-K	9-9	12.47	3-9	2.00

HAND No.	SIX-CARD HAND	DISCARD (DEALER)	EXPECTED AVG. (DEALER)	DISCARD (PONE)	EXPECTED AVG. (PONE)
13401	3-9-9-Q-K-K	9-9	9.17	3-Q	0.45
13402	3-9-9-Q-Q-K	9-9	9.17	3-K	0.57
13403	3-9-9-Q-Q-Q	9-9	12.47	3-9	2.00
13404	3-9-10-10-10-10	3-9	16.50	3-9	7.78
13405	3-9-10-10-10-J	3-10	14.05	3-10	5.85
13406	3-9-10-10-10-K	3-K	12.20	3-K	4.05
13407	3-9-10-10-10-Q	3-Q	12.11	3-Q	3.93
13408	3-9-10-10-J-J	3-J	14.37	3-10	6.07
13409	3-9-10-10-J-K	3-K	14.31	3-K	6.16
13410	3-9-10-10-J-Q	3-9	14.39	3-Q	6.00
13411	3-9-10-10-K-K	K-K	9.05	3-9	0.13
13412	3-9-10-10-Q-K	3-K	8.03	Q-K	-0.01
13413	3-9-10-10-Q-Q	3-9	9.89	3-9	1.17
13414	3-9-10-J-J-J	3-J	14.63	3-J	5.86
13415	3-9-10-J-J-K	3-K	14.55	3-K	6.39
13416	3-9-10-J-J-Q	3-9	14.63	3-Q	6.24
13417	3-9-10-J-K-K	K-K	10.10	3-K	0.79
13418	3-9-10-J-Q-K	3-9	10.37	3-K	2.18
13419	3-9-10-J-Q-Q	3-9	14.39	3-9	5.67
13420	3-9-10-K-K-K	9-10	11.59	3-10	2.33
13421	3-9-10-Q-K-K	9-10	8.29	9-Q	-0.64
13422	3-9-10-Q-Q-K	9-10	8.29	9-K	-0.02
13423	3-9-10-Q-Q-Q	9-10	11.59	3-9	2.82
13424	3-9-J-J-J-J	3-9	17.46	3-9	8.73
13425	3-9-J-J-J-K	3-9	12.26	9-K	4.00
13426	3-9-J-J-J-Q	3-9	13.05	3-9	4.32
13427	3-9-J-J-K-K	3-9	10.37	3-9	1.65
13428	3-9-J-J-Q-K	3-9	14.50	3-9	5.78
13429	3-9-J-J-Q-Q	3-9	11.42	3-9	2.69
13430	3-9-J-K-K-K	3-9	11.79	3-9	3.06
13431	3-9-J-Q-K-K	3-9	14.26	3-9	5.54
13432	3-9-J-Q-Q-K	3-9	14.26	3-9	5.54
13433	3-9-J-Q-Q-Q	3-9	12.57	3-9	3.84
13434	3-9-K-K-K-K	3-9	16.50	3-9	7.78
13435	3-9-Q-K-K-K	3-9	11.55	9-Q	3.19
13436	3-9-Q-Q-K-K	3-9	9.89	3-9	1.17
13437	3-9-Q-Q-Q-K	3-9	11.55	9-K	3.28
13438	3-9-Q-Q-Q-Q	3-9	16.50	3-9	7.78
13439	3-10-10-10-10-J	3-J	16.61	3-J	7.84
13440	3-10-10-10-10-K	3-K	16.38	3-K	8.22
13441	3-10-10-10-10-Q	3-Q	16.29	3-Q	8.11
13442	3-10-10-10-J-J	3-J	12.63	3-J	3.86
13443	3-10-10-10-J-K	3-K	12.44	3-K	4.29
13444	3-10-10-10-J-Q	3-10	14.05	3-10	5.85
13445	3-10-10-10-K-K	K-K	11.88	3-K	2.44
13446	3-10-10-10-Q-K	3-K	11.42	3-K	3.26
13447	3-10-10-10-Q-Q	Q-Q	12.10	3-Q	3.11
13448	3-10-10-J-J-J	10-10	12.77	3-10	4.57
13449	3-10-10-J-J-K	3-K	11.29	3-K	3.13
13450	3-10-10-J-J-Q	3-J	14.37	3-10	6.07

HAND No.	SIX-CARD HAND	DISCARD (DEALER)	EXPECTED AVG. (DEALER)	DISCARD (PONE)	EXPECTED AVG. (PONE)
13451	3-10-10-J-K-K	K-K	9.34	3-J	0.18
13452	3-10-10-J-Q-K	3-K	14.27	3-K	6.11
13453	3-10-10-J-Q-Q	3-Q	14.05	3-Q	5.87
13454	3-10-10-K-K-K	10-10	12.06	3-10	2.29
13455	3-10-10-Q-K-K	10-10	8.75	3-Q	0.45
13456	3-10-10-Q-Q-K	3-K	9.77	3-K	1.61
13457	3-10-10-Q-Q-Q	10-10	12.06	3-10	3.07
13458	3-10-J-J-J-J	3-10	17.22	3-10	9.02
13459	3-10-J-J-J-K	3-K	12.92	3-K	4.76
13460	3-10-J-J-J-Q	3-J	14.63	3-J	5.86
13461	3-10-J-J-K-K	3-10	10.14	3-10	1.94
13462	3-10-J-J-Q-K	3-K	14.51	3-K	6.35
13463	3-10-J-J-Q-Q	3-J	14.37	3-Q	6.11
13464	3-10-J-K-K-K	10-J	11.93	3-10	3.35
13465	3-10-J-Q-K-K	3-10	13.99	3-10	5.79
13466	3-10-J-Q-Q-K	3-K	14.27	3-K	6.11
13467	3-10-J-Q-Q-Q	3-Q	14.07	3-Q	5.89
13468	3-10-K-K-K-K	3-10	16.27	3-10	8.07
13469	3-10-Q-K-K-K	3-10	11.31	3-10	3.11
13470	3-10-Q-Q-K-K	3-10	9.66	3-10	1.46
13471	3-10-Q-Q-Q-K	3-K	11.42	10-K	3.42
13472	3-10-Q-Q-Q-Q	3-10	16.27	3-10	8.07
13473	3-J-J-J-J-K	3-K	17.33	3-K	9.18
13474	3-J-J-J-J-Q	3-Q	17.24	3-Q	9.06
13475	3-J-J-J-Q-K	3-J	14.46	3-J	5.68
13476	3-J-J-J-Q-Q	Q-Q	12.82	3-Q	4.61
13477	3-J-J-J-K-K	K-K	12.60	3-K	3.94
13478	3-J-J-Q-K-K	3-K	14.20	3-K	6.05
13479	3-J-J-Q-Q-K	3-J	14.20	3-Q	5.93
13480	3-J-J-Q-Q-Q	3-J	12.63	3-J	3.86
13481	3-J-J-K-K-K	J-J	12.62	3-J	3.07
13482	3-J-K-K-K-K	3-J	16.61	3-J	7.84
13483	3-J-Q-K-K-K	3-K	13.98	3-K	5.83
13484	3-J-Q-Q-K-K	3-K	13.96	3-K	5.81
13485	3-J-Q-Q-Q-K	3-Q	13.89	3-Q	5.71
13486	3-J-Q-Q-Q-Q	3-J	16.61	3-J	7.84
13487	3-Q-K-K-K-K	3-Q	16.29	3-Q	8.11
13488	3-Q-Q-K-K-K	Q-Q	12.10	3-Q	3.11
13489	3-Q-Q-Q-K-K	K-K	11.88	3-K	3.22
13490	3-Q-Q-Q-Q-K	3-K	16.38	3-K	8.22
13491	4-4-4-4-5-5 ◈	5-5	22.54	5-5	4.45
13492	4-4-4-4-5-6	4-4	20.93	4-4	8.87
13493	4-4-4-4-5-7	5-7	19.49	5-7	6.46
13494	4-4-4-4-5-8	5-8	19.22	5-8	7.43
13495	4-4-4-4-5-9	5-9	19.17	5-9	7.61
13496	4-4-4-4-5-10	5-10	20.40	5-10	6.37
13497	4-4-4-4-5-J	5-J	20.75	5-J	5.93
13498	4-4-4-4-5-K	5-K	20.41	5-K	6.52
13499	4-4-4-4-5-Q	5-Q	20.37	5-Q	6.45
13500	4-4-4-4-6-6	6-6	19.50	6-6	6.85

HAND No.	SIX-CARD HAND	DISCARD (DEALER)	EXPECTED AVG. (DEALER)	DISCARD (PONE)	EXPECTED AVG. (PONE)
13501	4-4-4-4-6-7	6-7	18.44	4-6	7.58
13502	4-4-4-4-6-8	6-8	18.35	6-8	7.87
13503	4-4-4-4-6-9	6-9	18.88	6-9	7.47
13504	4-4-4-4-6-10	6-10	16.92	6-10	9.43
13505	4-4-4-4-6-J	6-J	17.15	6-J	9.19
13506	4-4-4-4-6-K	6-K	16.88	6-K	9.60
13507	4-4-4-4-6-Q	6-Q	17.02	6-Q	9.53
13508	4-4-4-4-7-7	7-7	19.13	4-7	7.80
13509	4-4-4-4-7-8	7-8	20.02	4-8	7.88
13510	4-4-4-4-7-9	7-9	17.52	7-9	8.22
13511	4-4-4-4-7-10	7-10	16.73	7-10	9.17
13512	4-4-4-4-7-J	7-J	17.05	7-J	8.78
13513	4-4-4-4-7-K	7-K	16.76	7-K	9.20
13514	4-4-4-4-7-Q	7-Q	16.73	7-Q	9.15
13515	4-4-4-4-8-8	8-8	19.18	8-8	6.72
13516	4-4-4-4-8-9	8-9	18.45	8-9	7.89
13517	4-4-4-4-8-10	8-10	17.53	8-10	8.59
13518	4-4-4-4-8-J	8-J	17.30	8-J	9.13
13519	4-4-4-4-8-K	8-K	16.89	8-K	9.52
13520	4-4-4-4-8-Q	8-Q	16.92	8-Q	9.42
13521	4-4-4-4-9-9	9-9	18.90	9-9	7.33
13522	4-4-4-4-9-10	9-10	18.03	9-10	8.33
13523	4-4-4-4-9-J	9-J	17.70	9-J	8.79
13524	4-4-4-4-9-K	9-K	16.81	9-K	9.71
13525	4-4-4-4-9-Q	9-Q	16.73	9-Q	9.62
13526	4-4-4-4-10-10	10-10	18.49	10-10	7.64
13527	4-4-4-4-10-J	10-J	18.37	10-J	8.09
13528	4-4-4-4-10-K	10-K	16.57	10-K	9.86
13529	4-4-4-4-10-Q	10-Q	17.05	10-Q	9.14
13530	4-4-4-4-J-J	J-J	19.06	J-J	7.46
13531	4-4-4-4-J-K	J-K	17.70	J-K	8.99
13532	4-4-4-4-J-Q	J-Q	18.55	J-Q	8.27
13533	4-4-4-4-K-K	K-K	18.31	K-K	8.10
13534	4-4-4-4-Q-K	Q-K	17.20	Q-K	9.25
13535	4-4-4-4-Q-Q	Q-Q	18.53	Q-Q	8.03
13536	4-4-4-5-5-5	5-5	18.98	4-4	6.57
13537	4 4 4 5-5-6	4-5	21.73	4-4	9.18
13538	4-4-4-5-5-7	5-5	21.94	4-7	4.45
13539	4-4-4-5-5-8	5-5	16.46	4-8	4.44
13540	4-4-4-5-5-9	5-5	16.46	4-9	4.72
13541	4-4-4-5-5-10	5-10	16.83	4-10	4.76
13542	4-4-4-5-5-J	5-J	17.18	4-J	4.43
13543	4-4-4-5-5-K	5-K	16.85	4-K	4.94
13544	4-4-4-5-5-Q	5-Q	16.81	4-Q	4.84
13545	4-4-4-5-6-6	4-4	20.63	4-6	9.95
13546	4-4-4-5-6-7	5-6	19.78	4-7	10.52
13547	4-4-4-5-6-8	4-8	19.31	4-8	10.55
13548	4-4-4-5-6-9	4-9	19.19	4-9	10.78
13549	4-4-4-5-6-10	4-10	19.06	4-10	10.92
13550	4-4-4-5-6-J	4-J	19.34	4-J	10.58

HAND No.	SIX-CARD HAND	DISCARD (DEALER)	EXPECTED AVG. (DEALER)	DISCARD (PONE)	EXPECTED AVG. (PONE)
13551	4-4-4-5-6-K	4-K	19.05	4-K	11.09
13552	4-4-4-5-6-Q	4-Q	19.04	4-Q	10.99
13553	4-4-4-5-7-7	5-7	18.97	5-7	5.94
13554	4-4-4-5-7-8	5-8	18.57	5-8	6.77
13555	4-4-4-5-7-9	5-9	18.56	5-9	7.00
13556	4-4-4-5-7-10	5-10	19.79	7-10	5.78
13557	4-4-4-5-7-J	5-J	20.14	7-J	5.39
13558	4-4-4-5-7-K	5-K	19.80	5-K	5.91
13559	4-4-4-5-7-Q	5-Q	19.76	5-Q	5.84
13560	4-4-4-5-8-8	8-8	15.70	8-8	3.24
13561	4-4-4-5-8-9	8-9	14.97	8-9	4.41
13562	4-4-4-5-8-10	5-10	14.31	8-10	5.06
13563	4-4-4-5-8-J	5-J	14.66	8-J	5.61
13564	4-4-4-5-8-K	5-K	14.32	8-K	6.00
13565	4-4-4-5-8-Q	5-Q	14.28	8-Q	5.89
13566	4-4-4-5-9-9	9-9	15.43	9-9	3.85
13567	4-4-4-5-9-10	9-10	14.51	9-10	4.80
13568	4-4-4-5-9-J	5-J	14.66	9-J	5.27
13569	4-4-4-5-9-K	5-K	14.32	9-K	6.19
13570	4-4-4-5-9-Q	5-Q	14.28	9-Q	6.10
13571	4-4-4-5-10-10	10-10	14.93	10-10	4.08
13572	4-4-4-5-10-J	10-J	14.80	10-J	4.53
13573	4-4-4-5-10-K	5-K	14.28	10-K	6.29
13574	4-4-4-5-10-Q	5-10	14.27	10-Q	5.57
13575	4-4-4-5-J-J	J-J	15.49	J-J	3.89
13576	4-4-4-5-J-K	5-J	14.62	J-K	5.43
13577	4-4-4-5-J-Q	J-Q	14.98	J-Q	4.71
13578	4-4-4-5-K-K	K-K	14.75	K-K	4.53
13579	4-4-4-5-Q-K	5-K	14.28	Q-K	5.68
13580	4-4-4-5-Q-Q	Q-Q	14.97	Q-Q	4.46
13581	4-4-4-6-6-6	6-6	14.63	4-4	2.09
13582	4-4-4-6-6-7	6-6	18.90	6-6	6.24
13583	4-4-4-6-6-8	6-8	13.53	6-8	3.05
13584	4-4-4-6-6-9	6-9	14.01	6-9	2.60
13585	4-4-4-6-6-10	6-6	13.42	6-10	4.60
13586	4-4-4-6-6-J	6-6	13.66	6-J	4.36
13587	4-4-4-6-6-K	6-6	13.42	6-K	4.77
13588	4-4-4-6-6-Q	6-6	13.42	6-Q	4.70
13589	4-4-4-6-7-7	6-7	17.92	6-7	6.55
13590	4-4-4-6-7-8	6-8	17.70	6-8	7.22
13591	4-4-4-6-7-9	6-9	18.27	6-9	6.86
13592	4-4-4-6-7-10	6-10	16.31	6-10	8.82
13593	4-4-4-6-7-J	6-J	16.55	6-J	8.58
13594	4-4-4-6-7-K	6-K	16.27	6-K	8.99
13595	4-4-4-6-7-Q	6-Q	16.42	6-Q	8.92
13596	4-4-4-6-8-8	8-8	14.40	8-8	1.93
13597	4-4-4-6-8-9	8-9	13.62	8-9	3.07
13598	4-4-4-6-8-10	8-10	12.75	8-10	3.80
13599	4-4-4-6-8-J	8-J	12.52	8-J	4.35
13600	4-4-4-6-8-K	6-8	12.27	8-K	4.74

HAND No.	SIX-CARD HAND	DISCARD (DEALER)	EXPECTED AVG. (DEALER)	DISCARD (PONE)	EXPECTED AVG. (PONE)
13601	4-4-4-6-8-Q	6-8	12.27	8-Q	4.63
13602	4-4-4-6-9-9	9-9	14.03	9-9	2.46
13603	4-4-4-6-9-10	9-10	13.20	9-10	3.50
13604	4-4-4-6-9-J	6-9	13.03	9-J	3.96
13605	4-4-4-6-9-K	6-9	12.79	9-K	4.89
13606	4-4-4-6-9-Q	6-9	12.79	9-Q	4.80
13607	4-4-4-6-10-10	10-10	13.71	6-10	3.30
13608	4-4-4-6-10-J	10-J	13.58	6-10	3.58
13609	4-4-4-6-10-K	10-K	11.79	10-K	5.08
13610	4-4-4-6-10-Q	10-Q	12.27	10-Q	4.36
13611	4-4-4-6-J-J	J-J	14.28	6-J	3.30
13612	4-4-4-6-J-K	J-K	12.92	J-K	4.21
13613	4-4-4-6-J-Q	J-Q	13.77	6-Q	3.68
13614	4-4-4-6-K-K	K-K	13.53	6-K	3.47
13615	4-4-4-6-Q-K	Q-K	12.42	Q-K	4.46
13616	4-4-4-6-Q-Q	Q-Q	13.75	6-Q	3.40
13617	4-4-4-7-7-7	7-7	18.70	7-7	5.68
13618	4-4-4-7-7-8	7-8	19.45	7-8	5.42
13619	4-4-4-7-7-9	7-9	17.00	7-9	7.70
13620	4-4-4-7-7-10	7-10	16.21	7-10	8.65
13621	4-4-4-7-7-J	7-J	16.53	7-J	8.26
13622	4-4-4-7-7-K	7-K	16.24	7-K	8.68
13623	4-4-4-7-7-Q	7-Q	16.20	7-Q	8.63
13624	4-4-4-7-8-8	8-8	18.49	8-8	6.02
13625	4-4-4-7-8-9	8-9	17.79	8-9	7.24
13626	4-4-4-7-8-10	8-10	16.88	8-10	7.93
13627	4-4-4-7-8-J	8-J	16.65	8-J	8.48
13628	4-4-4-7-8-K	8-K	16.24	8-K	8.87
13629	4-4-4-7-8-Q	8-Q	16.27	8-Q	8.76
13630	4-4-4-7-9-9	9-9	18.30	9-9	6.72
13631	4-4-4-7-9-10	9-10	17.42	9-10	7.72
13632	4-4-4-7-9-J	9-J	17.10	9-J	8.18
13633	4-4-4-7-9-K	9-K	16.20	9-K	9.11
13634	4-4-4-7-9-Q	9-Q	16.12	9-Q	9.01
13635	4-4-4-7-10-10	10-10	17.88	10-10	7.04
13636	4-4-4-7-10-J	10-J	17.76	10-J	7.49
13637	4-4-4-7-10-K	10-K	15.97	10-K	9.25
13638	4-4-4-7-10-Q	10-Q	16.44	10-Q	8.53
13639	4-4-4-7-J-J	J-J	18.45	J-J	6.85
13640	4-4-4-7-J-K	J-K	17.09	J-K	8.38
13641	4-4-4-7-J-Q	J-Q	17.94	J-Q	7.66
13642	4-4-4-7-K-K	K-K	17.71	K-K	7.49
13643	4-4-4-7-Q-K	Q-K	16.59	Q-K	8.64
13644	4-4-4-7-Q-Q	Q-Q	17.93	Q-Q	7.42
13645	4-4-4-8-8-8	8-8	13.01	4-4	0.79
13646	4-4-4-8-8-9	8-8	13.09	8-9	1.76
13647	4-4-4-8-8-10	8-8	13.09	8-10	2.46
13648	4-4-4-8-8-J	8-8	13.33	8-J	3.00
13649	4-4-4-8-8-K	8-8	13.09	8-K	3.39
13650	4-4-4-8-8-Q	8-8	13.09	8-Q	3.29

HAND No.	SIX-CARD HAND	DISCARD (DEALER)	EXPECTED AVG. (DEALER)	DISCARD (PONE)	EXPECTED AVG. (PONE)
13651	4-4-4-8-9-9	9-9	12.82	8-9	1.76
13652	4-4-4-8-9-10	8-9	12.36	8-10	2.50
13653	4-4-4-8-9-J	8-9	12.60	8-J	3.05
13654	4-4-4-8-9-K	8-9	12.36	9-K	3.63
13655	4-4-4-8-9-Q	8-9	12.36	9-Q	3.53
13656	4-4-4-8-10-10	10-10	12.40	8-10	2.46
13657	4-4-4-8-10-J	10-J	12.28	8-J	3.05
13658	4-4-4-8-10-K	8-10	11.45	10-K	3.77
13659	4-4-4-8-10-Q	8-10	11.45	8-Q	3.33
13660	4-4-4-8-J-J	J-J	12.97	8-J	3.24
13661	4-4-4-8-J-K	J-K	11.61	8-K	3.68
13662	4-4-4-8-J-Q	J-Q	12.46	8-Q	3.57
13663	4-4-4-8-K-K	K-K	12.23	8-K	3.39
13664	4-4-4-8-Q-K	Q-K	11.11	8-K	3.44
13665	4-4-4-8-Q-Q	Q-Q	12.45	8-Q	3.29
13666	4-4-4-9-9-9 ⊕	4-4	12.85	9-9	1.15
13667	4-4-4-9-9-10	9-9	12.82	9-10	2.20
13668	4-4-4-9-9-J	9-9	13.06	9-J	2.66
13669	4-4-4-9-9-K	9-9	12.82	9-K	3.58
13670	4-4-4-9-9-Q	9-9	12.82	9-Q	3.49
13671	4-4-4-9-10-10	10-10	12.40	9-10	2.20
13672	4-4-4-9-10-J ⊕	10-J	12.28	9-J	2.70
13673	4-4-4-9-10-K	9-10	11.94	10-K	3.77
13674	4-4-4-9-10-Q	9-10	11.94	9-Q	3.53
13675	4-4-4-9-J-J	J-J	12.97	9-J	2.90
13676	4-4-4-9-J-K	9-J	11.62	9-K	3.87
13677	4-4-4-9-J-Q	J-Q	12.46	9-Q	3.77
13678	4-4-4-9-K-K	K-K	12.23	9-K	3.58
13679	4-4-4-9-Q-K	Q-K	11.11	9-K	3.63
13680	4-4-4-9-Q-Q	Q-Q	12.45	9-Q	3.49
13681	4-4-4-10-10-10	4-4	12.85	10-10	1.47
13682	4-4-4-10-10-J	10-10	12.64	10-J	1.96
13683	4-4-4-10-10-K	10-10	12.40	10-K	3.73
13684	4-4-4-10-10-Q	10-10	12.40	10-Q	3.01
13685	4-4-4-10-J-J	J-J	12.97	10-J	2.20
13686	4-4-4-10-J-K	10-J	12.28	10-K	4.01
13687	4-4-4-10-J-Q	J-Q	12.46	10-Q	3.29
13688	4-4-4-10-K-K	K-K	12.23	10-K	3.73
13689	4-4-4-10-Q-K	Q-K	11.11	10-K	3.77
13690	4-4-4-10-Q-Q	Q-Q	12.45	10-Q	3.01
13691	4-4-4-J-J-J	4-4	13.56	J-J	1.52
13692	4-4-4-J-J-K	J-J	12.97	J-K	3.10
13693	4-4-4-J-J-Q	J-J	12.97	J-Q	2.38
13694	4-4-4-J-K-K	K-K	12.47	J-K	2.86
13695	4-4-4-J-Q-K	J-Q	12.46	Q-K	3.40
13696	4-4-4-J-Q-Q	Q-Q	12.69	Q-Q	2.18
13697	4-4-4-K-K-K	4-4	12.85	K-K	1.93
13698	4-4-4-Q-K-K	K-K	12.23	Q-K	3.12
13699	4-4-4-Q-Q-K	Q-Q	12.45	Q-K	3.12
13700	4-4-4-Q-Q-Q	4-4	12.85	Q-Q	1.86

HAND No.	SIX-CARD HAND	DISCARD (DEALER)	EXPECTED AVG. (DEALER)	DISCARD (PONE)	EXPECTED AVG. (PONE)
13701	4-4-5-5-5-5 ★	4-4	28.41	4-4	16.35
13702	4-4-5-5-5-6	5-5	23.98	4-5	8.54
13703	4-4-5-5-5-7	4-4	17.59	4-7	8.15
13704	4-4-5-5-5-8	4-8	16.85	4-8	8.09
13705	4-4-5-5-5-9	4-4	16.80	4-9	8.37
13706	4-4-5-5-5-10	4-4	22.02	4-4	9.96
13707	4-4-5-5-5-J	4-4	22.26	4-4	10.20
13708	4-4-5-5-5-K	4-4	22.02	4-4	9.96
13709	4-4-5-5-5-Q	4-4	22.02	4-4	9.96
13710	4-4-5-5-6-6	5-6	21.82	4-6	10.32
13711	4-4-5-5-6-7	5-7	21.36	4-7	10.93
13712	4-4-5-5-6-8	5-8	20.92	4-8	10.92
13713	4-4-5-5-6-9	5-9	20.82	4-9	11.15
13714	4-4-5-5-6-10	5-10	22.05	4-10	11.24
13715	4-4-5-5-6-J	5-J	22.40	4-J	10.91
13716	4-4-5-5-6-K	5-K	22.06	4-K	11.42
13717	4-4-5-5-6-Q	5-Q	22.02	4-Q	11.32
13718	4-4-5-5-7-7	5-5	18.11	7-7	2.29
13719	4-4-5-5-7-8	5-5	16.67	7-8	1.94
13720	4-4-5-5-7-9	5-5	14.50	7-9	4.18
13721	4-4-5-5-7-10	4-4	14.59	7-10	5.04
13722	4-4-5-5-7-J	4-4	14.83	4-7	4.95
13723	4-4-5-5-7-K	4-4	14.59	7-K	5.07
13724	4-4-5-5-7-Q	4-4	14.59	7-Q	5.02
13725	4-4-5-5-8-8	8-8	14.92	8-8	2.46
13726	4-4-5-5-8-9	8-9	14.19	8-9	3.63
13727	4-4-5-5-8-10	4-4	14.33	4-8	4.66
13728	4-4-5-5-8-J	4-4	14.30	4-8	4.90
13729	4-4-5-5-8-K	4-4	14.06	8-K	5.18
13730	4-4-5-5-8-Q	4-4	14.06	8-Q	5.07
13731	4-4-5-5-9-9	9-9	14.64	9-9	3.07
13732	4-4-5-5-9-10	4-4	14.59	4-9	4.93
13733	4-4-5-5-9-J	4-4	14.56	4-9	5.17
13734	4-4-5-5-9-K	4-4	14.06	9-K	5.37
13735	4-4-5-5-9-Q	4-4	14.06	9-Q	5.27
13736	4-4-5-5-10-10	4-4	19.46	4-4	7.40
13737	4-4-5-5-10-J	4-4	18.30	4-4	6.24
13738	4-4-5-5-10-K	4-4	17.54	4-4	5.48
13739	4-4-5-5-10-Q	4-4	17.80	4-4	5.74
13740	4-4-5-5-J-J	4-4	19.93	4-4	7.87
13741	4-4-5-5-J-K	4-4	18.04	4-4	5.98
13742	4-4-5-5-J-Q	4-4	18.30	4-4	6.24
13743	4-4-5-5-K-K	4-4	19.46	4-4	7.40
13744	4-4-5-5-Q-K	4-4	17.80	4-4	5.74
13745	4-4-5-5-Q-Q	4-4	19.46	4-4	7.40
13746	4-4-5-6-6-6	6-6	20.94	4-6	9.77
13747	4-4-5-6-6-7	6-7	20.31	4-7	10.32
13748	4-4-5-6-6-8	6-8	20.05	4-8	10.31
13749	4-4-5-6-6-9	6-9	20.53	4-9	10.50
13750	4-4-5-6-6-10	4-10	18.82	6-10	11.08

HAND No.	SIX-CARD HAND	DISCARD (DEALER)	EXPECTED AVG. (DEALER)	DISCARD (PONE)	EXPECTED AVG. (PONE)
13751	4-4-5-6-6-J	4-J	19.10	6-J	10.84
13752	4-4-5-6-6-K	4-K	18.81	6-K	11.25
13753	4-4-5-6-6-Q	4-Q	18.80	6-Q	11.18
13754	4-4-5-6-7-7	7-7	21.44	7-7	8.42
13755	4-4-5-6-7-8	7-8	22.15	7-8	8.11
13756	4-4-5-6-7-9	7-9	19.61	7-9	10.31
13757	4-4-5-6-7-10	7-10	18.82	7-10	11.26
13758	4-4-5-6-7-J	7-J	19.14	7-J	10.87
13759	4-4-5-6-7-K	7-K	18.85	7-K	11.29
13760	4-4-5-6-7-Q	7-Q	18.81	7-Q	11.24
13761	4-4-5-6-8-8	8-8	21.14	8-8	8.67
13762	4-4-5-6-8-9	8-9	20.36	8-9	9.80
13763	4-4-5-6-8-10	8-10	19.45	8-10	10.50
13764	4-4-5-6-8-J	8-J	19.21	8-J	11.05
13765	4-4-5-6-8-K	8-K	18.80	8-K	11.44
13766	4-4-5-6-8-Q	8-Q	18.84	8-Q	11.33
13767	4-4-5-6-9-9	9-9	20.77	9-9	9.20
13768	4-4-5-6-9-10	9-10	19.90	9-10	10.20
13769	4-4-5-6-9-J	9-J	19.57	9-J	10.66
13770	4-4-5-6-9-K	9-K	18.68	9-K	11.58
13771	4-4-5-6-9-Q	9-Q	18.60	9-Q	11.49
13772	4-4-5-6-10-10	10-10	20.36	10-10	9.51
13773	4-4-5-6-10-J	10-J	20.24	10-J	9.96
13774	4-4-5-6-10-K	10-K	18.44	10-K	11.73
13775	4-4-5-6-10-Q	10-Q	18.92	10-Q	11.01
13776	4-4-5-6-J-J	J-J	20.93	J-J	9.33
13777	4-4-5-6-J-K	J-K	19.57	J-K	10.86
13778	4-4-5-6-J-Q	J-Q	20.42	J-Q	10.14
13779	4-4-5-6-K-K	K-K	20.18	K-K	9.97
13780	4-4-5-6-Q-K	Q-K	19.07	Q-K	11.12
13781	4-4-5-6-Q-Q	Q-Q	20.40	Q-Q	9.90
13782	4-4-5-7-7-7	5-7	15.19	4-4	2.87
13783	4-4-5-7-7-8	4-4	15.02	4-4	2.96
13784	4-4-5-7-7-9	5-9	14.74	5-9	3.17
13785	4-4-5-7-7-10	5-10	15.96	7-10	3.09
13786	4-4-5-7-7-J	5-J	16.31	7-J	2.69
13787	4-4-5-7-7-K	5-K	15.98	7-K	3.12
13788	4-4-5-7-7-Q	5-Q	15.94	7-Q	3.07
13789	4-4-5-7-8-8	4-4	14.85	4-4	2.79
13790	4-4-5-7-8-9	4-4	13.65	5-9	1.67
13791	4-4-5-7-8-10	5-10	14.53	8-10	2.28
13792	4-4-5-7-8-J	5-J	14.88	8-J	2.83
13793	4-4-5-7-8-K	5-K	14.54	8-K	3.22
13794	4-4-5-7-8-Q	5-Q	14.50	8-Q	3.11
13795	4-4-5-7-9-9	9-9	12.69	9-9	1.11
13796	4-4-5-7-9-10	5-10	12.36	9-10	2.07
13797	4-4-5-7-9-J	5-J	12.70	9-J	2.53
13798	4-4-5-7-9-K	5-K	12.37	9-K	3.45
13799	4-4-5-7-9-Q	5-Q	12.33	9-Q	3.36
13800	4-4-5-7-10-10	4-4	13.54	4-7	3.41

HAND No.	SIX-CARD HAND	DISCARD (DEALER)	EXPECTED AVG. (DEALER)	DISCARD (PONE)	EXPECTED AVG. (PONE)
13801	4-4-5-7-10-J ♣	5-J	12.40	7-10	3.15
13802	4-4-5-7-10-K	5-K	12.06	10-K	3.55
13803	4-4-5-7-10-Q	5-10	12.05	7-10	2.91
13804	4-4-5-7-J-J	4-4	14.02	4-7	3.89
13805	4-4-5-7-J-K	5-J	12.40	7-K	3.18
13806	4-4-5-7-J-Q ♣	5-J	12.40	7-Q	3.13
13807	4-4-5-7-K-K	4-4	13.54	4-7	3.41
13808	4-4-5-7-Q-K	5-K	12.06	7-K	2.94
13809	4-4-5-7-Q-Q	4-4	13.54	4-7	3.41
13810	4-4-5-8-8-8	4-5	13.75	4-4	1.57
13811	4-4-5-8-8-9	8-8	11.01	4-9	0.15
13812	4-4-5-8-8-10	8-8	12.75	8-10	0.33
13813	4-4-5-8-8-J	8-8	12.99	8-J	0.87
13814	4-4-5-8-8-K	8-8	12.75	8-K	1.26
13815	4-4-5-8-8-Q	8-8	12.75	8-Q	1.16
13816	4-4-5-8-9-9	5-8	11.05	4-8	-0.12
13817	4-4-5-8-9-10	4-4	13.39	8-9	1.46
13818	4-4-5-8-9-J	8-9	12.25	8-9	1.70
13819	4-4-5-8-9-K	8-9	12.01	9-K	1.50
13820	4-4-5-8-9-Q	8-9	12.01	8-9	1.46
13821	4-4-5-8-10-10	4-4	13.80	4-8	3.35
13822	4-4-5-8-10-J	4-4	12.22	8-J	2.66
13823	4-4-5-8-10-K	4-4	11.63	8-K	3.05
13824	4-4-5-8-10-Q	4-4	11.89	8-Q	2.94
13825	4-4-5-8-J-J	4-4	13.76	4-8	3.83
13826	4-4-5-8-J-K	4-4	11.87	8-K	3.29
13827	4-4-5-8-J-Q	4-4	12.13	8-Q	3.18
13828	4-4-5-8-K-K	4-4	13.28	4-8	3.35
13829	4-4-5-8-Q-K	4-4	11.63	8-K	3.05
13830	4-4-5-8-Q-Q	4-4	13.28	4-8	3.35
13831	4-4-5-9-9-9	4-5	13.75	4-4	1.57
13832	4-4-5-9-9-10 ♣	4-4	12.59	9-9	0.89
13833	4-4-5-9-9-J	9-9	12.71	9-9	1.13
13834	4-4-5-9-9-K	9-9	12.47	9-K	1.45
13835	4-4-5-9-9-Q	9-9	12.47	9-Q	1.36
13836	4-4-5-9-10-10	4-4	14.33	4-9	3.63
13837	4-4-5-9-10-J	4-4	15.37	4-4	3.31
13838	4-4-5-9-10-K	4-4	11.89	9-K	3.24
13839	4-4-5-9-10-Q	4-4	11.98	9-Q	3.14
13840	4-4-5-9-J-J	4-4	14.28	4-9	4.11
13841	4-4-5-9-J-K	4-4	12.13	9-K	3.48
13842	4-4-5-9-J-Q	4-4	12.22	9-Q	3.38
13843	4-4-5-9-K-K	4-4	13.28	4-9	3.63
13844	4-4-5-9-Q-K	4-4	11.63	9-K	3.24
13845	4-4-5-9-Q-Q	4-4	13.28	4-9	3.63
13846	4-4-5-10-10-10	4-4	18.85	4-4	6.79
13847	4-4-5-10-10-J	4-4	16.30	4-4	4.24
13848	4-4-5-10-10-K	4-4	15.02	4-K	3.90
13849	4-4-5-10-10-Q	4-4	15.54	4-Q	3.80
13850	4-4-5-10-J-J	4-4	16.54	4-4	4.48

HAND No.	SIX-CARD HAND	DISCARD (DEALER)	EXPECTED AVG. (DEALER)	DISCARD (PONE)	EXPECTED AVG. (PONE)
13851	4-4-5-10-J-K	4-4	13.96	10-K	3.58
13852	4-4-5-10-J-Q	4-4	17.11	4-4	5.05
13853	4-4-5-10-K-K	4-4	15.02	4-10	3.72
13854	4-4-5-10-Q-K	4-4	13.46	10-K	3.34
13855	4-4-5-10-Q-Q	4-4	15.54	4-10	3.72
13856	4-4-5-J-J-J	4-4	19.56	4-4	7.50
13857	4-4-5-J-J-K	4-4	16.02	4-K	4.38
13858	4-4-5-J-J-Q	4-4	16.54	4-4	4.48
13859	4-4-5-J-K-K	4-4	15.78	4-4	3.72
13860	4-4-5-J-Q-K	4-4	17.02	4-4	4.96
13861	4-4-5-J-Q-Q	4-4	16.30	4-4	4.24
13862	4-4-5-K-K-K	4-4	18.85	4-4	6.79
13863	4-4-5-Q-K-K	4-4	15.54	4-Q	3.80
13864	4-4-5-Q-Q-K	4-4	15.54	4-K	3.90
13865	4-4-5-Q-Q-Q	4-4	18.85	4-4	6.79
13866	4-4-6-6-6-6	4-4	19.37	4-4	7.31
13867	4-4-6-6-6-7	4-4	15.20	4-7	3.67
13868	4-4-6-6-6-8	4-4	14.41	4-8	3.62
13869	4-4-6-6-6-9	4-4	18.85	4-4	6.79
13870	4-4-6-6-6-10	4-4	13.11	4-10	4.03
13871	4-4-6-6-6-J	4-4	13.35	4-J	3.69
13872	4-4-6-6-6-K	4-4	13.11	4-K	4.20
13873	4-4-6-6-6-Q	4-4	13.11	4-Q	4.10
13874	4-4-6-6-7-7	6-6	15.07	6-6	2.42
13875	4-4-6-6-7-8	4-4	18.80	4-4	6.74
13876	4-4-6-6-7-9	4-4	14.33	4-7	3.06
13877	4-4-6-6-7-10	6-6	11.20	7-10	2.78
13878	4-4-6-6-7-J	6-6	11.44	7-J	2.39
13879	4-4-6-6-7-K	6-6	11.20	7-K	2.81
13880	4-4-6-6-7-Q	6-6	11.20	7-Q	2.76
13881	4-4-6-6-8-8 ♣	4-4	12.59	4-4	0.53
13882	4-4-6-6-8-9	4-4	14.06	4-8	3.01
13883	4-4-6-6-8-10	8-10	10.93	8-10	1.98
13884	4-4-6-6-8-J	8-J	10.69	8-J	2.53
13885	4-4-6-6-8-K	8-K	10.28	8-K	2.92
13886	4-4-6-6-8-Q	8-Q	10.32	8-Q	2.81
13887	4-4-6-6-9-9	4-4	18.50	4-4	6.44
13888	4-4-6-6-9-10	4-4	13.28	4-10	3.42
13889	4-4-6-6-9-J	4-4	13.26	4-J	3.08
13890	4-4-6-6-9-K	4-4	12.76	4-K	3.59
13891	4-4-6-6-9-Q	4-4	12.76	4-Q	3.49
13892	4-4-6-6-10-10	10-10	11.88	10-10	1.04
13893	4-4-6-6-10-J	10-J	11.76	10-J	1.49
13894	4-4-6-6-10-K	10-K	9.97	10-K	3.25
13895	4-4-6-6-10-Q	10-Q	10.44	10-Q	2.53
13896	4-4-6-6-J-J	J-J	12.45	J-J	0.85
13897	4-4-6-6-J-K	J-K	11.09	J-K	2.38
13898	4-4-6-6-J-Q	J-Q	11.94	J-Q	1.66
13899	4-4-6-6-K-K	K-K	11.71	K-K	1.49
13900	4-4-6-6-Q-K	Q-K	10.59	Q-K	2.64

HAND No.	SIX-CARD HAND	DISCARD (DEALER)	EXPECTED AVG. (DEALER)	DISCARD (PONE)	EXPECTED AVG. (PONE)
13901	4-4-6-6-Q-Q	Q-Q	11.93	Q-Q	1.42
13902	4-4-6-7-7-7	4-4	15.20	4-4	3.14
13903	4-4-6-7-7-8	4-4	20.54	4-4	8.48
13904	4-4-6-7-7-9	6-9	14.44	6-9	3.04
13905	4-4-6-7-7-10	6-10	12.49	6-10	4.99
13906	4-4-6-7-7-J	6-J	12.72	6-J	4.75
13907	4-4-6-7-7-K	6-K	12.45	6-K	5.16
13908	4-4-6-7-7-Q	6-Q	12.59	6-Q	5.09
13909	4-4-6-7-8-8	4-4	20.37	4-4	8.31
13910	4-4-6-7-8-9	4-4	16.24	4-4	4.18
13911	4-4-6-7-8-10	4-4	12.96	6-10	3.49
13912	4-4-6-7-8-J	4-4	13.11	6-J	3.25
13913	4-4-6-7-8-K	4-4	12.87	6-K	3.66
13914	4-4-6-7-8-Q	4-4	12.87	6-Q	3.59
13915	4-4-6-7-9-9	4-4	13.72	4-7	2.62
13916	4-4-6-7-9-10	9-10	10.99	7-10	1.91
13917	4-4-6-7-9-J	6-9	10.81	9-J	1.75
13918	4-4-6-7-9-K	6-9	10.57	9-K	2.67
13919	4-4-6-7-9-Q	6-9	10.57	9-Q	2.58
13920	4-4-6-7-10-10	10-10	11.49	6-10	1.08
13921	4-4-6-7-10-J	10-J	11.37	6-10	1.36
13922	4-4-6-7-10-K	10-K	9.57	10-K	2.86
13923	4-4-6-7-10-Q	10-Q	10.05	10-Q	2.14
13924	4-4-6-7-J-J	J-J	12.06	6-J	1.08
13925	4-4-6-7-J-K	J-K	10.70	J-K	1.99
13926	4-4-6-7-J-Q	J-Q	11.55	6-Q	1.46
13927	4-4-6-7-K-K	K-K	11.31	6-K	1.25
13928	4-4-6-7-Q-K	Q-K	10.20	Q-K	2.25
13929	4-4-6-7-Q-Q	Q-Q	11.53	6-Q	1.18
13930	4-4-6-8-8-8	4-4	13.89	4-6	1.97
13931	4-4-6-8-8-9	4-4	12.24	4-4	0.18
13932	4-4-6-8-8-10	4-4	10.15	6-10	1.26
13933	4-4-6-8-8-J	8-8	10.03	6-J	1.01
13934	4-4-6-8-8-K	8-8	9.79	6-K	1.42
13935	4-4-6-8-8-Q	8-8	9.79	6-Q	1.35
13936	4-4-6-8-9-9	4-4	13.98	4-8	2.57
13937	4-4-6-8-9-10	4-4	12.78	8-10	1.11
13938	4-4-6-8-9-J	4-4	9.87	8-J	1.66
13939	4-4-6-8-9-K	4-4	9.54	8-K	2.05
13940	4-4-6-8-9-Q	4-4	9.54	8-Q	1.94
13941	4-4-6-8-10-10	6-8	10.18	6-8	-0.30
13942	4-4-6-8-10-J	10-J	9.41	8-J	-0.26
13943	4-4-6-8-10-K	6-8	8.27	10-K	0.90
13944	4-4-6-8-10-Q	6-8	8.53	10-Q	0.18
13945	4-4-6-8-J-J	6-8	10.66	6-8	0.18
13946	4-4-6-8-J-K	6-8	8.77	8-K	0.37
13947	4-4-6-8-J-Q	J-Q	9.59	8-Q	0.26
13948	4-4-6-8-K-K	6-8	10.18	8-K	0.09
13949	4-4-6-8-Q-K	6-8	8.53	Q-K	0.29
13950	4-4-6-8-Q-Q	6-8	10.18	8-Q	-0.02

HAND No.	SIX-CARD HAND	DISCARD (DEALER)	EXPECTED AVG. (DEALER)	DISCARD (PONE)	EXPECTED AVG. (PONE)
13951	4-4-6-9-9-9	4-4	18.33	4-4	6.27
13952	4-4-6-9-9-10	4-4	13.63	4-10	2.98
13953	4-4-6-9-9-J	4-4	13.35	4-J	2.65
13954	4-4-6-9-9-K	4-4	12.59	4-K	3.16
13955	4-4-6-9-9-Q	4-4	12.59	4-Q	3.06
13956	4-4-6-9-10-10	4-4	11.72	10-10	0.17
13957	4-4-6-9-10-J	4-4	12.76	4-4	0.70
13958	4-4-6-9-10-K	4-4	9.28	10-K	2.38
13959	4-4-6-9-10-Q	10-Q	9.57	10-Q	1.66
13960	4-4-6-9-J-J ✦	4-4	11.67	J-J	-0.02
13961	4-4-6-9-J-K	J-K	10.22	J-K	1.51
13962	4-4-6-9-J-Q	J-Q	11.07	J-Q	0.79
13963	4-4-6-9-K-K	K-K	10.84	K-K	0.62
13964	4-4-6-9-Q-K	Q-K	9.72	Q-K	1.77
13965	4-4-6-9-Q-Q	Q-Q	11.06	Q-Q	0.55
13966	4-4-6-10-10-10	4-4	12.59	4-6	1.97
13967	4-4-6-10-10-J	4-4	10.04	6-J	1.01
13968	4-4-6-10-10-K	10-10	9.10	6-K	1.42
13969	4-4-6-10-10-Q	4-4	9.28	6-Q	1.35
13970	4-4-6-10-J-J	4-4	10.28	6-10	1.73
13971	4-4-6-10-J-K	10-J	8.98	10-K	0.71
13972	4-4-6-10-J-Q	4-4	10.85	4-6	0.23
13973	4-4-6-10-K-K	K-K	8.92	6-10	1.26
13974	4-4-6-10-Q-K	Q-K	7.81	10-K	0.47
13975	4-4-6-10-Q-Q	4-4	9.28	6-10	1.26
13976	4-4-6-J-J-J	4-4	13.30	4-6	2.69
13977	4-4-6-J-J-K	4-4	9.76	6-K	1.90
13978	4-4-6-J-J-Q	4-4	10.28	6-Q	1.83
13979	4-4-6-J-K-K	4-4	9.52	6-J	1.01
13980	4-4-6-J-Q-K	4-4	10.76	6-K	0.21
13981	4-4-6-J-Q-Q	4-4	10.04	6-J	1.01
13982	4-4-6-K-K-K	4-4	12.59	4-6	1.97
13983	4-4-6-Q-K-K	4-4	9.28	6-Q	1.35
13984	4-4-6-Q-Q-K	4-4	9.28	6-K	1.42
13985	4-4-6-Q-Q-Q	4-4	12.59	4-6	1.97
13986	4-4-7-7-7-7	4-4	19.37	4-4	7.31
13987	4-4-7-7-7-8	4-4	20.41	4-4	8.35
13988	4-4-7-7-7-9	4-4	13.89	7-9	3.92
13989	4-4-7-7-7-10	4-4	13.11	7-10	4.87
13990	4-4-7-7-7-J	4-4	13.35	7-J	4.47
13991	4-4-7-7-7-K	4-4	13.11	7-K	4.90
13992	4-4-7-7-7-Q	4-4	13.11	7-Q	4.85
13993	4-4-7-7-8-8	4-4	20.59	4-4	8.53
13994	4-4-7-7-8-9	4-4	20.02	4-4	7.96
13995	4-4-7-7-8-10	4-4	13.98	8-10	4.06
13996	4-4-7-7-8-J	4-4	14.04	8-J	4.61
13997	4-4-7-7-8-K	4-4	13.80	8-K	5.00
13998	4-4-7-7-8-Q	4-4	13.80	8-Q	4.89
13999	4-4-7-7-9-9	9-9	14.47	9-9	2.89
14000	4-4-7-7-9-10	9-10	13.59	9-10	3.89

HAND No.	SIX-CARD HAND	DISCARD (DEALER)	EXPECTED AVG. (DEALER)	DISCARD (PONE)	EXPECTED AVG. (PONE)
14001	4-4-7-7-9-J	9-J	13.27	9-J	4.35
14002	4-4-7-7-9-K	9-K	12.37	9-K	5.28
14003	4-4-7-7-9-Q	9-Q	12.29	9-Q	5.19
14004	4-4-7-7-10-10	10-10	14.06	10-10	3.21
14005	4-4-7-7-10-J	10-J	13.93	10-J	3.66
14006	4-4-7-7-10-K	10-K	12.14	10-K	5.42
14007	4-4-7-7-10-Q	10-Q	12.61	10-Q	4.70
14008	4-4-7-7-J-J	J-J	14.62	J-J	3.02
14009	4-4-7-7-J-K	J-K	13.27	J-K	4.56
14010	4-4-7-7-J-Q	J-Q	14.11	J-Q	3.84
14011	4-4-7-7-K-K	K-K	13.88	K-K	3.66
14012	4-4-7-7-Q-K	Q-K	12.76	Q-K	4.81
14013	4-4-7-7-Q-Q	Q-Q	14.10	Q-Q	3.59
14014	4-4-7-8-8-8	4-4	19.89	4-4	7.83
14015	4-4-7-8-8-9	4-4	19.85	4-4	7.79
14016	4-4-7-8-8-10	4-4	13.80	4-10	3.68
14017	4-4-7-8-8-J	4-4	13.87	4-J	3.34
14018	4-4-7-8-8-K	4-4	13.63	4-K	3.85
14019	4-4-7-8-8-Q	4-4	13.63	4-Q	3.75
14020	4-4-7-8-9-9	4-4	17.93	4-4	5.87
14021	4-4-7-8-9-10	4-4	13.98	4-10	2.55
14022	4-4-7-8-9-J	4-4	12.85	9-J	2.85
14023	4-4-7-8-9-K	4-4	12.52	9-K	3.78
14024	4-4-7-8-9-Q	4-4	12.52	9-Q	3.69
14025	4-4-7-8-10-10	10-10	12.62	10-10	1.77
14026	4-4-7-8-10-J	10-J	12.50	10-J	2.22
14027	4-4-7-8-10-K	10-K	10.70	10-K	3.99
14028	4-4-7-8-10-Q	10-Q	11.18	10-Q	3.27
14029	4-4-7-8-J-J	J-J	13.19	J-J	1.59
14030	4-4-7-8-J-K	J-K	11.83	J-K	3.12
14031	4-4-7-8-J-Q	J-Q	12.68	J-Q	2.40
14032	4-4-7-8-K-K	K-K	12.44	K-K	2.23
14033	4-4-7-8-Q-K	Q-K	11.33	Q-K	3.38
14034	4-4-7-8-Q-Q	Q-Q	12.66	Q-Q	2.16
14035	4-4-7-9-9-9	4-4	13.37	4-7	2.36
14036	4-4-7-9-9-10	9-9	10.60	7-10	1.22
14037	4-4-7-9-9-J	9-9	10.84	7-J	0.82
14038	4-4-7-9-9-K	9-9	10.60	9-K	1.63
14039	4-4-7-9-9-Q	9-9	10.60	9-Q	1.53
14040	4-4-7-9-10-10	10-10	10.45	7-9	0.27
14041	4-4-7-9-10-J	4-4	10.93	4-7	0.62
14042	4-4-7-9-10-K	9-10	9.72	10-K	1.82
14043	4-4-7-9-10-Q	9-10	9.72	9-Q	1.32
14044	4-4-7-9-J-J	J-J	11.02	7-9	0.75
14045	4-4-7-9-J-K	J-K	9.66	9-K	1.65
14046	4-4-7-9-J-Q	J-Q	10.51	9-Q	1.56
14047	4-4-7-9-K-K	K-K	10.27	9-K	1.37
14048	4-4-7-9-Q-K	Q-K	9.16	9-K	1.41
14049	4-4-7-9-Q-Q	Q-Q	10.49	9-Q	1.27
14050	4-4-7-10-10-10	4-4	12.59	4-7	2.36

HAND No.	SIX-CARD HAND	DISCARD (DEALER)	EXPECTED AVG. (DEALER)	DISCARD (PONE)	EXPECTED AVG. (PONE)
14051	4-4-7-10-10-J	10-10	10.43	7-J	0.82
14052	4-4-7-10-10-K	10-10	10.19	10-K	1.51
14053	4-4-7-10-10-Q	10-10	10.19	7-Q	1.20
14054	4-4-7-10-J-J	J-J	10.75	7-10	1.70
14055	4-4-7-10-J-K	10-J	10.06	10-K	1.79
14056	4-4-7-10-J-Q	4-4	10.85	10-Q	1.07
14057	4-4-7-10-K-K	K-K	10.01	10-K	1.51
14058	4-4-7-10-Q-K	Q-K	8.89	10-K	1.55
14059	4-4-7-10-Q-Q	Q-Q	10.23	7-10	1.22
14060	4-4-7-J-J-J	4-4	13.30	4-7	3.08
14061	4-4-7-J-J-K	J-J	10.75	7-K	1.73
14062	4-4-7-J-J-Q	J-J	10.75	7-Q	1.68
14063	4-4-7-J-K-K	K-K	10.25	7-J	0.82
14064	4-4-7-J-Q-K	4-4	10.76	Q-K	1.18
14065	4-4-7-J-Q-Q	Q-Q	10.47	7-J	0.82
14066	4-4-7-K-K-K	4-4	12.59	4-7	2.36
14067	4-4-7-Q-K-K	K-K	10.01	7-Q	1.20
14068	4-4-7-Q-Q-K	Q-Q	10.23	7-K	1.25
14069	4-4-7-Q-Q-Q	4-4	12.59	4-7	2.36
14070	4-4-8-8-8-8	4-4	18.33	4-4	6.27
14071	4-4-8-8-8-9	4-4	14.15	4-9	2.59
14072	4-4-8-8-8-10	4-4	13.37	4-10	2.72
14073	4-4-8-8-8-J	4-4	12.83	4-J	2.39
14074	4-4-8-8-8-K	4-4	12.59	4-K	2.90
14075	4-4-8-8-8-Q	4-4	12.59	4-Q	2.80
14076	4-4-8-8-9-9	4-4	12.76	4-4	0.70
14077	4-4-8-8-9-10	4-4	16.02	4-4	3.96
14078	4-4-8-8-9-J	4-4	10.22	9-J	0.62
14079	4-4-8-8-9-K	4-4	9.80	9-K	1.54
14080	4-4-8-8-9-Q	4-4	9.80	9-Q	1.45
14081	4-4-8-8-10-10	4-4	11.72	4-4	-0.34
14082	4-4-8-8-10-J	10-J	10.19	10-J	-0.08
14083	4-4-8-8-10-K	4-4	9.28	10-K	1.69
14084	4-4-8-8-10-Q	4-4	9.54	10-Q	0.97
14085	4-4-8-8-J-J	8-8	11.49	J-J	-0.71
14086	4-4-8-8-J-K	8-8	9.59	J-K	0.82
14087	4-4-8-8-J-Q	J-Q	10.38	J-Q	0.10
14088	4-4-8-8-K-K	8-8	11.01	K-K	-0.07
14089	4-4-8-8-Q-K	8-8	9.36	Q-K	1.07
14090	4-4-8-8-Q-Q	8-8	11.01	Q-Q	-0.14
14091	4-4-8-9-9-9	4-4	14.15	4-8	2.31
14092	4-4-8-9-9-10	4-4	16.02	4-4	3.96
14093	4-4-8-9-9-J	4-4	10.22	8-J	0.96
14094	4-4-8-9-9-K	4-4	9.80	8-K	1.35
14095	4-4-8-9-9-Q	4-4	9.80	8-Q	1.24
14096	4-4-8-9-10-10	4-4	16.02	4-4	3.96
14097	4-4-8-9-10-J	4-4	12.30	4-8	0.55
14098	4-4-8-9-10-K	4-4	10.61	4-K	0.92
14099	4-4-8-9-10-Q	4-4	10.70	4-Q	0.82
14100	4-4-8-9-J-J	8-9	10.75	8-9	0.20

HAND No.	SIX-CARD HAND	DISCARD (DEALER)	EXPECTED AVG. (DEALER)	DISCARD (PONE)	EXPECTED AVG. (PONE)
14101	4-4-8-9-J-K	8-9	8.86	8-K	-0.06
14102	4-4-8-9-J-Q	8-9	9.12	8-Q	-0.17
14103	4-4-8-9-K-K	8-9	10.27	8-9	-0.28
14104	4-4-8-9-Q-K	8-9	8.62	Q-K	-0.32
14105	4-4-8-9-Q-Q	8-9	10.27	8-9	-0.28
14106	4-4-8-10-10-10	4-4	13.37	4-8	2.31
14107	4-4-8-10-10-J	4-4	10.22	8-J	0.96
14108	4-4-8-10-10-K	4-4	9.28	8-K	1.35
14109	4-4-8-10-10-Q	4-4	9.80	8-Q	1.24
14110	4-4-8-10-J-J	4-4	10.46	8-10	0.89
14111	4-4-8-10-J-K	10-J	8.28	8-K	0.20
14112	4-4-8-10-J-Q	4-4	10.93	4-8	0.57
14113	4-4-8-10-K-K	8-10	9.36	8-10	0.41
14114	4-4-8-10-Q-K	8-10	7.71	10-K	-0.23
14115	4-4-8-10-Q-Q	4-4	9.54	8-10	0.41
14116	4-4-8-J-J-J	4-4	13.30	4-8	3.03
14117	4-4-8-J-J-K	4-4	9.76	8-K	1.83
14118	4-4-8-J-J-Q	4-4	10.28	8-Q	1.72
14119	4-4-8-J-K-K	4-4	9.52	8-J	0.96
14120	4-4-8-J-Q-K	4-4	10.76	4-8	0.48
14121	4-4-8-J-Q-Q	4-4	10.04	8-J	0.96
14122	4-4-8-K-K-K	4-4	12.59	4-8	2.31
14123	4-4-8-Q-K-K	4-4	9.28	8-Q	1.24
14124	4-4-8-Q-Q-K	4-4	9.28	8-K	1.35
14125	4-4-8-Q-Q-Q	4-4	12.59	4-8	2.31
14126	4-4-9-9-9-9	4-4	18.33	4-4	6.27
14127	4-4-9-9-9-10	4-4	14.15	4-10	2.72
14128	4-4-9-9-9-J	4-4	13.61	4-J	2.39
14129	4-4-9-9-9-K	4-4	12.59	4-K	2.90
14130	4-4-9-9-9-Q	4-4	12.59	4-Q	2.80
14131	4-4-9-9-10-10	4-4	12.76	4-4	0.70
14132	4-4-9-9-10-J	4-4	16.26	4-4	4.20
14133	4-4-9-9-10-K	4-4	9.80	10-K	1.69
14134	4-4-9-9-10-Q	4-4	9.98	10-Q	0.97
14135	4-4-9-9-J-J	4-4	12.20	4-4	0.14
14136	4-4-9-9-J-K	4-4	9.78	J-K	0.82
14137	4-4-9-9-J-Q	J-Q	10.38	J-Q	0.10
14138	4-4-9-9-K-K	9-9	10.73	K-K	-0.07
14139	4-4-9-9-Q-K	9-9	9.08	Q-K	1.07
14140	4-4-9-9-Q-Q	9-9	10.73	Q-Q	-0.14
14141	4-4-9-10-10-10	4-4	14.15	4-9	2.59
14142	4-4-9-10-10-J	4-4	16.26	4-4	4.20
14143	4-4-9-10-10-K	4-4	9.80	9-K	1.54
14144	4-4-9-10-10-Q	4-4	9.98	9-Q	1.45
14145	4-4-9-10-J-J	4-4	16.50	4-4	4.44
14146	4-4-9-10-J-K	4-4	10.93	4-K	1.16
14147	4-4-9-10-J-Q	4-4	12.30	4-Q	1.04
14148	4-4-9-10-K-K	9-10	9.86	9-10	0.15
14149	4-4-9-10-Q-K	9-10	8.20	9-K	-0.11
14150	4-4-9-10-Q-Q	9-10	9.86	9-10	0.15

HAND No.	SIX-CARD HAND	DISCARD (DEALER)	EXPECTED AVG. (DEALER)	DISCARD (PONE)	EXPECTED AVG. (PONE)
14151	4-4-9-J-J-J	4-4	14.09	4-9	3.30
14152	4-4-9-J-J-K	4-4	10.28	9-K	2.02
14153	4-4-9-J-J-Q	4-4	10.46	9-Q	1.93
14154	4-4-9-J-K-K	4-4	9.78	9-J	0.62
14155	4-4-9-J-Q-K	4-4	10.85	4-9	0.76
14156	4-4-9-J-Q-Q	4-4	10.22	9-J	0.62
14157	4-4-9-K-K-K	4-4	12.59	4-9	2.59
14158	4-4-9-Q-K-K	4-4	9.28	9-Q	1.45
14159	4-4-9-Q-Q-K	4-4	9.28	9-K	1.54
14160	4-4-9-Q-Q-Q	4-4	12.59	4-9	2.59
14161	4-4-10-10-10-10	4-4	18.33	4-4	6.27
14162	4-4-10-10-10-J	4-4	14.39	4-J	2.39
14163	4-4-10-10-10-K	4-4	12.59	4-K	2.90
14164	4-4-10-10-10-Q	4-4	13.37	4-Q	2.80
14165	4-4-10-10-J-J	4-4	13.24	4-4	1.18
14166	4-4-10-10-J-K	4-4	10.22	J-K	0.82
14167	4-4-10-10-J-Q	4-4	16.26	4-4	4.20
14168	4-4-10-10-K-K	4-4	10.67	K-K	-0.07
14169	4-4-10-10-Q-K	4-4	9.46	Q-K	1.07
14170	4-4-10-10-Q-Q	4-4	11.72	Q-Q	-0.14
14171	4-4-10-J-J-J	4-4	14.87	4-10	3.44
14172	4-4-10-J-J-K	4-4	10.46	10-K	2.16
14173	4-4-10-J-J-Q	4-4	16.50	4-4	4.44
14174	4-4-10-J-K-K	10-J	10.19	10-K	0.23
14175	4-4-10-J-Q-K	4-4	12.22	4-K	1.14
14176	4-4-10-J-Q-Q	4-4	16.26	4-4	4.20
14177	4-4-10-K-K-K	4-4	12.59	4-10	2.72
14178	4-4-10-Q-K-K	4-4	9.46	10-Q	0.97
14179	4-4-10-Q-Q-K	4-4	9.46	10-K	1.69
14180	4-4-10-Q-Q-Q	4-4	13.37	4-10	2.72
14181	4-4-J-J-J-J	4-4	19.28	4-4	7.22
14182	4-4-J-J-J-K	4-4	14.09	4-K	3.62
14183	4-4-J-J-J-Q	4-4	14.87	4-Q	3.52
14184	4-4-J-J-K-K	4-4	12.20	K-K	0.40
14185	4-4-J-J-Q-K	4-4	16.33	4-4	4.27
14186	4-4-J-J-Q-Q	4-4	13.24	4-4	1.18
14187	4-4-J-K-K-K	4-4	13.61	4-J	2.39
14188	4-4-J-Q-K-K	4-4	16.09	4-4	4.03
14189	4-4-J-Q-Q-K	4-4	16.09	4-4	4.03
14190	4-4-J-Q-Q-Q	4-4	14.39	· 4-J	2.39
14191	4-4-K-K-K-K	4-4	18.33	4-4	6.27
14192	4-4-Q-K-K-K	4-4	13.37	4-Q	2.80
14193	4-4-Q-Q-K-K	4-4	11.72	K-K	-0.07
14194	4-4-Q-Q-Q-K	4-4	13.37	4-K	2.90
14195	4-4-Q-Q-Q-Q	4-4	18.33	4-4	6.27
14196	4-5-5-5-5-6	4-6	26.65	4-6	17.49
14197	4-5-5-5-5-7	4-7	26.50	4-7	17.89
14198	4-5-5-5-5-8	4-8	26.59	4-8	17.83
14199	4-5-5-5-5-9	4-9	26.52	4-9	18.11
14200	4-5-5-5-5-10	4-10	26.21	4-10	18.07

HAND No.	SIX-CARD HAND	DISCARD (DEALER)	EXPECTED AVG. (DEALER)	DISCARD (PONE)	EXPECTED AVG. (PONE)
14201	4-5-5-5-5-J	4-J	26.50	4-J	17.74
14202	4-5-5-5-5-K	4-K	26.20	4-K	18.25
14203	4-5-5-5-5-Q	4-Q	26.20	4-Q	18.15
14204	4-5-5-5-6-6	5-5	23.81	5-6	8.28
14205	4-5-5-5-6-7	5-7	21.86	5-7	8.83
14206	4-5-5-5-6-8	5-8	21.37	5-8	9.58
14207	4-5-5-5-6-9	5-9	21.28	5-9	9.72
14208	4-5-5-5-6-10	5-10	22.46	4-6	11.10
14209	4-5-5-5-6-J	5-J	22.81	4-6	11.34
14210	4-5-5-5-6-K	5-K	22.48	4-6	11.10
14211	4-5-5-5-6-Q	5-Q	22.44	4-6	11.10
14212	4-5-5-5-7-7	7-7	19.00	4-7	7.02
14213	4-5-5-5-7-8	7-8	19.62	4-8	6.96
14214	4-5-5-5-7-9	7-9	17.13	7-9	7.83
14215	4-5-5-5-7-10	4-7	20.11	4-7	11.49
14216	4-5-5-5-7-J	4-7	20.35	4-7	11.73
14217	4-5-5-5-7-K	4-7	20.11	4-7	11.49
14218	4-5-5-5-7-Q	4-7	20.11	4-7	11.49
14219	4-5-5-5-8-8	8-8	18.53	4-8	6.18
14220	4-5-5-5-8-9	8-9	17.79	8-9	7.24
14221	4-5-5-5-8-10	4-8	20.20	4-8	11.44
14222	4-5-5-5-8-J	4-8	20.44	4-8	11.68
14223	4-5-5-5-8-K	4-8	20.20	4-8	11.44
14224	4-5-5-5-8-Q	4-8	20.20	4-8	11.44
14225	4-5-5-5-9-9	9-9	18.25	9-9	6.67
14226	4-5-5-5-9-10	4-9	20.12	4-9	11.72
14227	4-5-5-5-9-J	4-9	20.36	4-9	11.96
14228	4-5-5-5-9-K	4-9	20.12	4-9	11.72
14229	4-5-5-5-9-Q	4-9	20.12	4-9	11.72
14230	4-5-5-5-10-10	4-5	20.10	4-10	11.68
14231	4-5-5-5-10-J	4-J	20.15	4-10	11.96
14232	4-5-5-5-10-K	4-10	19.86	4-K	11.90
14233	4-5-5-5-10-Q	4-10	19.86	4-Q	11.80
14234	4-5-5-5-J-J	4-5	20.57	4-J	11.58
14235	4-5-5-5-J-K	4-J	20.15	4-K	12.14
14236	4-5-5-5-J-Q	4-J	20.15	4-Q	12.04
14237	4-5-5-5-K-K	4-5	20.10	4-K	11.85
14238	4-5-5-5-Q-K	4-K	19.86	4-K	11.90
14239	4-5-5-5-Q-Q	4-5	20.10	4-Q	11.75
14240	4-5-5-6-6-6	5-6	21.71	6-6	8.72
14241	4-5-5-6-6-7	5-7	21.23	6-7	9.42
14242	4-5-5-6-6-8	5-8	20.74	6-8	10.00
14243	4-5-5-6-6-9	6-9	20.96	6-9	9.56
14244	4-5-5-6-6-10	5-10	21.88	6-10	11.47
14245	4-5-5-6-6-J	5-J	22.22	6-J	11.23
14246	4-5-5-6-6-K	5-K	21.89	6-K	11.64
14247	4-5-5-6-6-Q	5-Q	21.85	6-Q	11.57
14248	4-5-5-6-7-7	7-7	21.96	7-7	8.94
14249	4-5-5-6-7-8	7-8	22.62	7-8	8.59
14250	4-5-5-6-7-9	7-9	20.08	7-9	10.79

HAND No.	SIX-CARD HAND	DISCARD (DEALER)	EXPECTED AVG. (DEALER)	DISCARD (PONE)	EXPECTED AVG. (PONE)
14251	4-5-5-6-7-10	7-10	19.26	7-10	11.70
14252	4-5-5-6-7-J	7-J	19.57	7-J	11.30
14253	4-5-5-6-7-K	7-K	19.29	7-K	11.73
14254	4-5-5-6-7-Q	7-Q	19.25	7-Q	11.68
14255	4-5-5-6-8-8	8-8	21.57	8-8	9.11
14256	4-5-5-6-8-9	8-9	20.79	8-9	10.24
14257	4-5-5-6-8-10	8-10	19.84	8-10	10.89
14258	4-5-5-6-8-J	8-J	19.60	8-J	11.44
14259	4-5-5-6-8-K	8-K	19.19	8-K	11.83
14260	4-5-5-6-8-Q	8-Q	19.23	8-Q	11.72
14261	4-5-5-6-9-9	9-9	21.21	9-9	9.63
14262	4-5-5-6-9-10	9-10	20.29	9-10	10.59
14263	4-5-5-6-9-J	9-J	19.97	9-J	11.05
14264	4-5-5-6-9-K	9-K	19.07	9-K	11.98
14265	4-5-5-6-9-Q	9-Q	18.99	9-Q	11.88
14266	4-5-5-6-10-10	10-10	20.71	10-10	9.86
14267	4-5-5-6-10-J	10-J	20.58	10-J	10.31
14268	4-5-5-6-10-K	10-K	18.79	10-K	12.08
14269	4-5-5-6-10-Q	10-Q	19.27	10-Q	11.36
14270	4-5-5-6-J-J	J-J	21.28	J-J	9.68
14271	4-5-5-6-J-K	J-K	19.92	J-K	11.21
14272	4-5-5-6-J-Q	J-Q	20.77	J-Q	10.49
14273	4-5-5-6-K-K	K-K	20.53	K-K	10.32
14274	4-5-5-6-Q-K	Q-K	19.42	Q-K	11.46
14275	4-5-5-6-Q-Q	Q-Q	20.75	Q-Q	10.25
14276	4-5-5-7-7-7	5-5	16.50	4-7	3.10
14277	4-5-5-7-7-8	5-5	17.24	4-8	3.05
14278	4-5-5-7-7-9	5-5	12.89	4-9	3.41
14279	4-5-5-7-7-10	7-7	15.57	4-7	4.02
14280	4-5-5-7-7-J	7-7	15.81	4-7	4.25
14281	4-5-5-7-7-K	7-7	15.57	4-7	4.02
14282	4-5-5-7-7-Q	7-7	15.57	4-7	4.02
14283	4-5-5-7-8-8	5-5	17.11	4-8	2.79
14284	4-5-5-7-8-9	5-5	16.00	4-9	3.09
14285	4-5-5-7-8-10	7-8	16.19	4-8	3.96
14286	4-5-5-7-8-J	7-8	16.43	4-8	4.20
14287	4-5-5-7-8-K	7-8	16.19	4-8	3.96
14288	4-5-5-7-8-Q	7-8	16.19	4-8	3.96
14289	4-5-5-7-9-9	5-5	12.76	4-7	1.97
14290	4-5-5-7-9-10	7-9	13.69	7-9	4.40
14291	4-5-5-7-9-J	7-9	13.93	7-9	4.64
14292	4-5-5-7-9-K	7-9	13.69	7-9	4.40
14293	4-5-5-7-9-Q	7-9	13.69	7-9	4.40
14294	4-5-5-7-10-10	4-7	17.54	4-7	8.93
14295	4-5-5-7-10-J	4-7	16.39	4-7	7.78
14296	4-5-5-7-10-K	4-7	15.63	4-7	7.02
14297	4-5-5-7-10-Q	4-7	15.89	4-7	7.28
14298	4-5-5-7-J-J	4-7	18.02	4-7	9.41
14299	4-5-5-7-J-K	4-7	16.13	4-7	7.52
14300	4-5-5-7-J-Q	4-7	16.39	4-7	7.78

HAND No.	SIX-CARD HAND	DISCARD (DEALER)	EXPECTED AVG. (DEALER)	DISCARD (PONE)	EXPECTED AVG. (PONE)
14301	4-5-5-7-K-K	4-7	17.54	4-7	8.93
14302	4-5-5-7-Q-K	4-7	15.89	4-7	7.28
14303	4-5-5-7-Q-Q	4-7	17.54	4-7	8.93
14304	4-5-5-8-8-8	5-5	16.11	4-8	1.83
14305	4-5-5-8-8-9	5-5	13.33	4-9	2.19
14306	4-5-5-8-8-10	8-8	15.09	4-8	3.70
14307	4-5-5-8-8-J	8-8	15.33	4-8	3.68
14308	4-5-5-8-8-K	8-8	15.09	4-8	3.44
14309	4-5-5-8-8-Q	8-8	15.09	4-8	3.44
14310	4-5-5-8-9-9	5-5	13.33	4-8	1.92
14311	4-5-5-8-9-10	8-9	14.36	4-9	3.96
14312	4-5-5-8-9-J	8-9	14.60	8-9	4.04
14313	4-5-5-8-9-K	8-9	14.36	8-9	3.80
14314	4-5-5-8-9-Q	8-9	14.36	8-9	3.80
14315	4-5-5-8-10-10	4-8	17.64	4-8	8.88
14316	4-5-5-8-10-J	4-8	16.48	4-8	7.72
14317	4-5-5-8-10-K	4-8	15.72	4-8	6.96
14318	4-5-5-8-10-Q	4-8	15.98	4-8	7.22
14319	4-5-5-8-J-J	4-8	18.11	4-8	9.35
14320	4-5-5-8-J-K	4-8	16.22	4-8	7.46
14321	4-5-5-8-J-Q	4-8	16.48	4-8	7.72
14322	4-5-5-8-K-K	4-8	17.64	4-8	8.88
14323	4-5-5-8-Q-K	4-8	15.98	4-8	7.22
14324	4-5-5-8-Q-Q	4-8	17.64	4-8	8.88
14325	4-5-5-9-9-9	5-5	16.11	4-9	2.11
14326	4-5-5-9-9-10	9-9	14.82	4-9	4.24
14327	4-5-5-9-9-J	9-9	15.06	4-9	4.22
14328	4-5-5-9-9-K	9-9	14.82	4-9	3.72
14329	4-5-5-9-9-Q	9-9	14.82	4-9	3.72
14330	4-5-5-9-10-10	4-9	17.56	4-9	9.15
14331	4-5-5-9-10-J	4-9	16.34	4-9	7.93
14332	4-5-5-9-10-K	4-9	15.65	4-9	7.24
14333	4-5-5-9-10-Q	4-9	15.91	4-9	7.50
14334	4-5-5-9-J-J	4-9	18.04	4-9	9.63
14335	4-5-5-9-J-K	4-9	16.15	4-9	7.74
14336	4-5-5-9-J-Q	4-9	16.41	4-9	8.00
14337	4-5-5-9-K-K	4-9	17.56	4-9	9.15
14338	4-5-5-9-Q-K	4-9	15.91	4-9	7.50
14339	4-5-5-9-Q-Q	4-9	17.56	4-9	9.15
14340	4-5-5-10-10-10	4-5	19.53	4-10	9.11
14341	4-5-5-10-10-J	4-J	17.63	4-J	8.87
14342	4-5-5-10-10-K	4-K	17.33	4-K	9.38
14343	4-5-5-10-10-Q	4-Q	17.33	4-Q	9.28
14344	4-5-5-10-J-J	4-10	17.82	4-10	9.68
14345	4-5-5-10-J-K	4-K	16.18	4-K	8.22
14346	4-5-5-10-J-Q	4-5	17.79	4-Q	8.06
14347	4-5-5-10-K-K	4-10	17.34	4-10	9.20
14348	4-5-5-10-Q-K	4-10	15.69	4-K	7.72
14349	4-5-5-10-Q-Q	4-10	17.34	4-10	9.20
14350	4-5-5-J-J-J	4-5	20.25	4-J	9.26

HAND No.	SIX-CARD HAND	DISCARD (DEALER)	EXPECTED AVG. (DEALER)	DISCARD (PONE)	EXPECTED AVG. (PONE)
14351	4-5-5-J-J-K	4-K	17.81	4-K	9.85
14352	4-5-5-J-J-Q	4-Q	17.80	4-Q	9.75
14353	4-5-5-J-K-K	4-J	17.63	4-J	8.87
14354	4-5-5-J-Q-K	4-5	17.70	4-K	8.16
14355	4-5-5-J-Q-Q	4-J	17.63	4-J	8.87
14356	4-5-5-K-K-K	4-5	19.53	4-K	9.29
14357	4-5-5-Q-K-K	4-Q	17.33	4-Q	9.28
14358	4-5-5-Q-Q-K	4-K	17.33	4-K	9.38
14359	4-5-5-Q-Q-Q	4-5	19.53	4-Q	9.19
14360	4-5-6-6-6-6	6-6	20.90	6-6	8.24
14361	4-5-6-6-6-7	6-7	20.25	6-7	8.87
14362	4-5-6-6-6-8	6-8	19.94	6-8	9.46
14363	4-5-6-6-6-9	6-9	20.38	6-9	8.97
14364	4-5-6-6-6-10	6-10	18.47	6-10	10.97
14365	4-5-6-6-6-J	6-J	18.70	6-J	10.73
14366	4-5-6-6-6-K	6-K	18.43	6-K	11.14
14367	4-5-6-6-6-Q	6-Q	18.57	6-Q	11.07
14368	4-5-6-6-7-7	7-7	21.35	7-7	8.33
14369	4-5-6-6-7-8	7-8	22.02	7-8	7.98
14370	4-5-6-6-7-9	7-9	19.43	7-9	10.14
14371	4-5-6-6-7-10	7-10	18.69	7-10	11.13
14372	4-5-6-6-7-J	7-J	19.01	7-J	10.73
14373	4-5-6-6-7-K	7-K	18.72	7-K	11.16
14374	4-5-6-6-7-Q	7-Q	18.68	7-Q	11.11
14375	4-5-6-6-8-8	8-8	20.96	8-8	8.50
14376	4-5-6-6-8-9	8-9	20.14	8-9	9.59
14377	4-5-6-6-8-10	8-10	19.27	8-10	10.33
14378	4-5-6-6-8-J	8-J	19.04	8-J	10.87
14379	4-5-6-6-8-K	8-K	18.63	8-K	11.26
14380	4-5-6-6-8-Q	8-Q	18.66	8-Q	11.16
14381	4-5-6-6-9-9	9-9	20.51	9-9	8.94
14382	4-5-6-6-9-10	9-10	19.68	9-10	9.98
14383	4-5-6-6-9-J	9-J	19.36	9-J	10.44
14384	4-5-6-6-9-K	9-K	18.46	9-K	11.37
14385	4-5-6-6-9-Q	9-Q	18.38	9-Q	11.27
14386	4-5-6-6-10-10	10-10	20.19	10-10	9.34
14387	4-5-6-6-10-J	10-J	20.06	10-J	9.79
14388	4-5-6-6-10-K	10-K	18.27	10-K	11.55
14389	4-5-6-6-10-Q	10-Q	18.74	10-Q	10.83
14390	4-5-6-6-J-J	J-J	20.75	J-J	9.15
14391	4-5-6-6-J-K	J-K	19.40	J-K	10.69
14392	4-5-6-6-J-Q	J-Q	20.24	J-Q	9.97
14393	4-5-6-6-K-K	K-K	20.01	K-K	9.79
14394	4-5-6-6-Q-K	Q-K	18.89	Q-K	10.94
14395	4-5-6-6-Q-Q	Q-Q	20.23	Q-Q	9.72
14396	4-5-6-7-7-7	4-5	15.86	4-7	6.82
14397	4-5-6-7-7-8	4-5	21.36	4-5	7.78
14398	4-5-6-7-7-9	7-7	15.85	4-9	7.15
14399	4-5-6-7-7-10	7-7	15.68	4-10	7.29
14400	4-5-6-7-7-J	7-7	15.92	4-J	6.95

288

HAND No.	SIX-CARD HAND	DISCARD (DEALER)	EXPECTED AVG. (DEALER)	DISCARD (PONE)	EXPECTED AVG. (PONE)
14401	4-5-6-7-7-K	7-7	15.68	4-K	7.46
14402	4-5-6-7-7-Q	7-7	15.68	4-Q	7.36
14403	4-5-6-7-8-8	4-5	21.18	4-5	7.61
14404	4-5-6-7-8-9 ❖	4-5	17.07	4-9	4.93
14405	4-5-6-7-8-10	7-8	16.32	4-10	5.09
14406	4-5-6-7-8-J	7-8	16.56	8-J	4.94
14407	4-5-6-7-8-K	7-8	16.32	8-K	5.33
14408	4-5-6-7-8-Q	7-8	16.32	8-Q	5.22
14409	4-5-6-7-9-9	9-9	14.73	7-9	4.61
14410	4-5-6-7-9-10	9-10	13.86	7-10	5.61
14411	4-5-6-7-9-J	7-9	14.02	7-J	5.21
14412	4-5-6-7-9-K	7-9	13.78	7-K	5.64
14413	4-5-6-7-9-Q	7-9	13.78	7-Q	5.59
14414	4-5-6-7-10-10	10-10	14.32	7-10	5.39
14415	4-5-6-7-10-J	10-J	14.19	7-10	5.67
14416	4-5-6-7-10-K	7-K	13.02	10-K	5.69
14417	4-5-6-7-10-Q	7-10	12.99	7-10	5.43
14418	4-5-6-7-J-J	J-J	14.89	7-J	5.23
14419	4-5-6-7-J-K	J-K	13.53	7-K	5.70
14420	4-5-6-7-J-Q	J-Q	14.38	7-Q	5.65
14421	4-5-6-7-K-K	K-K	14.14	7-K	5.42
14422	4-5-6-7-Q-K	Q-K	13.03	7-K	5.46
14423	4-5-6-7-Q-Q	Q-Q	14.36	7-Q	5.37
14424	4-5-6-8-8-8	4-5	14.75	4-6	2.71
14425	4-5-6-8-8-9	8-8	15.42	8-8	2.96
14426	4-5-6-8-8-10	8-8	15.25	8-10	3.09
14427	4-5-6-8-8-J	8-8	15.49	8-J	3.63
14428	4-5-6-8-8-K	8-8	15.25	8-K	4.02
14429	4-5-6-8-8-Q	8-8	15.25	8-Q	3.92
14430	4-5-6-8-9-9	4-5	14.84	8-9	4.04
14431	4-5-6-8-9-10 ❖	8-9	14.47	8-10	4.78
14432	4-5-6-8-9-J	8-9	14.71	8-J	5.33
14433	4-5-6-8-9-K	8-9	14.47	8-K	5.72
14434	4-5-6-8-9-Q	8-9	14.47	8-Q	5.61
14435	4-5-6-8-10-10	8-10	13.51	8-10	4.56
14436	4-5-6-8-10-J	8-10	13.80	8-J	5.16
14437	4-5-6-8-10-K	0-10	13.56	8-K	5.55
14438	4-5-6-8-10-Q	8-10	13.56	8-Q	5.44
14439	4-5-6-8-J-J	J-J	13.56	8-J	5.35
14440	4-5-6-8-J-K	8-J	13.32	8-K	5.79
14441	4-5-6-8-J-Q	8-J	13.32	8-Q	5.68
14442	4-5-6-8-K-K	8-K	12.87	8-K	5.50
14443	4-5-6-8-Q-K	8-Q	12.95	8-K	5.55
14444	4-5-6-8-Q-Q	Q-Q	13.03	8-Q	5.39
14445	4-5-6-9-9-9	4-5	19.18	4-5	5.61
14446	4-5-6-9-9-10	9-9	14.88	9-10	4.44
14447	4-5-6-9-9-J	9-9	15.12	9-J	4.90
14448	4-5-6-9-9-K	9-9	14.88	9-K	5.82
14449	4-5-6-9-9-Q	9-9	14.88	9-Q	5.73
14450	4-5-6-9-10-10	10-10	14.64	9-10	4.26

HAND No.	SIX-CARD HAND	DISCARD (DEALER)	EXPECTED AVG. (DEALER)	DISCARD (PONE)	EXPECTED AVG. (PONE)
14451	4-5-6-9-10-J ❖	10-J	14.52	9-J	4.77
14452	4-5-6-9-10-K	9-10	14.01	10-K	6.01
14453	4-5-6-9-10-Q	9-10	14.01	9-Q	5.60
14454	4-5-6-9-J-J	J-J	15.21	9-J	4.96
14455	4-5-6-9-J-K	J-K	13.85	9-K	5.93
14456	4-5-6-9-J-Q	J-Q	14.70	9-Q	5.84
14457	4-5-6-9-K-K	K-K	14.47	9-K	5.65
14458	4-5-6-9-Q-K	Q-K	13.35	9-K	5.69
14459	4-5-6-9-Q-Q	Q-Q	14.69	9-Q	5.56
14460	4-5-6-10-10-10	4-6	17.08	4-6	7.92
14461	4-5-6-10-10-J	10-10	14.71	4-6	5.38
14462	4-5-6-10-10-K	10-10	14.47	10-K	5.79
14463	4-5-6-10-10-Q	10-10	14.47	10-Q	5.07
14464	4-5-6-10-J-J	J-J	15.04	4-6	5.62
14465	4-5-6-10-J-K	10-J	14.34	10-K	6.08
14466	4-5-6-10-J-Q ❖	4-6	15.35	4-6	6.19
14467	4-5-6-10-K-K	K-K	14.29	10-K	5.79
14468	4-5-6-10-Q-K	Q-K	13.18	10-K	5.84
14469	4-5-6-10-Q-Q	Q-Q	14.51	10-Q	5.07
14470	4-5-6-J-J-J	4-6	17.80	4-6	8.64
14471	4-5-6-J-J-K	J-J	15.04	J-K	5.17
14472	4-5-6-J-J-Q	J-J	15.04	4-6	5.62
14473	4-5-6-J-K-K	K-K	14.53	J-K	4.93
14474	4-5-6-J-Q-K ❖	4-6	15.26	4-6	6.10
14475	4-5-6-J-Q-Q	Q-Q	14.75	4-6	5.38
14476	4-5-6-K-K-K	4-6	17.08	4-6	7.92
14477	4-5-6-Q-K-K	K-K	14.29	Q-K	5.18
14478	4-5-6-Q-Q-K	Q-Q	14.51	Q-K	5.18
14479	4-5-6-Q-Q-Q	4-6	17.08	4-6	7.92
14480	4-5-7-7-7-7	4-5	20.23	4-5	6.65
14481	4-5-7-7-7-8	4-5	21.27	4-5	7.69
14482	4-5-7-7-7-9	4-5	14.75	4-9	4.63
14483	4-5-7-7-7-10	5-10	14.36	4-10	4.72
14484	4-5-7-7-7-J	5-J	14.70	4-J	4.39
14485	4-5-7-7-7-K	5-K	14.37	4-K	4.90
14486	4-5-7-7-7-Q	5-Q	14.33	4-Q	4.80
14487	4-5-7-7-8-8	4-5	21.44	4-5	7.87
14488	4-5-7-7-8-9	4-5	20.88	4-5	7.30
14489	4-5-7-7-8-10	5-10	15.09	4-10	4.81
14490	4-5-7-7-8-J	5-J	15.44	4-J	4.48
14491	4-5-7-7-8-K	5-K	15.11	4-K	4.99
14492	4-5-7-7-8-Q	5-Q	15.07	4-Q	4.89
14493	4-5-7-7-9-9	4-5	12.75	4-9	0.67
14494	4-5-7-7-9-10	7-7	11.13	4-9	1.93
14495	4-5-7-7-9-J	7-7	11.11	4-9	2.17
14496	4-5-7-7-9-K	5-K	10.76	4-9	1.93
14497	4-5-7-7-9-Q ✦	5-Q	10.72	4-9	1.93
14498	4-5-7-7-10-10	7-7	14.27	4-7	2.97
14499	4-5-7-7-10-J	7-7	13.11	4-10	2.26
14500	4-5-7-7-10-K	7-7	12.35	4-K	2.20

HAND No.	SIX-CARD HAND	DISCARD (DEALER)	EXPECTED AVG. (DEALER)	DISCARD (PONE)	EXPECTED AVG. (PONE)
14501	4-5-7-7-10-Q	7-7	12.61	4-Q	2.10
14502	4-5-7-7-J-J	7-7	14.74	4-7	3.45
14503	4-5-7-7-J-K	7-7	12.85	4-K	2.44
14504	4-5-7-7-J-Q	7-7	13.11	4-Q	2.34
14505	4-5-7-7-K-K	7-7	14.27	4-7	2.97
14506	4-5-7-7-Q-K	7-7	12.61	4-K	2.20
14507	4-5-7-7-Q-Q	7-7	14.27	4-7	2.97
14508	4-5-7-8-8-8	4-5	20.75	4-5	7.17
14509	4-5-7-8-8-9	4-5	20.70	4-5	7.13
14510	4-5-7-8-8-10	5-10	14.96	4-10	4.63
14511	4-5-7-8-8-J	5-J	15.31	4-J	4.30
14512	4-5-7-8-8-K	5-K	14.98	4-K	4.81
14513	4-5-7-8-8-Q	5-Q	14.94	4-Q	4.71
14514	4-5-7-8-9-9	4-5	18.79	4-5	5.21
14515	4-5-7-8-9-10	4-5	14.79	4-10	3.42
14516	4-5-7-8-9-J	5-J	14.20	4-J	3.11
14517	4-5-7-8-9-K	5-K	13.87	4-K	3.62
14518	4-5-7-8-9-Q	5-Q	13.83	4-Q	3.52
14519	4-5-7-8-10-10	7-8	14.89	4-7	3.23
14520	4-5-7-8-10-J	7-8	13.73	4-10	2.18
14521	4-5-7-8-10-K	7-8	12.97	4-K	2.20
14522	4-5-7-8-10-Q	7-8	13.23	4-Q	2.10
14523	4-5-7-8-J-J	7-8	15.36	4-8	3.40
14524	4-5-7-8-J-K	7-8	13.47	4-K	2.35
14525	4-5-7-8-J-Q	7-8	13.73	4-Q	2.25
14526	4-5-7-8-K-K	7-8	14.89	4-8	2.92
14527	4-5-7-8-Q-K	7-8	13.23	4-K	2.12
14528	4-5-7-8-Q-Q	7-8	14.89	4-8	2.92
14529	4-5-7-9-9-9	4-5	14.23	4-7	3.10
14530	4-5-7-9-9-10	4-5	10.79	4-7	2.06
14531	4-5-7-9-9-J	5-J	10.96	4-7	1.78
14532	4-5-7-9-9-K	5-K	10.63	4-7	1.02
14533	4-5-7-9-9-Q	5-Q	10.59	4-7	1.02
14534	4-5-7-9-10-10	4-7	12.41	4-7	3.80
14535	4-5-7-9-10-J	4-7	13.46	4-7	4.84
14536	4-5-7-9-10-K	7-9	10.47	4-7	1.36
14537	4-5-7-9-10 Q	7-9	10.74	4-9	1.59
14538	4-5-7-9-J-J	7-9	12.87	4-7	3.75
14539	4-5-7-9-J-K	7-9	10.97	4-9	1.83
14540	4-5-7-9-J-Q	7-9	11.24	4-9	2.09
14541	4-5-7-9-K-K	7-9	12.39	4-9	3.24
14542	4-5-7-9-Q-K	7-9	10.74	4-9	1.59
14543	4-5-7-9-Q-Q	7-9	12.39	4-9	3.24
14544	4-5-7-10-10-10	4-7	16.93	4-7	8.32
14545	4-5-7-10-10-J	4-7	14.39	4-7	5.78
14546	4-5-7-10-10-K	4-7	13.11	4-7	4.49
14547	4-5-7-10-10-Q	4-7	13.63	4-7	5.02
14548	4-5-7-10-J-J	4-7	14.63	4-7	6.02
14549	4-5-7-10-J-K	4-7	12.04	4-7	3.43
14550	4-5-7-10-J-Q	4-7	15.20	4-7	6.58

HAND No.	SIX-CARD HAND	DISCARD (DEALER)	EXPECTED AVG. (DEALER)	DISCARD (PONE)	EXPECTED AVG. (PONE)
14551	4-5-7-10-K-K	4-7	13.11	4-7	4.49
14552	4-5-7-10-Q-K	4-7	11.54	4-7	2.93
14553	4-5-7-10-Q-Q	4-7	13.63	4-7	5.02
14554	4-5-7-J-J-J	4-7	17.65	4-7	9.04
14555	4-5-7-J-J-K	4-7	14.11	4-7	5.49
14556	4-5-7-J-J-Q	4-7	14.63	4-7	6.02
14557	4-5-7-J-K-K	4-7	13.87	4-7	5.25
14558	4-5-7-J-Q-K	4-7	15.11	4-7	6.49
14559	4-5-7-J-Q-Q	4-7	14.39	4-7	5.78
14560	4-5-7-K-K-K	4-7	16.93	4-7	8.32
14561	4-5-7-Q-K-K	4-7	13.63	4-7	5.02
14562	4-5-7-Q-Q-K	4-7	13.63	4-7	5.02
14563	4-5-7-Q-Q-Q	4-7	16.93	4-7	8.32
14564	4-5-8-8-8-8	4-5	19.18	4-5	5.61
14565	4-5-8-8-8-9	4-5	15.01	4-9	3.33
14566	4-5-8-8-8-10	4-5	14.18	4-10	3.42
14567	4-5-8-8-8-J	5-J	14.31	4-J	3.08
14568	4-5-8-8-8-K	5-K	13.98	4-K	3.59
14569	4-5-8-8-8-Q	5-Q	13.94	4-Q	3.49
14570	4-5-8-8-9-9	4-5	13.62	4-9	0.50
14571	4-5-8-8-9-10	4-5	16.84	4-5	3.26
14572	4-5-8-8-9-J	5-J	11.53	4-9	1.48
14573	4-5-8-8-9-K	5-K	11.19	4-9	1.24
14574	4-5-8-8-9-Q	5-Q	11.15	4-9	1.24
14575	4-5-8-8-10-10	8-8	13.79	4-8	3.18
14576	4-5-8-8-10-J	8-8	12.64	4-8	1.59
14577	4-5-8-8-10-K	8-8	11.88	4-K	2.03
14578	4-5-8-8-10-Q	8-8	12.14	4-Q	1.93
14579	4-5-8-8-J-J	8-8	14.27	4-8	3.14
14580	4-5-8-8-J-K	8-8	12.38	4-K	1.75
14581	4-5-8-8-J-Q	8-8	12.64	4-Q	1.65
14582	4-5-8-8-K-K	8-8	13.79	4-8	2.66
14583	4-5-8-8-Q-K	8-8	12.14	4-K	1.51
14584	4-5-8-8-Q-Q	8-8	13.79	4-8	2.66
14585	4-5-8-9-9-9	4-5	15.01	4-8	3.05
14586	4-5-8-9-9-10	4-5	16.84	4-5	3.26
14587	4-5-8-9-9-J	5-J	11.53	4-8	1.72
14588	4-5-8-9-9-K	5-K	11.19	4-8	0.96
14589	4-5-8-9-9-Q	5-Q	11.15	4-8	0.96
14590	4-5-8-9-10-10	4-5	16.79	4-8	3.62
14591	4-5-8-9-10-J	4-8	13.53	4-8	4.77
14592	4-5-8-9-10-K	5-K	11.96	4-K	3.35
14593	4-5-8-9-10-Q	5-Q	11.92	4-Q	3.25
14594	4-5-8-9-J-J	8-9	13.53	4-8	3.70
14595	4-5-8-9-J-K	8-9	11.64	4-9	1.56
14596	4-5-8-9-J-Q	8-9	11.90	4-9	1.83
14597	4-5-8-9-K-K	8-9	13.06	4-9	2.98
14598	4-5-8-9-Q-K	8-9	11.40	4-9	1.33
14599	4-5-8-9-Q-Q	8-9	13.06	4-9	2.98
14600	4-5-8-10-10-10	4-8	17.03	4-8	8.27

HAND No.	SIX-CARD HAND	DISCARD (DEALER)	EXPECTED AVG. (DEALER)	DISCARD (PONE)	EXPECTED AVG. (PONE)
14601	4-5-8-10-10-J	4-8	14.48	4-8	5.72
14602	4-5-8-10-10-K	4-8	13.20	4-8	4.44
14603	4-5-8-10-10-Q	4-8	13.72	4-8	4.96
14604	4-5-8-10-J-J	4-8	14.72	4-8	5.96
14605	4-5-8-10-J-K	4-8	12.14	4-8	3.38
14606	4-5-8-10-J-Q	4-8	15.29	4-8	6.53
14607	4-5-8-10-K-K	4-8	13.20	4-8	4.44
14608	4-5-8-10-Q-K	4-8	11.64	4-8	2.88
14609	4-5-8-10-Q-Q	4-8	13.72	4-8	4.96
14610	4-5-8-J-J-J	4-8	17.74	4-8	8.98
14611	4-5-8-J-J-K	4-8	14.20	4-8	5.44
14612	4-5-8-J-J-Q	4-8	14.72	4-8	5.96
14613	4-5-8-J-K-K	4-8	13.96	4-8	5.20
14614	4-5-8-J-Q-K	4-8	15.20	4-8	6.44
14615	4-5-8-J-Q-Q	4-8	14.48	4-8	5.72
14616	4-5-8-K-K-K	4-8	17.03	4-8	8.27
14617	4-5-8-Q-K-K	4-8	13.72	4-8	4.96
14618	4-5-8-Q-Q-K	4-8	13.72	4-8	4.96
14619	4-5-8-Q-Q-Q	4-8	17.03	4-8	8.27
14620	4-5-9-9-9-9	4-5	19.18	4-5	5.61
14621	4-5-9-9-9-10	4-5	14.97	4-10	3.42
14622	4-5-9-9-9-J	4-5	14.42	4-J	3.08
14623	4-5-9-9-9-K	5-K	13.98	4-K	3.59
14624	4-5-9-9-9-Q	5-Q	13.94	4-Q	3.49
14625	4-5-9-9-10-10♦	4-5	13.53	4-9	3.98
14626	4-5-9-9-10-J	4-5	17.03	4-9	4.96
14627	4-5-9-9-10-K	9-9	11.60	4-K	2.55
14628	4-5-9-9-10-Q	9-9	11.86	4-Q	2.45
14629	4-5-9-9-J-J	9-9	13.99	4-9	3.93
14630	4-5-9-9-J-K	9-9	12.10	4-K	2.27
14631	4-5-9-9-J-Q	9-9	12.36	4-Q	2.17
14632	4-5-9-9-K-K	9-9	13.51	4-9	2.93
14633	4-5-9-9-Q-K	9-9	11.86	4-K	1.51
14634	4-5-9-9-Q-Q	9-9	13.51	4-9	2.93
14635	4-5-9-10-10-10	4-9	16.95	4-9	8.54
14636	4-5-9-10-10-J	4-5	16.99	4-9	5.87
14637	4-5-9-10-10-K	4-9	13.12	4-9	4.72
14638	4-5-9-10-10-Q	4-9	13.65	4-9	5.24
14639	4-5-9-10-J-J	4-5	17.23	4-9	6.11
14640	4-5-9-10-J-K	4-K	13.29	4-K	5.33
14641	4-5-9-10-J-Q	4-9	15.19	4-9	6.78
14642	4-5-9-10-K-K	4-9	13.12	4-9	4.72
14643	4-5-9-10-Q-K	4-9	11.56	4-9	3.15
14644	4-5-9-10-Q-Q	4-9	13.65	4-9	5.24
14645	4-5-9-J-J-J	4-9	17.67	4-9	9.26
14646	4-5-9-J-J-K	4-9	14.12	4-9	5.72
14647	4-5-9-J-J-Q	4-9	14.65	4-9	6.24
14648	4-5-9-J-K-K	4-9	13.88	4-9	5.48
14649	4-5-9-J-Q-K	4-9	15.12	4-9	6.72
14650	4-5-9-J-Q-Q	4-9	14.41	4-9	6.00

HAND No.	SIX-CARD HAND	DISCARD (DEALER)	EXPECTED AVG. (DEALER)	DISCARD (PONE)	EXPECTED AVG. (PONE)
14651	4-5-9-K-K-K	4-9	16.95	4-9	8.54
14652	4-5-9-Q-K-K	4-9	13.65	4-9	5.24
14653	4-5-9-Q-Q-K	4-9	13.65	4-9	5.24
14654	4-5-9-Q-Q-Q	4-9	16.95	4-9	8.54
14655	4-5-10-10-10-10	4-5	19.01	4-10	8.50
14656	4-5-10-10-10-J	4-J	17.06	4-J	8.30
14657	4-5-10-10-10-K	4-K	16.77	4-K	8.81
14658	4-5-10-10-10-Q	4-Q	16.76	4-Q	8.71
14659	4-5-10-10-J-J	4-J	14.47	4-10	6.29
14660	4-5-10-10-J-K	4-K	14.23	4-K	6.27
14661	4-5-10-10-J-Q	4-5	16.94	4-10	6.79
14662	4-5-10-10-K-K	10-10	13.01	4-K	4.94
14663	4-5-10-10-Q-K	4-K	13.46	4-K	5.51
14664	4-5-10-10-Q-Q	4-10	13.43	4-Q	5.36
14665	4-5-10-J-J-J	4-10	17.49	4-10	9.35
14666	4-5-10-J-J-K	4-K	14.46	4-K	6.51
14667	4-5-10-J-J-Q	4-5	17.18	4-J	6.45
14668	4-5-10-J-K-K	4-10	13.71	4-10	5.57
14669	4-5-10-J-Q-K	4-K	15.01	4-K	7.05
14670	4-5-10-J-Q-Q	4-5	16.94	4-Q	6.86
14671	4-5-10-K-K-K	4-10	16.78	4-10	8.63
14672	4-5-10-Q-K-K	4-10	13.47	4-10	5.33
14673	4-5-10-Q-Q-K	4-10	13.47	4-K	5.51
14674	4-5-10-Q-Q-Q	4-10	16.78	4-10	8.63
14675	4-5-J-J-J-J	4-5	19.97	4-J	8.89
14676	4-5-J-J-J-K	4-K	17.49	4-K	9.53
14677	4-5-J-J-J-Q	4-Q	17.48	4-Q	9.43
14678	4-5-J-J-K-K	4-J	13.95	4-K	5.94
14679	4-5-J-J-Q-K	4-5	17.01	4-K	6.38
14680	4-5-J-J-Q-Q	4-J	14.47	4-Q	6.36
14681	4-5-J-K-K-K	4-J	17.06	4-J	8.30
14682	4-5-J-Q-K-K	4-5	16.77	4-K	6.88
14683	4-5-J-Q-Q-K	4-5	16.77	4-Q	6.78
14684	4-5-J-Q-Q-Q	4-J	17.06	4-J	8.30
14685	4-5-K-K-K-K	4-5	19.01	4-K	8.68
14686	4-5-Q-K-K-K	4-Q	16.76	4-Q	8.71
14687	4-5-Q-Q-K-K	4-K	13.42	4-K	5.46
14688	4-5-Q-Q-Q-K	4-K	16.77	4-K	8.81
14689	4-5-Q-Q-Q-Q	4-5	19.01	4-Q	8.58
14690	4-6-6-6-6-7	4-7	17.46	4-7	8.84
14691	4-6-6-6-6-8	4-8	17.55	4-8	8.79
14692	4-6-6-6-6-9	4-9	17.30	4-9	8.89
14693	4-6-6-6-6-10	4-10	17.34	4-10	9.20
14694	4-6-6-6-6-J	4-J	17.63	4-J	8.87
14695	4-6-6-6-6-K	4-K	17.33	4-K	9.38
14696	4-6-6-6-6-Q	4-Q	17.33	4-Q	9.28
14697	4-6-6-6-7-7	7-7	14.53	4-7	4.62
14698	4-6-6-6-7-8	4-6	16.89	4-6	7.73
14699	4-6-6-6-7-9	4-7	16.93	4-7	8.32
14700	4-6-6-6-7-10	4-10	13.17	4-10	5.03

HAND No.	SIX-CARD HAND	DISCARD (DEALER)	EXPECTED AVG. (DEALER)	DISCARD (PONE)	EXPECTED AVG. (PONE)
14701	4-6-6-6-7-J	4-J	13.45	4-J	4.69
14702	4-6-6-6-7-K	4-K	13.16	4-K	5.20
14703	4-6-6-6-7-Q	4-Q	13.15	4-Q	5.10
14704	4-6-6-6-8-8	8-8	14.05	4-8	3.79
14705	4-6-6-6-8-9	4-8	17.03	4-8	8.27
14706	4-6-6-6-8-10	8-10	12.40	4-10	4.24
14707	4-6-6-6-8-J	4-J	12.67	8-J	4.00
14708	4-6-6-6-8-K	4-K	12.38	4-K	4.42
14709	4-6-6-6-8-Q	4-Q	12.37	4-Q	4.32
14710	4-6-6-6-9-9	4-9	16.78	4-9	8.37
14711	4-6-6-6-9-10	4-10	16.82	4-10	8.68
14712	4-6-6-6-9-J	4-J	17.10	4-J	8.34
14713	4-6-6-6-9-K	4-K	16.81	4-K	8.85
14714	4-6-6-6-9-Q	4-Q	16.80	4-Q	8.75
14715	4-6-6-6-10-10	10-10	13.36	4-10	2.89
14716	4-6-6-6-10-J	10-J	13.24	4-10	3.18
14717	4-6-6-6-10-K	10-K	11.44	10-K	4.73
14718	4-6-6-6-10-Q	10-Q	11.92	10-Q	4.01
14719	4-6-6-6-J-J	J-J	13.93	4-J	2.80
14720	4-6-6-6-J-K	J-K	12.57	J-K	3.86
14721	4-6-6-6-J-Q	J-Q	13.42	4-Q	3.25
14722	4-6-6-6-K-K	K-K	13.18	4-K	3.07
14723	4-6-6-6-Q-K	Q-K	12.07	Q-K	4.12
14724	4-6-6-6-Q-Q	Q-Q	13.40	4-Q	2.97
14725	4-6-6-7-7-7	6-6	13.46	4-6	4.23
14726	4-6-6-7-7-8	4-6	18.61	4-6	9.45
14727	4-6-6-7-7-9	7-7	13.92	4-7	3.75
14728	4-6-6-7-7-10	4-10	11.78	4-10	3.63
14729	4-6-6-7-7-J	4-J	12.06	4-J	3.30
14730	4-6-6-7-7-K	4-K	11.77	4-K	3.81
14731	4-6-6-7-7-Q	4-Q	11.76	4-Q	3.71
14732	4-6-6-7-8-8	4-6	18.43	4-6	9.27
14733	4-6-6-7-8-9	4-9	16.78	4-9	8.37
14734	4-6-6-7-8-10	4-10	16.78	4-10	8.63
14735	4-6-6-7-8-J	4-J	17.06	4-J	8.30
14736	4-6-6-7-8-K	4-K	16.77	4-K	8.81
14737	4-6-6-7-8-Q	4-Q	16.76	4-Q	8.71
14738	4-6-6-7-9-9	4-7	16.59	4-7	7.97
14739	4-6-6-7-9-10	4-10	12.30	4-10	4.16
14740	4-6-6-7-9-J	4-J	12.58	4-J	3.82
14741	4-6-6-7-9-K	4-K	12.29	4-K	4.33
14742	4-6-6-7-9-Q	4-Q	12.28	4-Q	4.23
14743	4-6-6-7-10-10	10-10	9.93	4-7	0.32
14744	4-6-6-7-10-J	10-J	9.80	4-10	0.39
14745	4-6-6-7-10-K	4-10	8.30	10-K	1.29
14746	4-6-6-7-10-Q	10-Q	8.48	10-Q	0.57
14747	4-6-6-7-J-J	J-J	10.49	4-7	0.80
14748	4-6-6-7-J-K	J-K	9.14	4-K	0.57
14749	4-6-6-7-J-Q	J-Q	9.98	4-Q	0.47
14750	4-6-6-7-K-K	K-K	9.75	4-7	0.32

HAND No.	SIX-CARD HAND	DISCARD (DEALER)	EXPECTED AVG. (DEALER)	DISCARD (PONE)	EXPECTED AVG. (PONE)
14751	4-6-6-7-Q-K	Q-K	8.63	Q-K	0.68
14752	4-6-6-7-Q-Q	Q-Q	9.97	4-7	0.32
14753	4-6-6-8-8-8	6-6	13.07	4-6	2.92
14754	4-6-6-8-8-9	8-8	13.44	4-8	3.44
14755	4-6-6-8-8-10	4-10	10.56	4-10	2.42
14756	4-6-6-8-8-J	4-J	10.84	4-J	2.08
14757	4-6-6-8-8-K	4-K	10.55	4-K	2.59
14758	4-6-6-8-8-Q	4-Q	10.54	4-Q	2.49
14759	4-6-6-8-9-9	4-8	16.68	4-8	7.92
14760	4-6-6-8-9-10	4-10	11.97	4-10	3.83
14761	4-6-6-8-9-J	4-J	12.32	4-J	3.56
14762	4-6-6-8-9-K	4-K	12.03	4-K	4.07
14763	4-6-6-8-9-Q	4-Q	12.02	4-Q	3.97
14764	4-6-6-8-10-10	10-10	9.80	4-8	0.27
14765	4-6-6-8-10-J	10-J	9.67	4-10	-0.13
14766	4-6-6-8-10-K	4-K	8.03	10-K	1.16
14767	4-6-6-8-10-Q	10-Q	8.35	10-Q	0.44
14768	4-6-6-8-J-J	J-J	10.36	4-8	0.75
14769	4-6-6-8-J-K	J-K	9.01	J-K	0.30
14770	4-6-6-8-J-Q	J-Q	9.85	8-Q	0.09
14771	4-6-6-8-K-K	K-K	9.62	4-8	0.27
14772	4-6-6-8-Q-K	Q-K	8.50	Q-K	0.55
14773	4-6-6-8-Q-Q	Q-Q	9.84	4-8	0.27
14774	4-6-6-9-9-9	4-9	16.43	4-9	8.02
14775	4-6-6-9-9-10	4-10	16.47	4-10	8.33
14776	4-6-6-9-9-J	4-J	16.76	4-J	8.00
14777	4-6-6-9-9-K	4-K	16.46	4-K	8.51
14778	4-6-6-9-9-Q	4-Q	16.46	4-Q	8.41
14779	4-6-6-9-10-10	10-10	12.75	4-10	3.07
14780	4-6-6-9-10-J	10-J	12.63	4-10	3.03
14781	4-6-6-9-10-K	4-K	11.25	10-K	4.12
14782	4-6-6-9-10-Q	10-Q	11.31	10-Q	3.40
14783	4-6-6-9-J-J	J-J	13.32	4-J	2.71
14784	4-6-6-9-J-K	J-K	11.96	4-K	3.27
14785	4-6-6-9-J-Q	J-Q	12.81	4-Q	3.17
14786	4-6-6-9-K-K	K-K	12.58	4-K	2.72
14787	4-6-6-9-Q-K	Q-K	11.46	Q-K	3.51
14788	4-6-6-9-Q-Q	Q-Q	12.80	4-Q	2.62
14789	4-6-6-10-10-10	6-6	13.07	4-6	1.62
14790	4-6-6-10-10-J	6-6	10.53	4-J	0.34
14791	4-6-6-10-10-K	6-6	9.24	4-K	0.85
14792	4-6-6-10-10-Q	6-6	9.77	4-Q	0.75
14793	4-6-6-10-J-J	6-6	10.77	4-10	1.16
14794	4-6-6-10-J-K	10-J	8.80	10-K	0.53
14795	4-6-6-10-J-Q	6-6	11.33	4-6	-0.12
14796	4-6-6-10-K-K	6-6	9.24	4-10	0.68
14797	4-6-6-10-Q-K	6-6	7.68	10-K	0.29
14798	4-6-6-10-Q-Q	6-6	9.77	4-10	0.68
14799	4-6-6-J-J-J	6-6	13.79	4-6	2.34
14800	4-6-6-J-J-K	6-6	10.24	4-K	1.33

HAND No.	SIX-CARD HAND	DISCARD (DEALER)	EXPECTED AVG. (DEALER)	DISCARD (PONE)	EXPECTED AVG. (PONE)
14801	4-6-6-J-J-Q	6-6	10.77	4-Q	1.23
14802	4-6-6-J-K-K	6-6	10.00	4-J	0.34
14803	4-6-6-J-Q-K	6-6	11.24	Q-K	-0.08
14804	4-6-6-J-Q-Q	6-6	10.53	4-J	0.34
14805	4-6-6-K-K-K	6-6	13.07	4-6	1.62
14806	4-6-6-Q-K-K	6-6	9.77	4-Q	0.75
14807	4-6-6-Q-Q-K	6-6	9.77	4-K	0.85
14808	4-6-6-Q-Q-Q	6-6	13.07	4-6	1.62
14809	4-6-7-7-7-7	4-6	17.61	4-6	8.45
14810	4-6-7-7-7-8	4-6	18.45	4-7	9.82
14811	4-6-7-7-7-9	4-9	13.25	4-9	4.85
14812	4-6-7-7-7-10	4-10	13.17	4-10	5.03
14813	4-6-7-7-7-J	4-J	13.45	4-J	4.69
14814	4-6-7-7-7-K	4-K	13.16	4-K	5.20
14815	4-6-7-7-7-Q	4-Q	13.15	4-Q	5.10
14816	4-6-7-7-8-8	4-6	18.56	4-8	9.70
14817	4-6-7-7-8-9	4-9	18.56	4-9	10.15
14818	4-6-7-7-8-10	4-10	18.52	4-10	10.37
14819	4-6-7-7-8-J	4-J	18.80	4-J	10.04
14820	4-6-7-7-8-K	4-K	18.51	4-K	10.55
14821	4-6-7-7-8-Q	4-Q	18.50	4-Q	10.45
14822	4-6-7-7-9-9	7-7	13.48	4-7	3.15
14823	4-6-7-7-9-10	4-10	10.39	4-10	2.24
14824	4-6-7-7-9-J	4-J	10.67	4-J	1.91
14825	4-6-7-7-9-K	4-K	10.38	4-K	2.42
14826	4-6-7-7-9-Q	4-Q	10.37	4-Q	2.32
14827	4-6-7-7-10-10	10-10	9.88	4-10	0.11
14828	4-6-7-7-10-J	10-J	9.76	4-10	0.39
14829	4-6-7-7-10-K	4-10	8.30	10-K	1.25
14830	4-6-7-7-10-Q	10-Q	8.44	10-Q	0.53
14831	4-6-7-7-J-J	J-J	10.45	4-6	0.40
14832	4-6-7-7-J-K	J-K	9.09	4-K	0.57
14833	4-6-7-7-J-Q	J-Q	9.94	4-Q	0.47
14834	4-6-7-7-K-K	K-K	9.71	4-K	0.29
14835	4-6-7-7-Q-K	Q-K	8.59	Q-K	0.64
14836	4-6-7-7-Q-Q	Q-Q	9.93	4-Q	0.19
14837	4-6-7-8-8-8	4-8	18.35	4-8	9.59
14838	4-6-7-8-8-9	4-9	18.38	4-9	9.98
14839	4-6-7-8-8-10	4-10	18.34	4-10	10.20
14840	4-6-7-8-8-J	4-J	18.63	4-J	9.87
14841	4-6-7-8-8-K	4-K	18.33	4-K	10.38
14842	4-6-7-8-8-Q	4-Q	18.33	4-Q	10.28
14843	4-6-7-8-9-9	4-6	16.04	4-6	6.88
14844	4-6-7-8-9-10	4-10	14.19	4-10	6.05
14845	4-6-7-8-9-J	4-J	14.50	4-J	5.74
14846	4-6-7-8-9-K	4-K	14.20	4-K	6.25
14847	4-6-7-8-9-Q	4-Q	14.20	4-Q	6.15
14848	4-6-7-8-10-10	10-10	12.38	4-10	2.74
14849	4-6-7-8-10-J	10-J	12.26	4-10	2.94
14850	4-6-7-8-10-K	4-K	10.92	10-K	3.75

HAND No.	SIX-CARD HAND	DISCARD (DEALER)	EXPECTED AVG. (DEALER)	DISCARD (PONE)	EXPECTED AVG. (PONE)
14851	4-6-7-8-10-Q	10-Q	10.94	10-Q	3.03
14852	4-6-7-8-J-J	J-J	12.95	4-J	2.56
14853	4-6-7-8-J-K	J-K	11.59	4-K	3.12
14854	4-6-7-8-J-Q	J-Q	12.44	4-Q	3.02
14855	4-6-7-8-K-K	K-K	12.21	4-K	2.83
14856	4-6-7-8-Q-K	Q-K	11.09	Q-K	3.14
14857	4-6-7-8-Q-Q	Q-Q	12.43	4-Q	2.73
14858	4-6-7-9-9-9	4-7	16.41	4-7	7.80
14859	4-6-7-9-9-10	4-7	11.72	4-10	3.55
14860	4-6-7-9-9-J	4-J	11.97	4-J	3.21
14861	4-6-7-9-9-K	4-K	11.68	4-K	3.72
14862	4-6-7-9-9-Q	4-Q	11.67	4-Q	3.62
14863	4-6-7-9-10-10	4-7	9.80	4-7	1.19
14864	4-6-7-9-10-J	4-7	10.85	4-7	2.23
14865	4-6-7-9-10-K	4-K	7.86	10-K	0.42
14866	4-6-7-9-10-Q	4-Q	7.85	7-Q	-0.06
14867	4-6-7-9-J-J	4-7	9.76	4-7	1.15
14868	4-6-7-9-J-K	J-K	8.27	4-K	0.05
14869	4-6-7-9-J-Q	J-Q	9.11	4-Q	-0.05
14870	4-6-7-9-K-K	K-K	8.88	4-7	0.15
14871	4-6-7-9-Q-K	Q-K	7.76	Q-K	-0.19
14872	4-6-7-9-Q-Q	Q-Q	9.10	4-7	0.15
14873	4-6-7-10-10-10	6-7	12.27	4-7	2.06
14874	4-6-7-10-10-J	6-7	9.73	4-7	-0.48
14875	4-6-7-10-10-K	6-7	8.44	7-K	-0.54
14876	4-6-7-10-10-Q	6-7	8.97	7-Q	-0.59
14877	4-6-7-10-J-J	6-7	9.97	7-10	-0.09
14878	4-6-7-10-J-K	6-7	7.38	10-K	-1.34
14879	4-6-7-10-J-Q	6-7	10.53	4-7	0.32
14880	4-6-7-10-K-K	6-7	8.44	7-10	-0.57
14881	4-6-7-10-Q-K	6-7	6.88	10-K	-1.58
14882	4-6-7-10-Q-Q	6-7	8.97	7-10	-0.57
14883	4-6-7-J-J-J	6-7	12.99	4-7	2.78
14884	4-6-7-J-J-K	6-7	9.44	7-K	-0.06
14885	4-6-7-J-J-Q	6-7	9.97	7-Q	-0.11
14886	4-6-7-J-K-K	6-7	9.20	7-J	-0.96
14887	4-6-7-J-Q-K	6-7	10.44	4-7	0.23
14888	4-6-7-J-Q-Q	6-7	9.73	4-7	-0.48
14889	4-6-7-K-K-K	6-7	12.27	4-7	2.06
14890	4-6-7-Q-K-K	6-7	8.97	7-Q	-0.59
14891	4-6-7-Q-Q-K	6-7	8.97	7-K	-0.54
14892	4-6-7-Q-Q-Q	6-7	12.27	4-7	2.06
14893	4-6-8-8-8-8	4-6	16.56	4-6	7.40
14894	4-6-8-8-8-9	6-9	12.44	4-9	3.54
14895	4-6-8-8-8-10	4-10	11.86	4-10	3.72
14896	4-6-8-8-8-J	4-J	12.15	4-J	3.39
14897	4-6-8-8-8-K	4-K	11.86	4-K	3.90
14898	4-6-8-8-8-Q	4-Q	11.85	4-Q	3.80
14899	4-6-8-8-9-9	8-8	13.01	4-8	3.35
14900	4-6-8-8-9-10	4-6	14.22	4-6	5.06

HAND No.	SIX-CARD HAND	DISCARD (DEALER)	EXPECTED AVG. (DEALER)	DISCARD (PONE)	EXPECTED AVG. (PONE)
14901	4-6-8-8-9-J	4-J	10.50	4-J	1.74
14902	4-6-8-8-9-K	4-K	10.20	4-K	2.25
14903	4-6-8-8-9-Q	4-Q	10.20	4-Q	2.15
14904	4-6-8-8-10-10	4-6	9.95	4-6	0.79
14905	4-6-8-8-10-J	10-J	9.24	4-10	-0.30
14906	4-6-8-8-10-K	4-K	8.12	10-K	0.73
14907	4-6-8-8-10-Q	4-Q	8.11	4-Q	0.06
14908	4-6-8-8-J-J	J-J	9.93	4-6	0.23
14909	4-6-8-8-J-K	J-K	8.57	4-K	-0.12
14910	4-6-8-8-J-Q	J-Q	9.42	4-Q	-0.22
14911	4-6-8-8-K-K	K-K	9.18	4-6	-0.25
14912	4-6-8-8-Q-K	Q-K	8.07	Q-K	0.12
14913	4-6-8-8-Q-Q	Q-Q	9.40	4-6	-0.25
14914	4-6-8-9-9-9	4-8	16.51	4-8	7.75
14915	4-6-8-9-9-10	4-6	14.17	4-6	5.01
14916	4-6-8-9-9-J	4-J	12.24	4-J	3.48
14917	4-6-8-9-9-K	4-K	11.94	4-K	3.99
14918	4-6-8-9-9-Q	4-Q	11.94	4-Q	3.89
14919	4-6-8-9-10-10	4-6	14.22	4-6	5.06
14920	4-6-8-9-10-J	4-J	11.02	4-J	2.26
14921	4-6-8-9-10-K	4-K	10.75	4-K	2.79
14922	4-6-8-9-10-Q	4-Q	10.74	4-Q	2.69
14923	4-6-8-9-J-J	4-8	9.85	4-8	1.09
14924	4-6-8-9-J-K	J-K	8.48	8-K	0.02
14925	4-6-8-9-J-Q	J-Q	9.33	8-Q	-0.08
14926	4-6-8-9-K-K	K-K	9.10	4-8	0.09
14927	4-6-8-9-Q-K	Q-K	7.98	Q-K	0.03
14928	4-6-8-9-Q-Q	Q-Q	9.32	4-8	0.09
14929	4-6-8-10-10-10	6-8	11.92	4-6	2.45
14930	4-6-8-10-10-J	6-8	9.38	4-8	-0.54
14931	4-6-8-10-10-K	6-8	8.09	6-K	-0.14
14932	4-6-8-10-10-Q	6-8	8.62	6-Q	-0.21
14933	4-6-8-10-J-J	6-8	9.62	4-8	-0.30
14934	4-6-8-10-J-K	6-8	7.03	10-K	-1.38
14935	4-6-8-10-J-Q	6-8	10.18	4-8	0.27
14936	4-6-8-10-K-K	6-8	8.09	6-10	-0.83
14937	4-6-8-10-Q-K	6-8	6.53	10-K	-1.62
14938	4-6-8-10-Q-Q	6-8	8.62	6-10	-0.83
14939	4-6-8-J-J-J	6-8	12.64	4-8	2.72
14940	4-6-8-J-J-K	6-8	9.09	8-K	0.00
14941	4-6-8-J-J-Q	6-8	9.62	8-Q	-0.11
14942	4-6-8-J-K-K	6-8	8.85	8-J	-0.87
14943	4-6-8-J-Q-K	6-8	10.09	4-8	0.18
14944	4-6-8-J-Q-Q	6-8	9.38	4-8	-0.54
14945	4-6-8-K-K-K	6-8	11.92	4-8	2.01
14946	4-6-8-Q-K-K	6-8	8.62	8-Q	-0.58
14947	4-6-8-Q-Q-K	6-8	8.62	8-K	-0.48
14948	4-6-8-Q-Q-Q	6-8	11.92	4-8	2.01
14949	4-6-9-9-9-9	4-6	16.39	4-9	7.85
14950	4-6-9-9-9-10	4-10	16.30	4-10	8.16

299

HAND No.	SIX-CARD HAND	DISCARD (DEALER)	EXPECTED AVG. (DEALER)	DISCARD (PONE)	EXPECTED AVG. (PONE)
14951	4-6-9-9-9-J	4-J	16.58	4-J	7.82
14952	4-6-9-9-9-K	4-K	16.29	4-K	8.33
14953	4-6-9-9-9-Q	4-Q	16.28	4-Q	8.23
14954	4-6-9-9-10-10	10-10	12.32	4-10	3.42
14955	4-6-9-9-10-J	4-6	14.41	4-6	5.25
14956	4-6-9-9-10-K	4-K	11.60	10-K	3.69
14957	4-6-9-9-10-Q	4-Q	11.59	4-Q	3.54
14958	4-6-9-9-J-J	J-J	12.89	4-J	2.80
14959	4-6-9-9-J-K	J-K	11.53	4-K	3.35
14960	4-6-9-9-J-Q	J-Q	12.38	4-Q	3.25
14961	4-6-9-9-K-K	K-K	12.14	4-K	2.55
14962	4-6-9-9-Q-K	Q-K	11.03	Q-K	3.07
14963	4-6-9-9-Q-Q	Q-Q	12.36	4-Q	2.45
14964	4-6-9-10-10-10	6-9	12.44	4-6	3.19
14965	4-6-9-10-10-J	4-6	14.45	4-6	5.29
14966	4-6-9-10-10-K	4-K	9.68	4-K	1.72
14967	4-6-9-10-10-Q	4-Q	9.67	4-Q	1.62
14968	4-6-9-10-J-J	4-6	14.69	4-6	5.53
14969	4-6-9-10-J-K	4-K	10.73	4-K	2.77
14970	4-6-9-10-J-Q	4-Q	10.70	4-Q	2.65
14971	4-6-9-10-K-K	K-K	8.84	4-10	0.50
14972	4-6-9-10-Q-K	Q-K	7.72	10-K	-0.14
14973	4-6-9-10-Q-Q	6-9	9.14	4-10	0.50
14974	4-6-9-J-J-J	6-9	13.16	4-6	3.12
14975	4-6-9-J-J-K	4-K	9.64	4-K	1.68
14976	4-6-9-J-J-Q	6-9	10.14	4-Q	1.58
14977	4-6-9-J-K-K	6-9	9.38	4-J	0.17
14978	4-6-9-J-Q-K	6-9	10.62	4-9	0.41
14979	4-6-9-J-Q-Q	6-9	9.90	4-J	0.17
14980	4-6-9-K-K-K	6-9	12.44	4-9	2.24
14981	4-6-9-Q-K-K	6-9	9.14	4-Q	0.58
14982	4-6-9-Q-Q-K	6-9	9.14	4-K	0.68
14983	4-6-9-Q-Q-Q	6-9	12.44	4-9	2.24
14984	4-6-10-10-10-10	4-6	16.56	4-6	7.40
14985	4-6-10-10-10-J	4-6	12.63	4-6	3.47
14986	4-6-10-10-10-K	4-6	10.82	6-K	3.16
14987	4-6-10-10-10-Q	4-6	11.61	6-Q	3.09
14988	4-6-10-10-J-J	4-6	11.48	4-6	2.32
14989	4-6-10-10-J-K	4-6	8.45	6-K	0.62
14990	4-6-10-10-J-Q	4-6	14.50	4-6	5.34
14991	4-6-10-10-K-K	4-6	8.91	4-6	-0.25
14992	4-6-10-10-Q-K	4-6	7.69	6-K	-0.14
14993	4-6-10-10-Q-Q	4-6	9.95	4-6	0.79
14994	4-6-10-J-J-J	4-6	13.11	4-6	3.95
14995	4-6-10-J-J-K	4-6	8.69	6-K	0.86
14996	4-6-10-J-J-Q	4-6	14.74	4-6	5.58
14997	4-6-10-J-K-K	10-J	8.37	6-10	-0.07
14998	4-6-10-J-Q-K	4-6	10.45	6-K	1.40
14999	4-6-10-J-Q-Q	4-6	14.50	4-6	5.34
15000	4-6-10-K-K-K	4-6	10.82	6-10	2.99

HAND No.	SIX-CARD HAND	DISCARD (DEALER)	EXPECTED AVG. (DEALER)	DISCARD (PONE)	EXPECTED AVG. (PONE)
15001	4-6-10-Q-K-K	4-6	7.69	6-10	-0.31
15002	4-6-10-Q-Q-K	4-6	7.69	10-K	-0.14
15003	4-6-10-Q-Q-Q	4-6	11.61	6-10	2.99
15004	4-6-J-J-J-J	4-6	17.52	4-6	8.36
15005	4-6-J-J-J-K	4-6	12.32	6-K	3.88
15006	4-6-J-J-J-Q	4-6	13.11	4-6	3.95
15007	4-6-J-J-K-K	4-6	10.43	4-6	1.27
15008	4-6-J-J-Q-K	4-6	14.56	4-6	5.40
15009	4-6-J-J-Q-Q	4-6	11.48	4-6	2.32
15010	4-6-J-K-K-K	4-6	11.85	6-J	2.75
15011	4-6-J-Q-K-K	4-6	14.32	4-6	5.16
15012	4-6-J-Q-Q-K	4-6	14.32	4-6	5.16
15013	4-6-J-Q-Q-Q	4-6	12.63	4-6	3.47
15014	4-6-K-K-K-K	4-6	16.56	4-6	7.40
15015	4-6-Q-K-K-K	4-6	11.61	6-Q	3.09
15016	4-6-Q-Q-K-K	4-6	9.95	4-6	0.79
15017	4-6-Q-Q-Q-K	4-6	11.61	6-K	3.16
15018	4-6-Q-Q-Q-Q	4-6	16.56	4-6	7.40
15019	4-7-7-7-7-8	4-7	18.33	4-7	9.71
15020	4-7-7-7-7-9	4-9	17.47	4-9	9.06
15021	4-7-7-7-7-10	4-10	17.34	4-10	9.20
15022	4-7-7-7-7-J	4-J	17.63	4-J	8.87
15023	4-7-7-7-7-K	4-K	17.33	4-K	9.38
15024	4-7-7-7-7-Q	4-Q	17.33	4-Q	9.28
15025	4-7-7-7-8-8	4-7	18.50	4-7	9.89
15026	4-7-7-7-8-9	4-9	18.32	4-9	9.91
15027	4-7-7-7-8-10	4-10	18.39	4-10	10.24
15028	4-7-7-7-8-J	4-J	18.67	4-J	9.91
15029	4-7-7-7-8-K	4-K	18.38	4-K	10.42
15030	4-7-7-7-8-Q	4-Q	18.37	4-Q	10.32
15031	4-7-7-7-9-9	9-9	12.86	4-9	3.54
15032	4-7-7-7-9-10	9-10	11.99	4-10	3.72
15033	4-7-7-7-9-J	4-J	12.15	4-J	3.39
15034	4-7-7-7-9-K	4-K	11.86	4-K	3.90
15035	4-7-7-7-9-Q	4-Q	11.85	4-Q	3.80
15036	4-7-7-7-10-10	10-10	12.45	4-10	2.89
15037	4-7-7-7-10-J	10-J	12.32	4-10	3.18
15038	4-7-7-7-10-K	4-10	11.08	10-K	3.82
15039	4-7-7-7-10-Q	4-10	11.08	10-Q	3.10
15040	4-7-7-7-J-J	J-J	13.02	4-J	2.80
15041	4-7-7-7-J-K	J-K	11.66	4-K	3.35
15042	4-7-7-7-J-Q	J-Q	12.51	4-Q	3.25
15043	4-7-7-7-K-K	K-K	12.27	4-K	3.07
15044	4-7-7-7-Q-K	Q-K	11.16	Q-K	3.20
15045	4-7-7-7-Q-Q	Q-Q	12.49	4-Q	2.97
15046	4-7-7-8-8-8	4-8	18.59	4-8	9.83
15047	4-7-7-8-8-9	4-9	18.43	4-9	10.02
15048	4-7-7-8-8-10	4-10	18.56	4-10	10.42
15049	4-7-7-8-8-J	4-J	18.84	4-J	10.08
15050	4-7-7-8-8-K	4-K	18.55	4-K	10.59

HAND No.	SIX-CARD HAND	DISCARD (DEALER)	EXPECTED AVG. (DEALER)	DISCARD (PONE)	EXPECTED AVG. (PONE)
15051	4-7-7-8-8-Q	4-Q	18.54	4-Q	10.49
15052	4-7-7-8-9-9	4-9	17.95	4-9	9.54
15053	4-7-7-8-9-10	4-10	17.95	4-10	9.81
15054	4-7-7-8-9-J	4-J	18.28	4-J	9.52
15055	4-7-7-8-9-K	4-K	17.99	4-K	10.03
15056	4-7-7-8-9-Q	4-Q	17.98	4-Q	9.93
15057	4-7-7-8-10-10	10-10	13.19	4-10	3.76
15058	4-7-7-8-10-J	10-J	13.06	4-10	3.87
15059	4-7-7-8-10-K	4-K	11.94	10-K	4.55
15060	4-7-7-8-10-Q	4-Q	11.94	4-Q	3.89
15061	4-7-7-8-J-J	J-J	13.75	4-J	3.50
15062	4-7-7-8-J-K	J-K	12.40	4-K	4.05
15063	4-7-7-8-J-Q	J-Q	13.24	4-Q	3.95
15064	4-7-7-8-K-K	K-K	13.01	4-K	3.77
15065	4-7-7-8-Q-K	Q-K	11.89	Q-K	3.94
15066	4-7-7-8-Q-Q	Q-Q	13.23	4-Q	3.67
15067	4-7-7-9-9-9	7-7	13.22	4-7	2.80
15068	4-7-7-9-9-10	7-7	10.44	4-10	1.72
15069	4-7-7-9-9-J ♣	7-7	10.16	4-J	1.39
15070	4-7-7-9-9-K	4-K	9.86	4-K	1.90
15071	4-7-7-9-9-Q	4-Q	9.85	4-Q	1.80
15072	4-7-7-9-10-10	7-7	10.44	4-9	0.54
15073	4-7-7-9-10-J	7-7	11.48	4-7	0.36
15074	4-7-7-9-10-K	7-7	8.00	10-K	0.21
15075	4-7-7-9-10-Q	7-7	8.09	4-Q	-0.20
15076	4-7-7-9-J-J	7-7	10.40	4-9	1.02
15077	4-7-7-9-J-K	7-7	8.24	4-K	-0.04
15078	4-7-7-9-J-Q	J-Q	8.90	4-Q	-0.14
15079	4-7-7-9-K-K	7-7	9.40	4-9	0.54
15080	4-7-7-9-Q-K	7-7	7.74	Q-K	-0.41
15081	4-7-7-9-Q-Q	7-7	9.40	4-9	0.54
15082	4-7-7-10-10-10	7-7	13.22	4-7	2.02
15083	4-7-7-10-10-J	7-7	10.68	4-J	0.34
15084	4-7-7-10-10-K	7-7	9.40	4-K	0.85
15085	4-7-7-10-10-Q	7-7	9.92	4-Q	0.75
15086	4-7-7-10-J-J	7-7	10.92	4-10	1.16
15087	4-7-7-10-J-K	7-7	8.33	10-K	-0.08
15088	4-7-7-10-J-Q	7-7	11.48	4-7	0.28
15089	4-7-7-10-K-K	7-7	9.40	4-10	0.68
15090	4-7-7-10-Q-K	7-7	7.83	10-K	-0.31
15091	4-7-7-10-Q-Q	7-7	9.92	4-10	0.68
15092	4-7-7-J-J-J	7-7	13.94	4-7	2.73
15093	4-7-7-J-J-K	7-7	10.40	4-K	1.33
15094	4-7-7-J-J-Q	7-7	10.92	4-Q	1.23
15095	4-7-7-J-K-K	7-7	10.16	4-J	0.34
15096	4-7-7-J-Q-K	7-7	11.40	4-7	0.19
15097	4-7-7-J-Q-Q	7-7	10.68	4-J	0.34
15098	4-7-7-K-K-K	7-7	13.22	4-7	2.02
15099	4-7-7-Q-K-K	7-7	9.92	4-Q	0.75
15100	4-7-7-Q-Q-K	7-7	9.92	4-K	0.85

HAND No.	SIX-CARD HAND	DISCARD (DEALER)	EXPECTED AVG. (DEALER)	DISCARD (PONE)	EXPECTED AVG. (PONE)
15101	4-7-7-Q-Q-Q	7-7	13.22	4-7	2.02
15102	4-7-8-8-8-8	4-8	17.90	4-8	9.14
15103	4-7-8-8-8-9	4-8	17.83	4-9	9.39
15104	4-7-8-8-8-10	4-10	17.86	4-10	9.72
15105	4-7-8-8-8-J	4-J	18.15	4-J	9.39
15106	4-7-8-8-8-K	4-K	17.86	4-K	9.90
15107	4-7-8-8-8-Q	4-Q	17.85	4-Q	9.80
15108	4-7-8-8-9-9	4-9	17.78	4-9	9.37
15109	4-7-8-8-9-10	4-10	17.78	4-10	9.63
15110	4-7-8-8-9-J	4-J	18.10	4-J	9.34
15111	4-7-8-8-9-K	4-K	17.81	4-K	9.85
15112	4-7-8-8-9-Q	4-Q	17.80	4-Q	9.75
15113	4-7-8-8-10-10	10-10	13.06	4-10	3.59
15114	4-7-8-8-10-J	10-J	12.93	4-10	3.70
15115	4-7-8-8-10-K	4-K	11.77	10-K	4.42
15116	4-7-8-8-10-Q	4-Q	11.76	4-Q	3.71
15117	4-7-8-8-J-J	J-J	13.62	4-J	3.32
15118	4-7-8-8-J-K	J-K	12.27	4-K	3.88
15119	4-7-8-8-J-Q	J-Q	13.11	4-Q	3.78
15120	4-7-8-8-K-K	K-K	12.88	4-K	3.59
15121	4-7-8-8-Q-K	Q-K	11.76	Q-K	3.81
15122	4-7-8-8-Q-Q	Q-Q	13.10	4-Q	3.49
15123	4-7-8-9-9-9	4-9	15.88	4-9	7.48
15124	4-7-8-9-9-10	4-10	15.86	4-10	7.72
15125	4-7-8-9-9-J	4-J	16.19	4-J	7.43
15126	4-7-8-9-9-K	4-K	15.90	4-K	7.94
15127	4-7-8-9-9-Q	4-Q	15.89	4-Q	7.84
15128	4-7-8-9-10-10	4-7	14.02	4-7	5.41
15129	4-7-8-9-10-J	4-J	12.21	4-J	3.45
15130	4-7-8-9-10-K	4-K	11.94	4-K	3.99
15131	4-7-8-9-10-Q	4-Q	11.94	4-Q	3.89
15132	4-7-8-9-J-J	J-J	12.52	4-J	2.30
15133	4-7-8-9-J-K	J-K	11.16	4-K	2.85
15134	4-7-8-9-J-Q	J-Q	12.01	4-Q	2.75
15135	4-7-8-9-K-K	K-K	11.77	4-K	2.49
15136	4-7-8-9-Q-K	Q-K	10.66	Q-K	2.70
15137	4-7-8-9-Q-Q	Q-Q	11.99	4-Q	2.39
15138	4-7-8-10-10-10	7-8	13.84	4-7	2.80
15139	4-7-8-10-10-J	7-8	11.30	4-J	1.13
15140	4-7-8-10-10-K	7-8	10.02	4-K	1.64
15141	4-7-8-10-10-Q	7-8	10.54	4-Q	1.54
15142	4-7-8-10-J-J	7-8	11.54	4-10	1.50
15143	4-7-8-10-J-K	7-8	8.95	10-K	0.32
15144	4-7-8-10-J-Q	7-8	12.10	4-7	0.36
15145	4-7-8-10-K-K	7-8	10.02	4-10	1.03
15146	4-7-8-10-Q-K	7-8	8.45	10-K	0.08
15147	4-7-8-10-Q-Q	7-8	10.54	4-10	1.03
15148	4-7-8-J-J-J	7-8	14.56	4-7	2.73
15149	4-7-8-J-J-K	7-8	11.02	4-K	1.68
15150	4-7-8-J-J-Q	7-8	11.54	4-Q	1.58

HAND No.	SIX-CARD HAND	DISCARD (DEALER)	EXPECTED AVG. (DEALER)	DISCARD (PONE)	EXPECTED AVG. (PONE)
15151	4-7-8-J-K-K	7-8	10.78	4-J	0.69
15152	4-7-8-J-Q-K	7-8	12.02	4-7	0.19
15153	4-7-8-J-Q-Q	7-8	11.30	4-J	0.69
15154	4-7-8-K-K-K	7-8	13.84	4-7	2.02
15155	4-7-8-Q-K-K	7-8	10.54	4-Q	1.10
15156	4-7-8-Q-Q-K	7-8	10.54	4-K	1.20
15157	4-7-8-Q-Q-Q	7-8	13.84	4-7	2.02
15158	4-7-9-9-9-9	4-7	16.41	4-7	7.80
15159	4-7-9-9-9-10	4-7	12.24	4-7	3.62
15160	4-7-9-9-9-J	4-7	11.70	4-7	3.08
15161	4-7-9-9-9-K	4-K	11.33	4-K	3.38
15162	4-7-9-9-9-Q	4-Q	11.33	4-Q	3.28
15163	4-7-9-9-10-10	4-7	10.85	4-7	2.23
15164	4-7-9-9-10-J	4-7	14.35	4-7	5.73
15165	4-7-9-9-10-K	4-K	7.94	7-K	0.25
15166	4-7-9-9-10-Q	4-7	8.07	7-Q	0.20
15167	4-7-9-9-J-J	4-7	10.28	4-7	1.67
15168	4-7-9-9-J-K	4-K	8.01	4-K	0.05
15169	4-7-9-9-J-Q	J-Q	8.77	4-Q	-0.05
15170	4-7-9-9-K-K	4-7	8.76	4-7	0.15
15171	4-7-9-9-Q-K	Q-K	7.42	Q-K	-0.54
15172	4-7-9-9-Q-Q	4-7	8.76	4-7	0.15
15173	4-7-9-10-10-10	4-7	12.24	4-7	3.62
15174	4-7-9-10-10-J	4-7	14.35	4-7	5.73
15175	4-7-9-10-10-K	4-K	7.94	7-K	0.25
15176	4-7-9-10-10-Q	4-7	8.07	7-Q	0.20
15177	4-7-9-10-J-J	4-7	14.59	4-7	5.97
15178	4-7-9-10-J-K	4-7	9.02	7-K	1.29
15179	4-7-9-10-J-Q	4-7	10.39	4-7	1.78
15180	4-7-9-10-K-K	9-10	7.72	7-10	-0.83
15181	4-7-9-10-Q-K ♠	9-10	6.07	10-K	-2.10
15182	4-7-9-10-Q-Q	7-9	8.04	4-7	-0.81
15183	4-7-9-J-J-J	4-7	12.17	4-7	3.56
15184	4-7-9-J-J-K	7-9	8.52	7-K	0.20
15185	4-7-9-J-J-Q	7-9	9.04	7-Q	0.15
15186	4-7-9-J-K-K	7-9	8.28	4-7	-0.75
15187	4-7-9-J-Q-K	7-9	9.52	4-9	0.46
15188	4-7-9-J-Q-Q	7-9	8.80	4-9	-0.26
15189	4-7-9-K-K-K	7-9	11.34	4-9	2.28
15190	4-7-9-Q-K-K	7-9	8.04	9-Q	-0.68
15191	4-7-9-Q-Q-K	7-9	8.04	9-K	-0.59
15192	4-7-9-Q-Q-Q	7-9	11.34	4-9	2.28
15193	4-7-10-10-10-10	4-7	16.41	4-7	7.80
15194	4-7-10-10-10-J	4-7	12.48	4-7	3.86
15195	4-7-10-10-10-K	4-7	10.67	7-K	3.03
15196	4-7-10-10-10-Q	4-7	11.46	7-Q	2.98
15197	4-7-10-10-J-J	4-7	11.33	4-7	2.71
15198	4-7-10-10-J-K	4-7	8.30	7-K	0.49
15199	4-7-10-10-J-Q	4-7	14.35	4-7	5.73
15200	4-7-10-10-K-K	4-7	8.76	4-7	0.15

HAND No.	SIX-CARD HAND	DISCARD (DEALER)	EXPECTED AVG. (DEALER)	DISCARD (PONE)	EXPECTED AVG. (PONE)
15201	4-7-10-10-Q-K	4-7	7.54	7-K	-0.28
15202	4-7-10-10-Q-Q	4-7	9.80	4-7	1.19
15203	4-7-10-J-J-J	4-7	12.96	4-7	4.34
15204	4-7-10-J-J-K	4-7	8.54	7-K	0.73
15205	4-7-10-J-J-Q	4-7	14.59	4-7	5.97
15206	4-7-10-J-K-K	10-J	8.06	7-10	-0.07
15207	4-7-10-J-Q-K	4-7	10.30	4-7	1.69
15208	4-7-10-J-Q-Q	4-7	14.35	4-7	5.73
15209	4-7-10-K-K-K	4-7	10.67	7-10	3.00
15210	4-7-10-Q-K-K	4-7	7.54	7-10	-0.31
15211	4-7-10-Q-Q-K	4-7	7.54	7-K	-0.28
15212	4-7-10-Q-Q-Q	4-7	11.46	7-10	3.00
15213	4-7-J-J-J-J	4-7	17.37	4-7	8.75
15214	4-7-J-J-J-K	4-7	12.17	7-K	3.75
15215	4-7-J-J-J-Q	4-7	12.96	4-7	4.34
15216	4-7-J-J-K-K	4-7	10.28	4-7	1.67
15217	4-7-J-J-Q-K	4-7	14.41	4-7	5.80
15218	4-7-J-J-Q-Q	4-7	11.33	4-7	2.71
15219	4-7-J-K-K-K	4-7	11.70	4-7	3.08
15220	4-7-J-Q-K-K	4-7	14.17	4-7	5.56
15221	4-7-J-Q-Q-K	4-7	14.17	4-7	5.56
15222	4-7-J-Q-Q-Q	4-7	12.48	4-7	3.86
15223	4-7-K-K-K-K	4-7	16.41	4-7	7.80
15224	4-7-Q-K-K-K	4-7	11.46	7-Q	2.98
15225	4-7-Q-Q-K-K	4-7	9.80	4-7	1.19
15226	4-7-Q-Q-Q-K	4-7	11.46	7-K	3.03
15227	4-7-Q-Q-Q-Q	4-7	16.41	4-7	7.80
15228	4-8-8-8-8-9	4-9	16.43	4-9	8.02
15229	4-8-8-8-8-10	4-10	16.30	4-10	8.16
15230	4-8-8-8-8-J	4-J	16.58	4-J	7.82
15231	4-8-8-8-8-K	4-K	16.29	4-K	8.33
15232	4-8-8-8-8-Q	4-Q	16.28	4-Q	8.23
15233	4-8-8-8-9-9	9-9	12.47	4-9	3.80
15234	4-8-8-8-9-10	4-8	14.05	4-8	5.29
15235	4-8-8-8-9-J	4-J	12.41	4-J	3.65
15236	4-8-8-8-9-K	4-K	12.12	4-K	4.16
15237	4-8-8-8-9-Q	4-Q	12.11	4-Q	4.06
15238	4-8-8-8-10-10	10-10	12.06	4-10	3.16
15239	4-8-8-8-10-J	10-J	11.93	4-J	2.87
15240	4-8-8-8-10-K	4-K	11.33	10-K	3.42
15241	4-8-8-8-10-Q	4-Q	11.33	4-Q	3.28
15242	4-8-8-8-J-J	J-J	12.62	4-J	2.28
15243	4-8-8-8-J-K	J-K	11.27	4-K	2.83
15244	4-8-8-8-J-Q	J-Q	12.11	4-Q	2.73
15245	4-8-8-8-K-K	K-K	11.88	4-K	2.55
15246	4-8-8-8-Q-K	Q-K	10.76	Q-K	2.81
15247	4-8-8-8-Q-Q	Q-Q	12.10	4-Q	2.45
15248	4-8-8-9-9-9	8-8	12.75	4-8	3.53
15249	4-8-8-9-9-10	4-8	14.03	4-9	5.54
15250	4-8-8-9-9-J	4-J	11.02	4-J	2.26

HAND No.	SIX-CARD HAND	DISCARD (DEALER)	EXPECTED AVG. (DEALER)	DISCARD (PONE)	EXPECTED AVG. (PONE)
15251	4-8-8-9-9-K	4-K	10.73	4-K	2.77
15252	4-8-8-9-9-Q	4-Q	10.72	4-Q	2.67
15253	4-8-8-9-10-10	4-8	14.03	4-10	5.68
15254	4-8-8-9-10-J	4-J	14.24	4-J	5.48
15255	4-8-8-9-10-K	4-K	13.99	4-K	6.03
15256	4-8-8-9-10-Q	4-Q	13.98	4-Q	5.93
15257	4-8-8-9-J-J	8-8	9.92	4-9	0.85
15258	4-8-8-9-J-K	J-K	8.48	4-K	0.22
15259	4-8-8-9-J-Q	J-Q	9.33	4-Q	0.12
15260	4-8-8-9-K-K	K-K	9.10	4-9	0.37
15261	4-8-8-9-Q-K	Q-K	7.98	Q-K	0.03
15262	4-8-8-9-Q-Q	Q-Q	9.32	4-9	0.37
15263	4-8-8-10-10-10	8-8	12.75	4-8	2.75
15264	4-8-8-10-10-J	8-8	10.20	4-J	1.21
15265	4-8-8-10-10-K	4-K	9.68	4-K	1.72
15266	4-8-8-10-10-Q	4-Q	9.67	4-Q	1.62
15267	4-8-8-10-J-J	8-8	10.44	4-10	0.98
15268	4-8-8-10-J-K	10-J	8.11	4-K	-0.04
15269	4-8-8-10-J-Q	8-8	11.01	4-8	0.31
15270	4-8-8-10-K-K	8-8	8.92	4-10	0.50
15271	4-8-8-10-Q-K	4-K	7.51	10-K	-0.40
15272	4-8-8-10-Q-Q	8-8	9.44	4-10	0.50
15273	4-8-8-J-J-J	8-8	13.46	4-8	2.68
15274	4-8-8-J-J-K	8-8	9.92	4-K	1.16
15275	4-8-8-J-J-Q	8-8	10.44	4-Q	1.06
15276	4-8-8-J-K-K	8-8	9.68	4-J	0.17
15277	4-8-8-J-Q-K	8-8	10.92	4-8	0.14
15278	4-8-8-J-Q-Q	8-8	10.20	4-J	0.17
15279	4-8-8-K-K-K	8-8	12.75	4-8	1.96
15280	4-8-8-Q-K-K	8-8	9.44	4-Q	0.58
15281	4-8-8-Q-Q-K	8-8	9.44	4-K	0.68
15282	4-8-8-Q-Q-Q	8-8	12.75	4-8	1.96
15283	4-8-9-9-9-9	4-8	16.51	4-8	7.75
15284	4-8-9-9-9-10	4-9	13.97	4-9	5.56
15285	4-8-9-9-9-J	4-J	12.41	4-J	3.65
15286	4-8-9-9-9-K	4-K	12.12	4-K	4.16
15287	4-8-9-9-9-Q	4-Q	12.11	4-Q	4.06
15288	4-8-9-9-10-10	4-9	13.95	4-10	5.68
15289	4-8-9-9-10-J	4-8	14.40	4-8	5.64
15290	4-8-9-9-10-K	4-K	13.99	4-K	6.03
15291	4-8-9-9-10-Q	4-Q	13.98	4-Q	5.93
15292	4-8-9-9-J-J	4-8	10.38	4-8	1.62
15293	4-8-9-9-J-K	J-K	8.48	4-K	0.22
15294	4-8-9-9-J-Q	J-Q	9.33	4-Q	0.12
15295	4-8-9-9-K-K	K-K	9.10	4-8	0.09
15296	4-8-9-9-Q-K	Q-K	7.98	Q-K	0.03
15297	4-8-9-9-Q-Q	Q-Q	9.32	4-8	0.09
15298	4-8-9-10-10-10	4-10	13.84	4-10	5.70
15299	4-8-9-10-10-J	4-8	14.40	4-8	5.64
15300	4-8-9-10-10-K	4-K	13.99	4-K	6.03

HAND No.	SIX-CARD HAND	DISCARD (DEALER)	EXPECTED AVG. (DEALER)	DISCARD (PONE)	EXPECTED AVG. (PONE)
15301	4-8-9-10-10-Q	4-Q	13.98	4-Q	5.93
15302	4-8-9-10-J-J	4-8	14.64	4-8	5.88
15303	4-8-9-10-J-K	4-K	10.27	4-K	2.31
15304	4-8-9-10-J-Q	4-8	10.46	4-Q	2.19
15305	4-8-9-10-K-K	K-K	9.90	4-K	0.57
15306	4-8-9-10-Q-K	Q-K	8.79	Q-K	0.83
15307	4-8-9-10-Q-Q	Q-Q	10.12	4-Q	0.56
15308	4-8-9-J-J-J	8-9	12.73	4-8	3.51
15309	4-8-9-J-J-K	8-9	9.19	8-K	0.26
15310	4-8-9-J-J-Q	8-9	9.71	8-Q	0.16
15311	4-8-9-J-K-K	8-9	8.95	4-9	-0.78
15312	4-8-9-J-Q-K	8-9	10.19	4-9	0.46
15313	4-8-9-J-Q-Q	8-9	9.47	4-9	-0.26
15314	4-8-9-K-K-K	8-9	12.01	4-9	2.28
15315	4-8-9-Q-K-K	8-9	8.71	9-Q	-0.64
15316	4-8-9-Q-Q-K	8-9	8.71	9-K	-0.55
15317	4-8-9-Q-Q-Q	8-9	12.01	4-9	2.28
15318	4-8-10-10-10-10	4-8	16.51	4-8	7.75
15319	4-8-10-10-10-J	4-8	12.57	4-8	3.81
15320	4-8-10-10-10-K	4-K	11.33	4-K	3.38
15321	4-8-10-10-10-Q	4-8	11.55	4-Q	3.28
15322	4-8-10-10-J-J	4-8	11.42	4-8	2.66
15323	4-8-10-10-J-K	4-8	8.40	8-K	0.55
15324	4-8-10-10-J-Q	4-8	14.44	4-8	5.68
15325	4-8-10-10-K-K	4-8	8.85	4-8	0.09
15326	4-8-10-10-Q-K	4-K	7.77	4-K	-0.19
15327	4-8-10-10-Q-Q	4-8	9.90	4-8	1.14
15328	4-8-10-J-J-J	4-8	13.05	4-8	4.29
15329	4-8-10-J-J-K	4-8	8.64	8-K	0.79
15330	4-8-10-J-J-Q	4-8	14.68	4-8	5.92
15331	4-8-10-J-K-K	4-8	8.14	4-8	-0.62
15332	4-8-10-J-Q-K	4-8	10.40	4-8	1.64
15333	4-8-10-J-Q-Q	4-8	14.44	4-8	5.68
15334	4-8-10-K-K-K	8-10	11.10	4-10	2.42
15335	4-8-10-Q-K-K	8-10	7.80	8-Q	-0.84
15336	4-8-10-Q-Q-K	8-10	7.80	8-K	-0.22
15337	4 0 10-Q-Q-Q	4-8	11.55	4-8	2.79
15338	4-8-J-J-J-J	4-8	17.46	4-8	8.70
15339	4-8-J-J-J-K	4-8	12.27	8-K	3.81
15340	4-8-J-J-J-Q	4-8	13.05	4-8	4.29
15341	4-8-J-J-K-K	4-8	10.38	4-8	1.62
15342	4-8-J-J-Q-K	4-8	14.51	4-8	5.75
15343	4-8-J-J-Q-Q	4-8	11.42	4-8	2.66
15344	4-8-J-K-K-K	4-8	11.79	4-8	3.03
15345	4-8-J-Q-K-K	4-8	14.27	4-8	5.51
15346	4-8-J-Q-Q-K	4-8	14.27	4-8	5.51
15347	4-8-J-Q-Q-Q	4-8	12.57	4-8	3.81
15348	4-8-K-K-K-K	4-8	16.51	4-8	7.75
15349	4-8-Q-K-K-K	4-8	11.55	8-Q	2.98
15350	4-8-Q-Q-K-K	4-8	9.90	4-8	1.14

HAND No.	SIX-CARD HAND	DISCARD (DEALER)	EXPECTED AVG. (DEALER)	DISCARD (PONE)	EXPECTED AVG. (PONE)
15351	4-8-Q-Q-Q-K	4-8	11.55	8-K	3.09
15352	4-8-Q-Q-Q-Q	4-8	16.51	4-8	7.75
15353	4-9-9-9-9-10	4-10	16.30	4-10	8.16
15354	4-9-9-9-9-J	4-J	16.58	4-J	7.82
15355	4-9-9-9-9-K	4-K	16.29	4-K	8.33
15356	4-9-9-9-9-Q	4-Q	16.28	4-Q	8.23
15357	4-9-9-9-10-10	4-10	12.08	4-10	3.94
15358	4-9-9-9-10-J	4-9	14.21	4-9	5.80
15359	4-9-9-9-10-K	4-K	12.12	4-K	4.16
15360	4-9-9-9-10-Q	4-Q	12.11	4-Q	4.06
15361	4-9-9-9-J-J	J-J	12.62	4-J	3.06
15362	4-9-9-9-J-K	4-K	11.57	4-K	3.62
15363	4-9-9-9-J-Q	J-Q	12.11	4-Q	3.52
15364	4-9-9-9-K-K	K-K	11.88	4-K	2.55
15365	4-9-9-9-Q-K	Q-K	10.76	Q-K	2.81
15366	4-9-9-9-Q-Q	Q-Q	12.10	4-Q	2.45
15367	4-9-9-10-10-10	9-9	12.47	4-9	3.80
15368	4-9-9-10-10-J	4-9	14.19	4-10	5.92
15369	4-9-9-10-10-K	4-K	10.73	4-K	2.77
15370	4-9-9-10-10-Q	4-Q	10.72	4-Q	2.67
15371	4-9-9-10-J-J	4-9	14.43	4-9	6.02
15372	4-9-9-10-J-K	4-K	14.23	4-K	6.27
15373	4-9-9-10-J-Q	4-Q	14.17	4-Q	6.12
15374	4-9-9-10-K-K	K-K	9.10	4-10	0.50
15375	4-9-9-10-Q-K	Q-K	7.98	Q-K	0.03
15376	4-9-9-10-Q-Q	Q-Q	9.32	4-10	0.50
15377	4-9-9-J-J-J	9-9	13.19	4-9	3.74
15378	4-9-9-J-J-K	4-K	10.16	4-K	2.20
15379	4-9-9-J-J-Q ♣	9-9	10.17	4-Q	2.10
15380	4-9-9-J-K-K	9-9	9.40	4-J	0.17
15381	4-9-9-J-Q-K	9-9	10.64	4-9	0.50
15382	4-9-9-J-Q-Q	9-9	9.93	4-J	0.17
15383	4-9-9-K-K-K	9-9	12.47	4-9	2.24
15384	4-9-9-Q-K-K	9-9	9.17	4-Q	0.58
15385	4-9-9-Q-Q-K	9-9	9.17	4-K	0.68
15386	4-9-9-Q-Q-Q	9-9	12.47	4-9	2.24
15387	4-9-10-10-10-10	4-9	16.43	4-9	8.02
15388	4-9-10-10-10-J	4-10	14.08	4-10	5.94
15389	4-9-10-10-10-K	4-K	12.12	4-K	4.16
15390	4-9-10-10-10-Q	4-Q	12.11	4-Q	4.06
15391	4-9-10-10-J-J	4-J	14.34	4-10	6.16
15392	4-9-10-10-J-K	4-K	14.23	4-K	6.27
15393	4-9-10-10-J-Q	4-9	14.32	4-Q	6.12
15394	4-9-10-10-K-K	K-K	9.10	4-9	0.37
15395	4-9-10-10-Q-K	Q-K	7.98	Q-K	0.03
15396	4-9-10-10-Q-Q	4-9	9.82	4-9	1.41
15397	4-9-10-J-J-J	4-J	14.60	4-J	5.84
15398	4-9-10-J-J-K	4-K	14.46	4-K	6.51
15399	4-9-10-J-J-Q	4-9	14.56	4-Q	6.36
15400	4-9-10-J-K-K	K-K	10.14	4-K	0.90

HAND No.	SIX-CARD HAND	DISCARD (DEALER)	EXPECTED AVG. (DEALER)	DISCARD (PONE)	EXPECTED AVG. (PONE)
15401	4-9-10-J-Q-K	4-9	10.30	4-K	2.29
15402	4-9-10-J-Q-Q	4-9	14.32	4-9	5.91
15403	4-9-10-K-K-K	9-10	11.59	4-10	2.42
15404	4-9-10-Q-K-K	9-10	8.29	9-Q	-0.64
15405	4-9-10-Q-Q-K	9-10	8.29	9-K	-0.02
15406	4-9-10-Q-Q-Q	9-10	11.59	4-9	3.06
15407	4-9-J-J-J-J	4-9	17.38	4-9	8.98
15408	4-9-J-J-J-K	4-9	12.19	4-K	4.09
15409	4-9-J-J-J-Q	4-9	12.97	4-9	4.56
15410	4-9-J-J-K-K	4-9	10.30	4-9	1.89
15411	4-9-J-J-Q-K	4-9	14.43	4-9	6.02
15412	4-9-J-J-Q-Q	4-9	11.34	4-9	2.93
15413	4-9-J-K-K-K	4-9	11.71	4-9	3.30
15414	4-9-J-Q-K-K	4-9	14.19	4-9	5.78
15415	4-9-J-Q-Q-K	4-9	14.19	4-9	5.78
15416	4-9-J-Q-Q-Q	4-9	12.49	4-9	4.09
15417	4-9-K-K-K-K	4-9	16.43	4-9	8.02
15418	4-9-Q-K-K-K	4-9	11.47	9-Q	3.19
15419	4-9-Q-Q-K-K	4-9	9.82	4-9	1.41
15420	4-9-Q-Q-Q-K	4-9	11.47	9-K	3.28
15421	4-9-Q-Q-Q-Q	4-9	16.43	4-9	8.02
15422	4-10-10-10-10-J	4-J	16.58	4-J	7.82
15423	4-10-10-10-10-K	4-K	16.29	4-K	8.33
15424	4-10-10-10-10-Q	4-Q	16.28	4-Q	8.23
15425	4-10-10-10-J-J	J-J	12.62	4-J	3.84
15426	4-10-10-10-J-K	4-K	12.36	4-K	4.40
15427	4-10-10-10-J-Q	4-10	14.08	4-10	5.94
15428	4-10-10-10-K-K	K-K	11.88	4-K	2.55
15429	4-10-10-10-Q-K	4-K	11.33	4-K	3.38
15430	4-10-10-10-Q-Q	Q-Q	12.10	4-Q	3.23
15431	4-10-10-J-J-J	4-10	12.80	4-10	4.66
15432	4-10-10-J-J-K	4-K	11.20	4-K	3.25
15433	4-10-10-J-J-Q	4-J	14.34	4-10	6.16
15434	4-10-10-J-K-K	K-K	9.34	4-K	0.18
15435	4-10-10-J-Q-K	4-K	14.18	4-K	6.22
15436	4-10-10-J-Q-Q	4-10	14.06	4-Q	5.99
15437	4-10-10-K-K-K	10-10	12.06	4-10	2.37
15438	4-10-10-Q-K-K	10-10	8.75	4-Q	0.58
15439	4-10-10-Q-Q-K	4-K	9.68	4-K	1.72
15440	4-10-10-Q-Q-Q	10-10	12.06	4-10	3.16
15441	4-10-J-J-J-J	4-10	17.25	4-10	9.11
15442	4-10-J-J-J-K	4-K	12.83	4-K	4.88
15443	4-10-J-J-J-Q	4-J	14.60	4-J	5.84
15444	4-10-J-J-K-K	4-10	10.17	4-10	2.03
15445	4-10-J-J-Q-K	4-K	14.42	4-K	6.46
15446	4-10-J-J-Q-Q	4-J	14.34	4-Q	6.23
15447	4-10-J-K-K-K	10-J	11.93	4-10	3.44
15448	4-10-J-Q-K-K	4-10	14.02	4-10	5.87
15449	4-10-J-Q-Q-K	4-K	14.18	4-K	6.22
15450	4-10-J-Q-Q-Q	4-Q	14.07	4-Q	6.02

HAND No.	SIX-CARD HAND	DISCARD (DEALER)	EXPECTED AVG. (DEALER)	DISCARD (PONE)	EXPECTED AVG. (PONE)
15451	4-10-K-K-K-K	4-10	16.30	4-10	8.16
15452	4-10-Q-K-K-K	4-10	11.34	4-10	3.20
15453	4-10-Q-Q-K-K	4-10	9.69	4-10	1.55
15454	4-10-Q-Q-Q-K	4-10	11.34	10-K	3.42
15455	4-10-Q-Q-Q-Q	4-10	16.30	4-10	8.16
15456	4-J-J-J-J-K	4-K	17.25	4-K	9.29
15457	4-J-J-J-J-Q	4-Q	17.24	4-Q	9.19
15458	4-J-J-J-Q-K	4-J	14.43	4-J	5.67
15459	4-J-J-J-Q-Q	Q-Q	12.82	4-Q	4.73
15460	4-J-J-J-K-K	K-K	12.60	4-K	4.05
15461	4-J-J-Q-K-K	4-J	14.17	4-K	6.16
15462	4-J-J-Q-Q-K	4-J	14.17	4-Q	6.06
15463	4-J-J-Q-Q-Q	J-J	12.62	4-J	3.84
15464	4-J-J-K-K-K	J-J	12.62	4-J	3.06
15465	4-J-K-K-K-K	4-J	16.58	4-J	7.82
15466	4-J-Q-K-K-K	4-K	13.90	4-K	5.94
15467	4-J-Q-Q-K-K	4-K	13.88	4-K	5.92
15468	4-J-Q-Q-Q-K	4-Q	13.89	4-Q	5.84
15469	4-J-Q-Q-Q-Q	4-J	16.58	4-J	7.82
15470	4-Q-K-K-K-K	4-Q	16.28	4-Q	8.23
15471	4-Q-Q-K-K-K	Q-Q	12.10	4-Q	3.23
15472	4-Q-Q-Q-K-K	K-K	11.88	4-K	3.33
15473	4-Q-Q-Q-Q-K	4-K	16.29	4-K	8.33
15474	5-5-5-5-6-6 ★	6-6	28.55	6-6	15.90
15475	5-5-5-5-6-7 ★	6-7	27.75	6-7	16.37
15476	5-5-5-5-6-8 ★	6-8	27.40	6-8	16.92
15477	5-5-5-5-6-9 ★	6-9	27.92	6-9	16.52
15478	5-5-5-5-6-10	6-10	25.79	6-10	18.30
15479	5-5-5-5-6-J	6-J	26.02	6-J	18.06
15480	5-5-5-5-6-K	6-K	25.75	6-K	18.47
15481	5-5-5-5-6-Q	6-Q	25.89	6-Q	18.40
15482	5-5-5-5-7-7 ★	7-7	28.70	7-7	15.68
15483	5-5-5-5-7-8 ★	7-8	29.32	7-8	15.29
15484	5-5-5-5-7-9	7-9	26.82	7-9	17.53
15485	5-5-5-5-7-10	7-10	25.86	7-10	18.30
15486	5-5-5-5-7-J	7-J	26.18	7-J	17.91
15487	5-5-5-5-7-K	7-K	25.89	7-K	18.33
15488	5-5-5-5-7-Q	7-Q	25.86	7-Q	18.28
15489	5-5-5-5-8-8 ★	8-8	28.23	8-8	15.76
15490	5-5-5-5-8-9 ★	8-9	27.49	8-9	16.94
15491	5-5-5-5-8-10	8-10	26.40	8-10	17.46
15492	5-5-5-5-8-J	8-J	26.17	8-J	18.00
15493	5-5-5-5-8-K	8-K	25.76	8-K	18.39
15494	5-5-5-5-8-Q	8-Q	25.79	8-Q	18.29
15495	5-5-5-5-9-9 ★	9-9	27.95	9-9	16.37
15496	5-5-5-5-9-10	9-10	26.90	9-10	17.20
15497	5-5-5-5-9-J	9-J	26.57	9-J	17.66
15498	5-5-5-5-9-K	9-K	25.68	9-K	18.58
15499	5-5-5-5-9-Q	9-Q	25.60	9-Q	18.49
15500	5-5-5-5-10-10★	10-10	27.19	10-10	16.34

HAND No.	SIX-CARD HAND	DISCARD (DEALER)	EXPECTED AVG. (DEALER)	DISCARD (PONE)	EXPECTED AVG. (PONE)
15501	5-5-5-5-10-J ★	10-J	27.06	10-J	16.79
15502	5-5-5-5-10-K	10-K	25.27	10-K	18.55
15503	5-5-5-5-10-Q	10-Q	25.74	10-Q	17.83
15504	5-5-5-5-J-J ★	J-J	27.75	J-J	16.15
15505	5-5-5-5-J-K	J-K	26.40	J-K	17.69
15506	5-5-5-5-J-Q ★	J-Q	27.24	J-Q	16.97
15507	5-5-5-5-K-K ★	K-K	27.01	K-K	16.79
15508	5-5-5-5-Q-K	Q-K	25.89	Q-K	17.94
15509	5-5-5-5-Q-Q ★	Q-Q	27.23	Q-Q	16.72
15510	5-5-5-6-6-6	5-5	18.81	6-6	5.76
15511	5-5-5-6-6-7	5-5	20.41	6-7	6.09
15512	5-5-5-6-6-8	6-8	17.31	6-8	6.83
15513	5-5-5-6-6-9	5-5	17.94	6-9	6.38
15514	5-5-5-6-6-10	6-6	22.16	6-6	9.50
15515	5-5-5-6-6-J	6-6	22.40	6-6	9.74
15516	5-5-5-6-6-K	6-6	22.16	6-6	9.50
15517	5-5-5-6-6-Q	6-6	22.16	6-6	9.50
15518	5-5-5-6-7-7	5-5	20.41	6-7	5.31
15519	5-5-5-6-7-8	7-8	19.08	6-8	5.85
15520	5-5-5-6-7-9	5-9	17.58	7-9	7.25
15521	5-5-5-6-7-10	6-7	21.36	6-7	9.98
15522	5-5-5-6-7-J	6-7	21.60	6-7	10.22
15523	5-5-5-6-7-K	6-7	21.36	6-7	9.98
15524	5-5-5-6-7-Q	6-7	21.36	6-7	9.98
15525	5-5-5-6-8-8	8-8	18.18	8-8	5.72
15526	5-5-5-6-8-9	8-9	17.40	8-9	6.85
15527	5-5-5-6-8-10	6-8	21.01	6-8	10.52
15528	5-5-5-6-8-J	6-8	21.25	6-8	10.76
15529	5-5-5-6-8-K	6-8	21.01	6-8	10.52
15530	5-5-5-6-8-Q	6-8	21.01	6-8	10.52
15531	5-5-5-6-9-9	9-9	17.82	9-9	6.24
15532	5-5-5-6-9-10	6-9	21.53	6-9	10.12
15533	5-5-5-6-9-J	6-9	21.77	6-9	10.36
15534	5-5-5-6-9-K	6-9	21.53	6-9	10.12
15535	5-5-5-6-9-Q	6-9	21.53	6-9	10.12
15536	5-5-5-6-10-10	5-6	20.26	6-10	11.91
15537	5-5-5-6-10-J	6-10	19.68	6-10	12.19
15538	5-5-5-6-10-K	6-10	19.44	6-K	12.12
15539	5-5-5-6-10-Q	6-Q	19.55	6-Q	12.05
15540	5-5-5-6-J-J	5-6	20.73	6-J	11.90
15541	5-5-5-6-J-K	6-J	19.68	6-K	12.36
15542	5-5-5-6-J-Q	6-Q	19.79	6-Q	12.29
15543	5-5-5-6-K-K	5-6	20.26	6-K	12.07
15544	5-5-5-6-Q-K	6-Q	19.55	6-K	12.12
15545	5-5-5-6-Q-Q	5-6	20.26	6-Q	12.00
15546	5-5-5-7-7-7	5-5	18.02	7-7	4.76
15547	5-5-5-7-7-8	7-8	18.41	7-8	4.37
15548	5-5-5-7-7-9	7-7	17.09	7-9	6.66
15549	5-5-5-7-7-10	7-7	22.31	7-7	9.29
15550	5-5-5-7-7-J	7-7	22.55	7-7	9.53

HAND No.	SIX-CARD HAND	DISCARD (DEALER)	EXPECTED AVG. (DEALER)	DISCARD (PONE)	EXPECTED AVG. (PONE)
15551	5-5-5-7-7-K	7-7	22.31	7-7	9.29
15552	5-5-5-7-7-Q	7-7	22.31	7-7	9.29
15553	5-5-5-7-8-8	5-5	17.94	8-8	4.85
15554	5-5-5-7-8-9	7-8	17.71	8-9	6.07
15555	5-5-5-7-8-10	7-8	22.93	7-8	8.90
15556	5-5-5-7-8-J	7-8	23.17	7-8	9.14
15557	5-5-5-7-8-K	7-8	22.93	7-8	8.90
15558	5-5-5-7-8-Q	7-8	22.93	7-8	8.90
15559	5-5-5-7-9-9	9-9	17.12	7-9	5.88
15560	5-5-5-7-9-10	7-9	20.43	7-9	11.14
15561	5-5-5-7-9-J	7-9	20.67	7-9	11.38
15562	5-5-5-7-9-K	7-9	20.43	7-9	11.14
15563	5-5-5-7-9-Q	7-9	20.43	7-9	11.14
15564	5-5-5-7-10-10	5-7	19.62	7-10	11.91
15565	5-5-5-7-10-J	7-J	19.83	7-10	12.20
15566	5-5-5-7-10-K	7-K	19.55	7-K	11.99
15567	5-5-5-7-10-Q	7-10	19.52	7-10	11.96
15568	5-5-5-7-J-J	5-7	20.10	7-J	11.76
15569	5-5-5-7-J-K	7-J	19.83	7-K	12.23
15570	5-5-5-7-J-Q	7-J	19.83	7-Q	12.18
15571	5-5-5-7-K-K	5-7	19.62	7-K	11.94
15572	5-5-5-7-Q-K	7-K	19.55	7-K	11.99
15573	5-5-5-7-Q-Q	5-7	19.62	7-Q	11.89
15574	5-5-5-8-8-8	5-5	16.72	8-8	4.06
15575	5-5-5-8-8-9	8-8	16.62	8-9	5.28
15576	5-5-5-8-8-10	8-8	21.83	8-8	9.37
15577	5-5-5-8-8-J	8-8	22.07	8-8	9.61
15578	5-5-5-8-8-K	8-8	21.83	8-8	9.37
15579	5-5-5-8-8-Q	8-8	21.83	8-8	9.37
15580	5-5-5-8-9-9	9-9	16.34	8-9	5.28
15581	5-5-5-8-9-10	8-9	21.10	8-9	10.54
15582	5-5-5-8-9-J	8-9	21.34	8-9	10.78
15583	5-5-5-8-9-K	8-9	21.10	8-9	10.54
15584	5-5-5-8-9-Q	8-9	21.10	8-9	10.54
15585	5-5-5-8-10-10	8-10	20.01	8-10	11.06
15586	5-5-5-8-10-J	8-10	20.30	8-J	11.66
15587	5-5-5-8-10-K	8-10	20.06	8-K	12.05
15588	5-5-5-8-10-Q	8-10	20.06	8-Q	11.94
15589	5-5-5-8-J-J	8-J	20.02	8-J	11.85
15590	5-5-5-8-J-K	8-J	19.82	8-K	12.29
15591	5-5-5-8-J-Q	8-J	19.82	8-Q	12.18
15592	5-5-5-8-K-K	8-K	19.37	8-K	12.00
15593	5-5-5-8-Q-K	8-Q	19.45	8-K	12.05
15594	5-5-5-8-Q-Q	8-Q	19.40	8-Q	11.89
15595	5-5-5-9-9-9	5-5	16.72	9-9	4.67
15596	5-5-5-9-9-10	9-9	21.56	9-9	9.98
15597	5-5-5-9-9-J	9-9	21.80	9-9	10.22
15598	5-5-5-9-9-K	9-9	21.56	9-9	9.98
15599	5-5-5-9-9-Q	9-9	21.56	9-9	9.98
15600	5-5-5-9-10-10	9-10	20.51	9-10	10.80

HAND No.	SIX-CARD HAND	DISCARD (DEALER)	EXPECTED AVG. (DEALER)	DISCARD (PONE)	EXPECTED AVG. (PONE)
15601	5-5-5-9-10-J	9-10	20.79	9-J	11.31
15602	5-5-5-9-10-K	9-10	20.55	9-K	12.24
15603	5-5-5-9-10-Q	9-10	20.55	9-Q	12.14
15604	5-5-5-9-J-J	9-J	20.42	9-J	11.51
15605	5-5-5-9-J-K	9-J	20.23	9-K	12.48
15606	5-5-5-9-J-Q	9-J	20.23	9-Q	12.38
15607	5-5-5-9-K-K	9-K	19.29	9-K	12.19
15608	5-5-5-9-Q-K	9-K	19.33	9-K	12.24
15609	5-5-5-9-Q-Q	9-Q	19.20	9-Q	12.10
15610	5-5-5-10-10-10	5-5	21.67	10-10	9.95
15611	5-5-5-10-10-J	10-10	21.12	10-J	10.44
15612	5-5-5-10-10-K	10-10	20.88	10-K	12.21
15613	5-5-5-10-10-Q	10-10	20.88	10-Q	11.49
15614	5-5-5-10-J-J	J-J	21.45	10-J	10.68
15615	5-5-5-10-J-K	10-J	20.76	10-K	12.49
15616	5-5-5-10-J-Q	J-Q	20.94	10-Q	11.77
15617	5-5-5-10-K-K	K-K	20.71	10-K	12.21
15618	5-5-5-10-Q-K	Q-K	19.59	10-K	12.25
15619	5-5-5-10-Q-Q	Q-Q	20.93	10-Q	11.49
15620	5-5-5-J-J-J	5-5	22.39	J-J	10.00
15621	5-5-5-J-J-K	J-J	21.45	J-K	11.58
15622	5-5-5-J-J-Q	J-J	21.45	J-Q	10.86
15623	5-5-5-J-K-K	K-K	20.94	J-K	11.34
15624	5-5-5-J-Q-K	J-Q	20.94	Q-K	11.88
15625	5-5-5-J-Q-Q	Q-Q	21.16	Q-Q	10.66
15626	5-5-5-K-K-K	5-5	21.67	K-K	10.40
15627	5-5-5-Q-K-K	K-K	20.71	Q-K	11.59
15628	5-5-5-Q-Q-K	Q-Q	20.93	Q-K	11.59
15629	5-5-5-Q-Q-Q	5-5	21.67	Q-Q	10.33
15630	5-5-6-6-6-6 ◈	5-5	22.54	5-5	4.45
15631	5-5-6-6-6-7	5-6	18.28	6-6	5.16
15632	5-5-6-6-6-8	5-5	17.59	5-8	3.73
15633	5-5-6-6-6-9 ◈	5-5	22.02	5-5	3.93
15634	5-5-6-6-6-10	5-10	16.66	6-10	4.65
15635	5-5-6-6-6-J	5-J	17.01	6-J	4.40
15636	5-5-6-6-6-K	5-K	16.67	6-K	4.81
15637	5-5-6-6-6-Q	5-Q	16.63	6-Q	4.74
15638	5-5-6-6-7-7	5-6	18.26	6-7	5.63
15639	5-5-6-6-7-8	5-5	21.89	6-8	6.26
15640	5-5-6-6-7-9	6-9	17.31	6-9	5.91
15641	5-5-6-6-7-10	5-10	18.40	6-10	7.82
15642	5-5-6-6-7-J	5-J	18.75	6-J	7.58
15643	5-5-6-6-7-K	5-K	18.41	6-K	7.99
15644	5-5-6-6-7-Q	5-Q	18.37	6-Q	7.92
15645	5-5-6-6-8-8	5-5	15.76	8-8	2.11
15646	5-5-6-6-8-9	5-5	17.24	8-9	3.20
15647	5-5-6-6-8-10	6-6	14.46	8-10	3.89
15648	5-5-6-6-8-J	6-6	14.44	8-J	4.44
15649	5-5-6-6-8-K	6-6	14.20	8-K	4.83
15650	5-5-6-6-8-Q	6-6	14.20	8-Q	4.72

HAND No.	SIX-CARD HAND	DISCARD (DEALER)	EXPECTED AVG. (DEALER)	DISCARD (PONE)	EXPECTED AVG. (PONE)
15651	5-5-6-6-9-9 ◈	5-5	21.67	5-5	3.58
15652	5-5-6-6-9-10	5-5	16.37	9-10	3.54
15653	5-5-6-6-9-J	5-5	16.35	9-J	4.01
15654	5-5-6-6-9-K	5-5	15.85	9-K	4.93
15655	5-5-6-6-9-Q	5-5	15.85	9-Q	4.84
15656	5-5-6-6-10-10	6-6	19.59	6-6	6.94
15657	5-5-6-6-10-J	6-6	18.44	6-6	5.79
15658	5-5-6-6-10-K	6-6	17.68	6-K	5.21
15659	5-5-6-6-10-Q	6-6	17.94	6-6	5.29
15660	5-5-6-6-J-J	6-6	20.07	6-6	7.42
15661	5-5-6-6-J-K	6-6	18.18	6-6	5.53
15662	5-5-6-6-J-Q	6-6	18.44	6-6	5.79
15663	5-5-6-6-K-K	6-6	19.59	6-6	6.94
15664	5-5-6-6-Q-K	6-6	17.94	6-6	5.29
15665	5-5-6-6-Q-Q	6-6	19.59	6-6	6.94
15666	5-5-6-7-7-7 ✢	5-5	17.98	7-7	4.94
15667	5-5-6-7-7-8 ◈	5-5	23.63	5-5	5.54
15668	5-5-6-7-7-9	5-9	17.17	7-9	6.92
15669	5-5-6-7-7-10	5-10	18.40	7-10	7.83
15670	5-5-6-7-7-J	5-J	18.75	7-J	7.43
15671	5-5-6-7-7-K	5-K	18.41	7-K	7.86
15672	5-5-6-7-7-Q	5-Q	18.37	7-Q	7.81
15673	5-5-6-7-8-8 ◈	5-5	23.46	5-5	5.36
15674	5-5-6-7-8-9	5-5	19.37	8-9	6.41
15675	5-5-6-7-8-10	5-10	16.23	8-10	7.06
15676	5-5-6-7-8-J	5-J	16.57	8-J	7.61
15677	5-5-6-7-8-K	5-K	16.24	8-K	8.00
15678	5-5-6-7-8-Q	5-Q	16.20	8-Q	7.89
15679	5-5-6-7-9-9	9-9	17.47	9-9	5.89
15680	5-5-6-7-9-10	9-10	16.55	9-10	6.85
15681	5-5-6-7-9-J	9-J	16.23	9-J	7.31
15682	5-5-6-7-9-K	9-K	15.33	9-K	8.24
15683	5-5-6-7-9-Q	9-Q	15.25	9-Q	8.14
15684	5-5-6-7-10-10	6-7	18.79	6-7	7.42
15685	5-5-6-7-10-J	6-7	17.64	10-J	6.57
15686	5-5-6-7-10-K	6-7	16.88	10-K	8.34
15687	5-5-6-7-10-Q	6-7	17.14	10-Q	7.62
15688	5-5-6-7-J-J	6-7	19.27	6-7	7.89
15689	5-5-6-7-J-K	6-7	17.38	J-K	7.47
15690	5-5-6-7-J-Q	6-7	17.64	J-Q	6.75
15691	5-5-6-7-K-K	6-7	18.79	6-7	7.42
15692	5-5-6-7-Q-K	6-7	17.14	Q-K	7.72
15693	5-5-6-7-Q-Q	6-7	18.79	6-7	7.42
15694	5-5-6-8-8-8	5-5	17.07	6-8	0.92
15695	5-5-6-8-8-9	5-5	15.41	8-8	0.89
15696	5-5-6-8-8-10	8-8	14.92	6-8	2.78
15697	5-5-6-8-8-J	8-8	15.16	6-8	2.76
15698	5-5-6-8-8-K	8-8	14.92	6-K	2.64
15699	5-5-6-8-8-Q	8-8	14.92	6-Q	2.57
15700	5-5-6-8-9-9	5-5	17.15	5-8	2.17

HAND No.	SIX-CARD HAND	DISCARD (DEALER)	EXPECTED AVG. (DEALER)	DISCARD (PONE)	EXPECTED AVG. (PONE)
15701	5-5-6-8-9-10	5-5	15.87	8-9	3.59
15702	5-5-6-8-9-J	8-9	14.38	8-9	3.83
15703	5-5-6-8-9-K	8-9	14.14	8-K	3.61
15704	5-5-6-8-9-Q	8-9	14.14	8-9	3.59
15705	5-5-6-8-10-10	6-8	18.44	6-8	7.96
15706	5-5-6-8-10-J	6-8	17.29	6-8	6.81
15707	5-5-6-8-10-K	6-8	16.53	6-8	6.05
15708	5-5-6-8-10-Q	6-8	16.79	6-8	6.31
15709	5-5-6-8-J-J	6-8	18.92	6-8	8.44
15710	5-5-6-8-J-K	6-8	17.03	6-8	6.55
15711	5-5-6-8-J-Q	6-8	17.29	6-8	6.81
15712	5-5-6-8-K-K	6-8	18.44	6-8	7.96
15713	5-5-6-8-Q-K	6-8	16.79	6-8	6.31
15714	5-5-6-8-Q-Q	6-8	18.44	6-8	7.96
15715	5-5-6-9-9-9 ◈	5-5	21.50	5-5	3.41
15716	5-5-6-9-9-10	5-5	16.72	9-9	2.98
15717	5-5-6-9-9-J	5-5	16.44	9-9	3.22
15718	5-5-6-9-9-K	5-5	15.67	9-K	3.71
15719	5-5-6-9-9-Q	5-5	15.67	9-Q	3.62
15720	5-5-6-9-10-10	6-9	18.96	6-9	7.56
15721	5-5-6-9-10-J	6-9	17.75	6-9	6.34
15722	5-5-6-9-10-K	6-9	17.05	6-9	5.65
15723	5-5-6-9-10-Q	6-9	17.31	6-9	5.91
15724	5-5-6-9-J-J	6-9	19.44	6-9	8.04
15725	5-5-6-9-J-K	6-9	17.55	6-9	6.15
15726	5-5-6-9-J-Q	6-9	17.81	6-9	6.41
15727	5-5-6-9-K-K	6-9	18.96	6-9	7.56
15728	5-5-6-9-Q-K	6-9	17.31	6-9	5.91
15729	5-5-6-9-Q-Q	6-9	18.96	6-9	7.56
15730	5-5-6-10-10-10	5-6	19.69	6-10	9.34
15731	5-5-6-10-10-J	6-J	17.15	6-J	9.19
15732	5-5-6-10-10-K	6-K	16.88	6-K	9.60
15733	5-5-6-10-10-Q	6-Q	17.02	6-Q	9.53
15734	5-5-6-10-J-J	6-10	17.40	6-10	9.91
15735	5-5-6-10-J-K	6-K	15.73	6-K	8.44
15736	5-5-6-10-J-Q	5-6	17.95	6-Q	8.31
15737	5-5-6-10-K-K	6 10	16.92	6-10	9.43
15738	5-5-6-10-Q-K	6-10	15.27	6-K	7.94
15739	5-5-6-10-Q-Q	6-10	16.92	6-10	9.43
15740	5-5-6-J-J-J	5-6	20.41	6-J	9.58
15741	5-5-6-J-J-K	6-K	17.36	6-K	10.07
15742	5-5-6-J-J-Q	6-Q	17.50	6-Q	10.00
15743	5-5-6-J-K-K	6-J	17.15	6-J	9.19
15744	5-5-6-J-Q-K	5-6	17.86	6-K	8.38
15745	5-5-6-J-Q-Q	6-J	17.15	6-J	9.19
15746	5-5-6-K-K-K	5-6	19.69	6-K	9.51
15747	5-5-6-Q-K-K	6-Q	17.02	6-Q	9.53
15748	5-5-6-Q-Q-K	6-K	16.88	6-K	9.60
15749	5-5-6-Q-Q-Q	5-6	19.69	6-Q	9.44
15750	5-5-7-7-7-7 ◈	5-5	22.54	5-5	4.45

HAND No.	SIX-CARD HAND	DISCARD (DEALER)	EXPECTED AVG. (DEALER)	DISCARD (PONE)	EXPECTED AVG. (PONE)
15751	5-5-7-7-7-8 ◈	5-5	23.59	5-5	5.50
15752	5-5-7-7-7-9	5-5	17.07	5-9	3.13
15753	5-5-7-7-7-10	5-5	16.20	7-10	3.61
15754	5-5-7-7-7-J	5-5	16.44	7-J	3.21
15755	5-5-7-7-7-K	5-5	16.20	7-K	3.64
15756	5-5-7-7-7-Q	5-5	16.20	7-Q	3.59
15757	5-5-7-7-8-8 ◈	5-5	23.76	5-5	5.67
15758	5-5-7-7-8-9 ◈	5-5	23.20	5-5	5.10
15759	5-5-7-7-8-10	5-5	17.07	7-10	3.35
15760	5-5-7-7-8-J	5-5	17.13	8-J	3.31
15761	5-5-7-7-8-K	5-5	16.89	8-K	3.70
15762	5-5-7-7-8-Q	5-5	16.89	8-Q	3.59
15763	5-5-7-7-9-9	5-5	15.07	9-9	1.67
15764	5-5-7-7-9-10	7-7	14.87	7-9	3.66
15765	5-5-7-7-9-J	7-7	14.85	7-9	3.90
15766	5-5-7-7-9-K	7-7	14.35	9-K	3.98
15767	5-5-7-7-9-Q	7-7	14.35	9-Q	3.88
15768	5-5-7-7-10-10	7-7	19.74	7-7	6.72
15769	5-5-7-7-10-J	7-7	18.59	7-7	5.57
15770	5-5-7-7-10-K	7-7	17.83	7-7	4.81
15771	5-5-7-7-10-Q	7-7	18.09	7-7	5.07
15772	5-5-7-7-J-J	7-7	20.22	7-7	7.20
15773	5-5-7-7-J-K	7-7	18.33	7-7	5.31
15774	5-5-7-7-J-Q	7-7	18.59	7-7	5.57
15775	5-5-7-7-K-K	7-7	19.74	7-7	6.72
15776	5-5-7-7-Q-K	7-7	18.09	7-7	5.07
15777	5-5-7-7-Q-Q	7-7	19.74	7-7	6.72
15778	5-5-7-8-8-8 ◈	5-5	23.07	5-5	4.97
15779	5-5-7-8-8-9 ◈	5-5	23.02	5-5	4.93
15780	5-5-7-8-8-10	5-5	16.89	8-10	2.50
15781	5-5-7-8-8-J	5-5	16.96	8-J	3.05
15782	5-5-7-8-8-K	5-5	16.72	8-K	3.44
15783	5-5-7-8-8-Q	5-5	16.72	8-Q	3.33
15784	5-5-7-8-9-9 ◈	5-5	21.11	5-5	3.02
15785	5-5-7-8-9-10	5-5	17.07	7-9	3.33
15786	5-5-7-8-9-J	5-5	15.94	7-9	3.38
15787	5-5-7-8-9-K	5-5	15.61	9-K	3.65
15788	5-5-7-8-9-Q	5-5	15.61	9-Q	3.56
15789	5-5-7-8-10-10	7-8	20.36	7-8	6.33
15790	5-5-7-8-10-J	7-8	19.21	7-8	5.18
15791	5-5-7-8-10-K	7-8	18.45	8-K	4.61
15792	5-5-7-8-10-Q	7-8	18.71	7-8	4.68
15793	5-5-7-8-J-J	7-8	20.84	7-8	6.81
15794	5-5-7-8-J-K	7-8	18.95	7-8	4.92
15795	5-5-7-8-J-Q	7-8	19.21	7-8	5.18
15796	5-5-7-8-K-K	7-8	20.36	7-8	6.33
15797	5-5-7-8-Q-K	7-8	18.71	7-8	4.68
15798	5-5-7-8-Q-Q	7-8	20.36	7-8	6.33
15799	5-5-7-9-9-9	5-5	16.54	7-9	1.53
15800	5-5-7-9-9-10	9-9	14.12	7-9	3.66

HAND No.	SIX-CARD HAND	DISCARD (DEALER)	EXPECTED AVG. (DEALER)	DISCARD (PONE)	EXPECTED AVG. (PONE)
15801	5-5-7-9-9-J	9-9	14.36	7-9	3.64
15802	5-5-7-9-9-K	9-9	14.12	7-9	3.14
15803	5-5-7-9-9-Q	9-9	14.12	7-9	3.14
15804	5-5-7-9-10-10	7-9	17.87	7-9	8.57
15805	5-5-7-9-10-J	7-9	16.65	7-9	7.35
15806	5-5-7-9-10-K	7-9	15.95	7-9	6.66
15807	5-5-7-9-10-Q	7-9	16.21	7-9	6.92
15808	5-5-7-9-J-J	7-9	18.34	7-9	9.05
15809	5-5-7-9-J-K	7-9	16.45	7-9	7.16
15810	5-5-7-9-J-Q	7-9	16.71	7-9	7.42
15811	5-5-7-9-K-K	7-9	17.87	7-9	8.57
15812	5-5-7-9-Q-K	7-9	16.21	7-9	6.92
15813	5-5-7-9-Q-Q	7-9	17.87	7-9	8.57
15814	5-5-7-10-10-10	5-7	19.06	7-10	9.35
15815	5-5-7-10-10-J	7-J	17.31	7-J	9.04
15816	5-5-7-10-10-K	7-K	17.02	7-K	9.46
15817	5-5-7-10-10-Q	7-Q	16.99	7-Q	9.41
15818	5-5-7-10-J-J	7-10	17.47	7-10	9.91
15819	5-5-7-10-J-K	7-K	15.87	7-K	8.31
15820	5-5-7-10-J-Q	5-7	17.32	7-10	8.22
15821	5-5-7-10-K-K	7-10	16.99	7-10	9.43
15822	5-5-7-10-Q-K	7-K	15.37	7-K	7.81
15823	5-5-7-10-Q-Q	7-10	16.99	7-10	9.43
15824	5-5-7-J-J-J	5-7	19.78	7-J	9.43
15825	5-5-7-J-J-K	7-K	17.50	7-K	9.94
15826	5-5-7-J-J-Q	7-Q	17.46	7-Q	9.89
15827	5-5-7-J-K-K	7-J	17.31	7-J	9.04
15828	5-5-7-J-Q-K	5-7	17.23	7-K	8.25
15829	5-5-7-J-Q-Q	7-J	17.31	7-J	9.04
15830	5-5-7-K-K-K	5-7	19.06	7-K	9.38
15831	5-5-7-Q-K-K	7-Q	16.99	7-Q	9.41
15832	5-5-7-Q-Q-K	7-K	17.02	7-K	9.46
15833	5-5-7-Q-Q-Q	5-7	19.06	7-Q	9.33
15834	5-5-8-8-8-8 ◈	5-5	21.50	5-5	3.41
15835	5-5-8-8-8-9	5-5	17.33	5-9	1.82
15836	5-5-8-8-8-10	5-5	16.46	8-8	1.59
15837	5-5-8-8-8-J	5-5	15.91	8-J	2.09
15838	5-5-8-8-8-K	5-5	15.67	8-K	2.48
15839	5-5-8-8-8-Q	5-5	15.67	8-Q	2.37
15840	5-5-8-8-9-9	5-5	15.94	9-9	0.46
15841	5-5-8-8-9-10	5-5	19.11	8-9	2.74
15842	5-5-8-8-9-J	8-8	14.38	8-9	2.78
15843	5-5-8-8-9-K	8-8	13.88	9-K	2.76
15844	5-5-8-8-9-Q	8-8	13.88	9-Q	2.67
15845	5-5-8-8-10-10	8-8	19.27	8-8	6.80
15846	5-5-8-8-10-J	8-8	18.12	8-8	5.65
15847	5-5-8-8-10-K	8-8	17.36	8-8	4.89
15848	5-5-8-8-10-Q	8-8	17.62	8-8	5.15
15849	5-5-8-8-J-J	8-8	19.75	8-8	7.28
15850	5-5-8-8-J-K	8-8	17.86	8-8	5.39

HAND No.	SIX-CARD HAND	DISCARD (DEALER)	EXPECTED AVG. (DEALER)	DISCARD (PONE)	EXPECTED AVG. (PONE)
15851	5-5-8-8-J-Q	8-8	18.12	8-8	5.65
15852	5-5-8-8-K-K	8-8	19.27	8-8	6.80
15853	5-5-8-8-Q-K	8-8	17.62	8-8	5.15
15854	5-5-8-8-Q-Q	8-8	19.27	8-8	6.80
15855	5-5-8-9-9-9	5-5	17.33	5-8	1.64
15856	5-5-8-9-9-10	5-5	19.11	8-9	3.00
15857	5-5-8-9-9-J	9-9	13.84	8-9	3.04
15858	5-5-8-9-9-K	9-9	13.60	8-K	2.57
15859	5-5-8-9-9-Q	9-9	13.60	8-9	2.54
15860	5-5-8-9-10-10	5-5	19.02	8-9	7.98
15861	5-5-8-9-10-J	8-9	17.32	8-9	6.76
15862	5-5-8-9-10-K	8-9	16.62	8-9	6.07
15863	5-5-8-9-10-Q	8-9	16.88	8-9	6.33
15864	5-5-8-9-J-J	8-9	19.01	8-9	8.46
15865	5-5-8-9-J-K	8-9	17.12	8-9	6.57
15866	5-5-8-9-J-Q	8-9	17.38	8-9	6.83
15867	5-5-8-9-K-K	8-9	18.53	8-9	7.98
15868	5-5-8-9-Q-K	8-9	16.88	8-9	6.33
15869	5-5-8-9-Q-Q	8-9	18.53	8-9	7.98
15870	5-5-8-10-10-10	5-8	18.53	8-10	8.50
15871	5-5-8-10-10-J	8-J	17.30	8-J	9.13
15872	5-5-8-10-10-K	8-K	16.89	8-K	9.52
15873	5-5-8-10-10-Q	8-Q	16.92	8-Q	9.42
15874	5-5-8-10-J-J	8-10	18.01	8-10	9.06
15875	5-5-8-10-J-K	8-10	16.12	8-K	8.37
15876	5-5-8-10-J-Q	5-8	16.79	8-Q	8.20
15877	5-5-8-10-K-K	8-10	17.53	8-10	8.59
15878	5-5-8-10-Q-K	8-10	15.88	8-K	7.87
15879	5-5-8-10-Q-Q	8-10	17.53	8-10	8.59
15880	5-5-8-J-J-J	5-8	19.24	8-J	9.53
15881	5-5-8-J-J-K	8-K	17.37	8-K	10.00
15882	5-5-8-J-J-Q	8-Q	17.40	8-Q	9.89
15883	5-5-8-J-K-K	8-J	17.30	8-J	9.13
15884	5-5-8-J-Q-K	5-8	16.70	8-K	8.31
15885	5-5-8-J-Q-Q	8-J	17.30	8-J	9.13
15886	5-5-8-K-K-K	5-8	18.53	8-K	9.44
15887	5-5-8-Q-K-K	8-Q	16.92	8-Q	9.42
15888	5-5-8-Q-Q-K	8-K	16.89	8-K	9.52
15889	5-5-8-Q-Q-Q	5-8	18.53	8-Q	9.33
15890	5-5-9-9-9-9 ◈	5-5	21.50	5-5	3.41
15891	5-5-9-9-9-10	5-5	17.24	9-9	2.46
15892	5-5-9-9-9-J	5-5	16.70	9-9	2.44
15893	5-5-9-9-9-K	5-5	15.67	9-K	2.67
15894	5-5-9-9-9-Q	5-5	15.67	9-Q	2.58
15895	5-5-9-9-10-10	9-9	18.99	9-9	7.41
15896	5-5-9-9-10-J	5-5	19.26	9-9	6.13
15897	5-5-9-9-10-K	9-9	17.08	9-9	5.50
15898	5-5-9-9-10-Q	9-9	17.34	9-9	5.76
15899	5-5-9-9-J-J	9-9	19.47	9-9	7.89
15900	5-5-9-9-J-K	9-9	17.58	9-9	6.00

HAND No.	SIX-CARD HAND	DISCARD (DEALER)	EXPECTED AVG. (DEALER)	DISCARD (PONE)	EXPECTED AVG. (PONE)
15901	5-5-9-9-J-Q	9-9	17.84	9-9	6.26
15902	5-5-9-9-K-K	9-9	18.99	9-9	7.41
15903	5-5-9-9-Q-K	9-9	17.34	9-9	5.76
15904	5-5-9-9-Q-Q	9-9	18.99	9-9	7.41
15905	5-5-9-10-10-10	5-9	18.48	9-10	8.24
15906	5-5-9-10-10-J	5-5	19.17	9-J	8.79
15907	5-5-9-10-10-K	9-K	16.81	9-K	9.71
15908	5-5-9-10-10-Q	9-Q	16.73	9-Q	9.62
15909	5-5-9-10-J-J	5-5	19.41	9-10	8.80
15910	5-5-9-10-J-K	9-10	16.62	9-K	8.50
15911	5-5-9-10-J-Q	9-10	16.81	9-Q	8.34
15912	5-5-9-10-K-K	9-10	18.03	9-10	8.33
15913	5-5-9-10-Q-K	9-10	16.38	9-K	8.06
15914	5-5-9-10-Q-Q	9-10	18.03	9-10	8.33
15915	5-5-9-J-J-J	5-9	19.19	9-J	9.18
15916	5-5-9-J-J-K	9-K	17.29	9-K	10.19
15917	5-5-9-J-J-Q	9-Q	17.20	9-Q	10.10
15918	5-5-9-J-K-K	9-J	17.70	9-J	8.79
15919	5-5-9-J-Q-K	5-9	16.65	9-K	8.50
15920	5-5-9-J-Q-Q	9-J	17.70	9-J	8.79
15921	5-5-9-K-K-K	5-9	18.48	9-K	9.63
15922	5-5-9-Q-K-K	9-Q	16.73	9-Q	9.62
15923	5-5-9-Q-Q-K	9-K	16.81	9-K	9.71
15924	5-5-9-Q-Q-Q	5-9	18.48	9-Q	9.53
15925	5-5-10-10-10-10	5-5	21.15	10-10	7.38
15926	5-5-10-10-10-J	5-J	20.01	10-J	7.92
15927	5-5-10-10-10-K	5-K	19.67	10-K	9.69
15928	5-5-10-10-10-Q	5-Q	19.63	10-Q	8.97
15929	5-5-10-10-J-J ✣	J-J	18.97	10-10	8.04
15930	5-5-10-10-J-K	J-K	17.61	J-K	8.90
15931	5-5-10-10-J-Q	5-5	19.09	J-Q	8.18
15932	5-5-10-10-K-K	10-10	18.40	K-K	8.01
15933	5-5-10-10-Q-K	Q-K	17.11	Q-K	9.16
15934	5-5-10-10-Q-Q	Q-Q	18.45	Q-Q	7.94
15935	5-5-10-J-J-J	5-10	20.38	10-J	8.40
15936	5-5-10-J-J-K	5-K	17.37	10-K	10.25
15937	5-5-10-J-J-Q	5-5	19.33	10-Q	9.53
15938	5-5-10-J-K-K	10-J	18.28	10-K	8.32
15939	5-5-10-J-Q-K	5-K	17.91	10-K	8.49
15940	5-5-10-J-Q-Q	5-5	19.09	10-J	8.01
15941	5-5-10-K-K-K	5-10	19.66	10-K	9.69
15942	5-5-10-Q-K-K	10-Q	16.96	10-Q	9.05
15943	5-5-10-Q-Q-K ✣	Q-Q	16.53	10-K	9.77
15944	5-5-10-Q-Q-Q	5-10	19.66	10-Q	8.97
15945	5-5-J-J-J-J	5-5	22.11	J-J	7.68
15946	5-5-J-J-J-K	5-K	20.39	J-K	9.30
15947	5-5-J-J-J-Q	5-Q	20.35	J-Q	8.58
15948	5-5-J-J-K-K	J-J	18.97	K-K	8.49
15949	5-5-J-J-Q-K	5-5	19.15	Q-K	9.64
15950	5-5-J-J-Q-Q ✣	J-J	18.97	Q-Q	8.42

HAND No.	SIX-CARD HAND	DISCARD (DEALER)	EXPECTED AVG. (DEALER)	DISCARD (PONE)	EXPECTED AVG. (PONE)
15951	5-5-J-K-K-K	5-J	20.01	J-K	8.82
15952	5-5-J-Q-K-K	5-5	18.91	J-Q	8.18
15953	5-5-J-Q-Q-K	5-5	18.91	J-K	8.90
15954	5-5-J-Q-Q-Q	5-J	20.01	J-Q	8.10
15955	5-5-K-K-K-K	5-5	21.15	K-K	7.84
15956	5-5-Q-K-K-K	5-Q	19.63	Q-K	9.07
15957	5-5-Q-Q-K-K	Q-Q	18.45	K-K	8.01
15958	5-5-Q-Q-Q-K	5-K	19.67	Q-K	9.07
15959	5-5-Q-Q-Q-Q	5-5	21.15	Q-Q	7.77
15960	5-6-6-6-6-7	5-7	19.75	5-7	6.72
15961	5-6-6-6-6-8	5-8	19.22	5-8	7.43
15962	5-6-6-6-6-9	5-6	19.69	5-9	7.43
15963	5-6-6-6-6-10	5-10	20.40	5-10	6.37
15964	5-6-6-6-6-J	5-J	20.75	5-J	5.93
15965	5-6-6-6-6-K	5-K	20.41	5-K	6.52
15966	5-6-6-6-6-Q	5-Q	20.37	5-Q	6.45
15967	5-6-6-6-7-7	6-6	17.37	6-7	5.22
15968	5-6-6-6-7-8	5-6	19.63	6-8	5.85
15969	5-6-6-6-7-9	5-7	19.23	5-7	6.20
15970	5-6-6-6-7-10	5-10	16.03	6-10	7.45
15971	5-6-6-6-7-J	5-J	16.38	6-J	7.21
15972	5-6-6-6-7-K	5-K	16.04	6-K	7.62
15973	5-6-6-6-7-Q	5-Q	16.00	6-Q	7.55
15974	5-6-6-6-8-8	8-8	15.53	8-8	3.06
15975	5-6-6-6-8-9	5-8	18.70	5-8	6.90
15976	5-6-6-6-8-10	5-10	15.44	8-10	4.89
15977	5-6-6-6-8-J	5-J	15.79	8-J	5.44
15978	5-6-6-6-8-K	5-K	15.46	8-K	5.83
15979	5-6-6-6-8-Q	5-Q	15.42	8-Q	5.72
15980	5-6-6-6-9-9	5-6	19.34	5-9	6.91
15981	5-6-6-6-9-10	5-10	19.88	5-10	5.84
15982	5-6-6-6-9-J	5-J	20.22	5-J	5.40
15983	5-6-6-6-9-K	5-K	19.89	5-K	5.99
15984	5-6-6-6-9-Q	5-Q	19.85	5-Q	5.93
15985	5-6-6-6-10-10	10-10	14.75	10-10	3.91
15986	5-6-6-6-10-J	10-J	14.63	10-J	4.36
15987	5-6-6-6-10-K	5-K	14.11	10-K	6.12
15988	5-6-6-6-10-Q	5-10	14.09	10-Q	5.40
15989	5-6-6-6-J-J	J-J	15.32	J-J	3.72
15990	5-6-6-6-J-K	5-J	14.44	J-K	5.25
15991	5-6-6-6-J-Q	J-Q	14.81	J-Q	4.53
15992	5-6-6-6-K-K	K-K	14.58	K-K	4.36
15993	5-6-6-6-Q-K	5-K	14.11	Q-K	5.51
15994	5-6-6-6-Q-Q	Q-Q	14.80	Q-Q	4.29
15995	5-6-6-7-7-7	7-7	17.53	6-7	5.22
15996	5-6-6-7-7-8	5-6	21.34	5-6	7.35
15997	5-6-6-7-7-9	6-9	16.88	7-9	6.44
15998	5-6-6-7-7-10	7-10	14.99	7-10	7.43
15999	5-6-6-7-7-J	7-J	15.31	6-J	7.19
16000	5-6-6-7-7-K	7-K	15.02	6-K	7.60

HAND No.	SIX-CARD HAND	DISCARD (DEALER)	EXPECTED AVG. (DEALER)	DISCARD (PONE)	EXPECTED AVG. (PONE)
16001	5-6-6-7-7-Q	6-Q	15.02	6-Q	7.53
16002	5-6-6-7-8-8	5-6	21.17	5-6	7.17
16003	5-6-6-7-8-9	5-9	18.43	5-9	6.87
16004	5-6-6-7-8-10	5-10	19.79	8-10	6.67
16005	5-6-6-7-8-J	5-J	20.14	8-J	7.22
16006	5-6-6-7-8-K	5-K	19.80	8-K	7.61
16007	5-6-6-7-8-Q	5-Q	19.76	8-Q	7.50
16008	5-6-6-7-9-9	5-7	18.88	5-7	5.85
16009	5-6-6-7-9-10	9-10	16.12	9-10	6.41
16010	5-6-6-7-9-J	9-J	15.79	9-J	6.88
16011	5-6-6-7-9-K	5-K	15.24	9-K	7.80
16012	5-6-6-7-9-Q	5-Q	15.20	9-Q	7.71
16013	5-6-6-7-10-10	10-10	16.62	10-10	5.77
16014	5-6-6-7-10-J	10-J	16.50	10-J	6.22
16015	5-6-6-7-10-K	10-K	14.70	10-K	7.99
16016	5-6-6-7-10-Q	10-Q	15.18	10-Q	7.27
16017	5-6-6-7-J-J	J-J	17.19	J-J	5.59
16018	5-6-6-7-J-K	J-K	15.83	J-K	7.12
16019	5-6-6-7-J-Q	J-Q	16.68	J-Q	6.40
16020	5-6-6-7-K-K	K-K	16.44	K-K	6.23
16021	5-6-6-7-Q-K	Q-K	15.33	Q-K	7.38
16022	5-6-6-7-Q-Q	Q-Q	16.66	Q-Q	6.16
16023	5-6-6-8-8-8	5-6	14.86	6-6	1.11
16024	5-6-6-8-8-9	8-8	14.66	8-8	2.19
16025	5-6-6-8-8-10	5-10	13.62	6-10	1.08
16026	5-6-6-8-8-J	5-J	13.96	8-J	1.22
16027	5-6-6-8-8-K	5-K	13.63	8-K	1.61
16028	5-6-6-8-8-Q	5-Q	13.59	8-Q	1.50
16029	5-6-6-8-9-9	5-8	18.35	5-8	6.56
16030	5-6-6-8-9-10	5-10	15.03	8-10	4.02
16031	5-6-6-8-9-J	5-J	15.44	8-J	4.57
16032	5-6-6-8-9-K	5-K	15.11	8-K	4.96
16033	5-6-6-8-9-Q	5-Q	15.07	8-Q	4.85
16034	5-6-6-8-10-10	6-6	13.94	6-8	2.26
16035	5-6-6-8-10-J	6-6	12.35	8-J	2.48
16036	5-6-6-8-10-K	6-6	11.77	8-K	2.87
16037	5-6-6-8-10-Q	6-6	12.03	8-Q	2.76
16038	5-6-6-8-J-J	6-6	13.90	6-8	2.74
16039	5-6-6-8-J-K	6-6	12.00	8-K	3.11
16040	5-6-6-8-J-Q	6-6	12.27	8-Q	3.00
16041	5-6-6-8-K-K	6-6	13.42	8-K	2.83
16042	5-6-6-8-Q-K	6-6	11.77	8-K	2.87
16043	5-6-6-8-Q-Q	6-6	13.42	8-Q	2.72
16044	5-6-6-9-9-9	5-6	19.17	5-9	6.56
16045	5-6-6-9-9-10	5-10	19.53	5-10	5.50
16046	5-6-6-9-9-J	5-J	19.88	5-J	5.06
16047	5-6-6-9-9-K	5-K	19.54	5-K	5.65
16048	5-6-6-9-9-Q	5-Q	19.50	5-Q	5.58
16049	5-6-6-9-10-10	6-6	14.37	10-10	3.04
16050	5-6-6-9-10-J	6-6	15.42	10-J	3.49

321

HAND No.	SIX-CARD HAND	DISCARD (DEALER)	EXPECTED AVG. (DEALER)	DISCARD (PONE)	EXPECTED AVG. (PONE)
16051	5-6-6-9-10-K	5-K	14.28	10-K	5.25
16052	5-6-6-9-10-Q	5-Q	14.24	10-Q	4.53
16053	5-6-6-9-J-J	5-J	14.55	J-J	2.85
16054	5-6-6-9-J-K	5-K	14.26	J-K	4.38
16055	5-6-6-9-J-Q	5-Q	14.22	J-Q	3.66
16056	5-6-6-9-K-K	5-K	13.72	K-K	3.49
16057	5-6-6-9-Q-K	5-K	13.76	Q-K	4.64
16058	5-6-6-9-Q-Q	Q-Q	13.93	Q-Q	3.42
16059	5-6-6-10-10-10	6-6	18.98	6-6	6.33
16060	5-6-6-10-10-J	6-6	16.44	6-6	3.79
16061	5-6-6-10-10-K	6-6	15.16	6-K	3.94
16062	5-6-6-10-10-Q	6-6	15.68	6-Q	3.87
16063	5-6-6-10-J-J	6-6	16.68	6-10	4.26
16064	5-6-6-10-J-K	6-6	14.09	10-K	3.40
16065	5-6-6-10-J-Q	6-6	17.24	6-6	4.59
16066	5-6-6-10-K-K	6-6	15.16	6-10	3.78
16067	5-6-6-10-Q-K	6-6	13.59	10-K	3.16
16068	5-6-6-10-Q-Q	6-6	15.68	6-10	3.78
16069	5-6-6-J-J-J	6-6	19.70	6-6	7.05
16070	5-6-6-J-J-K	6-6	16.16	6-K	4.42
16071	5-6-6-J-J-Q	6-6	16.68	6-Q	4.35
16072	5-6-6-J-K-K	6-6	15.92	6-J	3.53
16073	5-6-6-J-Q-K	6-6	17.16	6-6	4.50
16074	5-6-6-J-Q-Q	6-6	16.44	6-6	3.79
16075	5-6-6-K-K-K	6-6	18.98	6-6	6.33
16076	5-6-6-Q-K-K	6-6	15.68	6-Q	3.87
16077	5-6-6-Q-Q-K	6-6	15.68	6-K	3.94
16078	5-6-6-Q-Q-Q	6-6	18.98	6-6	6.33
16079	5-6-7-7-7-7	5-6	20.39	5-6	6.39
16080	5-6-7-7-7-8	5-6	21.23	5-7	7.66
16081	5-6-7-7-7-9	7-9	15.80	7-9	6.51
16082	5-6-7-7-7-10	5-10	16.03	7-10	7.46
16083	5-6-7-7-7-J	5-J	16.38	7-J	7.06
16084	5-6-7-7-7-K	5-K	16.04	7-K	7.49
16085	5-6-7-7-7-Q	5-Q	16.00	7-Q	7.44
16086	5-6-7-7-8-8	5-6	21.34	5-8	8.30
16087	5-6-7-7-8-9	5-6	20.95	5-9	8.65
16088	5-6-7-7-8-10	5-10	21.53	5-10	7.50
16089	5-6-7-7-8-J	5-J	21.88	8-J	7.18
16090	5-6-7-7-8-K	5-K	21.54	5-K	7.65
16091	5-6-7-7-8-Q	5-Q	21.50	5-Q	7.58
16092	5-6-7-7-9-9	9-9	17.03	9-9	5.46
16093	5-6-7-7-9-10	9-10	16.16	9-10	6.46
16094	5-6-7-7-9-J	9-J	15.83	9-J	6.92
16095	5-6-7-7-9-K	9-K	14.94	9-K	7.84
16096	5-6-7-7-9-Q	9-Q	14.86	9-Q	7.75
16097	5-6-7-7-10-10	10-10	16.62	10-10	5.77
16098	5-6-7-7-10-J	10-J	16.50	10-J	6.22
16099	5-6-7-7-10-K	10-K	14.70	10-K	7.99
16100	5-6-7-7-10-Q	10-Q	15.18	10-Q	7.27

HAND No.	SIX-CARD HAND	DISCARD (DEALER)	EXPECTED AVG. (DEALER)	DISCARD (PONE)	EXPECTED AVG. (PONE)
16101	5-6-7-7-J-J	J-J	17.19	J-J	5.59
16102	5-6-7-7-J-K	J-K	15.83	J-K	7.12
16103	5-6-7-7-J-Q	J-Q	16.68	J-Q	6.40
16104	5-6-7-7-K-K	K-K	16.44	K-K	6.23
16105	5-6-7-7-Q-K	Q-K	15.33	Q-K	7.38
16106	5-6-7-7-Q-Q	Q-Q	16.66	Q-Q	6.16
16107	5-6-7-8-8-8	5-6	20.71	5-8	8.19
16108	5-6-7-8-8-9	5-6	20.78	5-9	8.48
16109	5-6-7-8-8-10	5-10	21.36	5-10	7.32
16110	5-6-7-8-8-J	5-J	21.70	5-J	6.88
16111	5-6-7-8-8-K	5-K	21.37	5-K	7.47
16112	5-6-7-8-8-Q	5-Q	21.33	5-Q	7.41
16113	5-6-7-8-9-9	5-6	18.82	5-6	4.82
16114	5-6-7-8-9-10	5-10	17.23	9-10	4.22
16115	5-6-7-8-9-J	5-J	17.59	9-J	4.68
16116	5-6-7-8-9-K	5-K	17.26	9-K	5.61
16117	5-6-7-8-9-Q	5-Q	17.22	9-Q	5.51
16118	5-6-7-8-10-10	7-8	14.65	10-10	3.56
16119	5-6-7-8-10-J	10-J	14.28	10-J	4.01
16120	5-6-7-8-10-K	5-K	13.93	10-K	5.77
16121	5-6-7-8-10-Q	5-Q	13.89	10-Q	5.05
16122	5-6-7-8-J-J	7-8	15.12	8-J	3.42
16123	5-6-7-8-J-K	5-J	14.18	J-K	4.90
16124	5-6-7-8-J-Q	J-Q	14.46	J-Q	4.18
16125	5-6-7-8-K-K	7-8	14.65	K-K	4.01
16126	5-6-7-8-Q-K	5-K	13.85	Q-K	5.16
16127	5-6-7-8-Q-Q	7-8	14.65	Q-Q	3.94
16128	5-6-7-9-9-9	5-7	18.71	5-7	5.68
16129	5-6-7-9-9-10	5-10	14.68	7-10	4.11
16130	5-6-7-9-9-J	5-J	15.03	7-J	3.71
16131	5-6-7-9-9-K	5-K	14.69	7-K	4.14
16132	5-6-7-9-9-Q	5-Q	14.65	7-Q	4.09
16133	5-6-7-9-10-10	6-7	13.62	7-9	2.81
16134	5-6-7-9-10-J ❖	6-7	14.66	6-7	3.29
16135	5-6-7-9-10-K	9-10	12.14	10-K	4.23
16136	5-6-7-9-10-Q	9-10	12.14	9-Q	3.73
16137	5-6-7-9-J-J	6-7	13.57	7-9	3.29
16138	5-6-7-9-J-K	J-K	12.07	9-K	4.06
16139	5-6-7-9-J-Q	J-Q	12.92	9-Q	3.97
16140	5-6-7-9-K-K	6-9	12.99	9-K	3.78
16141	5-6-7-9-Q-K	Q-K	11.57	9-K	3.82
16142	5-6-7-9-Q-Q ✚	6-9	12.99	9-Q	3.69
16143	5-6-7-10-10-10	6-7	18.18	6-7	6.81
16144	5-6-7-10-10-J	6-7	15.64	6-7	4.26
16145	5-6-7-10-10-K	6-7	14.36	10-K	3.92
16146	5-6-7-10-10-Q	6-7	14.88	7-Q	3.74
16147	5-6-7-10-J-J	6-7	15.88	6-7	4.50
16148	5-6-7-10-J-K	6-7	13.29	10-K	4.21
16149	5-6-7-10-J-Q ❖	6-7	16.44	6-7	5.07
16150	5-6-7-10-K-K	6-7	14.36	10-K	3.92

HAND No.	SIX–CARD HAND	DISCARD (DEALER)	EXPECTED AVG. (DEALER)	DISCARD (PONE)	EXPECTED AVG. (PONE)
16151	5-6-7-10-Q-K	6-7	12.79	10-K	3.97
16152	5-6-7-10-Q-Q	6-7	14.88	7-10	3.76
16153	5-6-7-J-J-J	6-7	18.90	6-7	7.52
16154	5-6-7-J-J-K	6-7	15.36	7-K	4.27
16155	5-6-7-J-J-Q	6-7	15.88	6-7	4.50
16156	5-6-7-J-K-K	6-7	15.12	6-7	3.74
16157	5-6-7-J-Q-K ❖	6-7	16.36	6-7	4.98
16158	5-6-7-J-Q-Q	6-7	15.64	6-7	4.26
16159	5-6-7-K-K-K	6-7	18.18	6-7	6.81
16160	5-6-7-Q-K-K	6-7	14.88	7-Q	3.74
16161	5-6-7-Q-Q-K	6-7	14.88	7-K	3.79
16162	5-6-7-Q-Q-Q	6-7	18.18	6-7	6.81
16163	5-6-8-8-8-8	5-6	19.34	5-6	5.35
16164	5-6-8-8-8-9	5-6	15.13	5-9	2.08
16165	5-6-8-8-8-10	5-10	14.92	6-10	3.65
16166	5-6-8-8-8-J	5-J	15.27	6-J	3.40
16167	5-6-8-8-8-K	5-K	14.93	6-K	3.81
16168	5-6-8-8-8-Q	5-Q	14.89	6-Q	3.74
16169	5-6-8-8-9-9	8-8	13.96	5-8	1.99
16170	5-6-8-8-9-10	5-6	16.95	5-6	2.95
16171	5-6-8-8-9-J	5-J	13.62	8-J	0.61
16172	5-6-8-8-9-K	5-K	13.28	9-K	1.37
16173	5-6-8-8-9-Q	5-Q	13.24	9-Q	1.27
16174	5-6-8-8-10-10	8-8	13.62	6-8	2.26
16175	5-6-8-8-10-J	8-8	12.46	6-J	1.84
16176	5-6-8-8-10-K	8-8	11.70	6-K	2.25
16177	5-6-8-8-10-Q	8-8	11.96	6-Q	2.18
16178	5-6-8-8-J-J	8-8	14.09	6-8	2.22
16179	5-6-8-8-J-K	8-8	12.20	6-K	1.97
16180	5-6-8-8-J-Q	8-8	12.46	6-Q	1.90
16181	5-6-8-8-K-K	8-8	13.62	6-8	1.74
16182	5-6-8-8-Q-K	8-8	11.96	6-K	1.73
16183	5-6-8-8-Q-Q	8-8	13.62	6-8	1.74
16184	5-6-8-9-9-9	5-8	18.18	5-8	6.38
16185	5-6-8-9-9-10	5-6	16.91	8-10	3.33
16186	5-6-8-9-9-J	5-J	15.36	8-J	3.87
16187	5-6-8-9-9-K	5-K	15.02	8-K	4.26
16188	5-6-8-9-9-Q	5-Q	14.98	8-Q	4.16
16189	5-6-8-9-10-10	5-6	16.91	6-10	3.26
16190	5-6-8-9-10-J	6-8	14.29	6-8	3.81
16191	5-6-8-9-10-K	5-K	13.78	6-K	3.53
16192	5-6-8-9-10-Q	5-Q	13.74	6-Q	3.46
16193	5-6-8-9-J-J	8-9	13.32	8-9	2.76
16194	5-6-8-9-J-K	8-9	11.42	8-K	2.68
16195	5-6-8-9-J-Q	8-9	11.69	8-Q	2.57
16196	5-6-8-9-K-K	8-9	12.84	8-9	2.28
16197	5-6-8-9-Q-K	8-9	11.19	8-K	2.18
16198	5-6-8-9-Q-Q	8-9	12.84	8-9	2.28
16199	5-6-8-10-10-10	6-8	17.83	6-8	7.35
16200	5-6-8-10-10-J	6-8	15.29	6-8	4.81

HAND No.	SIX-CARD HAND	DISCARD (DEALER)	EXPECTED AVG. (DEALER)	DISCARD (PONE)	EXPECTED AVG. (PONE)
16201	5-6-8-10-10-K	6-8	14.01	6-K	3.99
16202	5-6-8-10-10-Q	6-8	14.53	6-8	4.05
16203	5-6-8-10-J-J	6-8	15.53	6-8	5.05
16204	5-6-8-10-J-K	6-8	12.94	8-K	2.76
16205	5-6-8-10-J-Q	6-8	16.09	6-8	5.61
16206	5-6-8-10-K-K	6-8	14.01	6-8	3.52
16207	5-6-8-10-Q-K	6-8	12.44	8-K	2.26
16208	5-6-8-10-Q-Q	6-8	14.53	6-8	4.05
16209	5-6-8-J-J-J	6-8	18.55	6-8	8.07
16210	5-6-8-J-J-K	6-8	15.01	6-8	4.52
16211	5-6-8-J-J-Q	6-8	15.53	6-8	5.05
16212	5-6-8-J-K-K	6-8	14.77	6-8	4.28
16213	5-6-8-J-Q-K	6-8	16.01	6-8	5.52
16214	5-6-8-J-Q-Q	6-8	15.29	6-8	4.81
16215	5-6-8-K-K-K	6-8	17.83	6-8	7.35
16216	5-6-8-Q-K-K	6-8	14.53	6-8	4.05
16217	5-6-8-Q-Q-K	6-8	14.53	6-8	4.05
16218	5-6-8-Q-Q-Q	6-8	17.83	6-8	7.35
16219	5-6-9-9-9-9	5-6	19.17	5-9	6.39
16220	5-6-9-9-9-10	5-10	19.36	5-10	5.32
16221	5-6-9-9-9-J	5-J	19.70	5-J	4.88
16222	5-6-9-9-9-K	5-K	19.37	5-K	5.47
16223	5-6-9-9-9-Q	5-Q	19.33	5-Q	5.41
16224	5-6-9-9-10-10	5-10	14.57	6-10	2.47
16225	5-6-9-9-10-J	5-6	17.10	6-9	3.32
16226	5-6-9-9-10-K	5-K	14.63	10-K	4.55
16227	5-6-9-9-10-Q	5-Q	14.59	10-Q	3.83
16228	5-6-9-9-J-J	5-J	14.64	6-9	2.30
16229	5-6-9-9-J-K	5-K	14.35	J-K	3.69
16230	5-6-9-9-J-Q	5-Q	14.31	J-Q	2.97
16231	5-6-9-9-K-K	5-K	13.54	K-K	2.79
16232	5-6-9-9-Q-K	5-K	13.59	Q-K	3.94
16233	5-6-9-9-Q-Q	5-Q	13.50	Q-Q	2.72
16234	5-6-9-10-10-10	6-9	18.35	6-9	6.95
16235	5-6-9-10-10-J	5-6	17.10	6-10	5.23
16236	5-6-9-10-10-K	6-9	14.53	6-K	4.47
16237	5-6-9-10-10 Q	6-9	15.05	6-Q	4.40
16238	5-6-9-10-J-J	5-6	17.34	6-J	4.99
16239	5-6-9-10-J-K	5-K	13.72	6-K	5.51
16240	5-6-9-10-J-Q	6-9	16.59	6-Q	5.42
16241	5-6-9-10-K-K	6-9	14.53	6-10	3.26
16242	5-6-9-10-Q-K	6-9	12.96	10-K	2.47
16243	5-6-9-10-Q-Q	6-9	15.05	6-9	3.65
16244	5-6-9-J-J-J	6-9	19.07	6-9	7.67
16245	5-6-9-J-J-K	6-9	15.53	9-K	4.54
16246	5-6-9-J-J-Q	6-9	16.05	6-9	4.65
16247	5-6-9-J-K-K	6-9	15.29	6-9	3.88
16248	5-6-9-J-Q-K	6-9	16.53	6-9	5.12
16249	5-6-9-J-Q-Q	6-9	15.81	6-9	4.41
16250	5-6-9-K-K-K	6-9	18.35	6-9	6.95

HAND No.	SIX-CARD HAND	DISCARD (DEALER)	EXPECTED AVG. (DEALER)	DISCARD (PONE)	EXPECTED AVG. (PONE)
16251	5-6-9-Q-K-K	6-9	15.05	9-Q	3.97
16252	5-6-9-Q-Q-K	6-9	15.05	9-K	4.06
16253	5-6-9-Q-Q-Q	6-9	18.35	6-9	6.95
16254	5-6-10-10-10-10	5-6	19.17	6-10	8.73
16255	5-6-10-10-10-J	6-J	16.59	6-J	8.62
16256	5-6-10-10-10-K	6-K	16.32	6-K	9.03
16257	5-6-10-10-10-Q	6-Q	16.46	6-Q	8.96
16258	5-6-10-10-J-J	5-6	14.08	6-10	6.52
16259	5-6-10-10-J-K	6-K	13.77	6-K	6.49
16260	5-6-10-10-J-Q	5-6	17.10	6-10	7.02
16261	5-6-10-10-K-K	10-10	12.84	6-K	5.16
16262	5-6-10-10-Q-K	6-K	13.01	6-K	5.73
16263	5-6-10-10-Q-Q	6-Q	13.11	6-Q	5.61
16264	5-6-10-J-J-J	6-10	17.07	6-10	9.58
16265	5-6-10-J-J-K	6-K	14.01	6-K	6.73
16266	5-6-10-J-J-Q	5-6	17.34	6-J	6.77
16267	5-6-10-J-K-K	6-10	13.29	6-10	5.80
16268	5-6-10-J-Q-K	6-K	14.56	6-K	7.27
16269	5-6-10-J-Q-Q	5-6	17.10	6-Q	7.11
16270	5-6-10-K-K-K	6-10	16.36	6-10	8.86
16271	5-6-10-Q-K-K	6-10	13.05	6-10	5.56
16272	5-6-10-Q-Q-K	6-10	13.05	6-K	5.73
16273	5-6-10-Q-Q-Q	6-10	16.36	6-10	8.86
16274	5-6-J-J-J-J	5-6	20.13	6-J	9.21
16275	5-6-J-J-J-K	6-K	17.03	6-K	9.75
16276	5-6-J-J-J-Q	6-Q	17.18	6-Q	9.68
16277	5-6-J-J-K-K	6-J	13.48	6-K	6.16
16278	5-6-J-J-Q-K	5-6	17.17	6-J	6.69
16279	5-6-J-J-Q-Q	6-Q	14.11	6-Q	6.61
16280	5-6-J-K-K-K	6-J	16.59	6-J	8.62
16281	5-6-J-Q-K-K	5-6	16.93	6-K	7.10
16282	5-6-J-Q-Q-K	5-6	16.93	6-Q	7.03
16283	5-6-J-Q-Q-Q	6-J	16.59	6-J	8.62
16284	5-6-K-K-K-K	5-6	19.17	6-K	8.90
16285	5-6-Q-K-K-K	6-Q	16.46	6-Q	8.96
16286	5-6-Q-Q-K-K	6-Q	13.11	6-K	5.68
16287	5-6-Q-Q-Q-K	6-K	16.32	6-K	9.03
16288	5-6-Q-Q-Q-Q	5-6	19.17	6-Q	8.83
16289	5-7-7-7-7-8	5-7	20.62	5-7	7.59
16290	5-7-7-7-7-9	5-9	19.17	5-9	7.61
16291	5-7-7-7-7-10	5-10	20.40	5-10	6.37
16292	5-7-7-7-7-J	5-J	20.75	5-J	5.93
16293	5-7-7-7-7-K	5-K	20.41	5-K	6.52
16294	5-7-7-7-7-Q	5-Q	20.37	5-Q	6.45
16295	5-7-7-7-8-8	5-7	20.80	5-8	8.30
16296	5-7-7-7-8-9	5-7	20.21	5-9	8.45
16297	5-7-7-7-8-10	5-10	21.44	5-10	7.41
16298	5-7-7-7-8-J	5-J	21.79	5-J	6.97
16299	5-7-7-7-8-K	5-K	21.46	5-K	7.56
16300	5-7-7-7-8-Q	5-Q	21.42	5-Q	7.49

HAND No.	SIX-CARD HAND	DISCARD (DEALER)	EXPECTED AVG. (DEALER)	DISCARD (PONE)	EXPECTED AVG. (PONE)
16301	5-7-7-7-9-9	9-9	14.47	9-9	2.89
16302	5-7-7-7-9-10	5-10	14.92	9-10	3.85
16303	5-7-7-7-9-J	5-J	15.27	9-J	4.31
16304	5-7-7-7-9-K	5-K	14.93	9-K	5.24
16305	5-7-7-7-9-Q	5-Q	14.89	9-Q	5.14
16306	5-7-7-7-10-10	5-10	14.05	10-10	3.12
16307	5-7-7-7-10-J	5-J	14.44	10-J	3.57
16308	5-7-7-7-10-K	5-K	14.11	10-K	5.34
16309	5-7-7-7-10-Q	5-10	14.09	10-Q	4.62
16310	5-7-7-7-J-J	5-J	14.64	J-J	2.94
16311	5-7-7-7-J-K	5-J	14.44	J-K	4.47
16312	5-7-7-7-J-Q	5-J	14.44	J-Q	3.75
16313	5-7-7-7-K-K	5-K	14.06	K-K	3.58
16314	5-7-7-7-Q-K	5-K	14.11	Q-K	4.72
16315	5-7-7-7-Q-Q	5-Q	14.02	Q-Q	3.51
16316	5-7-7-8-8-8	5-8	20.27	5-8	8.47
16317	5-7-7-8-8-9	5-9	20.13	5-9	8.56
16318	5-7-7-8-8-10	5-10	21.62	5-10	7.58
16319	5-7-7-8-8-J	5-J	21.96	5-J	7.14
16320	5-7-7-8-8-K	5-K	21.63	5-K	7.73
16321	5-7-7-8-8-Q	5-Q	21.59	5-Q	7.67
16322	5-7-7-8-9-9	5-9	19.65	5-9	8.08
16323	5-7-7-8-9-10	5-10	21.01	5-10	6.98
16324	5-7-7-8-9-J	5-J	21.40	5-J	6.58
16325	5-7-7-8-9-K	5-K	21.06	5-K	7.17
16326	5-7-7-8-9-Q	5-Q	21.02	5-Q	7.10
16327	5-7-7-8-10-10	5-10	14.92	10-10	3.21
16328	5-7-7-8-10-J	5-J	15.31	10-J	3.66
16329	5-7-7-8-10-K	5-K	14.98	10-K	5.42
16330	5-7-7-8-10-Q	5-Q	14.94	10-Q	4.70
16331	5-7-7-8-J-J	5-J	15.33	J-J	3.02
16332	5-7-7-8-J-K	5-J	15.14	J-K	4.56
16333	5-7-7-8-J-Q	5-J	15.14	J-Q	3.84
16334	5-7-7-8-K-K	5-K	14.76	K-K	3.66
16335	5-7-7-8-Q-K	5-K	14.80	Q-K	4.81
16336	5-7-7-8-Q-Q	5-Q	14.72	Q-Q	3.59
16337	5-7-7-9-9-9	7-7	13.92	7-7	0.90
16338	5-7-7-9-9-10 ⌖	5-10	12.92	7-10	0.56
16339	5-7-7-9-9-J	5-J	13.27	9-9	0.44
16340	5-7-7-9-9-K	5-K	12.93	9-K	1.28
16341	5-7-7-9-9-Q	5-Q	12.89	9-Q	1.19
16342	5-7-7-9-10-10	7-7	14.61	7-9	2.61
16343	5-7-7-9-10-J	7-7	15.66	7-7	2.63
16344	5-7-7-9-10-K	7-7	12.18	9-K	2.54
16345	5-7-7-9-10-Q	7-7	12.27	9-Q	2.45
16346	5-7-7-9-J-J	7-7	14.57	7-9	3.09
16347	5-7-7-9-J-K	7-7	12.42	9-K	2.78
16348	5-7-7-9-J-Q	7-7	12.50	9-Q	2.69
16349	5-7-7-9-K-K	7-7	13.57	7-9	2.61
16350	5-7-7-9-Q-K	7-7	11.92	9-K	2.54

HAND No.	SIX-CARD HAND	DISCARD (DEALER)	EXPECTED AVG. (DEALER)	DISCARD (PONE)	EXPECTED AVG. (PONE)
16351	5-7-7-9-Q-Q	7-7	13.57	7-9	2.61
16352	5-7-7-10-10-10	7-7	19.13	7-7	6.11
16353	5-7-7-10-10-J	7-7	16.59	7-7	3.57
16354	5-7-7-10-10-K	7-7	15.31	7-K	3.55
16355	5-7-7-10-10-Q	7-7	15.83	7-Q	3.50
16356	5-7-7-10-J-J	7-7	16.83	7-10	4.00
16357	5-7-7-10-J-K	7-7	14.24	10-K	2.88
16358	5-7-7-10-J-Q	7-7	17.40	7-7	4.37
16359	5-7-7-10-K-K	7-7	15.31	7-10	3.52
16360	5-7-7-10-Q-K	7-7	13.74	10-K	2.64
16361	5-7-7-10-Q-Q	7-7	15.83	7-10	3.52
16362	5-7-7-J-J-J	7-7	19.85	7-7	6.83
16363	5-7-7-J-J-K	7-7	16.31	7-K	4.03
16364	5-7-7-J-J-Q	7-7	16.83	7-Q	3.98
16365	5-7-7-J-K-K	7-7	16.07	7-J	3.13
16366	5-7-7-J-Q-K	7-7	17.31	7-7	4.29
16367	5-7-7-J-Q-Q	7-7	16.59	7-7	3.57
16368	5-7-7-K-K-K	7-7	19.13	7-7	6.11
16369	5-7-7-Q-K-K	7-7	15.83	7-Q	3.50
16370	5-7-7-Q-Q-K	7-7	15.83	7-K	3.55
16371	5-7-7-Q-Q-Q	7-7	19.13	7-7	6.11
16372	5-7-8-8-8-8	5-8	19.57	5-8	7.77
16373	5-7-8-8-8-9	5-8	19.50	5-9	7.93
16374	5-7-8-8-8-10	5-10	20.92	5-10	6.89
16375	5-7-8-8-8-J	5-J	21.27	5-J	6.45
16376	5-7-8-8-8-K	5-K	20.93	5-K	7.04
16377	5-7-8-8-8-Q	5-Q	20.89	5-Q	6.97
16378	5-7-8-8-9-9	5-9	19.48	5-9	7.91
16379	5-7-8-8-9-10	5-10	20.83	5-10	6.80
16380	5-7-8-8-9-J	5-J	21.22	5-J	6.40
16381	5-7-8-8-9-K	5-K	20.89	5-K	6.99
16382	5-7-8-8-9-Q	5-Q	20.85	5-Q	6.93
16383	5-7-8-8-10-10	5-10	14.75	10-10	3.04
16384	5-7-8-8-10-J	5-J	15.14	10-J	3.49
16385	5-7-8-8-10-K	5-K	14.80	10-K	5.25
16386	5-7-8-8-10-Q	5-Q	14.76	10-Q	4.53
16387	5-7-8-8-J-J	5-J	15.16	J-J	2.85
16388	5-7-8-8-J-K	5-J	14.96	J-K	4.38
16389	5-7-8-8-J-Q	5-J	14.96	J-Q	3.66
16390	5-7-8-8-K-K	5-K	14.59	K-K	3.49
16391	5-7-8-8-Q-K	5-K	14.63	Q-K	4.64
16392	5-7-8-8-Q-Q	5-Q	14.55	Q-Q	3.42
16393	5-7-8-9-9-9	5-9	17.58	5-9	6.02
16394	5-7-8-9-9-10	5-10	18.92	5-10	4.89
16395	5-7-8-9-9-J	5-J	19.31	5-J	4.49
16396	5-7-8-9-9-K	5-K	18.98	5-K	5.08
16397	5-7-8-9-9-Q	5-Q	18.94	5-Q	5.01
16398	5-7-8-9-10-10	5-7	16.23	7-10	3.24
16399	5-7-8-9-10-J	7-8	16.25	7-J	2.93
16400	5-7-8-9-10-K	5-K	14.98	10-K	4.03

HAND No.	SIX-CARD HAND	DISCARD (DEALER)	EXPECTED AVG. (DEALER)	DISCARD (PONE)	EXPECTED AVG. (PONE)
16401	5-7-8-9-10-Q	5-Q	14.94	7-Q	3.33
16402	5-7-8-9-J-J	7-8	15.19	7-9	2.83
16403	5-7-8-9-J-K	5-J	13.86	J-K	3.19
16404	5-7-8-9-J-Q	5-J	13.86	9-Q	2.53
16405	5-7-8-9-K-K	7-8	14.19	7-9	2.35
16406	5-7-8-9-Q-K	5-K	13.52	Q-K	3.44
16407	5-7-8-9-Q-Q	7-8	14.19	7-9	2.35
16408	5-7-8-10-10-10	7-8	19.75	7-8	5.72
16409	5-7-8-10-10-J	7-8	17.21	7-J	3.39
16410	5-7-8-10-10-K	7-8	15.93	7-K	3.81
16411	5-7-8-10-10-Q	7-8	16.45	7-Q	3.76
16412	5-7-8-10-J-J	7-8	17.45	7-10	3.74
16413	5-7-8-10-J-K	7-8	14.86	10-K	2.79
16414	5-7-8-10-J-Q	7-8	18.02	7-8	3.98
16415	5-7-8-10-K-K	7-8	15.93	7-10	3.26
16416	5-7-8-10-Q-K	7-8	14.36	10-K	2.55
16417	5-7-8-10-Q-Q	7-8	16.45	7-10	3.26
16418	5-7-8-J-J-J	7-8	20.47	7-8	6.44
16419	5-7-8-J-J-K	7-8	16.93	8-K	4.09
16420	5-7-8-J-J-Q	7-8	17.45	8-Q	3.98
16421	5-7-8-J-K-K	7-8	16.69	8-J	3.22
16422	5-7-8-J-Q-K	7-8	17.93	7-8	3.90
16423	5-7-8-J-Q-Q	7-8	17.21	8-J	3.22
16424	5-7-8-K-K-K	7-8	19.75	7-8	5.72
16425	5-7-8-Q-K-K	7-8	16.45	8-Q	3.50
16426	5-7-8-Q-Q-K	7-8	16.45	8-K	3.61
16427	5-7-8-Q-Q-Q	7-8	19.75	7-8	5.72
16428	5-7-9-9-9-9	5-7	18.71	5-7	5.68
16429	5-7-9-9-9-10	5-7	14.49	7-10	3.65
16430	5-7-9-9-9-J	5-J	14.75	7-J	3.26
16431	5-7-9-9-9-K	5-K	14.41	7-K	3.68
16432	5-7-9-9-9-Q	5-Q	14.37	7-Q	3.63
16433	5-7-9-9-10-10	9-9	13.08	7-9	3.40
16434	5-7-9-9-10-J	5-7	16.56	7-9	4.38
16435	5-7-9-9-10-K	9-9	11.17	7-K	2.64
16436	5-7-9-9-10-Q	9-9	11.43	7-Q	2.59
16437	5-7-9-9-J-J	9-9	13.56	7-9	3.35
16438	5-7-9-9-J-K	9-9	11.67	7-K	2.36
16439	5-7-9-9-J-Q	9-9	11.93	7-Q	2.31
16440	5-7-9-9-K-K	9-9	13.08	7-9	2.35
16441	5-7-9-9-Q-K	9-9	11.43	7-K	1.59
16442	5-7-9-9-Q-Q	9-9	13.08	7-9	2.35
16443	5-7-9-10-10-10	7-9	17.26	7-9	7.96
16444	5-7-9-10-10-J	5-7	16.52	7-9	5.29
16445	5-7-9-10-10-K	7-9	13.43	7-K	4.38
16446	5-7-9-10-10-Q	7-9	13.95	7-9	4.66
16447	5-7-9-10-J-J	5-7	16.75	7-9	5.53
16448	5-7-9-10-J-K	7-K	12.98	7-K	5.42
16449	5-7-9-10-J-Q	7-9	15.50	7-9	6.20
16450	5-7-9-10-K-K	7-9	13.43	7-9	4.14

HAND No.	SIX-CARD HAND	DISCARD (DEALER)	EXPECTED AVG. (DEALER)	DISCARD (PONE)	EXPECTED AVG. (PONE)
16451	5-7-9-10-Q-K	7-9	11.87	7-9	2.57
16452	5-7-9-10-Q-Q	7-9	13.95	7-9	4.66
16453	5-7-9-J-J-J	7-9	17.97	7-9	8.68
16454	5-7-9-J-J-K	7-9	14.43	7-9	5.14
16455	5-7-9-J-J-Q	7-9	14.95	7-9	5.66
16456	5-7-9-J-K-K	7-9	14.19	7-9	4.90
16457	5-7-9-J-Q-K	7-9	15.43	7-9	6.14
16458	5-7-9-J-Q-Q	7-9	14.71	7-9	5.42
16459	5-7-9-K-K-K	7-9	17.26	7-9	7.96
16460	5-7-9-Q-K-K	7-9	13.95	7-9	4.66
16461	5-7-9-Q-Q-K	7-9	13.95	7-9	4.66
16462	5-7-9-Q-Q-Q	7-9	17.26	7-9	7.96
16463	5-7-10-10-10-10	5-7	18.54	7-10	8.74
16464	5-7-10-10-10-J	7-J	16.75	7-J	8.47
16465	5-7-10-10-10-K	7-K	16.46	7-K	8.90
16466	5-7-10-10-10-Q	7-Q	16.42	7-Q	8.85
16467	5-7-10-10-J-J	7-J	14.16	7-10	6.52
16468	5-7-10-10-J-K	7-K	13.92	7-K	6.36
16469	5-7-10-10-J-Q	5-7	16.47	7-10	7.02
16470	5-7-10-10-K-K	7-K	12.59	7-K	5.03
16471	5-7-10-10-Q-K	7-K	13.15	7-K	5.59
16472	5-7-10-10-Q-Q	7-10	13.08	7-10	5.52
16473	5-7-10-J-J-J	7-10	17.15	7-10	9.59
16474	5-7-10-J-J-K	7-K	14.15	7-K	6.59
16475	5-7-10-J-J-Q	5-7	16.71	7-J	6.63
16476	5-7-10-J-K-K	7-10	13.36	7-10	5.80
16477	5-7-10-J-Q-K	7-K	14.70	7-K	7.14
16478	5-7-10-J-Q-Q	5-7	16.47	7-Q	7.00
16479	5-7-10-K-K-K	7-10	16.43	7-10	8.87
16480	5-7-10-Q-K-K	7-10	13.12	7-10	5.56
16481	5-7-10-Q-Q-K	7-K	13.15	7-K	5.59
16482	5-7-10-Q-Q-Q	7-10	16.43	7-10	8.87
16483	5-7-J-J-J-J	5-7	19.49	7-J	9.06
16484	5-7-J-J-J-K	7-K	17.18	7-K	9.62
16485	5-7-J-J-J-Q	7-Q	17.14	7-Q	9.57
16486	5-7-J-J-K-K	7-J	13.64	7-K	6.03
16487	5-7-J-J-Q-K	5-7	16.54	7-J	6.54
16488	5-7-J-J-Q-Q	7-J	14.16	7-Q	6.50
16489	5-7-J-K-K-K	7-J	16.75	7-J	8.47
16490	5-7-J-Q-K-K	5-7	16.30	7-K	6.96
16491	5-7-J-Q-Q-K	5-7	16.30	7-Q	6.91
16492	5-7-J-Q-Q-Q	7-J	16.75	7-J	8.47
16493	5-7-K-K-K-K	5-7	18.54	7-K	8.77
16494	5-7-Q-K-K-K	7-Q	16.42	7-Q	8.85
16495	5-7-Q-Q-K-K	7-K	13.11	7-K	5.55
16496	5-7-Q-Q-Q-K	7-K	16.46	7-K	8.90
16497	5-7-Q-Q-Q-Q	5-7	18.54	7-Q	8.72
16498	5-8-8-8-8-9	5-9	18.13	5-9	6.56
16499	5-8-8-8-8-10	5-10	19.36	5-10	5.32
16500	5-8-8-8-8-J	5-J	19.70	5-J	4.88

HAND No.	SIX-CARD HAND	DISCARD (DEALER)	EXPECTED AVG. (DEALER)	DISCARD (PONE)	EXPECTED AVG. (PONE)
16501	5-8-8-8-8-K	5-K	19.37	5-K	5.47
16502	5-8-8-8-8-Q	5-Q	19.33	5-Q	5.41
16503	5-8-8-8-9-9	5-9	13.91	5-9	2.35
16504	5-8-8-8-9-10	5-8	15.68	5-8	3.88
16505	5-8-8-8-9-J	5-J	15.53	9-J	3.01
16506	5-8-8-8-9-K	5-K	15.19	9-K	3.93
16507	5-8-8-8-9-Q	5-Q	15.15	9-Q	3.84
16508	5-8-8-8-10-10	5-10	14.31	10-10	1.82
16509	5-8-8-8-10-J	5-J	14.70	10-J	2.27
16510	5-8-8-8-10-K	5-K	14.37	10-K	4.03
16511	5-8-8-8-10-Q	5-Q	14.33	10-Q	3.31
16512	5-8-8-8-J-J	5-J	14.12	J-J	1.63
16513	5-8-8-8-J-K	5-J	13.92	J-K	3.17
16514	5-8-8-8-J-Q	5-J	13.92	J-Q	2.45
16515	5-8-8-8-K-K	5-K	13.54	K-K	2.27
16516	5-8-8-8-Q-K	5-K	13.59	Q-K	3.42
16517	5-8-8-8-Q-Q	5-Q	13.50	Q-Q	2.20
16518	5-8-8-9-9-9	5-8	13.96	5-8	2.17
16519	5-8-8-9-9-10	5-8	15.66	5-9	4.04
16520	5-8-8-9-9-J	5-J	14.14	8-J	0.53
16521	5-8-8-9-9-K	5-K	13.80	9-K	1.11
16522	5-8-8-9-9-Q	5-Q	13.76	9-Q	1.01
16523	5-8-8-9-10-10	5-10	16.83	5-8	3.82
16524	5-8-8-9-10-J	5-J	17.31	8-J	2.98
16525	5-8-8-9-10-K	5-K	17.02	8-K	3.39
16526	5-8-8-9-10-Q	5-Q	16.98	8-Q	3.29
16527	5-8-8-9-J-J	8-8	14.09	8-9	2.24
16528	5-8-8-9-J-K	8-8	11.94	9-K	2.08
16529	5-8-8-9-J-Q	8-8	12.03	9-Q	1.99
16530	5-8-8-9-K-K	8-8	13.09	9-K	1.80
16531	5-8-8-9-Q-K	8-8	11.44	9-K	1.84
16532	5-8-8-9-Q-Q	8-8	13.09	8-9	1.76
16533	5-8-8-10-10-10	8-8	18.66	8-8	6.19
16534	5-8-8-10-10-J	8-8	16.12	8-8	3.65
16535	5-8-8-10-10-K	8-8	14.83	8-K	3.87
16536	5-8-8-10-10-Q	8-8	15.36	8-Q	3.76
16537	5-8-8-10-J-J	8-8	16.36	8-8	3.89
16538	5-8-8-10-J-K	8-8	13.77	8-K	2.29
16539	5-8-8-10-J-Q	8-8	16.92	8-8	4.46
16540	5-8-8-10-K-K	8-8	14.83	8-10	2.41
16541	5-8-8-10-Q-K	8-8	13.27	8-K	1.96
16542	5-8-8-10-Q-Q	8-8	15.36	8-8	2.89
16543	5-8-8-J-J-J	8-8	19.38	8-8	6.91
16544	5-8-8-J-J-K	8-8	15.83	8-K	3.83
16545	5-8-8-J-J-Q	8-8	16.36	8-8	3.89
16546	5-8-8-J-K-K	8-8	15.59	8-8	3.13
16547	5-8-8-J-Q-K	8-8	16.83	8-8	4.37
16548	5-8-8-J-Q-Q	8-8	16.12	8-8	3.65
16549	5-8-8-K-K-K	8-8	18.66	8-8	6.19
16550	5-8-8-Q-K-K	8-8	15.36	8-Q	3.24

HAND No.	SIX-CARD HAND	DISCARD (DEALER)	EXPECTED AVG. (DEALER)	DISCARD (PONE)	EXPECTED AVG. (PONE)
16551	5-8-8-Q-Q-K	8-8	15.36	8-K	3.35
16552	5-8-8-Q-Q-Q	8-8	18.66	8-8	6.19
16553	5-8-9-9-9-9	5-8	18.18	5-8	6.38
16554	5-8-9-9-9-10	5-9	15.63	5-9	4.06
16555	5-8-9-9-9-J	5-J	15.53	8-J	3.35
16556	5-8-9-9-9-K	5-K	15.19	8-K	3.74
16557	5-8-9-9-9-Q	5-Q	15.15	8-Q	3.63
16558	5-8-9-9-10-10	5-10	16.83	5-9	4.00
16559	5-8-9-9-10-J	5-J	17.31	5-8	4.19
16560	5-8-9-9-10-K	5-K	17.02	9-K	3.58
16561	5-8-9-9-10-Q	5-Q	16.98	9-Q	3.49
16562	5-8-9-9-J-J	8-9	13.32	8-9	2.76
16563	5-8-9-9-J-K	9-9	11.40	8-K	2.42
16564	5-8-9-9-J-Q	9-9	11.67	8-Q	2.31
16565	5-8-9-9-K-K	9-9	12.82	8-9	1.76
16566	5-8-9-9-Q-K	9-9	11.17	8-K	1.65
16567	5-8-9-9-Q-Q	9-9	12.82	8-9	1.76
16568	5-8-9-10-10-10	8-9	17.92	8-9	7.37
16569	5-8-9-10-10-J	5-J	17.27	8-9	4.70
16570	5-8-9-10-10-K	5-K	16.98	8-K	4.31
16571	5-8-9-10-10-Q	5-Q	16.94	8-Q	4.20
16572	5-8-9-10-J-J	5-8	16.18	8-J	4.96
16573	5-8-9-10-J-K	5-K	13.26	8-K	5.46
16574	5-8-9-10-J-Q	8-9	16.16	8-9	5.61
16575	5-8-9-10-K-K	8-9	14.10	8-9	3.54
16576	5-8-9-10-Q-K	8-9	12.53	Q-K	3.18
16577	5-8-9-10-Q-Q	8-9	14.62	8-9	4.07
16578	5-8-9-J-J-J	8-9	18.64	8-9	8.09
16579	5-8-9-J-J-K	8-9	15.10	8-9	4.54
16580	5-8-9-J-J-Q	8-9	15.62	8-9	5.07
16581	5-8-9-J-K-K	8-9	14.86	8-9	4.30
16582	5-8-9-J-Q-K	8-9	16.10	8-9	5.54
16583	5-8-9-J-Q-Q	8-9	15.38	8-9	4.83
16584	5-8-9-K-K-K	8-9	17.92	8-9	7.37
16585	5-8-9-Q-K-K	8-9	14.62	8-9	4.07
16586	5-8-9-Q-Q-K	8-9	14.62	8-9	4.07
16587	5-8-9-Q-Q-Q	8-9	17.92	8-9	7.37
16588	5-8-10-10-10-10	5-8	18.00	8-10	7.89
16589	5-8-10-10-10-J	8-J	16.73	8-J	8.57
16590	5-8-10-10-10-K	8-K	16.32	8-K	8.96
16591	5-8-10-10-10-Q	8-Q	16.36	8-Q	8.85
16592	5-8-10-10-J-J	8-10	14.62	8-J	5.98
16593	5-8-10-10-J-K	8-K	13.78	8-K	6.42
16594	5-8-10-10-J-Q	5-8	15.94	8-Q	6.18
16595	5-8-10-10-K-K	8-10	13.10	8-K	5.09
16596	5-8-10-10-Q-K	8-K	13.02	8-K	5.65
16597	5-8-10-10-Q-Q	8-10	13.62	8-Q	5.50
16598	5-8-10-J-J-J	8-10	17.69	8-10	8.74
16599	5-8-10-J-J-K	8-10	14.14	8-K	6.65
16600	5-8-10-J-J-Q	5-8	16.18	8-J	6.72

HAND No.	SIX-CARD HAND	DISCARD (DEALER)	EXPECTED AVG. (DEALER)	DISCARD (PONE)	EXPECTED AVG. (PONE)
16601	5-8-10-J-K-K	8-10	13.90	8-10	4.96
16602	5-8-10-J-Q-K	8-10	15.12	8-K	7.20
16603	5-8-10-J-Q-Q	5-8	15.94	8-Q	7.00
16604	5-8-10-K-K-K	8-10	16.97	8-10	8.02
16605	5-8-10-Q-K-K	8-10	13.66	8-Q	5.03
16606	5-8-10-Q-Q-K	8-10	13.66	8-K	5.65
16607	5-8-10-Q-Q-Q	8-10	16.97	8-10	8.02
16608	5-8-J-J-J-J	5-8	18.96	8-J	9.16
16609	5-8-J-J-J-K	8-K	17.04	8-K	9.68
16610	5-8-J-J-J-Q	8-Q	17.08	8-Q	9.57
16611	5-8-J-J-K-K	8-J	13.63	8-K	6.09
16612	5-8-J-J-Q-K	5-8	16.00	8-J	6.63
16613	5-8-J-J-Q-Q	8-J	14.15	8-Q	6.50
16614	5-8-J-K-K-K	8-J	16.73	8-J	8.57
16615	5-8-J-Q-K-K	5-8	15.77	8-K	7.02
16616	5-8-J-Q-Q-K	5-8	15.77	8-Q	6.92
16617	5-8-J-Q-Q-Q	8-J	16.73	8-J	8.57
16618	5-8-K-K-K-K	5-8	18.00	8-K	8.83
16619	5-8-Q-K-K-K	8-Q	16.36	8-Q	8.85
16620	5-8-Q-Q-K-K	8-Q	13.01	8-K	5.61
16621	5-8-Q-Q-Q-K	8-K	16.32	8-K	8.96
16622	5-8-Q-Q-Q-Q	5-8	18.00	8-Q	8.72
16623	5-9-9-9-9-10	5-10	19.36	5-10	5.32
16624	5-9-9-9-9-J	5-J	19.70	5-J	4.88
16625	5-9-9-9-9-K	5-K	19.37	5-K	5.47
16626	5-9-9-9-9-Q	5-Q	19.33	5-Q	5.41
16627	5-9-9-9-10-10	5-10	15.09	9-9	2.20
16628	5-9-9-9-10-J	5-9	15.82	5-9	4.26
16629	5-9-9-9-10-K	5-K	15.15	10-K	4.03
16630	5-9-9-9-10-Q	5-Q	15.11	10-Q	3.31
16631	5-9-9-9-J-J	5-J	14.90	9-9	2.15
16632	5-9-9-9-J-K	5-K	14.61	J-K	3.17
16633	5-9-9-9-J-Q	5-Q	14.57	J-Q	2.45
16634	5-9-9-9-K-K	5-K	13.54	K-K	2.27
16635	5-9-9-9-Q-K	5-K	13.59	Q-K	3.42
16636	5-9-9-9-Q-Q	5-Q	13.50	Q-Q	2.20
16637	5-9-9-10-10-10	9-9	18.38	9-9	6.80
16638	5-9-9-10-10-J	5-10	17.03	5-9	4.19
16639	5-9-9-10-10-K	9-9	14.56	9-K	4.58
16640	5-9-9-10-10-Q	9-9	15.08	9-Q	4.49
16641	5-9-9-10-J-J	5-J	17.38	9-J	4.53
16642	5-9-9-10-J-K	5-K	17.22	9-K	5.56
16643	5-9-9-10-J-Q	5-Q	17.13	9-Q	5.45
16644	5-9-9-10-K-K	9-9	14.56	9-9	2.98
16645	5-9-9-10-Q-K	9-9	12.99	Q-K	2.38
16646	5-9-9-10-Q-Q	9-9	15.08	9-9	3.50
16647	5-9-9-J-J-J	9-9	19.10	9-9	7.52
16648	5-9-9-J-J-K	9-9	15.56	9-K	4.54
16649	5-9-9-J-J-Q	9-9	16.08	9-9	4.50
16650	5-9-9-J-K-K	9-9	15.32	9-9	3.74

HAND No.	SIX-CARD HAND	DISCARD (DEALER)	EXPECTED AVG. (DEALER)	DISCARD (PONE)	EXPECTED AVG. (PONE)
16651	5-9-9-J-Q-K	9-9	16.56	9-9	4.98
16652	5-9-9-J-Q-Q	9-9	15.84	9-9	4.26
16653	5-9-9-K-K-K	9-9	18.38	9-9	6.80
16654	5-9-9-Q-K-K	9-9	15.08	9-9	3.50
16655	5-9-9-Q-Q-K	9-9	15.08	9-K	3.54
16656	5-9-9-Q-Q-Q	9-9	18.38	9-9	6.80
16657	5-9-10-10-10-10	5-9	17.95	9-10	7.63
16658	5-9-10-10-10-J	9-J	17.14	9-J	8.22
16659	5-9-10-10-10-K	9-K	16.24	9-K	9.15
16660	5-9-10-10-10-Q	9-Q	16.16	9-Q	9.06
16661	5-9-10-10-J-J	5-J	17.33	9-J	5.51
16662	5-9-10-10-J-K	5-K	17.17	9-K	6.48
16663	5-9-10-10-J-Q	5-Q	17.09	9-Q	6.25
16664	5-9-10-10-K-K	9-10	13.59	9-K	5.28
16665	5-9-10-10-Q-K	9-K	12.94	9-K	5.84
16666	5-9-10-10-Q-Q	9-10	14.12	9-Q	5.71
16667	5-9-10-J-J-J	9-10	18.18	9-10	8.48
16668	5-9-10-J-J-K	5-K	17.41	9-K	6.71
16669	5-9-10-J-J-Q	5-Q	17.33	9-Q	6.49
16670	5-9-10-J-K-K	9-10	14.40	9-10	4.70
16671	5-9-10-J-Q-K	9-10	15.62	9-K	7.37
16672	5-9-10-J-Q-Q	5-9	15.85	9-Q	7.19
16673	5-9-10-K-K-K	9-10	17.46	9-10	7.76
16674	5-9-10-Q-K-K	9-10	14.16	9-Q	5.23
16675	5-9-10-Q-Q-K	9-10	14.16	9-K	5.84
16676	5-9-10-Q-Q-Q	9-10	17.46	9-10	7.76
16677	5-9-J-J-J-J	5-9	18.91	9-J	8.81
16678	5-9-J-J-J-K	9-K	16.96	9-K	9.87
16679	5-9-J-J-J-Q	9-Q	16.88	9-Q	9.77
16680	5-9-J-J-K-K	9-J	14.03	9-K	6.28
16681	5-9-J-J-Q-K	5-9	15.95	9-K	6.71
16682	5-9-J-J-Q-Q	9-J	14.55	9-Q	6.71
16683	5-9-J-K-K-K	9-J	17.14	9-J	8.22
16684	5-9-J-Q-K-K	5-9	15.72	9-K	7.21
16685	5-9-J-Q-Q-K	5-9	15.72	9-Q	7.12
16686	5-9-J-Q-Q-Q	9-J	17.14	9-J	8.22
16687	5-9-K-K-K-K	5-9	17.95	9-K	9.02
16688	5-9-Q-K-K-K	9-Q	16.16	9-Q	9.06
16689	5-9-Q-Q-K-K	9-K	12.90	9-K	5.80
16690	5-9-Q-Q-Q-K	9-K	16.24	9-K	9.15
16691	5-9-Q-Q-Q-Q	5-9	17.95	9-Q	8.93
16692	5-10-10-10-10-J	5-J	19.53	10-J	7.36
16693	5-10-10-10-10-K	5-K	19.19	10-K	9.12
16694	5-10-10-10-10-Q	5-Q	19.15	10-Q	8.40
16695	5-10-10-10-J-J	J-J	18.45	J-J	6.85
16696	5-10-10-10-J-K	J-K	17.09	J-K	8.38
16697	5-10-10-10-J-Q	J-Q	17.94	J-Q	7.66
16698	5-10-10-10-K-K	K-K	17.71	K-K	7.49
16699	5-10-10-10-Q-K	Q-K	16.59	Q-K	8.64
16700	5-10-10-10-Q-Q	Q-Q	17.93	Q-Q	7.42

HAND No.	SIX-CARD HAND	DISCARD (DEALER)	EXPECTED AVG. (DEALER)	DISCARD (PONE)	EXPECTED AVG. (PONE)
16701	5-10-10-J-J-J	10-10	18.60	10-10	7.75
16702	5-10-10-J-J-K	10-10	15.06	10-K	6.90
16703	5-10-10-J-J-Q	5-J	17.29	10-Q	6.05
16704	5-10-10-J-K-K	K-K	15.16	K-K	4.95
16705	5-10-10-J-Q-K	5-K	17.09	10-K	7.38
16706	5-10-10-J-Q-Q	5-10	16.94	10-Q	6.57
16707	5-10-10-K-K-K	10-10	17.88	10-10	7.04
16708	5-10-10-Q-K-K	10-10	14.58	Q-K	4.77
16709	5-10-10-Q-Q-K	10-10	14.58	10-K	5.90
16710	5-10-10-Q-Q-Q	10-10	17.88	10-10	7.04
16711	5-10-J-J-J-J	5-10	20.14	10-J	8.07
16712	5-10-J-J-J-K	10-K	16.68	10-K	9.97
16713	5-10-J-J-J-Q	5-J	17.55	10-Q	9.25
16714	5-10-J-J-K-K	K-K	15.40	10-K	6.38
16715	5-10-J-J-Q-K	5-K	17.32	10-K	6.69
16716	5-10-J-J-Q-Q	5-J	17.29	10-Q	6.05
16717	5-10-J-K-K-K	10-J	17.76	10-J	7.49
16718	5-10-J-Q-K-K	5-10	16.90	10-K	7.29
16719	5-10-J-Q-Q-K	5-K	17.09	Q-K	6.77
16720	5-10-J-Q-Q-Q	10-J	17.76	10-J	7.49
16721	5-10-K-K-K-K	5-10	19.18	10-K	9.12
16722	5-10-Q-K-K-K	10-Q	16.44	10-Q	8.53
16723	5-10-Q-Q-K-K	K-K	14.40	10-K	5.90
16724	5-10-Q-Q-Q-K	10-K	15.97	10-K	9.25
16725	5-10-Q-Q-Q-Q	5-10	19.18	10-Q	8.40
16726	5-J-J-J-J-K	5-K	20.15	J-K	8.97
16727	5-J-J-J-J-Q	5-Q	20.11	J-Q	8.25
16728	5-J-J-J-Q-K ♣	5-J	17.38	Q-K	9.36
16729	5-J-J-J-Q-Q	Q-Q	18.64	Q-Q	8.14
16730	5-J-J-J-K-K	K-K	18.42	K-K	8.21
16731	5-J-J-Q-K-K	5-J	17.12	J-K	6.34
16732	5-J-J-Q-Q-K	5-J	17.12	Q-K	6.16
16733	5-J-J-Q-Q-Q	J-J	18.45	J-J	6.85
16734	5-J-J-K-K-K	J-J	18.45	J-J	6.85
16735	5-J-K-K-K-K	5-J	19.53	J-K	8.25
16736	5-J-Q-K-K-K	J-Q	17.94	J-Q	7.66
16737	5-J-Q Q K K	5-K	16.78	Q-K	6.59
16738	5-J-Q-Q-Q-K	J-K	17.09	J-K	8.38
16739	5-J-Q-Q-Q-Q	5-J	19.53	J-Q	7.53
16740	5-Q-K-K-K-K	5-Q	19.15	Q-K	8.51
16741	5-Q-Q-K-K-K	Q-Q	17.93	Q-Q	7.42
16742	5-Q-Q-Q-K-K	K-K	17.71	K-K	7.49
16743	5-Q-Q-Q-Q-K	5-K	19.19	Q-K	8.51
16744	6-6-6-6-7-7	7-7	19.66	7-7	6.63
16745	6-6-6-6-7-8	7-8	20.28	7-8	6.24
16746	6-6-6-6-7-9	6-7	18.01	7-9	8.31
16747	6-6-6-6-7-10	7-10	16.99	7-10	9.43
16748	6-6-6-6-7-J	7-J	17.31	7-J	9.04
16749	6-6-6-6-7-K	7-K	17.02	7-K	9.46
16750	6-6-6-6-7-Q	7-Q	16.99	7-Q	9.41

HAND No.	SIX-CARD HAND	DISCARD (DEALER)	EXPECTED AVG. (DEALER)	DISCARD (PONE)	EXPECTED AVG. (PONE)
16751	6-6-6-6-8-8	8-8	19.18	8-8	6.72
16752	6-6-6-6-8-9	8-9	18.27	8-9	7.72
16753	6-6-6-6-8-10	8-10	17.53	8-10	8.59
16754	6-6-6-6-8-J	8-J	17.30	8-J	9.13
16755	6-6-6-6-8-K	8-K	16.89	8-K	9.52
16756	6-6-6-6-8-Q	8-Q	16.92	8-Q	9.42
16757	6-6-6-6-9-9	9-9	18.56	9-9	6.98
16758	6-6-6-6-9-10	9-10	17.86	6-10	8.73
16759	6-6-6-6-9-J	9-J	17.53	9-J	8.62
16760	6-6-6-6-9-K	9-K	16.64	9-K	9.54
16761	6-6-6-6-9-Q	9-Q	16.55	9-Q	9.45
16762	6-6-6-6-10-10	10-10	18.49	10-10	7.64
16763	6-6-6-6-10-J	10-J	18.37	10-J	8.09
16764	6-6-6-6-10-K	10-K	16.57	10-K	9.86
16765	6-6-6-6-10-Q	10-Q	17.05	10-Q	9.14
16766	6-6-6-6-J-J	J-J	19.06	J-J	7.46
16767	6-6-6-6-J-K	J-K	17.70	J-K	8.99
16768	6-6-6-6-J-Q	J-Q	18.55	J-Q	8.27
16769	6-6-6-6-K-K	K-K	18.31	K-K	8.10
16770	6-6-6-6-Q-K	Q-K	17.20	Q-K	9.25
16771	6-6-6-6-Q-Q	Q-Q	18.53	Q-Q	8.03
16772	6-6-6-7-7-7	7-7	15.40	6-6	2.59
16773	6-6-6-7-7-8	6-6	20.33	6-6	7.68
16774	6-6-6-7-7-9	7-7	19.13	7-7	6.11
16775	6-6-6-7-7-10	7-7	13.40	7-10	5.22
16776	6-6-6-7-7-J	7-7	13.63	7-J	4.82
16777	6-6-6-7-7-K	7-7	13.40	7-K	5.25
16778	6-6-6-7-7-Q	7-7	13.40	7-Q	5.20
16779	6-6-6-7-8-8	6-6	20.16	6-6	7.50
16780	6-6-6-7-8-9 ✧	7-8	19.75	6-9	6.62
16781	6-6-6-7-8-10	6-10	16.20	6-10	8.71
16782	6-6-6-7-8-J	6-J	16.44	6-J	8.47
16783	6-6-6-7-8-K	6-K	16.16	6-K	8.88
16784	6-6-6-7-8-Q	6-Q	16.31	6-Q	8.81
16785	6-6-6-7-9-9	6-7	17.66	7-9	7.79
16786	6-6-6-7-9-10	7-10	16.47	7-10	8.91
16787	6-6-6-7-9-J	7-J	16.79	7-J	8.52
16788	6-6-6-7-9-K	7-K	16.50	7-K	8.94
16789	6-6-6-7-9-Q	7-Q	16.46	7-Q	8.89
16790	6-6-6-7-10-10	10-10	14.32	10-10	3.47
16791	6-6-6-7-10-J	10-J	14.19	10-J	3.92
16792	6-6-6-7-10-K	10-K	12.40	10-K	5.69
16793	6-6-6-7-10-Q	10-Q	12.88	10-Q	4.97
16794	6-6-6-7-J-J	J-J	14.89	J-J	3.29
16795	6-6-6-7-J-K	J-K	13.53	J-K	4.82
16796	6-6-6-7-J-Q	J-Q	14.38	J-Q	4.10
16797	6-6-6-7-K-K	K-K	14.14	K-K	3.93
16798	6-6-6-7-Q-K	Q-K	13.03	Q-K	5.07
16799	6-6-6-7-Q-Q	Q-Q	14.36	Q-Q	3.86
16800	6-6-6-8-8-8	8-8	14.14	8-8	1.67

HAND No.	SIX-CARD HAND	DISCARD (DEALER)	EXPECTED AVG. (DEALER)	DISCARD (PONE)	EXPECTED AVG. (PONE)
16801	6-6-6-8-8-9	8-8	18.66	8-8	6.19
16802	6-6-6-8-8-10	8-8	12.92	8-10	3.59
16803	6-6-6-8-8-J	8-8	13.16	8-J	4.13
16804	6-6-6-8-8-K	8-8	12.92	8-K	4.52
16805	6-6-6-8-8-Q	8-8	12.92	8-Q	4.42
16806	6-6-6-8-9-9	8-9	17.75	8-9	7.20
16807	6-6-6-8-9-10	8-10	17.01	8-10	8.06
16808	6-6-6-8-9-J	8-J	16.78	8-J	8.61
16809	6-6-6-8-9-K	8-K	16.37	8-K	9.00
16810	6-6-6-8-9-Q	8-Q	16.40	8-Q	8.89
16811	6-6-6-8-10-10	10-10	13.54	10-10	2.69
16812	6-6-6-8-10-J	10-J	13.41	10-J	3.14
16813	6-6-6-8-10-K	10-K	11.62	10-K	4.90
16814	6-6-6-8-10-Q	10-Q	12.09	10-Q	4.18
16815	6-6-6-8-J-J	J-J	14.10	8-J	3.07
16816	6-6-6-8-J-K	J-K	12.75	J-K	4.04
16817	6-6-6-8-J-Q	J-Q	13.59	8-Q	3.39
16818	6-6-6-8-K-K	K-K	13.36	8-K	3.22
16819	6-6-6-8-Q-K	Q-K	12.24	Q-K	4.29
16820	6-6-6-8-Q-Q	Q-Q	13.58	8-Q	3.11
16821	6-6-6-9-9-9 ♣	6-6	18.11	9-9	6.46
16822	6-6-6-9-9-10	9-10	17.33	6-10	8.39
16823	6-6-6-9-9-J	9-J	17.01	6-J	8.14
16824	6-6-6-9-9-K	9-K	16.11	9-K	9.02
16825	6-6-6-9-9-Q	9-Q	16.03	9-Q	8.93
16826	6-6-6-9-10-10	10-10	17.97	10-10	7.12
16827	6-6-6-9-10-J	10-J	17.84	10-J	7.57
16828	6-6-6-9-10-K	10-K	16.05	10-K	9.34
16829	6-6-6-9-10-Q	10-Q	16.53	10-Q	8.62
16830	6-6-6-9-J-J	J-J	18.54	J-J	6.94
16831	6-6-6-9-J-K	J-K	17.18	J-K	8.47
16832	6-6-6-9-J-Q	J-Q	18.03	J-Q	7.75
16833	6-6-6-9-K-K	K-K	17.79	K-K	7.58
16834	6-6-6-9-Q-K	Q-K	16.68	Q-K	8.72
16835	6-6-6-9-Q-Q	Q-Q	18.01	Q-Q	7.51
16836	6-6-6-10-10-10	6-6	12.63	10-10	1.30
16837	6-6-6-10-10-J	10-10	12.47	10-J	1.79
16838	6-6-6-10-10-K	10-10	12.23	10-K	3.55
16839	6-6-6-10-10-Q	10-10	12.23	10-Q	2.83
16840	6-6-6-10-J-J	J-J	12.80	10-J	2.03
16841	6-6-6-10-J-K	10-J	12.11	10-K	3.84
16842	6-6-6-10-J-Q	J-Q	12.29	10-Q	3.12
16843	6-6-6-10-K-K	K-K	12.05	10-K	3.55
16844	6-6-6-10-Q-K	Q-K	10.94	10-K	3.60
16845	6-6-6-10-Q-Q	Q-Q	12.27	10-Q	2.83
16846	6-6-6-J-J-J	6-6	13.35	J-J	1.35
16847	6-6-6-J-J-K	J-J	12.80	J-K	2.93
16848	6-6-6-J-J-Q	J-J	12.80	J-Q	2.21
16849	6-6-6-J-K-K	K-K	12.29	J-K	2.69
16850	6-6-6-J-Q-K	J-Q	12.29	Q-K	3.22

HAND No.	SIX-CARD HAND	DISCARD (DEALER)	EXPECTED AVG. (DEALER)	DISCARD (PONE)	EXPECTED AVG. (PONE)
16851	6-6-6-J-Q-Q	Q-Q	12.51	Q-Q	2.01
16852	6-6-6-K-K-K	6-6	12.63	K-K	1.75
16853	6-6-6-Q-K-K	K-K	12.05	Q-K	2.94
16854	6-6-6-Q-Q-K	Q-Q	12.27	Q-K	2.94
16855	6-6-6-Q-Q-Q	6-6	12.63	Q-Q	1.68
16856	6-6-7-7-7-7	6-6	19.50	6-6	6.85
16857	6-6-7-7-7-8	6-6	20.16	6-7	8.13
16858	6-6-7-7-7-9	6-9	14.62	6-9	3.21
16859	6-6-7-7-7-10	6-6	13.24	6-10	5.21
16860	6-6-7-7-7-J	6-6	13.48	6-J	4.97
16861	6-6-7-7-7-K	6-6	13.24	6-K	5.38
16862	6-6-7-7-7-Q	6-6	13.24	6-Q	5.31
16863	6-6-7-7-8-8	6-6	20.20	6-8	8.61
16864	6-6-7-7-8-9 ✧	6-6	19.98	6-9	8.38
16865	6-6-7-7-8-10	6-10	17.92	6-10	10.43
16866	6-6-7-7-8-J	6-J	18.15	6-J	10.19
16867	6-6-7-7-8-K	6-K	17.88	6-K	10.60
16868	6-6-7-7-8-Q	6-Q	18.02	6-Q	10.53
16869	6-6-7-7-9-9	7-7	18.79	7-7	5.76
16870	6-6-7-7-9-10	7-7	13.57	7-10	4.35
16871	6-6-7-7-9-J	7-7	13.55	7-J	3.95
16872	6-6-7-7-9-K	7-7	13.05	7-K	4.38
16873	6-6-7-7-9-Q	7-7	13.05	7-Q	4.33
16874	6-6-7-7-10-10	10-10	12.93	10-10	2.08
16875	6-6-7-7-10-J	10-J	12.80	10-J	2.53
16876	6-6-7-7-10-K	10-K	11.01	10-K	4.29
16877	6-6-7-7-10-Q	10-Q	11.48	10-Q	3.57
16878	6-6-7-7-J-J	J-J	13.49	J-J	1.89
16879	6-6-7-7-J-K	J-K	12.14	J-K	3.43
16880	6-6-7-7-J-Q	J-Q	12.98	J-Q	2.71
16881	6-6-7-7-K-K	K-K	12.75	K-K	2.53
16882	6-6-7-7-Q-K	Q-K	11.63	Q-K	3.68
16883	6-6-7-7-Q-Q	Q-Q	12.97	Q-Q	2.46
16884	6-6-7-8-8-8	6-6	19.63	6-8	8.50
16885	6-6-7-8-8-9 ✧	6-6	19.81	6-9	8.21
16886	6-6-7-8-8-10	6-10	17.75	6-10	10.26
16887	6-6-7-8-8-J	6-J	17.98	6-J	10.01
16888	6-6-7-8-8-K	6-K	17.71	6-K	10.42
16889	6-6-7-8-8-Q	6-Q	17.85	6-Q	10.35
16890	6-6-7-8-9-9 ✧	7-8	19.41	9-9	6.50
16891	6-6-7-8-9-10	9-10	17.33	9-10	7.63
16892	6-6-7-8-9-J	9-J	17.01	9-J	8.09
16893	6-6-7-8-9-K	9-K	16.11	9-K	9.02
16894	6-6-7-8-9-Q	9-Q	16.03	9-Q	8.93
16895	6-6-7-8-10-10	10-10	17.93	10-10	7.08
16896	6-6-7-8-10-J	10-J	17.80	10-J	7.53
16897	6-6-7-8-10-K	10-K	16.01	10-K	9.29
16898	6-6-7-8-10-Q	10-Q	16.48	10-Q	8.57
16899	6-6-7-8-J-J	J-J	18.49	J-J	6.89
16900	6-6-7-8-J-K	J-K	17.14	J-K	8.43

HAND No.	SIX-CARD HAND	DISCARD (DEALER)	EXPECTED AVG. (DEALER)	DISCARD (PONE)	EXPECTED AVG. (PONE)
16901	6-6-7-8-J-Q	J-Q	17.98	J-Q	7.71
16902	6-6-7-8-K-K	K-K	17.75	K-K	7.53
16903	6-6-7-8-Q-K	Q-K	16.63	Q-K	8.68
16904	6-6-7-8-Q-Q	Q-Q	17.97	Q-Q	7.46
16905	6-6-7-9-9-9	6-7	17.49	7-9	7.44
16906	6-6-7-9-9-10	7-10	16.12	7-10	8.56
16907	6-6-7-9-9-J	7-J	16.44	7-J	8.17
16908	6-6-7-9-9-K	7-K	16.15	7-K	8.59
16909	6-6-7-9-9-Q	7-Q	16.12	7-Q	8.54
16910	6-6-7-9-10-10	10-10	13.45	7-10	3.30
16911	6-6-7-9-10-J	10-J	13.32	7-10	3.26
16912	6-6-7-9-10-K	10-K	11.53	10-K	4.82
16913	6-6-7-9-10-Q	10-Q	12.01	10-Q	4.10
16914	6-6-7-9-J-J	J-J	14.02	7-J	2.89
16915	6-6-7-9-J-K	J-K	12.66	J-K	3.95
16916	6-6-7-9-J-Q	J-Q	13.51	7-Q	3.31
16917	6-6-7-9-K-K	K-K	13.27	K-K	3.06
16918	6-6-7-9-Q-K	Q-K	12.16	Q-K	4.20
16919	6-6-7-9-Q-Q	Q-Q	13.49	Q-Q	2.99
16920	6-6-7-10-10-10	6-6	12.72	7-10	0.83
16921	6-6-7-10-10-J	6-6	10.18	7-J	0.52
16922	6-6-7-10-10-K	10-10	9.45	7-K	0.94
16923	6-6-7-10-10-Q	10-10	9.45	7-Q	0.89
16924	6-6-7-10-J-J	6-6	10.42	7-10	1.39
16925	6-6-7-10-J-K	10-J	9.32	10-K	1.05
16926	6-6-7-10-J-Q	6-6	10.98	10-Q	0.33
16927	6-6-7-10-K-K	K-K	9.27	7-10	0.91
16928	6-6-7-10-Q-K	Q-K	8.16	10-K	0.82
16929	6-6-7-10-Q-Q	Q-Q	9.49	7-10	0.91
16930	6-6-7-J-J-J	6-6	13.44	6-7	1.22
16931	6-6-7-J-J-K	J-J	10.02	7-K	1.42
16932	6-6-7-J-J-Q	6-6	10.42	7-Q	1.37
16933	6-6-7-J-K-K	6-6	9.66	7-J	0.52
16934	6-6-7-J-Q-K	6-6	10.90	Q-K	0.44
16935	6-6-7-J-Q-Q	6-6	10.18	7-J	0.52
16936	6-6-7-K-K-K	6-6	12.72	7-K	0.86
16937	6-6-7-Q-K-K	6-6	9.42	7-Q	0.89
16938	6-6-7-Q-Q-K	Q-Q	9.49	7-K	0.94
16939	6-6-7-Q-Q-Q	6-6	12.72	7-Q	0.81
16940	6-6-8-8-8-8	6-6	18.46	6-6	5.81
16941	6-6-8-8-8-9	6-6	14.20	6-9	1.91
16942	6-6-8-8-8-10	6-6	13.50	6-10	3.91
16943	6-6-8-8-8-J	6-6	12.96	6-J	3.66
16944	6-6-8-8-8-K	6-6	12.72	6-K	4.07
16945	6-6-8-8-8-Q	6-6	12.72	6-Q	4.00
16946	6-6-8-8-9-9	8-8	18.31	8-8	5.85
16947	6-6-8-8-9-10	6-6	16.07	6-6	3.42
16948	6-6-8-8-9-J	8-8	13.07	8-J	3.79
16949	6-6-8-8-9-K	8-8	12.57	8-K	4.18
16950	6-6-8-8-9-Q	8-8	12.57	8-Q	4.07

HAND No.	SIX-CARD HAND	DISCARD (DEALER)	EXPECTED AVG. (DEALER)	DISCARD (PONE)	EXPECTED AVG. (PONE)
16951	6-6-8-8-10-10	6-6	11.85	10-10	0.86
16952	6-6-8-8-10-J	10-J	11.58	10-J	1.31
16953	6-6-8-8-10-K	10-K	9.79	10-K	3.08
16954	6-6-8-8-10-Q	10-Q	10.27	10-Q	2.36
16955	6-6-8-8-J-J	J-J	12.28	J-J	0.68
16956	6-6-8-8-J-K	J-K	10.92	J-K	2.21
16957	6-6-8-8-J-Q	J-Q	11.77	J-Q	1.49
16958	6-6-8-8-K-K	K-K	11.53	K-K	1.32
16959	6-6-8-8-Q-K	Q-K	10.42	Q-K	2.46
16960	6-6-8-8-Q-Q	Q-Q	11.75	Q-Q	1.25
16961	6-6-8-9-9-9	8-9	17.40	8-9	6.85
16962	6-6-8-9-9-10	8-10	16.66	8-10	7.72
16963	6-6-8-9-9-J	8-J	16.43	8-J	8.26
16964	6-6-8-9-9-K	8-K	16.02	8-K	8.65
16965	6-6-8-9-9-Q	8-Q	16.05	8-Q	8.55
16966	6-6-8-9-10-10	6-6	16.07	6-6	3.42
16967	6-6-8-9-10-J	10-J	13.00	8-J	2.92
16968	6-6-8-9-10-K	10-K	11.20	10-K	4.49
16969	6-6-8-9-10-Q	10-Q	11.68	10-Q	3.77
16970	6-6-8-9-J-J	J-J	13.75	8-J	2.98
16971	6-6-8-9-J-K	J-K	12.40	J-K	3.69
16972	6-6-8-9-J-Q	J-Q	13.24	8-Q	3.31
16973	6-6-8-9-K-K	K-K	13.01	8-K	2.87
16974	6-6-8-9-Q-K	Q-K	11.89	Q-K	3.94
16975	6-6-8-9-Q-Q	Q-Q	13.23	8-Q	2.76
16976	6-6-8-10-10-10	6-6	13.50	6-8	1.05
16977	6-6-8-10-10-J	6-6	10.35	8-J	0.61
16978	6-6-8-10-10-K	6-6	9.42	8-K	1.00
16979	6-6-8-10-10-Q	6-6	9.94	8-Q	0.89
16980	6-6-8-10-J-J	6-6	10.59	8-10	0.54
16981	6-6-8-10-J-K	10-J	8.80	10-K	0.53
16982	6-6-8-10-J-Q	6-6	11.07	10-Q	-0.19
16983	6-6-8-10-K-K	6-6	9.16	10-K	0.25
16984	6-6-8-10-Q-K	Q-K	7.89	10-K	0.29
16985	6-6-8-10-Q-Q	6-6	9.68	8-10	0.06
16986	6-6-8-J-J-J	6-6	13.44	6-8	1.76
16987	6-6-8-J-J-K	6-6	9.90	8-K	1.48
16988	6-6-8-J-J-Q	6-6	10.42	8-Q	1.37
16989	6-6-8-J-K-K	6-6	9.66	8-J	0.61
16990	6-6-8-J-Q-K	6-6	10.90	Q-K	-0.08
16991	6-6-8-J-Q-Q	6-6	10.18	8-J	0.61
16992	6-6-8-K-K-K	6-6	12.72	6-8	1.05
16993	6-6-8-Q-K-K	6-6	9.42	8-Q	0.89
16994	6-6-8-Q-Q-K	6-6	9.42	8-K	1.00
16995	6-6-8-Q-Q-Q	6-6	12.72	6-8	1.05
16996	6-6-9-9-9-9	6-6	18.11	9-9	6.11
16997	6-6-9-9-9-10	9-10	16.99	6-10	8.21
16998	6-6-9-9-9-J	9-J	16.66	6-J	7.97
16999	6-6-9-9-9-K	9-K	15.77	9-K	8.67
17000	6-6-9-9-9-Q	6-Q	15.81	9-Q	8.58

HAND No.	SIX-CARD HAND	DISCARD (DEALER)	EXPECTED AVG. (DEALER)	DISCARD (PONE)	EXPECTED AVG. (PONE)
17001	6-6-9-9-10-10	10-10	17.62	10-10	6.77
17002	6-6-9-9-10-J	10-J	17.50	10-J	7.22
17003	6-6-9-9-10-K	10-K	15.70	10-K	8.99
17004	6-6-9-9-10-Q	10-Q	16.18	10-Q	8.27
17005	6-6-9-9-J-J	J-J	18.19	J-J	6.59
17006	6-6-9-9-J-K	J-K	16.83	J-K	8.12
17007	6-6-9-9-J-Q	J-Q	17.68	J-Q	7.40
17008	6-6-9-9-K-K	K-K	17.44	K-K	7.23
17009	6-6-9-9-Q-K	Q-K	16.33	Q-K	8.38
17010	6-6-9-9-Q-Q	Q-Q	17.66	Q-Q	7.16
17011	6-6-9-10-10-10	6-6	14.20	6-10	1.60
17012	6-6-9-10-10-J	6-6	16.31	6-6	3.66
17013	6-6-9-10-10-K	10-10	11.88	10-K	3.73
17014	6-6-9-10-10-Q	10-10	11.88	10-Q	3.01
17015	6-6-9-10-J-J	6-6	16.55	6-6	3.90
17016	6-6-9-10-J-K	10-J	11.76	10-K	3.69
17017	6-6-9-10-J-Q	J-Q	12.40	10-Q	2.97
17018	6-6-9-10-K-K	K-K	12.23	10-K	3.21
17019	6-6-9-10-Q-K	Q-K	11.11	10-K	3.25
17020	6-6-9-10-Q-Q	Q-Q	12.45	10-Q	2.49
17021	6-6-9-J-J-J	6-6	14.13	6-6	1.48
17022	6-6-9-J-J-K	J-J	12.45	J-K	2.84
17023	6-6-9-J-J-Q	J-J	12.45	J-Q	2.12
17024	6-6-9-J-K-K	K-K	12.21	J-K	2.34
17025	6-6-9-J-Q-K	J-Q	11.94	Q-K	3.14
17026	6-6-9-J-Q-Q	Q-Q	12.43	Q-Q	1.92
17027	6-6-9-K-K-K	6-6	12.63	K-K	1.40
17028	6-6-9-Q-K-K	K-K	11.71	Q-K	2.59
17029	6-6-9-Q-Q-K	Q-Q	11.93	Q-K	2.59
17030	6-6-9-Q-Q-Q	6-6	12.63	Q-Q	1.33
17031	6-6-10-10-10-10	6-6	18.46	6-6	5.81
17032	6-6-10-10-10-J	6-6	14.53	6-J	2.36
17033	6-6-10-10-10-K	6-6	12.72	6-K	2.77
17034	6-6-10-10-10-Q	6-6	13.50	6-Q	2.70
17035	6-6-10-10-J-J	6-6	13.37	6-6	0.72
17036	6-6-10-10-J-K	6-6	10.35	J-K	0.47
17037	6-6-10-10-J-Q	6-6	16.40	6-6	3.74
17038	6-6-10-10-K-K	6-6	10.81	K-K	-0.42
17039	6-6-10-10-Q-K	6-6	9.59	Q-K	0.72
17040	6-6-10-10-Q-Q	6-6	11.85	Q-Q	-0.49
17041	6-6-10-J-J-J	6-6	15.00	6-10	3.32
17042	6-6-10-J-J-K	6-6	10.59	10-K	1.82
17043	6-6-10-J-J-Q	6-6	16.63	6-6	3.98
17044	6-6-10-J-K-K	6-6	10.09	10-K	-0.12
17045	6-6-10-J-Q-K	6-6	12.35	6-K	1.01
17046	6-6-10-J-Q-Q	6-6	16.40	6-6	3.74
17047	6-6-10-K-K-K	6-6	12.72	6-10	2.60
17048	6-6-10-Q-K-K	6-6	9.59	10-Q	0.62
17049	6-6-10-Q-Q-K	6-6	9.59	10-K	1.34
17050	6-6-10-Q-Q-Q	6-6	13.50	6-10	2.60

HAND No.	SIX-CARD HAND	DISCARD (DEALER)	EXPECTED AVG. (DEALER)	DISCARD (PONE)	EXPECTED AVG. (PONE)
17051	6-6-J-J-J-J	6-6	19.42	6-6	6.76
17052	6-6-J-J-J-K	6-6	14.22	6-K	3.49
17053	6-6-J-J-J-Q	6-6	15.00	6-Q	3.42
17054	6-6-J-J-K-K	6-6	12.33	K-K	0.06
17055	6-6-J-J-Q-K	6-6	16.46	6-6	3.81
17056	6-6-J-J-Q-Q	6-6	13.37	6-6	0.72
17057	6-6-J-K-K-K	6-6	13.74	6-J	2.36
17058	6-6-J-Q-K-K	6-6	16.22	6-6	3.57
17059	6-6-J-Q-Q-K	6-6	16.22	6-6	3.57
17060	6-6-J-Q-Q-Q	6-6	14.53	6-J	2.36
17061	6-6-K-K-K-K	6-6	18.46	6-6	5.81
17062	6-6-Q-K-K-K	6-6	13.50	6-Q	2.70
17063	6-6-Q-Q-K-K	6-6	11.85	K-K	-0.42
17064	6-6-Q-Q-Q-K	6-6	13.50	6-K	2.77
17065	6-6-Q-Q-Q-Q	6-6	18.46	6-6	5.81
17066	6-7-7-7-7-8	7-7	20.44	6-7	8.00
17067	6-7-7-7-7-9	6-9	18.88	6-9	7.47
17068	6-7-7-7-7-10	6-10	16.92	6-10	9.43
17069	6-7-7-7-7-J	6-J	17.15	6-J	9.19
17070	6-7-7-7-7-K	6-K	16.88	6-K	9.60
17071	6-7-7-7-7-Q	6-Q	17.02	6-Q	9.53
17072	6-7-7-7-8-8	7-8	20.99	6-8	8.55
17073	6-7-7-7-8-9 ✧	6-9	19.53	7-9	9.38
17074	6-7-7-7-8-10	7-10	17.97	7-10	10.41
17075	6-7-7-7-8-J	7-J	18.29	6-J	10.03
17076	6-7-7-7-8-K	7-K	18.00	6-K	10.44
17077	6-7-7-7-8-Q	7-Q	17.96	7-Q	10.39
17078	6-7-7-7-9-9	9-9	14.64	9-9	3.07
17079	6-7-7-7-9-10	9-10	13.81	9-10	4.11
17080	6-7-7-7-9-J	9-J	13.49	9-J	4.57
17081	6-7-7-7-9-K	6-9	12.62	9-K	5.50
17082	6-7-7-7-9-Q	6-9	12.62	9-Q	5.40
17083	6-7-7-7-10-10	10-10	14.32	10-10	3.47
17084	6-7-7-7-10-J	10-J	14.19	10-J	3.92
17085	6-7-7-7-10-K	10-K	12.40	10-K	5.69
17086	6-7-7-7-10-Q	10-Q	12.88	10-Q	4.97
17087	6-7-7-7-J-J	J-J	14.89	J-J	3.29
17088	6-7-7-7-J-K	J-K	13.53	J-K	4.82
17089	6-7-7-7-J-Q	J-Q	14.38	J-Q	4.10
17090	6-7-7-7-K-K	K-K	14.14	K-K	3.93
17091	6-7-7-7-Q-K	Q-K	13.03	Q-K	5.07
17092	6-7-7-7-Q-Q	Q-Q	14.36	Q-Q	3.86
17093	6-7-7-8-8-8	7-8	20.82	6-8	8.65
17094	6-7-7-8-8-9 ✧	6-9	19.57	7-9	9.14
17095	6-7-7-8-8-10	8-10	18.45	6-10	10.39
17096	6-7-7-8-8-J	8-J	18.21	6-J	10.14
17097	6-7-7-8-8-K	6-K	17.84	6-K	10.55
17098	6-7-7-8-8-Q	6-Q	17.98	6-Q	10.48
17099	6-7-7-8-9-9 ✧	9-9	19.90	9-9	8.33
17100	6-7-7-8-9-10	9-10	19.12	6-10	9.95

HAND No.	SIX-CARD HAND	DISCARD (DEALER)	EXPECTED AVG. (DEALER)	DISCARD (PONE)	EXPECTED AVG. (PONE)
17101	6-7-7-8-9-J	9-J	18.79	9-J	9.88
17102	6-7-7-8-9-K	9-K	17.90	9-K	10.80
17103	6-7-7-8-9-Q	9-Q	17.81	9-Q	10.71
17104	6-7-7-8-10-10	10-10	19.67	10-10	8.82
17105	6-7-7-8-10-J	10-J	19.54	10-J	9.27
17106	6-7-7-8-10-K	10-K	17.75	10-K	11.03
17107	6-7-7-8-10-Q	10-Q	18.22	10-Q	10.31
17108	6-7-7-8-J-J	J-J	20.23	J-J	8.63
17109	6-7-7-8-J-K	J-K	18.88	J-K	10.17
17110	6-7-7-8-J-Q	J-Q	19.72	J-Q	9.45
17111	6-7-7-8-K-K	K-K	19.49	K-K	9.27
17112	6-7-7-8-Q-K	Q-K	18.37	Q-K	10.42
17113	6-7-7-8-Q-Q	Q-Q	19.71	Q-Q	9.20
17114	6-7-7-9-9-9	7-7	18.61	7-7	5.59
17115	6-7-7-9-9-10	7-7	13.92	7-10	3.74
17116	6-7-7-9-9-J	7-7	13.63	7-J	3.34
17117	6-7-7-9-9-K	7-7	12.87	7-K	3.77
17118	6-7-7-9-9-Q	7-7	12.87	7-Q	3.72
17119	6-7-7-9-10-10	7-7	12.00	10-10	0.69
17120	6-7-7-9-10-J	7-7	13.05	10-J	1.14
17121	6-7-7-9-10-K	10-K	9.62	10-K	2.90
17122	6-7-7-9-10-Q	10-Q	10.09	10-Q	2.18
17123	6-7-7-9-J-J	J-J	12.10	J-J	0.50
17124	6-7-7-9-J-K	J-K	10.75	J-K	2.04
17125	6-7-7-9-J-Q	J-Q	11.59	J-Q	1.32
17126	6-7-7-9-K-K	K-K	11.36	K-K	1.14
17127	6-7-7-9-Q-K	Q-K	10.24	Q-K	2.29
17128	6-7-7-9-Q-Q	Q-Q	11.58	Q-Q	1.07
17129	6-7-7-10-10-10	7-7	12.87	6-10	0.82
17130	6-7-7-10-10-J	7-7	10.33	6-J	0.66
17131	6-7-7-10-10-K	10-10	9.45	6-K	1.07
17132	6-7-7-10-10-Q	7-7	9.57	6-Q	1.00
17133	6-7-7-10-J-J	7-7	10.57	6-10	1.39
17134	6-7-7-10-J-K	10-J	9.32	10-K	1.05
17135	6-7-7-10-J-Q	7-7	11.13	10-Q	0.33
17136	6-7-7-10-K-K	K-K	9.27	6-10	0.91
17137	6-7-7-10-Q-K	Q-K	8.16	10-K	0.82
17138	6-7-7-10-Q-Q	7-7	9.57	6-10	0.91
17139	6-7-7-J-J-J	7-7	13.59	6-7	1.22
17140	6-7-7-J-J-K ♣	7-7	10.05	6-K	1.55
17141	6-7-7-J-J-Q	7-7	10.57	6-Q	1.48
17142	6-7-7-J-K-K	7-7	9.81	6-J	0.66
17143	6-7-7-J-Q-K	7-7	11.05	Q-K	0.44
17144	6-7-7-J-Q-Q	7-7	10.33	6-J	0.66
17145	6-7-7-K-K-K	7-7	12.87	6-K	0.99
17146	6-7-7-Q-K-K	7-7	9.57	6-Q	1.00
17147	6-7-7-Q-Q-K	7-7	9.57	6-K	1.07
17148	6-7-7-Q-Q-Q	7-7	12.87	6-Q	0.92
17149	6-7-8-8-8-8	8-8	19.79	6-8	8.02
17150	6-7-8-8-8-9 ♦	8-9	19.16	8-9	8.61

HAND No.	SIX-CARD HAND	DISCARD (DEALER)	EXPECTED AVG. (DEALER)	DISCARD (PONE)	EXPECTED AVG. (PONE)
17151	6-7-8-8-8-10	8-10	18.34	6-10	9.76
17152	6-7-8-8-8-J	8-J	18.10	8-J	9.94
17153	6-7-8-8-8-K	8-K	17.69	8-K	10.33
17154	6-7-8-8-8-Q	8-Q	17.73	8-Q	10.22
17155	6-7-8-8-9-9 ✧	9-9	19.73	9-9	8.15
17156	6-7-8-8-9-10	9-10	18.94	6-10	9.78
17157	6-7-8-8-9-J	9-J	18.62	9-J	9.70
17158	6-7-8-8-9-K	9-K	17.72	9-K	10.63
17159	6-7-8-8-9-Q	9-Q	17.64	9-Q	10.53
17160	6-7-8-8-10-10	10-10	19.49	10-10	8.64
17161	6-7-8-8-10-J	10-J	19.37	10-J	9.09
17162	6-7-8-8-10-K	10-K	17.57	10-K	10.86
17163	6-7-8-8-10-Q	10-Q	18.05	10-Q	10.14
17164	6-7-8-8-J-J	J-J	20.06	J-J	8.46
17165	6-7-8-8-J-K	J-K	18.70	J-K	9.99
17166	6-7-8-8-J-Q	J-Q	19.55	J-Q	9.27
17167	6-7-8-8-K-K	K-K	19.31	K-K	9.10
17168	6-7-8-8-Q-K	Q-K	18.20	Q-K	10.25
17169	6-7-8-8-Q-Q	Q-Q	19.53	Q-Q	9.03
17170	6-7-8-9-9-9 ✧	7-8	19.23	6-9	5.75
17171	6-7-8-9-9-10	6-10	15.31	6-10	7.82
17172	6-7-8-9-9-J	6-J	15.59	6-J	7.62
17173	6-7-8-9-9-K	6-K	15.32	6-K	8.03
17174	6-7-8-9-9-Q	6-Q	15.46	6-Q	7.96
17175	6-7-8-9-10-10	10-10	15.32	10-10	4.47
17176	6-7-8-9-10-J	10-J	15.21	10-J	4.94
17177	6-7-8-9-10-K	10-K	13.42	10-K	6.71
17178	6-7-8-9-10-Q	10-Q	13.90	10-Q	5.99
17179	6-7-8-9-J-J	J-J	15.93	J-J	4.33
17180	6-7-8-9-J-K	J-K	14.57	J-K	5.86
17181	6-7-8-9-J-Q	J-Q	15.42	J-Q	5.14
17182	6-7-8-9-K-K	K-K	15.18	K-K	4.97
17183	6-7-8-9-Q-K	Q-K	14.07	Q-K	6.12
17184	6-7-8-9-Q-Q	Q-Q	15.40	Q-Q	4.90
17185	6-7-8-10-10-10	7-8	13.49	6-10	1.54
17186	6-7-8-10-10-J	10-10	12.23	10-J	1.64
17187	6-7-8-10-10-K	10-10	11.99	10-K	3.40
17188	6-7-8-10-10-Q	10-10	11.99	10-Q	2.68
17189	6-7-8-10-J-J	J-J	12.65	10-J	1.79
17190	6-7-8-10-J-K	10-J	11.87	10-K	3.60
17191	6-7-8-10-J-Q ✧	J-Q	12.14	10-Q	2.88
17192	6-7-8-10-K-K	K-K	11.90	10-K	3.32
17193	6-7-8-10-Q-K	Q-K	10.79	10-K	3.36
17194	6-7-8-10-Q-Q	Q-Q	12.12	10-Q	2.60
17195	6-7-8-J-J-J	7-8	14.21	6-8	1.76
17196	6-7-8-J-J-K	J-J	12.56	J-K	2.69
17197	6-7-8-J-J-Q	J-J	12.56	J-Q	1.97
17198	6-7-8-J-K-K	K-K	12.05	J-K	2.45
17199	6-7-8-J-Q-K ✧	J-Q	12.05	Q-K	2.99
17200	6-7-8-J-Q-Q	Q-Q	12.27	Q-Q	1.77

HAND No.	SIX-CARD HAND	DISCARD (DEALER)	EXPECTED AVG. (DEALER)	DISCARD (PONE)	EXPECTED AVG. (PONE)
17201	6-7-8-K-K-K	7-8	13.49	K-K	1.51
17202	6-7-8-Q-K-K	K-K	11.81	Q-K	2.70
17203	6-7-8-Q-Q-K	Q-Q	12.03	Q-K	2.70
17204	6-7-8-Q-Q-Q	7-8	13.49	Q-Q	1.44
17205	6-7-9-9-9-9	6-7	17.49	7-9	7.27
17206	6-7-9-9-9-10	7-10	15.95	7-10	8.39
17207	6-7-9-9-9-J	7-J	16.27	7-J	8.00
17208	6-7-9-9-9-K	7-K	15.98	7-K	8.42
17209	6-7-9-9-9-Q	7-Q	15.94	7-Q	8.37
17210	6-7-9-9-10-10	10-10	12.84	7-10	3.65
17211	6-7-9-9-10-J	6-7	15.51	6-7	4.13
17212	6-7-9-9-10-K	7-K	11.29	10-K	4.21
17213	6-7-9-9-10-Q	10-Q	11.40	7-Q	3.68
17214	6-7-9-9-J-J	J-J	13.41	7-J	2.97
17215	6-7-9-9-J-K	J-K	12.05	7-K	3.44
17216	6-7-9-9-J-Q	J-Q	12.90	7-Q	3.39
17217	6-7-9-9-K-K	K-K	12.66	7-K	2.64
17218	6-7-9-9-Q-K	Q-K	11.55	Q-K	3.59
17219	6-7-9-9-Q-Q	Q-Q	12.88	7-Q	2.59
17220	6-7-9-10-10-10	6-7	13.44	6-7	2.07
17221	6-7-9-10-10-J	6-7	15.55	6-7	4.18
17222	6-7-9-10-10-K	7-K	9.37	7-K	1.81
17223	6-7-9-10-10-Q	7-Q	9.33	7-Q	1.76
17224	6-7-9-10-J-J	6-7	15.79	6-7	4.42
17225	6-7-9-10-J-K	7-K	10.42	7-K	2.86
17226	6-7-9-10-J-Q	6-7	11.60	7-Q	2.78
17227	6-7-9-10-K-K	K-K	8.84	7-10	0.74
17228	6-7-9-10-Q-K	Q-K	7.72	10-K	0.03
17229	6-7-9-10-Q-Q	Q-Q	9.06	7-10	0.74
17230	6-7-9-J-J-J	6-7	13.38	7-9	2.38
17231	6-7-9-J-J-K	6-7	9.57	7-K	1.77
17232	6-7-9-J-J-Q	6-9	9.79	7-Q	1.72
17233	6-7-9-J-K-K	6-7	9.07	7-J	0.34
17234	6-7-9-J-Q-K	6-9	10.27	Q-K	-0.08
17235	6-7-9-J-Q-Q	6-9	9.55	7-J	0.34
17236	6-7-9-K-K-K	6-9	12.09	7-9	1.66
17237	6-7-9-Q-K-K	6-9	8.79	7-Q	0.72
17238	6-7-9-Q-Q-K	6-9	8.79	7-K	0.77
17239	6-7-9-Q-Q-Q	6-9	12.09	7-9	1.66
17240	6-7-10-10-10-10	6-7	17.66	6-7	6.29
17241	6-7-10-10-10-J	6-7	13.73	6-J	2.40
17242	6-7-10-10-10-K	6-7	11.92	6-K	2.81
17243	6-7-10-10-10-Q	6-7	12.70	6-Q	2.74
17244	6-7-10-10-J-J	6-7	12.57	6-7	1.20
17245	6-7-10-10-J-K	6-7	9.55	6-K	0.27
17246	6-7-10-10-J-Q	6-7	15.60	6-7	4.22
17247	6-7-10-10-K-K	6-7	10.01	6-K	-1.06
17248	6-7-10-10-Q-K	6-7	8.79	6-K	-0.49
17249	6-7-10-10-Q-Q	6-7	11.05	6-7	-0.32
17250	6-7-10-J-J-J	6-7	14.20	7-10	3.37

HAND No.	SIX-CARD HAND	DISCARD (DEALER)	EXPECTED AVG. (DEALER)	DISCARD (PONE)	EXPECTED AVG. (PONE)
17251	6-7-10-J-J-K	6-7	9.79	6-K	0.51
17252	6-7-10-J-J-Q	6-7	15.83	6-7	4.46
17253	6-7-10-J-K-K	6-7	9.29	7-10	-0.41
17254	6-7-10-J-Q-K	6-7	11.55	6-K	1.05
17255	6-7-10-J-Q-Q	6-7	15.60	6-7	4.22
17256	6-7-10-K-K-K	6-7	11.92	7-10	2.65
17257	6-7-10-Q-K-K	6-7	8.79	7-10	-0.65
17258	6-7-10-Q-Q-K	6-7	8.79	10-K	-0.05
17259	6-7-10-Q-Q-Q	6-7	12.70	7-10	2.65
17260	6-7-J-J-J-J	6-7	18.62	6-7	7.24
17261	6-7-J-J-J-K	6-7	13.42	6-K	3.53
17262	6-7-J-J-J-Q	6-7	14.20	6-Q	3.46
17263	6-7-J-J-K-K	6-7	11.53	6-7	0.16
17264	6-7-J-J-Q-K	6-7	15.66	6-7	4.29
17265	6-7-J-J-Q-Q	6-7	12.57	6-7	1.20
17266	6-7-J-K-K-K	6-7	12.94	6-J	2.40
17267	6-7-J-Q-K-K	6-7	15.42	6-7	4.05
17268	6-7-J-Q-Q-K	6-7	15.42	6-7	4.05
17269	6-7-J-Q-Q-Q	6-7	13.73	6-J	2.40
17270	6-7-K-K-K-K	6-7	17.66	6-7	6.29
17271	6-7-Q-K-K-K	6-7	12.70	6-Q	2.74
17272	6-7-Q-Q-K-K	6-7	11.05	6-7	-0.32
17273	6-7-Q-Q-Q-K	6-7	12.70	6-K	2.81
17274	6-7-Q-Q-Q-Q	6-7	17.66	6-7	6.29
17275	6-8-8-8-8-9	6-9	17.83	6-9	6.43
17276	6-8-8-8-8-10	6-10	15.88	6-10	8.39
17277	6-8-8-8-8-J	6-J	16.11	6-J	8.14
17278	6-8-8-8-8-K	6-K	15.84	6-K	8.55
17279	6-8-8-8-8-Q	6-Q	15.98	6-Q	8.48
17280	6-8-8-8-9-9	8-8	13.70	6-9	2.17
17281	6-8-8-8-9-10	6-8	14.81	6-8	4.33
17282	6-8-8-8-9-J	6-9	12.33	6-J	3.93
17283	6-8-8-8-9-K	6-9	12.09	6-K	4.34
17284	6-8-8-8-9-Q	6-9	12.09	6-Q	4.27
17285	6-8-8-8-10-10	10-10	13.01	6-10	3.39
17286	6-8-8-8-10-J	10-J	12.89	6-J	3.19
17287	6-8-8-8-10-K	10-K	11.10	10-K	4.38
17288	6-8-8-8-10-Q	10-Q	11.57	10-Q	3.66
17289	6-8-8-8-J-J	J-J	13.58	6-J	2.60
17290	6-8-8-8-J-K	J-K	12.22	J-K	3.51
17291	6-8-8-8-J-Q	J-Q	13.07	6-Q	2.98
17292	6-8-8-8-K-K	K-K	12.84	6-K	2.77
17293	6-8-8-8-Q-K	Q-K	11.72	Q-K	3.77
17294	6-8-8-8-Q-Q	Q-Q	13.06	6-Q	2.70
17295	6-8-8-9-9-9	8-8	18.14	8-8	5.67
17296	6-8-8-9-9-10	6-9	15.31	6-8	4.26
17297	6-8-8-9-9-J	8-8	13.16	8-J	3.70
17298	6-8-8-9-9-K	8-8	12.40	8-K	4.09
17299	6-8-8-9-9-Q	8-8	12.40	8-Q	3.98
17300	6-8-8-9-10-10	6-8	14.79	6-10	5.86

HAND No.	SIX-CARD HAND	DISCARD (DEALER)	EXPECTED AVG. (DEALER)	DISCARD (PONE)	EXPECTED AVG. (PONE)
17301	6-8-8-9-10-J	6-J	13.72	6-J	5.75
17302	6-8-8-9-10-K	6-K	13.49	6-K	6.21
17303	6-8-8-9-10-Q	6-Q	13.63	6-Q	6.14
17304	6-8-8-9-J-J	J-J	11.93	J-J	0.33
17305	6-8-8-9-J-K	J-K	10.57	J-K	1.86
17306	6-8-8-9-J-Q	J-Q	11.42	J-Q	1.14
17307	6-8-8-9-K-K	K-K	11.18	K-K	0.97
17308	6-8-8-9-Q-K	Q-K	10.07	Q-K	2.12
17309	6-8-8-9-Q-Q	Q-Q	11.40	Q-Q	0.90
17310	6-8-8-10-10-10	8-8	12.40	6-8	1.83
17311	6-8-8-10-10-J	8-8	9.86	6-J	1.53
17312	6-8-8-10-10-K	6-K	9.23	6-K	1.94
17313	6-8-8-10-10-Q	6-Q	9.37	6-Q	1.87
17314	6-8-8-10-J-J	8-8	10.09	6-10	1.21
17315	6-8-8-10-J-K	10-J	8.63	10-K	0.36
17316	6-8-8-10-J-Q	8-8	10.66	6-Q	0.05
17317	6-8-8-10-K-K	K-K	9.10	6-10	0.73
17318	6-8-8-10-Q-K	Q-K	7.98	10-K	0.12
17319	6-8-8-10-Q-Q	Q-Q	9.32	6-10	0.73
17320	6-8-8-J-J-J	8-8	13.12	6-8	1.76
17321	6-8-8-J-J-K	8-8	9.57	6-K	1.38
17322	6-8-8-J-J-Q	8-8	10.09	6-Q	1.31
17323	6-8-8-J-K-K	8-8	9.33	6-J	0.49
17324	6-8-8-J-Q-K	8-8	10.57	Q-K	-0.25
17325	6-8-8-J-Q-Q	8-8	9.86	6-J	0.49
17326	6-8-8-K-K-K	8-8	12.40	6-8	1.05
17327	6-8-8-Q-K-K	8-8	9.09	6-Q	0.83
17328	6-8-8-Q-Q-K	8-8	9.09	6-K	0.90
17329	6-8-8-Q-Q-Q	8-8	12.40	6-8	1.05
17330	6-8-9-9-9-9	8-9	17.23	8-9	6.67
17331	6-8-9-9-9-10	8-10	16.49	8-10	7.54
17332	6-8-9-9-9-J	8-J	16.26	8-J	8.09
17333	6-8-9-9-9-K	8-K	15.85	8-K	8.48
17334	6-8-9-9-9-Q	8-Q	15.88	8-Q	8.37
17335	6-8-9-9-10-10	6-9	15.31	6-10	5.82
17336	6-8-9-9-10-J	6-8	15.12	6-J	5.71
17337	6-8-9-9-10-K	6-K	13.45	6-K	6.16
17338	6-8-9-9-10-Q	6-Q	13.59	6-Q	6.09
17339	6-8-9-9-J-J	J-J	13.67	8-J	3.07
17340	6-8-9-9-J-K	J-K	12.31	J-K	3.60
17341	6-8-9-9-J-Q	J-Q	13.16	8-Q	3.39
17342	6-8-9-9-K-K	K-K	12.92	K-K	2.71
17343	6-8-9-9-Q-K	Q-K	11.81	Q-K	3.86
17344	6-8-9-9-Q-Q	Q-Q	13.14	Q-Q	2.64
17345	6-8-9-10-10-10	6-10	13.38	6-10	5.89
17346	6-8-9-10-10-J	6-8	15.16	6-J	5.75
17347	6-8-9-10-10-K	6-K	13.49	6-K	6.21
17348	6-8-9-10-10-Q	6-Q	13.63	6-Q	6.14
17349	6-8-9-10-J-J	6-8	15.40	6-8	4.92
17350	6-8-9-10-J-K	J-K	11.09	8-K	2.89

HAND No.	SIX-CARD HAND	DISCARD (DEALER)	EXPECTED AVG. (DEALER)	DISCARD (PONE)	EXPECTED AVG. (PONE)
17351	6-8-9-10-J-Q	J-Q	11.94	8-Q	2.76
17352	6-8-9-10-K-K	K-K	11.73	K-K	1.51
17353	6-8-9-10-Q-K	Q-K	10.61	Q-K	2.66
17354	6-8-9-10-Q-Q	Q-Q	11.95	Q-Q	1.44
17355	6-8-9-J-J-J	6-8	13.03	6-8	2.55
17356	6-8-9-J-J-K	6-9	9.27	8-K	1.83
17357	6-8-9-J-J-Q	6-9	9.79	8-Q	1.72
17358	6-8-9-J-K-K	6-9	9.03	8-J	0.44
17359	6-8-9-J-Q-K	6-9	10.27	Q-K	-0.25
17360	6-8-9-J-Q-Q	6-9	9.55	8-J	0.44
17361	6-8-9-K-K-K	6-9	12.09	8-9	1.07
17362	6-8-9-Q-K-K	6-9	8.79	8-Q	0.72
17363	6-8-9-Q-Q-K	6-9	8.79	8-K	0.83
17364	6-8-9-Q-Q-Q	6-9	12.09	8-9	1.07
17365	6-8-10-10-10-10	6-8	17.31	6-8	6.83
17366	6-8-10-10-10-J	6-8	13.38	6-J	3.19
17367	6-8-10-10-10-K	6-8	11.57	6-K	3.60
17368	6-8-10-10-10-Q	6-8	12.35	6-Q	3.53
17369	6-8-10-10-J-J	6-8	12.22	6-8	1.74
17370	6-8-10-10-J-K	6-8	9.20	6-K	0.44
17371	6-8-10-10-J-Q	6-8	15.25	6-8	4.76
17372	6-8-10-10-K-K	6-8	9.66	6-K	-0.53
17373	6-8-10-10-Q-K	6-8	8.44	6-K	0.03
17374	6-8-10-10-Q-Q	6-8	10.70	6-8	0.22
17375	6-8-10-J-J-J	6-8	13.85	6-8	3.37
17376	6-8-10-J-J-K	6-8	9.44	6-K	0.68
17377	6-8-10-J-J-Q	6-8	15.48	6-8	5.00
17378	6-8-10-J-K-K	6-8	8.94	6-10	-0.42
17379	6-8-10-J-Q-K	6-8	11.20	6-K	1.14
17380	6-8-10-J-Q-Q	6-8	15.25	6-8	4.76
17381	6-8-10-K-K-K	6-8	11.57	6-10	2.65
17382	6-8-10-Q-K-K	6-8	8.44	6-10	-0.66
17383	6-8-10-Q-Q-K	6-8	8.44	6-K	-0.23
17384	6-8-10-Q-Q-Q	6-8	12.35	6-10	2.65
17385	6-8-J-J-J-J	6-8	18.27	6-8	7.78
17386	6-8-J-J-J-K	6-8	13.07	6-K	3.53
17387	6-8-J-J-J-Q	6-8	13.85	6-Q	3.46
17388	6-8-J-J-K-K	6-8	11.18	6-8	0.70
17389	6-8-J-J-Q-K	6-8	15.31	6-8	4.83
17390	6-8-J-J-Q-Q	6-8	12.22	6-8	1.74
17391	6-8-J-K-K-K	6-8	12.59	6-J	2.40
17392	6-8-J-Q-K-K	6-8	15.07	6-8	4.59
17393	6-8-J-Q-Q-K	6-8	15.07	6-8	4.59
17394	6-8-J-Q-Q-Q	6-8	13.38	6-8	2.89
17395	6-8-K-K-K-K	6-8	17.31	6-8	6.83
17396	6-8-Q-K-K-K	6-8	12.35	6-Q	2.74
17397	6-8-Q-Q-K-K	6-8	10.70	6-8	0.22
17398	6-8-Q-Q-Q-K	6-8	12.35	6-K	2.81
17399	6-8-Q-Q-Q-Q	6-8	17.31	6-8	6.83
17400	6-9-9-9-9-10	9-10	16.81	6-10	8.21

HAND No.	SIX-CARD HAND	DISCARD (DEALER)	EXPECTED AVG. (DEALER)	DISCARD (PONE)	EXPECTED AVG. (PONE)
17401	6-9-9-9-9-J	9-J	16.49	6-J	7.97
17402	6-9-9-9-9-K	6-K	15.66	9-K	8.50
17403	6-9-9-9-9-Q	6-Q	15.81	9-Q	8.40
17404	6-9-9-9-10-10	10-10	17.45	10-10	6.60
17405	6-9-9-9-10-J	10-J	17.32	10-J	7.05
17406	6-9-9-9-10-K	10-K	15.53	10-K	8.82
17407	6-9-9-9-10-Q	10-Q	16.01	10-Q	8.10
17408	6-9-9-9-J-J	J-J	18.02	J-J	6.42
17409	6-9-9-9-J-K	J-K	16.66	J-K	7.95
17410	6-9-9-9-J-Q	J-Q	17.51	J-Q	7.23
17411	6-9-9-9-K-K	K-K	17.27	K-K	7.06
17412	6-9-9-9-Q-K	Q-K	16.16	Q-K	8.20
17413	6-9-9-9-Q-Q	Q-Q	17.49	Q-Q	6.99
17414	6-9-9-10-10-10	6-9	13.57	6-10	2.65
17415	6-9-9-10-10-J	6-9	15.55	6-10	6.06
17416	6-9-9-10-10-K	10-10	11.71	10-K	4.08
17417	6-9-9-10-10-Q	10-10	11.71	10-Q	3.36
17418	6-9-9-10-J-J	6-9	15.79	6-J	5.82
17419	6-9-9-10-J-K	6-K	13.69	6-K	6.40
17420	6-9-9-10-J-Q	6-Q	13.79	6-Q	6.29
17421	6-9-9-10-K-K	K-K	12.58	10-K	3.03
17422	6-9-9-10-Q-K	Q-K	11.46	Q-K	3.51
17423	6-9-9-10-Q-Q	Q-Q	12.80	10-Q	2.31
17424	6-9-9-J-J-J	6-9	13.51	6-9	2.10
17425	6-9-9-J-J-K	J-J	12.28	J-K	2.93
17426	6-9-9-J-J-Q	J-Q	12.48	6-Q	2.27
17427	6-9-9-J-K-K	K-K	12.29	J-K	2.17
17428	6-9-9-J-Q-K	J-Q	11.77	Q-K	3.22
17429	6-9-9-J-Q-Q	Q-Q	12.51	Q-Q	2.01
17430	6-9-9-K-K-K	9-9	12.03	K-K	1.23
17431	6-9-9-Q-K-K	K-K	11.53	Q-K	2.42
17432	6-9-9-Q-Q-K	Q-Q	11.75	Q-K	2.42
17433	6-9-9-Q-Q-Q	9-9	12.03	Q-Q	1.16
17434	6-9-10-10-10-10	6-9	17.83	6-9	6.43
17435	6-9-10-10-10-J	6-9	13.70	6-10	6.12
17436	6-9-10-10-10-K	6-9	12.09	6-K	4.34
17437	6-9-10-10-10-Q	6-9	12.88	6-Q	4.27
17438	6-9-10-10-J-J	6-10	13.83	6-10	6.34
17439	6-9-10-10-J-K	6-K	13.73	6-K	6.44
17440	6-9-10-10-J-Q	6-9	15.72	6-Q	6.33
17441	6-9-10-10-K-K	K-K	10.66	K-K	0.45
17442	6-9-10-10-Q-K	Q-K	9.55	Q-K	1.59
17443	6-9-10-10-Q-Q	6-9	11.22	Q-Q	0.38
17444	6-9-10-J-J-J	6-9	14.18	6-J	6.12
17445	6-9-10-J-J-K	6-K	13.97	6-K	6.68
17446	6-9-10-J-J-Q	6-9	15.96	6-Q	6.57
17447	6-9-10-J-K-K	K-K	11.71	K-K	1.49
17448	6-9-10-J-Q-K	6-9	11.70	Q-K	2.62
17449	6-9-10-J-Q-Q	6-9	15.72	6-9	4.32
17450	6-9-10-K-K-K	6-9	12.09	6-10	2.60

HAND No.	SIX-CARD HAND	DISCARD (DEALER)	EXPECTED AVG. (DEALER)	DISCARD (PONE)	EXPECTED AVG. (PONE)
17451	6-9-10-Q-K-K	6-9	8.96	10-Q	0.44
17452	6-9-10-Q-Q-K	6-9	8.96	10-K	1.16
17453	6-9-10-Q-Q-Q	6-9	12.88	6-10	2.60
17454	6-9-J-J-J-J	6-9	18.79	6-9	7.38
17455	6-9-J-J-J-K	6-9	13.59	6-K	4.27
17456	6-9-J-J-J-Q	6-9	14.38	6-Q	4.20
17457	6-9-J-J-K-K	6-9	11.70	6-K	0.42
17458	6-9-J-J-Q-K	6-9	15.83	6-9	4.43
17459	6-9-J-J-Q-Q	6-9	12.75	6-9	1.34
17460	6-9-J-K-K-K	6-9	13.12	6-J	2.36
17461	6-9-J-Q-K-K	6-9	15.59	6-9	4.19
17462	6-9-J-Q-Q-K	6-9	15.59	6-9	4.19
17463	6-9-J-Q-Q-Q	6-9	13.90	6-9	2.49
17464	6-9-K-K-K-K	6-9	17.83	6-9	6.43
17465	6-9-Q-K-K-K	6-9	12.88	9-Q	2.80
17466	6-9-Q-Q-K-K	6-9	11.22	6-9	-0.18
17467	6-9-Q-Q-Q-K	6-9	12.88	9-K	2.89
17468	6-9-Q-Q-Q-Q	6-9	17.83	6-9	6.43
17469	6-10-10-10-10-J	6-J	16.11	6-J	8.14
17470	6-10-10-10-10-K	6-K	15.84	6-K	8.55
17471	6-10-10-10-10-Q	6-Q	15.98	6-Q	8.48
17472	6-10-10-10-J-J	J-J	12.28	6-J	4.16
17473	6-10-10-10-J-K	6-K	11.90	6-K	4.62
17474	6-10-10-10-J-Q	6-10	13.66	6-10	6.17
17475	6-10-10-10-K-K	K-K	11.53	6-K	2.77
17476	6-10-10-10-Q-K	6-K	10.88	6-K	3.60
17477	6-10-10-10-Q-Q	Q-Q	11.75	6-Q	3.48
17478	6-10-10-J-J-J	10-10	12.43	6-10	4.89
17479	6-10-10-J-J-K	6-K	10.75	6-K	3.47
17480	6-10-10-J-J-Q	6-10	13.88	6-10	6.39
17481	6-10-10-J-K-K	K-K	8.99	6-J	0.49
17482	6-10-10-J-Q-K	6-K	13.73	6-K	6.44
17483	6-10-10-J-Q-Q	6-Q	13.74	6-Q	6.24
17484	6-10-10-K-K-K	10-10	11.71	6-10	2.60
17485	6-10-10-Q-K-K	10-10	8.40	6-Q	0.83
17486	6-10-10-Q-Q-K	6-K	9.23	6-K	1.94
17487	6-10-10-Q-Q-Q	10-10	11.71	6-10	3.39
17488	6-10-J-J-J-J	6-10	16.83	6-10	9.34
17489	6-10-J-J-J-K	6-K	12.38	6-K	5.10
17490	6-10-J-J-J-Q	6-J	14.13	6-J	6.16
17491	6-10-J-J-K-K	6-10	9.75	6-10	2.26
17492	6-10-J-J-Q-K	6-K	13.97	6-K	6.68
17493	6-10-J-J-Q-Q	6-Q	13.98	6-Q	6.48
17494	6-10-J-K-K-K	10-J	11.58	6-10	3.67
17495	6-10-J-Q-K-K	6-10	13.60	6-10	6.10
17496	6-10-J-Q-Q-K	6-K	13.73	6-K	6.44
17497	6-10-J-Q-Q-Q	6-Q	13.76	6-Q	6.27
17498	6-10-K-K-K-K	6-10	15.88	6-10	8.39
17499	6-10-Q-K-K-K	6-10	10.92	6-10	3.43
17500	6-10-Q-Q-K-K	6-10	9.27	6-10	1.78

HAND No.	SIX-CARD HAND	DISCARD (DEALER)	EXPECTED AVG. (DEALER)	DISCARD (PONE)	EXPECTED AVG. (PONE)
17501	6-10-Q-Q-Q-K	6-10	10.92	6-K	3.60
17502	6-10-Q-Q-Q-Q	6-10	15.88	6-10	8.39
17503	6-J-J-J-J-K	6-K	16.79	6-K	9.51
17504	6-J-J-J-J-Q	6-Q	16.94	6-Q	9.44
17505	6-J-J-J-Q-K	6-J	13.96	6-J	5.99
17506	6-J-J-J-Q-Q	6-Q	12.48	6-Q	4.98
17507	6-J-J-J-K-K	K-K	12.25	6-K	4.27
17508	6-J-J-Q-K-K	6-J	13.70	6-K	6.38
17509	6-J-J-Q-Q-K	6-Q	13.81	6-Q	6.31
17510	6-J-J-Q-Q-Q	J-J	12.28	6-J	4.16
17511	6-J-J-K-K-K	J-J	12.28	6-J	3.38
17512	6-J-K-K-K-K	6-J	16.11	6-J	8.14
17513	6-J-Q-K-K-K	6-K	13.45	6-K	6.16
17514	6-J-Q-Q-K-K	6-Q	13.57	6-K	6.14
17515	6-J-Q-Q-Q-K	6-Q	13.59	6-Q	6.09
17516	6-J-Q-Q-Q-Q	6-J	16.11	6-J	8.14
17517	6-Q-K-K-K-K	6-Q	15.98	6-Q	8.48
17518	6-Q-Q-K-K-K	Q-Q	11.75	6-Q	3.48
17519	6-Q-Q-Q-K-K	K-K	11.53	6-K	3.55
17520	6-Q-Q-Q-Q-K	6-K	15.84	6-K	8.55
17521	7-7-7-7-8-8	7-8	20.97	7-7	7.50
17522	7-7-7-7-8-9	7-7	19.92	7-9	9.16
17523	7-7-7-7-8-10	7-10	17.86	7-10	10.30
17524	7-7-7-7-8-J	7-J	18.18	7-J	9.91
17525	7-7-7-7-8-K	7-K	17.89	7-K	10.33
17526	7-7-7-7-8-Q	7-Q	17.86	7-Q	10.28
17527	7-7-7-7-9-9	9-9	18.90	9-9	7.33
17528	7-7-7-7-9-10	9-10	18.03	9-10	8.33
17529	7-7-7-7-9-J	9-J	17.70	9-J	8.79
17530	7-7-7-7-9-K	9-K	16.81	9-K	9.71
17531	7-7-7-7-9-Q	9-Q	16.73	9-Q	9.62
17532	7-7-7-7-10-10	10-10	18.49	10-10	7.64
17533	7-7-7-7-10-J	10-J	18.37	10-J	8.09
17534	7-7-7-7-10-K	10-K	16.57	10-K	9.86
17535	7-7-7-7-10-Q	10-Q	17.05	10-Q	9.14
17536	7-7-7-7-J-J	J-J	19.06	J-J	7.46
17537	7-7-7-7-J-K	J-K	17.70	J-K	8.99
17538	7-7-7-7-J-Q	J-Q	18.55	J-Q	8.27
17539	7-7-7-7-K-K	K-K	18.31	K-K	8.10
17540	7-7-7-7-Q-K	Q-K	17.20	Q-K	9.25
17541	7-7-7-7-Q-Q	Q-Q	18.53	Q-Q	8.03
17542	7-7-7-8-8-8	7-8	21.15	8-8	7.41
17543	7-7-7-8-8-9	7-8	20.47	7-9	9.27
17544	7-7-7-8-8-10	8-10	18.40	7-10	10.48
17545	7-7-7-8-8-J	7-J	18.36	7-J	10.08
17546	7-7-7-8-8-K	7-K	18.07	7-K	10.51
17547	7-7-7-8-8-Q	7-Q	18.03	7-Q	10.46
17548	7-7-7-8-9-9	9-9	19.56	7-9	8.77
17549	7-7-7-8-9-10	9-10	18.88	7-10	9.85
17550	7-7-7-8-9-J	9-J	18.55	9-J	9.64

HAND No.	SIX-CARD HAND	DISCARD (DEALER)	EXPECTED AVG. (DEALER)	DISCARD (PONE)	EXPECTED AVG. (PONE)
17551	7-7-7-8-9-K	9-K	17.66	9-K	10.56
17552	7-7-7-8-9-Q	9-Q	17.57	9-Q	10.47
17553	7-7-7-8-10-10	10-10	19.54	10-10	8.69
17554	7-7-7-8-10-J	10-J	19.41	10-J	9.14
17555	7-7-7-8-10-K	10-K	17.62	10-K	10.90
17556	7-7-7-8-10-Q	10-Q	18.09	10-Q	10.18
17557	7-7-7-8-J-J	J-J	20.10	J-J	8.50
17558	7-7-7-8-J-K	J-K	18.75	J-K	10.04
17559	7-7-7-8-J-Q	J-Q	19.59	J-Q	9.32
17560	7-7-7-8-K-K	K-K	19.36	K-K	9.14
17561	7-7-7-8-Q-K	Q-K	18.24	Q-K	10.29
17562	7-7-7-8-Q-Q	Q-Q	19.58	Q-Q	9.07
17563	7-7-7-9-9-9	7-7	13.57	9-9	1.76
17564	7-7-7-9-9-10	9-9	12.64	9-10	2.80
17565	7-7-7-9-9-J	9-9	12.88	9-J	3.27
17566	7-7-7-9-9-K	9-9	12.64	9-K	4.19
17567	7-7-7-9-9-Q	9-9	12.64	9-Q	4.10
17568	7-7-7-9-10-10	10-10	13.01	10-10	2.17
17569	7-7-7-9-10-J	10-J	12.89	10-J	2.62
17570	7-7-7-9-10-K	9-10	11.77	10-K	4.38
17571	7-7-7-9-10-Q	9-10	11.77	10-Q	3.66
17572	7-7-7-9-J-J	J-J	13.58	9-J	2.72
17573	7-7-7-9-J-K	J-K	12.22	9-K	3.69
17574	7-7-7-9-J-Q	J-Q	13.07	9-Q	3.60
17575	7-7-7-9-K-K	K-K	12.84	9-K	3.41
17576	7-7-7-9-Q-K	Q-K	11.72	Q-K	3.77
17577	7-7-7-9-Q-Q	Q-Q	13.06	9-Q	3.32
17578	7-7-7-10-10-10	7-7	12.79	10-10	1.30
17579	7-7-7-10-10-J	10-10	12.47	10-J	1.79
17580	7-7-7-10-10-K	10-10	12.23	10-K	3.55
17581	7-7-7-10-10-Q	10-10	12.23	10-Q	2.83
17582	7-7-7-10-J-J	J-J	12.80	10-J	2.03
17583	7-7-7-10-J-K	10-J	12.11	10-K	3.84
17584	7-7-7-10-J-Q	J-Q	12.29	10-Q	3.12
17585	7-7-7-10-K-K	K-K	12.05	10-K	3.55
17586	7-7-7-10-Q-K	Q-K	10.94	10-K	3.60
17587	7-7-7-10-Q-Q	Q-Q	12.27	10-Q	2.83
17588	7-7-7-J-J-J	7-7	13.50	J-J	1.35
17589	7-7-7-J-J-K	J-J	12.80	J-K	2.93
17590	7-7-7-J-J-Q	J-J	12.80	J-Q	2.21
17591	7-7-7-J-K-K	K-K	12.29	J-K	2.69
17592	7-7-7-J-Q-K	J-Q	12.29	Q-K	3.22
17593	7-7-7-J-Q-Q	Q-Q	12.51	Q-Q	2.01
17594	7-7-7-K-K-K	7-7	12.79	K-K	1.75
17595	7-7-7-Q-K-K	K-K	12.05	Q-K	2.94
17596	7-7-7-Q-Q-K	Q-Q	12.27	Q-K	2.94
17597	7-7-7-Q-Q-Q	7-7	12.79	Q-Q	1.68
17598	7-7-8-8-8-8	7-8	20.45	8-8	7.59
17599	7-7-8-8-8-9	7-8	20.30	8-9	8.67
17600	7-7-8-8-8-10	8-10	18.58	7-10	9.78

HAND No.	SIX-CARD HAND	DISCARD (DEALER)	EXPECTED AVG. (DEALER)	DISCARD (PONE)	EXPECTED AVG. (PONE)
17601	7-7-8-8-8-J	8-J	18.34	8-J	10.18
17602	7-7-8-8-8-K	8-K	17.93	8-K	10.57
17603	7-7-8-8-8-Q	8-Q	17.97	8-Q	10.46
17604	7-7-8-8-9-9	9-9	19.60	7-9	8.53
17605	7-7-8-8-9-10	9-10	18.99	7-10	9.61
17606	7-7-8-8-9-J	9-J	18.66	9-J	9.75
17607	7-7-8-8-9-K	9-K	17.77	9-K	10.67
17608	7-7-8-8-9-Q	9-Q	17.68	9-Q	10.58
17609	7-7-8-8-10-10	10-10	19.71	10-10	8.86
17610	7-7-8-8-10-J	10-J	19.58	10-J	9.31
17611	7-7-8-8-10-K	10-K	17.79	10-K	11.08
17612	7-7-8-8-10-Q	10-Q	18.27	10-Q	10.36
17613	7-7-8-8-J-J	J-J	20.28	J-J	8.68
17614	7-7-8-8-J-K	J-K	18.92	J-K	10.21
17615	7-7-8-8-J-Q	J-Q	19.77	J-Q	9.49
17616	7-7-8-8-K-K	K-K	19.53	K-K	9.32
17617	7-7-8-8-Q-K	Q-K	18.42	Q-K	10.46
17618	7-7-8-8-Q-Q	Q-Q	19.75	Q-Q	9.25
17619	7-7-8-9-9-9	9-9	19.21	9-9	7.63
17620	7-7-8-9-9-10	9-10	18.46	9-10	8.76
17621	7-7-8-9-9-J	9-J	18.18	9-J	9.27
17622	7-7-8-9-9-K	9-K	17.29	9-K	10.19
17623	7-7-8-9-9-Q	9-Q	17.20	9-Q	10.10
17624	7-7-8-9-10-10	10-10	19.06	10-10	8.21
17625	7-7-8-9-10-J	10-J	18.98	10-J	8.70
17626	7-7-8-9-10-K	10-K	17.18	10-K	10.47
17627	7-7-8-9-10-Q	10-Q	17.66	10-Q	9.75
17628	7-7-8-9-J-J	J-J	19.71	J-J	8.11
17629	7-7-8-9-J-K	J-K	18.35	J-K	9.64
17630	7-7-8-9-J-Q	J-Q	19.20	J-Q	8.92
17631	7-7-8-9-K-K	K-K	18.97	K-K	8.75
17632	7-7-8-9-Q-K	Q-K	17.85	Q-K	9.90
17633	7-7-8-9-Q-Q	Q-Q	19.19	Q-Q	8.68
17634	7-7-8-10-10-10	7-7	13.57	10-10	2.17
17635	7-7-8-10-10-J	10-10	13.17	10-J	2.66
17636	7-7-8-10-10-K	10-10	12.93	10-K	4.42
17637	7-7-8-10-10-Q	10-10	12.93	10-Q	3.70
17638	7-7-8-10-J-J	J-J	13.67	10-J	2.72
17639	7-7-8-10-J-K	10-J	12.80	10-K	4.53
17640	7-7-8-10-J-Q	J-Q	13.16	10-Q	3.81
17641	7-7-8-10-K-K	K-K	12.92	10-K	4.25
17642	7-7-8-10-Q-K	Q-K	11.81	10-K	4.29
17643	7-7-8-10-Q-Q	Q-Q	13.14	10-Q	3.53
17644	7-7-8-J-J-J	7-8	14.12	J-J	2.05
17645	7-7-8-J-J-K	J-J	13.49	J-K	3.62
17646	7-7-8-J-J-Q	J-J	13.49	J-Q	2.90
17647	7-7-8-J-K-K	K-K	12.99	J-K	3.38
17648	7-7-8-J-Q-K	J-Q	12.98	Q-K	3.92
17649	7-7-8-J-Q-Q	Q-Q	13.21	Q-Q	2.70
17650	7-7-8-K-K-K	7-8	13.41	K-K	2.45

HAND No.	SIX-CARD HAND	DISCARD (DEALER)	EXPECTED AVG. (DEALER)	DISCARD (PONE)	EXPECTED AVG. (PONE)
17651	7-7-8-Q-K-K	K-K	12.75	Q-K	3.64
17652	7-7-8-Q-Q-K	Q-Q	12.97	Q-K	3.64
17653	7-7-8-Q-Q-Q	7-8	13.41	Q-Q	2.38
17654	7-7-9-9-9-9	7-7	18.61	7-7	5.59
17655	7-7-9-9-9-10	7-7	14.44	7-10	3.39
17656	7-7-9-9-9-J	7-7	13.90	7-J	3.00
17657	7-7-9-9-9-K	7-7	12.87	7-K	3.42
17658	7-7-9-9-9-Q	7-7	12.87	7-Q	3.37
17659	7-7-9-9-10-10	7-7	13.05	10-10	0.17
17660	7-7-9-9-10-J	7-7	16.55	7-7	3.53
17661	7-7-9-9-10-K	7-7	10.09	10-K	2.38
17662	7-7-9-9-10-Q	7-7	10.27	10-Q	1.66
17663	7-7-9-9-J-J	7-7	12.48	J-J	-0.02
17664	7-7-9-9-J-K	J-K	10.22	J-K	1.51
17665	7-7-9-9-J-Q	J-Q	11.07	J-Q	0.79
17666	7-7-9-9-K-K ⊕	7-7	10.96	K-K	0.62
17667	7-7-9-9-Q-K	Q-K	9.72	Q-K	1.77
17668	7-7-9-9-Q-Q	Q-Q	11.06	Q-Q	0.55
17669	7-7-9-10-10-10	7-7	14.44	7-9	1.66
17670	7-7-9-10-10-J	7-7	16.55	7-7	3.53
17671	7-7-9-10-10-K	7-7	10.09	9-K	1.19
17672	7-7-9-10-10-Q	7-7	10.27	9-Q	1.10
17673	7-7-9-10-J-J	7-7	16.79	7-7	3.76
17674	7-7-9-10-J-K	7-7	11.22	7-K	0.99
17675	7-7-9-10-J-Q	7-7	12.59	7-Q	0.91
17676	7-7-9-10-K-K	7-7	9.57	10-K	-0.10
17677	7-7-9-10-Q-K	9-10	7.86	10-K	-0.05
17678	7-7-9-10-Q-Q	7-7	10.00	9-10	-0.20
17679	7-7-9-J-J-J	7-7	14.37	7-9	2.38
17680	7-7-9-J-J-K	7-7	10.57	9-K	1.67
17681	7-7-9-J-J-Q	7-7	10.74	9-Q	1.58
17682	7-7-9-J-K-K	7-7	10.07	9-J	0.27
17683	7-7-9-J-Q-K	7-7	11.13	9-K	-0.02
17684	7-7-9-J-Q-Q	7-7	10.50	9-J	0.27
17685	7-7-9-K-K-K	7-7	12.87	7-9	1.66
17686	7-7-9-Q-K-K	7-7	9.57	9-Q	1.10
17687	7-7-9-Q-Q-K	7-7	9.57	9-K	1.19
17688	7-7-9-Q-Q-Q	7-7	12.87	7-9	1.66
17689	7-7-10-10-10-10	7-7	18.61	7-7	5.59
17690	7-7-10-10-10-J	7-7	14.68	7-J	2.21
17691	7-7-10-10-10-K	7-7	12.87	7-K	2.64
17692	7-7-10-10-10-Q	7-7	13.66	7-Q	2.59
17693	7-7-10-10-J-J	7-7	13.53	7-7	0.50
17694	7-7-10-10-J-K	7-7	10.50	J-K	0.47
17695	7-7-10-10-J-Q	7-7	16.55	7-7	3.53
17696	7-7-10-10-K-K	7-7	10.96	K-K	-0.42
17697	7-7-10-10-Q-K	7-7	9.74	Q-K	0.72
17698	7-7-10-10-Q-Q	7-7	12.00	Q-Q	-0.49
17699	7-7-10-J-J-J	7-7	15.16	7-10	3.33
17700	7-7-10-J-J-K	7-7	10.74	10-K	1.82

HAND No.	SIX-CARD HAND	DISCARD (DEALER)	EXPECTED AVG. (DEALER)	DISCARD (PONE)	EXPECTED AVG. (PONE)
17701	7-7-10-J-J-Q	7-7	16.79	7-7	3.76
17702	7-7-10-J-K-K	7-7	10.24	10-K	-0.12
17703	7-7-10-J-Q-K	7-7	12.50	7-K	0.88
17704	7-7-10-J-Q-Q	7-7	16.55	7-7	3.53
17705	7-7-10-K-K-K	7-7	12.87	7-10	2.61
17706	7-7-10-Q-K-K	7-7	9.74	10-Q	0.62
17707	7-7-10-Q-Q-K	7-7	9.74	10-K	1.34
17708	7-7-10-Q-Q-Q	7-7	13.66	7-10	2.61
17709	7-7-J-J-J-J	7-7	19.57	7-7	6.55
17710	7-7-J-J-J-K	7-7	14.37	7-K	3.36
17711	7-7-J-J-J-Q	7-7	15.16	7-Q	3.31
17712	7-7-J-J-K-K	7-7	12.48	K-K	0.06
17713	7-7-J-J-Q-K	7-7	16.61	7-7	3.59
17714	7-7-J-J-Q-Q	7-7	13.53	7-7	0.50
17715	7-7-J-K-K-K	7-7	13.90	7-J	2.21
17716	7-7-J-Q-K-K	7-7	16.37	7-7	3.35
17717	7-7-J-Q-Q-K	7-7	16.37	7-7	3.35
17718	7-7-J-Q-Q-Q	7-7	14.68	7-J	2.21
17719	7-7-K-K-K-K	7-7	18.61	7-7	5.59
17720	7-7-Q-K-K-K	7-7	13.66	7-Q	2.59
17721	7-7-Q-Q-K-K	7-7	12.00	K-K	-0.42
17722	7-7-Q-Q-Q-K	7-7	13.66	7-K	2.64
17723	7-7-Q-Q-Q-Q	7-7	18.61	7-7	5.59
17724	7-8-8-8-8-9	8-8	19.27	8-9	8.04
17725	7-8-8-8-8-10	8-10	17.88	8-10	8.93
17726	7-8-8-8-8-J	8-J	17.65	8-J	9.48
17727	7-8-8-8-8-K	8-K	17.24	8-K	9.87
17728	7-8-8-8-8-Q	8-Q	17.27	8-Q	9.76
17729	7-8-8-8-9-9	9-9	19.03	8-9	8.00
17730	7-8-8-8-9-10	9-10	18.36	8-10	8.83
17731	7-8-8-8-9-J	9-J	18.03	8-J	9.42
17732	7-8-8-8-9-K	8-K	17.17	9-K	10.04
17733	7-8-8-8-9-Q	8-Q	17.21	9-Q	9.95
17734	7-8-8-8-10-10	10-10	19.01	10-10	8.17
17735	7-8-8-8-10-J	10-J	18.89	10-J	8.62
17736	7-8-8-8-10-K	10-K	17.10	10-K	10.38
17737	7-8-8-8-10-Q	10-Q	17.57	10-Q	9.66
17738	7-8-8-8-J-J	J-J	19.58	J-J	7.98
17739	7-8-8-8-J-K	J-K	18.22	J-K	9.51
17740	7-8-8-8-J-Q	J-Q	19.07	J-Q	8.79
17741	7-8-8-8-K-K	K-K	18.84	K-K	8.62
17742	7-8-8-8-Q-K	Q-K	17.72	Q-K	9.77
17743	7-8-8-8-Q-Q	Q-Q	19.06	Q-Q	8.55
17744	7-8-8-9-9-9	9-9	19.03	9-9	7.46
17745	7-8-8-9-9-10	9-10	18.29	9-10	8.59
17746	7-8-8-9-9-J	9-J	18.01	9-J	9.09
17747	7-8-8-9-9-K	9-K	17.11	9-K	10.02
17748	7-8-8-9-9-Q	9-Q	17.03	9-Q	9.93
17749	7-8-8-9-10-10	10-10	18.88	10-10	8.04
17750	7-8-8-9-10-J	10-J	18.80	10-J	8.53

HAND No.	SIX-CARD HAND	DISCARD (DEALER)	EXPECTED AVG. (DEALER)	DISCARD (PONE)	EXPECTED AVG. (PONE)
17751	7-8-8-9-10-K	10-K	17.01	10-K	10.29
17752	7-8-8-9-10-Q	10-Q	17.48	10-Q	9.57
17753	7-8-8-9-J-J	J-J	19.54	J-J	7.94
17754	7-8-8-9-J-K	J-K	18.18	J-K	9.47
17755	7-8-8-9-J-Q	J-Q	19.03	J-Q	8.75
17756	7-8-8-9-K-K	K-K	18.79	K-K	8.58
17757	7-8-8-9-Q-K	Q-K	17.68	Q-K	9.72
17758	7-8-8-9-Q-Q	Q-Q	19.01	Q-Q	8.51
17759	7-8-8-10-10-10	7-8	14.19	10-10	1.99
17760	7-8-8-10-10-J	10-10	12.99	10-J	2.49
17761	7-8-8-10-10-K	10-10	12.75	10-K	4.25
17762	7-8-8-10-10-Q	10-10	12.75	10-Q	3.53
17763	7-8-8-10-J-J	J-J	13.49	10-J	2.55
17764	7-8-8-10-J-K	10-J	12.63	10-K	4.36
17765	7-8-8-10-J-Q	J-Q	12.98	10-Q	3.64
17766	7-8-8-10-K-K	K-K	12.75	10-K	4.08
17767	7-8-8-10-Q-K	Q-K	11.63	10-K	4.12
17768	7-8-8-10-Q-Q	Q-Q	12.97	10-Q	3.36
17769	7-8-8-J-J-J	7-8	14.12	J-J	1.87
17770	7-8-8-J-J-K	J-J	13.32	J-K	3.45
17771	7-8-8-J-J-Q	J-J	13.32	J-Q	2.73
17772	7-8-8-J-K-K	K-K	12.81	J-K	3.21
17773	7-8-8-J-Q-K	J-Q	12.81	Q-K	3.75
17774	7-8-8-J-Q-Q	Q-Q	13.03	Q-Q	2.53
17775	7-8-8-K-K-K	7-8	13.41	K-K	2.27
17776	7-8-8-Q-K-K	K-K	12.58	Q-K	3.46
17777	7-8-8-Q-Q-K	Q-Q	12.80	Q-K	3.46
17778	7-8-8-Q-Q-Q	7-8	13.41	Q-Q	2.20
17779	7-8-9-9-9-9	7-8	19.23	9-9	5.59
17780	7-8-9-9-9-10	9-10	16.40	9-10	6.70
17781	7-8-9-9-9-J	9-J	16.12	9-J	7.20
17782	7-8-9-9-9-K	9-K	15.22	9-K	8.13
17783	7-8-9-9-9-Q	9-Q	15.14	9-Q	8.03
17784	7-8-9-9-10-10	10-10	16.97	10-10	6.12
17785	7-8-9-9-10-J	7-8	17.12	10-J	6.62
17786	7-8-9-9-10-K	10-K	15.10	10-K	8.38
17787	7-8-9-9-10-Q	10-Q	15.57	10-Q	7.66
17788	7-8-9-9-J-J	J-J	17.62	J-J	6.02
17789	7-8-9-9-J-K	J-K	16.27	J-K	7.56
17790	7-8-9-9-J-Q	J-Q	17.11	J-Q	6.84
17791	7-8-9-9-K-K	K-K	16.88	K-K	6.66
17792	7-8-9-9-Q-K	Q-K	15.76	Q-K	7.81
17793	7-8-9-9-Q-Q	Q-Q	17.10	Q-Q	6.59
17794	7-8-9-10-10-10	7-8	14.86	7-10	5.85
17795	7-8-9-10-10-J	7-8	17.12	7-J	5.56
17796	7-8-9-10-10-K	7-K	13.59	7-K	6.03
17797	7-8-9-10-10-Q	7-Q	13.55	7-Q	5.98
17798	7-8-9-10-J-J	7-8	17.36	7-8	3.33
17799	7-8-9-10-J-K	J-K	12.29	J-K	3.58
17800	7-8-9-10-J-Q ⊕	7-8	13.19	J-Q	2.86

HAND No.	SIX-CARD HAND	DISCARD (DEALER)	EXPECTED AVG. (DEALER)	DISCARD (PONE)	EXPECTED AVG. (PONE)
17801	7-8-9-10-K-K	K-K	12.92	10-K	2.95
17802	7-8-9-10-Q-K	Q-K	11.81	Q-K	3.86
17803	7-8-9-10-Q-Q	Q-Q	13.14	Q-Q	2.64
17804	7-8-9-J-J-J	7-8	14.99	7-9	2.38
17805	7-8-9-J-J-K	J-J	12.21	J-K	2.43
17806	7-8-9-J-J-Q	J-J	12.21	9-Q	1.86
17807	7-8-9-J-K-K	K-K	11.79	J-K	2.10
17808	7-8-9-J-Q-K ♣♦	7-8	11.75	Q-K	2.72
17809	7-8-9-J-Q-Q	Q-Q	12.01	Q-Q	1.51
17810	7-8-9-K-K-K	7-8	13.49	7-9	1.66
17811	7-8-9-Q-K-K	K-K	11.47	Q-K	2.36
17812	7-8-9-Q-Q-K	Q-Q	11.69	Q-K	2.36
17813	7-8-9-Q-Q-Q	7-8	13.49	7-9	1.66
17814	7-8-10-10-10-10	7-8	19.23	7-8	5.20
17815	7-8-10-10-10-J	7-8	15.30	7-J	3.00
17816	7-8-10-10-10-K	7-8	13.49	7-K	3.42
17817	7-8-10-10-10-Q	7-8	14.28	7-Q	3.37
17818	7-8-10-10-J-J	7-8	14.15	7-10	0.43
17819	7-8-10-10-J-K	7-8	11.12	J-K	1.25
17820	7-8-10-10-J-Q	7-8	17.17	7-8	3.14
17821	7-8-10-10-K-K	7-8	11.58	K-K	0.36
17822	7-8-10-10-Q-K	7-8	10.36	Q-K	1.51
17823	7-8-10-10-Q-Q	7-8	12.62	Q-Q	0.29
17824	7-8-10-J-J-J	7-8	15.78	7-10	3.33
17825	7-8-10-J-J-K	7-8	11.36	10-K	2.16
17826	7-8-10-J-J-Q	7-8	17.41	7-8	3.37
17827	7-8-10-J-K-K	7-8	10.86	10-K	0.23
17828	7-8-10-J-Q-K	7-8	13.12	7-K	0.96
17829	7-8-10-J-Q-Q	7-8	17.17	7-8	3.14
17830	7-8-10-K-K-K	7-8	13.49	7-10	2.61
17831	7-8-10-Q-K-K	7-8	10.36	10-Q	0.97
17832	7-8-10-Q-Q-K	7-8	10.36	10-K	1.69
17833	7-8-10-Q-Q-Q	7-8	14.28	7-10	2.61
17834	7-8-J-J-J-J	7-8	20.19	7-8	6.16
17835	7-8-J-J-J-K	7-8	14.99	8-K	3.42
17836	7-8-J-J-J-Q	7-8	15.78	8-Q	3.31
17837	7-8-J-J-K-K	7-8	13.10	K-K	0.40
17838	7-8-J-J-Q-K	7-8	17.23	7-8	3.20
17839	7-8-J-J-Q-Q	7-8	14.15	Q-Q	0.33
17840	7-8-J-K-K-K	7-8	14.52	8-J	2.31
17841	7-8-J-Q-K-K	7-8	16.99	7-8	2.96
17842	7-8-J-Q-Q-K	7-8	16.99	7-8	2.96
17843	7-8-J-Q-Q-Q	7-8	15.30	8-J	2.31
17844	7-8-K-K-K-K	7-8	19.23	7-8	5.20
17845	7-8-Q-K-K-K	7-8	14.28	8-Q	2.59
17846	7-8-Q-Q-K-K	7-8	12.62	K-K	-0.07
17847	7-8-Q-Q-Q-K	7-8	14.28	8-K	2.70
17848	7-8-Q-Q-Q-Q	7-8	19.23	7-8	5.20
17849	7-9-9-9-9-10	7-10	15.95	7-10	8.39
17850	7-9-9-9-9-J	7-J	16.27	7-J	8.00

HAND No.	SIX-CARD HAND	DISCARD (DEALER)	EXPECTED AVG. (DEALER)	DISCARD (PONE)	EXPECTED AVG. (PONE)
17851	7-9-9-9-9-K	7-K	15.98	7-K	8.42
17852	7-9-9-9-9-Q	7-Q	15.94	7-Q	8.37
17853	7-9-9-9-10-10	10-10	12.49	7-10	4.17
17854	7-9-9-9-10-J	7-9	14.52	7-9	5.22
17855	7-9-9-9-10-K	7-K	11.81	7-K	4.25
17856	7-9-9-9-10-Q	7-Q	11.77	7-Q	4.20
17857	7-9-9-9-J-J	J-J	13.06	7-J	3.23
17858	7-9-9-9-J-K	J-K	11.70	7-K	3.70
17859	7-9-9-9-J-Q	J-Q	12.55	7-Q	3.65
17860	7-9-9-9-K-K	K-K	12.31	7-K	2.64
17861	7-9-9-9-Q-K	Q-K	11.20	Q-K	3.25
17862	7-9-9-9-Q-Q	Q-Q	12.53	7-Q	2.59
17863	7-9-9-10-10-10	7-9	12.52	7-9	3.22
17864	7-9-9-10-10-J	7-9	14.50	7-10	6.15
17865	7-9-9-10-10-K	7-K	10.42	7-K	2.86
17866	7-9-9-10-10-Q	7-Q	10.38	7-Q	2.81
17867	7-9-9-10-J-J	7-9	14.74	7-J	5.76
17868	7-9-9-10-J-K	7-K	13.92	7-K	6.36
17869	7-9-9-10-J-Q	7-Q	13.83	7-Q	6.26
17870	7-9-9-10-K-K	K-K	8.92	7-10	0.74
17871	7-9-9-10-Q-K	Q-K	7.81	7-K	0.07
17872	7-9-9-10-Q-Q	Q-Q	9.14	7-10	0.74
17873	7-9-9-J-J-J	9-9	12.84	7-9	3.16
17874	7-9-9-J-J-K	7-K	9.85	7-K	2.29
17875	7-9-9-J-J-Q	9-9	9.82	7-Q	2.24
17876	7-9-9-J-K-K	9-9	9.06	7-J	0.34
17877	7-9-9-J-Q-K	9-9	10.30	7-K	-0.01
17878	7-9-9-J-Q-Q	9-9	9.58	7-J	0.34
17879	7-9-9-K-K-K	9-9	12.12	7-9	1.66
17880	7-9-9-Q-K-K	9-9	8.82	7-Q	0.72
17881	7-9-9-Q-Q-K	9-9	8.82	7-K	0.77
17882	7-9-9-Q-Q-Q	9-9	12.12	7-9	1.66
17883	7-9-10-10-10-10	7-9	16.74	7-9	7.44
17884	7-9-10-10-10-J	7-10	13.73	7-10	6.17
17885	7-9-10-10-10-K	7-K	11.81	7-K	4.25
17886	7-9-10-10-10-Q	7-9	11.78	7-Q	4.20
17887	7-9-10-10-J-J	7-J	14.03	7-10	6.39
17888	7-9-10-10-J-K	7-K	13.92	7-K	6.36
17889	7-9-10-10-J-Q	7-9	14.63	7-Q	6.26
17890	7-9-10-10-K-K	7-9	9.08	7-K	-0.14
17891	7-9-10-10-Q-K	7-9	7.87	7-K	0.07
17892	7-9-10-10-Q-Q	7-9	10.13	7-9	0.83
17893	7-9-10-J-J-J	7-J	14.29	7-J	6.02
17894	7-9-10-J-J-K	7-K	14.15	7-K	6.59
17895	7-9-10-J-J-Q	7-9	14.87	7-Q	6.50
17896	7-9-10-J-K-K	K-K	9.88	7-K	0.99
17897	7-9-10-J-Q-K	7-9	10.61	7-K	2.38
17898	7-9-10-J-Q-Q	7-9	14.63	7-9	5.33
17899	7-9-10-K-K-K	9-10	11.25	7-10	2.65
17900	7-9-10-Q-K-K	9-10	7.94	7-10	-0.65

HAND No.	SIX-CARD HAND	DISCARD (DEALER)	EXPECTED AVG. (DEALER)	DISCARD (PONE)	EXPECTED AVG. (PONE)
17901	7-9-10-Q-Q-K	9-10	7.94	7-K	-0.19
17902	7-9-10-Q-Q-Q	7-9	11.78	7-10	2.65
17903	7-9-J-J-J-J	7-9	17.69	7-9	8.40
17904	7-9-J-J-J-K	7-9	12.50	7-K	4.18
17905	7-9-J-J-J-Q	7-9	13.28	7-Q	4.13
17906	7-9-J-J-K-K	7-9	10.61	7-9	1.31
17907	7-9-J-J-Q-K	7-9	14.74	7-9	5.44
17908	7-9-J-J-Q-Q	7-9	11.65	7-9	2.35
17909	7-9-J-K-K-K	7-9	12.02	7-9	2.72
17910	7-9-J-Q-K-K	7-9	14.50	7-9	5.20
17911	7-9-J-Q-Q-K	7-9	14.50	7-9	5.20
17912	7-9-J-Q-Q-Q	7-9	12.80	7-9	3.51
17913	7-9-K-K-K-K	7-9	16.74	7-9	7.44
17914	7-9-Q-K-K-K	7-9	11.78	9-Q	2.84
17915	7-9-Q-Q-K-K	7-9	10.13	7-9	0.83
17916	7-9-Q-Q-Q-K	7-9	11.78	9-K	2.93
17917	7-9-Q-Q-Q-Q	7-9	16.74	7-9	7.44
17918	7-10-10-10-10-J	7-J	16.27	7-J	8.00
17919	7-10-10-10-10-K	7-K	15.98	7-K	8.42
17920	7-10-10-10-10-Q	7-Q	15.94	7-Q	8.37
17921	7-10-10-10-J-J	7-J	12.29	7-J	4.02
17922	7-10-10-10-J-K	7-K	12.05	7-K	4.49
17923	7-10-10-10-J-Q	7-10	13.73	7-10	6.17
17924	7-10-10-10-K-K	K-K	11.53	7-K	2.64
17925	7-10-10-10-Q-K	7-K	11.02	7-K	3.46
17926	7-10-10-10-Q-Q	Q-Q	11.75	7-Q	3.37
17927	7-10-10-J-J-J	7-10	12.45	7-10	4.89
17928	7-10-10-J-J-K	7-K	10.89	7-K	3.33
17929	7-10-10-J-J-Q	7-J	14.03	7-10	6.39
17930	7-10-10-J-K-K	K-K	8.99	7-J	0.34
17931	7-10-10-J-Q-K	7-K	13.87	7-K	6.31
17932	7-10-10-J-Q-Q	7-10	13.71	7-10	6.15
17933	7-10-10-K-K-K	10-10	11.71	7-10	2.61
17934	7-10-10-Q-K-K	10-10	8.40	7-Q	0.72
17935	7-10-10-Q-Q-K	7-K	9.37	7-K	1.81
17936	7-10-10-Q-Q-Q	10-10	11.71	7-10	3.39
17937	7-10-J-J-J-J	7-10	16.91	7-10	9.35
17938	7-10-J-J-J-K	7-K	12.52	7-K	4.96
17939	7-10-J-J-J-Q	7-J	14.29	7-J	6.02
17940	7-10-J-J-K-K	7-10	9.82	7-10	2.26
17941	7-10-J-J-Q-K	7-K	14.11	7-K	6.55
17942	7-10-J-J-Q-Q	7-J	14.03	7-Q	6.37
17943	7-10-J-K-K-K	10-J	11.58	7-10	3.67
17944	7-10-J-Q-K-K	7-10	13.67	7-10	6.11
17945	7-10-J-Q-Q-K	7-K	13.87	7-K	6.31
17946	7-10-J-Q-Q-Q	7-Q	13.73	7-Q	6.15
17947	7-10-K-K-K-K	7-10	15.95	7-10	8.39
17948	7-10-Q-K-K-K	7-10	10.99	7-10	3.43
17949	7-10-Q-Q-K-K	7-10	9.34	7-10	1.78
17950	7-10-Q-Q-Q-K	7-K	11.02	7-K	3.46

HAND No.	SIX-CARD HAND	DISCARD (DEALER)	EXPECTED AVG. (DEALER)	DISCARD (PONE)	EXPECTED AVG. (PONE)
17951	7-10-Q-Q-Q-Q	7-10	15.95	7-10	8.39
17952	7-J-J-J-J-K	7-K	16.94	7-K	9.38
17953	7-J-J-J-J-Q	7-Q	16.90	7-Q	9.33
17954	7-J-J-J-Q-K	7-J	14.12	7-J	5.84
17955	7-J-J-J-Q-Q	Q-Q	12.47	7-Q	4.87
17956	7-J-J-J-K-K	K-K	12.25	7-K	4.14
17957	7-J-J-Q-K-K	7-J	13.86	7-K	6.25
17958	7-J-J-Q-Q-K	7-J	13.86	7-Q	6.20
17959	7-J-J-Q-Q-Q	7-J	12.29	7-J	4.02
17960	7-J-J-K-K-K	J-J	12.28	7-J	3.23
17961	7-J-K-K-K-K	7-J	16.27	7-J	8.00
17962	7-J-Q-K-K-K	7-K	13.59	7-K	6.03
17963	7-J-Q-Q-K-K	7-K	13.57	7-K	6.01
17964	7-J-Q-Q-Q-K	7-Q	13.55	7-Q	5.98
17965	7-J-Q-Q-Q-Q	7-J	16.27	7-J	8.00
17966	7-Q-K-K-K-K	7-Q	15.94	7-Q	8.37
17967	7-Q-Q-K-K-K	Q-Q	11.75	7-Q	3.37
17968	7-Q-Q-Q-K-K	K-K	11.53	7-K	3.42
17969	7-Q-Q-Q-Q-K	7-K	15.98	7-K	8.42
17970	8-8-8-8-9-9	9-9	17.86	9-9	6.28
17971	8-8-8-8-9-10	9-10	16.99	9-10	7.28
17972	8-8-8-8-9-J	9-J	16.66	9-J	7.75
17973	8-8-8-8-9-K	9-K	15.77	9-K	8.67
17974	8-8-8-8-9-Q	9-Q	15.68	9-Q	8.58
17975	8-8-8-8-10-10	10-10	17.45	10-10	6.60
17976	8-8-8-8-10-J	10-J	17.32	10-J	7.05
17977	8-8-8-8-10-K	10-K	15.53	10-K	8.82
17978	8-8-8-8-10-Q	10-Q	16.01	10-Q	8.10
17979	8-8-8-8-J-J	J-J	18.02	J-J	6.42
17980	8-8-8-8-J-K	J-K	16.66	J-K	7.95
17981	8-8-8-8-J-Q	J-Q	17.51	J-Q	7.23
17982	8-8-8-8-K-K	K-K	17.27	K-K	7.06
17983	8-8-8-8-Q-K	Q-K	16.16	Q-K	8.20
17984	8-8-8-8-Q-Q	Q-Q	17.49	Q-Q	6.99
17985	8-8-8-9-9-9	8-8	13.88	9-9	2.02
17986	8-8-8-9-9-10	8-8	15.49	8-9	4.22
17987	8-8-8-9-9-J	9-J	12.44	9-J	3.53
17988	8-8-8-9-9-K	9-9	12.12	9-K	4.45
17989	8-8-8-9-9-Q	9-9	12.12	9-Q	4.36
17990	8-8-8-9-10-10	8-8	15.49	8-10	4.91
17991	8-8-8-9-10-J	8-J	13.76	8-J	5.59
17992	8-8-8-9-10-K	8-K	13.39	8-K	6.02
17993	8-8-8-9-10-Q	8-Q	13.42	8-Q	5.92
17994	8-8-8-9-J-J	J-J	13.84	J-J	2.24
17995	8-8-8-9-J-K	J-K	12.48	J-K	3.77
17996	8-8-8-9-J-Q	J-Q	13.33	9-Q	3.08
17997	8-8-8-9-K-K	K-K	13.10	9-K	2.89
17998	8-8-8-9-Q-K	Q-K	11.98	Q-K	4.03
17999	8-8-8-9-Q-Q	Q-Q	13.32	Q-Q	2.81
18000	8-8-8-10-10-10	8-8	13.09	10-10	1.56

HAND No.	SIX-CARD HAND	DISCARD (DEALER)	EXPECTED AVG. (DEALER)	DISCARD (PONE)	EXPECTED AVG. (PONE)
18001	8-8-8-10-10-J	10-J	12.32	10-J	2.05
18002	8-8-8-10-10-K	10-10	11.71	10-K	3.82
18003	8-8-8-10-10-Q	10-10	11.71	10-Q	3.10
18004	8-8-8-10-J-J	J-J	13.06	10-J	1.51
18005	8-8-8-10-J-K	J-K	11.70	10-K	3.32
18006	8-8-8-10-J-Q	J-Q	12.55	10-Q	2.60
18007	8-8-8-10-K-K	K-K	12.31	10-K	3.03
18008	8-8-8-10-Q-K	Q-K	11.20	Q-K	3.25
18009	8-8-8-10-Q-Q	Q-Q	12.53	10-Q	2.31
18010	8-8-8-J-J-J	8-8	13.03	J-J	0.83
18011	8-8-8-J-J-K	J-J	12.28	J-K	2.40
18012	8-8-8-J-J-Q	J-J	12.28	J-Q	1.68
18013	8-8-8-J-K-K	K-K	11.77	J-K	2.17
18014	8-8-8-J-Q-K	J-Q	11.77	Q-K	2.70
18015	8-8-8-J-Q-Q	Q-Q	11.99	Q-Q	1.49
18016	8-8-8-K-K-K	8-8	12.31	K-K	1.23
18017	8-8-8-Q-K-K	K-K	11.53	Q-K	2.42
18018	8-8-8-Q-Q-K	Q-Q	11.75	Q-K	2.42
18019	8-8-8-Q-Q-Q	8-8	12.31	Q-Q	1.16
18020	8-8-9-9-9-9	8-8	18.14	8-8	5.67
18021	8-8-9-9-9-10	9-9	15.21	8-9	4.22
18022	8-8-9-9-9-J	8-8	13.42	8-J	3.87
18023	8-8-9-9-9-K	8-8	12.40	8-K	4.26
18024	8-8-9-9-9-Q	8-8	12.40	8-Q	4.16
18025	8-8-9-9-10-10	8-9	14.75	8-10	4.89
18026	8-8-9-9-10-J	8-8	15.99	8-J	5.57
18027	8-8-9-9-10-K	8-K	13.37	9-K	6.19
18028	8-8-9-9-10-Q	8-Q	13.40	9-Q	6.10
18029	8-8-9-9-J-J	J-J	12.45	J-J	0.85
18030	8-8-9-9-J-K	J-K	11.09	J-K	2.38
18031	8-8-9-9-J-Q	J-Q	11.94	J-Q	1.66
18032	8-8-9-9-K-K	K-K	11.71	K-K	1.49
18033	8-8-9-9-Q-K	Q-K	10.59	Q-K	2.64
18034	8-8-9-9-Q-Q	Q-Q	11.93	Q-Q	1.42
18035	8-8-9-10-10-10	10-10	14.80	8-10	4.91
18036	8-8-9-10-10-J	8-8	15.99	8-J	5.57
18037	8-8-9-10-10-K	8-K	13.37	10-K	6.34
18038	8-8-9-10-10-Q	10-Q	13.53	8-Q	5.89
18039	8-8-9-10-J-J	8-8	16.23	J-J	4.02
18040	8-8-9-10-J-K	J-K	14.31	J-K	5.60
18041	8-8-9-10-J-Q	J-Q	15.16	J-Q	4.88
18042	8-8-9-10-K-K	K-K	14.97	K-K	4.75
18043	8-8-9-10-Q-K	Q-K	13.85	Q-K	5.90
18044	8-8-9-10-Q-Q	Q-Q	15.19	Q-Q	4.68
18045	8-8-9-J-J-J	8-8	13.90	8-9	1.78
18046	8-8-9-J-J-K	8-8	10.09	9-K	1.50
18047	8-8-9-J-J-Q	8-8	10.27	9-Q	1.40
18048	8-8-9-J-K-K	8-8	9.59	9-J	0.09
18049	8-8-9-J-Q-K	8-8	10.66	Q-K	0.09
18050	8-8-9-J-Q-Q	8-8	10.03	9-J	0.09

HAND No.	SIX-CARD HAND	DISCARD (DEALER)	EXPECTED AVG. (DEALER)	DISCARD (PONE)	EXPECTED AVG. (PONE)
18051	8-8-9-K-K-K	8-8	12.40	8-9	1.07
18052	8-8-9-Q-K-K	8-8	9.09	9-Q	0.93
18053	8-8-9-Q-Q-K	8-8	9.09	9-K	1.02
18054	8-8-9-Q-Q-Q	8-8	12.40	8-9	1.07
18055	8-8-10-10-10-10	8-8	18.14	8-8	5.67
18056	8-8-10-10-10-J	8-8	14.20	8-J	3.09
18057	8-8-10-10-10-K	8-8	12.40	8-K	3.48
18058	8-8-10-10-10-Q	8-8	13.18	8-Q	3.37
18059	8-8-10-10-J-J	8-8	13.05	8-8	0.59
18060	8-8-10-10-J-K	J-K	10.05	J-K	1.34
18061	8-8-10-10-J-Q	8-8	16.07	8-8	3.61
18062	8-8-10-10-K-K	K-K	10.66	K-K	0.45
18063	8-8-10-10-Q-K	Q-K	9.55	Q-K	1.59
18064	8-8-10-10-Q-Q	8-8	11.53	Q-Q	0.38
18065	8-8-10-J-J-J	8-8	14.68	8-10	2.48
18066	8-8-10-J-J-K	8-8	10.27	10-K	1.64
18067	8-8-10-J-J-Q	8-8	16.31	8-8	3.85
18068	8-8-10-J-K-K	8-8	9.77	10-K	-0.29
18069	8-8-10-J-Q-K	8-8	12.03	8-K	1.02
18070	8-8-10-J-Q-Q	8-8	16.07	8-8	3.61
18071	8-8-10-K-K-K	8-8	12.40	8-10	1.76
18072	8-8-10-Q-K-K	8-8	9.27	10-Q	0.44
18073	8-8-10-Q-Q-K	8-8	9.27	10-K	1.16
18074	8-8-10-Q-Q-Q	8-8	13.18	8-10	1.76
18075	8-8-J-J-J-J	8-8	19.09	8-8	6.63
18076	8-8-J-J-J-K	8-8	13.90	8-K	3.42
18077	8-8-J-J-J-Q	8-8	14.68	8-Q	3.31
18078	8-8-J-J-K-K	8-8	12.01	K-K	-0.12
18079	8-8-J-J-Q-K	8-8	16.14	8-8	3.67
18080	8-8-J-J-Q-Q	8-8	13.05	8-8	0.59
18081	8-8-J-K-K-K	8-8	13.42	8-J	2.31
18082	8-8-J-Q-K-K	8-8	15.90	8-8	3.43
18083	8-8-J-Q-Q-K	8-8	15.90	8-8	3.43
18084	8-8-J-Q-Q-Q	8-8	14.20	8-J	2.31
18085	8-8-K-K-K-K	8-8	18.14	8-8	5.67
18086	8-8-Q-K-K-K	8-8	13.18	8-Q	2.59
18087	8-8-Q-Q-K-K	8-8	11.53	K-K	-0.60
18088	8-8-Q-Q-Q-K	8-8	13.18	8-K	2.70
18089	8-8-Q-Q-Q-Q	8-8	18.14	8-8	5.67
18090	8-9-9-9-9-10	8-10	16.49	8-10	7.54
18091	8-9-9-9-9-J	8-J	16.26	8-J	8.09
18092	8-9-9-9-9-K	8-K	15.85	8-K	8.48
18093	8-9-9-9-9-Q	8-Q	15.88	8-Q	8.37
18094	8-9-9-9-10-10	9-9	15.21	9-10	4.65
18095	8-9-9-9-10-J	8-9	15.14	9-J	5.25
18096	8-9-9-9-10-K	9-K	13.31	9-K	6.21
18097	8-9-9-9-10-Q	9-Q	13.23	9-Q	6.12
18098	8-9-9-9-J-J	J-J	13.84	8-J	3.33
18099	8-9-9-9-J-K	J-K	12.48	J-K	3.77
18100	8-9-9-9-J-Q	J-Q	13.33	8-Q	3.66

HAND No.	SIX-CARD HAND	DISCARD (DEALER)	EXPECTED AVG. (DEALER)	DISCARD (PONE)	EXPECTED AVG. (PONE)
18101	8-9-9-9-K-K	K-K	13.10	K-K	2.88
18102	8-9-9-9-Q-K	Q-K	11.98	Q-K	4.03
18103	8-9-9-9-Q-Q	Q-Q	13.32	Q-Q	2.81
18104	8-9-9-10-10-10	10-10	14.80	9-10	4.65
18105	8-9-9-10-10-J	8-9	15.12	8-10	5.26
18106	8-9-9-10-10-K	9-K	13.29	10-K	6.34
18107	8-9-9-10-10-Q	10-Q	13.53	9-Q	6.10
18108	8-9-9-10-J-J	J-J	15.62	8-J	5.81
18109	8-9-9-10-J-K	J-K	14.31	8-K	6.37
18110	8-9-9-10-J-Q	J-Q	15.16	8-Q	6.22
18111	8-9-9-10-K-K	K-K	14.97	K-K	4.75
18112	8-9-9-10-Q-K	Q-K	13.85	Q-K	5.90
18113	8-9-9-10-Q-Q	Q-Q	15.19	Q-Q	4.68
18114	8-9-9-J-J-J	8-9	13.12	8-9	2.57
18115	8-9-9-J-J-K	8-K	9.72	8-K	2.35
18116	8-9-9-J-J-Q	9-9	9.82	8-Q	2.24
18117	8-9-9-J-K-K	K-K	9.16	8-J	0.44
18118	8-9-9-J-Q-K	9-9	10.30	Q-K	0.09
18119	8-9-9-J-Q-Q	9-9	9.58	8-J	0.44
18120	8-9-9-K-K-K	9-9	12.12	8-9	1.07
18121	8-9-9-Q-K-K	9-9	8.82	8-Q	0.72
18122	8-9-9-Q-Q-K	Q-Q	8.97	8-K	0.83
18123	8-9-9-Q-Q-Q	9-9	12.12	8-9	1.07
18124	8-9-10-10-10-10	8-9	17.40	8-9	6.85
18125	8-9-10-10-10-J	10-J	14.82	8-10	5.28
18126	8-9-10-10-10-K	10-K	13.07	10-K	6.36
18127	8-9-10-10-10-Q	10-Q	13.55	10-Q	5.64
18128	8-9-10-10-J-J	J-J	15.62	8-J	5.81
18129	8-9-10-10-J-K	J-K	14.31	8-K	6.37
18130	8-9-10-10-J-Q	8-9	15.29	8-Q	6.22
18131	8-9-10-10-K-K	K-K	14.97	K-K	4.75
18132	8-9-10-10-Q-K	Q-K	13.85	Q-K	5.90
18133	8-9-10-10-Q-Q	Q-Q	15.19	Q-Q	4.68
18134	8-9-10-J-J-J	8-J	14.23	8-J	6.07
18135	8-9-10-J-J-K	8-K	13.98	8-K	6.61
18136	8-9-10-J-J-Q	8-9	15.53	8-Q	6.46
18137	8-9-10-J-K-K	K-K	11.25	K-K	1.03
18138	8-9-10-J-Q-K	8-9	11.27	8-K	2.42
18139	8-9-10-J-Q-Q	8-9	15.29	8-9	4.74
18140	8-9-10-K-K-K	8-9	11.66	8-10	1.80
18141	8-9-10-Q-K-K	K-K	9.64	Q-K	0.44
18142	8-9-10-Q-Q-K	Q-Q	9.77	Q-K	0.53
18143	8-9-10-Q-Q-Q	8-9	12.45	8-9	1.89
18144	8-9-J-J-J-J	8-9	18.36	8-9	7.80
18145	8-9-J-J-J-K	8-9	13.16	8-K	4.24
18146	8-9-J-J-J-Q	8-9	13.95	8-Q	4.13
18147	8-9-J-J-K-K	8-9	11.27	8-9	0.72
18148	8-9-J-J-Q-K	8-9	15.40	8-9	4.85
18149	8-9-J-J-Q-Q	8-9	12.32	8-9	1.76
18150	8-9-J-K-K-K	8-9	12.69	8-J	2.35

HAND No.	SIX-CARD HAND	DISCARD (DEALER)	EXPECTED AVG. (DEALER)	DISCARD (PONE)	EXPECTED AVG. (PONE)
18151	8-9-J-Q-K-K	8-9	15.16	8-9	4.61
18152	8-9-J-Q-Q-K	8-9	15.16	8-9	4.61
18153	8-9-J-Q-Q-Q	8-9	13.47	8-9	2.91
18154	8-9-K-K-K-K	8-9	17.40	8-9	6.85
18155	8-9-Q-K-K-K	8-9	12.45	9-Q	2.84
18156	8-9-Q-Q-K-K	8-9	10.79	8-9	0.24
18157	8-9-Q-Q-Q-K	8-9	12.45	9-K	2.93
18158	8-9-Q-Q-Q-Q	8-9	17.40	8-9	6.85
18159	8-10-10-10-10-J	8-J	16.26	8-J	8.09
18160	8-10-10-10-10-K	8-K	15.85	8-K	8.48
18161	8-10-10-10-10-Q	8-Q	15.88	8-Q	8.37
18162	8-10-10-10-J-J	J-J	13.06	8-J	4.11
18163	8-10-10-10-J-K	8-K	11.91	8-K	4.55
18164	8-10-10-10-J-Q	8-10	14.27	8-10	5.33
18165	8-10-10-10-K-K	K-K	12.31	8-K	2.70
18166	8-10-10-10-Q-K	Q-K	11.20	8-K	3.52
18167	8-10-10-10-Q-Q	Q-Q	12.53	8-Q	3.37
18168	8-10-10-J-J-J	8-10	12.99	8-10	4.04
18169	8-10-10-J-J-K	8-K	10.76	8-K	3.39
18170	8-10-10-J-J-Q	8-10	14.49	8-J	5.85
18171	8-10-10-J-K-K	K-K	9.16	8-J	0.44
18172	8-10-10-J-Q-K	8-K	13.74	8-K	6.37
18173	8-10-10-J-Q-Q	8-10	14.25	8-Q	6.13
18174	8-10-10-K-K-K	10-10	11.71	8-10	1.76
18175	8-10-10-Q-K-K	K-K	8.75	8-Q	0.72
18176	8-10-10-Q-Q-K	8-K	9.24	8-K	1.87
18177	8-10-10-Q-Q-Q	10-10	11.71	8-10	2.54
18178	8-10-J-J-J-J	8-10	17.45	8-10	8.50
18179	8-10-J-J-J-K	8-K	12.39	8-K	5.02
18180	8-10-J-J-J-Q	8-J	14.28	8-J	6.11
18181	8-10-J-J-K-K	8-10	10.36	8-10	1.41
18182	8-10-J-J-Q-K	8-10	14.45	8-K	6.61
18183	8-10-J-J-Q-Q	8-J	14.02	8-Q	6.37
18184	8-10-J-K-K-K	8-10	11.77	8-10	2.83
18185	8-10-J-Q-K-K	8-10	14.21	8-10	5.26
18186	8-10-J-Q-Q-K	8-10	14.21	8-K	6.37
18187	8-10-J-Q-Q-Q	8-Q	13.66	8-Q	6.16
18188	8-10-K-K-K-K	8-10	16.49	8-10	7.54
18189	8-10-Q-K-K-K	8-10	11.53	8-Q	2.63
18190	8-10-Q-Q-K-K	8-10	9.88	8-10	0.93
18191	8-10-Q-Q-Q-K	8-10	11.53	8-K	3.52
18192	8-10-Q-Q-Q-Q	8-10	16.49	8-10	7.54
18193	8-J-J-J-J-K	8-K	16.80	8-K	9.44
18194	8-J-J-J-J-Q	8-Q	16.84	8-Q	9.33
18195	8-J-J-J-Q-K	8-J	14.10	8-J	5.94
18196	8-J-J-J-Q-Q	Q-Q	12.47	8-Q	4.87
18197	8-J-J-K-K-K	K-K	12.25	8-K	4.20
18198	8-J-J-Q-K-K	8-J	13.84	8-K	6.31
18199	8-J-J-Q-Q-K	8-J	13.84	8-Q	6.20
18200	8-J-J-Q-Q-Q	8-J	12.28	8-J	4.11

HAND No.	SIX-CARD HAND	DISCARD (DEALER)	EXPECTED AVG. (DEALER)	DISCARD (PONE)	EXPECTED AVG. (PONE)
18201	8-J-J-K-K-K	J-J	12.28	8-J	3.33
18202	8-J-K-K-K-K	8-J	16.26	8-J	8.09
18203	8-J-Q-K-K-K	8-K	13.45	8-K	6.09
18204	8-J-Q-Q-K-K	8-Q	13.47	8-K	6.07
18205	8-J-Q-Q-Q-K	8-Q	13.49	8-Q	5.98
18206	8-J-Q-Q-Q-Q	8-J	16.26	8-J	8.09
18207	8-Q-K-K-K-K	8-Q	15.88	8-Q	8.37
18208	8-Q-Q-K-K-K	Q-Q	11.75	8-Q	3.37
18209	8-Q-Q-Q-K-K	K-K	11.53	8-K	3.48
18210	8-Q-Q-Q-Q-K	8-K	15.85	8-K	8.48
18211	9-9-9-9-10-10	10-10	17.45	10-10	6.60
18212	9-9-9-9-10-J	10-J	17.32	10-J	7.05
18213	9-9-9-9-10-K	10-K	15.53	10-K	8.82
18214	9-9-9-9-10-Q	10-Q	16.01	10-Q	8.10
18215	9-9-9-9-J-J	J-J	18.02	J-J	6.42
18216	9-9-9-9-J-K	J-K	16.66	J-K	7.95
18217	9-9-9-9-J-Q	J-Q	17.51	J-Q	7.23
18218	9-9-9-9-K-K	K-K	17.27	K-K	7.06
18219	9-9-9-9-Q-K	Q-K	16.16	Q-K	8.20
18220	9-9-9-9-Q-Q	Q-Q	17.49	Q-Q	6.99
18221	9-9-9-10-10-10	9-9	13.60	10-10	2.34
18222	9-9-9-10-10-J	9-9	15.45	9-10	4.89
18223	9-9-9-10-10-K	10-10	11.71	10-K	4.60
18224	9-9-9-10-10-Q	10-Q	11.79	10-Q	3.88
18225	9-9-9-10-J-J	9-9	15.69	9-J	5.35
18226	9-9-9-10-J-K	9-K	13.55	9-K	6.45
18227	9-9-9-10-J-Q	9-Q	13.42	9-Q	6.32
18228	9-9-9-10-K-K	K-K	13.10	10-K	3.03
18229	9-9-9-10-Q-K	Q-K	11.98	Q-K	4.03
18230	9-9-9-10-Q-Q	Q-Q	13.32	Q-Q	2.81
18231	9-9-9-J-J-J	9-9	13.53	9-9	1.96
18232	9-9-9-J-J-K	J-J	12.28	J-K	3.19
18233	9-9-9-J-J-Q	J-Q	12.74	J-Q	2.47
18234	9-9-9-J-K-K	K-K	12.55	K-K	2.34
18235	9-9-9-J-Q-K	J-Q	11.77	Q-K	3.49
18236	9-9-9-J-Q-Q	Q-Q	12.77	Q-Q	2.27
18237	9-9-9-K-K-K	9-9	12.03	K-K	1.23
18238	9-9-9-Q-K-K	K-K	11.53	Q-K	2.42
18239	9-9-9-Q-Q-K	Q-Q	11.75	Q-K	2.42
18240	9-9-9-Q-Q-Q	9-9	12.03	Q-Q	1.16
18241	9-9-10-10-10-10	9-9	17.86	9-9	6.28
18242	9-9-10-10-10-J	10-10	15.04	9-10	4.89
18243	9-9-10-10-10-K	9-9	12.12	9-K	4.45
18244	9-9-10-10-10-Q	9-9	12.90	9-Q	4.36
18245	9-9-10-10-J-J✣	10-J	14.91	9-J	5.33
18246	9-9-10-10-J-K	9-K	13.53	10-K	6.58
18247	9-9-10-10-J-Q	9-9	15.71	9-Q	6.30
18248	9-9-10-10-K-K	K-K	11.71	K-K	1.49
18249	9-9-10-10-Q-K	Q-K	10.59	Q-K	2.64
18250	9-9-10-10-Q-Q	Q-Q	11.93	Q-Q	1.42

HAND No.	SIX-CARD HAND	DISCARD (DEALER)	EXPECTED AVG. (DEALER)	DISCARD (PONE)	EXPECTED AVG. (PONE)
18251	9-9-10-J-J-J	J-J	15.60	9-J	5.59
18252	9-9-10-J-J-K	J-K	14.42	9-K	6.67
18253	9-9-10-J-J-Q	9-9	15.95	9-Q	6.53
18254	9-9-10-J-K-K	K-K	15.21	K-K	4.99
18255	9-9-10-J-Q-K	Q-K	14.05	Q-K	6.09
18256	9-9-10-J-Q-Q	9-9	15.71	Q-Q	4.83
18257	9-9-10-K-K-K	9-9	12.12	9-10	1.50
18258	9-9-10-Q-K-K	9-9	8.99	10-Q	0.44
18259	9-9-10-Q-Q-K	9-9	8.99	10-K	1.16
18260	9-9-10-Q-Q-Q	9-9	12.90	9-10	1.50
18261	9-9-J-J-J-J	9-9	18.82	9-9	7.24
18262	9-9-J-J-J-K	9-9	13.62	9-K	4.39
18263	9-9-J-J-J-Q	9-9	14.40	9-Q	4.30
18264	9-9-J-J-K-K	9-9	11.73	K-K	0.93
18265	9-9-J-J-Q-K	9-9	15.86	9-9	4.28
18266	9-9-J-J-Q-Q	9-9	12.77	9-9	1.20
18267	9-9-J-K-K-K	9-9	13.14	9-J	1.96
18268	9-9-J-Q-K-K	9-9	15.62	9-9	4.04
18269	9-9-J-Q-Q-K	9-9	15.62	9-9	4.04
18270	9-9-J-Q-Q-Q	9-9	13.93	9-9	2.35
18271	9-9-K-K-K-K	9-9	17.86	9-9	6.28
18272	9-9-Q-K-K-K	9-9	12.90	9-Q	2.80
18273	9-9-Q-Q-K-K	9-9	11.25	9-9	-0.33
18274	9-9-Q-Q-Q-K	9-9	12.90	9-K	2.89
18275	9-9-Q-Q-Q-Q	9-9	17.86	9-9	6.28
18276	9-10-10-10-10-J	9-J	16.66	9-J	7.75
18277	9-10-10-10-10-K	9-K	15.77	9-K	8.67
18278	9-10-10-10-10-Q	9-Q	15.68	9-Q	8.58
18279	9-10-10-10-J-J	10-10	15.27	10-J	4.66
18280	9-10-10-10-J-K	10-K	13.31	10-K	6.60
18281	9-10-10-10-J-Q	9-10	14.72	10-Q	5.83
18282	9-10-10-10-K-K	K-K	13.10	9-K	2.89
18283	9-10-10-10-Q-K	Q-K	11.98	Q-K	4.03
18284	9-10-10-10-Q-Q	Q-Q	13.32	9-Q	3.58
18285	9-10-10-J-J-J	J-J	15.60	10-J	4.90
18286	9-10-10-J-J-K	J-K	14.42	10-K	6.82
18287	9-10-10-J-J-Q	J-Q	15.22	10-Q	6.05
18288	9-10-10-J-K-K	K-K	15.21	K-K	4.99
18289	9-10-10-J-Q-K	Q-K	14.05	9-K	6.52
18290	9-10-10-J-Q-Q	Q-Q	15.34	9-Q	6.30
18291	9-10-10-K-K-K	10-10	11.71	9-10	1.50
18292	9-10-10-Q-K-K	K-K	8.92	9-Q	0.93
18293	9-10-10-Q-Q-K	9-K	9.16	9-K	2.06
18294	9-10-10-Q-Q-Q	9-10	11.99	9-10	2.28
18295	9-10-J-J-J-J	9-10	17.94	9-10	8.24
18296	9-10-J-J-J-K	J-K	14.68	J-K	5.97
18297	9-10-J-J-J-Q	J-Q	15.48	9-J	5.72
18298	9-10-J-J-K-K	K-K	15.44	K-K	5.23
18299	9-10-J-J-Q-K	9-10	14.94	9-K	6.76
18300	9-10-J-J-Q-Q	Q-Q	15.58	9-Q	6.53

HAND No.	SIX-CARD HAND	DISCARD (DEALER)	EXPECTED AVG. (DEALER)	DISCARD (PONE)	EXPECTED AVG. (PONE)
18301	9-10-J-K-K-K	9-10	12.27	9-10	2.57
18302	9-10-J-Q-K-K	9-10	14.70	9-10	5.00
18303	9-10-J-Q-Q-K	9-10	14.70	9-K	6.52
18304	9-10-J-Q-Q-Q	9-Q	13.42	9-Q	6.32
18305	9-10-K-K-K-K	9-10	16.99	9-10	7.28
18306	9-10-Q-K-K-K	9-10	12.03	9-Q	2.84
18307	9-10-Q-Q-K-K	9-10	10.38	9-10	0.67
18308	9-10-Q-Q-Q-K	9-10	12.03	9-K	3.71
18309	9-10-Q-Q-Q-Q	9-10	16.99	9-10	7.28
18310	9-J-J-J-J-K	9-K	16.72	9-K	9.63
18311	9-J-J-J-J-Q	9-Q	16.64	9-Q	9.53
18312	9-J-J-J-Q-K	9-J	14.51	9-J	5.59
18313	9-J-J-J-Q-Q	Q-Q	13.25	9-Q	5.08
18314	9-J-J-J-K-K	K-K	13.03	9-K	4.39
18315	9-J-J-Q-K-K	9-J	14.25	9-K	6.50
18316	9-J-J-Q-Q-K	9-J	14.25	9-Q	6.40
18317	9-J-J-Q-Q-Q	9-J	12.68	9-J	3.77
18318	9-J-J-K-K-K	J-J	12.28	9-J	2.98
18319	9-J-K-K-K-K	9-J	16.66	9-J	7.75
18320	9-J-Q-K-K-K	9-K	13.37	9-K	6.28
18321	9-J-Q-Q-K-K	9-K	13.35	9-K	6.26
18322	9-J-Q-Q-Q-K	9-Q	13.29	9-Q	6.19
18323	9-J-Q-Q-Q-Q	9-J	16.66	9-J	7.75
18324	9-Q-K-K-K-K	9-Q	15.68	9-Q	8.58
18325	9-Q-Q-K-K-K	Q-Q	11.75	9-Q	3.58
18326	9-Q-Q-Q-K-K	K-K	11.53	9-K	3.67
18327	9-Q-Q-Q-Q-K	9-K	15.77	9-K	8.67
18328	10-10-10-10-J-J	J-J	18.02	J-J	6.42
18329	10-10-10-10-J-K	J-K	16.66	J-K	7.95
18330	10-10-10-10-J-Q	J-Q	17.51	J-Q	7.23
18331	10-10-10-10-K-K	K-K	17.27	K-K	7.06
18332	10-10-10-10-Q-K	Q-K	16.16	Q-K	8.20
18333	10-10-10-10-Q-Q	Q-Q	17.49	Q-Q	6.99
18334	10-10-10-J-J-J	J-J✢	13.99	10-10	3.06
18335	10-10-10-J-J-K	J-K	12.68	J-K	3.97
18336	10-10-10-J-J-Q	10-10	15.27	10-J	4.66
18337	10-10-10-J-K-K	K-K	13.34	K-K	3.12
18338	10-10-10-J-Q-K	10-K	13.27	10-K	6.55
18339	10-10-10-J-Q-Q	10-10	15.04	10-Q	5.70
18340	10-10-10-K-K-K	10-10	11.62	K-K	1.23
18341	10-10-10-Q-K-K	K-K	12.31	Q-K	2.42
18342	10-10-10-Q-Q-K	Q-Q	11.75	Q-K	3.20
18343	10-10-10-Q-Q-Q	Q-Q	12.45	Q-Q	1.94
18344	10-10-J-J-J-J	10-10	18.40	10-10	7.56
18345	10-10-J-J-J-K	10-10	13.21	10-K	5.32
18346	10-10-J-J-J-Q	J-J	15.60	10-J	4.90
18347	10-10-J-J-K-K	K-K	12.18	K-K	1.97
18348	10-10-J-J-Q-K	10-10	15.36	10-K	6.77
18349	10-10-J-J-Q-Q	J-Q	15.09	10-Q	5.92
18350	10-10-J-K-K-K	10-10	12.73	10-10	1.88

HAND No.	SIX-CARD HAND	DISCARD (DEALER)	EXPECTED AVG. (DEALER)	DISCARD (PONE)	EXPECTED AVG. (PONE)
18351	10-10-J-Q-K-K⊕	10-10	15.12	K-K	4.90
18352	10-10-J-Q-Q-K	10-10	15.12	10-K	6.53
18353	10-10-J-Q-Q-Q	Q-Q	15.08	10-Q	5.70
18354	10-10-K-K-K-K	10-10	17.45	10-10	6.60
18355	10-10-Q-K-K-K	10-10	12.49	10-Q	2.31
18356	10-10-Q-Q-K-K	10-10	10.84	K-K	0.45
18357	10-10-Q-Q-Q-K	10-10	12.49	10-K	3.82
18358	10-10-Q-Q-Q-Q	10-10	17.45	10-10	6.60
18359	10-J-J-J-J-K	10-K	16.49	10-K	9.77
18360	10-J-J-J-J-Q	10-Q	16.96	10-Q	9.05
18361	10-J-J-J-Q-K	10-J	15.13	J-K	5.93
18362	10-J-J-J-Q-Q	J-J	15.60	J-Q	5.08
18363	10-J-J-J-K-K	K-K	13.81	10-K	4.53
18364	10-J-J-Q-K-K	K-K	15.36	10-K	6.60
18365	10-J-J-Q-Q-K	10-J	14.87	Q-K	6.16
18366	10-J-J-Q-Q-Q	Q-Q	15.32	J-Q	4.84
18367	10-J-J-K-K-K	10-J	12.56	10-K	2.60
18368	10-J-K-K-K-K	10-J	17.32	10-J	7.05
18369	10-J-Q-K-K-K	10-K	13.10	10-K	6.38
18370	10-J-Q-Q-K-K	K-K	15.12	10-K	6.36
18371	10-J-Q-Q-Q-K	Q-K	13.89	Q-K	5.94
18372	10-J-Q-Q-Q-Q	10-J	17.32	10-J	7.05
18373	10-Q-K-K-K-K	10-Q	16.01	10-Q	8.10
18374	10-Q-Q-K-K-K	Q-Q	11.75	10-Q	3.10
18375	10-Q-Q-Q-K-K	K-K	12.31	10-K	3.82
18376	10-Q-Q-Q-Q-K	10-K	15.53	10-K	8.82
18377	J-J-J-J-K-K	K-K	18.23	K-K	8.01
18378	J-J-J-J-Q-K	Q-K	17.11	Q-K	9.16
18379	J-J-J-J-Q-Q	Q-Q	18.45	Q-Q	7.94
18380	J-J-J-K-K-K	J-J	13.21	K-K	2.73
18381	J-J-J-Q-Q-K	J-J	15.43	J-Q	4.90
18382	J-J-J-Q-Q-Q ⊕	J-J	13.99	Q-Q	3.44
18383	J-J-J-Q-K-K	J-J	15.43	J-K	5.62
18384	J-J-K-K-K-K	J-J	18.02	J-J	6.42
18385	J-J-Q-Q-K-K	J-Q	14.92	Q-K	5.86
18386	J-J-Q-Q-Q-K	Q-Q	15.14	J-Q	4.66
18387	J-J-Q-Q-Q-Q	J-J	18.02	J-J	6.42
18388	J-J-Q-K-K-K	K-K	14.92	J-K	5.38
18389	J-Q-K-K-K-K	J-Q	17.51	J-Q	7.23
18390	J-Q-Q-K-K-K	K-K	14.68	Q-K	5.64
18391	J-Q-Q-Q-K-K	Q-Q	14.90	Q-K	5.64
18392	J-Q-Q-Q-Q-K	J-K	16.66	J-K	7.95
18393	Q-Q-K-K-K-K	Q-Q	17.49	Q-Q	6.99
18394	Q-Q-Q-K-K-K	Q-Q	12.45	K-K	2.01
18395	Q-Q-Q-Q-K-K	K-K	17.27	K-K	7.06

Appendix

[1] 20,358,520 to be exact

To calculate the number of possible combinations of 'k' items (six cards) selected from 'n' total items (52 cards):

$$\binom{n}{k} = \frac{n!}{k!\,(n-k)!}$$

$$\binom{52}{6} = \frac{52!}{6!\,(52-6)!} = \frac{52!}{6! \times 46!} = 20{,}358{,}520$$

---

[2] A flush may be formed with either four, five or six cards in any of the four suits. The flush cards are chosen from the 13 in that suit, and the extra cards (if any) are chosen from the other three suits. The total number of flushes is calculated as follows:

$$= \binom{4}{1}\left[\binom{13}{4}\binom{39}{2} + \binom{13}{5}\binom{39}{1} + \binom{13}{6}\right]$$

$= 4 \times (529815 + 50193 + 1716)$
$= 2119260 + 200772 + 6864$
$= 2{,}326{,}896$ six-card hands containing at least a four-card flush

In a six-card hand, the probability of being dealt (at least) four cards of the same suit:

$$= \frac{\text{Flush hand possibilities}}{\text{Total possible hands}}$$

$$= \frac{2{,}326{,}896}{20{,}358{,}520} = 11.4\% = \frac{1}{9}$$

---

[3] For every nine hands dealt, only one (on average) will contain a flush hand possibility, i.e. at least four cards of the same suit. Conversely, the probability of not being dealt (at least) four cards of the same suit, i.e. a hand which cannot form a flush:

$$= \frac{\text{Non flush hand possibilities}}{\text{Total possible hands}}$$

$$= \frac{20{,}358{,}520 - 2{,}326{,}896}{20{,}358{,}520} = \frac{18{,}031{,}624}{20{,}358{,}520} = 88.6\% = \frac{8}{9}$$

What this calculation demonstrates is how, when suit (and thus, the possibility of getting dealt at least a four-card flush) is disregarded, 18,395 hands still effectively represents the majority – 88.6% – of the over 20 million possible six-card hands.

4 The actual number of hands represented in this book increases from 18,031,624 (as shown in the previous calculation) to 18,038,488 when the 6,864 possible 6-card flush hands $\binom{13}{6} \times 4$ are added back in. Since all six cards are of the same suit, the only consideration for these 6,864 hands is rank.

---

5 Number of possible six-card hands, disregarding suit:

Hand Description	Calculation	Number of possibilities
4,1,1 (four of one rank, one of another, and one of yet another)	$13 \times \binom{12}{2}$	858
4,2	13×12	156
3,1,1	$13 \times \binom{12}{3}$	2,860
3,2,1	$13 \times 12 \times 11$	1,716
3,3	$\binom{13}{2}$	78
2,1,1,1,1	$13 \times \binom{12}{4}$	6,435
2,2,1,1	$\binom{13}{2} \times \binom{11}{2}$	4,290
2,2,2	$\binom{13}{3}$	286
1,1,1,1,1,1	$\binom{13}{6}$	1,716
Total		**18,395**

6 If a hand contains a Jack (J), the possibility of getting the extra nobs point must be considered. This is factored in by adding a line at the bottom of the table to reflect the point that will be added to the hand value if the starter is the same suit as the J in hand.

---

7 Discarding strategy is only one of several facets to the game of Cribbage. As such, optimal use of the information contained herein should take into account board position, pegging strategy, etc.

Hessel (discarding to dealer's crib)

	A	2	3	4	5	6	7	8	9	10	J	Q	K
A	5.26	4.18	4.47	5.45	5.48	3.80	3.73	3.70	3.33	3.37	3.65	3.39	3.4
2	4.18	5.67	6.97	4.51	5.44	3.87	3.81	3.58	3.63	3.51	3.79	3.52	3.5
3	4.47	6.97	5.90	4.88	6.01	3.72	3.67	3.84	3.66	3.61	3.88	3.62	3.6
4	5.45	4.51	4.88	5.65	6.54	3.87	3.74	3.84	3.69	3.62	3.89	3.63	3.6
5	5.48	5.44	6.01	6.54	8.95	6.65	6.04	5.49	5.47	6.68	7.04	6.71	6.7
6	3.80	3.87	3.72	3.87	6.65	5.74	4.94	4.70	5.11	3.15	3.40	3.08	3.1
7	3.73	3.81	3.67	3.74	6.04	4.94	5.98	6.58	4.06	3.10	3.43	3.17	3.2
8	3.70	3.58	3.84	3.84	5.49	4.70	6.58	5.42	4.74	3.86	3.39	3.16	3.2
9	3.33	3.63	3.66	3.69	5.47	5.11	4.06	4.74	5.09	4.27	3.98	2.97	3.0
10	3.37	3.51	3.61	3.62	6.68	3.15	3.10	3.86	4.27	4.73	4.64	3.36	2.8
J	3.65	3.79	3.88	3.89	7.04	3.40	3.43	3.39	3.98	4.64	5.37	4.90	4.0
Q	3.39	3.52	3.62	3.63	6.71	3.08	3.17	3.16	2.97	3.36	4.90	4.66	3.5
K	3.42	3.55	3.66	3.67	6.70	3.13	3.21	3.20	3.05	2.86	4.07	3.50	4.6

Hessel (discarding to opponent's crib)

	A	2	3	4	5	6	7	8	9	10	J	Q	K
A	6.07	5.07	5.17	5.74	6.06	4.93	4.95	4.92	4.66	4.46	4.72	4.41	4.3
2	5.07	6.43	7.34	5.44	6.17	5.13	5.12	5.03	4.82	4.64	4.91	4.60	4.5
3	5.17	7.34	6.78	6.10	6.85	4.92	5.16	5.08	4.82	4.70	4.97	4.66	4.5
4	5.74	5.44	6.10	6.59	7.46	5.47	4.91	5.02	4.75	4.55	4.80	4.49	4.4
5	6.06	6.17	6.85	7.46	9.39	7.66	7.08	6.36	6.22	7.46	7.75	7.42	7.3
6	4.93	5.13	4.92	5.47	7.66	7.17	6.64	6.05	6.31	4.41	4.61	4.29	4.2
7	4.95	5.12	5.16	4.91	7.08	6.64	7.25	7.88	5.46	4.44	4.73	4.44	4.3
8	4.92	5.03	5.08	5.02	6.36	6.05	7.88	6.76	5.97	5.02	4.65	4.38	4.3
9	4.66	4.82	4.82	4.75	6.22	6.31	5.46	5.97	6.44	5.52	4.98	4.14	4.1
10	4.46	4.64	4.70	4.55	7.46	4.41	4.44	5.02	5.52	6.11	5.60	4.65	3.9
J	4.72	4.91	4.97	4.80	7.75	4.61	4.73	4.65	4.98	5.60	6.56	5.55	4.8
Q	4.41	4.60	4.66	4.49	7.42	4.29	4.44	4.38	4.14	4.65	5.55	5.89	4.2
K	4.34	4.53	4.59	4.43	7.31	4.25	4.38	4.31	4.13	3.99	4.89	4.56	5.7

olvert (discarding to dealer's crib)

	A	2	3	4	5	6	7	8	9	10	J	Q	K
A	5.40	4.10	4.40	5.40	5.50	3.80	3.80	3.80	3.40	3.40	3.70	3.40	3.40
2	4.10	5.70	6.90	4.40	5.40	3.80	3.80	3.60	3.70	3.50	3.80	3.50	3.50
3	4.40	6.90	5.90	4.70	5.90	3.70	3.70	3.90	3.70	3.60	3.80	3.50	3.50
4	5.40	4.40	4.70	5.70	6.40	3.80	3.80	3.80	3.70	3.60	3.80	3.50	3.50
5	5.50	5.40	5.90	6.40	8.60	6.50	6.00	5.40	5.40	6.60	6.90	6.60	6.60
6	3.80	3.80	3.70	3.80	6.50	5.80	4.80	4.50	5.20	3.10	3.40	3.10	3.10
7	3.80	3.80	3.70	3.80	6.00	4.80	5.90	6.60	4.00	3.10	3.50	3.20	3.20
8	3.80	3.60	3.90	3.80	5.40	4.50	6.60	5.40	4.60	3.80	3.40	3.20	3.20
9	3.40	3.70	3.70	3.70	5.40	5.20	4.00	4.60	5.20	4.20	3.90	3.00	3.10
10	3.40	3.50	3.60	3.60	6.60	3.10	3.10	3.80	4.20	4.80	4.50	3.40	2.80
J	3.70	3.80	3.80	3.80	6.90	3.40	3.50	3.40	3.90	4.50	5.30	4.70	3.90
Q	3.40	3.50	3.50	3.50	6.60	3.10	3.20	3.20	3.00	3.40	4.70	4.80	3.40
K	3.40	3.50	3.50	3.50	6.60	3.10	3.20	3.20	3.10	2.80	3.90	3.40	4.80

olvert (discarding to opponent's crib)

	A	2	3	4	5	6	7	8	9	10	J	Q	K
A	6.20	5.00	5.10	5.70	6.00	4.90	4.90	4.80	4.60	4.40	4.70	4.40	4.30
2	5.00	6.40	7.30	5.30	6.10	5.00	5.00	4.90	4.80	4.60	4.80	4.50	4.40
3	5.10	7.30	6.80	5.90	6.70	4.90	5.00	5.00	4.80	4.60	4.90	4.50	4.40
4	5.70	5.30	5.90	6.60	7.20	5.30	4.80	4.90	4.70	4.50	4.70	4.40	4.30
5	6.00	6.10	6.70	7.20	9.30	7.40	6.90	6.20	6.10	7.40	7.60	7.30	7.20
6	4.90	5.00	4.90	5.30	7.40	7.00	6.40	5.70	6.30	4.30	4.50	4.20	4.10
7	4.90	5.00	5.00	4.80	6.90	6.40	7.10	7.80	5.20	4.30	4.70	4.30	4.20
8	4.80	4.90	5.00	4.90	6.20	5.70	7.80	6.60	5.70	4.90	4.60	4.30	4.20
9	4.60	4.80	4.80	4.70	6.10	6.30	5.20	5.70	6.30	5.40	5.00	4.10	4.00
10	4.40	4.60	4.60	4.50	7.40	4.30	4.30	4.90	5.40	6.00	5.40	4.50	3.80
J	4.70	4.80	4.90	4.70	7.60	4.50	4.70	4.60	5.00	5.40	6.50	5.40	4.70
Q	4.40	4.50	4.50	4.40	7.30	4.20	4.30	4.30	4.10	4.50	5.40	5.80	4.40
K	4.30	4.40	4.40	4.30	7.20	4.10	4.20	4.20	4.00	3.80	4.70	4.40	5.60

Rasmussen (discarding to dealer's crib)

	A	2	3	4	5	6	7	8	9	10	J	Q	K
A	5.51	4.35	4.69	5.42	5.38	3.98	4.05	3.77	3.49	3.51	3.57	3.50	3.3
2	4.35	5.82	7.14	4.64	5.54	4.15	3.78	3.82	3.91	3.71	4.05	3.86	3.5
3	4.69	7.13	6.08	5.13	5.97	4.05	3.33	4.13	4.09	3.51	4.07	3.65	3.8
4	5.41	4.63	5.12	5.54	6.53	3.95	3.61	3.77	3.82	3.60	3.98	3.63	3.6
5	5.38	5.53	5.97	6.53	8.88	6.81	6.01	5.56	5.43	6.70	7.09	6.59	6.7
6	3.97	4.15	4.05	3.95	6.80	5.76	5.14	4.63	5.11	3.31	3.45	3.73	3.2
7	4.05	3.77	3.33	3.61	6.00	5.14	5.87	6.44	4.06	3.59	3.83	3.39	3.4
8	3.76	3.82	4.13	3.77	5.56	4.63	6.44	5.50	4.77	3.72	3.93	3.19	3.0
9	3.49	3.90	4.08	3.82	5.43	5.11	4.06	4.76	5.21	4.40	4.01	2.99	3.0
10	3.50	3.71	3.51	3.60	6.69	3.31	3.59	3.72	4.39	4.72	4.76	3.17	2.8
J	3.56	4.05	4.06	3.98	7.08	3.45	3.83	3.92	4.01	4.75	5.28	4.83	3.9
Q	3.50	3.85	3.64	3.63	6.59	3.73	3.38	3.19	2.99	3.16	4.82	4.93	3.4
K	3.36	3.56	3.89	3.61	6.72	3.20	3.46	3.04	3.07	2.83	3.92	3.48	4.3

Rasmussen (discarding to opponent's crib)

	A	2	3	4	5	6	7	8	9	10	J	Q	K
A	5.59	5.17	4.96	5.62	5.81	4.97	4.81	4.84	4.34	4.54	4.64	4.24	4.3
2	5.17	6.19	7.52	5.21	5.79	4.79	4.80	4.90	4.57	4.54	4.61	4.58	4.4
3	4.95	7.52	6.11	5.74	6.72	4.81	4.85	5.20	5.18	4.58	4.71	4.61	4.4
4	5.61	5.20	5.74	6.00	6.44	5.06	5.00	4.94	4.57	4.58	5.14	4.50	4.3
5	5.81	5.79	6.72	6.43	9.09	6.87	7.08	6.39	6.06	7.22	8.14	7.10	7.1
6	4.96	4.79	4.81	5.05	6.86	6.30	6.18	5.86	6.20	4.22	4.53	4.14	4.0
7	4.81	4.80	4.84	4.99	7.08	6.17	6.93	6.67	5.10	4.17	4.69	4.24	4.2
8	4.84	4.90	5.19	4.93	6.39	5.86	6.67	7.91	5.89	5.59	4.58	4.30	4.1
9	4.33	4.57	5.17	4.57	6.06	6.20	5.10	5.89	6.52	5.30	4.86	4.12	3.9
10	4.54	4.53	4.57	4.57	7.21	4.22	4.17	5.58	5.29	6.19	5.95	4.64	3.
J	4.64	4.61	4.70	5.14	8.13	4.53	4.69	4.57	4.86	5.95	5.64	5.46	4.
Q	4.23	4.57	4.61	4.50	7.10	4.14	4.24	4.29	4.11	4.63	5.46	5.36	4.5
K	4.33	4.45	4.43	4.36	7.12	4.07	4.24	4.15	3.93	3.84	4.62	4.51	5.5

Schell (discarding to dealer's crib)

	A	2	3	4	5	6	7	8	9	10	J	Q	K
A	5.38	4.23	4.52	5.43	5.45	3.85	3.85	3.80	3.40	3.42	3.65	3.42	3.41
2	4.23	5.72	7.00	4.52	5.45	3.93	3.81	3.66	3.71	3.55	3.84	3.58	3.52
3	4.52	7.00	5.94	4.91	5.97	3.81	3.58	3.92	3.78	3.57	3.90	3.59	3.67
4	5.43	4.52	4.91	5.63	6.48	3.85	3.72	3.83	3.72	3.59	3.88	3.59	3.60
5	5.45	5.45	5.97	6.48	8.79	6.63	6.01	5.48	5.43	6.66	7.00	6.63	6.66
6	3.85	3.93	3.81	3.85	6.63	5.76	4.98	4.63	5.13	3.17	3.41	3.23	3.13
7	3.85	3.81	3.58	3.72	6.01	4.98	5.92	6.53	4.04	3.23	3.53	3.23	3.26
8	3.80	3.66	3.92	3.83	5.48	4.63	6.53	5.45	4.72	3.80	3.52	3.19	3.16
9	3.40	3.71	3.78	3.72	5.43	5.13	4.04	4.72	5.16	4.29	3.97	2.99	3.06
10	3.42	3.55	3.57	3.59	6.66	3.17	3.23	3.80	4.29	4.76	4.61	3.31	2.84
J	3.65	3.84	3.90	3.88	7.00	3.41	3.53	3.52	3.97	4.61	5.33	4.81	3.96
Q	3.42	3.58	3.59	3.59	6.63	3.23	3.23	3.19	2.99	3.31	4.81	4.79	3.46
K	3.41	3.52	3.67	3.60	6.66	3.13	3.26	3.16	3.06	2.84	3.96	3.46	4.58

Schell (discarding to opponent's crib)

	A	2	3	4	5	6	7	8	9	10	J	Q	K
A	6.02	5.07	5.07	5.72	6.01	4.91	4.89	4.85	4.55	4.48	4.68	4.33	4.30
2	5.07	6.38	7.33	5.33	6.11	4.97	4.97	4.94	4.70	4.59	4.81	4.56	4.45
3	5.07	7.33	6.68	5.96	6.78	4.87	5.01	5.05	4.87	4.63	4.86	4.59	4.48
4	5.72	5.33	5.96	6.53	7.26	5.34	4.88	4.94	4.68	4.53	4.85	4.46	4.36
5	6.01	6.11	6.78	7.26	9.37	7.47	7.00	6.30	6.15	7.41	7.76	7.34	7.25
6	4.91	4.97	4.87	5.34	7.47	7.08	6.42	5.86	6.26	4.31	4.57	4.22	4.14
7	4.89	4.97	5.01	4.88	7.00	6.42	7.14	7.63	5.26	4.31	4.68	4.32	4.27
8	4.85	4.94	5.05	4.94	6.30	5.86	7.63	6.82	5.83	5.10	4.59	4.31	4.20
9	4.55	4.70	4.87	4.68	6.15	6.26	5.26	5.83	6.39	5.43	4.96	4.11	4.03
10	4.48	4.59	4.63	4.53	7.41	4.31	4.31	5.10	5.43	6.08	5.63	4.61	3.88
J	4.68	4.81	4.86	4.85	7.76	4.57	4.68	4.59	4.96	5.63	6.42	5.46	4.77
Q	4.33	4.56	4.59	4.46	7.34	4.22	4.32	4.31	4.11	4.61	5.46	5.79	4.49
K	4.30	4.45	4.48	4.36	7.25	4.14	4.27	4.20	4.03	3.88	4.77	4.49	5.65

★ Top 25 Hands – Dealer (by Expected Average)

The following 25 hands represent the best hands to be dealt as dealer, ranked highest to lowest by Expected Average:

HAND RANK	HAND No.	SIX–CARD HAND	DISCARD (DEALER)	AVG. HAND*	AVG. CRIB	EXPECTED AVG.
1	08022	2–3–5–5–5–5	2,3	22.78	7.00	29.79
2	15483	5–5–5–5–7–8	7,8	22.78	6.54	29.32
3	11004	3–3–5–5–5–5	3,3	22.78	5.96	28.74
4	15482	5–5–5–5–7–7	7,7	22.78	5.92	28.70
5	15474	5–5–5–5–6–6	6,6	22.78	5.77	28.55
6	07022	2–2–5–5–5–5	2,2	22.78	5.73	28.51
7	13701	4–4–5–5–5–5	4,4	22.78	5.63	28.41
8	15489	5–5–5–5–8–8	8,8	22.78	5.44	28.23
9	04391	A–4–5–5–5–5	A,4	22.78	5.43	28.21
10	01313	A–A–5–5–5–5	A,A	22.78	5.39	28.17
11	15495	5–5–5–5–9–9	9,9	22.78	5.17	27.95
12	15477	5–5–5–5–6–9	6,9	22.78	5.14	27.92
13	15504	5–5–5–5–J–J	J,J	22.43	5.32	27.75
14	15475	5–5–5–5–6–7	6,7	22.78	4.97	27.75
15	11718	3–4–5–5–5–5	3,4	22.78	4.91	27.69
16	15490	5–5–5–5–8–9	8,9	22.78	4.71	27.49
17	15476	5–5–5–5–6–8	6,8	22.78	4.62	27.40
18	03677	A–3–5–5–5–5	A,3	22.78	4.52	27.30
19	08736	2–4–5–5–5–5	2,4	22.78	4.52	27.30
20	15506	5–5–5–5–J–Q	J,Q	22.43	4.81	27.24
21	15509	5–5–5–5–Q–Q	Q,Q	22.43	4.80	27.23
22	15500	5–5–5–5–10–10	10,10	22.43	4.75	27.19
23	15501	5–5–5–5–10–J	10,J	22.43	4.63	27.06
24	15507	5–5–5–5–K–K	K,K	22.43	4.58	27.01
25	02677	A–2–5–5–5–5	A,2	22.78	4.22	27.00
82†	08028	2–3–5–5–5–J	2,3	16.63	7.00	23.63

* Each of the 25 hands in the above table – i.e. holding 5-5-5-5 – is worth 20 points before the cut. However, with a 10 cut, each becomes a 28-point hand. The Average Hand and Expected Average values reflect this possibility accordingly.

You may be thinking: shouldn't a 29-hand – the best hand in Cribbage – be at the top of this list? The answer, simply, is no.

One would need to go down the list to the 82nd ranked hand† to find the first 29-hand possibility, i.e. holding 5-5-5-J, discarding 2-3. Keeping in mind that the above table represents Expected Averages only, since a 29-hand requires a five cut to align with the Jack in hand (which is a $\frac{1}{46}$ chance), the Average Hand value reflects this probability. In other words, holding 5-5-5-J will result in a 29-point hand *only* with a five cut. Otherwise, this hand is worth 14 points with various cuts (a three, or four, or six, etc.), and on average, 16.63 points, accounting for all 46 cut card possibilities.

● Bottom 25 Hands – Pone (by Expected Average)

The following 25 hands represent the worst hands to be dealt as pone, ranked lowest to highest by Expected Average. As stated in the introduction, a negative Expected Average means that after the cut, the dealer's crib will likely be worth more than your hand. As such, getting dealt any one of the following hands is unfortunate:

HAND RANK	HAND No.	SIX-CARD HAND	DISCARD (PONE)	AVG. HAND	AVG. CRIB	EXPECTED AVG.
1	13198	3-7-9-10-Q-K	10,K	1.78	3.88	-2.10
2	05871	A-7-9-10-Q-K	10,K	1.78	3.88	-2.10
3	15181	4-7-9-10-Q-K	10,K	1.78	3.88	-2.10
4	10216	2-7-9-10-Q-K	10,K	1.83	3.88	-2.05
5	03897	A-3-6-7-10-J	7,10	2.33	4.31	-1.98
6	03024	A-2-7-9-Q-K	9,K	2.09	4.03	-1.94
7	04024	A-3-7-9-Q-K	9,K	2.09	4.03	-1.94
8	12954	3-6-8-10-Q-K	10,K	1.96	3.88	-1.92
9	08977	2-4-6-8-10-J	6,10	2.41	4.31	-1.90
10	03902	A-3-6-7-J-Q	6,Q	2.33	4.21	-1.89
11	04080	A-3-8-9-Q-K	Q,K	2.61	4.49	-1.88
12	09972	2-6-8-10-Q-K	10,K	2.00	3.88	-1.88
13	03901	A-3-6-7-J-K	6,K	2.33	4.14	-1.82
14	03080	A-2-8-9-Q-K	Q,K	2.70	4.49	-1.80
15	04090	A-3-8-10-Q-K	10,K	2.09	3.88	-1.79
16	03950	A-3-6-10-Q-K	10,K	2.09	3.88	-1.79
17	04034	A-3-7-10-Q-K	10,K	2.09	3.88	-1.79
18	09093	2-4-7-10-Q-K	10,K	2.09	3.88	-1.79
19	02950	A-2-6-10-Q-K	10,K	2.09	3.88	-1.79
20	03034	A-2-7-10-Q-K	10,K	2.09	3.88	-1.79
21	03090	A-2-8-10-Q-K	10,K	2.13	3.88	-1.75
22	04022	A-3-7-9-J-Q	7,Q	2.59	4.33	-1.74
23	04078	A-3-8-9-J-Q	8,Q	2.59	4.32	-1.74
24	04019	A-3-7-9-10-Q	7,Q	2.61	4.33	-1.72
25	09149	2-4-8-10-Q-K	10,K	2.17	3.88	-1.71

◈ ¹⁰ Tossing 5-5 – Pone

Listed below are the only hands (21 out of a possible 18,395) where tossing 5-5 to your opponent's crib represents the best (mathematical) option:

HAND RANK	HAND No.	SIX-CARD HAND	DISCARD (PONE)	AVG. HAND	AVG. CRIB	EXPECTED AVG.
1	15757	5-5-7-7-8-8	5,5	14.96	9.29	5.67
2	15667	5-5-6-7-7-8	5,5	14.83	9.29	5.54
3	15751	5-5-7-7-7-8	5,5	14.78	9.29	5.50
4	15673	5-5-6-7-8-8	5,5	14.65	9.29	5.36
5	15758	5-5-7-7-8-9	5,5	14.39	9.29	5.10
6	15778	5-5-7-8-8-8	5,5	14.26	9.29	4.97
7	15779	5-5-7-8-8-9	5,5	14.22	9.29	4.93
8	10519	3-3-3-3-5-5	5,5	13.74	9.29	4.45
9	13491	4-4-4-4-5-5	5,5	13.74	9.29	4.45
10	15630	5-5-6-6-6-6	5,5	13.74	9.29	4.45
11	15750	5-5-7-7-7-7	5,5	13.74	9.29	4.45
12	04966	A-5-5-7-7-7	5,5	13.30	9.29	4.02
13	15633	5-5-6-6-6-9	5,5	13.22	9.29	3.93
14	10623	3-3-3-5-5-9	5,5	13.13	9.29	3.84
15	06185	2-2-2-2-5-5	5,5	12.87	9.29	3.58
16	15651	5-5-6-6-9-9	5,5	12.87	9.29	3.58
17	15715	5-5-6-9-9-9	5,5	12.70	9.29	3.41
18	15834	5-5-8-8-8-8	5,5	12.70	9.29	3.41
19	15890	5-5-9-9-9-9	5,5	12.70	9.29	3.41
20	15784	5-5-7-8-9-9	5,5	12.30	9.29	3.02
21	00034	A-A-A-A-5-5	5,5	12.00	9.29	2.71

❖ Split Runs – Pone

The following 30 hands are those which contain discontinuous three-card runs (i.e. separated by a single card) and the best discard option (as Pone) listed for each:

HAND No.	SIX-CARD HAND	DISCARD (PONE)	AVG. HAND	AVG. CRIB	EXPECTED AVG.
02302	A-2-3-5-6-7	A,3	8.46	5.08	3.38
02346	A-2-3-6-7-8	A,3	9.41	5.08	4.34
02381	A-2-3-7-8-9	A,3	7.24	5.08	2.16
02408	A-2-3-8-9-10	8,10	8.02	5.15	2.87
02428	A-2-3-9-10-J	9,J	7.80	4.95	2.85
02443	A-2-3-10-J-Q	10,Q	8.04	4.60	3.44
02451	A-2-3-J-Q-K	Q,K	8.04	4.49	3.55
07911	2-3-4-6-7-8	3,4	9.46	5.93	3.53
07946	2-3-4-7-8-9	7,9	8.28	5.26	3.03
07973	2-3-4-8-9-10	8,10	8.11	5.15	2.96
07993	2-3-4-9-10-J	9,J	7.98	4.95	3.03
08008	2-3-4-10-J-Q	10,Q	8.22	4.60	3.62
08016	2-3-4-J-Q-K	Q,K	8.21	4.49	3.72
11772	3-4-5-6-7-8	3,8	9.52	5.08	4.44
11807	3-4-5-7-8-9	7,9	8.11	5.26	2.85
11834	3-4-5-8-9-10	9,10	8.15	5.41	2.74
11854	3-4-5-9-10-J	3,4	9.74	5.93	3.81
11869	3-4-5-10-J-Q	3,4	11.48	5.93	5.55
11877	3-4-5-J-Q-K	3,4	11.39	5.93	5.47
14404	4-5-6-7-8-9	4,9	9.61	4.68	4.93
14431	4-5-6-8-9-10	8,10	9.93	5.15	4.78
14451	4-5-6-9-10-J	9,J	9.72	4.95	4.77
14466	4-5-6-10-J-Q	4,6	11.48	5.29	6.19
14474	4-5-6-J-Q-K	4,6	11.39	5.29	6.10
16134	5-6-7-9-10-J	6,7	9.70	6.41	3.29
16149	5-6-7-10-J-Q	6,7	11.48	6.41	5.07
16157	5-6-7-J-Q-K	6,7	11.39	6.41	4.98
17191	6-7-8-10-J-Q	10,Q	7.48	4.60	2.00
17199	6-7-8-J-Q-K	Q,K	7.48	4.49	2.99
17808	7-8-9-J-Q-K	Q,K	7.21	4.49	2.72

◇ Sixes, Sevens, Eights & Nines

The following 10 hands are those which contain only combinations of sixes, sevens, eights and nines. The best discard options are listed for each:

HAND No.	SIX-CARD HAND	DISCARD (DEALER)	EXPECTED AVG.	DISCARD (PONE)	EXPECTED AVG.
16780	6-6-6-7-8-9	7,8	19.75	6,9	6.62
16864	6-6-7-7-8-9	6,6	19.98	6,9	8.38
16885	6-6-7-8-8-9	6,6	19.81	6,9	8.21
16890	6-6-7-8-9-9	7,8	19.41	9,9	6.50
17073	6-7-7-7-8-9	6,9	19.53	7,9	9.38
17094	6-7-7-8-8-9	6,9	19.57	7,9	9.14
17099	6-7-7-8-9-9	9,9	19.90	9,9	8.33
17150	6-7-8-8-8-9	8,9	19.16	8,9	8.61
17155	6-7-8-8-9-9	9,9	19.73	9,9	8.15
17170	6-7-8-9-9-9	7,8	19.23	6,9	5.75

⊕ "Worth a Second Look":
Discard Option #2's to Consider – Dealer

Each of the following alternate discard options offer nearly equal Expected Average value to their option #1 counterpart (presented in the main section of this book); the difference of each is less than 0.13 points.

[Recall from earlier: Expected Average is the combined scoring potential of hand and crib.]

The difference here is the following option #2's offer a larger Average Hand value as opposed to a larger Average Crib value. For example, hand #00097:

HAND No.	SIX-CARD HAND	OPTION	DISCARD	AVG. HAND	AVG. CRIB	EXPECTED AVG.
00097	A-A-A-2-3-9	1	2,3	7.61	7.00	14.61
00097	A-A-A-2-3-9	2	A,9	11.20	3.41	14.60

Option #1 involves breaking up the double run. A lower Average Hand value results, however, a higher Average Crib value is expected from the 2-3 discard.

Option #2 keeps the double run intact. A higher Average Hand value results, but a lower Average Crib value results from the A-9 toss.

***

If your tendency is to favor keeping a larger hand over taking a chance at a large crib, here are some alternate discard options worth considering:

HAND No.	SIX-CARD HAND	DISCARD OPTION #2	AVG. HAND	AVG. CRIB	EXPECTED AVG.
00097	A-A-A-2-3-9	A,9	11.20	3.41	14.60
00129	A-A-A-2-7-7	A,2	9.35	4.22	13.56
00278	A-A-A-5-5-5	A,A	11.43	5.39	16.82
00414	A-A-A-9-10-J	9,10	7.89	4.29	12.18
00470	A-A-2-2-4-8	4,8	6.96	3.81	10.77
00518	A-A-2-2-K-K	K,K	6.78	4.58	11.36
00692	A-A-2-6-6-J	2,J	6.26	3.87	10.13
00820	A-A-3-3-4-6	4,6	7.48	3.87	11.35
00838	A-A-3-3-6-7	6,7	7.43	4.97	12.40
00860	A-A-3-3-9-J	9,J	7.35	3.97	11.31
00960	A-A-3-5-9-J	3,J	8.22	3.91	12.13
00961	A-A-3-5-9-K	3,K	8.22	3.68	11.90
01161	A-A-4-5-6-10	A,A	9.72	5.39	15.10
01162	A-A-4-5-6-J	A,A	9.96	5.39	15.34
01163	A-A-4-5-6-K	A,A	9.72	5.39	15.10
01164	A-A-4-5-6-Q	A,A	9.72	5.39	15.10
01380	A-A-5-6-9-10	A,A	6.87	5.39	12.26
01403	A-A-5-7-8-10	7,8	6.22	6.54	12.75
01405	A-A-5-7-8-K	7,8	6.22	6.54	12.75
01406	A-A-5-7-8-Q	7,8	6.22	6.54	12.75
01572	A-A-6-9-J-J	6,9	6.22	5.14	11.35
01966	A-2-2-4-5-10	2,2	7.22	5.73	12.94
01967	A-2-2-4-5-J	2,2	7.46	5.73	13.18
01968	A-2-2-4-5-K	2,2	7.22	5.73	12.94
01969	A-2-2-4-5-Q	2,2	7.22	5.73	12.94
02038	A-2-2-5-9-J	5,9	6.80	5.43	12.24
02121	A-2-2-8-9-9	9,9	4.96	5.17	10.12
02301	A-2-3-5-6-6	5,6	6.15	6.65	12.80
02540	A-2-4-5-8-K	A,4	6.04	5.43	11.47
02541	A-2-4-5-8-Q	A,4	6.04	5.43	11.47
02746	A-2-5-6-9-K	A,2	6.39	4.22	10.61
02747	A-2-5-6-9-Q	A,2	6.39	4.22	10.61
03296	A-3-3-5-5-9	3,3	8.87	5.96	14.82
03787	A-3-5-8-8-9	8,8	4.96	5.44	10.40
04001	A-3-7-8-10-10	A,3	6.00	4.52	10.52
04463	A-4-5-6-10-J	A,10	9.96	3.43	13.38
04689	A-4-7-7-9-9	9,9	6.39	5.17	11.56
04690	A-4-7-7-9-10	9,10	6.35	4.29	10.64
04855	A-4-10-10-J-J	10,10	8.30	4.75	13.06
04862	A-4-10-J-J-K	10,K	8.30	2.84	11.14
04869	A-4-10-Q-Q-K	10,K	7.83	2.84	10.66
04876	A-4-J-J-Q-Q	Q,Q	8.30	4.80	13.10
05105	A-5-6-7-10-J	A,10	8.13	3.43	11.56
05110	A-5-6-7-J-Q	A,Q	8.13	3.43	11.56
05184	A-5-7-7-9-10	7,7	6.57	5.92	12.48
05193	A-5-7-7-J-K	7,7	6.41	5.92	12.33
05317	A-5-9-9-10-K	9,9	5.83	5.17	10.99
05324	A-5-9-9-Q-Q	Q,Q	8.00	4.80	12.80

HAND No.	SIX-CARD HAND	DISCARD OPTION #2	AVG. HAND	AVG. CRIB	EXPECTED AVG.
05394	A-6-6-6-8-8	8,8	8.09	5.44	13.53
05819	A-7-8-9-10-J	A,J	8.33	3.64	11.97
06165	2-2-2-2-3-4	3,4	12.87	4.91	17.77
06375	2-2-2-5-8-8	8,8	8.09	5.44	13.53
06432	2-2-2-7-7-7	2,2	7.74	5.73	13.47
06842	2-2-4-4-9-9	2,4	7.39	4.52	11.91
07031	2-2-5-5-6-6	2,2	9.13	5.73	14.86
07072	2-2-5-6-6-J	2,2	7.37	5.73	13.10
07091	2-2-5-6-9-K	2,2	6.43	5.73	12.16
07092	2-2-5-6-9-Q	2,2	6.43	5.73	12.16
07117	2-2-5-7-9-10	2,2	4.87	5.73	10.60
07131	2-2-5-8-8-8	8,8	8.00	5.44	13.44
07150	2-2-5-8-Q-K	Q,K	8.17	3.46	11.63
07204	2-2-6-6-8-10	8,10	6.26	3.80	10.06
07322	2-2-7-7-9-J	2,2	4.33	5.73	10.05
07352	2-2-7-8-J-Q	J,Q	6.26	4.81	11.07
07582	2-3-3-4-4-4	4,4	12.22	5.63	17.85
07639	2-3-3-5-5-7	2,3	9.74	7.00	16.74
08033	2-3-5-5-6-8	6,8	8.61	4.62	13.22
08052	2-3-5-5-9-9	9,9	8.70	5.17	13.86
08084	2-3-5-6-8-10	6,8	7.26	4.62	11.88
08321	2-3-7-7-9-10	7,7	5.30	5.92	11.22
08322	2-3-7-7-9-J	7,7	5.28	5.92	11.20
08323	2-3-7-7-9-K	7,7	4.78	5.92	10.70
08324	2-3-7-7-9-Q	7,7	4.78	5.92	10.70
08493	2-3-10-J-J-K	J,J	6.43	5.32	11.75
08500	2-3-10-Q-Q-K	10,K	8.35	2.84	11.18
08576	2-4-4-5-5-10	4,4	8.61	5.63	14.24
08578	2-4-4-5-5-K	4,4	8.61	5.63	14.24
08579	2-4-4-5-5-Q	4,4	8.61	5.63	14.24
08827	2-4-5-7-8-J	7,8	5.11	6.54	11.65
08874	2-4-5-9-10-Q	2,4	6.35	4.52	10.87
09043	2-4-7-7-J-J	2,4	5.70	4.52	10.21
09618	2-5-8-8-Q-K	Q,K	8.00	3.46	11.46
09622	2-5-8-9-9-J	9,9	6.28	5.17	11.45
09662	2-5-9-9-10-K	9,9	5.91	5.17	11.08
10104	2-7-7-9-9-J	2,J	6.26	3.87	10.13
10814	3-3-4-4-7-10	7,10	8.13	3.26	11.39
10817	3-3-4-4-7-Q	7,Q	8.13	3.25	11.38
10928	3-3-4-7-8-9	3,3	7.11	5.96	13.06
11006	3-3-5-5-5-7	3,3	11.70	5.96	17.65
11015	3-3-5-5-6-8	6,8	8.43	4.62	13.05
11088	3-3-5-7-7-10	7,7	6.61	5.92	12.53
11091	3-3-5-7-7-Q	7,7	6.61	5.92	12.53
11093	3-3-5-7-8-9	8,9	9.13	4.71	13.84
11110	3-3-5-7-K-K	K,K	9.13	4.58	13.71
11144	3-3-5-9-J-K	3,3	6.50	5.96	12.46
11218	3-3-6-7-9-9	6,7	9.04	4.97	14.01

HAND No.	SIX-CARD HAND	DISCARD OPTION #2	AVG. HAND	AVG. CRIB	EXPECTED AVG.
11312	3-3-7-7-J-K	J,K	6.09	3.96	10.05
11447	3-3-9-10-10-Q	10,10	5.43	4.75	10.19
11456	3-3-9-J-J-Q	J,J	5.43	5.32	10.75
11477	3-3-10-J-K-K	10,J	5.57	4.63	10.19
11692	3-4-4-9-J-J	J,J	4.74	5.32	10.06
11709	3-4-4-J-J-K	J,J	4.78	5.32	10.10
11799	3-4-5-7-7-7	7,7	8.24	5.92	14.16
12266	3-5-5-6-7-8	3,8	12.22	3.95	16.16
12409	3-5-6-6-J-Q	J,Q	7.78	4.81	12.59
12438	3-5-6-7-K-K	K,K	8.37	4.58	12.94
12519	3-5-7-7-J-J	J,J	8.96	5.32	14.28
12807	3-6-6-10-10-J	10,10	5.67	4.75	10.43
12810	3-6-6-10-J-J	J,J	5.43	5.32	10.75
12818	3-6-6-J-J-Q	J,J	5.43	5.32	10.75
12821	3-6-6-J-Q-Q	Q,Q	5.67	4.80	10.47
13396	3-9-9-J-J-Q	3,Q	6.57	3.59	10.16
13666	4-4-4-9-9-9	9,9	7.57	5.17	12.73
13672	4-4-4-9-10-J	9,10	7.89	4.29	12.18
13801	4-4-5-7-10-J	4,4	6.76	5.63	12.39
13806	4-4-5-7-J-Q	4,4	6.76	5.63	12.39
13832	4-4-5-9-9-10	9,9	7.30	5.17	12.47
13881	4-4-6-6-8-8	8,8	7.13	5.44	12.57
13960	4-4-6-9-J-J	J,J	6.26	5.32	11.58
14497	4-5-7-7-9-Q	7,7	4.70	5.92	10.61
14625	4-5-9-9-10-10	9,9	8.35	5.17	13.51
15069	4-7-7-9-9-J	4,J	6.26	3.89	10.15
15379	4-9-9-J-J-Q	4,Q	6.57	3.59	10.15
15666	5-5-6-7-7-7	7,7	12.04	5.92	17.96
15929	5-5-10-10-J-J	10,10	14.13	4.75	18.88
15943	5-5-10-Q-Q-K	10,K	13.65	2.84	16.49
15950	5-5-J-J-Q-Q	Q,Q	14.13	4.80	18.93
16142	5-6-7-9-Q-Q	Q,Q	8.11	4.80	12.90
16338	5-7-7-9-9-10	7,7	6.96	5.92	12.87
16728	5-J-J-J-Q-K	Q,K	13.85	3.46	17.31
16821	6-6-6-9-9-9	9,9	12.87	5.17	18.03
17140	6-7-7-J-J-K	J,J	4.70	5.32	10.02
17666	7-7-9-9-K-K	K,K	6.26	4.58	10.84
17800	7-8-9-10-J-Q	J,Q	8.33	4.81	13.14
17808	7-8-9-J-Q-K	J,Q	6.89	4.81	11.70
18245	9-9-10-10-J-J	9,10	10.52	4.29	14.81
18334	10-10-10-J-J-J	10,10	9.15	4.75	13.90
18351	10-10-J-Q-K-K	K,K	10.54	4.58	15.12
18382	J-J-J-Q-Q-Q	Q,Q	9.15	4.80	13.95

The content herein is largely based on the Cribbage theory found at the Schellsburg Cribbage Forum. (www.cribbageforum.com)

All calculations performed by Anthony Myers.

For additional information about this book, please contact the author at: afkmyers@gmail.com

CPSIA information can be obtained
at www.ICGtesting.com
Printed in the USA
LVOW04s1144250816
501576LV00003B/5/P